Henning Wode

Einführung in die Psycholinguistik

Theorien, Methoden, Ergebnisse

Max Hueber Verlag

CIP-Kurztitelaufnahme der Deutschen Bibliothek

Wode, Henning:
Einführung in die Psycholinguistik : Theorien, Methoden, Ergebnisse / Henning Wode. - 1. Aufl. - Ismaning : Hueber, 1988
ISBN 3-19-006950-6

1. Auflage

Layout: Michaela Rhein, Kiel
Druck: Ludwig Auer, Donauwörth
Printed in the Federal Republic of Germany
ISBN 3-19-006950-6

Inhaltsverzeichnis

Vorwort

Dieses Buch ist aus Vorlesungen entstanden, die ich am Englischen Seminar der Universität Kiel gehalten habe. Als Adressatenkreis hatte ich Studenten der Lehramtstudiengänge, aber nicht nur sie, sondern auch bereits in der Schule tätige Lehrer, ferner Psychologen, Psychotherapeuten, Neurologen, Sprachtherapeuten, Pädagogen, Logopäden, Lehrbuchautoren und interessierte Eltern im Auge. Ich habe mich daher bemüht, das Buch so abzufassen, daß keine detaillierten Vorkenntnisse für linguistische oder andere Fragestellungen erforderlich sind. Notfalls werden diese Dinge erklärt, oder es wird auf weiterführende Literatur verwiesen.
Die heutigen Forschungsergebnisse zeigen, daß

- das Erlernen mehrerer Sprachen die geistige und schulische Entwicklung weder zu beeinträchtigen braucht, noch daß es eine genieähnliche Intelligenz oder Begabung erfordert;
- daß auch Erwachsene mit gutem Erfolg eine zweite oder dritte Sprache lernen können und
- daß das Erlernen im Unterricht keineswegs drastisch anders als unter nichtschulischen Bedingungen erfolgt.

Ich habe vielen zu danken:
Der Landesregierung Schleswig-Holstein, der Deutschen Forschungsgemeinschaft und der Kanadischen Regierung für finanzielle Unterstützung; meinen Mitarbeitern für Kritik, Rat und tatkräftige Mithilfe, namentlich: Jens Bahns, Heike Behrens, Ocke Bohn, Hartmut und Petra Burmeister, Martina Jekat, Patrick Jung, Michaela Rhein, Achim Stenzel und Thomas Vogel.

Abstractum: Inhalt, Aufbau, Ziele

Sprachenlernen ist ein sehr komplexer Vorgang, der von einer Fülle von Faktoren gesteuert wird. Dieser Bericht faßt zusammen, wie dies geschieht. Das Ziel ist, ein realistisches Abbild dessen entstehen zu lassen, wie sich die menschliche Sprachlernfähigkeit im Laufe des Lebens entwickelt bzw. verändert. Der Ansatz dieses Buches bricht in zweifacher Hinsicht radikal mit zwei bisherigen Forschungstraditionen:

- Der Lernvorgang und sein Ergebnis werden nicht einseitig, z.B. nur durch angeborene Fähigkeiten, externe Einflüsse, die intellektuelle Entwicklung des Lernenden, seine perzeptuellen Fähigkeiten oder nur durch soziokulturelle Einflüsse erklärt, sondern als ein komplexes Zusammenwirken all dieser Faktoren.
- Sprachenlernen wird nicht auf den Erwerb der ersten, der Muttersprache beschränkt. Alle Arten, eine Sprache zu lernen, werden einbezogen, z.B. auch das Erlernen einer Sprache im Fremdsprachenunterricht, das Erlernen einer zweiten Sprache durch Kinder oder Erwachsene ohne Zuhilfenahme von Fremdsprachenunterricht oder der Wiedererwerb einer verlernten Sprache.

Der Forschung und ihren Nutznießern eröffnet dieser Ansatz neue Einblicke in wichtige Zusammenhänge. Beispielsweise betrachtet die Kindersprachforschung nur das Kleinkind, die Fremdsprachendidaktik nur das Geschehen im Klassenzimmer. So entsteht der Eindruck, als handele es sich bei den Lernvorgängen um völlig separate Phänomene, die nichts miteinander zu tun haben. Dieser Eindruck ist falsch. Entgegen früheren Auffassungen und Vorurteilen zeigen die jüngsten Ergebnisse, daß trotz unverkennbarer Unterschiede in den Lernsituationen ein großer Teil jener Fähigkeiten, die für den Erwerb der ersten Sprache im Kindesalter aktiviert werden, zeitlebens für das Erlernen weiterer Sprachen zur Verfügung stehen, also auch für das Lernen einer Sprache im Unterricht. Diese Fähigkeiten bilden die Eigenvoraussetzungen, die jeder Mensch für das Erlernen einer Sprache mitbringt. Folglich stecken sie den Rahmen ab, den Lehrtechniken inner- und außerhalb des Unterrichts ausschöpfen können. Wieweit diese Eigenvoraussetzungen im konkreten Fall vom einzelnen Lerner aktiviert werden, hängt von diversen psychologischen und sozialen Faktoren ab. Das Ineinandergreifen dieser vielen Determinanten aufzudecken, ist das Ziel der Spracherwerbsforschung.

Von besonderer Bedeutung ist diese Neuorientierung für die Fremdsprachendidaktik. Sie hat bislang das Besondere und Andersartige des Erlernens einer Fremdsprache im Unterricht gegenüber dem Erwerb der Mutter- oder Erstsprache betont. Dabei hat der Lehrer mit seinen Methoden im Vordergrund gestanden. Die Schüler und ihre natürlich vorgegebenen Fähigkeiten haben weniger Interesse gefunden, obwohl sie der Ausgangspunkt jeder planvollen Unterrichtsgestaltung sein müssen.

Das Buch ist folgendermaßen aufgebaut: In Teil A werden die wichtigsten *Fragestellungen* und *Methoden* vorgestellt, der diesbezügliche Forschungsstand referiert und die fachhistorische Entwicklung in groben Zügen skizziert. In Teil B wird der *Spracherwerb aus der Lernerperspektive* betrachtet. Zunächst werden die wesentlichen Bedingungen genannt, die erfüllt sein müssen, damit der Spracherwerb beginnen kann. Danach wird in getrennten Kapiteln geschildert, wie Lautsystem, Wortschatz, Syntax und Satzsemantik erworben werden. Verglichen wird jeweils der Erstsprachenerwerb mit dem Erwerb einer zweiten Sprache unter natürlichen, schulischen und anderen Bedingungen. Dieses Vorgehen ermöglicht es, Unterschiede und Gemeinsamkeiten beim Erwerb einer Sprache im Lichte der unterschiedlichen Lernsituationen zu ermitteln. In Teil C geht es um die *Steuerbarkeit des Lernablaufs.* Welche Faktoren bestimmen bzw. beeinflussen die sprachliche Entwicklung eines Lerners? Besprochen werden sowohl die endogenen, d.h. die im Lerner angelegten Voraussetzungen, wie auch die exogenen, d.h. die äußeren Voraussetzungen des gesamten situativen und sozialen Umfeldes.

A. Einführung

Teil A führt schrittweise in die zentralen Fragestellungen und Ergebnisse der Spracherwerbsforschung ein. Zunächst wird überlegt, welchen Gegenstand eine Theorie des Spracherwerbs haben sollte und welche Beobachtungen zu erklären sind. Darauf aufbauend werden in Kap. 3 Erklärungsmöglichkeiten besprochen, z.B. wieweit Sprachenlernen durch Imitation, durch angeborene Fähigkeiten oder auf der Grundlage von allgemeinen intellektuellen Fähigkeiten erfolgt. Die Erörterung dieses Komplexes führt in Kap. 4 zur Frage nach den biologischen und hirnfunktionalen Voraussetzungen für Sprachenlernen. Die Kap. 5 bis 6 behandeln methodische Aspekte; Kap. 5 stellt die Grundbegriffe vor, mit denen Sprachenlernen beschrieben wird; Kap. 6 Verfahren zur Beobachtung von Lernern sowie zur Auswertung solcher Beobachtungen.

1. Einige Beobachtungen von zentraler Bedeutung

Es ist aus mehreren Gründen zweckmäßig, allen Erörterungen leitmotivisch drei grundlegende typische Beobachtungen voranzustellen. Einerseits sind sie von Laien und Sachkennern in der Vergangenheit nicht immer hinreichend gewürdigt worden, obwohl sie für die gesamte Einschätzung der Art, wie Sprachen gelernt werden, von entscheidender Bedeutung sind. Zum anderen erleichtert es die Lektüre des Buches, wenn in den entsprechenden Zusammenhängen verkürzend an diese Beobachtungen erinnert werden kann. Sie sind typisch in dem Sinne, daß man dergl. nicht nur bei einem, sondern bei vielen Lernern beobachtet hat und daß Vergleichbares nicht nur bei kleinen Kindern zu registrieren ist. Entsprechend sollen diese Beobachtungen verdeutlichen:

- daß sich Lerner die Zielsprache aus dem sprachlichen Input, den sie registrieren, *kreativ* erschließen;
- daß Lerner dabei auch sprachliche Strukturen entwickeln, die nicht aus der Sprache ihrer Umgebung entnommen sein können;
- und daß die Vorgänge, die sich während des Lernvorganges im Gedächtnis abspielen, *nicht bewußt* gesteuert bzw. steuerbar sind.

1.1 Denn wir wissen nicht, was wir tun

Soweit keine besonderen, vor allem physiologische Beeinträchtigungen Menschen daran hindern, lernt jeder im Laufe seines Lebens viele Dinge, ohne zu wissen und ohne angeben zu können, nach welchen Gesetzmäßigkeiten dies geschieht. Wir lernen gehen, ohne die komplizierten physikalischen Gesetzmäßigkeiten der Schwerkraft, der Gleichgewichtssteuerung, der Motorik oder der Fortbewegung zu kennen, geschweige denn sie erklären zu können. Wir lernen hören, ohne daß wir die Gesetze der Akustik kennen. Wir lernen sehen ohne Kenntnis darüber, wie die Lichtwellen, die durch unsere Pupillen auf die Netzhaut treffen, letztlich im Gehirn weiter verarbeitet werden. Ganz anders funktioniert z.B. das Lernen von physikalischem, mathematischem oder historischem Wissen. In diesen Bereichen kann nur gelernt werden, indem der Stoff zum Gegenstand von Reflexion gemacht wird. Es gibt offensichtlich mindestens zwei verschiedene Arten von Lernen: eine erfolgt *unbewußt*, die andere *bewußt*. Das unbewußte Lernen entzieht sich der Bewußtbarmachung und ist auch durch – bewußte – Anweisung nicht zu beeinflussen. Schließlich lernt beispielsweise niemand dadurch gehen, daß ihm die physikalischen Gesetzmäßigkeiten von Schwerkraft, Schwerpunktverlagerung, optimalen Neigungswinkeln der Gliedmaßen und dergl. erläutert werden. Andererseits werden in jenen Bereichen, die dem bewußten Lernen unterliegen, die Inhalte erst durch Reflexion geschaffen. Das bedeutet nicht, daß die Zusammenhänge, die dem unbewußten Lernen unterliegen, nicht auch zum Gegenstand von Reflexion gemacht werden könnten. Wissenschaftler tun es. Nur ist das Erlernen dieser Bereiche durch den einzelnen nicht auf den Fortschritt und die Erklärungen der Wissenschaften angewiesen. Im Gegenteil, z.B. ist es erst in den letzten 30 - 40 Jahren gelungen, die Vorgänge des Sehens im Hinblick auf die zugrundeliegenden hirnphysiologischen Sachverhalte zu erforschen.

In der Kindersprachforschung ist schon sehr früh darauf hingewiesen worden, daß Kinder ihre Muttersprache unbewußt lernen. Sie fragen nicht nach Regeln; sie richten sich nicht nach den Belehrungen, Erklärungen und Belobigungen von Eltern und Erziehern; und sie sind schon gar nicht in der Lage zu erklären, wie sie ihre Sprache lernen. Aufgrund der Forschungen zum Erlernen einer zweiten Sprache außerhalb des Fremdsprachenunterrichts, z.B. durch Gastarbeiter oder deren Kinder, läßt sich heute sagen, daß sie wie kleine Kinder, die ihre Muttersprache lernen, auch keinerlei – sachlich zutreffende – Kenntnis darüber besitzen, wie sie sich die zweite Sprache aneignen. Diese Art und Weise, eine Sprache zu lernen, muß daher zum Bereich des unbewußten Lernens gerechnet werden. Auch hier gilt, was oben am Beispiel des Sehenlernens angedeutet wurde. Menschen haben seit Jahrtausenden Sprachen gelernt, ohne daß nähere Erkenntnisse über die Struktur menschlicher Sprachen zur Verfügung standen. Schließlich ist selbst die moderne Linguistik noch weit entfernt davon, eine Sprache in allen ihren Einzelheiten beschreiben zu können. Das Erlernen einer Sprache ist daher weder auf voll bewußte Kenntnis ihres Aufbaus noch auf die bewußte Vermittlung von Regeln angewiesen. Sprachunterricht in der Schule, sei es Muttersprachenunterricht oder Fremdsprachenunterricht, fußt aber gerade darauf, die betreffende Sprache dadurch zu lehren, daß man den Lernvorgang bewußt macht, indem die Lerninhalte erklärt und Regeln gegeben werden.

In diesem Zusammenhang gewinnen die jüngsten Forschungen zum Erwerb einer zweiten Sprache unter natürlichen, d.h. unter nichtschulischen Bedingungen, große Bedeutung. Vergleiche zwischen Schülern im Fremdsprachenunterricht und Lernern, die eine zweite Sprache unter natürlichen Bedingungen erwerben, zeigen, daß jene Fähigkeiten, die Lerner unter natürlichen Bedingungen für das Meistern einer Sprache aktivieren, auch im Fremdsprachenunterricht zur Verfügung stehen und dort auch tatsächlich wirksam werden. Anders als wenn man sehen, hören oder gehen lernt, zeichnet sich für Sprachenlernen ab, daß bewußtes und unbewußtes Lernen vorkommen können. Die entscheidende, z.Zt. noch nicht geklärte Frage ist dabei, ob beide Arten zu lernen einander ergänzen, ob die eine die andere überspielt oder ob es zu einem Konflikt kommt, der den Lerner möglicherweise behindert.

Wolfgang Butzkamm (1981) hat darauf hingewiesen, daß sich das Erlernen einer Sprache, differenziert nach bewußtem gegenüber unbewußtem Lernen, einordnen läßt in die Unterscheidung zwischen *ratiomorph* und *rational*, die Konrad Lorenz (z.B. 1973) vornimmt. *Ratiomorphes* Lernen erfolgt unbewußt, *rationales* bewußt. „Jeder normale Mensch kann sprechen, aber nur ein paar Spezialisten wissen, wie man es macht und was dabei vorgeht." (Butzkamm 1981: 150) Das Erlernen einer Sprache als ratiomorphes Lernen stellt daher unter den bislang im gesamten Bereich der Arten und Gattungen nachgewiesenen Lernweisen nichts Besonderes dar. Und daß Sprachenlernen – primär – ratiomorph erfolgt, ist vom Standpunkt der Evolution und des Überlebens durchaus sinnvoll. Je komplizierter der Gegenstand, desto länger dauert es, ehe man ihn rational voll durchschaut und damit rationalem Lernen zugänglich machen kann. Niemand könnte eine Sprache ganz lernen, wenn er sie zunächst rational voll analysieren müßte; genauso wenig wie jemand je sehen lernen würde, wenn er zuvor die gesamten Abläufe rational ermitteln sollte.

1.2 Die Kreativität des Lerners: Spracherwerb als Testen von Hypothesen

Es ist wichtig, sich klar zu machen, daß aus der Tatsache, daß Sprachen ratiomorph gelernt werden, nicht folgt, daß dies völlig wahllos ohne innere Gesetzmäßigkeit geschieht. Gerade die Fehler, die Lerner machen, verraten, daß der gesamte Lernvorgang gewissermaßen einer inneren Systematik folgend abläuft, daß diese nur begrenzt zu beeinflussen ist und daß Lerner sich die Zielsprache erschließen und dabei nicht nur passiv das Gehörte auf sich wirken lassen, sondern es aktiv, sogar kreativ umsetzen. Es scheint, als leiteten Lerner – unbewußt – aus dem, was sie hören, *Hypothesen* über die Struktur der Zielsprache ab, als überprüften sie diese Annahmen systematisch und änderten sie schrittweise, bis sie sich mit der Struktur der Zielsprache decken. Dazu vier typische Beispiele:

Beispiel 1

Wenn Kinder *Deutsch als Erstsprache* lernen, sprechen sie Vokabeln wie *Stadt* eine Zeitlang als [tat]. Versucht man, sie zu korrigieren und sagt ihnen sinngemäß, es heiße nicht [tat] sondern [ʃtat], so kann man von ihnen mit dem Hinweis zurechtgewiesen werden, sie wüßten längst, daß es nicht [tat] heiße, und im übrigen sagten sie auch gar nicht [tat], sondern [tat]. Man erkennt, das Kind orientiert sich an der Zielsprachenvokabel *Stadt*; es hat bereits gemerkt, daß der Anlaut /ʃ–/ sein muß; nur kann es ihn selbst noch nicht produzieren, obwohl es glaubt, dergleichen zu tun. In einer solchen Situation hilft weder Zureden noch Belohnung. Das Kind wird eine Zeitlang bei der Aussprache [tat] bleiben, bis es von sich aus ohne Belohnung, ohne Nachhilfe und vor allem ohne Strafandrohung zur Aussprache /ʃtat/ kommt. Es bedarf einfach einer gewissen Zeit der Entwicklung, bis das Kind diese Stufe erreicht.

Beispiel 2
Wenn deutsche Kinder *Englisch als Zweitsprache* unter nichtschulischen Bedingungen lernen, so ersetzen sie das anlautende retroflexe /r/ wie im Ortsnamen *Redding* anfangs durch [w], so daß die kindliche Aussprache für *Redding* wie die Zielaussprache für *wedding* (Hochzeit) klingt. Selbst 7–10jährige Kinder kann man analog zum ersten Beispiel weder durch Strafandrohung, noch Belohnung, noch durch bewußte Korrektur dazu bringen, diese fehlerhafte Aussprache zugunsten einer zielgerechten aufzugeben. Auch hier bedarf es einer Entwicklungszeit, ehe das Kind von selbst dazu findet.

Beispiel 3
Äußerungen wie *ich bin nicht ein Blödmann* für *ich bin kein Blödmann* kann man nicht nur von kleinen Kindern hören, die Deutsch als Erstsprache lernen, sondern auch von erwachsenen Gastarbeitern, die sich mit Deutsch als zweiter Sprache mühen. Ähnlich wie bei den beiden ersten Beispielen kann man nicht davon ausgehen, daß diese Art von Äußerungen den Lernern direkt beigebracht wurden. Kinder wie Erwachsene, Erst- wie Zweitsprachensprecher tun es, obwohl die Zielsprache, vor allem das, was sie täglich hören, anders strukturiert ist. Auch hier kann man schließen, daß die Art dieses Fehlers durch die Funktionsweise jener Fähigkeiten bedingt sein muß, mit deren Hilfe sich der Lerner aktiv eine Sprache erschließt.

Beispiel 4
Parallel zum dritten Beispiel kann man Äußerungen wie *me no close the window* für *I'm not going to shut the window* (ich mache das Fenster nicht zu) nicht nur von kleinen Kindern hören, die Englisch als ihre Erstsprache lernen, sondern auch unter Erwachsenen, die sie als Zweitsprache erwerben. Wieder muß man davon ausgehen, daß solche Äußerungen nicht direkt gehört werden, sondern ein Reflex der Funktionsweise jener Fähigkeiten sind, mit denen sich Lerner die Zielsprachen erschließen. Ferner sind solche Fehler nicht einfach durch Erklären, Belohnen oder Strafandrohung zu beseitigen. Ja, sie kehren selbst im Fremdsprachenunterricht wieder – gewissermaßen den Lehrverfahren zum Trotz.

Auf diese vier Beispiele wird oft verwiesen werden, wenn die derzeit verfügbaren Theorien über Spracherwerb, Datenerhebungsverfahren und andere Aspekte kritisch überprüft werden. Diese Theorien taugen nur, wenn gewährleistet ist, daß derartige Fehlertypen erfaßt werden. Man erkennt leicht, daß Lernerfehler methodisch ein ganz wichtiges Hilfsmittel sind. An ihnen zeigt sich viel besser als an zielgerechten Äußerungen, was ein Lerner bereits weiß und was nicht; ob beim Lernen imitiert, also aus der Sprache der Umgebung direkt entnommen wird oder ob etwas Vernommenes verarbeitet und ggf. umgeformt wird. Schließlich liefern Fehler die aussagekräftigsten Indizien für Rückschlüsse auf die Funktionsweise jener kognitiven Systeme, mit deren Hilfe sprachlicher Input zum Zwecke des Lernens verarbeitet wird. Diese Systeme bzw. die ihnen zugrundeliegenden Fähigkeiten sind es letztlich, die die Kreativität des Lerners ausmachen. Ihre Funktionsweise zu durchschauen ist der Schlüssel zur Frage nach der Lern- und Lehrbarkeit von Sprachen.

1.3 Das logische Rätsel: unzulänglicher Input

Wie kann man eine Sprache lernen, wenn man sie sich aus dem, was man hört, erschließen soll, dieser Input aber dafür nicht im hinreichenden Maße geeignet ist? Dies ist die Kernfrage eines in der Spracherwerbsforschung ehrwürdigen Problems. Noam

Chomsky (1965) hat es wieder aufgegriffen. In jüngster Zeit wird es von Forschern generativer Ausrichtung unter dem Schlagwort des logischen Problems des Spracherwerbs (Hornstein/ Lightfoot 1981) intensiv diskutiert. Es wird mit drei Annahmen begründet:

Entstellter Input: Die Sprache, die Lerner um sich herum hören, enthält nicht nur im Sinne der Zielsprache zielgerechte Äußerungen, sondern auch eine Fülle von Unzulänglichkeiten wie Versprechen, unvollendete Äußerungen, verzerrende Pausen, gedanklich Unvollendetes und Ungereimtes, Wechsel des Themas innerhalb eines Satzes und vieles andere mehr. Kurzum, aus der Sprechweise, die Lerner hören, können sie sich die Regeln der Zielsprache nur dann erschließen, wenn ihnen zusätzlich Hilfen gegeben werden, die es gestatten, diejenigen Äußerungen zu identifizieren, die als Vorlagen für die Hypothesenbildung in Frage kommen. Woher soll der Lerner sonst wissen, welches die zielgerechten Äußerungen sind?

Im Input nicht vorhandene Strukturen: Kompetente Sprecher beherrschen auch Strukturen, die sie nicht direkt aus der Sprechweise ihrer Umgebung gelernt haben können, weil sie dort entweder nicht vorkommen oder weil die situative Konstellation keine ausreichenden Hinweise bereitstellt, an denen sich der Lerner, z.B bei mehrdeutigen Äußerungen, orientieren kann.

Negative Evidenz: Eine Art von Hilfe für den Lerner wäre negative Evidenz in Form von Hinweisen, was er falsch macht bzw. wie es richtig zu lauten hat. Manche Eltern und Sorgepersonen tun dies zwar durchaus, aber Beispiel 1 zeigt, daß Lerner darauf kaum oder gar nicht ansprechen. Kinder sind daher primär auf positive Evidenz angewiesen. Auf negative Evidenz können sie bestenfalls indirekt zurückgreifen, indem sie vergleichen, wie weit ihre eigenen Äußerungen von denen im Input abweichen.

Innerhalb der generativen Grammatik wurde das logische Problem des Spracherwerbs anfangs mit Bezug auf kleine Kinder, die ihre erste Sprache lernen, diskutiert (Chomsky 1965, 1976; White 1981). Erst in jüngster Zeit wird es auf den natürlichen Zweitsprachenerwerb bei Kindern und Erwachsenen ausgeweitet, namentlich dank Lydia White (z.B. 1983, 1985). Allerdings erscheinen die drei Annahmen in manchen Punkten überzogen. Sie müssen zurechtgerückt werden.

Entstellter Input

Niemand spricht druckreif und fehlerfrei. Deshalb kann das, was Lerner hören, nicht fehlerfrei sein. Entsprechend hat Noam Chomsky wiederholt beklagt, daß der sprachliche Input grundsätzlich zu unzulänglich sei, als daß sich Lerner aus ihm die Struktur der Zielsprache erschließen könnten. Chomsky spricht von *entstelltem (deviant)* Input (z.B. 1965:200f., 1976:22), ohne zu spezifizieren, in welcher Weise der Input entstellt ist. Von anderen Forschern sind Chomskys Formulierungen so gedeutet worden, daß der Input viele Fehler, Versprecher, sinnentstellende Pausen und ungrammatische oder unvollendete Sätze enthält. Diese Interpretationen haben eine Flut von Studien ausgelöst, in denen das sprachliche Verhalten von Eltern und Kontaktpersonen untersucht wird, wenn sie mit Lernern sprechen. Insgesamt ergibt sich hieraus, daß Chomskys Annahmen nur in abgeschwächter Weise zutreffen. In Kap. 11 wird näher gezeigt, daß sich Kontaktpersonen generell in allen Lernsituationen höchst subtil dem sprachlich und ggf. intellektuell geringerem Niveau ihrer Gesprächspartner anpassen können und es häufig auch tun. Diese Anpassungen sind alles andere als chaotisch: Fehler kommen beträchtlich weniger als normalerweise vor; die Gedankenführung ist deutlich kohärenter; Kontaktpersonen vergewissern sich sogar oft, daß ihr Gesprächspartner die Mitteilung verstanden hat – kurzum, der Lerner ist in viel konstanterer Weise als von Chomsky unterstellt, sprachgerechtem Input ausgesetzt.

Im Input nicht vorhandene Strukturen

Zur Illustration dienen vorzugsweise komplexe syntaktische Strukturen. Hornstein/Lightfoot (1981) wählen das Beispiel der englischen Pronomina *one, one's* (ein, eine, eines). Diese Argumentationsweise läßt sich aufs Deutsche übertragen. Vgl. die Satzpaare (a-b):

(a1) Kirsten hat einen Hut, und ich habe auch einen.
(a2) Kirsten hat einen alten Hut, und ich habe auch einen.
(b1) Kirsten has a hat and Heidi has one, too.
(b2) Kirsten has an old hat and Heidi has one, too.

Die Sätze (a1) und (b1) sind eindeutig. Die Pronomina *einen* bzw. *one* nehmen die nominale Gruppe *einen Hut* bzw. *a hat* wieder auf. Die Sätze (a2) und (b2) sind mehrdeutig, da *einen* bzw. *one* sich entweder auf die gesamte nominale Gruppe *einen alten Hut* bzw. *an old hat* oder nur auf *Hut* bzw. *hat* allein beziehen kann. Kompetente Sprecher beherrschen diese Regel; sie erkennen die Mehrdeutigkeit. Ein Kind, so Hornstein/Lightfoot, kann sie nur lernen, wenn sie ihm entweder erklärt wird oder wenn es auf eine Situation stößt, in der (a1) und (a2) bzw. (b1) und (b2) direkt in Verbindung mit den entsprechenden Personen und Objekten vorkommen. Hornstein/Lightfoot meinen, es sei höchst unwahrscheinlich, daß ein Lerner auf solche Situationen treffe. Die Kenntnis der Regel könne daher nicht allein aus dem Input gewonnen werden.

Das logische Problem darf nicht nur an komplexen syntaktischen Strukturen, die kompetente Sprecher beherrschen, festgemacht werden. Schließlich läßt sich jederzeit einwenden, daß niemand verläßlich zeigen könne, daß solche Situationen nicht doch eingetreten sind. An den entwicklungsspezifischen Fehlern wie in Kap. 1.2. stellt sich das Problem viel schärfer. Entwicklungsspezifische Fehler kommen in allen Spracherwerbstypen vor. Untersuchungen zur Struktur von Input und den sprachlichen Anpassungen an Lerner zeigen, daß diese Anpassungen eben nicht darin bestehen, daß die Gesprächspartner und Kontaktpersonen sich der entwicklungsspezifischen Strukturen von Lernern bedienen, wenn sie mit ihnen sprechen. Das wird besonders deutlich an den in späteren Kapiteln noch zu besprechenden Interferenzen. Sie können als Paradebeispiel für im Input nicht vorgegebene entwicklungsbedingte Strukturen dienen.

Negativer Input

Selbst wenn man den Fremdsprachenunterricht mit einschließt, stellt negativer Input ein Problem dar, denn im Unterricht wird manches gelernt, ohne daß es als Gegenstand überhaupt eingeführt wird: Nicht jeder Fehler wird korrigiert; vieles vermittelt sich, ohne daß mit negativer Evidenz nachgeholfen wird; und in vielen Fällen fruchten Erläuterungen und Illustrationen von Fehlerhaftem und Zielgerechtem - leider - sehr wenig.

Positiver Input: das Projektionsproblem

Wie nützlich negativer Input sein könnte, wird am sogenannten *Projektionsproblem* (Peters 1972a, Baker 1979) deutlich. Wer englische Sätze wie *John had to help his grandmother* und *John had to help his old cow* (John mußte seiner Großmutter/alten Kuh helfen) hört, könnte annehmen, daß alle englischen Verben mit der Bedeutung ‚helfen' genauso gebraucht und die syntaktischen Eigenschaften von *help* auf andere Verben mit der Bedeutung ‚helfen' projiziert werden könnten. Das trifft aber weder auf *assist* noch auf *aid* zu. Sie bedeuten zwar beide ‚helfen', aber dulden als Objekte nur Bezeichnungen für Menschen. Man erkennt: Aus positiver Evidenz läßt sich nicht verläßlich schließen, welche Äußerungen unmöglich sind. Andererseits wäre es für Lerner sehr hilfreich, wenn sie über ein Verfahren verfügten, das es ihnen generell ermöglichen würde, nur in der zulässigen Weise von gehörten auf noch nicht gehörte, aber mögliche Äußerungen zu schließen. Ein solches Projektionsverfahren ist bislang nicht nachgewiesen.

Die Darstellung des logischen Problems ist in der generativen Transformationsgrammatik überzogen, zu einseitig auf kleine Kinder ausgerichtet und spracherwerbsbezogen ungenügend untermauert. Alle Altersgruppen und Spracherwerbstypen müssen berücksichtigt und entwicklungsspezifische Lernerstrukturen einbezogen werden. So würde noch deutlicher, daß eine der zentralen Aufgaben der Spracherwerbsforschung darin besteht, zu ermitteln, wie Lerner zur Beherrschung von Strukturen kommen, die sie nicht direkt aus dem sprachlichen Angebot ihrer Umgebung entnehmen können (Einzelheiten in Kap. 3).

1.4 Spracherwerb als Verarbeitung von sprachlichem Input

Das Diagramm in Abb. 1.1 bietet einen ersten, wenn auch schlichten Rahmen zur Groborientierung. Schon die in Kap. 1.2 besprochenen entwicklungsspezifischen Fehler zeigen deutlich, daß der Sprachlernvorgang nicht als bloßes Imitieren und ganzheitliches Reproduzieren vorgegebener Äußerungen aufgefaßt werden kann. Im Gegenteil, die Kreativität des Lerners besteht darin, aus dem *Input* auszuwählen und das Ausgewählte eigenständig zu verknüpfen. D.h., der Lerner verarbeitet die registrierten sprachlichen Signale, ehe sie ihm für die eigene Verwendung zur Verfügung stehen. Die entscheidende Einsicht ist, daß hier eine Ver- und Aufarbeitung des Input stattfindet, als deren Ergebnis letzten Endes eine Speicherung sprachlicher Informationen in Form von *mentalen Repräsentationen* im Gedächtnis erfolgt. Sie dienen dem Lerner für das Produzieren und Verstehen von Äußerungen in der Zielsprache. Beide sind als *Output* in Abb. 1.1 zusammengefaßt; die gespeicherte Information über die Zielsprache bildet aber auch die Grundlage, auf der der Lernvorgang fortgeführt wird. Die mehr oder minder fehlerhaften Leistungen des Lerners sind das Produkt dieser Verarbeitungsvorgänge und damit ein Indiz für zweierlei: für den jeweils erreichten Entwicklungsstand und für die Funktionsweise der Verarbeitungsprozesse.

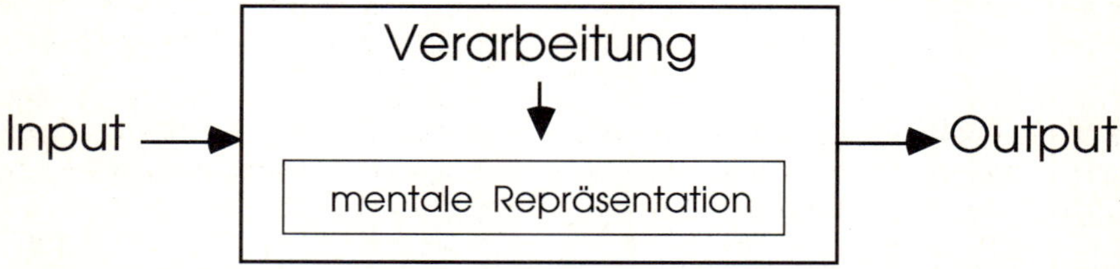

Abb. 1.1: Groborientierungsrahmen für den Sprachlernvorgang. Die Sprache, der der Lerner ausgesetzt ist, ist der *Input*. Er wird *verarbeitet*. Aus dem Input erschließt der Lerner sich das System der Zielsprache. Sein jeweiliger Kenntnisstand bildet die Grundlage für seine sprachlichen Leistungen, den *Output*.

Gleichgültig, um welchen Spracherwerbstyp es sich handelt, gilt das zentrale Anliegen der Spracherwerbsforschung der Ermittlung und genauen Beschreibung der Verarbeitungsvorgänge. Sie lassen sich nicht direkt beobachten, sondern müssen durch Vergleich von L-out und L-in erschlossen werden. Beispielsweise läßt eine Aussprache [tat] für *Stadt* erkennen, daß der Lerner zunächst aus dem gesamten Schallkomplex /ʃtat/ den Teil [tat] registriert hat. Das anlautende /ʃ–/ ist entweder anfangs nicht bemerkt worden, oder der Lerner hat es nicht einordnen können, so daß /ʃ–/ in seiner eigenen Produktion fehlt. Später erkennt der Lerner dies; er kann /ʃ–/ auch bereits beim Hören identifizieren, obwohl es in der eigenen Produktion noch fehlt. Zu diesem Zeitpunkt muß der Lerner daher in dem Bereich, in dem letzten Endes derartige Informationen gespeichert sind, bereits eine mentale Repräsentation des gesamten zielsprachigen Schallkomplexes /ʃtat/ besitzen. Dies läßt sich daraus erschließen, daß Kinder auf entsprechende Vorhaltungen hin protestieren, wie es in Kap. 1.2 geschildert wurde. Sie verwahren sich nämlich gegen Unterstellungen, sie wüßten nicht, daß eine Vokabel wie Stadt nicht als [tat] zu sprechen sei. Ihre eigene, fehlerhafte Aussprache [tat] verrät jedoch sehr deutlich, daß noch weitere Verarbeitungsschritte erforderlich sind, ehe die mentale Repräsentation /ʃtat/ auch vom Lerner zielgerecht realisiert werden kann.

Im Sinne von Abb. 1.1 ist der Output am leichtesten empirischen Untersuchungen zugänglich. Auch ist es relativ einfach, festzustellen, welcher Art von Input ein Lerner in der Regel ausgesetzt ist, z.B. wie die Eltern mit dem Kind sprechen oder wie sich erwachsene Arbeitskollegen gegenüber einem Gastarbeiter am Arbeitsplatz verhalten. Entscheidend an dieser Beobachtung ist, daß geprüft wird, ob und in welcher Weise die Verarbeitungsprozesse des Lerners auf Besonderheiten der Inputsituation abgestimmt sind.

Beispiel:
Es gibt viele Beobachtungen, die zeigen, daß sich Lerner nicht immer an denjenigen Merkmalen, die am häufigsten in der Inputsituation vorkommen, orientieren. Ein deutschsprachiges Kind aus dem Kieler Korpus (Kap. 2.3) gebrauchte eine Zeitlang die Vokabel *euer*, wenn es *unser* meinte. Man kann davon ausgehen, daß ein Kind täglich dutzendfach Situationen erlebt, in denen Dispute um *dein* oder *mein* bzw. *unser* oder *euer* geführt werden. Kleine Kinder wissen schon früh sehr genau, was wem gehört, auch wenn sie es nicht immer ohne weiteres zugeben und sich deshalb lange streiten. Das genannte Kind muß daher die Vokabel *euer* in einer Situation aufgeschnappt haben, in der es entweder die Besitzverhältnisse oder die Intentionen der beteiligten Sprecher falsch eingeschätzt hat. Dergleichen kommt selten vor. Als das hier zitierte Kind auf diese Situation traf, muß es in seiner Entwicklung gerade so weit gewesen sein, daß es das Possessivpronomen der 1. Person Plural erwerben konnte. Es griff zu und war ein halbes Jahr lang nicht davon abzubringen, *euer* gegen *unser* auszuwechseln. Wichtig an dieser Beobachtung ist, daß das Kind, obwohl es in seiner Umgebung niemanden hatte, der *euer* im Sinne von *unser* verwendete und obwohl es nur Sprecher hörte, die *unser* im Sinne von *unser* gebrauchten, ein halbes Jahr bei seiner eigentümlichen Verwendung von *euer* blieb.

Abb. 1.1 ist hochgradig vereinfacht. Schon gar nicht ist es als ein Modell des Spracherwerbs zu werten. Eingehen müßten weitere Hinweise über die Besonderheiten der Lernsituation, der Persönlichkeitsmerkmale und der sozialen Bedingungen, innerhalb derer sich Spracherwerb vollzieht. Letzten Endes wäre ein solches Diagramm auszudeuten im Hinblick auf die gesamte Interaktion, innerhalb derer Spracherwerb erfolgt. In den folgenden Kapiteln wird einiges dazu nachgetragen.

1.5 Steuerung

Wie wird der Lernvorgang beim Sprachenlernen gesteuert bzw. wie steuert er sich selbst? Einerseits kann ein Organismus nur das lernen, wozu ihn seine Lernfähigkeiten in die Lage versetzen. Sie müssen *endogen*, d. h. im Organismus verfügbar sein. Andererseits lernt eine Sprache nur, wer entsprechenden Input von außen erhält. Sprachenlernen erfolgt interaktionistisch, d. h. in einem – letztlich sehr vielschichtigen – Wechselspiel zwischen *endogenen* und *exogenen*, d.h. von außen einwirkenden Faktoren. Einzelheiten werden in Teil C referiert. Für das Verständnis der Teile A bis B ist es jedoch wichtig, die Grundzüge der Steuerung vorab zu veranschaulichen. Dabei geht es nicht um die Frage, ob *nur exogen* oder *nur endogen* gesteuert wird, da Lernen, wie eben erläutert, interaktionistisch erfolgt. Die Frage ist, welche Aspekte des Lernvorganges exogen und welche endogen gesteuert werden.

Zur Veranschaulichung ein abstraktes **Beispiel:**
Gelernt werden soll die Menge a, b, c, d. Die vier Elemente werden den Lernern in vier verschiedenen Anordnungen dargeboten. Aus der Abfolge, in der die Elemente gelernt werden, sollen Rückschlüsse auf die Steuerungsvorgänge gezogen werden:

(1) a, b, c, d werden den Lernern zur gleichen Zeit angeboten; gemeistert werden sie gleichzeitig oder in beliebiger Reihenfolge.

(2) a, b, c, d werden in der Reihenfolge a vor b vor c vor d angeboten. Lerner erfüllen die Aufgabe in der Reihenfolge, wie die Elemente angeboten wurden, also a vor b vor c vor d.

(3) a, b, c, d werden gleichzeitig angeboten, von den Lernern aber in einer extern nicht vorgegebenen Reihenfolge b vor c vor a vor d gelernt.

(4) a, b, c, d werden gleichzeitig angeboten. Die Lerner meistern sie, indem sie mit d beginnen; danach erscheint ein Element x, das in dieser Form nicht direkt in der zu lernenden Menge vorgegeben ist; danach c; danach a; und erst am Schluß b, und zwar so, daß mit dem Erscheinen von b das frühere Element x weniger verwendet wird und letztlich nicht mehr vorkommt.

Aus den Fällen (1) - (2) lassen sich keine besonderen Rückschlüsse über die Steuerung durch endogene Faktoren begründen. Die exogene Steuerung dominiert im Hinblick darauf, was gelernt wird und wie es gelernt wird. In (1) ist die Reihenfolge des Erwerbs beliebig; in (2) entspricht sie der exogen vorgegebenen. Bei (1) - (2) spricht nichts gegen die Annahme, daß die Erwerbsfolge exogen gesteuert sei. Fall (3) liegt anders. Was gelernt wird, entspricht der exogenen Vorgabe und wird folglich exogen gesteuert. Anders verhält sich die Abfolge, in der gelernt wird. Sie entspricht nicht der Reihenfolge, in der die Elemente angeboten werden. In dieser Hinsicht dominiert die endogene Steuerung, da sie die Erwerbsabfolge bestimmt. Fall (4) ist der komplexeste im Hinblick auf das Ineinandergreifen von endogenen und exogenen Faktoren. Der Beitrag der exogenen Faktoren liegt darin, daß letzten Endes nur gelernt wird, was auch tatsächlich im Input angeboten wird. Die endogene Steuerung liegt darin, daß eine exogen nicht vorgegebene Abfolge im Lernvorgang sichtbar wird und daß als Vorstufe zum zielgerechten Erwerb der exogen angebotenen Elemente ein zusätzliches Element x auftritt, das in dieser Form im ursprünglichen Input nicht auftritt, d.h., anders als in den Fällen (1) - (3) werden die zu lernenden Elemente nicht, wie im Input vorgegeben, unverändert übernommen, sondern der Lernmechanismus führt dazu, daß ein Element als Zwischenprodukt auftritt. Da x nicht direkt aus der Konstellation der exogenen Faktoren begründbar ist, bleibt nur die Möglichkeit, es aus den Gesetzmäßigkeiten der endogenen Steuerung heraus zu erklären.

Für alle vier oben genannten Fälle lassen sich Beispiele aus unterschiedlichen Bereichen des Spracherwerbs finden. (1) - (2) betreffen jene Fälle, in denen fehlerlos gelernt wird; (3) - (4) jene, in denen sich entwicklungsspezifische Besonderheiten beobachten lassen. Beispielsweise wird in der Regel im Fremdsprachenunterricht wie im natürlichen Zweitsprachenerwerb die Bedeutung von Eigennamen – Personen oder Orten – gelernt, ohne daß es zu nennenswerten Fehlleistungen kommt. Werden mehrere – wie im Fall (1) – zugleich angeboten, so werden sie meist zielgerecht gleichzeitig oder in beliebiger Reihenfolge gelernt. Werden – wie im Fall (2) – Namen mit zeitlichem Abstand gegeben, so werden sie in dieser Reihenfolge nacheinander gemeistert. Doch schon die Aussprache dieser Namen führt, wie jedermann weiß, meist zu Schwierigkeiten mannigfaltiger Art. Bezieht man weitere Strukturbereiche mit ein, also weitere Wortarten, Wortbildung, Syntax, Diskurs, Pragmatik oder Phonetik, so können die Fälle (1) - (2) nicht als Modell für das Erlernen einer ganzen Sprache betrachtet werden, weil das Ausbleiben entwicklungsspezifischer Fehler eher die Ausnahme als die Regel ist. Aber diese Art von Fehlern ist ein Charakteristikum des Sprachenlernens, gleichgültig, ob es innerhalb oder außerhalb der Schule geschieht.

Fall (3) berücksichtigt die aus allen Spracherwerbstypen einschließlich des Fremdsprachenunterrichts bekannte Tatsache, daß nicht alles, was angeboten, auch sogleich gelernt wird. Lerner verarbeiten den Input *selektiv*, d.h., sie wählen aus, was jeweils gelernt wird. Allerdings bildet auch Fall (3) Sprachenlernen nicht adäquat ab. Angemessen ist (3) nur im Hinblick darauf, daß die Reihenfolge des Erwerbs nicht der Abfolge im Input zu entsprechen braucht; nicht adäquat ist (3), weil die zielsprachlichen Elemente eben nicht stets fehlerlos, d.h. so wie im Input vorgegeben, gelernt werden. Da aber nichts gelernt werden kann, wofür nicht entsprechende Lernfähigkeiten vorhanden sind, sind es letztendlich die endogenen Gesetzmäßigkeiten, die bestimmen, wie das exogen präsentierte Lernmaterial internalisiert wird, und zwar im erläuterten interaktionistischen Sinne.

1.6 Anregungen für eigene Beobachtungen

Zur Einstimmung empfiehlt es sich, ein Gespür für entwicklungsspezifische Lernerfehler zu entwickeln. Eine Möglichkeit besteht z.B. darin, Kindern im Alter von 2;0 bis 3;0 beim Spiel zuzuhören. Der Besuch bei Bekannten, an einer Sandkiste oder im Kindergarten kann sehr hilfreich sein. Ähnlich schnell gewinnt man einen Eindruck über die entwicklungsspezifischen Fehler beim natürlichen Zweitsprachenerwerb, wenn man zwanglos mit Gastarbeitern spricht oder ihnen beim Umgang mit Behörden zuhört.

2. Der Gegenstandsbereich einer Spracherwerbstheorie

Eine Spracherwerbstheorie muß beschreiben und erklären, *wie* Sprachen gelernt werden. Von welcher Art sind jene Fähigkeiten, die den Menschen in die Lage versetzen, menschliche Sprachen zu lernen? Bilden diese Fähigkeiten ein einziges System, das in gleicher Weise für jede Art von Sprachenlernen zur Geltung kommt, oder gibt es für jeden Sonderfall ein eigenes System, das von den jeweils anderen völlig separat ist und unabhängig operiert? Diverse Gründe machen die erste Alternative plausibler. Als methodische Grundlage für den entsprechenden Nachweis dient die Unterscheidung von Spracherwerbstypen. Das sind durch die Lernsituation abgrenzbare, unterschiedliche Arten, eine Sprache zu lernen, z.B. das Erlernen einer ersten Sprache gegenüber einer zweiten oder Sprachenlernen im Unterricht gegenüber natürlichem Spracherwerb. Die Unterscheidung einzelner Spracherwerbstypen bietet den Anlaß für einen kurzen historischen Rückblick auf die Entwicklung der Spracherwerbsforschung. Danach wird das zentrale Erkenntnisinteresse durch drei Fragen aufgegliedert:

- Was wird gelernt, wenn eine Sprache gelernt wird?
- Wie geschieht dies?
- Warum werden Sprachen gelernt?

2.1 Die menschliche Sprachlernfähigkeit

Menschen können Sprachen unter ganz verschiedenen Bedingungen lernen. Man kann mehrere Sprachen und Dialekte gleichzeitig oder zeitversetzt lernen; man kann Sprachen vergessen und sie wieder erlernen; man kann dies mit oder ohne Zuhilfenahme von schulischen Lehrverfahren tun; ja selbst trotz Blindheit oder Taubheit können Menschen Sprachen lernen. Die Fähigkeit, Sprachen zu lernen, ist gattungsspezifisch. Bislang ist kein Tier bekannt, das eine menschliche Sprache in ihrer vollen Komplexität gelernt hat. Besonders deutlich machen dies Experimente, in denen versucht wurde, Schimpansen und Gorillas eine menschliche Sprache beizubringen. Diese Versuche wurden auf methodisch sehr hohem Niveau durchgeführt. Aus ihnen wird deutlich, daß trotz enormem Trainingsaufwand lediglich elementare Rudimente einer menschlichen Sprache gelernt werden bzw. gelernt werden können (s.a. Kap. 3.1). Spracherwerb ist folglich nur möglich, wenn ein Lernsystem von der Art und Funktionsweise des menschlichen Gehirns bzw. Gedächtnisses zur Verfügung steht.

Wie hat man sich diese besondere Sprachlernfähigkeit des Menschen vorzustellen? Besonders wichtig ist es zu ergründen, ob die Fähigkeit, Sprachen in unterschiedlichen Situationen zu erwerben, zu der Annahme zwingt, in jedem Sonderfall würden separate Lernsysteme aktiviert, die völlig unabhängig voneinander funktionieren. Diese Annahme ist aus empirischen wie aus theoretischen Erwägungen höchst unwahrscheinlich. Einerseits kann der Mensch in praktisch unendlich vielen unterschiedlichen Situationen Sprachen lernen. Folglich müßte für jede Situation ein separates Sprachlernsystem postuliert und dem menschlichen Gehirn bzw. Gedächtnis eine unendlich große Kapazität unterstellt werden. Dem steht entgegen, daß die Kapazität des menschlichen Gehirns zwar gewaltig, aber dennoch endlich ist. Wahrscheinlicher ist daher die Annahme, daß der Mensch gattungsspezifisch über ein einheitliches Sprachlernsystem verfügt, das flexibel genug ist, um auf die unterschiedlichen Sprachlernsituationen anwendbar zu sein. Wie in späteren Kapiteln noch zu zeigen ist, wird die zweite Alternative schon dadurch wahrscheinlicher, daß diverse Fehlertypen analog zu den vier in Kap. 1.2 besprochenen zu finden sind, und zwar gleichgültig, welche Sprache gelernt wird, wie alt der Lerner ist, und ob die Sprache als Erstsprache, Zweitsprache oder als Fremdsprache im Unterricht gelernt wird.

Diese Vorüberlegungen bedingen ein vergleichendes Vorgehen. Die menschliche Sprachlernfähigkeit kann nicht allein dadurch erforscht und beschrieben werden, daß man untersucht, wie kleine Kinder ihre erste Sprache erlernen. Ergänzend muß ermittelt werden, wie eine zweite oder dritte Sprache gemeistert wird; wie Erwachsene vorgehen; wie eine vergessene Sprache wieder gelernt wird; wie Sprachen in schulischen gegenüber nichtschulischen Situationen erworben werden und inwieweit diese Lernvorgänge extern beeinflußbar sind. Erst die Gesamtheit dieser Beobachtungen erlaubt es, die menschliche Sprachlernfähigkeit zu charakterisieren. Nur unter Bezug auf eine derart integrierende Perspektive ist es sinnvoll, herauszuarbeiten, welches die Besonderheiten beispielsweise des kindlichen Spracherwerbs gegenüber dem Sprachenlernen bei Erwachsenen sind. Es reicht nicht, zu konstatieren, daß bestimmte Phänomene bei kleinen Kindern beobachtet wurden. Solche Hinweise haben so lange einen sehr geringen Aussagewert, wie nicht gezeigt wird, ob und wieweit diese Phänomene auch bei anderen Altersgruppen und in anderen Lernsituationen vorkommen, d.h., der Bezugspunkt für jede Überlegung und Forschung ist die *gesamte menschliche Sprachlernfähigkeit.*

Frühere Auffassungen

Diese integrierende Perspektive unterscheidet sich drastisch vom bisherigen Vorgehen sowohl der Spracherwerbsforschung wie der Fremdsprachendidaktik. Seit langem gibt es unter dem Schlagwort *Kindersprache* eine sehr reichhaltige und ergiebige Forschung. Genauer handelt es sich um das Erlernen von *Erstsprachen* oder von *erstsprachiger Mehrsprachigkeit.* (Zur Terminologie s. Kap. 2.2). Innerhalb dieser Untersuchungen sind z.T. recht detaillierte Hypothesen über spracherwerbliche Universalien vorgelegt worden. Man nahm an, daß Kinder Erstsprachen nach Gesetzmäßigkeiten erwerben, die universell in dem Sinne sind, daß alle Kinder unabhängig von ethnischer Zugehörigkeit und von den Besonderheiten des jeweiligen Kulturkreises nach ihnen vorgehen (z.B. Jakobson 1941, McNeill 1970, Slobin 1973). In dieser Forschungstradition kam man gar nicht auf den Gedanken, zu fragen, wie universell diese angeblichen Universalien tatsächlich seien, d.h., ob sie nur beim Erlernen der ersten Sprache vorkommen; ob sie auf Kinder beschränkt sind; ob sie auch beim Zweitsprachenerwerb wieder zur Verfügung stehen; ob auch erwachsene Sprecher auf sie zurückgreifen können und ob sie auch im Fremdsprachenunterricht aktivierbar sind.

Das Gegenstück zur Kindersprachforschung liefert die Fremdsprachendidaktik. Immer wieder ist auf die nicht zu leugnenden Unterschiede zwischen den Lernsituationen des schulischen Fremdsprachenunterrichts gegenüber dem Erlernen einer Fremdsprache in nichtschulischen Situationen hingewiesen worden. Daraus folgerte man: Da die Lernsituationen so unterschiedlich seien, müsse auch der Lernvorgang, d.h. das Erlernen einer Sprache im Unterricht, ein Phänomen *sui generis* sein, das mit dem Erlernen einer Sprache unter nichtschulischen Bedingungen nichts zu tun habe (z.B. Lane 1962, Littlewood 1974). Diese Annahme ist ohne empirische Grundlage aufgestellt worden. Man hätte untersuchen müssen, ob das Lernen im Fremdsprachenunterricht tatsächlich nach anderen Gesetzmäßigkeiten erfolgt als in nichtschulischen Situationen (Wode 1974, 1978a).

Versuche zur Integration

Erst Anfang der 70er Jahre wurde diese selbstauferlegte Isolierung durchbrochen. Im Kieler Projekt zum Spracherwerb wurde angeregt, alle Spracherwerbstypen unter Einschluß der Vermittlung von Fremdsprachen im Unterricht in die Spracherwerbsforschung einzubeziehen (Wode 1974). Schon die ersten Kieler Untersuchungen, in denen die Fehler deutscher Schüler im Englischunterricht mit denen, die deutsche Kinder beim Erlernen des Englischen unter nichtschulischen Bedingungen machen, verglichen wurden, erbrachten sehr viele Parallelen. Daher konnte keine Rede mehr davon sein, daß es sich bei dem, was im Lerner vorgeht, um völlig verschiedene Lernvorgänge handelte (Felix 1976, 1977b). Ergänzt, flankiert und abgestützt wurde diese integrierende Sichtweise durch Beobachtungen an erwachsenen Gastarbeitern in den USA und Europa; an Kindern, die ohne Fremdsprachenunterricht eine zweite Sprache lernten; sowie an Schulversuchen zur Vermittlung von Fremdsprachen in Kanada und den USA. Heute ist Spracherwerbsforschung nur noch unter dieser integrierenden Perspektive denkbar. Daher ist es besonders wichtig, folgende Fragen zu klären:

- Sind einige Sprachlernfähigkeiten derart universal, daß sie Sprechern aller Altersgruppen in allen Lernsituationen zur Verfügung stehen?

- Gibt es andere Sprachlernfähigkeiten, die nur bestimmten Altersgruppen zur Verfügung stehen oder nur in bestimmten Lernsituationen Anwendung finden können?
- Welche Voraussetzungen bringen Schüler und Erwachsene in den Unterricht ein, damit ihnen überhaupt eine Sprache beigebracht werden kann?
- Wie und in welchem Maß können diese universellen oder weniger universellen Sprachlernfähigkeiten beeinflußt werden, z.B. durch Lehrverfahren?
- Wie sind jene kognitiven Fähigkeiten beschaffen, die es Menschen im Gegensatz zu Tieren ermöglichen, Sprachen zu erlernen, und wie unterscheiden sich diese Sprachlernfähigkeiten ggf. von kognitiv-konzeptuellen Fähigkeiten oder der Fähigkeit, logisch zu denken?

2.2 Spracherwerbstypen

Wenn Unterschiede und Gemeinsamkeiten zwischen verschiedenen Situationen, in denen Sprachen gelernt werden, aufgezeigt werden sollen, ist es zunächst erforderlich, diese Bereiche zu trennen, um dann die Beobachtungen daraufhin zu vergleichen, ob tatsächlich Gemeinsamkeiten oder Unterschiede bestehen. Entsprechend unterscheidet man *Spracherwerbstypen,* deren Typisierung sich an folgenden Gesichtspunkten orientieren kann (Wode 1978a, 1981a):

Wieviele Sprachen werden gelernt?

- *einsprachig* (*monolingual*): Erwerb einer Sprache
- *zweisprachig* (*bilingual*): Erwerb von zwei Sprachen
- entsprechend: *dreisprachig*, *viersprachig*, *mehrsprachig*

In welcher zeitlichen Reihenfolge werden die Sprachen erworben?

- *Erstsprachenerwerb*: Erlernen der ersten Sprache (L1)
- *Zweitsprachenerwerb*: Erlernen der zweiten Sprache (L2)

Wie oft wird dieselbe Sprache gelernt?

- *Ersterwerb*: erstmaliges Erlernen
- *Wiedererwerb*: erneutes Erlernen einer Sprache, nachdem sie bereits einmal mehr oder minder beherrscht, dann aber verlernt wurde.

Werden Lehrverfahren eingesetzt?

- *Vermittelter Spracherwerb*: Erlernen einer Sprache mit Hilfe von Sprachlehrverfahren
- *natürlicher Spracherwerb*: ohne Zuhilfenahme von Sprachlehrverfahren

Liegen pathologisch bedingte Beeinträchtigungen vor?

- *normaler Spracherwerb*: Erlernen einer Sprache unter nichtpathologischen Bedingungen
- *pathologischer Spracherwerb*: Erlernen einer Sprache unter pathologischen Bedingungen

Dieser Raster ist offen. Bei Bedarf können weitere Gesichtspunkte hinzugefügt werden. Durch die Kombination der genannten Gesichtspunkte lassen sich verschiedene Spracherwerbstypen abgrenzen. Für dieses Buch sind *vier Spracherwerbstypen* besonders wichtig:

- *monolingualer L1-Erwerb*: der Erwerb nur einer L1.
- *mehrsprachiger L1-Erwerb*: der gleichzeitige Erwerb von zwei oder mehr Sprachen als L1.
- *natürlicher L2-Erwerb*: der Erwerb einer L2 unter natürlichen Bedingungen, d.h. ohne Zuhilfenahme von schulischen Lehrverfahren.
- *Fremdsprachenunterricht*: das Erlernen einer zweiten oder dritten Sprache unter schulischen Bedingungen (FU).

Zu beachten ist, daß die Unterscheidung nach L1, L2 nichts mit dem Grad der Beherrschung, also mit der Dominanz einer bestimmten Sprache bei Mehrsprachigen zu tun hat.

Am häufigsten ist der *monolinguale L1-Erwerb*. Naturgemäß werden hier kleine Kinder untersucht. Deshalb spricht man auch von *Kindersprache* oder *Kindersprachforschung*. Daß hier allerdings nicht nur an kleine Kinder gedacht werden darf, zeigt jener bedauernswerte Fall eines Mädchens, das 1970 im Alter von 13 Jahren in Los Angeles in verwahrlostem Zustand entdeckt wurde und zu der Zeit noch nicht sprechen gelernt hatte. Erst nachdem es in einem Heim und später in einer Pflegefamilie den nötigen Kontakt erhielt, begann es, seine L1 zu erwerben (näheres in Kap. 11.1.1).

Natürlich wachsen in mehrsprachigen Gebieten viele Kinder *L1-mehrsprachig* auf. Das sind zum einen Grenzgebiete, in denen zwei Sprachen aufeinandertreffen wie im Elsaß. Zum anderen sind es mehr oder minder große Sprachgemeinschaften innerhalb eines Staates, z.B. die deutsche, französische, italienische und rätoromanische in der Schweiz; die Spanisch sprechenden Minoritäten in den USA; Kanada mit Englisch und Französisch; die Sowjetunion mit ihren vielen Sprachen; ganz zu schweigen von der Dritten Welt. Drittens wachsen Kinder häufig L1-mehrsprachig auf, wenn die Eltern aus unterschiedlichen Sprachgemeinschaften stammen und beide Sprachen in der Familie gepflegt werden.

In Europa, vornehmlich in Deutschland, ist vielen Leuten erst durch die Sprachschwierigkeiten der Gastarbeiter bewußt geworden, daß es neben dem schulisch vermittelten auch einen *natürlichen L2-Erwerb* gibt. Dies trifft nicht nur auf Gastarbeiter und ihre Kinder zu, wenn sie die Sprache des Gastlandes durch Kontakt auf der Straße bzw. am Arbeitsplatz erlernen müssen. Erinnert sei auch an Emigrantenschicksale oder an Kinder, deren Eltern vorübergehend für ein oder zwei Jahre ins Ausland gehen. Diesen Kindern bleibt oft nichts anderes übrig, als auf natürliche Weise die Sprache des Gastlandes zu erlernen - und das in der Regel mit beneidenswertem Erfolg.

Vermittelter Spracherwerb muß nicht notwendigerweise das Erlernen weiterer Sprachen im Fremdsprachenunterricht heißen. Dies ist zwar der Bereich, in dem in erster Linie Sprachunterricht stattfindet. Jedoch werden Lehrverfahren auch im L1-Erwerb, z.B. bei Sprech- und Sprachtherapie für retardierte oder behinderte Kinder eingesetzt.

Was oben vermittelter Spracherwerb genannt wurde, wird oft auch als gesteuerter Spracherwerb bezeichnet. Gemeint ist, daß die Planung, Leitung und in diesem Sinne Steuerung durch den Lehrer erfolgt. Dieser Begriff ist mißlich, da so suggeriert werden könnte, der natürliche Spracherwerb sei ungesteuert. Das trifft nicht zu. Auch der natürliche Spracherwerb unterliegt einer Steuerung. Nur wird diese nicht durch bewußt eingesetzte Lehrverfahren bewirkt. Um derartigen Mißverständnissen vorzubeugen, werden in diesem Buch die Begriffe *vermittelter Spracherwerb* und *Fremdsprachenunterricht* (*FU*) für schulisch vermittelten Spracherwerb verwendet.

Wiedererwerb einer vergessenen Sprache ist keineswegs selten. Kinder, die längere Zeit in einem Lande weilen, in dem ihre eigene L1 nicht gesprochen wird, vergessen sie und müssen sie bei der Rückkehr erneut lernen. Ähnlich vergessen Kinder, die mit ihren Eltern längere Zeit im Ausland gelebt und dort die betreffende Landessprache als L2 oder L3 gelernt haben, diese sehr schnell, wenn sich ihnen nach ihrer Rückkehr in die Heimat keine Gelegenheit mehr bietet, diese Sprachen weiter zu benutzen. Kommen sie später erneut in das frühere Gastland, so muß die Sprache wieder erworben werden. Das gleiche gilt für Emigranten, die nach langen Jahren der Abwesenheit oft ihre L1 nicht mehr voll beherrschen. Und letztlich sei an jene erinnert, die in der Schule eine Fremdsprache gelernt haben, sie aber nach Beendigung ihrer Schulzeit weitgehend vergessen haben. Viele Umstände können es bedingen, daß diese Sprache(n) erneut gelernt bzw. wiedererweckt werden müssen.

Eine Gliederung nach verschiedenen Spracherwerbstypen darf nicht so gedeutet werden, als würden damit Bereiche voneinander abgegrenzt, die nichts miteinander zu tun haben. Die Ergebnisse der modernen Soziolinguistik zeigen eindeutig, daß natürliche menschliche Sprachen so flexibel sind und sein müssen, daß sie sämtlichen menschlichen Kommunikationszwecken – unter Einschluß der Verwendung von Sprache, um Sprache zu lehren – gerecht werden. Das bedeutet, daß Sprechen u.a. in Abhängigkeit von der Sprechsituation variiert und daß jede Art von Interaktion ihre eigenen sprachlichen Besonderheiten schafft (Hymes 1972). Diese Erkenntnis ist besonders wichtig für die Einschätzung des FU und die oben kritisierte Auffassung, daß die im FU erforderlichen Lernfähigkeiten von anderer Art als die außerhalb desselben aktivierten sein müßten, da sich die Lernsituation des FU von anderen Lernsituationen unterscheide. Es trifft zu, daß der FU in der Tat eine besondere Art der Interaktion darstellt und daß sich dort manche sprachliche Phänomene finden, die nur auf Grund der Besonderheiten der Schulsituation sichtbar werden. Daraus darf jedoch nicht auf völlige Andersartigkeit der Lernfähigkeiten geschlossen werden. Es überrascht daher nicht, daß viele Parallelen zwischen dem FU und dem natürlichen L2-Erwerb nachgewiesen werden konnten (näheres in Teil B).

2.3 Zur Geschichte der Spracherwerbsforschung

In der Forschung haben die verschiedenen Spracherwerbstypen bislang unterschiedlich viel Aufmerksamkeit gefunden. Seit langem etabliert sind die auf L1-Erwerb und FU bezogenen Forschungsrichtungen. Die L1-Forschung hat von Anfang an die L1-Mehrsprachigkeit mitberücksichtigt. Der natürliche L2-Erwerb wurde erst Anfang der 70er Jahre als Gegenstand für die wissenschaftliche Forschung entdeckt. Zum Wiedererwerb liegen erst wenige Studien vor. Der pathologische Spracherwerb gewinnt zunehmend an Interesse. Dazu in groben Zügen die historischen Entwicklungen.

L1-Erwerb

Die moderne L1-Erwerbsforschung begann gegen Ende des letzten Jahrhunderts. Entdeckt wurde der Gegenstand nicht etwa von Sprachwissenschaftlern, sondern von Psychologen, Philosophen und Pädagogen (z.B. Preyer 1882, Ament 1899, Lindner 1882, Stern & Stern 1928). Wie Els Oksaar (1977) herausstellt, ist das Erkenntnisinteresse jener Zeit uneinheitlich. Für eine Denkrichtung spiegelte sich die seelische Entwicklung in der sprachlichen. So nennt z.B. Preyer (1882) sein Buch „Die Seele des Kindes: Beobachtungen über die geistige Entwicklung des Kindes in den ersten Lebensjahren". Diese Tradition setzt sich bis in die Psychologie unserer Tage fort, etwa in der Entwicklungspsychologie von Jean Piaget, der die sprachliche Entwicklung für Rückschlüsse auf die nichtsprachliche, vor allem die intellektuelle Entfaltung des Kindes nutzt (Einzelheiten in Kap. 3.3.2 und 12.4.2). Eine andere Richtung versuchte, die Entwicklung der Sprache zu erklären. Bereits damals gab es heftige Kontroversen über die Frage, ob Kinder ihre Sprache passiv durch Imitation oder kreativ und aktiv durch Verstehen der Umwelt lernen. Die erste, *voluntaristisch* genannte Richtung, vertreten durch Meumann (1902), Idelberger (1903) oder Wundt (1911-1912), betonte die Rolle der Umwelt als den die Entwicklung bestimmenden Faktor. Die zweite, die *intellektualistische* Richtung, betonte die Bedeutung der endogenen Fähigkeiten. Sie vermutete, daß Kinder eine Sprache lernen, indem sie versuchen, ihre Umwelt zu verstehen und zu deuten. Schon Stern/Stern (1928) versuchten auf modern anmutende Weise, beide Positionen zu integrieren. Es gehe nicht allein um Imitation oder Kreativität, sondern darum, wie die Faktoren der Umwelt die endogenen Fähigkeiten aktivieren. Rund fünfzig Jahre später lebt diese Kontroverse unter den Schlagwörtern *Empirismus* vs. *Rationalismus*, entfacht durch die Sprachtheorie von Chomsky (z. B. 1957, 1965), in den USA wieder auf (Einzelheiten in Kap 3.4). Leider wurde die Diskussion aus der Zeit um die Jahrhundertwende nicht angemessen rezipiert.

Der zweite Weltkrieg ließ die L1-Forschung weltweit stagnieren. Im Ausland entstanden noch einige bedeutende Arbeiten wie Grégoire (1937, 1947), Leopold (1939-1949) und Jakobson (1941). Erst Anfang der 60er Jahre wächst das Interesse an Kindersprache plötzlich wieder rapide an, und zwar im Gefolge von Chomskys Sprachtheorie. Erneut sind es in erster Linie Psychologen, die die neuen linguistischen Konzeptionen für die L1-Forschung aufgreifen (z.B. Miller/Ervin-Tripp 1964, Slobin 1966, Brown 1973). Der Schwerpunkt dieser jüngeren Entwicklung liegt in den USA. Nun gilt das Erkenntnisinteresse primär dem Erlernen der sprachlichen Strukturen.

Spracherwerb im Fremdsprachenunterricht

Der Verlauf des Zweiten Weltkrieges im Pazifischen Raum brachte der modernen Fremdsprachendidaktik in den USA einen großen Aufschwung. Das militärische Personal, das dort eingesetzt werden sollte, mußte zumindest rudimentäre Kenntnisse der einheimischen Sprachen haben. Sie wurden üblicherweise nicht im Standardkanon des amerikanischen Schulsystems angeboten. Aus diesem Bedarf entwickelte sich nicht nur ein Boom der Linguistik, sondern auch der Fremdsprachendidaktik. Nach dem Krieg profitierte Europa vom amerikanischen Aufschwung. Schlagworte wie *pattern drill*, *Fehleranalyse*, *kontrastive Linguistik*, *audiolinguale Methode* u.a. entstammen dieser Entwicklung. Der gesamten Forschung ist eines gemeinsam: Das Hauptaugenmerk galt dem Lehrer, den Lehrtechniken, den Lehrmaterialien und den Lehrtechnologien. Der Lerner selbst hat beträchtlich weniger Forschungsinteresse auf sich gezogen. Man hat Fehleranalysen angestellt, über Sinn und Unsinn von kontrastiven Analysen nachgedacht; aber die entscheidende Frage, nämlich die nach den psycholinguistischen Grundlagen für das Erlernen von Sprachen, ist gar nicht voll erkannt, geschweige denn untersucht worden.

Diese Situation änderte sich Anfang der 70er Jahre. Man begann zu bezweifeln, ob L1- und L2-Erwerb tatsächlich ganz unterschiedliche Phänomene sind (z.B Newmark/Reibel 1968, Dulay/Burt 1972, Ervin-Tripp 1974, Wode 1974), und man überlegte, ob die im natürlichen L2-Erwerb eingesetzten Sprachlernfähigkeiten nicht auch im FU aktiviert werden (Wode 1974). Heute haben sich diese Überlegungen weitgehend bestätigt.

Natürlicher L2-Erwerb

Wenngleich der natürliche L2-Erwerb erst Anfang der 70er Jahre als Gegenstand wissenschaftlicher Untersuchungen entdeckt wurde, haben die letzten Jahre eine Flut empirischer Untersuchungen gebracht. Die ursprünglichen Erwartungen wurden weit übertroffen. Heute muß der natürliche L2-Erwerb als der für die Spracherwerbsforschung und Fremdsprachendidaktik wichtigste Spracherwerbstyp gelten. Aus methodischer Sicht ist er in mehrfacher Hinsicht unübertroffen: Beim kleinen L1-Kind ist es meist schwer zu entscheiden, ob ein sprachliches Phänomen bedingt ist durch die allgemeine intellektuelle (Un)Reife – weil die Konzepte fehlen und das logische Denkvermögen noch nicht hinreichend entwickelt ist – oder durch die Besonderheiten der zu lernenden sprachlichen Strukturen. Beim meist weiter entwickelten L2-Kind, bei Jugendlichen oder Erwachsenen, löst sich das Problem von selbst. Hier sind die allgemeinen intellektuellen Voraussetzungen längst gegeben. Im L2-Erwerb lassen sich daher die Sprachlernprobleme im engeren Sinn besser von den allgemeinen intellektuellen Problemen trennen und beobachten.

Der natürliche L2-Erwerb ist die unabdingbare Vergleichsbasis für die Frage nach den *spracherwerblichen Grundlagen des FU* und nach seiner Steuerbarkeit. In beiden Fällen handelt es sich um L2-Erwerb. Untersuchungen zum natürlichen L2-Erwerb sind in diesem Zusammenhang Grundlagenforschung. Eine moderne Fremdsprachendidaktik ist ohne sie nicht mehr denkbar (z.B. Wode 1974, Heindrichs et al. 1980, Krashen 1981, Dulay et al. 1982, Knapp-Potthoff/Knapp 1982, Ellis 1984).

Auch der Linguistik bietet die L2-Forschung bislang nicht verfügbare Möglichkeiten für ein vertieftes Verständnis, z.B. über die Art, wie menschliche Sprachen funktionieren, wie sie aufgebaut sind, wie sie sich historisch verändern und wie sie entstehen. Es sind die psycholinguistischen Gesetzmäßigkeiten, die den L2-Erwerb ermöglichen und steuern, die auch die Grundlage für die Entstehung und Entwicklung von *Pidginsprachen* bilden. Hier bieten sich einzigartige Möglichkeiten für Einsichten in die *Evolution von Sprachen*, und zwar für jene Fälle, wo eine Sprache durch Mischung anderer entsteht. Ferner zeichnet sich ab, daß Entlehnungen aus anderen Sprachen im *Sprachwandel* den gleichen Gesetzmäßigkeiten unterliegen wie der sprachliche Transfer im L2-Erwerb (z. B. Schumann 1978c, Bickerton 1981, Wode 1981a, 1984).

Entstanden ist die Forschung zum natürlichen L2-Erwerb weitgehend unabhängig voneinander, und zwar in Großbritannien, den USA und in Deutschland. Der Norweger Roar Ravem untersuchte Ende der 60er Jahre, wie seine zwei Norwegisch sprechenden Kinder Englisch als L2 in Edinburgh lernten (Ravem 1968, 1970, 1974). In den USA entwickelte sich die L2-Forschung an spanischsprachigen Gastarbeitern, ihren Kindern und an den spanischsprachigen Minoritäten. Hier war es vor allem die Arbeitsgruppe um Evelyn Hatch in Los Angeles (Hatch 1983 und die Beiträge in Hatch 1978), die Gruppe um Courtney Cazden in Harvard (Schumann 1978c, Rosansky 1976b, Cancino et al. 1975) sowie die Arbeiten von Heidi Dulay und Marina Burt in den Staaten Kalifornien und New York (Dulay/Burt 1973, 1974a-b).

In Deutschland gab es zwei auslösende Momente. Die Sprachprobleme der Gastarbeiter wurden in größerem Umfang zuerst in zwei Projekten an den Universitäten in Heidelberg und Wuppertal aufgegriffen: in Heidelberg in einer Arbeitsgruppe um Wolfgang Klein und Norbert Dittmar, die sich mit dem Deutsch erwachsener Gastarbeiter aus Spanien und Italien beschäftigten (Klein/Dittmar 1979); das zweite Projekt war ZISA (Zweitsprachenerwerb italienischer, spanischer und portugiesischer Arbeiter) um Jürgen Meisel in Wuppertal, später Hamburg. Man untersuchte spanisch-, italienisch- und portugiesischsprachige Gastarbeiter und bezog auch Kinder mit ein (Pienemann 1981, Clahsen et al. 1983). Im Kieler Projekt entwickelte sich die Fragestellung Ende der 60er Jahre aus der integrierenden Perspektive, die in Kap. 2.1. erläutert wurde. Man erkannte, daß eine Charakterisierung der menschlichen Sprachlernfähigkeit letztlich unbefriedigend bleiben muß, wenn nicht alle Spracherwerbstypen berücksichtigt werden. Entsprechend begann man mit Untersuchungen über das Sprachverhalten von Kindern, die Deutsch als L1 und Englisch als L2 lernten und umgekehrt (Wode 1974, 1981a, Felix 1978). Dabei wurden verschiedene Spracherwerbstypen berücksichtigt.

Inzwischen hat sich die L2-Forschung unter Einbezug vieler Sprachkombinationen enorm weiterentwickelt. Auch hat sich die Forschung längst über Deutschland und die USA hinaus weltweit ausgebreitet.

Andere Spracherwerbstypen

Im Hinblick auf weitere Spracherwerbstypen läßt sich weniger von etablierten Forschungstraditionen sprechen. Aus dem Kieler Teilprojekt zum Wiedererwerb vergessener Sprachen liegen die ersten Arbeiten vor (z.B. Allendorff 1980, Holst 1979, Rudeloff 1985). Die Forschung zum pathologischen Spracherwerb zieht derzeit sehr viel Forschungsinteresse auf sich. Jedoch steht in derartigen Untersuchungen nach wie vor der Gesichtspunkt, wie unter pathologischen Bedingungen eine Sprache gelernt wird, nicht immer genügend im Vordergrund. Dessen ungeachtet wäre es nützlich, wenn die Ergebnisse aus diesen Sonderfällen von Sprachenlernen – stärker als bisher üblich – bei Überlegungen über eine Theorie des Spracherwerbs herangezogen würden.

2.4 Zum Erkenntnisinteresse der Spracherwerbsforschung: das Was, das Wie und das Warum des Spracherwerbs

Die Einschätzung des Erkenntnisinteresses am Spracherwerb hängt vom Vorverständnis über Art und Funktionsweise menschlicher Sprachen ab. Wer beispielsweise der Meinung ist, eine Sprache sei im wesentlichen eine Liste von Vokabeln, wird auch die beim Spracherwerb zu bewältigende Aufgabe vorrangig darin sehen, deren Wortschatz zu lernen. Übersehen wird, daß auch das Lautsystem, die Syntax, die Pragmatik und alle anderen Bereiche einer Sprache zu meistern sind. Daher müssen kurz die drei zentralen Problemkreise umrissen werden, auf die jede Sprachlerntheorie eine Antwort liefern muß. Dies sind:

- Was wird gelernt, wenn eine Sprache gelernt wird?
- Wie wird eine Sprache gelernt?
- Warum wird eine Sprache gelernt?

Das Was des Spracherwerbs: Sprache als Zeichensystem

Auf die Frage, was man erwirbt, wenn man sich eine Sprache aneignet, lautet die Antwort trivialerweise: eine Sprache. Erst wenn der Begriff Sprache hinterfragt wird, zeigt sich das Besondere an der Aufgabe. Eine menschliche Sprache ist ein *Zeichensystem*, bei dem – etwas vereinfacht gesagt – *Schall* mit *Bedeutung* verknüpft wird. Diese Zuordnung von Schall zu Bedeutung ist weder durch die physikalische Struktur des Schalls noch durch die außersprachliche Wirklichkeit vorgegeben. Sie ist konventionell in dem Sinne, daß die Zuordnungen von Sprache zu Sprache verschieden geregelt sind. Z.B. bedeutet das Schallereignis [nɛ] in Schleswig-Holstein ‚nein, nicht', im Neugriechischen ‚ja'. Eine Sprache lernen heißt also, sich ihre konventionellen Zuordnungen zu erschließen und anzueignen.

Die Konventionalität der Zuordnungen gilt für alle Strukturbereiche einer Sprache. Der Lerner muß beispielsweise erkennen, daß man im Deutschen je nach Geschlecht *Vetter* gegenüber *Kusine* verwendet. Im Englischen hingegen wird dieser Unterschied nicht mit Hilfe unterschiedlicher Wörter gemacht. Man spricht von *cousin*, gleichgültig ob die gemeinte Person männlichen oder weiblichen Geschlechts ist. Daraus folgt natürlich nicht, daß die Angelsachsen den biologischen Unterschied nicht kennen. Wenn sie ihn zum Ausdruck bringen wollen, müssen sie anders verfahren, etwa den Namen hinzusetzen, wie z.B. *my cousin Mary* (meine Kusine Mary).

Ähnliches gilt selbst für den *Lauterwerb*. Sowohl im Englischen wie im Deutschen kann man [θ] hören. Der Lerner muß erkennen, daß [θ] in beiden Sprachen einen unterschiedlichen Status hat. Im Englischen wird [θ] verwendet, um Wörter minimal voneinander zu unterscheiden, wie *thin* vs. *sin* (dünn:Sünde), *thick* vs. *sick* (dick: krank), *miss* vs. *myth* (Fräulein:Mythos). Im Deutschen ist [θ] als Lispeln ein Sprachfehler.

Als Beispiel für *konventionelle Zuordnungen* im Bereich der Syntax sei auf die Fragebildung hingewiesen. In vielen Sprachen können *ja/nein-Fragen* durch *Inversion* gebildet werden, z.B. *bist du heute abend zu Hause? gehst du mit?* Diese Art der Subjekt-Verb-Inversion gibt es im Englischen nur zum Teil. Vollverben erfordern die Umschreibung mit *do*: *Will you be home tonight?* (bist du heute abend zuhause?) gegenüber *did you go home early?* (bist du früh nach Hause gegangen?) Viele Sprachen haben keine derartige Inversion wie das Finnische oder das Lettische. Dafür kennt das Lettische zwei andere Möglichkeiten, ja/nein-Fragen auszudrücken. Eine besteht darin, dem unveränderten Aussagesatz die Partikel *vai-* voranzustellen. Ins Deutsche übertragen müßte man sagen: *Vai du bist heute abend zu Hause?* Die zweite Möglichkeit des Lettischen, ja/nein-Fragen auszudrücken, ist auch aus dem Deutschen, Englischen und vielen anderen Sprachen bekannt: Der unveränderte Aussagesatz wird mit am Ende steigender Tonhöhe gesprochen: *du bleibst hier?*

Selbst in jenen Bereichen, in denen es nicht so sehr um die sprachlichen Strukturen im engeren Sinne, sondern um ihre Verwendung geht, gilt das Prinzip der *konventionellen Zuordnung*. In vielen ländlichen Gegenden ist es heute noch üblich, jeden, auch den unbekannten Fremden oder Gast, zu grüßen. In Großstädten gilt dies heute nicht mehr. Diese Konventionen bilden die Grundlage für bestimmte Formen kindlichen Schabernacks. In einer Großstadt können Kinder fremde Erwachsene erschrecken, indem sie sie grüßen. Die Angesprochenen erschrecken, weil das kindliche Verhalten der städtischen Konvention widerspricht. Umgekehrt müßte ein Erwachsener im ländlichen Dorf überrascht sein, wenn er von den Kindern nicht gegrüßt würde. Sein Verdacht müßte sein, daß sie ihm böse seien.

Insgesamt erkennt man: Gleichgültig um welchen Spracherwerbstyp es sich handelt, gelernt werden muß das ganze Sprachsystem einschließlich der Konventionen, die seine Anwendung im sozialen Kontext regeln. *Eine Sprache lernen heißt: ein System und seine konventionellen Zuordnungen erschließen. Spracherwerb ist Strukturerwerb*, und nicht das Auswendiglernen einer Liste isolierter Vokabeln oder Satzmuster. Um die Lernaufgabe weiter zu verdeutlichen, ist der Besprechung des Erwerbs der einzelnen Strukturbereiche in Teil B jeweils ein etwas ausführlicherer Abschnitt über die Besonderheiten der Strukturierungen in diesem Bereich vorangestellt.

Das Wie des Spracherwerbs: der Lernvorgang als Gegenstand

Dieser Problemkreis läßt sich wie folgt aufschlüsseln:

- Welche psychoneuronalen Vorgänge spielen sich „im Kopf" ab, wenn sprachliche Strukturen gelernt werden?
- Wie sondert der Lerner die Phänomene, die jeweils gelernt werden, aus der Gesamtheit all jener Phänomene aus, die in der jeweiligen Lernsituation vorhanden sind?
- Wie sind diese Sprachlernvorgänge integriert und eingebunden in andere Lernvorgänge, Verhaltensweisen oder Entwicklungen, von denen der Lerner betroffen ist? D.h., wieweit ist beispielsweise der L1-Erwerb eines kleinen Kindes abhängig oder unabhängig von seiner konzeptuellen Entwicklung oder der Entwicklung seines logischen Denkvermögens?

Diese drei Aspekte bilden den Kernbereich einer Spracherwerbstheorie. Die hierzu bisher verfügbaren Ansätze werden daher separat und ausführlich in Kap. 3 behandelt.

Das Warum des Spracherwerbs

Im wesentlichen sind zwei Auffassungen vertreten worden: zum einen die Auffassung, daß Sprachen gelernt würden, um *Bedürfnisse abzudecken*, z.B. um sich mitteilen und um kommunizieren zu können, zum anderen die *anthropologische Auffassung*, nach der das Erlernen zumindest *einer* Sprache Teil des gesamten Reifungsprozesses ist, den der Mensch durchmacht. Beide Argumentationen sind bislang nur für L1-Kinder vorgebracht worden.

Der Hinweis auf *(Kommunikations-)Bedürfnisse* leuchtet in vielen Punkten ein, läßt jedoch mehrere Aspekte ungeklärt. Zum einen bleibt unklar, warum Lerner - kleine Kinder wie Erwachsene - immer wieder die gleichen, offenbar typischen Fehler wie [tat] für dt. *Stadt* (Kap. 1.2) machen. Darauf ließe sich zur Not entgegnen, daß Fehler nichts mit der Frage nach dem Warum des Spracherwerbs zu tun hätten. Unklar bleibt aber, weshalb Kleinkinder überhaupt über die frühen Lall- und Schreiphasen hinauskommen. Nach landläufiger Auffassung dient dieses frühe Schreien in erster Linie dazu, die Aufmerksamkeit der Umgebung, vor allem die der das Kind versorgenden Person zu erlangen, damit Mißstände abgestellt werden. In der Regel funktioniert dieses extrem schlichte Kommunikationssystem hervorragend, so daß ein Kind keinerlei Veranlassung hätte, eine Sprache zu lernen. Außerdem bezeichnen seine ersten Vokabeln in der Regel auch nicht diese Mißstände, also Hunger, Durst, Schmerzen, schmutzige oder nasse Windeln. Das Bedürfnisargument darf daher nicht zu schlicht konzipiert werden. Wenn schon, dann müssen längerfristig andersartige Bedürfnisse entstehen, die das Kind dazu bringen, ein so komplexes Kommunikationssystem wie eine menschliche Sprache zu meistern.

Reifungstheorien, vor allem ausgehend von Lenneberg (1967), umgehen die Frage nach kausalen Zusammenhängen. Man hält sie für falsch gestellt. Lenneberg argumentiert, es sei Teil des gattungsspezifischen Reifungsprozesses jedes Menschen, unter normalen Voraussetzungen innerhalb einer bestimmten Frist eine Sprache zu lernen. Die genannten Bedürfnisse, die das Kind veranlassen, sprechen zu lernen, werden ebenfalls als zugehöriger Bestandteil dieses Reifungsprozesses angesehen.

Eine extreme, biologisch ausgerichtete Weiterentwicklung des Reifungsansatzes findet sich bei Chomsky (z.B. 1980: 31ff). Er betrachtet die menschliche Sprachfähigkeit als ein besonderes – mentales – Organ, das Teil der biologisch verankerten mentalen Ausstattung des Menschen sei. Chomsky zieht Parallelen zur Entwicklung anderer Organe, z.B. des Auges und der Sehfähigkeit oder der Arme. Sie entwickeln sich in einer genetisch vorgegebenen Weise, sobald die erforderlichen Umweltbedingungen vorhanden sind. Entsprechend entfaltet sich, so Chomsky, die Sprache im Kind nach in ihm angelegten Gesetzmäßigkeiten. Der sprachliche Input hat lediglich die Funktion, die Entfaltung auszulösen. In dem Sinne, wie die Sehfähigkeit gegenüber der Existenz und Funktionsweise von z.B. Herz, Lunge oder Gliedmaßen eigenständig ist, ist auch die Sprachfähigkeit gegenüber anderen Fähigkeiten des Menschen eigenständig. Das gilt auch und besonders für die mentalen Fähigkeiten. Für Chomsky sind z.B. die Sprachfähigkeit und die Fähigkeit zum logischen Denken zwei verschiedene mentale Organe, auch *Module* genannt (Fodor 1983, Fanselow/Felix 1987. Näheres über Denken und Sprachenlernen in Kap. 3.3.2).

Die Frage nach dem Warum des Spracherwerbs muß differenzierter gesehen werden, wenn sie auf Nicht-L1-Erwerbstypen ausgeweitet wird. Wie in Teil B noch zu zeigen ist, verläuft der Spracherwerb bei Kindern, Jugendlichen und Erwachsenen auch unter anderen Erwerbsbedingungen – linguistisch gesehen – vielfach nicht anders als bei L1-Kindern. Auf diese Nicht-L1-Sprecher ist das Reifungsargument aber nicht in gleichem Maße anwendbar. Die Reife ist z.T. längst vorhanden. Hier muß es sich um soziale Bedürfnisse und Zwänge handeln, die vom schlichten Überlebenszwang bis hin zu einer mehr oder minder stark ausgeprägten Bereitschaft, sich sozial und kulturell zu integrieren, reichen.

Die Frage nach dem Warum des Spracherwerbs hat in der bisherigen Forschung zu wenig Interesse geweckt. Am meisten Aufmerksamkeit hat die Frage nach dem Wie gefunden. Sie steht auch in diesem Buch im Mittelpunkt.

2.5 Lektürevorschläge zu Kap. 2

Einführungen in die moderne Linguistik

Fromkin/Rodman (1978), Bolinger/Sears (1981), Yule (1985), Coseriu (1985).

Spracherwerbstypen und Sprachlernfähigkeit

Wode (1981a).

L1-Erwerb

Oksaar (1977), Grimm (1977-1981), de Villiers/de Villiers (1978), Clark/Clark (1977), Szagun (1980), Anisfield (1984). Darstellungen aus dem englischen Sprachraum vernachlässigen oft die nichtenglischsprachige Literatur, vor allem die osteuropäische. Hierzu: Slama-Cazacu (1972).

Bibliographien:

Slobin (1972), Abrahamsen (1977), Adamzik/Schmitter (1983).

Sammelbände:

Ferguson/Slobin (1973), Bloom (1974), Kuczaj (1982), K.E. Nelson (1980-1985), Bronchart et al.(1983), Butterworth (1983), Slobin (1985).

L1-Mehrsprachigkeit

L1-Mehrsprachigkeit wird meist unter L1-Erwerb abgehandelt. Eigenständige jüngere Überblicke fehlen. Zu Teilbereichen s.:

Leopold (1939-1949) und Taeschner (1983).

Wichtige Primärstudien:

Leopold (1939-1949: Deutsch, Englisch), Taeschner (1983: Deutsch, Italienisch), Ronjat (1913: Französisch, Serbisch), Vihman (1981, 1985: Englisch, Estnisch), Kadar-Hoffman (1985: Deutsch, Französisch, Ungarisch).

Natürlicher L2-Erwerb

Überblicke:

Wode (1981a), Krashen (1981), Felix (1982), Knapp-Potthoff/Knapp (1982), Dulay et al. (1982), Hatch (1983), Klein (1984), Ellis (1985b). Die genannten Titel bieten auch die umfangreichsten bibliographischen Angaben. Zum skandinavischen Raum: Glahn et al. (1986).

Sammelbände mit einem breitem Spektrum an Themen, Sprachen bzw. Sprachkombinationen:

Hatch (1978), Felix (1980), Andersen (1983), Felix/Wode (1983), Davies et al. (1984), Extra/Vallen (1984), Hyltenstam/Pienemann (1985).

Fremdsprachenunterricht

Bislang liegen nur wenige Überblicksdarstellungen vor, die den Fremdsprachenunterricht aus der Perspektive des Spracherwerbs betrachten, z.B.:

Heindrichs et al. (1980), Krashen (1981), Felix (1982), Knapp-Potthoff/Knapp (1982), Dulay et al. (1982), Ellis (1984).

Wiedererwerb

Überblicke fehlen noch.

Detaillierte Primärstudien:

Allendorff (1980), Schmedemann (1979), Holst (1979), Kolbeck (1979), Klinck (1981), Witten (1983), Rudeloff (1985).

Pathologischer Spracherwerb

Überblicke:

de Villiers/de Villiers (1978), Fay/Schuler (1980), Rosenberg (1982, 1984).

Sammelbände zu verschiedenen Aspekten:

Morehead/Morehead (1976), Lahey (1978), Wyke (1978), Bloom/Lahey (1978), K.E. Nelson (1980-1985, Bd. III), Mills (1983a), Mogford/Bishop (i.Dr.).

3. Erklärungsparadigmen

Zu kaum einem anderen Komplex sind Fehlvorstellungen so weit verbreitet, daher müssen die wichtigsten Denkansätze, um Sprachenlernen zu erklären, ausführlicher besprochen werden. Schon die Schlüsselbeispiele aus Kap. 1.2 zeigen, daß Sprachen weder durch Imitieren gelernt, noch der Lernvorgang durch Belohnung, Strafe oder Belehrungen sonderlich beeinflußt werden kann. Dennoch hält sich die gegenteilige Vorstellung hartnäckig, und das nicht nur in Laienansichten über den L1- oder den natürlichen L2-Erwerb. Die Praxis des Fremdsprachenunterrichts und der Sprechtherapie basiert jedoch immer noch auf der Annahme der starken Beeinflußbarkeit.

Die Hauptschwierigkeit bei der Bewertung der Erklärungsparadigmen ist, daß sie nicht in allen Punkten vergleichbar sind, weil sie sich z.T. auf unterschiedliche Aspekte des gesamten Lernvorganges beziehen. Eine Bewertung kann daher nicht isoliert für sich, sondern nur im größeren Zusammenhang einer Spracherwerbstheorie vorgenommen werden. Entsprechend beginnt Kap. 3 mit Überlegungen, weshalb eine spezielle Sprachlerntheorie und mit ihr spezielle Annahmen über die ihr zugrunde liegenden Lernmechanismen erforderlich sind. Daraus ergeben sich die entscheidenden Anforderungen, die eine Spracherwerbstheorie erfüllen muß. Sie bilden die Grundlage für die Bewertung der Erklärungsparadigmen. Unterscheiden lassen sich einerseits *nativistische* gegenüber *funktionalen*; unter letzteren u. a. *interaktionistische*, *kognitive* und *behavioristische* Ansätze sowie *Verarbeitungsansätze*. Zum Abschluß dieses Kapitels wird die Frage aufgegriffen, ob eine Sprache nur über ein oder möglicherweise mehrere Lernsysteme gemeistert werden kann.

3.1 Sprachexperimente mit Tieren: warum eine spezielle Spracherwerbstheorie?

Man hat Elefantenbabys Wasserskilaufen beigebracht; Schimpansen Radfahren, Schlittschuhlaufen und olympiareife Reckübungen; diverse Tierarten können mit arteigenen Signalsystemen Informationen austauschen. Nur hat außer dem Menschen bislang kein Geschöpf trotz intensiven Trainings eine menschliche Sprache in ihrer vollen Komplexität gelernt. Besonders beeindruckend bestätigen dies Experimente mit Schimpansen und Gorillas. Diese Versuchstiere mußten in mehrjährigen, raffiniert ausgeklügelten Experimenten ein intensives Training über sich ergehen lassen. Als Pioniere gelten die Schimpansinnen Washoe (Gardener/Gardener 1969) und Sarah (Premack/Premack 1972). Das Ziel war herauszufinden, ob zumindest höher entwickelte Primaten eine menschliche Sprache lernen können bzw. ob sie überhaupt, wenn auch nur latent, über die kognitiven Voraussetzungen dafür verfügen. Den anatomischen Besonderheiten der Tiere wurde Rechnung getragen. Der Rachenraum von Schimpansen ist z.B. so geformt, daß sie schon aus anatomischen Gründen nicht die Vielfalt von Lauten wie Menschen hervorbringen können (Einzelheiten in Kap. 4.2). Um diese Experimente nicht am Problem der Lautbildung scheitern zu lassen, verwendete man optische Symbole, z. B. die Zeichensprache Taubstummer, Bildchen auf Chips oder in anderen Fällen auch Tastaturen nach Schreibmaschinenart. (Vgl. Abb. 3.1). Die Trainingsprozeduren waren unterschiedlich. Washoe kam z.B. schon als Baby in die Familie Gardner und wurde wie deren eigenes Kind großgezogen. Man „sprach" mit ihr durch die Zeichensprache Taubstummer. Sarah wurde in einem Käfig gehalten; als Symbole verwendete man Chips. Der Trainingsaufwand, die Trainingsintensität, vor allem die Trainingsdauer waren in allen Fällen enorm, und zwar unvergleichlich höher als bei Kindern. Trotz der unterschiedlichen Trainingsmethoden decken sich die beobachteten Leistungen der Tiere in erstaunlichem Ausmaße. Allerdings ist sich die Fachwelt über die Deutung der bisherigen Befunde keineswegs einig.

Nach intensivem Training können Schimpansen und Gorillas Symbole lernen und sie in sinnvoller Weise aneinanderreihen. Sie benutzen dabei auch Abfolgen, die ihnen nicht vorher beigebracht worden waren, Washoe z.B.: *Roger Washoe tickle* (Roger (soll) Washoe (= mich) kitzeln) oder *more tickle* (mehr kitzeln). Diese Abfolgen erinnern an Wortstellungsmuster aus den frühen Phasen des L1-Erwerbs von Kindern. Auch sie verwenden sinnvoll Wortstellungen, die sie nicht in der Sprache ihrer Umgebung gehört haben können und die ihnen schon gar nicht beigebracht wurden. Während Kinder aber ohne Training und in kurzer Zeit die frühen *linearen Strukturen* um *hierarchische* und andere *nichtlineare* ausbauen, ist sich die Fachwelt noch nicht im klaren darüber, wieweit die bisher trainierten Primaten dergleichen auch können. Dieser Punkt ist enorm wichtig, weil die Art von Strukturierungen und das ihnen zugrundeliegende Prinzip eines der ganz wesentlichen Merkmale ist, das menschliche Sprachen von den übrigen Kommunikationssystemen im Tierreich unterscheidet. Dieses Prinzip sei am Beispiel von Relativsätzen kurz erläutert:

(a) München hat ein Hofbräuhaus.

(b) In München steht ein Hofbräuhaus.

(c) Meine Oma wohnt in München.

(d) München, wo meine Oma wohnt, hat ein Hofbräuhaus.

(e) In München, wo meine Oma wohnt, steht ein Hofbräuhaus.

(f) *In, wo meine Oma wohnt, München steht ein Hofbräuhaus.

Die Beispiele (a) - (e) sind sprachgerecht, (f) nicht. Sie sollen zeigen, daß im Deutschen - wie auch in anderen Sprachen - die Regel, nach der Relativsätze eingefügt werden können, nicht linear ist. Aus (d) darf man z.B. nicht schließen, Relativsätze lassen sich nach jedem ersten Wort eines Satzes einfügen. Das Beispiel (f) widerlegt diesen

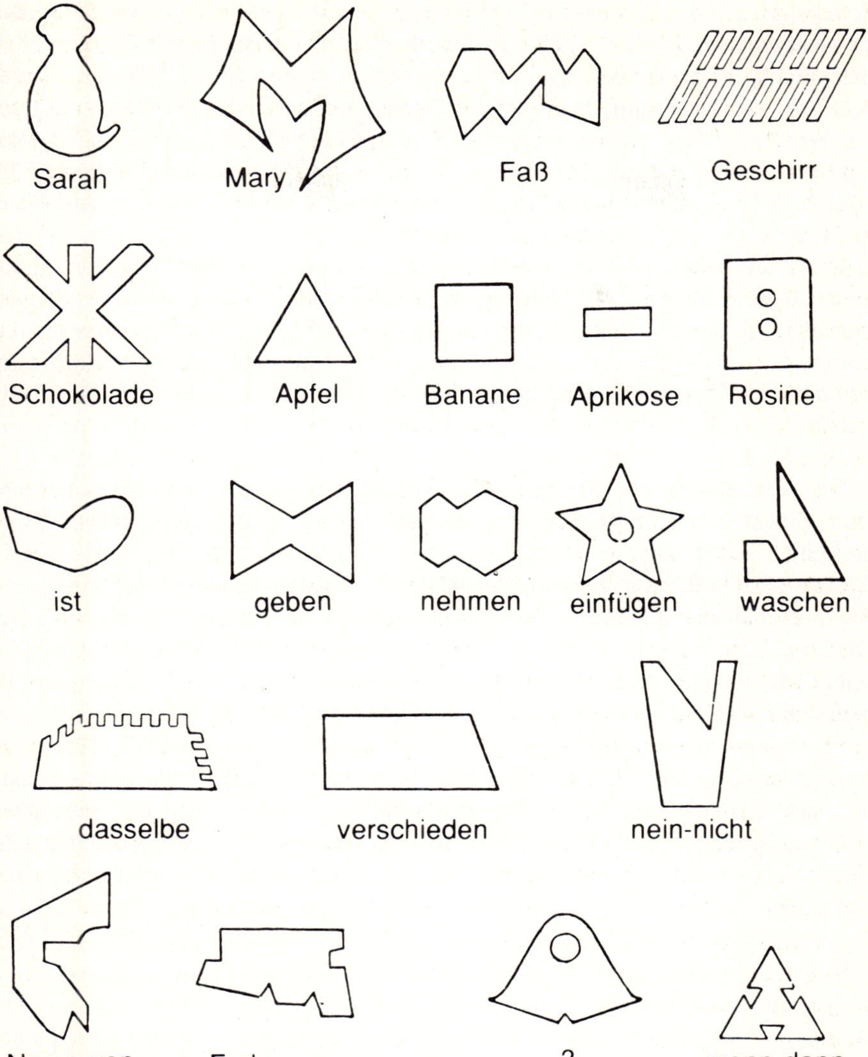

Abb. 3.1: Einige Symbole und ihre Bedeutung, die die Schimpansin Sarah in einem mehrjährigen Experiment unter Anleitung des Psychologenehepaares Premack lernte. Die meisten Figuren waren farbig. Man beachte, daß ihre Form sich nicht etwa aus ihrer Bedeutung ergab. Sarah lernte rund 130 verschiedene Symbole (nach Frankin/Rodman 1978:48)

Schluß, d.h., zu den Bedingungen für die Bildung von Relativsätzen gehört u.a., daß sie an *nominale Satzglieder* gebunden werden. Der Status ‚nominales Satzglied' ist nicht durch lineares Abzählen im Sinne von erstes, zweites, drittes Wort eines Satzes gegeben, sondern aufgrund struktureller Besonderheiten, die sich letztlich auf Syntax, Wortklassen usf. beziehen. Daraus folgt, auch die Regel zur Einbindung von Relativsätzen ist nur *strukturabhängig* und nicht etwa durch Abzählen von Wörtern oder Einzelsymbolen zu gewinnen. Folglich besteht die Lernaufgabe nicht im Abzählen, sondern im Erlernen der strukturellen Abhängigkeit.

Die *Strukturabhängigkeit* der Relativsatzregel ist kein Einzelfall. Ähnliches gilt für andere Regeln, nicht nur der Syntax. Eine Sprache ist ohne strukturabhängige Regeln gar nicht denkbar, und nur die wenigsten ihrer Regeln sind rein linear im strengen Sinne. Vor allem Chomsky hat oft betont, daß die Strukturabhängigkeit von Regeln ein wesentliches Charakteristikum menschlicher Sprachen ist (z.B. 1976: 78ff). Die Fachwelt ist sich darin einig, daß noch kein Versuchstier Leistungen gezeigt hat, die zur Annahme berechtigen, es verfüge in gleichem Maße wie der Mensch über die *kognitiven Voraussetzungen*, um das ganze Arsenal strukturabhängiger Regeln menschlicher Sprachen bewältigen zu können. Kontrovers ist derzeit, ob diese Tiere gar keine derartigen Voraussetzungen mitbringen (vgl. Terrace et al. 1980) oder nur rudimentäre (vgl. Stahlke 1980). Vom Standpunkt der Evolution aus gesehen, ist es aufgrund der Tierexperimente durchaus denkbar, daß sich die Strukturabhängigkeit sprachlicher Regeln und Regelsysteme aus linearen Verkettungen entwickelt hat. Es scheint, als sei unter den Primaten bislang nur dem *homo sapiens* dieser Entwicklungsschub gelungen.

Für die Konzeption einer Sprachlerntheorie muß man davon ausgehen, daß Unterschiede zwischen dem Erlernen einer Sprache und dem Erlernen von Fähigkeiten wie Radfahren, Tennis oder dem Erwerb von Geschichts- oder Mathematikkenntnissen bestehen. Chomsky hat wiederholt, daß keine Spracherwerbstheorie adäquat sein kann, wenn sie nicht die Besonderheiten des Erlernens einer Sprache gegenüber der Aneignung von Fertigkeiten oder Wissen aus nichtsprachlichen Bereichen erfaßt (z. B. 1976: 15ff). Daraus folgt nicht, daß die für den Spracherwerb erforderlichen Lernsysteme völlig ohne Bezug zu den anderen Lernsystemen existieren; beide müssen integriert sein, was nicht heißt, daß sie identisch sind. Ein Mangel in der bisherige Forschung ist vor allem, daß Theorien über das Erlernen nichtsprachlicher Phänomene vorschnell auf Sprachenlernen übertragen wurden und daß das Erlernen einer Sprache nicht hinreichend als eigenständiges Phänomen, sondern lediglich als ein kurioser Sonderfall allgemeinen Lernens betrachtet wurde.

3.2 Gesichtspunkte für die Bewertung von Erklärungsparadigmen

Die zu besprechenden Ansätze sind nicht in allen Punkten vergleichbar. Die Erkenntnisinteressen sind z.T. auf unterschiedliche Aspekte des Sprachlernvorganges und auf unterschiedliche Spracherwerbstypen ausgerichtet. Die meisten Ansätze beziehen sich auf den L1-Erwerb. Einige beschränken sich auf die kognitiv-intellektuellen Voraussetzungen des Spracherwerbs, ohne den Lernvorgang selbst zu thematisieren; in anderen steht der Lernmechanismus im Vordergrund, ohne daß nach nichtsprachlichen Voraussetzungen für Sprachenlernen gefragt wird. Angesichts dieser unterschiedlichen Gerichtetheit der zu besprechenden Ansätze ist es unzweckmäßig, sie lediglich – wie in der Literatur leider üblich – als einander ausschließende Erklärungsversuche zu sehen. Stattdesssen muß darauf geachtet werden, wie sie sich ergänzen.

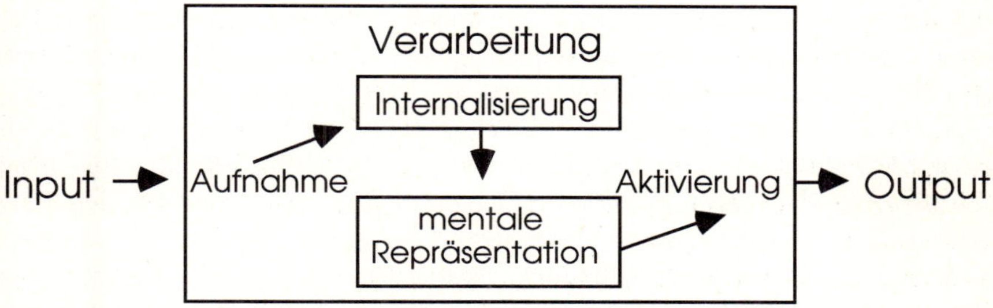

Abb. 3.2: Drei Grobaspekte der Verarbeitung des Inputs. Der Lerner nimmt nicht den gesamten Input auf, sondern nur, was ihm auffällt. *Internalisierung* bezeichnet die Speicherung von Information. Sie kann bei späterer Verwendung *aktiviert* werden.

Zur Verdeutlichung der verschiedenen Aspekte wird das Orientierungsdiagramm aus Abb. 1.1 in Abb. 3.2 weiter differenziert. Der Lerner nimmt nicht den gesamten Input, dem er ausgesetzt ist, auf einen Schlag auf. Er selektiert, und zwar zuerst das ihm Auffällige. Das tatsächlich Aufgenommene nennt Corder (1967) *intake* (Aufnahme). Diese Aufnahme wird weiter verarbeitet, bis sie in eine solche Form überführt ist, daß die Information im Gedächtnis festgehalten werden kann. Dieser Vorgang des Speicherns wird als *Internalisierung* bezeichnet. Die gespeicherte Information kann der Lerner für seine Zwecke aktivieren: (a) zum Verstehen dessen, was er registriert, die *Dekodierung* des Inputs; (b) zur Produktion von Äußerungen in der Zielsprache, die *Enkodierung*; und (c) als Grundlage für den Lernfortgang. Im engeren Sinne bilden (a) und (b) den Output. Für die natürlichen Spracherwerbstypen dürfte diese Grobgliederung der Verarbeitung zutreffen. Der FU fügt sich im Hinblick auf die Lehrmethoden weniger glatt ein. Dort verlangen Lehrer von vornherein meist die zielgerechte Wiedergabe ganzer Sätze bzw. dessen, was gerade gelernt und eingeübt wird. Wie noch zu zeigen sein wird, entspricht der Lernvorgang diesem Muster nicht. Auch im FU ist im Sinne von Abb. 3.2 Input nicht mit Aufnahme gleichzusetzen.

Nicht abgebildet sind in Abb. 3.2 die nichtsprachlichen Randbedingungen. Das sind einerseits die endogenen Voraussetzungen des Lerners, z.B. der kognitive Entwicklungsstand beim L1-Kind; die psychologischen Faktoren u.ä. beim L2-Lerner bzw. Schüler im FU. Zum anderen fehlen in Abb. 3.2 die externen Faktoren, z.B. ob ein L1-Kind in der Familie oder im Heim aufwächst oder die Kontaktgelegenheiten von L2-Lernern.

Erfahrung vs. angeborene Fähigkeiten

Zwei mehr inhaltlich ausgerichtete Fragen sind besonders wichtig für die Bewertung der Erklärungsparadigmen: Welche Rolle spielt die Erfahrung? Wieweit sind Annahmen über angeborene Fähigkeiten erforderlich? Kein Ansatz kommt ohne die Annahme angeborener Fähigkeiten aus. Es geht lediglich darum, wieviel und welche Art von Wissen über Sprache als angeboren angenommen wird. Diese Diskussion ist primär über den L1- und den natürlichen L2-Erwerb geführt worden.

Die Frage nach der Rolle der Erfahrung gegenüber angeborenen Fähigkeiten fügt sich in einen philosophischen Disput, der sich bis in die Antike zurückverfolgen läßt, nämlich den Zwist zwischen *Empiristen* und *Rationalisten*. Sie unterscheiden sich in dem, was als wissenschaftlich beobachtenswert angesehen und was als Erklärung für Beobachtbares zugelassen wird. Im *Empirismus* gilt nur das einer wissenschaftlichen Untersuchung als würdig, was *direkt beobachtbar* ist. Ideen, mentale Schemata – kurzum nicht direkt beobachtbare Phänomene – sind weder als Untersuchungsgegenstand noch als Erklärungsfaktoren zulässig. *Rationalisten* gehen umgekehrt vor. Gegenstand wissenschaftlicher Untersuchungen sind nicht nur direkt beobachtbare Phänomene, sondern auch und gerade weniger direkt Zugängliches. Innerhalb des Rationalismus ist es durchaus gängig, direkt beobachtbares Verhalten durch *mentale Entitäten*, also Ideen, Hypothesen, Schemata oder mentale Mechanismen zu erklären. Man geht davon aus, daß beobachtbares Verhalten durch sie gesteuert werden kann.

In der jüngeren Spracherwerbsforschung der 60er Jahre entzündete sich die Debatte über die Rolle der Erfahrung gegenüber angeborenen Fähigkeiten im wesentlichen am Gedankengut der beiden Psychologen Burrhus F. Skinner und Jean Piaget als Empiristen sowie Noam Chomsky als rationalistischem Linguisten. Alle drei haben eines gemeinsam: Keiner von ihnen hat über den Spracherwerb als Erlernen einer Sprache gearbeitet. Skinner übertrug ungeprüft Einsichten aus Tierexperimenten auf sprachliches Verhalten. Chomsky befaßte sich mit der Struktur menschlicher Sprachen, wie sie von voll kompetenten Erwachsenen gesprochen wurden, und meinte, hieraus Einsichten über den Spracherwerb ableiten zu können. Allein Piaget hat sich in der Tat viel mit Kindern und mit der Art, wie sie sprechen lernen, beschäftigt. Allerdings interessierte ihn nicht, wie eine Sprache gelernt wurde. Er benutzte die sprachlichen Leistungen von Kindern, um Rückschlüsse auf ihre Entwicklung in anderen Bereichen, vor allem ihre intellektuelle Entwicklung, die Entwicklung ihrer moralischen Urteilsfähigkeit u.ä. zu ziehen. Den Spracherwerb als Erlernen sprachlicher Strukturen hat er nie untersucht. Dies wurde erst von seinen Schülern und Mitarbeitern thematisiert (z. B. Sinclair-de Zwart 1969, 1971, Bronchart 1976, Karmiloff-Smith 1979a).

3.3 Einige Ansätze zur Erklärung von Sprachenlernen

Die übliche Terminologie ist irreführend, wenn sie zu wörtlich genommen wird. Ein wichtiger Gegensatz ist z.B. *funktional* vs. *nativistisch*. Funktional bedeutet, etwas wird als Funktion, d.h. in Abhängigkeit von der Umwelt gelernt. Nativistisch heißt, das zu Lernende ist angeboren oder wird aufgrund angeborener Fähigkeiten erworben. Genaugenommen kann nichts gelernt werden, wenn der Organismus nicht über entsprechende Lernfähigkeiten verfügt. Diese Fähigkeiten interagieren mit den externen Stimuli; im Zusammenwirken beider prägt sich der Lernverlauf aus. Folglich sind strenggenommen alle Erklärungsansätze funktional. Sie unterscheiden sich aber darin, welcher Aspekt besonders betont wird:

- *behavioristische Ansätze* betonen die Rolle der Erfahrung;
- *interaktionistische* das konkrete Interaktionsgefüge oder Teilbereiche daraus, z.B. den sprachlichen Input, das Rollenverhalten der an der Kommunikation beteiligten Personen oder das soziale Umfeld;
- *kognitive* den Beitrag der intellektuellen Entwicklung des Lerners;
- *Verarbeitungsansätze* die Art, wie sprachlicher Input aufgenommen und verarbeitet wird; und
- *nativistische* die Entfaltung angeborenen sprachlichen Wissens.

3.3.1 Behavioristische Ansätze: Spracherwerb als Konditionierung

Nach behavioristischer Auffassung wird der Erwerb einer Sprache wie der Lernvorgang bei einer Ratte im Tierexperiment erklärt. Z. B. lernt sie den richtigen Weg durch ein Labyrinth durch *trial and error* in Verbindung mit Strafe und Belohnung. Zeigt das Tier auf einen gegebenen *Reiz* (*stimulus*) hin die gewünschte *Reaktion* (*response*), wird es belohnt, und sei es auch nur dadurch, daß ihm kein Schmerz zugefügt wird. Die gleiche Prozedur wird so oft wiederholt, bis Reiz und Reaktion bei der Ratte zu einer festen Gewohnheit (*habit*) geworden sind. In Tierexperimenten bestätigt sich immer wieder, daß diese Gewohnheiten sich um so schneller und fester herausbilden, je häufiger Reiz und Reaktion wiederholt werden, je dichter die Abfolge ist und je stärker belohnt wird. Dieser Vorgang heißt *Konditionierung*. Das Reiz- und Reaktionsschema wird als Abkürzung aus dem englischen *stimulus* und *response* üblicherweise als S-R-Schema bezeichnet. Diese Art zu lernen heißt *Assoziationslernen*, da der Lerneffekt dadurch zustande kommt, daß R mit S verbunden wird. Alles, was ein Organismus an Fähigkeiten fürs Lernen braucht, ist ein Mechanismus, der die Bildung von Assoziationen ermöglicht.

Es gibt viele Varianten behavioristischer Lerntheorien (Überblick in Hörmann 1970). Sie sind noch immer die am weitesten verbreiteten Sprachlerntheorien, die als Grundlage für die Sprech- und Sprachtherapie in Kliniken und psychologischen Instituten dienen. Dies ist um so erstaunlicher, als sich sämtliche behavioristischen Theorien neben ihren begrifflichen Ungereimtheiten, wie sie Chomsky (1959) in seiner Besprechung von Skinner (1957) aufzeigt, auch in der Praxis als untauglich erwiesen haben, Spracherwerb zu erfassen, geschweige denn zu erklären.

Behavioristisches Lernen beschreibt den Lernvorgang als Imitation und passiv erduldete Dressur. Die sprachlichen Strukturen bilden sich in dem Maße heraus, in dem der Lerner das Gehörte übt und dafür belohnt oder getadelt wird. Die Steuerung erfolgt ausschließlich exogen. Am Anfang ist der Lerner eine Art tabula rasa. Unerfindlich bleibt dabei u.a. die Herkunft und die linguistische Struktur der entwicklungsspezifischen Fehler. Gehört werden sie nicht, da die meisten im Input nicht vorkommen, belohnt wird für sie auch kein Lerner, bestenfalls bestraft. Allerdings fruchtet dies selten oder nie. Die entwicklungsspezifischen Fehler halten sich trotz Belehrung, Belohnung oder Strafe meist über längere Zeit. Vor allem aber findet die Art von kreativer Verarbeitung, die sehr charakteristisch für Sprachenlernen ist, im behavioristischen Ansatz keinen Platz. Hier bleibt der Lerner passiv.

3.3.2 Kognitive Ansätze: Spracherwerb als logischer Denkprozeß

Das Wort *kognitiv* ist zunehmend zu einem unpräzisen Modewort geworden. Auf drei Verwendungsweisen gilt es zu achten: (a) Kognitiv gebraucht im Sinne von *intellektueller Entwicklung*, also auf die Entwicklung von Konzepten und logischem Denkvermögen bezogen; (b) im Sinne von *nichtbehavioristisch*; d.h. jede Form von Lernen, die nicht im bloßen Assoziieren besteht, sondern darin, daß Verarbeitungsprozesse aktiviert werden; und (c) kognitiv als Bezeichnung für ein didaktisches Vorgehen, bei dem der *Lernvorgang bewußt* gemacht wird, indem z.B. Grammatikregeln gegeben und gelernt werden. Unter kognitiven Ansätzen im engeren Sinne versteht man Versuche, Spracherwerb in Abhängigkeit von der intellektuellen Entwicklung zu erklären. Entscheidend ist dabei, in welcher Weise die intellektuelle Entwicklung mit Sprachenlernen in Verbindung zu bringen ist:

- Korreliert die sprachliche Entwicklung nur mit der intellektuellen im Sinne eines Reifungsansatzes (s. Kap. 2.4), ohne daß kausale Zusammenhänge bestehen?

- Bildet die intellektuelle Entwicklung die notwendige Voraussetzung dafür, daß überhaupt Spracherwerb stattfinden kann, ohne daß damit schon die Modalitäten des Spracherwerbs erklärt würden?
- Erklärt die intellektuelle Entwicklung auch die Modalitäten, nach denen sprachliche Strukturen und sprachliche Systeme gelernt werden?

Kognitive Ansätze sind primär im Anschluß an die Entwicklungspsychologie von Piaget entworfen worden, und zwar aus zwei Gründen. In Piagets Theorie verhält sich das Kind einerseits nicht passiv, sondern aktiv und konstruktiv. Es hantiert mit den Objekten seiner Umwelt und manipuliert sie. Wie in Kap. 12.4.2 näher erläutert wird, verdichten sich diese Verwendungsweisen zu mentalen Schemata, aus denen sich im Laufe der Zeit das Denkvermögen und das Weltverständnis des Kindes entwickeln. Es konstruiert gewissermaßen seine eigene Entwicklung durch aktive Auseinandersetzung mit seiner Umwelt, und zwar im Einklang mit seiner gesamten biologischen und sonstigen Entwicklung. Sie vollzieht sich nicht sprunghaft und unsystematisch, sondern sie erstreckt sich über Jahre und verläuft in einer für alle Kinder gleichen Abfolge von *Entwicklungsstadien*. Diese bedingen einander und bauen aufeinander auf. Das konstruktivistische Moment in Piagets Theorie bietet die Möglichkeit, die formende und steuernde Rolle der Umwelt mit der kreativen Eigengestaltung des Lerners zu verbinden. Erforderlich sind hierfür die Fähigkeiten der Konzeptualisierung, des Verbindens unterschiedlicher Signale und die Schlußfolgerungen aus solchen Beobachtungen ziehen zu können. Daher lag es nahe, die Piagetschen Stadien der Entwicklung des Denkens auf den Spracherwerb zu übertragen.

Das Verhältnis zwischen intellektueller und sprachlicher Entwicklung läßt sich heute klarer überblicken. Manche frühere Ansicht muß als Fehleinschätzung gelten. Das trifft besonders auf die Vermutung von Hermine Sinclair-de Zwart zu, einer Schülerin und Hauptmitarbeiterin von Piaget. Sie sieht in der Entwicklung des logischen Denkvermögens nicht nur eine Voraussetzung für den kindlichen Spracherwerb, sondern glaubt, auch die Modalitäten, nach denen sprachliche Strukturen und sprachliche Systeme gelernt werden, aus der intellektuellen Entwicklung des Kindes ableiten zu können (1969, 1971). Vor allem die Forschung zum natürlichen L2-Erwerb bei Kindern, Jugendlichen und Erwachsenen hat dazu beigetragen, diese Fehleinschätzung des Piagetschen Gedankengutes zurechtzurücken. Es zeichnet sich deutlich ab, daß die sprachliche und die intellektuelle Entwicklung eigenständiger als ursprünglich angenommen verlaufen.

Gewiß, der *Wortschatz* bietet viele Beispiele, an denen sich einleuchtend zeigen läßt, daß die entsprechende *konzeptuelle Entwicklung* eine Voraussetzung für die zielgerechte Beherrschung ist. Ein Junge, der aus der Tatsache, daß er zwei Brüder hat, noch nicht schließen kann, daß auch seine beiden Brüder je zwei Brüder haben und daß auch er selbst ein Bruder ist, kann auf Grund der konzeptuellen Entwicklung noch nicht die volle Bedeutung des Wortes *Bruder* meistern. Aus diesem Vokabelbeispiel dürfen aber zwei Schlußfolgerungen nicht gezogen werden: Wenn ein Kind über ein bestimmtes kognitives Konzept verfügt, lernt es nicht auch zwangsläufig die dafür in der Zielsprache vorgesehenen Ausdrücke; und zweitens ist die Entwicklung des logischen Denkvermögens nicht in vergleichbarer Weise die Voraussetzung für den Erwerb der Syntax und anderer Strukturbereiche. Für diese Einschätzung sprechen drei Argumente, die sich aus Beobachtungen an bilingualen L1-Sprechern, aus Vergleichen von L1-monolingualen Kindern, die verschiedene Sprachen lernen, sowie aus Beobachtungen zum natürlichen L2-Erwerb ergeben.

Argument 1: L1-bilinguale Kinder
Mikeš (1967) und Mikeš/Vlahović (1966) berichten über zwei L1-bilingual mit Ungarisch und Serbokroatisch aufwachsende Mädchen. Sie verwendeten die ungarischen Lokativflexionen für ‚rein', ‚heraus' usf. schon ab 2;0 zielgerecht. In ihrem Serbokroatisch hatten beide Kinder noch kaum begonnen, Lokativrelationen auszudrücken. Slobin (1973) argumentiert zutreffend, man dürfe nicht annehmen, die Kinder verfügten nur für eine Sprache über die entsprechenden Lokativkonzepte. Wahrscheinlicher ist, daß die Konzepte zwar bereitstanden, die zeitliche Verzögerung in der Verbalisierung der Lokativintentionen aber durch die unterschiedlichen Strukturen, die dafür in beiden Sprachen verwendet werden, begründet ist. Im Ungarischen handelt es sich um nominale Flexionen, und eine Flexionsendung signalisiert stets die gleiche semantische Kategorie. Im Serbokroatischen ist die Situation komplizierter. Hier dienen Präpositionen und Flexionen dazu, diese Lokativintentionen auszudrücken, und die Flexionen sind darüber hinaus nach Genus differenziert. Dieselbe Präposition und dieselbe Flexionsendung signalisieren nicht stets die gleiche semantische Kategorie. Vermutlich ist diese Komplexität des Serbokroatischen der Grund, weshalb die ungarischen Flexionen früher erworben wurden. Man erkennt deutlich, daß die Strukturmerkmale der zu lernenden Sprache und nicht die kognitiven Konzepte die sprachliche Progression bestimmen.

Argument 2: L1-monolinguale Kinder
Ja-/nein-Fragen werden in den Sprachen der Welt unterschiedlich realisiert, im Deutschen z.B. durch *Intonation* und/oder *Inversion.* Das Finnische kennt nach Bowerman (1973a) keine Intonationsfragen; *ja-/nein*-Fragen werden durch die *gebundenen Partikel -ko:-kö*, die an die mit *ja/nein* zu interrogierende Konstituente angefügt wird, signalisiert. Im Lettischen gibt es zwei Möglichkeiten: einerseits die Intonationsfrage, bei der die Wortstellung des Aussagesatzes unverändert bleibt; andererseits kann dem Aussagesatz die Partikel *vai-* bei unveränderter Wortstellung vorangestellt werden. Im Deutschen und Englischen sind die ersten Fragen von Kindern intonatorisch signalisierte *ja-/nein*-Fragen. Wer daraus schließt, *ja-/nein*-Fragen werden grundsätzlich als erstes von Kindern produziert, irrt. Nach Bowerman (1973a) stellen kleine

Finnen anfangs keine *ja-/nein*-Fragen. Sie treten erst auf, nachdem die Grundzüge der Pronominalfragen erworben sind. Lettische Kinder stellen nach Ruke-Dravina (1963) gleichfalls zuerst *ja-/nein*-Fragen, aber anfangs nur intonatorisch signalisierte. Mit vorangestellter Partikel *vai-* gebildete *ja-/nein*-Fragen treten erst beträchtlich später als Pronominalfragen auf. Man erkennt: *ja-/nein*-Fragen sind nur dann die ersten Fragen, wenn die zu lernende Sprache sie als Intonationsfragen kodiert. Werden *ja/ nein*-Fragen durch voran- oder nachgestellte Partikel ausgedrückt, so werden sie später als Lokativ- und andere Informationsfragen erworben. Nicht die kognitiv-konzeptuelle Entwicklung, sondern die Beschaffenheit der sprachlichen Strukturen bestimmt die Chronologie des kindlichen L1-Erwerbs, und zwar von dem Moment an, da die kognitiv-konzeptuellen Voraussetzungen, etwa im Piagetschen Sinne, geschaffen sind.

Argument 3: Kinder und Erwachsene im natürlichen L2-Erwerb
Das dritte Argument ist aufgrund seiner Einfachheit am eindrucksvollsten. Im L1-Erwerb mag es angehen, den früheren oder späteren Erwerb eines Elementes mit dem frühen oder späten Vorhandensein entsprechender konzeptueller Konzepte zu begründen. Wird dasselbe Element aber auch im natürlichen L2-Erwerb von Kindern, Jugendlichen oder gar Erwachsenen spät erworben, so läßt sich dies nicht mehr mit fehlenden konzeptuellen Voraussetzungen erklären. In Teil B werden entsprechende Beispiele in großer Fülle zu besprechen sein.

Insgesamt zeigt sich, daß eine streng deterministische Position, wie sie Sinclair-de Zwart einnimmt (z.B. 1969, 1971), nicht vertretbar ist. Während man für die Wortsemantik und für semantische Aspekte der Satzsyntax Abhängigkeiten von der intellektuellen Entwicklung erkennen kann, ist dergleichen für nichtsemantische Bereiche, z.B. Syntax oder Phonologie, nicht in Sicht. Entsprechend gilt es, bei der Bewertung der kognitiven Ansätze stets im Auge zu behalten, daß eine Sprache nicht nur aus einem Lexikon plus Satzsemantik besteht. Das Lautsystem und seine Entwicklung ist ein entscheidender Test für die Angemessenheit kognitiver Ansätze. Die allgemeine kognitive Entwicklung setzt Rahmenbedingungen für semantische Aspekte und für Aspekte des Weltverständnisses. Die Beherrschung von Syntax, Phonologie und bestimmten Arten von Diskursregeln erfordert eigenständige, auf die Verarbeitung von Sprache und sprachliche Strukturen ausgerichtete kognitive Fähigkeiten und Voraussetzungen. Sie sind von anderer Art als die *kognitiv-intellektuellen* und werden hier *linguo-kognitiv* genannt (Wode 1981a).

3.3.3 Interaktionistische Ansätze

Der Begriff *interaktionistisch* wird in der Literatur zweifach verwendet. Einerseits im Sinne von *funktional* (s.o.), andererseits zur Charakterisierung von Ansätzen, in denen man zu Recht davon ausgeht, daß Sprechen fast ausschließlich in sozialen Interaktionen und nicht losgelöst von ihnen vorkommt. Deshalb können Sprachen nur in Interaktionen gelernt werden. Sie bilden den Rahmen, innerhalb dessen sich Lerner die sprachlichen Kodierungen erschließen, indem sie sprachliche Signale mit den nichtsprachlichen der jeweiligen Situation in Verbindung bringen. Methodisch bieten interaktionistische Ansätze erst die Möglichkeit, die Entfaltung des konstruktivistischen Moments im Sinne Piagets zu erfassen. Konsequent angelegte interaktionistische Ansätze dürfen daher nicht bei einer minutiösen Beschreibung der Interaktion verharren und es versäumen, die entscheidende Frage aufzuarbeiten: Welchen Einfluß haben die Besonderheiten der Interaktion auf die einzelnen Aspekte des Lernvorganges, sind z.B. die in Kap. 1.2 beschriebenen entwicklungsspezifischen Fehler in ihrer linguistischen Struktur durch die typischen Interaktionsformen bedingt, denen die Lerner ausgesetzt waren? Wären sie bei geschickter Manipulation des Interaktionsverhaltens vermeidbar? Ist die Chronologie der entwicklungsspezifischen Fehler beliebig über das Interaktionsverhalten steuerbar, oder sind es nur bestimmte Aspekte? Dient die Interaktion vielleicht nur dazu, *Input* bereitzustellen?

Da man unmöglich sämtliche Aspekte von Interaktionen gleich detailliert berücksichtigen kann, werden in den Untersuchungen üblicherweise nur jeweils bestimmte Faktoren herausgegriffen.

Input- und Diskursansätze
In den radikaleren Ansätzen nimmt man an, die Struktur des sprachlichen Inputs und damit die Zwänge, denen Diskurs und Konversationen unterliegen, bestimmen im L1- wie im L2-Erwerb den Lernablauf bis hin zur sprachlichen Ausprägung der entwicklungsspezifischen Strukturen und Entwicklungssequenzen (z.B. Bates et al. 1983, Bates/MacWhinney 1981, 1982). Moderatere Ansätze, z.B. Miller (1976) oder Anders (1982) für den L1-Erwerb und Hatch (1978, 1983) und Long (1980) für den L2-Bereich, betonen zwar auch die Bedeutung von Input und Diskurs, sehen darin aber nicht das alleinige Steuerungsmoment.

Interaktion als sozialer Gesamtrahmen
Diese Ansätze betonen, daß Sprachen nur in konkreten Situationen gelernt werden können. Eine Sprache ist ein integrierter Bestandteil der Sozialstruktur und des Sozialverhaltens einer Sprachgemeinschaft, so daß sich die Aufgabe, eine Sprache zu lernen, nicht in der Aneignung von Wörtern für konkrete Objekte erschöpft. Rollenverhalten, soziale Konventionen und vieles mehr muß der Lerner verstehen lernen. Das kann nur in konkreten Situationen geschehen, in die der Lerner einbezogen wird (z.B. Wells 1974, Brunner 1975). Je nach Spracherwerbstyp sind unterschiedliche Interaktionen besonders wichtig: für den L1-Erwerb z.B. das Verhältnis von Mutter und Kind (z.B. Snow 1977), im natürlichen L2-Erwerb die Art des Kontakts zu den

entsprechenden L1-Sprechern (z.B. Long 1980) und im FU die Beziehung zwischen Schüler und Lehrer (z.B. Gaies 1977).

Akkulturationsansätze
Akkulturationsansätze lassen sich gleichfalls als interaktionistisch auffassen. Sie heben darauf ab, daß die Integration in die soziokulturellen Besonderheiten einer Sprachgemeinschaft eine wichtige Rolle beim Sprachenlernen spielt. Im L1-Erwerb gelingt dies in der Regel problemlos; im L2-Erwerb kann es den Lernerfolg sehr beeinträchtigen, wenn der Lerner sich gegen die L2-Kultur sträubt (z.B. Schumann 1976. Einzelheiten in Kap. 13.2).

Zur Tragweite interaktionistischer Ansätze

Zwei Arten von Überlegungen spielen eine wichtige Rolle. Betrachtet man *alle* Faktoren einer Interaktion als Lernsituation, dann können sie sich sehr vielfältig unterscheiden. Die entwicklungsspezifische Fehler aufzeigenden Beispiele aus Kap. 1.2 und die in Teil C zu besprechenden zeigen, wie ähnlich sich die sprachlichen Leistungen von Lernern trotz der enormen Vielfalt der Unterschiede in den Lernsituationen sein können. Wer Spracherwerb funktionalistisch erklären will, hat letztlich zwei Möglichkeiten: Entweder muß die Uniformität mit Vielfalt begründet werden, was methodisch unzulässig, weil paradox ist; oder es muß gezeigt werden, daß nur wenige Faktoren der gesamten Interaktion den Lernverlauf wirklich beeinflussen. Die Auswahl der relevanten Faktoren kann dann aber nur über diejenigen Fähigkeiten erfolgen, die Lerner als Eigenvoraussetzungen für das Sprachenlernen mitbringen.

Einen weiteren Einwand liefert Meisel (1986). An L1-bilingual mit Deutsch und Französisch aufwachsenden Kindern zeigt er, daß ihre Entwicklung der Wortstellung und Kasusflexionen in beiden Sprachen unterschiedlich verlief. Da die Wortstellung im Deutschen flexibler als im Französischen ist, scheint der interaktionistische Druck, Flexionen heranzuziehen, für Deutschsprechende größer zu sein, damit mit ihnen semantische Relationen in Sätzen klarer markiert werden können. Diese interaktionistischen Zwänge können aber nicht entscheidend sein, denn die L1-bilingualen Kinder lernten die Flexionen fürs Französische eher als fürs Deutsche.

3.3.4 Nativistische Ansätze: Spracherwerb als Entfaltung eines genetischen Programms

Wie in Kap. 3.1 gezeigt, kommt keine Spracherwerbstheorie ohne die Annahme angeborener Fähigkeiten aus. Sonst müßten auch Schimpansen menschliche Sprachen lernen können. Folglich ist das Problem nicht, ob etwas angeboren ist, sondern wie viel und was. Als nativistisch im engeren Sinne werden jene Sprachlerntheorien bezeichnet, die annehmen, sprachliche Strukturen bzw. Kenntnisse über die Strukturierungsprinzipien natürlicher Sprachen seien angeboren. Zwei Spielarten sind z.Zt. im Gespräch, das *Bioprogramm* von Derek Bickerton (1981) und die *Universalgrammatik* (*UG*) von Chomsky (1981, 1982). Die Konzeption des Bioprogramms ist aus der Forschung über Pidgin- und Kreolsprachen entstanden; die UG im Zuge der Weiterentwicklung der generativen Transformationsgrammatik.

Universalgrammatik (UG)

Begründet wurde die UG von Chomsky als Antithese zu behavioristischen Sprachlernvorstellungen, und zwar mit Argumenten, die heute unter dem Schlagwort vom *logischen Problem des Spracherwerbs* zusammengefaßt werden (Kap. 1.3). Chomsky schien es unvorstellbar, wie Kinder aus defizitärem Input in wenigen Jahren eine sprachliche Kompetenz entwickeln können, die auch nur annähernd den Regeln der erwachsenensprachlichen Grammatik entspricht. Chomsky nahm daher an, Kinder seien genetisch mit reichhaltigen Kenntnissen darüber ausgerüstet, wie menschliche Sprachen beschaffen sind. Dieses genetisch vorgegebene Lernsystem nannte er *LAD* (*language acquisition device*). LAD steuert das Kind durch das Chaos zum Erfolg. Chomskys Auffassung über LAD hat sich im Laufe der Zeit geändert, der Grundgedanke aber ist geblieben: LAD ist ein Arsenal von mentalen Schemata, die festlegen, welche Strukturen überhaupt in menschlichen Sprachen möglich sind. Die Aufgabe von LAD ist zu prüfen, welche Strukturen in der jeweils zu lernenden Sprache vorkommen. Dazu bildet LAD Hypothesen, die überprüft und ggf. verworfen, modifiziert und erneut geprüft werden. Hypothesenbildung und -überprüfung werden solange fortgesetzt, bis sich die Hypothesen mit der Struktur der Zielsprache decken.

Anfänglich meinte man, die mentalen Schemata seien linguistische Universalien, z.B. grundlegende syntaktische Relationen wie Satz, Subjekt eines Satzes, Prädikat eines Satzes oder eine universelle Hierarchie von Wortklassen (z.B. McNeill 1966, 1970). Solche Vorstellungen haben sich als unangemessen erwiesen (z.B. Bowerman 1973b, Fodor et al. 1974). In jüngster Zeit wird eine *parametrische* Konzeption diskutiert (Chomsky 1981). Ein System von Prinzipien legt fest, welche Form natürliche Sprachen überhaupt haben können. Dies ist die *Universalgrammatik* (UG). Die durch die UG festgelegten Optionen werden *Parameter* genannt. Sie betreffen z.B. die Möglichkeiten der Wortstellung, von Flexionssystemen usf. Die Parameter sind zu Beginn des Spracherwerbs offen in dem Sinne, daß sie je nach Sprache unterschiedlich ausgefüllt werden können. Die Relationen unter den Parametern legen fest, wieweit die Ausprägung des einen mit der eines anderen vereinbar ist: Können beide in der gleichen Sprache vorkommen? Bedingen sie einander, so daß der eine nur zusammen mit dem anderen, aber nicht allein vorkommen kann? Oder schließen sie einander aus? Chomsky nimmt an, dieses System sei genetisch verankert. Im Hinblick auf seine Funktionsweise legt es daher nicht nur fest, wie natürliche Sprachen strukturiert sind, sondern es bildet auch die Basis für die sprachliche Entwicklung. Die Lernaufgabe besteht in der *Fixierung der Parameter*, d.h., der Lerner muß herausfinden, wie die einzelnen Parameter in der zu lernenden Sprache sprachlich zu füllen sind. Die Lernaufgabe wird dabei durch die Relationen, die zwischen den Parametern gelten, sehr erleichtert. Hat der Lerner z. B. einen Parameter identifiziert, so weiß er damit automatisch auch, daß die Sprache all jene Parameter bzw. Strukturmerkmale haben muß, die durch diesen einen Parameter impliziert sind. Und umgekehrt, mit der Identifikation eines Parameters weiß der Lerner, daß in der betreffenden Sprache all jene Parameter nicht auftreten können, die durch den bereits identifizierten ausgeschlossen sind. Dazu als Beispiel der sogenannte *pro-drop-Parameter* (Chomsky 1981, Jaeggli 1982, White 1985). Pronominale Subjekte können in jenen Sprachen fehlen, die neben anderen Besonderheiten auch die Subjekt-Verb-Inversion in Aussagesätzen haben wie das Italienische oder Spanische im Gegensatz zum Englischen oder Deutschen. Diese beiden Merkmale treten stets gemeinsam auf. Hat daher ein Lerner erkannt, daß seine Zielsprache Subjekt-Verb-Inversion zuläßt, so kann er annehmen, daß auch das pronominale Subjekt fakultativ ausgelassen werden kann.

Die Vorzüge dieser Sichtweise sind unschwer zu erkennen. Die Lernaufgabe ist drastisch reduziert, indem nicht jedes einzelne Strukturmerkmal separat gelernt werden muß. Entsprechend schneller kann sich der Lernablauf vollziehen. Der gesamte Lernvorgang wird als hypothesengerichtet gesehen. Die Steuerung erfolgt über die Strukturen der Zielsprache und die angeborenen Fähigkeiten des Lerners. Durch die parametrischen Relationen ist dafür gesorgt, daß die Überprüfung der Hypothesen nicht zu einem endlosen Unterfangen wird. Mehr noch, nicht für jede Entscheidung ist die Konfrontation mit der Erfahrung erforderlich. Die Implikationsrelationen gestatten es dem Lerner auch dann, die Existenz von Parametern zu erschließen und damit zu „lernen", wenn er sie selbst im Input nicht registriert hat - ein gedanklich kühner und deshalb faszinierender Vorschlag zur Lösung des logischen Rätsels (Kap. 1.3). Erfahrung und angeborene Fähigkeiten haben ihren Anteil. Allerdings ist die Rolle der Umwelt gegenüber anderen Ansätzen reduzierter. Sie hat eine mehr auslösende und nur in begrenztem Maße eine steuernde Funktion.

Die Schwächen resultieren aus einer falschen Eingrenzung des Gegenstandsbereichs. Mit der Nennung genetisch verankerter Voraussetzungen ist es nicht getan. Wie spürt der Lerner diejenigen Elemente im Input auf, die für die Fixierung der Parameter entscheidend sind? Wie wird Input zu Hypothesen verarbeitet? Wie erfolgt ihre Überprüfung und die Internalisierung der gewonnenen Information? Hier müssen die verschiedenen Aspekte des Lernvorganges gemäß Abb. 3.2 berücksichtigt werden.

Darüber hinaus ist Chomsky und seine Schule der veralteten Tradition verhaftet, Spracherwerb mit dem kindlichen L1-Erwerb zu identifizieren (Wode 1984). Entsprechend ist auch der Universalienbegriff auf L1-monolinguale erwachsene Sprecher zugeschnitten. Phänomene, die aus dem Kontakt mehrerer Sprachen resultieren, bleiben ausgeschlossen. Beispielsweise hat sprachlicher Transfer im L2-Erwerb unbestreitbar entwicklungsspezifischen Charakter. Nach welchen parametrischen Relationen soll LAD entscheiden – nach der beherrschten L1 oder der neuen L2? Nativistische Ansätze im Rahmen der generativen Grammatik sind daher keine echten universalistischen Ansätze. Sie müssen ausgeweitet werden auf alle Spracherwerbstypen. Transfer und Kontaktphänomene müssen einbezogen und der Universalienbegriff entsprechend neu gefaßt werden. In diesem Zusammenhang ist es für nativistische Ansätze sehr wichtig zu prüfen, ob denn die zentrale Annahme zutrifft, daß Sprachen nur nach einem einzigen Lernsystem gemeistert werden können.

Das Bioprogramm

Ähnlich wie Chomsky meint auch Bickerton (1981), daß der Mensch genetisch mit einem, wie er es nennt, *Bioprogramm* ausgerüstet ist, das ihn in die Lage versetzt, Sprachen zu lernen und neue entstehen zu lassen. Im Gegensatz zu Chomsky entwickelt Bickerton seine Vorstellungen jedoch nicht am Beispiel von L1-Kindern, sondern aus Beobachtungen über Kreolsprachen. Sein Ansatzpunkt ist daher nicht monolingualistisch, sondern mehrsprachig. Überraschenderweise aber bezieht sich Bickerton nur auf die erste Generation von Kreolsprechern, also auf jene Kinder, die in eine Pidginsituation hineingeboren werden, dieses Pidgin als ihre L1 erwerben und es nun über das mehr oder minder rudimentäre Pidginstadium hinaus zu einer voll funktionsfähigen Sprache ausbauen müssen. Soweit ihnen hierfür keine anderen Sprachen zur Verfügung stehen, aus denen sie entlehnen können, sind sie gezwungen, diese Entwicklung ganz allein aus sich heraus zu bewerkstelligen. Zurückgreifen können sie für diese Zwecke daher nur auf Fähigkeiten, die sie nicht über die Erfahrung von außen haben erwerben können; sie müssen von vornherein in ihnen angelegt, also angeboren sein. Diese Schlußfolgerung ist für Bickerton auch deshalb zwingend, weil er in sehr detaillierten Analysen zeigen zu können glaubt, daß allen Kreolsprachen einer bestimmten Entwicklungsphase gewisse strukturelle Eigenschaften gemeinsam sind, die weder aus den Sprachen kommen können, aus denen das Pidgin entstand, noch aus dem Pidgin, das zur Kreolsprache wurde, noch aus anderen Kontaktsprachen, da diese Phänomene auch dann zu beobachten sind, wenn kein Sprachkontakt vorhanden ist.

Diese Überlegungen sind vom Standpunkt einer integrierenden Spracherwerbstheorie, die sämtliche Spracherwerbstypen erfassen soll, gerade um jenes Moment zu erweitern, das Bickerton ausgeschlossen hat, nämlich um Kontaktphänomene, also um jene Sprachlernfähigkeiten, die Erwachsene und Kinder in die Lage versetzen, mehr als eine Sprache zu lernen (Wode 1986).

3.3.5 Verarbeitungsansätze

In Verarbeitungsansätzen wird angenommen, daß einige Modalitäten des Spracherwerbs, namentlich die *Dekomposition*, *Entwicklungssequenzen* und die *entwicklungsspezifischen Strukturen* (Kap. 5.1-3) durch die Art, wie sprachlicher Input vom Lerner verarbeitet wird, mitdeterminiert werden. Dabei können sowohl die Perzeption wie auch die intern im Gedächtnis ablaufenden Vorgänge eine Rolle spielen. Dieser Ansatz wird in Kap. 5.5 näher erläutert.

3.3.6 Zusammenfassung: Wieviele Lernsysteme gibt es?

In den oben besprochenen Ansätzen wurde angenommen, Sprachenlernen lasse sich durch nur einen einzigen Ansatz erklären. Alle Aspekte müssen sich ausschließlich einer behavioristischen, nativistischen, kognitiven oder einer anderen Erklärung fügen. Diese Diskussion betraf primär den L1- und natürlichen L2-Erwerb und führte in diesem Bereich zu einem sterilen Entweder-Oder-Streit. Diese monokausale Erwartung ist unangemessen. Bis auf den behavioristischen haben alle Ansätze ihre Vorzüge. Sie erhellen einzelne Aspekte des gesamten Lernvorgangs. Die Erklärungskraft und der -bereich jedes einzelnen Ansatzes muß genauer abgesteckt und präzisiert werden, damit erkenntlich wird, ob und wie sie sich ergänzen.

Insgesamt scheint es, daß im Kern ein *linguo-kognitives Verarbeitungssystem* angenommen werden muß. Es ist in die übrigen kognitiven Systeme des Gehirns integriert. Die Ausprägung der sprachlichen Strukturen der einzelnen Sprachen erfolgt je nach Spracherwerbstyp in der Interaktion des linguo-kognitiven Systems mit den anderen, die für dieBewältigung dessen, was an Erfahrungen aus Auseinandersetzung mit der Umwelt gewonnen werden kann, erforderlich sind.

Allerdings stellt sich die Frage, ob eine Sprache nur nach einem einzigen Lernsystem gelernt werden kann. Innerhalb des FU gibt es eine alte Tradition, nach der zwei Lernweisen unterschieden werden: Nach der einen wird unbewußt, d.h. *intuitiv*, wie in den in Kap. 3.3 besprochenen Ansätzen thematisiert, gelernt; nach der zweiten versucht man, das Lernen *bewußt* zu machen, indem z. B. die Regeln der Zielsprache vorgegeben, erläutert und eingeübt werden. Aus den vorgegebenen Regeln leitet der Lerner seine Äußerungen der Zielsprache ab. Man erkennt, der Gegensatz zu den Schlüsselbeispielen aus Kap. 1.2 könnte kaum größer sein. Erfahrungsgemäß führt dieses bewußte Lernen nicht in gleichem Maße zur Sprachfertigkeit wie das intuitive Lernen. Nach Felix (1982) entwickelt sich das formale Lernsystem um das 12. Lebensjahr. Ihm liegt das Erreichen des Piagetschen Stadiums der *formalen Operationen* zugrunde. Das formale Lernsystem dient nicht nur dem Sprachenlernen, sondern als Problemlösungssystem schlechthin. Es ist nicht wie das linguo-kognitive auf eine bestimmte Domäne festgelegt, sondern es gilt für viele Bereiche, z.B. für Mathematik und Kunst genauso wie für Tennisspielen oder Verkehrsplanung.

Zwei verschiedene Lernsysteme anzunehmen ist auch von anderen Autoren vorgeschlagen worden (z.B. Bialystok 1978, Krashen 1981, Felix 1982). Bezweifelt werden kann allerdings, ob es sich tatsächlich um zwei in jeder Hinsicht getrennte Lernsysteme oder um ein Kontinuum mit zwei extremen Ausprägungen handelt (z.B. Ellis 1984: Kap. 7). Ein Extrem ist die völlig intuitive Vorgehensweise; das andere Extrem die völlig bewußte. Da letztere, wie auch das Piagetsche Stadium der formalen Operationen, sich über frühere Stadien entwickelt, hängen das intuitive und formale Lernen enger miteinander zusammen, als es die Terminologie suggeriert (Weitere Einzelheiten in Kap. 12.4.2).

3.4 Lektürevorschläge zu Kap. 3

Sprachexperimente mit Primaten sind eine Domäne amerikanischer Psychologen. Grundlegend:

Gardener/Gardener (1969: Washoe), Premack/Premack (1972: Sarah).

Sammelbände mit Überblicksdarstellungen, kritischen Stellungnahmen aus unterschiedlichen Perspektiven und weiteren Literaturhinweisen:

Sebeok/Umiker-Sebeok (1980), de Luce/Wilder (1983).

Behavioristische Erklärungsansätze

Die Diskussion über die Tauglichkeit bzw. Untauglichkeit behavioristischer Vorstellungen als Erklärung für Spracherwerb begann mit Chomskys Rezension (1959) von Skinner (1957). Chomsky verwies primär auf die Ungereimtheiten der Skinnerschen Begriffsbildung. Chomskys Kritik traf einen behavioristischen Ansatz, der im Hinblick auf das Erlernen von Sprachen zu den weniger tauglichen Varianten zu rechnen ist. Im Prinzip trifft diese Kritik aber auch anspruchsvollere Ansätze.

Überblick: Hörmann (1970).

Kritik aus spracherwerblicher Sicht:

McNeill (1970), Wode (1974, 1981a). Ein charakteristisches Bild der Diskussion der 60er und 70er Jahre vermitteln die Aufsätze in Slobin (1971).

Kognitive Erklärungsansätze

Sinclair-de Zwart (1969, 1971). Piagets Werk wird in Kap. 12.4.2 besprochen. Literaturhinweise dort.

Kritisch:

Slobin (1973: L1-bilinguale Kinder), Wode (1976c: L1-monolinguale Kinder), Wode (1981a: L2-Lerner).

Interaktionistische Ansätze

Input- und Diskursansätze:

Bates/MacWhinney (1982), Bates et al. (1983), Hatch (1978a, 1983), Long (1980), Anders (1982).

Interaktion als sozialer Rahmen:

Wells (1974), Bruner (1975), Snow (1977), Gaies (1977), Aufsätze in Martens (1979).

Akkulturation und Sozialisation: Schumann (1976).

Kritisch: Meisel (1986).

Nativistische Theorien

Universalgrammatik:

Chomsky (1981), White (1983), Fanselow/Felix (1987: Überblick).

Pro-drop: Jaeggli (1982), White (1983).

Bioprogramm: Bickerton (1981).

Verarbeitungsansätze

Siehe Literaturvorschläge zu Kap. 5.5.

Wieviele Lernsysteme gibt es?

Felix (1982: zwei Systeme), Krashen (1981: zwei Systeme), Ellis (1984: ein variables System).

4. Biologische Grundlagen der menschlichen Sprach(lern)fähigkeit

Eines der Ergebnisse aus Kap. 3 war, daß die menschliche Sprachlernfähigkeit ein Specificum des homo sapiens und damit an seine biologischen Voraussetzungen gebunden ist, also an die Anatomie und Funktionsweise jener Organe, die beim Produzieren, Verstehen, Planen und Verarbeiten von sprachlichen Signalen aktiviert werden. Das sind das Gehirn bzw. das Gedächtnis als zentrale Steuerungsinstanz, Lunge, Rachen, Mund und Nasenhöhle usf. als schallerzeugende Organe und das Ohr als schallregistrierendes Organ. Insgesamt sind die Zusammenhänge nur in groben Umrissen bekannt. Denn leider ist die Hirnforschung z.Zt. weit davon entfernt, die Ergebnisse aus den linguistischen, psychologischen und didaktischen Untersuchungen erklären zu können. Daher ist es erforderlich, den Stand der Forschung zu den biologischen Grundlagen so weit zu skizzieren, daß vor derzeit unerfüllbaren Hoffnungen gewarnt werden kann. Besprochen werden kurz der *Artikulationskanal*, die *Anatomie des Gehirns*, die *Funktionsweise von Neuronen*, *Hirnfunktionen* und ihre *Lokalisierung* sowie einige Konzeptionen zum Aufbau und zur Funktionsweise des *Gedächtnisses*. In jüngster Zeit bahnt sich ein Umdenken an. Früher richtete sich das Interesse auf Sprachzentren, die man in der dominanten, in der Regel also in der linken Hirnhälfte vermutete. Heute fragt man stärker, inwieweit und in welcher Weise auch die nichtdominante, meist die rechte Hirnhälfte, bei der Verarbeitung sprachlicher Signale beteiligt sein kann.

4.1 Artikulationsorgane

Ehe die Schallproduktion in jenem Ausmaß differenziert werden kann, wie es für menschliche Sprachen erforderlich ist, müssen sich die anatomischen Voraussetzungen in bestimmter Weise entwickelt haben. Das gilt für die Phylogenese des *homo sapiens* genauso wie für die Ontogenese des einzelnen Kindes. Betroffen ist primär die Ausformung des Rachenraumes oberhalb des Kehlkopfes. Lieberman (1975) verdeutlicht die wesentlichen Aspekte durch einen Vergleich zwischen einem erwachsenen *homo sapiens*, einem Menschenaffen, einem Kleinkind und einem rekonstruierten Neandertaler. Abb. 4.1 ist eine schematische Darstellung eines Längsschnittes durch den Kopf eines erwachsenen Menschen und eines Orang-Utans. Die entscheidenden Unterschiede sind: Beim erwachsenen Menschen liegt der Kehlkopf tiefer. Dadurch wird sein supralaryngaler Raum, d.h. der Raum oberhalb des Kehlkopfes, größer. Der Rachenraum endet in einem charakteristischen Knick

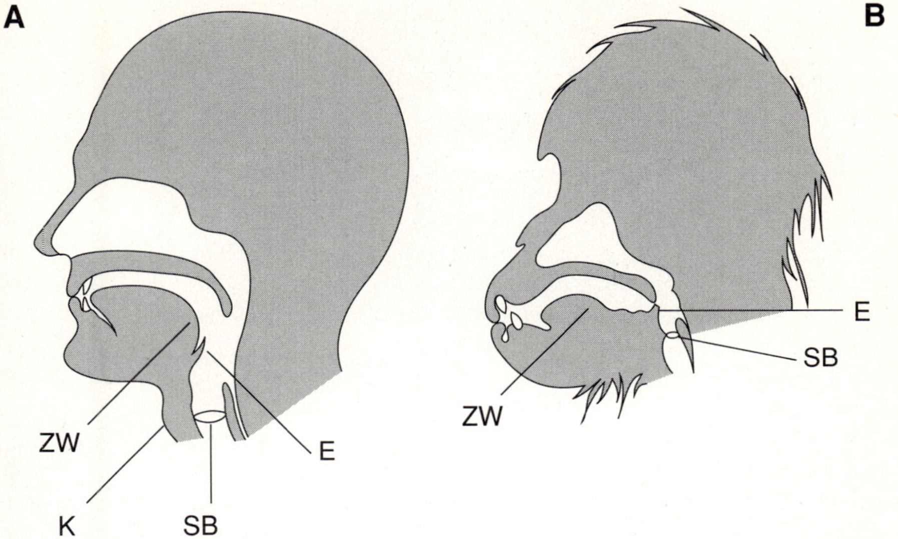

Abb. 4.1: Schematische Darstellung von Längsschnitten durch Kopf- und Rachenraum beim erwachsenen Menschen (A) und beim Orang-Utan (B). Die Anordnung der Hohlräume oberhalb des Kehlkopfes unterscheidet sich drastisch: nur beim Menschen ist er ausgeprägt gekrümmt; die Epiglottis (E) liegt nur bei den Tieren so, daß sie die Mundhöhle abriegeln kann; die Zungenwurzel (ZW) setzt nur beim Menschen tief in der Senkrechten des Rachenraumes an, und der Kehlkopf (K) mit den Stimmbändern (SB) liegt beim Menschen beträchtlich tiefer (nach Lieberman 1975: 109).

zum Nasenraum hin. Die Zungenwurzel liegt nur beim erwachsenen Menschen tief in der Senkrechten des supralaryngalen Raumes. Seine Ausformung gleicht bei einem neugeborenen Kind nicht nur der von Primaten, sondern der aller Säugetiere, und muß sich folglich nach der Geburt noch in Richtung auf die Ausformung wie beim erwachsenen Menschen hin entwickeln. Die Grundzüge dieser Ausformung sind in der Regel bis 0;9-1;0 erreicht. Das ist der Zeitpunkt, zu dem Kleinkinder anfangen zu sprechen (Einzelheiten in Kap. 9.3.1). In Abb. 4.2 sind die Unterschiede zwischen den supralaryngalen Räumen durch Gipsabdrücke und ihre schematische Darstellung illustriert. Der obere Teil zeigt Abdrücke eines neugeborenen *homo sapiens*, eines teilweise rekonstruierten Neandertalers und eines erwachsenen homo sapiens, und zwar in naturgetreuem Größenverhältnis. Der untere Teil von Abb. 4.2 enthält schematische und auf die gleiche Größe gebrachte Darstellungen von entsprechenden Gipsabdrücken, ergänzt um den eines Schimpansen. Man erkennt: Die Ausprägung des Rachenraumes beim erwachsenen *Neandertaler* gleicht der beim Schimpansen und beim *neugeborenen homo sapiens*. Man muß folglich annehmen, daß sich der

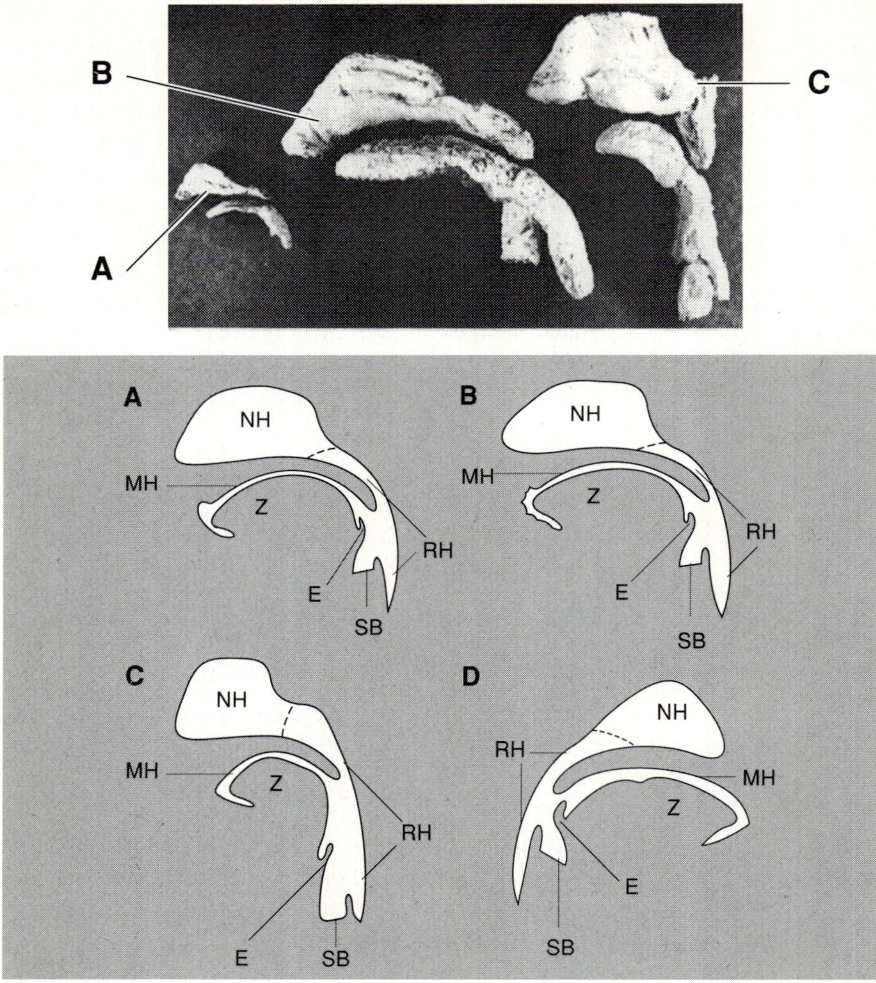

Abb. 4.2
oben: Gipsabdrücke des supralaryngalen Traktes in natürlichem Größenverhältnis: A: neugeborener homo sapiens B: rekonstruierter Neandertaler (Fundort: La Chapelle-aux-Saints) C: erwachsener homo sapiens.
unten: zum Vergleich auf gleiche Größe gebrachte schematische Darstellung der Gipsabdrücke der supralaryngalen Trakte ergänzt um D: ausgewachsener Schimpanse (nach Lieberman 1975: 108, 139). RH: Rachenhöhle, NH: Nasenhöhle, MH: Mundhöhle, E: Epiglottis, Z: Zunge, SB: Stimmbänder. Die Konfigurationen beim Kleinkind, Schimpansen und Neandertaler ähneln einander sehr und unterscheiden sich sämtlich von der des erwachsenen homo sapiens. Erst im Alter von ca. 1;0 ist der supralaryngale Trakt des Kleinkindes so weit entwickelt, daß es sprechen kann.

Kehlkopf im Zuge der Evolution des *homo sapiens* nach unten verlagert hat. Die vorliegenden fossilen Funde lassen überdies vermuten, daß es unter den frühen Hominiden verschiedene Entwicklungen gegeben haben muß. Z.B. war der Neandertaler, so Lieberman, wegen der Ausformung seines supralaryngalen Raumes nicht in der Lage, so zu sprechen wie der heutige Mensch. Die Vokale /i a u/ und die Konsonanten /k g/ konnten Neandertaler, so Lieberman, nicht produzieren. Die Entwicklung zur Sprechfähigkeit, wie wir sie heute kennen, vollzog sich an anderen Hominiden. Sie begann vor ca. 250 000 Jahren vermutlich in Ostafrika und führte zum Cro-Magnon-Menschen, der sich in Europa vor gut 35 000 Jahren nachweisen läßt und den Neandertaler verdrängte. Erst dieser Cro-Magnon-Mensch besaß die erforderlichen anatomischen Voraussetzungen, um so sprechen zu können, wie wir es heute tun.

Diese auf anatomischen Befunden aufbauenden Schlußfolgerungen lassen sich durch anthropologische Beobachtungen abrunden. Ausgrabungen zeigen, daß Neandertaler bereits ihre Toten begraben und über Bestattungsriten verfügt haben. Ein sehr einleuchtendes Beispiel liefern die Ausgrabungen von Ralph Salecki (Constable 1977). 1960 fand Salecki in der Shanidarhöhle im Zagrosgebirge im Irak Skelette von Neandertalern. Einige werden auf ein Alter von 60 000 Jahren geschätzt. Ein Teil der Höhlenbewohner war offensichtlich durch herabstürzende Felsen zu Tode gekommen. Im Hintergrund der Höhle fand man jedoch auch ein männliches Skelett, das offensichtlich bestattet worden war. An der Fundstelle ließ sich eine derart dichte Konzentration verschiedener Pollen u.a. von Malven, Lichtnelken und Traubenhyazinthen nachweisen, daß man nicht annehmen kann, der Wind oder Vögel hätten diese dorthin getragen. Wenn sie nicht als Heilkräuter dienten, kann es sich nur um Grabbeigaben gehandelt haben. Das bestätigt sich an anderen Fundstellen, z.B. denen von La-Chapelle-aux-Saints oder La Ferrassie in Frankreich. Auch hier fand man Skelette von Neandertalern, die offensichtlich bestattet worden waren. Solche Verhaltensweisen sind nur im Zusammenhang mit kultischen Handlungen denkbar. Diese wiederum lassen sich nachfolgenden Generationen nicht im gleichen Maße wie Werkzeuggebrauch, Jagdtechniken oder die Verhütung von Schmerzen illustrieren. Kulte und kultische Zusammenhänge müssen erläutert werden. Dazu bedarf es eines Kommunikationssystems, das es ermöglicht, vom Hier-und-Jetzt der jeweiligen Situation zu abstrahieren und auf hypothetisch Gedachtes Bezug zu nehmen. Genau das leisten menschliche Sprachen. Vermutlich verfügten daher auch die Neandertaler bereits über eine Form von Sprache, die im Sinne Liebermans vermutlich lautlich einfacher als die heutigen menschlichen Sprachen gebaut waren. Allerdings meint Lieberman ausschließen zu können, daß sich aus der Sprache der Neandertaler direkt die heutige menschliche Sprache entwickelt hat. Sie gehe, wie oben bereits erläutert, auf die Sprache anderer Hominiden von der Art der Cro-Magnon-Menschen zurück.

4.2 Anatomie und Funktionsweise des Gehirns

Groß- und Kleinhirn

Abb. 4.3 zeigt, daß nicht nur das menschliche Gehirn aus dem *Großhirn* und dem *Kleinhirn* besteht. Diese Struktur findet sich bei allen Wirbeltieren. Das Kleinhirn ist stammesgeschichtlich der ältere Teil. Das Großhirn ist später entstanden und bei den höheren Lebewesen zunehmend größer ausgebildet. Im Verhältnis zu seiner Körpergröße verfügt der Mensch über das relativ größte Gehirn. Über das Großhirn wird u.a. der Umgang mit Sprache gesteuert. Die Informationsverarbeitung erfolgt mit Hilfe der *Neuronen*. Sie sind im *Hirngewebe* eingebettet.

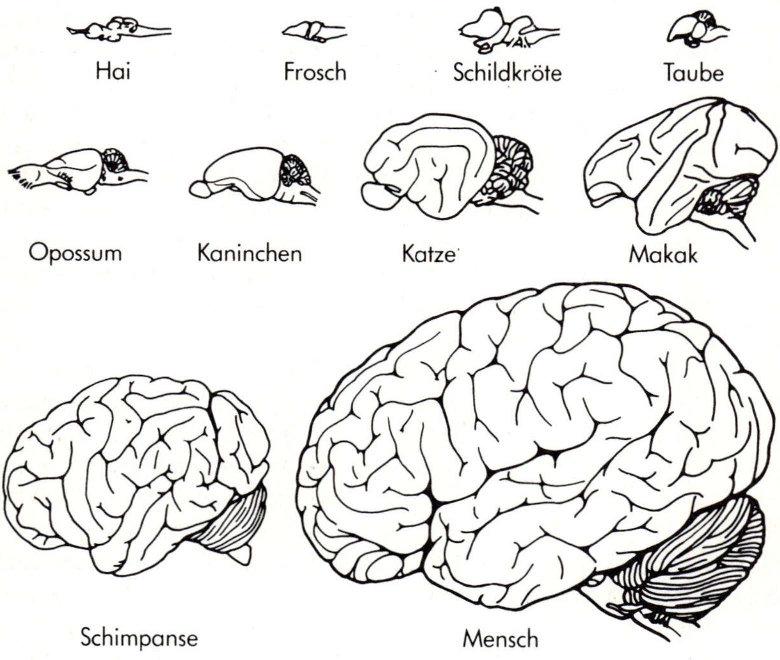

Abb. 4.3: Vergleichende Darstellung der Gehirne verschiedener Wirbeltiere, im gleichen Maßstab gezeichnet. *Kleinhirn* schraffiert, *Großhirn* unschraffiert. Die Arten unterscheiden sich vor allem nach der Größe des Großhirns. Je höher entwickelt eine Art, desto größer das Großhirn (nach Eccles 1975: 18).

Neuronen

Die Struktur und Funktionsweise der Neuronen ist primär aus Tierexperimenten bekannt (Abb. 4.4). Man nimmt an, daß die Neuronen des menschlichen Gehirns genauso arbeiten. Ihre Gesamtzahl ist zwar mit ca. 10 000 Millionen gewaltig, aber dennoch endlich. Entsprechend dicht sind sie im Gewebe eingelagert.

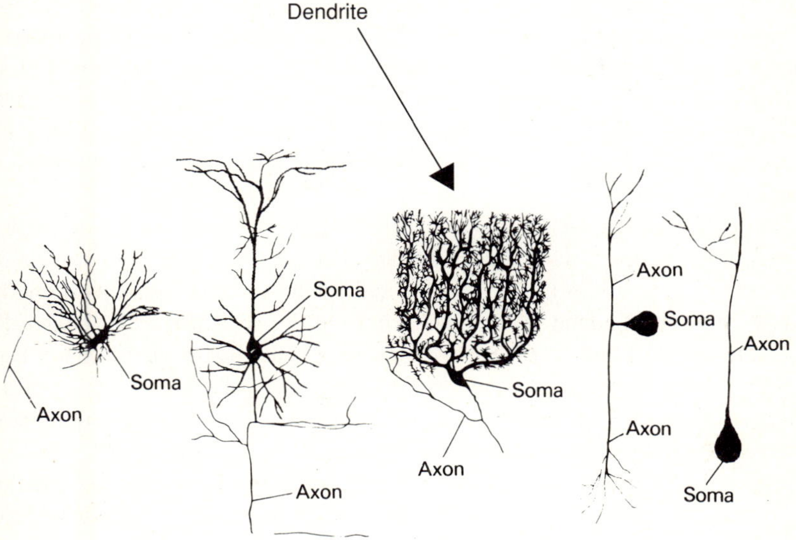

Abb. 4.4: Aufbau und Formenvielfalt von Neuronen. Ein Neuron besteht aus dem *Zellkörper* oder *Soma* als Kern und Verästelungen, von denen die *Dendriten* der Aufnahme von *Impulsen* und das *Axon* ihrer Abgabe dienen (nach Schmidt 1977: 2).

Je nach Funktion der einzelnen Neuronen unterscheiden sie sich in ihrer Form. Ihre Grundstruktur aber ist stets gleich. Jedes Neuron besteht aus einem Kern, dem *Zellkörper* oder *Soma* und diversen Verästelungen, über die es mit anderen Neuronen verknüpft ist. Über diese Verknüpfungen läuft der Informationsfluß im Gehirn, und zwar durch Impulse in Form von Entladungen der elektrischen Potentiale der Neuronen. Dieses *Feuern* ist in seiner Stärke, nicht aber in seiner Art, modifizierbar. Die Verknüpfungen leiten die Impulse nur in eine Richtung: die *Dendriten* nehmen sie auf, die *Axone* geben sie ab. Physiologisch führt Lernen dazu, daß sich die Zahl der Verknüpfungen erhöht.

Hirnfunktionen und Lokalisierung

Die Leistung des menschlichen Gehirns besteht nicht nur in einem passiven Registrieren von Sinneseindrücken, sondern auch und vor allem in ihrer Aufarbeitung und vielfältigen Koordinierung. Man unterscheidet verschiedene Leistungsbereiche, auch *Hirnfunktionen* genannt. Sie betreffen einerseits die *sensorischen*, *motorischen* und *vegetativen* Leistungen, andererseits die sog. *integrativen Funktionen*. Dazu gehören der *Schlaf-Wach-Zyklus*, das *Bewußtsein*, das *Gedächtnis* sowie die *Sprache*. Diese Funktionen sind derart im Gehirn lokalisiert, daß sie nicht von beliebig über das gesamte Gehirn verstreuten Neuronen gesteuert werden, sondern jeweils von gesonderten Nervenzentren, auch *Nervenregionen* oder *-arealen* genannt. Sie sind zwar nicht notwendigerweise bei allen, wohl aber bei sehr vielen Menschen im gleichen Hirnbereich lokalisiert (vgl. Abb. 4.5 mit verschiedenen Areale und den ihnen zugeordneten Funktionen).

Anatomisch besteht das Gehirn aus zwei Hälften, den *Hemisphären*. Beide Hemisphären erfüllen aber nicht die gleichen Funktionen. Im Gegenteil, jede Hirnhälfte erledigt u.a. auch spezielle Aufgaben, die die andere nicht erfüllt. Die Zuweisung der Funktionen auf verschiedene Hemisphären heißt *Lateralisierung*, z.B. liegen die *Sprachzentren* in der Regel auf einer Seite, und zwar in der linken Hemisphäre. Diejenige Hälfte des Gehirns, in welcher die Sprachzentren lokalisiert sind, heißt die *dominante Hemisphäre*. Bei rund 92% aller Menschen ist die linke Seite dominant, bei wenigen die rechte, und bei ganz wenigen Menschen gilt das Prinzip der Sprachdominanz in dieser Form nicht, weil die Sprachzentren in beiden Hirnhälften lokalisiert sind. Man meinte lange Zeit, die Lateralisierung des Gehirns finde sich nur beim Menschen. Inzwischen ist sie auch bei anderen Organismen nachgewiesen (z.B. Notebohm 1970 zit. in Marler 1970; Denenberg 1981 zit. in Lieberman 1984: 69).

Die obige traditionelle Auffassung der strikten Lateralisierung von Sprache wird in jüngster Zeit u.a. aufgrund von Untersuchungen an Mehrsprachigen zunehmend hinterfragt. Man überlegt, ob und inwieweit die rechte Hemisphäre bei der Bewältigung bestimmter sprachlicher Aufgaben , oder bei Schädigungen der linken Hemisphäre herangezogen werden kann. (Einzelheiten unten im Zusammenhang mit dem mehrsprachigen Gehirn.)

Sprachzentren und ihr Nachweis

Die Unterscheidung zwischen einer dominanten und einer nichtdominanten Hemisphäre ist zwar weitgehend gebräuchlich und auch sinnvoll, sie stammt jedoch aus einer Zeit, da man nur mit zwei Sprachregionen rechnete, mit der *frontalen*, auch *Brocasches Areal* genannt, und der *temporalen*, auch *Wernickes Areal* genannt. Später entdeckte man eine dritte, die *tertiäre Region* (Abb. 4.5). Fünf Verfahren haben sich beim Nachweis von Sprachzentren und der Lateralisierung als besonders erfolgreich

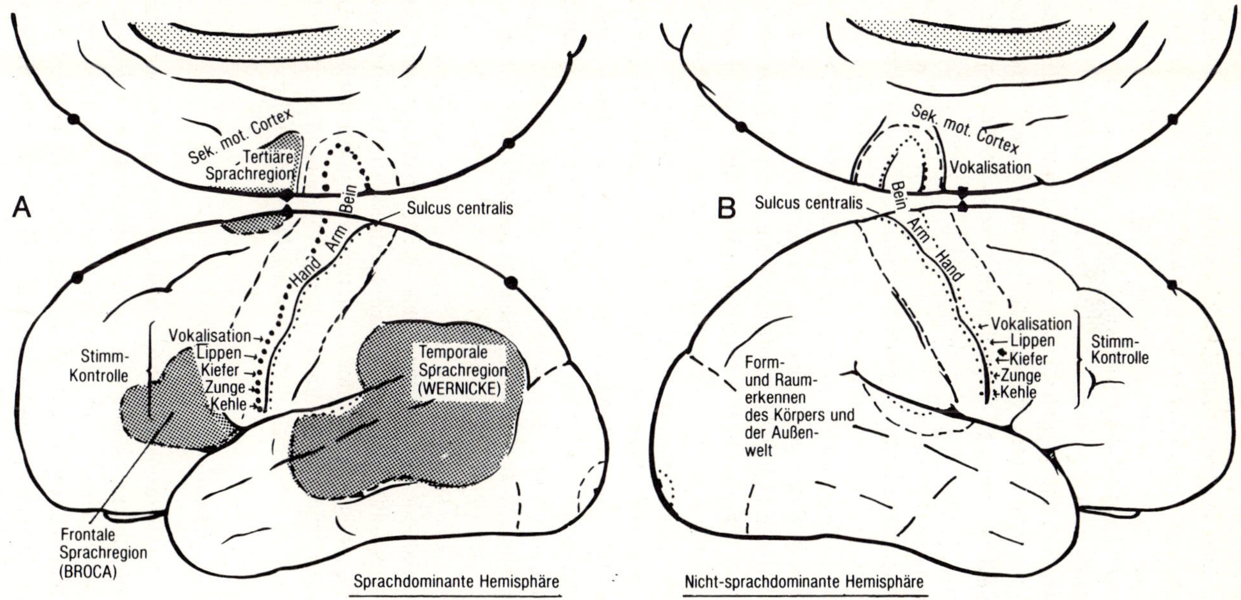

Abb. 4.5: Sprachregionen (dunkel) in der linken, der sprachdominanten Hemisphäre (A) und korrespondierende Areale der rechten, der nichtsprachdominanten Hemisphäre (B) nach Ergebnissen bei elektrischer Reizung des freigelegten Cortex von Erwachsenen durch Penfield und Mitarbeiter (aus Schmidt 1977: 308).

erwiesen: Klinische Beobachtungen an *Hirnverletzten*, *elektrische Reizungen* an Patienten bei Hirnoperationen, Experimente zum Sprachverhalten von *Spalthirnpatienten*, *dichotisches Hören* sowie die *Injektion von Barbituraten.*

Injektion von Barbituraten: der Wada-Test
Barbiturate sind Stoffe, die über die Blutbahn injiziert vorübergehend Teile des Gehirns funktionsuntüchtig machen. Durch entsprechende Injektionen läßt sich so die rechte oder linke Hirnhälfte gezielt außer Funktion setzen. Je nach Lokalisation fallen auf diese Weise auch sprachliche Fähigkeiten aus (Wada 1949).

Hirnverletzungen und Aphasie
Bei Hirnverletzten kann es zu Sprachstörungen kommen, z.B. zum Ausfall bestimmter Wörter oder Wortklassen; zur Beeinträchtigung von syntaktischen Phänomenen; zur Beeinträchtigung der Aussprache, wenn etwa /r/ durch /l/ ersetzt wird. Diese Syndrome heißen Aphasie. Aus Beobachtungen an Aphasikern gelang es dem Mediziner und Anthropologen Paul Broca (1861), das frontale Areal zu erschließen. Er entdeckte, daß Schädigungen in diesem Bereich das Sprachverständnis in der Regel genauso wenig beeinträchtigten wie das nichtsprachbezogene Lautieren. Gestört aber war die Sprachproduktion, besonders die sprachbezogene Lautierfähigkeit. 1874 gelang dem Psychiater Carl Wernicke die Identifizierung der temporalen Region. Schädigungen in diesem Bereich führten in der Regel zu Verständnisschwierigkeiten bei intaktem Sprechvermögen. Beispielsweise geben derartige Patienten unsinnige Erwiderungen, so daß deutlich wird, daß die Frage gar nicht verstanden wurde, oder sie reden nur in stereotypen Wendungen, die wenig Bezug zum Geschehen haben.

Elektrische Reizungen
Die Identifizierung der tertiären Region gelang Wilder Penfield und Lamar Roberts (1959). Bei Hirnoperationen mit lokaler Betäubung reizten sie mit Hilfe von Elektroden einzelne Hirnareale. Aus den sich einstellenden sprachlichen Defiziten bestätigten Penfield und Roberts die frontale und temporale Region, und sie ermittelten die tertiäre, in der vornehmlich Substantive, die konkrete Dinge bezeichnen, gespeichert zu sein scheinen.

Spalthirnpatienten
Diese Patienten bieten die deutlichsten Hinweise auf die Lateralisierung von Sprache. Es sind Epileptiker, denen aus therapeutischen Gründen das *corpus callosum*, die Verbindungsbrücke zwischen beiden Hirnhälften in der äußeren Hirnrinde durchtrennt wurde, um die epileptischen Anfälle zu unterdrücken. Der Eingriff bringt deshalb Erfolg, weil nicht nur die Sprache, sondern auch andere Funktionen von nur einer Hirnhälfte aus gesteuert werden. Zwecks Koordination des gesamten Verhaltens aber

muß die jeweils andere Hemisphäre informiert werden. Das geschieht über das aus vielen Fasersträngen bestehende *corpus callosum* (Abb. 4.6).

Epilepsie ist ein unkontrolliertes Feuern von Neuronen. Bricht es in einer Hirnhälfte aus, überträgt sich die Erregung dank des Informationsflusses über das corpus callosum auf die andere. Der anfänglich möglicherweise schwache Anfall verstärkt sich quasi von selbst; der Patient kann die Kontrolle gänzlich verlieren.

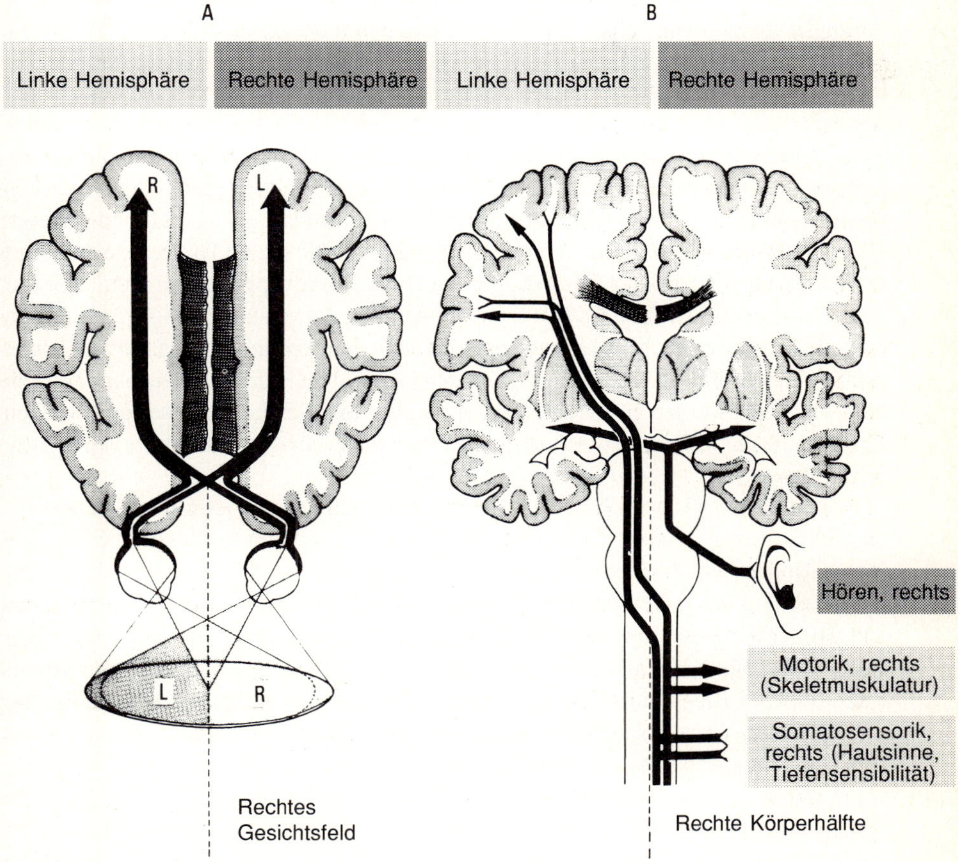

Abb. 4.6: Schaltbahnen bei Spalthirnpatienten. (A) Aufsicht, (B) Frontalansicht. Die Verbindung zwischen beiden Hemisphären, das *corpus callosum*, ist durchtrennt. Die linke Hemisphäre ist nur mit der rechten Körperhälfte verbunden und umgekehrt. Die rechte Gesichtshälfte (jedes Auges!) wird zur Sehrinde der linken Hemisphäre projiziert und umgekehrt. Jedes Ohr erreicht dagegen auch bei Spalthirnpatienten die Hörrinde beider Hemisphären (nach Schmidt 1977: 303).

Diese Verstärkerwirkung wird durch das Durchtrennen des corpus callosum unterbunden. Nach der Operation sind solche Patienten im Alltagsgeschehen von Nichtepileptikern nicht zu unterscheiden. Erst in gezielten Experimenten zeigt sich, daß mit der Durchtrennung des *corpus callosum* auch sprachliche Fähigkeiten betroffen sind. Die Erklärung liegt in den Besonderheiten, durch die die körperlichen und anderen Funktionen vom Gehirn gesteuert werden. Abb. 4.6 zeigt schematisch einige Schaltbahnen.

Ein großer Teil der Funktionen ist kreuzweise gesteuert: die linke Körperseite durch die rechte Hemisphäre, die rechte Seite durch die linke. Dies gilt z.B. für die Hände. Besteht keine Möglichkeit, daß beide Hirnhälften sich gegenseitig informieren, weil das *corpus callosum* durchtrennt ist, dann dürfte die eine Hand nicht wissen, was die andere tut. Genau das bestätigt sich in Experimenten, in denen Sprache eine entscheidende Rolle spielt. Sprache wird, wie bereits erläutert, weitgehend einseitig lokalisiert und gesteuert. Für die Deutung des Verhaltens von Spalthirnpatienten ist es wichtig zu erkennen, wie die optische Wahrnehmung erfolgt. Hier gilt die Kreuzschaltung in modifizierter Form: Die rechte Hälfte des gesamten Gesichtsfeldes wird von beiden Augen zur linken Hemisphäre, der linke Teil zur rechten abgeleitet (Abb. 4.6). Gibt man sprachliche Anweisungen so, daß sie nur im rechten Teil des Gesichtsfeldes erscheinen, dann werden sie von Spalthirnpatienten richtig ausgeführt, und auch sprachliche Aufgaben wie die Benennung von Gegenständen werden bewältigt. Gibt man aber die gleiche Information über den linken Teil des Gesichtsfeldes, so sind die Patienten außerstande, diese Leistungen zu erbringen.

Joseph Bogen, Roger W. Sperry und ihre Mitarbeiter waren die Wegbereiter solcher Experimente (Abb. 4.7). Der Patient wird z.B. vor einen Tisch gesetzt. Auf diesem befindet sich eine undurchsichtige Scheibe, über die je nach Bedarf die Anweisungen nur im linken oder rechten Teil des Gesichtsfeldes gegeben werden können. Hinter der Scheibe sind diverse Gegenstände ausgebreitet, die der Patient nicht sehen kann. Mit der Hand kann er unter der Scheibe durchgreifen und die Gegenstände durch Tasten ermitteln. Anweisungen über das rechte Gesichtsfeld werden wie von normalen Versuchspersonen ausgeführt. Die Patienten suchen die richtigen Gegenstände heraus, benennen sie richtig und können auch die Anweisungen laut lesen. Ganz anders ist es, wenn die Anweisungen über das linke Gesichtsfeld gegeben werden. In diesen Fällen sind die Patienten zwar - dank der tertiären Sprachregion - in der Lage, Gegenstände dann mit der linken Hand richtig herauszusuchen, wenn ihnen die Anweisung dazu in Form eines einzelnen Wortes gegeben wird. Sie können aber weder den Gegenstand benennen noch längere Anweisungen lesen, weil die Sprachproduktion und die Verarbeitung von längeren Audrücken nur von der linken Hemisphäre gesteuert wird. Bei entsprechender Koppelung der Anweisungen ergibt sich das Paradoxon, daß die Patienten unter bestimmten Bedingungen Anweisungen richtig ausführen, aber sie sprachlich nicht bezeichnen können, d.h., die eine Hand weiß nicht, was die andere tut. Wird z.B. das Wort *Schlüssel* in die linke Gesichtshälfte gegeben, kann der Patient das Objekt richtig heraussuchen, weil konkrete Nomina in der rechten Hemisphäre gespeichert sind. Aber auf die Frage, was er in der Hand habe, würde der Patient antworten, das wisse er nicht. Diese Information ist seiner linken Hirnhälfte wegen der Durchtrennung des corpus callosum nicht zugänglich.

Daß diese Besonderheiten nur in den Experimenten zutage treten und im Alltagsgetriebe gar nicht auffallen, hat folgenden Grund: Wenn die optische Anweisung länger als 240 msec gegeben wird, hat die Versuchsperson Zeit genug, Kopf und Augenstellung so zu verändern, daß das Bild bzw. die Anweisung nicht mehr nur über eine Gesichtshälfte der Augen registriert und damit ausschließlich zu einer, ggf. der rechten Hirnhälfte abgeleitet wird. Sobald das Signal auch an die andere Hirnhälfte geht, ist die nötige Koordination gesichert.

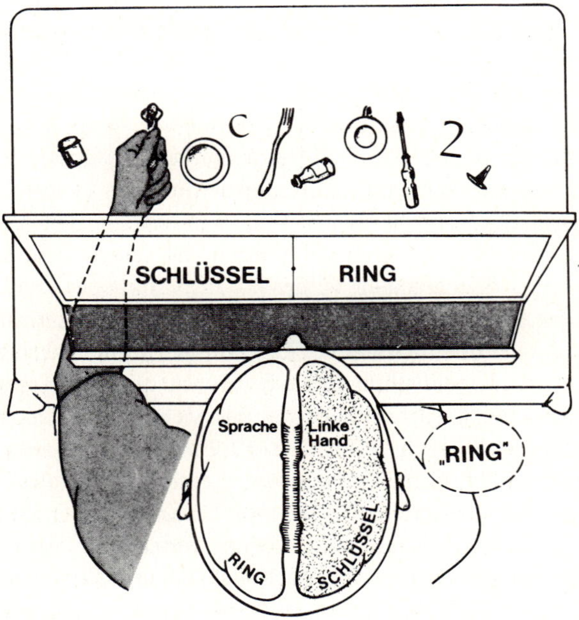

Abb. 4.7: Antwortverhalten eines Spalthirn-Patienten bei einem Test durch Sperry und Mitarbeiter. Der Patient berichtet über seine linke, sprechende Hemisphäre, daß er im rechten Gesichtsfeld das Wort RING gelesen hat. Er verneint, das Wort SCHLÜSSEL im linken Gesichtsfeld gesehen zu haben und kann auch keine Objekte benennen, die ihm in die linke Hand gelegt werden. Gleichzeitig sucht er jedoch mit der linken Hand den korrekten Gegenstand heraus, von dem er nach seiner Aussage keine Kenntnis hat. Wird er aufgefordert, den ausgesuchten Gegenstand zu benennen, bezeichnet ihn die sprechende Hemisphäre als „RING" (aus Schmidt 1977: 306).

Dichotisches Hören
Beim *dichotischen Hören* werden auf jedes Ohr über einen Kopfhörer zur gleichen Zeit unterschiedliche Signale gegeben, z.B. [ba] auf das rechte, [ga] auf das linke. Normale Versuchspersonen geben an, nicht etwa eine Mischung aus [ga] und [ba] zu hören, sondern nur eines der beiden Signale. Hörer mit linksseitiger Dominanz geben das Signal an, das mit dem rechten Ohr aufgenommen wurde, Hörer mit rechtsseitiger Dominanz das auf das linke Ohr gegebene Signal. Das Verfahren des dichotischen Hörens erfordert keine chirurgischen oder medikamentösen Eingriffe und eignet sich deshalb besonders gut, um die Hirndominanz festzustellen. Entsprechende Experimente sind in großer Zahl gemacht worden (Überblick in Friederici 1984).

Das mehrsprachige Gehirn

Überlegungen, ob das Gehirn Mehrsprachiger anders als bei Monolingualen funktioniert, haben eine lange Tradition. Dem L2-Erwerb kommt dabei heute eine besondere Bedeutung zu, da sich hier zeigen muß, ob und ggf. ab wann die Lateralisierung abgeschlossen ist.

Die oben besprochene Entdeckung der tertiären Sprachregion verdeutlicht, daß auch die nichtdominante Hirnhälfte an der Verarbeitung sprachlicher Signale beteiligt ist. Anknüpfend an die L2-Forschung fragt man sich in jüngster Zeit verstärkt, ob der nichtdominanten Hirnhälfte nicht aufgrund der für beide Hemisphären charakteristischen unterschiedlichen Arbeitsweisen eine stärkere Beteiligung bei der Bewältigung sprachlicher Leistungen zukommt, als bisher im Rahmen traditioneller Lateralisierungsauffassungen angenommen wurde (s.o. Hirnfunktionen und Lokalisierung). Man vermutet, daß die dominante Hemisphäre primär analytisch, die nichtdominante mehr holistisch, d.h. ganzheitlich arbeitet. Dem entspricht auf der sprachlichen Ebene eine regelgeleitete Verarbeitung durch die dominante Hirnhälfte gegenüber stereotyper und formelhafter Sprachverwendung der nichtdominanten. Für L2-Lerner könnte dies bedeuten: je weniger Regeln der L2 beherrscht werden, desto stärker müßte die nichtdominante Hirnhälfte involviert sein, also besonders ausgeprägt bei L2-Anfängern bzw. bei Sprechern mit geringen L2-Kenntnissen. Ihnen fehlen noch – weitgehend – Regeln; sie sind auf stereotype, formelhafte Verwendung ganzer Ausdrücke, deren interne Struktur sie noch nicht durchschaut haben, angewiesen (Einzelheiten in Kap.5.7). Entsprechend müßte die nichtdominante Hemisphäre auch bei L1-Kindern zu Beginn ihres Spracherwerbs stärker als später beteiligt sein.

Insgesamt ist das Bild, das sich aus den einschlägigen Arbeiten ergibt, uneinheitlich. Manche bestätigen, daß die ältere Auffassung, das Gehirn Mehrsprachiger arbeite genau wie das Einsprachiger (z.B. Whitaker 1978), nicht ganz zutreffen kann (Schneiderman 1986). Andere Arbeiten warfen weitere Fragen auf. So untersuchen z.B. Wesche/Schneiderman (1982) nach der dichotischen Methode zwei Gruppen von erwachsenen Bilingualen mit unterschiedlich guten L2-Kenntnissen, und zwar eine mit L2-Französisch/ L1-Englisch, die andere mit L2-Englisch/L1-Französisch. Die Versuchspersonen sollten Substantive, die Konkretes bezeichnen, identifizieren. Die Sprecher mit L2-Französisch/L1-Englisch entsprachen der Erwartung, daß am Beginn des L2-Erwerbs die nichtdominante Hemisphäre stärker beteiligt ist. Für ihre L1 Englisch ergab sich eine stärkere Beteiligung der dominanten linken Hirnhälfte: für ihre L2 Französisch war die Beteiligung der rechten Hälfte stärker als für die L1. Die Gruppe für L2-Englisch/L1-Französisch entsprach den Erwartungen jedoch nicht. Ihre L1 Französisch war keineswegs stärker links gegenüber rechts lokalisiert; aber Englisch, obwohl in diesem Fall L2, war stärker links lokalisiert. Allerdings nahm die Linkslokalisierung für Englisch bei verbesserten Englischkenntnissen zu. Insgesamt ist die Funktion der nichtdominanten Hirnhälfte bei Mehrsprachigen noch ziemlich unklar.

Zur Genese von Gehirn und Hirnfunktion

Zur Ontogenese und Phylogenese des Gehirns ist nur wenig Detailliertes bekannt, das verläßlich mit der Entwicklung der menschlichen Sprach- und Sprachlernfähigkeit in Zusammenhang gebracht werden kann. Es beschränkt sich auf den *Beginn und das Ende der Lateralisierung* und auf das *relative Hirngewicht.*

Im Zusammenhang mit Abb. 4.3 wurde schon darauf hingewiesen, daß das Großhirn an Umfang in dem Maße zunimmt, in dem die Tiere komplexere Verhaltensweisen aufweisen. Das Kleinhirn gilt entsprechend als das stammesgeschichtlich ältere. Dessen ungeachtet deckt sich für alle aufgeführten Arten die Gliederung in Groß- und Kleinhirn sowie die grundlegende Struktur und die Funktionsweise der Neuronen. Daher besteht vermutlich ein evolutionistischer Zusammenhang zwischen der Größe des menschlichen Gehirns und der Tatsache, daß Sprache nur beim Menschen vorkommt, denn im Vergleich zu seiner Körpergröße verfügt der Mensch über das relativ größte (Groß)Hirn. Dem entspricht, daß menschliche Sprachen die komplexesten unter den bekannten Kommunikationssystemen der derzeitigen Lebewesen sind.

Groß- und Kleinhirn sowie die Struktur und die Funktionsweise der Neuronen sind mit der Geburt vorhanden. Danach nimmt das Gehirn rapide an Gewicht zu. Man schätzt, daß z.B. das Gehirn von Schimpansen bereits bei der Geburt rd. 60% des Endgewichtes eines ausgewachsenen Tieres hat; beim Menschen lediglich rd. 24%. Entsprechend ist die Zuwachsrate des Hirngewichtes beim Menschen in den ersten Lebensjahren verglichen mit anderen Tieren beträchtlich höher. Mit der Gewichtszunahme des Gehirns erhöht sich auch die Zahl und Dichte der Verknüpfungen zwischen den Neuronen (Abb. 4.8). Weniger gesichert ist, ob auch die Zahl der Neuronen sich nach der Geburt erhöht. Wenn ja, dann allerdings bei weitem nicht so drastisch wie die Verknüpfungen zwischen ihnen.

Umstritten ist, ob die Lateralisierung der Sprache mit der Geburt gegeben ist (so z.B. Kinsbourne 1975), mit 5 Jahren (z.B. Krashen 1973), erst mit der Pubertät um 12;0 - 14;0 (Penfield/Roberts 1959) oder gar erst mit dem Lebensende abgeschlossen ist (z.B. Brown/Jaffe 1975). Die Argumente werden in Kap. 12.4.2 im einzelnen gegeneinander abgewogen.

4.3 Gedächtnis

Mit *Gedächtnis* werden zwei Sachverhalte bezeichnet: Einerseits die *Fähigkeit*, sich etwas bewußt oder unbewußt zu merken und zumindest zeitweilig als Grundlage für spätere Verwendung zu behalten; andererseits ist das Gedächtnis der *Ort*, wo diese Information gespeichert wird.

Das Gedächtnis spielt beim Sprachenlernen naturgemäß eine wichtige Rolle. Schließlich müssen die sprachlichen Strukturen gelernt, d.h. gespeichert werden, damit sie für die spätere Verwendung bereitstehen. Mit einer anatomischen Beschreibung des Gehirns ist die Struktur und Funktionsweise des Gedächtnisses nicht unmittelbar gegeben, sondern erst dadurch, daß Neuronen im Hinblick auf die verschiedenen Funktionen unterschiedlich zu Systemen organisiert, d.h. vernetzt werden.

Die Anforderungen, die an das Gedächtnis gestellt werden, sind sehr vielfältig. Das Kernproblem ist, daß der menschliche Organismus Reize und Signale über verschiedene Sinnesorgane aufnimmt. Dieser Wahrnehmung liegen unterschiedliche physikalische Modalitäten zu Grunde: Schallwellen dem Gehöreindruck, Lichtwellen der optischen Wahrnehmung und wiederum andere Modalitäten dem Wärme-, Geruchs- und Schmerzempfinden usf. Für jede Wahrnehmungsmodalität ist der Mensch mit modalitätsspezifischen Rezeptoren ausgerüstet. Man hört schließlich nicht, ob eine Blume rot oder blau ist. Damit diese modalitätsspezifischen Eindrücke sinnvoll aufeinander bezogen werden können, müssen sie vom Gedächtnis so umgewandelt und organisiert werden, daß z.B. ein auf Lichtwellen beruhender Eindruck zu einem auf Geschmack beruhenden in Beziehung gesetzt und ggf. in Sprechen überführt werden kann. Das Gedächtnis muß daher die Vielfalt der Sinnesmodalitäten auf eine Modalität reduzieren, in der sie im Gedächtnis zueinander in Beziehung gesetzt werden können. Andererseits muß das Gedächtnis Informationen auf verschiedene Weisen speichern können. Denn man erinnert sich zum einen an das konkrete Aussehen von Objekten, muß aber zum anderen von diesen Objekten abstrahieren, wenn man über sie reden will. Es muß also im Gedächtnis verschiedene Speichermodalitäten geben, z.B. ein imaginales Gedächtnis, das Objekte bildhaft speichert; eine Sprache aber kann – außer in schriftlicher Form – kaum imaginal gespeichert sein.

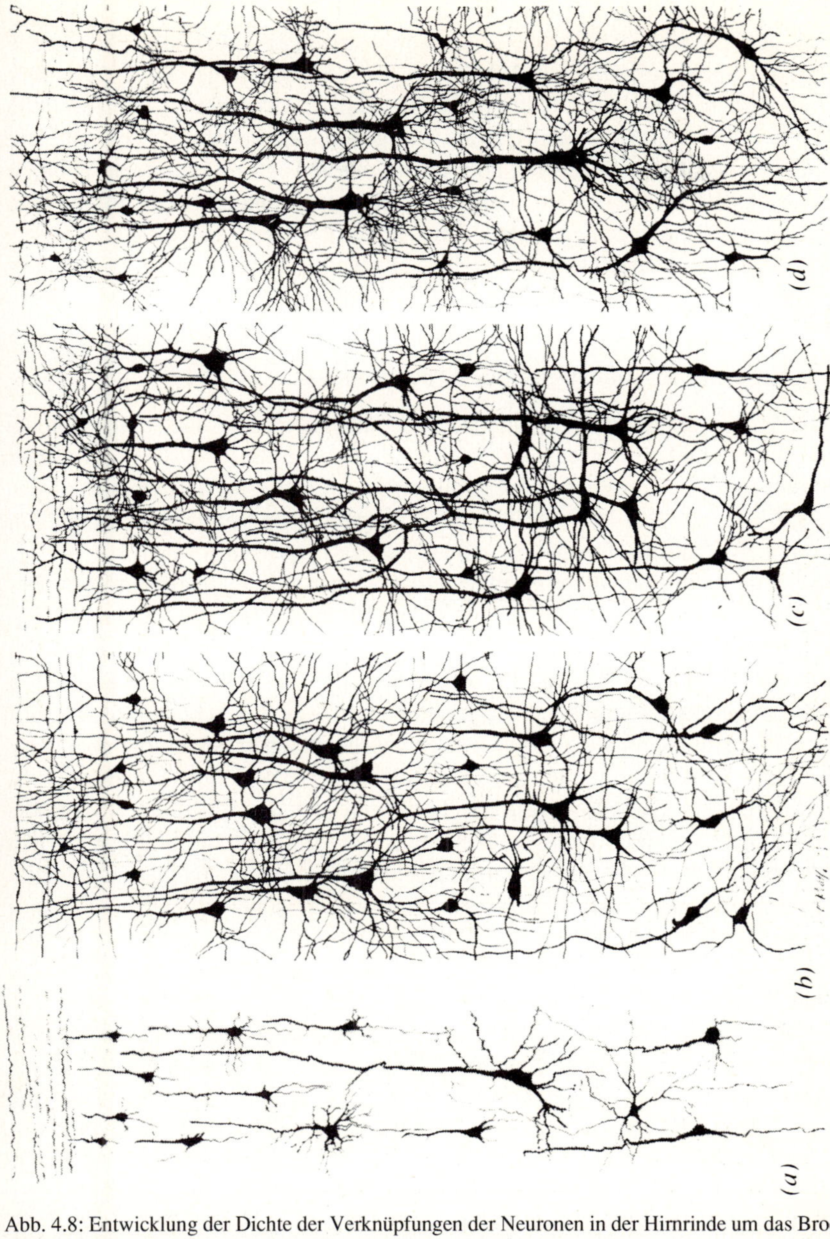

Abb. 4.8: Entwicklung der Dichte der Verknüpfungen der Neuronen in der Hirnrinde um das Brocasche Areal im Alter von: (a) neugeboren, (b) 6 Monate, (c) 15 Monate, (d) 24 Monate. Man beachte, wie stark die Verknüpfungen zunehmen (nach Lenneberg 1967: 160f).

Leider ist der Stand der Gedächtnisforschung, soweit er sprachliche Phänomene betrifft, noch wenig befriedigend. Wie der kognitive Psychologe Howard Gardner (1987) ausführt, besteht derzeit Konsens darüber, daß die klar strukturierten Modelle der 60er bis 70er Jahre, obwohl damals weitgehend akzeptiert, zu schlicht und unrealistisch sind. Konsens besteht aber auch darüber, daß bislang keine neueren Modelle in ähnlich weitgehender Weise Anerkennung gefunden haben und daß die Funktionsweise des menschlichen Gedächtnisses nach wie vor ein großes Geheimnis ist. Das Folgende ist daher lediglich darauf abgestellt, einige verbreitete Vorstellungen zurechtzurücken und einige Tendenzen der jüngeren Forschung aufzuzeigen.

Zu Struktur und Funktionsweise des Gedächtnisses

Gemessen an den täglichen Kommunikationsbedürfnissen ist das Gedächtnis höchst sinnvoll eingerichtet. Behalten wird selektiv, und zwar nur, was im jeweiligen Zusammenhang notwendig ist. Andernfalls wäre die Kapazität des Gedächtnisses rasch erschöpft. Der Vorgang des Behaltens ist weitgehend unbewußt. Man kann nicht beschließen, etwas zu behalten und anderes zu vergessen.

Die Selektivität des Behaltens ist abgestuft. Manches wird nur sehr kurzfristig benötigt; anderes etwas länger; und wieder andere Informationen müssen langfristig, z.T. ein Leben lang zur Verfügung stehen. Entsprechend unterscheiden sich die Arten von Kenntnissen danach, wie lange sie behalten werden. Fertigkeiten wie Radfahren oder Schwimmen verlernt man nicht; Sprachliches hingegen durchaus. Das ist sinnvoll, denn sonst müßte man u.a. die entwicklungsspezifischen Fehler, die man beim Erlernen einer Sprache früher gemacht hat, Zeit seines Lebens mitschleppen.

Die Speicherung von Information im Gedächtnis erfolgt nicht direkt als photoähnliches Abbild, sondern indirekt. Die einlaufende Information muß zunächst in eine für das Gedächtnis adäquate Organisation überführt werden. Der Grundgedanke ist: Signale werden nicht in allen Einzelheiten gespeichert, sondern unter Weglassung von Details. Letztlich bleiben nur die globalen Quintessenzen; irrelevante Details schwinden. Dies wird an der Art klar, wie Texte verstanden werden. Man merkt sich den Inhalt; die einzelnen sprachlichen Wendungen sind schnell vergessen. Ganz ähnlich beim Rechnen: Zwischenergebnisse behält man nur solange, wie man sie für den Fortgang des Rechnens benötigt. Steht das Endergebnis, so sind auch die Zwischenergebnisse vergessen. Entsprechend erinnert man sich nicht an alle Einzelheiten aus früheren Erlebnissen, sondern nur an einzelne Aspekte. Um sie herum muß der Rest später in der Erinnerung rekonstruiert werden. Auf diese Weise erklärt sich u.a., daß bei normaler Unterhaltung Fehler, Versprechen oder andere Unzulänglichkeiten oft gar nicht bewußt registriert werden. Das Gedächtnis erlaubt es, in erstaunlich kurzer Zeit den Inhalt so zu rekonstruieren, daß man die meisten Unzulänglichkeiten gar nicht bemerkt.

Es ist wichtig zu erkennen, daß das Gedächtnis in starkem Maße selbst aktiv werden und Informationen eigenständig verarbeiten kann, z.T. sogar so, daß die objektiv gebundene Information entstellt wird. Beispielsweise spielten Bransford/Franks (1971) ihren Probanden englische Sätze, z.B. *the ants were in the kitchen* (die Ameisen waren in der Küche) und *the ants ate the jelly* (die Ameisen fraßen die Marmelade), vor. Hinterher befragt, behaupteten viele Probanden, folgendes gehört zu haben: *the ants in the kitchen ate the jelly* (die Ameisen in der Küche fraßen die Marmelade) oder sogar *the ants in the kitchen ate the jelly which was on the table* (die Ameisen in der Küche fraßen die Marmelade, die auf dem Tisch stand). Diese Reaktionen sind nicht bewußt oder absichtlich verzerrt. Sie zeigen vielmehr, daß das Gedächtnis Information unbewußt auch so verarbeitet, daß früheres Wissen sowie der situative Kontext deutend mitberücksichtigt wird. Die Beispielsätze ergeben nur dann einen sinnvollen Zusammenhang, wenn sie sich auf dieselbe Situation beziehen. Folglich faßt das Gedächtnis sie zusammen.

Am eindrucksvollsten sind derartige Verzerrungen als Indiz für die Eigenständigkeit der Operationen des Gedächtnisses für die Verarbeitung von Geschichten nachgewiesen. Man neigt dazu, Geschichten nach für sie typischen Schemata zu deuten, z.B. Tierfabeln, Schelmengeschichten, typische Verkehrsunfälle u.ä. Paßt eine Erzählung nicht in allen Einzelheiten in ein solches Schema, so werden diese in der Erinnerung so abgewandelt, daß sie das Schema erfüllen oder ihm näherkommen, als es in der ursprünglichen Vorlage der Fall war (z.B. Rumelhart 1975).

Die geschilderten Gedächtnisleistungen sind kaum mit den Gedächtnismodellen zu erfassen, die in den 60er bis 70er Jahren weitverbreitet und in vielen Handbüchern propagiert wurden, nämlich Modelle, in denen die Informationsverarbeitung in nacheinander zu durchlaufenden Speichern erfolgt wie z.B. im *Drei-Speicher-Modell* von Shiffrin/Atkinson (1969) (Abb. 4.9). Im sensorischen Speicher (SP) werden die über die Sinnesorgane aufgenommenen Reize registriert und an das Kurzzeitgedächtnis (KZG) weitergeleitet. Im SP können Informationen nur ganz kurz, ca. 0,2 sek., festgehalten werden. Das KZG nimmt die einlaufenden Signale kurzfristig auf, damit sie weiterverarbeitet werden können und damit das, was mittel- oder längerfristig benötigt wird, selektiert werden kann. Im LZG erfolgt die langfristige Speicherung z.T. lebenslang. Seine Speicherkapazität ist enorm. Die Annahme und z.T. auch die Funktionsweise von KZG und LZG läßt sich schon durch einfache Erfahrungen begründen.

Die Kapazität des KZG ist gering. Sie umfaßt 7 ± 2 Einheiten (Miller 1956). Was eine Einheit ist, ist offenbar nicht so sehr vom Inhalt oder Gegenstand her bestimmt, d.h., Art und Umfang der einzelnen Einheiten können unterschiedlich sein. Schon einfache Erinnerungs- bzw. Wiedererkennungsaufgaben illustrieren das. Versucht man, eine Zahlenkette von mehr als sieben bis acht Zahlen zu behalten, so vergißt man die zuerst genannten und behält die letzten sieben. Die im KZG maximal memorierbare

Zahl von Einheiten ist die *Gedächtnisspanne*. Das Gedächtnis verfügt über einige Verfahren, um diese geringe Kapazität des KZG auszugleichen und den Verlust von Informationen zu verhindern, vornehmlich durch Üben und Weiterverarbeitung der betreffenden Information.

Der Effekt von Üben und Wiederholen läßt sich am Kopfrechnen zeigen. Will man verhindern, daß bei einer längeren Kopfrechenaufgabe die zuletzt genannten Zahlen nicht vergessen werden, ehe das Zwischenergebnis erstellt ist, wiederholt man diese im stillen. So bleibt die Information erhalten. Der Nachteil ist jedoch, daß durch dieses Wiederholen das KZG besetzt bleibt und keine weitere Information aufnehmen kann. Es entgeht einem daher, wie die Aufgabe inzwischen weitergeführt wird. Durch das

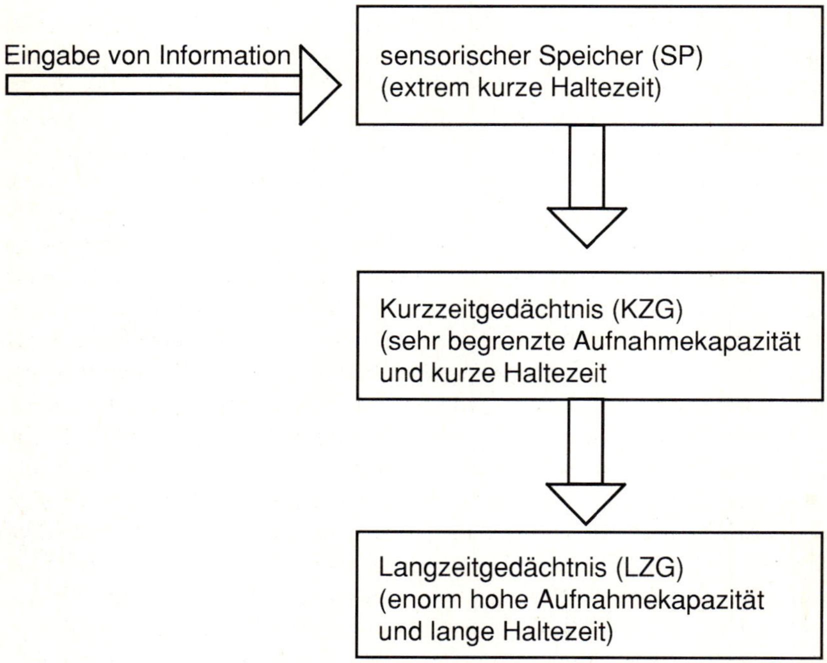

Abb. 4.9: Drei-Speicher-Modell von Shiffrin/Atkinson (1969). Der SP registriert die über die jeweiligen Sinnesorgane einlaufende Information und reicht sie weiter ans KZG. Das KZG verarbeitet diese Information weiter zu Organisationsformen, die eine mittel- und längerfristige Speicherung im LZG ermöglichen (nach Schönpflug/Schönpflug 1983: 207)

Wiederholen ist das KZG für die Aufnahme neuer Informationen blockiert. Die benötigten freien Speicherplätze können dadurch geschaffen werden, daß eingehende Informationen weiterverarbeitet, d.h. kurz- oder mittelfristig in andere Organisationsformen überführt und dadurch nicht sofort vergessen werden. Die Zahlenreihe

0431241274 dürfte auf Anhieb schwierig zu behalten sein. Als Telefonnummer mit vorangestellter Vorwahl 0431 / 24 12 74 gruppiert, schwindet die Schwierigkeit. Die ursprüngliche Reihung von Zahlen ist in eine andere Organisationsform überführt worden, so daß sich die Gesamtkapazität erhöht.

Derartige Speichermodelle waren deshalb lange Zeit attraktiv, weil sie eine unmittelbar einsichtige räumliche und zeitliche Ordnung suggerierten. Sie sind heute nicht mehr vertretbar. Wichtige Einwände betreffen den sequentiellen Charakter der Informationsverarbeitung, die Trennbarkeit der Speicher und die Frage, ob die Verarbeitungsmodalitäten allein durch die Eigenschaft der Speicher bedingt sein können.

Daß die Speicher nicht so streng abgegrenzt sein können, erkennt man daran, daß manches intensiver als anderes gelernt und im Gedächtnis behalten wird, ohne daß sich Hinweise auf diskrete Speichergrenzen ergeben. Es handelt sich eher um kontinuierliche Differenzierungen.

Das Verstehen von Geschichten und die Rolle des Kontextes zeigt, daß die Informationsverarbeitung nicht so streng sequentiell erfolgt, daß erst ein Speicher abgearbeitet wird, ehe der nächste zum Zuge kommt. Diese Schemata sind sicher langzeit gespeichert; auf sie muß aber schon relativ früh im Verarbeitungsprozeß zurückgegriffen werden, nämlich bevor die neuen Gegebenheiten im Langzeitgedächtnis gespeichert werden. Die Verarbeitung kann also nicht ausschließlich durch die Eigenschaften der Speicher selbst erfolgen. Ihr Inhalt, d.h. zuvor Gelerntes, z.B. Schemata von Geschichten, bestimmt zumindest mit, wie neue Information verstanden wird.

Im Hinblick auf Sprache und Sprachenlernen stellt sich der heutigen Gedächtnisforschung ein weiteres Problem. Viele Forscher nehmen an, daß das Gedächtnis blind ist, d.h. daß jede Art von Information, sobald sie den sensorischen Speicher passiert hat, auf gleiche Weise verarbeitet wird, also gleichgültig, ob es sich um sprachliche, mathematische, optische oder andere Informationen handelt. Diese Annahme scheint aus mehreren Gründen wenig plausibel. Erstens wurde in Kap. 3.1 gezeigt, daß Sprache und Sprachenlernen im Bereich der kognitiven Fähigkeiten eine Sonderstellung einnimmt und vom Gedächtnis besondere Fähigkeiten erfordert, über die nur homo sapiens verfügt. Zweitens wurde in Kap. 3.2 begründet, daß die Modalitäten des Spracherwerbs nicht hinreichend durch die kognitiv-intellektuelle Entwicklung erklärt werden können. Drittens ist unbestritten, daß Sprachenlernen besonders erfolgreich in freier Interaktion, also unbewußt und ohne Erklärungen, wie sie im Schulunterricht üblich sind, erfolgt.

Eine Schlußfolgerung daraus ist, daß das Gedächtnis auf mehreren Kanälen gleichzeitig Information verarbeiten kann. Als weitere Folgerung ist anzunehmen, daß das Gedächtnis keineswegs blind ist, und daß es aus verschiedenen, aber autonomen Systemen besteht, die jeweils bestimmte Leistungen erbringen. Diese Auffassung wird besonders von Forschern im Rahmen der Universalgrammatik (vgl. Kap. 3.3.4) vertreten. Man spricht von *verschiedenen Modulen*, z.B. einem *Sprach-*

modul oder einem *optischen Modul* (z.B. Fodor 1983). Wie weit diese Auffassungen haltbar sind, wird sich erst in einigen Jahren abschätzen lassen. Derzeit dürfte es kaum möglich sein, die Gedächtnisforschung gewinnbringend für die Spracherwerbsforschung heranzuziehen.

4.4 Lektürevorschläge zu Kap. 4

Überblicke zu biologischen Grundlagen

Lenneberg (1967), Lieberman (1984).

Auch für Nichtneurologen gut verständliche Überblicke über das menschliche Gehirn und seine Funktionsweise:

Schmidt (^{4}1977), Eccles (1975), Sinz (1978, 1979). Kap. 4 stützt sich primär auf sie.

Gut verständlicher Überblick über die meisten der hier behandelten Aspekte und Methoden für den Bereich Gehirn und Sprache: Friederici (1984).

Entwicklung der Artikulationsorgane

Lieberman (1984).

Lateralisierung, Lokalisierung von Hirnfunktionen, Sprachzentren

Lateralisierung bei Menschen und Tieren: Marler (1970), Denenberg (1981).

Abschluß der Lateralisierung:

Lenneberg (1967), Penfield/Roberts (1959), Krashen (1973)

Spalthirnpatienten: Gazzaniga (1970)

Dichotisches Hören: Kimura (1967)

Wada-Test: Wada (1949).

Rolle der nicht-dominanten Hirnhälfte: Schneidermann (1986).

Mehrsprachiges Gehirn

Albert/Obler (1978), Schneidermann (1986), Arbeiten in Vaid (1986).

Aufbau und Funktion des Gedächtnisses

Überblick: Schönpflug/Schönpflug (1983)

Gedächtnisspanne: Miller (1956)

Evolution von Sprache und Sprechfähigkeit:

Lieberman (1975, 1984: Anatomie), Constable (1977: Neandertaler und Bestattungsriten).

5. Grundbegriffe

Es ist wichtig, die Grundbegriffe, mit denen Sprachenlernen beschrieben wird, zu erläutern, weil in ihnen die wissenschaftlichen Erkenntnisse komprimiert sind. Die Begriffe werden so eingeführt, daß zunächst in groben Zügen ein Gesamtüberblick darüber entsteht, wie Sprachen gelernt werden. Einzelheiten werden dann in den Teilen B und C nachgetragen.

Gleichgültig, um welchen Spracherwerbstyp es sich handelt, eine Sprache wird nicht als Ganzes auf einen Schlag gemeistert, auch ihre größeren Strukturbereiche, z.B. Negation, Interrogation oder das Lautsystem nicht. Der Lerner benötigt Zeit, um sie sich schrittweise zu erschließen. Diese Art, Input selektiv zu verarbeiten, heißt *Dekomposition.* Die chronologische Entwicklung, in der der Lerner die Zielsprache(n) bzw. ihre einzelnen Strukturbereiche beherrschen lernt, ist die *Entwicklungssequenz.* Sie läßt sich in *Entwicklungsstadien* als jene Schübe gliedern, in denen der Lerner neue Strukturelemente aufnimmt und verarbeitet. Die einzelnen Entwicklungsstadien sind charakterisiert durch die ihnen zugeordneten *entwicklungsspezifischen Lernerstrukturen* einschließlich der *entwicklungsspezifischen Fehler.* Zwar erfolgt die Dekomposition im großen und ganzen bei allen Lernern gleich; sie erlaubt aber *individuelle Variation* innerhalb gewisser Grenzen. Die systematischen Verfahrensweisen, mit denen sich Lerner eine Sprache erschließen oder sich bei noch ungenügender Beherrschung behelfen, heißen *(Lerner-)Strategien.* Wenn Lerner in ihrer Entwicklung verharren, bevor sie eine Sprache voll beherrschen, spricht man von *Fossilisierung.* Der Oberbegriff für die Sprechweise nicht voll kompetenter Sprecher ist *Lernersprache.* Da Lernersprachen ihrem Entwicklungsstand nach zwischen Nichtswissen und voller Beherrschung einzuordnen sind, nennt man sie auch *Interimsprachen.*

5.1 Dekomposition

Der Terminus *Dekomposition* charakterisiert die Art, wie sprachlicher *Input* verarbeitet wird (Wode 1976d, 1981a). Dekomposition bezeichnet das schrittweise Herausfiltern der Merkmale der Zielsprache. Aus diesen dekomponierten Merkmalen werden später die Zielstrukturen rekonstruiert. Auch die einzelnen Strukturen bzw. Strukturbereiche einer Sprache werden in den seltensten Fällen als Ganzes auf einmal gemeistert. Komplexe Strukturbereiche, z.B. die Interrogation, die Negation, Wortstellungsregeln, das Lautsystem oder eine Wortbildungsregel, werden so gelernt, daß nach und nach einzelne Charakteristika des zielsprachlichen Inputs herausgefiltert und anschließend zu den Zielstrukturen reintegriert werden. Der Grad der Dekomposition, d.h. wie stark der Input zergliedert wird, ist für die einzelnen Spracherwerbstypen unterschiedlich: am stärksten für den L1-Erwerb, weniger ausgeprägt für die natürlichen Nicht-L1-Typen und noch geringer für den FU. D.h. im natürlichen L2-Erwerb und im FU beginnen die Lerner - gleichgültig ob Kinder, Jugendliche oder Erwachsene - mit komplexeren Strukturen als im L1-Erwerb. Diesem Lernerverhalten widerspricht die Praxis des FU, wenn von vornherein die zielgerechte Wiedergabe der zu lernenden Strukturen verlangt wird. Die einzelnen Gesetzmäßigkeiten, nach denen sprachlicher Input dekomponiert wird, spiegeln sich in den Entwicklungssequenzen und den entwicklungsspezifischen Strukturen.

5.2 Entwicklungsspezifische Strukturen: Fehler

In Abb. 5.1 sind die entwicklungsspezifischen Strukturen der vier deutschen Kinder des Kieler Korpus zum L2-Englisch/L1-Deutsch grob geordnet nach der Chronologie ihres Auftretens aufgeführt. Im Hinblick auf die Systematik der Dekomposition wäre zu fragen, welche Struktureigenschaften z.B. das Negationselement *no* aufweist, damit es vor den anderen Negationsformen des Englischen, z.B. *not*, *-n't*, *never* oder *nothing*, gelernt wird. In Kap. 5.5 wird begründet, daß *no* eine freie Form ist und in Isolierung, z.B. in Antworten auf *ja-/nein-Fragen*, gebraucht werden kann. Wie aber erklärt sich eine Äußerung wie *me no close the window* (ich mache das Fenster nicht zu)? Gehört haben können die Kinder so etwas nicht. Direkt aus dem Input kann bestenfalls die Form *no* entnommen sein. Aber auch hier ist zu fragen, warum es gerade in dieser Wortstellung auftritt und warum gerade diese Form gegenüber anderen Negationselementen bevorzugt wird. Als drittes Beispiel sei *you got me not out* (du hast mich nicht rausgeschmissen) herausgegriffen. Das Negationselement *not* kann direkt aus dem Input stammen, nicht aber die Wortstellung. Sie kommt vermutlich aus dem Deutschen. Die Kinder transferieren hier Strukturmerkmale ihrer L1 ins Englische.

Es ist unschwer zu erkennen, daß Sprachen nicht gelernt werden, ohne daß Fehler gemacht werden. Entsprechend ist die *Fehleranalyse* als Deutung von entwicklungsspezifischen Fehlern ein sehr wichtiger methodischer Kunstgriff, der in der Forschung zu allen Spracherwerbstypen genutzt wird. Bei geschickter Deutung sagen Fehler mehr über das tatsächliche Wissen und Nichtwissen eines Lerners aus als seine zielgerechten Äußerungen (Einzelheiten in Kap. 6).

Strukturtyp	Beispiel	Erstbeleg bzw. Beginn der Produktivität je Kind			
		H	B	L	I
anaphorisches *no*	no	1;9	–	1;1	1;0
anaphorisches *no* X	no, Tiff	1;18	0;10	1;18	2;6
nichtanaphorisches neg X					
no Adj	no cold	0;24	–	1;17	1;17
no V	no sleep	0;27	0;28	0;28	–
no N(P)	no bread	0;28	0;28	0;28	2;21
no VP	no catch it	0;27	1;13	2;1	3;4
X (be) neg Y					
... no Y	that's no right	1;9	–	(1;15) 1;20	(1;22) 3;12
... not Y	you not dummy	1;13	1;13	2;3	1;24
SV neg X					
... V no X	everybody catch no the fish	1;24	3;29	1;23	3;18
... V not X	John go not to the school	1;13	2;5	1;26	4;6
SV Pron neg (X)					
... V Pron not	I catch that not	2;7	3;22	–	4;1
... V Pron not X	you got me not out	–	1;24	–	5;19
SV a neg N					
... a not N	you have a not fish	1;12	–	1;20	–
... a no N	you have a no snag	1;30	–	1;30	–
Sneg VP					
... no VP	me no close the window	–	–	–	3;16
... not VP	you not shut up	1;13	3;1	1;18	4;20
SAux neg X					
... can no VP	you can no have it	–	3;27	–	3;21
... cannot VP	he cannot hit the ball	2;2	2;19	1;24	4;3
... can't VP	I can't get him out	2;15	4;19	1;27	3;21
Imperativ mit don't VP	don't broke 'don't break it'	1;12	2;19	2;13	3;19
Imperativ V (Pron) neg (X)					
... V Pron not (X)	hit it not over the fence	1;13	–	–	5;3
... V not (X)	shut not your mouth	2;0	2;3	–	–

Abb. 5.1: Entwicklungsspezifische Strukturen für den natürlichen L2-Erwerb der englischen Negation bei den vier 4-9jährigen deutschen Kindern aus dem Kieler Korpus. Der Erstbeleg ist für jedes Kind in () angegeben, wenn es sich vermutlich um eine verfrühte, noch nicht produktive Äußerung handelt. Die Abfolge entspricht grob der Chronologie. Fakultative Elemente in den Strukturformeln stehen in () (nach Wode 1981a: 98).

5.3 Entwicklungssequenzen und Entwicklungsstadien: das chronologische Moment

Eines der entscheidenden Momente, das mit Beginn der modernen Spracherwerbsforschung das Interesse am Sprachenlernen hat aufkommen lassen, war die Beobachtung, daß die entwicklungsspezifischen Strukturen sich bei verschiedenen Lernern derselben Sprache in grob der gleichen *Entwicklungssequenz*, also in der gleichen zeitlichen Abfolge herausbilden. Das bestätigt sich auch an Abb. 5.1. Wenngleich individuelle Unterschiede zwischen den vier Kindern nicht zu übersehen sind, lassen sich doch ohne Schwierigkeiten die größeren *Entwicklungsstadien*, wie in Abb. 5.2 zusammengefaßt, ausmachen. Bei allen vier Kindern beginnt die Entwicklung mit dem Negationselement (neg) *no* , und zwar in *anaphorischer* Verwendung, d.h., *no* negiert nicht den restlichen Teil, mit dem es eine Äußerung bildet, sondern eine vorhergehende Äußerung, Teile davon oder auch eine frühere Begebenheit. *No* kann als einzelnes Wort oder in Kombination mit anderen vorkommen. Anschließend wird *no* vorangestellt in Verbindung mit Adjektiven, Verben, Nomina und anderen Ausdrücken verwendet. Jetzt handelt es sich um eine *nichtanaphorische* Verwendung; d.h., negiert wird das Wort bzw. der Ausdruck, der auf *no* folgt. Erst nachdem die Kinder *no* eine Zeitlang in Anfangsstellung verwendet haben, benutzen sie es auch satzintern, z.T. tritt jetzt auch *not* auf. Die satzinterene Verwendung von *neg* erscheint zuerst in Äquationalsätzen und erst danach in Vollverbsätzen. Im letzten Fall kann die Wortstellung anfangs schwanken: Neg kann präverbal oder postverbal stehen. In ähnlicher Weise läßt sich auch die weitere Entwicklung gliedern. Im Hinblick auf den Status von Entwicklungssequenzen und Entwicklungsstadien sind die entscheidenden Probleme:

- Wie streng ist die Chronologie der entwicklungsspezifischen Strukturen bzw. der Stadien ausgeprägt?
- Gehen alle Lerner völlig gleich vor, oder gibt es individuelle Unterschiede?
- Wie lassen sich Stadien abgrenzen und definieren, und welche Merkmale charakterisieren sie?
- Wie erfolgt der Übergang von einem Stadium zum anderen?
- Wie ist die Weiterentwicklung – werden frühere entwicklungsspezifische Strukturen ersetzt oder umstrukturiert?

Die Chronologie der Entwicklungsstadien ist nicht *absolut*, sondern *relativ*. D.h. gemessen nach Stunden, Tagen, Wochen oder gar Monaten können Lerner recht drastisch darin variieren, wie lange sie eine Struktur verwenden. Dessen ungeachtet bleibt das *relative Nacheinander* der Stadien gleich. Lerner können in einem gegebenen Stadium in begrenztem Ausmaß – oberflächlich – unterschiedliche entwicklungsspezfische Strukturen verwenden (Näheres in Kap. 5.4). Die Abfolge der Entwick-

Stadium	Strukturtyp
I	**anaphorische Negation mit *no*** no, X X, no
II	**satzexterne nichtanaphorische Negation** 1. no Adj. no V no N(P) 2. no VP
III	**satzinterne Negation mit *be*** X (be) no Y X (be) not Y
IV	**satzinterne Vollverb-Negation und Imperativ mit *don't*** postverbales *no/not*: SV no/not X SV Pron not (X) SV no/not N präverbales *no/not*: Snot/no VP postauxiliares *no/not*: Scan no/not/-n't VP postverbaler Imperativ mit *not*: V (Pron) not (X) Imperativ mit *don't*: don't VP

Abb. 5.2: Grobstadien der Entwicklungssequenz für den natürlichen L2-Erwerb des Englischen durch die 4 deutschen Kinder aus Abb. 5.1. Römische Zahlen geben die Entwicklungsstadien an. Fakultative Strukturelemente in () (nach Wode 1981a: 104).

lungsstadien in einer Entwicklungssequenz ist nicht bloß eine additive Aneinanderreihung, sondern ein komplexes Gefüge, dessen Elemente sich gegenseitig bedingen und aufeinander aufbauen. Wie ein Entwicklungsstadium im einzelnen zu definieren ist, und welche sprachlichen Merkmale dafür heranzuziehen sind, wird in den verschiedenen Ansätzen unterschiedlich geregelt. Einige werden unten besprochen.

Die Gliederung von Entwicklungssequenzen in Stadien kann irreführend sein. Auf dem Papier suggeriert eine solche Darstellung abrupte Übergänge. Das ist nicht der Fall. Der Beginn eines Stadiums kann relativ genau mit dem Erscheinen einer neuen Struktur festgelegt werden. Das bedeutet aber nicht, daß damit schlagartig die entsprechenden älteren Strukturen verschwinden. Im Gegenteil, die Übergänge verlaufen so, daß zunächst neuere neben älteren Strukturen vorkommen; allmählich werden die älteren seltener und verschwinden schließlich ganz (Abb. 5.3.).

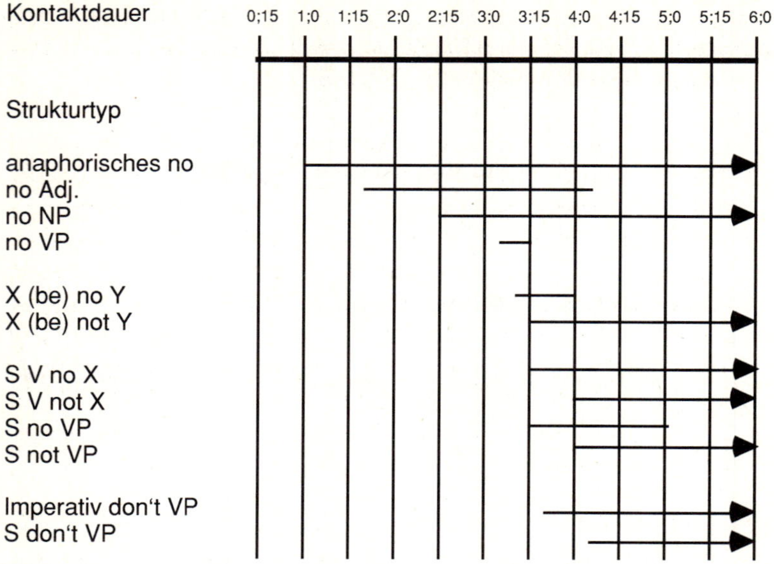

Abb. 5.3: Verlauf der Entwicklung der englischen Negation im natürlichen L2-Erwerb des Englischen bei der vierjährigen Inga, einem der vier deutschen Kinder aus den Abbildungen 5.1 und 5.2. Ausgewählt sind einige der entwicklungsspezifischen Strukturen aus Abb. 5.1. Manche überlappen sich, manche halten sich über die ganze Kontaktzeit, und manche verschwinden wieder.

Konzeptionen von Entwicklungssequenzen

Es gibt unterschiedliche Konzeptionen für Entwicklungssequenzen, je nachdem ob nur sprachliche oder auch nichtsprachliche Entwicklungen einbezogen werden, ob auch Fehler oder nur die zielgerechte Beherrschung berücksichtigt werden, ob alle sprachlichen Strukturen eines Lerners oder nur die, die seine Entwicklung – vermutlich – vorantreiben, herangezogen werden und ob das Ziel ist, eine genaue Analyse oder eine schnelle Grobeinschätzung zu gewinnen.

Entwicklungssequenzen als Chronologie der entwicklungsspezifischen Strukturen
Dies ist die klassische Auffassung von Entwicklungssequenzen. Berücksichtigt und zu Stadien geordnet werden *alle* sprachlichen Strukturen. Der Vorzug ist, daß auf diese Weise ein relativ lückenloses Bild über die sprachliche Entwicklung gegeben werden kann. Diese Konzeption hat jedoch zwei Nachteile: Bei Berücksichtigung sämtlicher Strukturen kommt den selteneren die gleiche Bedeutung wie den häufigeren zu, ohne daß geprüft wird, ob dies gerechtfertigt ist; außerdem kann die individuelle Variation nicht stets sachgemäß beurteilt werden.

Der Typ der rein sprachlich orientierten Entwicklungssequenz geht letztlich auf Roman Jakobson (1941) zurück. Er entwickelte diesen Ansatz für den L1-Lauterwerb. Viele spätere Arbeiten zu anderen Strukturbereichen und anderen Spracherwerbstypen stehen entweder in dieser Tradition oder entwickeln Jakobsons Ansatz weiter.

Entwicklungssequenzen charakterisiert durch die häufigsten Lernerstrukturen
Schumann (1975a, 1978c) zieht in seiner Untersuchung zum L2-Englisch/L1-Spanisch lediglich die häufigeren entwicklungsspezifischen Strukturen heran. Ein solcher Ansatz liefert zwangsläufig ein irreführendes Bild. Wie häufig muß eine gegebene Struktur sein, damit sie berücksichtigt wird? Warum muß aus der unterschiedlich häufigen Verwendung entwicklungsspezifischer Strukturen folgen, daß ihnen spracherwerblich ein unterschiedliches Gewicht zukommt? Besonders schwer wiegt, daß mit dem Häufigkeitskriterium die individuelle Variation gar nicht erfaßt oder ihr Ausmaß falsch eingeschätzt wird (Rosansky, 1976a,b; Andersen 1977, Meisel et al. 1981). Wie unten gezeigt wird, kann die individuelle Variation häufigere und weniger häufigere Strukturen betreffen.

Mehrdimensionale Entwicklungssequenzen
Innerhalb des ZISA-Projektes hat man versucht, die Auffassung von Entwicklungssequenzen durch stärkere Berücksichtigung der individuellen Variation und durch Einbeziehung sozialpsychologischer Aspekte weiterzuentwickeln (Meisel et al. 1979, Clahsen et al. 1983). Entscheidend war dabei die Deutung der individuellen Variation. Angenommen, ein Lerner beherrscht z.B. Kopulasätze soweit, daß er sie bereits mit einer Form von *sein* verwendet; er benutzt diese Kopulaformen aber nur selten auch tatsächlich und sagt z.B. *du blöd* statt *du bist blöd* , obwohl er letzteres längst beherrscht. Dieses sprachliche Verhalten läßt sich zweifach deuten: Entweder hält der Lerner die Verwendung der Kopula im Deutschen für fakultativ, was nicht zielgerecht wäre, oder der Lerner weiß, daß die Kopula nicht fakultativ ist, er läßt sie aber dennoch aus Gründen aus, die nichts mit seinem Sprachentwicklungsstand zu tun haben, sondern um sich z.B. der Sprechweise seiner Landsleute, die die Kopula ebenfalls auslassen, anzupassen. Die Schwäche des klassischen Konzepts von Entwicklungssequenzen ist, daß sie nur die erste Deutungsmöglichkeit erlauben, d.h., alle Strukturen eines Lerners werden in einer Dimension, nämlich im Hinblick auf Lernfortschritt gedeutet. Anderes ist vom Modell her nicht möglich, obwohl sachlich angebracht.

Diesem Mißstand versuchte man im ZISA-Projekt dadurch zu begegnen, daß man mehrere Dimensionen innerhalb von Entwicklungssequenzen vorsah. Eine Dimension betrifft den *Lernfortschritt* im traditionellen Sinne von Entwicklungssequenzen. Zu ihr rechnet man aber nur jene Lernerstrukturen, die sich auch tatsächlich bei allen Lernern beim Erwerb eines Strukturbereiches finden. Sie markieren die Entwicklungsstadien. Eine zweite Dimension betrifft die *individuelle Variation.* Man nimmt an, daß sich Lerner zu Gruppen mit gleichen Variationen ordnen lassen, z.B. eine Gruppe, die die Kopula nur kurze Zeit ausläßt, sich also früh und eng an der zielsprachlichen Norm orientiert, gegenüber einer anderen Gruppe, die die Kopula lange ausläßt und sich weniger eng an die L2-Norm hält. Als dritte Dimension werden *sozialpsychologische Faktoren* einbezogen. Man nimmt an, daß das unterschiedliche Verhalten von Lernern im Hinblick auf ihre sprachliche Variation ihre Ursache in unterschiedlichen Orientierungen gegenüber der Zielsprache und ihrer Sprecher hat. Wer sich beispielsweise integrieren will, muß sein sprachliches Verhalten möglichst eng an der Zielgruppe ausrichten. Wer weniger Wert auf Integration legt und wem es primär darum geht, schneller verstanden zu werden, braucht weniger zielgerecht zu sprechen und kann daher z.B. die Kopula getrost auslassen.

Für den L2-Bereich liegen erste Berichte vor, die die Tragweite und Anwendbarkeit des mehrdimensionalen Ansatzes unterstreichen (Pienemann 1981, Clahsen et al. 1983). Ob und wieweit er sich auf den L1-Erwerb übertragen läßt (z.B. Clahsen 1982), ist noch nicht abzusehen.

Chronologie der Erwerbszeitpunkte: order of acquisition (morpheme order)
Vielfach werden nur die Zeitpunkte erfaßt, an denen mehrere Strukturen oder Elemente *zielgerecht* verwendet werden. Das typische Ergebnis ist, daß ein Element a vor b usf. gelernt wird (z.B. Wellman et al. 1936, Templin 1957). In der jüngeren Forschung sind solche Ansätze unter dem Begriff *order of acquisition* von Courtney Cazden (1968) und Roger Brown (1973) für den L1-Erwerb von 14 Morphemen des Englischen - einige Präpositionen, Artikel, Auxiliare, Kopulaformen und einige Flexionen - verwendet worden. Heidi Dulay und Marina Burt (1973, 1974b) griffen das Verfahren für den L2-Erwerb des Englischen auf und lösten damit eine Flut von ähnlichen Untersuchungen in den USA aus (Überblicke in Krashen 1981, Dulay et al. 1982). Insgesamt zeigte sich, daß sich die Reihenfolge zwischen dem L1- und L2-Erwerb des Englischen nicht deckte, wohl aber für L2-Englisch, und zwar unabhängig vom Alter und der L1 der Lerner.

Methodisch bleibt der *order of acquisition*-Ansatz aus mehreren Gründen unbefriedigend (z.B. Rosansky 1976a,b, Andersen 1977, Wode et al. 1978, Wode 1981a, Bahns 1983). Erfaßt wird nur der Zeitpunkt, an dem ein Element zielgerecht verwendet wird. Entwicklungsspezifische Fehler, wie Lerner sie notwendigerweise vor Erreichen des Zieles machen, werden nicht berücksichtigt. In diesen Fehlleistungen aber offenbaren sich viele der Gesetzmäßigkeiten, nach denen sprachlicher Input verarbeitet und der gesamte Lernvorgang bewältigt wird. Ein methodischer Ansatz, der Fehler wie die Beispiele aus Kap. 1.2 oder aus Abb. 5.1 außer acht läßt, ist für spracherwerbliche Untersuchungen nur sehr begrenzt – wenn überhaupt – von Nutzen. Ferner bleiben durch die Festlegung auf zielgerechte Verwendung die für Lerner so charakteristischen Verhaltensweisen, z.B. das Umgehen von Schwierigkeiten, unerfaßt. So wird in Wode (1981a: 268) für die vier Kinder des Kieler Korpus berichtet, daß Possessivkonstruktionen der Form *Name + 's + N*, wie *Johnny's fishing pole* (Johnnys Angel) sehr früh, entsprechende Verbindungen von *N + 's + N* wie *the dog's name* (der Name des Hundes) erst sehr viel später verwendet wurden. Letzterem wichen die deutschen Kinder anfangs dadurch aus, daß sie präpositionale Konstruktionen der Form *N + of + N*, z.B. *the name of the dog* , gebrauchten.

Grobperiodisierungen: MLU und Wortzählungen

Will man Lerner im Hinblick auf ihren Entwicklungsstand vergleichen, benötigt man ein leicht und schnell zu handhabendes Maß, das auf verschiedene Sprachen anwendbar ist. Zwei Verfahren haben sich als nützlich erwiesen: Man ermittelt entweder die durchschnittliche Zahl der *Wörter* oder aber *Morpheme* pro Äußerung. Beide Verfahren eignen sich gut für die frühe Entwicklung. Bei Wortzählungen unterscheidet man *Ein-Wort-Phase, Zwei-Wort-Phase* etc. Legt man Morpheme zugrunde, spricht man von der *MLU* (mean length of utterance = durchschnittliche Länge einer Äußerung).

Beide Klassifikationen liefern lediglich eine Grobeinschätzung, da viele Feinheiten nicht erfaßt werden. Die Anzahl der Wörter pro Äußerung ist um so weniger aussagekräftig, je vielfältiger die mit ihr intendierten Relationen sind. Ein viel diskutiertes Beispiel ist *Mommy sock* (Bloom 1970). Diese Äußerung kann mehreres bedeuten: possessiv *Mamas Strumpf*, Handlungsbeschreibung *Mama zieht mir meinen Strumpf an* und möglicherweise noch anderes. Durch Zählen der Vokabeln sind solche Relationen nicht zu erfassen.

MLU-Berechnungen werden im englischsprachigen Raum gern verwendet. Sie sind aber wenig aussagekräftig, wenn es sich um Sprachen mit differenzierteren Flexionssystemen handelt. Im Deutschen können Kinder z.B. sehr früh über die Form *einer* verfügen. Vom Standpunkt der Erwachsenen enthält dieses Wort zwei Morpheme, *ein + er*. Für Kinder kann diese Form anfangs noch ungegliedert sein und enthält daher nur ein Morphem. Bei MLU-Zählungen weiß man daher nie genau, wieweit die Einteilung dem Entwicklungsstand des Lerners tatsächlich entspricht. Abb. 5.4 illustriert das MLU-Verfahren.

Eine weitere Schwäche des MLU-Ansatzes liegt darin, daß der Durchschnitt und die Extremlänge der Lerneräußerungen sehr verschieden sein können. Ein MLU von 1,5 ergibt sich auch dann, wenn z.B. viele Äußerungen mit nur einem Morphem zusammen mit wenigen Zwei- oder Drei-Wort-Äußerungen die Berechnungsgrundlage abgeben. Diese Schwierigkeit muß deshalb berücksichtigt werden, weil die maximale Äußerungslänge vor allem in den Frühphasen der Sprachentwicklung stark von situativen Zwängen abhängt. Miller (1976) berichtet z.B. über deutsche L1-Kinder, daß sie während ihrer Zwei-Wort-Phase immer dann den Täter einer Handlung oder das Objekt, auf das sich eine Handlung bezog, nicht ausdrückten, wenn es die eigene Person betraf, die ja aus der Situation für das Kind klar ersichtlich war.

Die genannten Grobperiodisierungsansätze sind für den L1-Erwerb entwickelt worden. Auf andere Spracherwerbstypen sind sie schlecht oder gar nicht übertragbar, weil es z.B. nur im L1-Erwerb ausgeprägt zu einem Ein-Wort-Stadium kommt. MLU-Berechnungen sind für den L2-Bereich und vor allem auch im FU unzweckmäßig, weil dort schon sehr früh längere Ketten verwendet werden.

Insgesamt hat sich das Konzept von Entwicklungssequenzen als sehr fruchtbar für die Spracherwerbsforschung erwiesen. Natürlich können sie für die verschiedenen Spracherwerbstypen nicht identisch sein. Doch selbst für den FU gewinnt der Gedanke an entwicklungsspezifische Sequenzierungen immer stärker an Beachtung. Warum Unterschiede auftreten und wie sich die entscheidenden Aspekte von Entwicklungssequenzen im Einzelfall in den verschiedenen Spracherwerbstypen auswirken, wird in den Teilen B und C näher ausgeführt.

5.4 Individuelle Variation

Einer der Gründe, weshalb man um die Jahrhundertwende begann, den Spracherwerb wissenschaftlich zu erforschen, war die Beobachtung, daß alle Kinder eine Sprache im wesentlichen auf die gleiche Weise lernen. Die Frage war nur: Wie gleich?

Das Interesse an der Uniformität des Lernvorganges hat die Forschung lange Zeit beherrscht. Es führte bis in die 60er Jahre dazu, nach *universellen*, d.h. für jeden Lerner und für alle Situationen in gleichem Maße geltenden Gesetzmäßigkeiten zu suchen, denen der Spracherwerb unterliegt. Ein erster Höhepunkt war die Lauterwerbstheorie von Roman Jakobson (1941; Einzelheiten in Kap. 9.2). Für die Frage, wie gleich und wie universell diese Gesetzmäßigkeiten tatsächlich waren, blieb in diesen universalistischen Ansätzen wenig Raum. Derartige, auf Einheitlichkeit ausgerichtete Annahmen haben in der Forschung zum FU niemals so stark im Vordergrund gestanden. Hier ging man davon aus, daß nicht jeder Schüler auf gleiche Weise lernt. Heute hat sich die Forschungssituation geändert. Vor dem Hintergrund von Erkenntnissen über universelle Gesetzmäßigkeiten kann auch die *individuelle Variation* im Spracherwerb aufgezeigt werden. Wichtige Fragen sind: Welche Art individueller Variation gibt es? Welches Ausmaß kann sie annehmen? Wie läßt sich die individuelle Variation erklären?

Der Begriff individuelle Variation kann Variation zwischen verschiedenen Lernern – *interindividuelle Variation* – und Variation bei einem Sprecher – *intraindividuelle Variation* – bedeuten. Einige Arten von individueller Variation sind seit Beginn der Spracherwerbsforschung stets konstatiert worden. Bei L1-Kindern können der *Beginn* und die *Lerngeschwindigkeit* des Spracherwerbs stark variieren. Für den L2-Erwerb gilt dasselbe, hinzu kommen Unterschiede im *Lernerfolg*. Abb. 5.5 zeigt, daß auch die entwicklungsspezifischen Strukturen interindividuell variieren können.

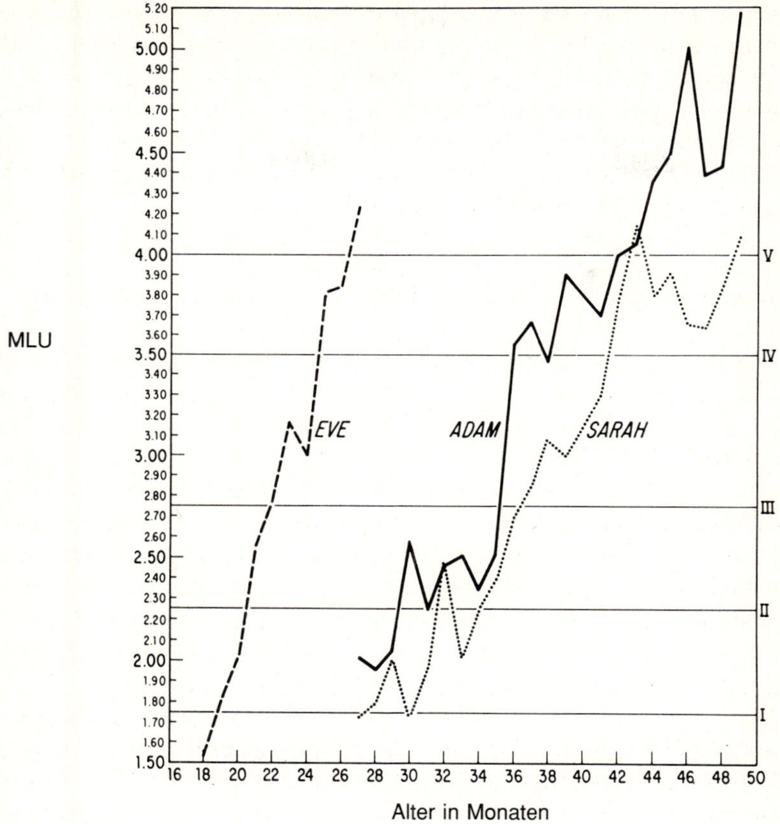

Abb. 5.4: MLU (mean length of utterance) illustriert für drei L1-Englisch lernende Kinder (nach Brown 1973: 57). Man berechnet die durchschnittliche Anzahl der Morpheme pro Äußerung pro Zeitabschnitt. Der MLU-Wert ergibt ein grobes Indiz für den Entwicklungsstand (I-V).

Für die Negation verwenden die Kinder die gleichen Wortstellungen, aber verschiedene Negatoren. In Teil B wird sich zeigen, daß es vermutlich nur eine endliche Zahl an Variationsmöglichkeiten pro Entwicklungsstadium gibt.

Mehrere Erklärungen für die individuelle Variation sind denkbar. Erstens, individuelle Variation wäre nur ein Scheinproblem, wenn sich herausstellt, daß sie die Folge von Unterschieden im Input ist. Kap. 11 zeigt, daß diese Alternative ausscheidet. Zweitens, dieselbe Lernerstrategie kann oberflächlich zu unterschiedlichen Strukturen führen, wenn mehrere Elemente im Input jene Merkmale erfüllen, auf die die betreffende Lernerstrategie ausgerichtet ist. Diese Art von individueller Variation kommt vielfach vor. In Kap. 5.5 wird ein Beispiel ausführlich besprochen. Eine dritte Erklärungsmöglichkeit ergibt sich aus der mehrdimensionalen Konzeption von Entwicklungssequenzen (Kap. 5.3). Aus verschiedenen Gründen aktivieren Lerner ihre L2-Kenntnisse in unterschiedlichem Maße. Manche Sprecher benutzen bevorzugt auch dann noch elementare Strukturen, wenn sie bereits über komplexere verfügen. So entsteht der Anschein, als variierten diese Lerner während eines bestimmten Entwicklungsstadiums stärker als andere.

5.5 Lernerstrategien: Produkt, Prozeß und Lernerverhalten

Wie bereits mehrfach betont, ist die Hauptaufgabe der Spracherwerbsforschung, jene Fähigkeiten zu ermitteln und zu beschreiben, die das Erlernen von Sprachen ermöglichen. Diese Fähigkeiten lassen sich nicht direkt beobachten, sondern nur aus ihren Produkten, den sprachlichen Leistungen, erschließen. Sie sind letztlich das Ergebnis von Prozessen, die auf verschiedenen Ebenen der Sprachverarbeitung ablaufen und in einem komplexen Verbund systematisch und zielgerichtet ineinandergreifen. Es bietet sich daher an, dieses zielgerichtete Verhalten als durch *Lernerstrategien* gesteuert zu deuten. Es gibt verschiedene Ansätze, die sich insofern als *Verarbeitungsansätze* integrieren lassen, als ihnen dieselbe Annahme zugrunde liegt: Die Charakteristika von Lernersprachen erklären sich z.T. aus den Gesetzmäßigkeiten, nach denen sprachliche Information verarbeitet wird (Kap. 3.3.5).

Die Terminologie zum Bereich Lernerstrategien ist recht unterschiedlich, z.B. *strategy* (Bever 1970), *operating principle* (Slobin 1973), *developmental principle* (Wode 1977e), *process* (Ingram 1976), *Prozeß und Strategie* (Knapp-Potthoff/Knapp 1982). Da den genannten Ansätzen die Annahme gemeinsam ist, daß die Verhaltensweisen von Lernern in hohem Maße zielgerichtet sind, werden diese Verhaltensweisen hier unter einem Begriff zusammengefaßt.

Strategien sind nicht direkt beobachtbar, sie müssen erschlossen werden. Da auch der Sprachverarbeitungsvorgang selbst nur erschlossen, aber nicht beobachtet werden kann, ist leicht verständlich, daß die bisherige Forschung zu allen Spracherwerbstypen derzeit wenig Gesichertes, aber viel Spekulatives bietet. Gerechnet werden muß mit einer sehr großen Vielfalt von Strategien, einerseits mit *Lernstrategien*, andererseits mit *Kommunikationsstrategien*. Erstere ermöglichen den Erwerb sprachlichen Wissens; letztere dienen seiner Aktivierung für Kommunikationszwecke. Beide Bereiche greifen ineinander. Kommunikation führt in der Regel zu sprachlichen Leistungen. Sie stehen wiederum als Input für Lerner zur Verfügung. Kommunikationsstrategien lassen sich unterteilen in *Produktions*- oder *Enkodierstrategien*, *Verstehens*- oder *Dekodierstrategien* sowie *Verständigungsstrategien*, die darauf abzielen, wie man sich bei begrenztem sprachlichen Wissen

Strukturtyp	Beispiel	Erstbeleg bzw. Beginn der Produktivität			
		H	B	L	I
SVnegX					
...VnoX	everybody catch no the fish	1;24	3;29	1;23	3;18
...VnotX	John go not to the school	1;13	2;25	1;26	4;6
SVPron neg (X)					
...VPron not	I catch that not	2;7	3;22	—	4;1
...VPron not X	you got me not out	—	1;24	—	5;19
SnegVP					
...no VP	me no close the window	—	—	—	3;16
...not VP	you not shut up	1;13	3;1	1;18	4;20

Abb. 5.5: Individuelle Variation in einigen entwicklungsspezifischen Strukturen des natürlichen L2-Erwerbs der englischen Negation durch die vier deutschen Kinder aus Abb. 5.1. Sie verwenden dieselbe Wortstellung, aber z.T. unterschiedliche neg, nämlich *no* oder *not* (nach Wode 1981a: 98)

verständlich machen kann. In diesem engeren Sinne werden letztere oft auch als *Kommunikationsstrategien* bezeichnet. Die genannten Arten von Strategien lassen sich weiter danach gliedern, welche Einzelheiten sie abdecken, z.B. danach, ob es sich um *Imitieren*, *Rahmenlernen* (Kap. 5.7) oder *Hypothesentesten* handelt und welche sprachlichen Strukturbereiche, z.B. syntaktisch, phonologisch oder pragmatisch, gelernt werden sollen.

Im folgenden werden die wichtigsten Ansätze, sowie die bisherigen Schwerpunkte zur Strategieforschung für den L1-, L2- und FU-Bereich skizziert und zur Illustration drei Strategien besprochen.

Zur Konzeption von Strategien

Als besonders anregend für die Forschung zu Lernerstrategien haben sich die Ansätze von Tom Bever (1970), Dan I. Slobin (1973) und Larry Selinker (1972) erwiesen. Bever berichtet über eine NVN-Strategie, der zufolge amerikanische Kinder zwischen ca. 4;0-8;0 in Experimenten zu Aktivsätzen und ihren Passiventsprechungen das erste N als *Täter* (*agens*) und das zweite als *Opfer* (*patiens*) bezeichneten. Gab man den Kindern Aktivsätze wie *the dog bit the cat* (der Hund biß die Katze), so wurden diese zielgerecht gedeutet, daß nämlich die Katze gebissen wurde. Gab man den Kindern jedoch den zugehörigen Passivsatz *the cat was bitten by the dog* (die Katze wurde vom Hund gebissen), so deuteten erst ältere Kinder, manche erst ab 8;0, den Satz richtig, daß nämlich die Katze gebissen wurde. Jüngere Kinder hingegen hielten das zweite N, den Hund, für den Gebissenen und das erste N, die Katze, für den Täter. Bever nimmt an, daß solche Strategien die kognitiven oder perzeptuellen Grundlagen bilden, die die Ausprägung sprachlicher Strukturen determinieren (näheres zur NVN-Strategie in Kap. 10.3.2).

Bevers *NVN-Strategie* betrifft die semantische Interpretation von Sätzen, deren syntaktische Struktur der Lerner nicht kennt. Slobin (1973, 1985) ergänzte diese Art von Strategien um weitere, von ihm *operating principles* genannt. Slobin denkt sie sich als heuristische Verfahren, die Lerner u.a. in ihren Versuchen leiten, die Strukturen der Zielsprache zu erschließen, sie im Gedächtnis zu repräsentieren und für die Produktion zu nutzen. Diese *operating principles* betreffen die Verarbeitung von sprachlichem Input. Eine Strategie ist z.B. auf den Erwerb von Flexionen ausgerichtet, von Slobin wie eine Anweisung formuliert: Beachte das Ende von Wörtern (1973). Gemeint ist, daß Lerner eine Strategie verfolgen müssen, der zufolge sie auf das Wortende achten müssen, wenn sie sich Flexionen erschließen. Slobins und Bevers Ansätze bezogen sich nur auf den L1-Erwerb. Später konnte gezeigt werden, daß derartige Strategien auch für andere Spracherwerbstypen einschließlich des FU gelten (Wode 1979).

In der Forschung zum natürlichen L2-Erwerb und zum FU hat sich die Diskussion über Strategien primär an Selinkers (1972) Entwurf entfacht. Er nennt fünf Strategien, die die Besonderheiten des Sprachenlernens im FU erklären sollen:

- *sprachlicher Transfer:* Strukturen der zuvor gelernten Sprache werden in die neu zu lernende übertragen.
- *Übungstransfer:* Besonderheiten der Lehrmethoden werden vom Lerner fälschlich auch dorthin übertragen, wo sie nicht angebracht sind.
- *Strategien des L2-Erwerbs:* Besondere Strategien, um eine L2 zu lernen.
- *Strategien der L2-Kommunikation:* Sprachliche Verhaltensweisen, um sich verständlich zu machen und um sicherzustellen, daß man verstanden wird.
- *Übergeneralisierung:* Verwendung von Regeln auch dort, wo sie in der Zielsprache nicht verwendet werden.

Gegenüber Bevers und Slobins Überlegungen ermöglicht Selinkers Ansatz wichtige Erweiterungen: Selinker geht davon aus, daß Strategien Klassen bilden können. Beispielsweise kann Übergeneralisierung die Phonologie, die Flexion oder die Wortstellung betreffen. Je nachdem, um welchen Bereich es geht, unterscheiden sich zwar die Einzelheiten, die allgemeine Gesetzmäßigkeit aber, daß nämlich Elemente dort verwendet werden, wohin sie gemäß der Zielsprache nicht gehören, gilt für alle Fälle. Dies wiederum hat zweierlei zur Folge: Einerseits müssen globalere Strategien durch zugehörige Einzelstrategien so präzisiert werden, daß ein Lerner erfolgreich nach ihnen vorgehen kann.

Übergeneralisierung im semantischen Bereich erfordert andere Detailanweisungen als z.B. im syntaktischen. Im gleichen Zuge ermöglicht die Verwendung eines globaleren Strategiekonzeptes aber auch, daß sprachliches Lernen zu allgemeineren Aspekten von Lernerverhalten in Beziehung gesetzt werden kann. Z.B. kommt Transfer früher erworbenen Wissens oder unberechtigter Übungstransfer keineswegs nur beim Sprachenlernen vor.

Kommunikationsstrategien
Der zweite Aspekt, in dem Selinkers Ansatz über Bevers und Slobins hinausgeht, ist die Tatsache, daß nicht nur auf Lernen abgehoben wird, sondern daß das gesamte Lernerverhalten und damit auch die Fähigkeit, in der L2 zu kommunizieren, einbezogen wird. Dies hat zu einem besonderen Schwerpunkt der L2- und FU-Forschung geführt, nämlich der Ermittlung von Kommunikationsstrategien. Lerner setzen sie ein, um das ihnen zur Verfügung stehende begrenzte Wissen der Zielsprache für Kommunikationszwecke zu nutzen, z.B.: Wie kann man ein Thema vermeiden, wenn man die erforderlichen Vokabeln nicht kennt? Wie kann man sich durch Paraphrasen, Negation von Antonymen u.ä. behelfen, um Vokabellücken zu überbrücken? Die Liste von Beispielen ließe sich beträchtlich erweitern (z.B. Tarone et al. 1976a-b, Blum/Levenston 1978a, Varadi 1980, Haastrup/Phillipson 1983, Bialystok 1978, 1983, Bialystok/ Fröhlich 1980, Dechert 1983).

Was ist eine Lernerstrategie?
So intuitiv attraktiv das Strategiekonzept im allgemeinen und das der Kommunikationsstrategie im besonderen auch ist, es ist derzeit wenig klar (z.B. Wagner 1983, Færch/Kasper 1983b). Das betrifft zum einen die Definition und den Status von Strategien. Strategien, so Bialystok (1984), müssen verschiedene Kriterien erfüllen, u.a. müssen sie zielgerichtet und bewußt wähl- und einsetzbar sein. Das Kriterium der *bewußten Kontrolle* bereitet Schwierigkeiten. Einerseits ist es sehr unwahrscheinlich, daß für die Entscheidungen, die bei der Planung von Äußerungen getroffen werden müssen, überhaupt in jedem Fall soviel Zeit bleibt, daß darüber - bewußt - nachgedacht und entschieden werden kann. Andererseits sind Strategien hypothetische Gebilde. Mit ihnen können Kinder nach Piaget entwicklungsbedingt erst mit Eintritt in das Stadium der formalen Operation, also ab 10;0-12,0, bewußt umgehen (Kap. 12.4.2). Die Schlußfolgerung, Kinder unter 10;0-12;0 verfügen über keine (Kommunikations)Strategien ist nicht haltbar und widerspricht den empirischen Beobachtungen (z.B. H. Burmeister 1983). Anzunehmen ist vielmehr aufgrund von Berichten, wie z.B. Chesterfield/Chesterfield (1985) oder Paribakht (1985), daß sich auch das strategische Verhalten von Lernern nach Alter und Sprachentwicklungsstand unterscheidet und einer Entwicklungssequenz unterliegt.

Die zweite Schwierigkeit betrifft den Status der Strategien. Sind sie im Sinne von Slobin (1973) lediglich heuristische Verfahren? Bilden sie zusätzlich auch die kognitiven Grundlagen, auf denen sich linguistische Strukturen aufbauen, wie Bever (1970) annimmt? Oder haben Strategien mit Lernen wenig zu tun, wie Cromer (1976) beklagt? Diese Fragen lassen sich erst klären, wenn mehr über die Details der gesamten Sprachverarbeitungs- und Sprachplanungsvorgänge sowie über die Systematik ihres Zusammenwirkens bekannt wird. Vermutlich ordnen sich Lernerstrategien zu komplexen Systemen, die u.a. nach den verschiedenen Planungs- und

Steuerungsebenen, nach den beteiligten Sinnesorganen, nach Art und Umfang der bewußten Beeinflußbarkeit oder nach altersabhängigen Veränderungen differenziert werden müssen.

Für die bislang in der L2- und FU-Forschung erarbeiteten Strategien wäre zu wünschen, daß sie um detailliertere, auf sprachliche Strukturen ausgerichtete ergänzt werden, wie dies in der L1-Forschung der Fall ist. Für letztere wäre es angebracht, wenn dort stärker Kommunikationsstrategien wie in der L2-Forschung üblich einbezogen würden. Auf diese Weise ließen sich beide Forschungsrichtungen besser integrieren.

Zur Illustration für Lernerstrategien sind im folgenden drei Beispiele gewählt, die sprachliche Elemente im engeren Sinne und verschiedene Aspekte des Lern- und Verarbeitungsablaufes betreffen: Das erste Beispiel zielt auf die Bewältigung bestimmter sprachlicher Strukturmerkmale des Inputs und enthält eine stark perzeptuelle Komponente; das zweite soll zeigen, wie nichtsprachliche Information genutzt werden kann; das dritte, wie Strukturen ins Spiel kommen können, die im Input nicht vorhanden sind.

Beispiel 1: freie vor gebundener Form

Wer Englisch lernt, muß auch Formen wie *will* und *-'ll* meistern. Es sind Varianten desselben Wortes: *will* als freie, *-'ll* als *gebundene* oder *enklitische* Form. Die freie Form *will* wird zuerst gelernt. Für Bellugi (1967) war diese Beobachtung um so erstaunlicher, weil die gebundene Form *-'ll* rd. siebenmal so häufig in den Äußerungen der Mütter der beobachteten amerikanischen Kinder vorkam. Man erkennt, die Funktionsweise solcher Strategien ist nicht an Belohnung, unbewußtes Training der Eltern oder häufiges Vorkommen gebunden. Der Bereich der hier einschlägigen Strategie sind freie Formen. Sie sind integriert in einem Verbund, zu dem auch Strategien, die auf gebundene Formen ausgerichtet sind, gehören. Der Verbund funktioniert so, daß zuerst freie Formen identifiziert werden. Der Effekt ist, daß freie Formen vor gebundenen gelernt und verwendet werden. Natürlich haben nicht alle Strategien eine so offenkundig perzeptuelle Komponente (z.B. nicht Bevers Strategie für SnegVP aus Abb. 5.1).

In Wode (1979, 1981a) wird ausführlich belegt, daß die Präferenz von freien Formen weder auf den Fall *will*: *-'ll*, noch auf Englisch, noch auf die Altersgruppe kleiner Kinder, noch auf den L1-Erwerb beschränkt ist. Dazu eine kleine Auswahl an Beispielen. Bevor beim Erwerb des Englischen die Negation *-n't* produziert oder verstanden wird, findet sich an ihrer Stelle oft *no*, wie in *Kathryn no like celery* (Kathryn mag keinen Sellerie), seltener *not*. Wenn später Negationsformen wie in *don't*, *can't* verwendet werden, sind sie für den Lerner anfangs noch monomorphematisch, also als ganzes freie Formen, obwohl sie sprachlich mit *-n't* eine enklitische Form enthalten. Das gilt für L1-Kinder (z.B. Bloom 1970, Klima/Bellugi 1966); für L2-Kinder und Jugendliche (z.B. Fillmore 1976, Wode 1981a); für erwachsene L2-Gastarbeiter (z.B. Schumann 1978c) und für den Wiedererwerb von L2-Englisch durch Kinder und Jugendliche (Allendorff 1980).

Ähnlich verhält es sich im Deutschen. Die freien Formen des unbestimmten Artikels, *ein*, *einer*, *einem* usf. beherrschen Kinder früher als die gebundenen *-'n -'m*; entsprechend die Kopulaform ist vor *-'s*, die volle Form des Personalpronomens *er* vor *-a* etc. Wie im Fall von engl. *will*:*-'ll* sind im umgangssprachlichen Deutsch die gebundenen Formen beträchtlich häufiger als die freien. Zwar hört man auch beim Englisch bzw. Deutsch Lernenden sehr früh Formen wie *I'm* für *I am* (ich bin), *that's* für *that is* (das ist) oder *wo's*, *da's*. Doch diese Formen sind anfangs monomorphematisch. Man erkennt es an Äußerungen wie *wo's er?* intendiert als *wo ist er?*. Ähnlich *j'ai* in *j'ai a(s) oublié* für *j'ai oublié* (ich habe vergessen) aus L2-französischem *immersion*-Unterricht (Harley/Swain 1984: 294).

Auch für den FU gilt die Priorität freier gegenüber gebundenen Formen, und zwar selbst dann, wenn Schüler dazu angehalten werden, die gebundenen Formen zu produzieren. Entsprechend bemerkenswert sind z.B. die Beobachtungen von Felix (1976b, 1977, 1982) in einer Kieler Sexta, Hahn (1982) an Passauer Schülern, Lightbown (1983) zum FU-Englisch frankophoner Kanadier oder Bleyhl (1983) im FU. Felix untersuchte u.a. Situationen, in denen gebundene Formen geübt werden sollten. Trotz des Übungszwanges wurden statt der gebundenen Formen oft freie verwendet, wie *I have got a pencil* , *he has got a dog* anstelle von *I've got a pencil* (ich habe einen Bleistift), *he's got a dog* (er hat einen Hund). Bezeichnenderweise wurde gelegentlich sogar statt *has* die Kopula *is* (ist) wie in *she is got a ruler* (sie hat ein Lineal) gebraucht.

Die Funktionsweise einer Strategie kann zu bestimmten Arten von individueller Variation führen. Wenn die Zielsprache mehrere freie Formen zum Kodieren desselben Sachverhaltes bietet, bevorzugen manche Lerner die eine, andere die andere Form. Die meisten englischen Kinder verwenden beim L1-Erwerb z.B. als erstes Negationselement *no* . Bloom (1970) beschreibt jedoch einen Jungen, der als erstes Negationswort *nomore* verwendete, und zwar monomorphematisch. Er hatte *nomore* als Ganzes gelernt, was nicht überrascht, da *nomore* isoliert vorkommen kann. Ähnlich L1-Russisch: Gvozdev (1949) berichtet, daß sein Sohn anfangs [nɑda] als Negationselement verwendete. In der Regel fangen russische Kinder mit *njet* (nein) an. Das kindliche [nɑda] war monomorphematisch. Der Junge hatte vermutlich das zielgerechte *ne nado* (ist nicht nötig) aufgeschnappt.

Ähnliches findet sich auch im L2-Erwerb. Die in Abb. 5.5 beschriebenen vier deutschen L2-Kinder verwendeten im Laufe ihrer Entwicklung alle die Struktur *SnegVP*. Eines der Kinder gebrauchte *no* und *not*; die übrigen drei nur *not*. Die individuelle Variation, wie sie sich in Abb. 5.5. darstellt, ist das Produkt derselben Sprachlernstrategie.

Beispiel 2: Temporale Referenz durch nichttemporale Ausdrücke
Wer noch nicht über die Ausdrucksmöglickeiten für Zeitangaben verfügt, kann sich behelfen, indem er auf Begebenheiten, Örtlichkeiten oder anderes verweist, das mit dem Ereignis, auf daß er Bezug nehmen will, im Zusammenhang steht. Dieser Kunstgriff funktioniert hervorragend, wenn der Gesprächspartner den Zusammenhang kennt oder erahnt. Mit dem Hinweis auf eine Kathedrale kann die Zugehörigkeit oder Nichtzugehörigkeit zur betreffenden Religionsgemeinschaft gemeint sein (HDP 1979: 10); der Hinweis auf eine Pfütze kann bei kleinen Kindern bedeuten *als ich in die Pfütze gefallen bin*. Diese Strategie wird von allen Altersgruppen und in allen Spracherwerbssituationen eingesetzt: Kleine L1-Kinder (z. B. Bowermann 1981), erwachsene L2-Deutsch lernende Gastarbeiter (Meisel 1981, Klein 1983, Kotsinas 1984), L2-Kinder (z.B. Wode 1981b, v. Stutterheim 1985, Vogel 1987).

Beispiel 3: Präverbale Negation
Es ist bereits mehrfach darauf hingewiesen worden, daß während der frühen Entwicklung in allen Spracherwerbstypen das Negationselement zwischen Subjekt und Prädikat gestellt werden kann (vgl. z.B. Abb. 5.1). Warum das gerade so geschieht, ist z.Zt. unklar, doch selbst wenn man annehmen muß, daß es sich hierbei um angeborene Strukturen handelt, steht außer Frage, daß auch für solche Fälle Strategien angenommen werden können. Kap. 5.6 wird zeigen, daß auch sprachlicher Transfer und die daraus resultierenden Interferenzen durch Strategien gesteuert sind.

5.6 Sprachlicher Transfer und Interferenz

Sprachlicher Transfer bzw. Interferenz sind ein wesentliches Charakteristikum aller Nicht-L1-Erwerbstypen. Lerner übertragen ihr sprachliches Wissen aus zuvor gelernten Sprachen in die neue Zielsprache. Dieser Vorgang heißt *Transfer*, sein Produkt *Interferenz*.

Die Einschätzung und Bewertung von Interferenzen hat sich in den zurückliegenden zehn Jahren drastisch geändert. Früher unterschied man zwischen *positivem* und *negativem* Transfer. Positiv war Transfer, wenn aus ihm zielgerechte Strukturen resultierten; negativ, wenn nichtzielgerechte entstanden. Negativer Transfer galt für die sprachliche Entwicklung des Lerners als besonders schädlich und war entsprechend radikal zu bekämpfen. Die lernpsychologische Begründung lieferten die in den 40er und 50er Jahren dominierenden behavioristischen Lernauffassungen (s. Kap. 3.3.1). Danach konnte Neues nur gelernt werden, indem alte Gewohnheiten (*habits*) entweder ausgemerzt oder zu neuen umgeformt wurden. Wird nicht gegengesteuert, so werden die alten Gewohnheiten, in diesem Falle die Strukturen der zuvor gelernten Sprache, auf neue Bereiche, also die neue Zielsprache übertragen. Diese Auffassungen sind heute dank der Ergebnisse der Forschung zum natürlichen L2-Erwerb überholt. Die neueren Entwicklungen konzentrierten sich auf drei Problemkreise:

- Gibt es im natürlichen L2-Erwerb überhaupt Transfer, und was wird transferiert?
- Ist Transfer ein notwendiges entwicklungsspezifisches Moment ?
- Nach welchen Gesetzmäßigkeiten erfolgt sprachlicher Transfer?

Die Vermutung, Interferenzen gebe es im natürlichen L2-Erwerb nicht oder sie spielten dort nur eine unwesentliche Rolle, hat nur in den ersten Jahren der L2-Forschung in den USA eine Rolle gespielt. Heidi Dulay und Marina Burt (1973) glaubten im L2-Erwerb kaum Interferenzen erkennen zu können. Mit ihrer globalen Schlußfolgerung, es gebe daher im natürlichen L2-Erwerb keine Interferenzen bzw. sie seien von geringer Bedeutung, sprachen sie vielen Theoretikern aus dem Umfeld des FU aus dem Herzen, ließ sich doch daraus folgern, das Auftreten von Interferenzen im Unterricht sei vor allem den Lehrpraktiken anzulasten.

Die Auffassung, daß Interferenzen beim L2-Erwerb keine Rolle spielen, hat in Europa nie große Verbreitung gefunden. Denn schon Mitte der 70er Jahre ließ sich an den Daten zum L2-Englisch/L1-Deutsch des Kieler Korpus folgendes zeigen: Transfer kommt durchaus im natürlichen L2-Erwerb vor; die einzelnen sprachlichen Strukturbereiche sind jedoch unterschiedlich stark anfällig für Transfer. Die Phonologie ist z. B. sehr transferanfällig, Flexionen wesentlich weniger. Insgesamt aber ist Transfer ein integraler Bestandteil der Art und Weise, wie eine L2 gelernt wird. Darüber hinaus unterliegt das Auftreten von sprachlichem Transfer einer strikten Systematik (Wode 1976a, 1977c, 1978b). Ferner wurde klar, daß die Auffassung von Dulay und Burt im wesentlichen durch zweierlei Umstände bedingt war: einerseits durch methodische Schwächen des *morpheme order*-Ansatzes (wie in Kap. 5.3 besprochen), andererseits durch die Tatsache, daß unter den untersuchten Elementen mehrere Flexionen waren.

Im Hinblick auf die Frage, was transferiert wird, haben sich die Auffassungen drastisch gewandelt. Die klassische Transferauffassung, wie sie sich im Anschluß an

Lado (1957) zunächst entwickelte, zog nur die direkte Übertragung linguistischer Strukturen im engeren Sinne in Betracht. Diese enge Perspektive ist heute ausgeweitet. Zum einen ist gezeigt worden, daß L2-Lerner auch auf pragmatische, Diskurs- und andere Regularitäten ihrer L1 zurückgreifen, etwa auf Konversationstechniken (z.B. Keller-Cohen 1979), Erzähltechniken (z.B. Bartelt 1983), Topikalisierung (z.B. Schachter/Rutherford 1979), Verwendung von Pronomina (z.B. Klein/Rieck 1982), pragmatische Funktionen (z.B. H. Burmeister 1983) oder stilistische Variationen in der Aussprache (z.B. Beebe 1980). Zum anderen sind auch indirektere Einflüsse der L1 nachgewiesen. Lerner verharren oft lange in einem noch nicht zielgerechten Entwicklungsstadium, wenn ihre L1 solche Strukturen kennt. L2-Lerner des Englischen mit Spanisch als L1 verwenden z.B. im Gegensatz zu jenen mit Deutsch als L1 auffällig häufig und lange präverbale Negation wie *I no use television* (ich sehe nicht fern). Schumann (1978b) verweist darauf, daß Spanisch präverbal negiert, so daß demnach ein indirekter Einfluß der L1 vorliegen könnte. Entsprechend kann Transfer die Weiterentwicklung sprachlicher Regeln verzögern (Zobl 1980).

Eine andere Form indirekter Beeinflussung durch die L1 sieht Schachter (1974) im Vermeiden bestimmter L2-Strukturen. In Aufsätzen chinesischer und japanischer L2-Lerner des Englischen fanden sich auffällig weniger Relativsätze als bei vergleichbaren Probanden mit Persisch oder Arabisch als L1. Schachter erklärt es mit einem typologischen Unterschied zwischen Englisch, Arabisch und Persisch einerseits gegenüber Japanisch und Chinesisch andererseits. In ersteren folgt der Relativsatz dem Bezugsnomen; im letzteren geht er voraus. Dies macht den Erwerb von Relativsätzen im Englischen für Japaner und Chinesen schwierig. Folglich meiden sie diese Struktur möglichst.

Nachdem die Fragen nach der Existenz und dem entwicklungsspezifischen Status von sprachlichem Transfer im wesentlichen geklärt waren, galt das Forschungsinteresse insbesondere der Systematik sprachlichen Transfers. Manches ist dazu bereits in einem Aufsatz von Larry Selinker (1969) vorweggenommen. Verwerfen muß man heute jene Annahme, die in der auf Lado (1957) zurückgehenden *kontrastiven Analyse* verbreitet ist, nämlich daß alle Elemente der L2 durch Elemente der L1 substitutiert würden. Transfer kommt selektiv und damit systematisch vor. Drei Gesichtspunkte, die diese selektive Systematik steuern, zeichnen sich bereits deutlich ab:

- Die involvierten sprachlichen Elemente müssen einander hinreichend ähnlich sein (Wode 1977c, 1978b).
- Wie Transfer im einzelnen erfolgt, hängt davon ab, welchen Entwicklungsstand der Lerner erreicht hat und wie das Verhältnis der Ziel-L2 zu seiner L1 ist (Wode 1977c; Jordens 1977, Kellerman 1978, Kohn 1979, Andersen 1983).
- Je unmarkierter Elemente der zuvor gelernten Sprache sind, desto eher werden sie für markiertere der Zielsprache substituiert (z. B. Eckman 1977, Kellerman 1978, Hyltenstam 1981).

Einiges läßt sich an Abb. 5.6 am Beispiel typischer Aussprachefehler verschiedener Kombinationen mit Englisch illustrieren. Die L2-Fehler variieren systematisch in Abhängigkeit von der Struktur der zuvor gelernten L1. Sprecher mit Französisch als L1 ersetzen z.B. engl. /ι ɷ/ durch [i o], denn das Französiche hat kein /ι ɷ/; desgl. substituieren Deutsche für engl. /æ/ ihr L1-[ɛ], weil /æ/ mit Ausnahme einiger Dialekte im Deutschen fehlt.

Das Kriterium der kritischen Ähnlichkeit zwischen den Elementen der involvierten Sprachen läßt sich gut an den Diphthongen illustrieren. Engl. /ɛι əɷ/ sind offenbar den Monophthongen /e o/ ähnlicher als den anderen Diphthongen, denn die Monophthonge und nicht andere Diphthonge ersetzen /ɛι əɷ/. Die ungespannten Vokale sind ihren gespannten Entsprechungen gleichen Öffnungsgrades und gleicher Lippen- und Zungenstellung ähnlicher als den entsprechenden gespannten Vokalen mit etwas größerem Öffnungsgrad, wie die Vokalsubstitutionen französischer Sprecher beim Erwerb des Englischen zeigen, wenn sie entspanntes englisches /ι ɷ/ durch gespanntes [i u] und nicht durch [e o] ersetzen.

Die Rolle von Markiertheitsabstufungen beim L2-Erwerb zeigt sich ebenfalls an den Diphthongen aus Abb. 5.6. Die unmarkierten Diphthonge /aι ɔι aɷ/ werden im Gegensatz zu den markierteren Diphthongen /ɛι əɷ/ nicht bzw. sehr selten durch Monophthonge ersetzt, auch wenn die zuvor gelernten Sprachen wie das Französische kein /ɔι aɷ/ haben.

Daß die Einzelheiten von Transfer an Entwicklungsstadien gebunden sind, läßt sich am Beispiel der Negation im L2-Englischen/L1-Deutschen verdeutlichen. In Wode (1977c) ist ausführlich erläutert, daß die Kinder des Kieler Korpus für L2-Englisch/L1-Deutsch bereits zu einem frühen Zeitpunkt das nötige syntaktische Wissen im Hinblick auf N, V und dgl. besaßen, so daß sie eigentlich schon viel früher postverbal hätten negieren können. Nur taten die Kinder es zu diesem Zeitpunkt nicht, sondern erst später, nachdem sie ein Stadium erreicht hatten, in dem sie satzintern negierten (Abb. 5.1). Es scheint, als hänge das Vorkommen von Transfer davon ab, wie der Lerner die Verhältnisse zwischen seiner L1 und der L2 einschätzt, und diese Einschätzung ändert sich in dem Maße, wie der Lerner seine Kenntnis der L2 erweitert.

Nach wie vor ungeklärt ist der genaue Status von Transfer bzw. Interferenzen im Hinblick auf den Lernvorgang. Wieweit hat Transfer etwas mit Lernen zu tun? Oder handelt es sich lediglich um einen Effekt, der sich bei der Aktivierung sprachlichen Wissens einstellt (Wode 1974)? Diese Frage gewinnt in jüngster Zeit sehr an Bedeutung. Die Ausweitung und Präzisierung des Strategiebegriffs ermöglicht es, genauer zu überlegen, auf welcher Ebene der Sprachverarbeitung es zu Transfer kommen kann. Wenngleich die Einzelheiten noch unklar sind, so zeichnet sich doch deutlich ab, daß ein guter Teil dessen, was früher global als ein Lernphänomen aufgefaßt wurde, sich sinnvoller als durch Verarbeitungsabläufe, z.B. die Enkodierung, bedingt deuten läßt (z.B. Sajavaara 1986, Kohn 1986, Færch/Kasper 1986).

Erwerbstyp	Englische Vokale und ihre Substitutionen i ɪ ɛ æ u ʊ ʌ aɪ ɛi ɔɪ aʊ əʊ	Quelle
natürlicher L2-Erwerb		
L2-Englisch/L1-Deutsch	i ɪ ɛ ɛ u ʊ a aɪ e ɔɪ aʊ o	(Wode 1977a, 1978b)
L2-Englisch/L1-Französisch	i i ɛ a u u a aɪ e ɔɪ aʊ o	(Lemcke 1984)
FU		
L2-Englisch/L1-Deutsch	i ɪ ɛ ɛ u ʊ a aɪ e ɔɪ aʊ o	(Schröder 1979)
L2-Englisch/L1-Französisch	i i ɛ a u u ? aɪ ɛ ɔɪ aʊ o	(O'Connor 1967)
andere		
Hindi	i ɪ æ/ɛɪ æ u ʊ a aɪ e ɔɪ aʊ o	(O'Connor 1967)
Arabisch (Kairo)	i ɛ ɛ ? u ʊ ɔ aɪ e/ɪ ɔɪ aʊ o	(O'Connor 1967)
Spanisch	i i ɛ a u u a aɪ ɛɪ ɔɪ aʊ ɔ	(O'Connor 1967)
Twi	i i ɛ a u u a aɪ e ɔɪ aʊ o	(Sey 1973, eigene Beobachtungen)
Wiedererwerb		
L2-Englisch/L1-Deutsch	i ɪ ɛ ɛ u ʊ a aɪ e ɔɪ aʊ o	(Klinck 1981)

Abb. 5.6: Substitutionen für ausgewählte Vokale bei Nicht-L1-Sprechern des Englischen bei unterschiedlicher L1. „?" kennzeichnen unklare Fälle. Die Substitutionen unterscheiden sich systematisch in Abhängigkeit von der zuvor gelernten Sprache.

5.7 Formeln und Rahmen

Der Entwicklungsstand eines Lerners ist oft deshalb nicht einfach abzuschätzen, weil in allen Spracherwerbstypen anfangs auch längere Äußerungen verwendet werden, die völlig zielgerecht sind, z.B. *wie heißt du?*, *guten Tag*, oder *was kostet das?*. Solche Ausdrücke sind als Ganzes gelernt und werden als *Formeln* verwendet. Man erkennt es daran, daß ihre interne Struktur komplexer als die anderer Äußerungen ist. Für Lerner sind Formeln sehr nützlich. Sie werden stereotyp in entsprechenden Situationen eingesetzt. Man kann sich auf diese Weise verständlich machen, ohne bereits sehr viele Regeln der betreffenden Zielsprache zu kennen.

Ähnlich nützlich sind *Rahmen*, z.B. Wendungen wie *what's X* (was ist X), *gimme X* (gib mir X). Hier ist ein Teil invariant, an einer anderen Stelle X, können andere Vokabeln eingefügt werden.

Formeln und Rahmen sind für alle Spracherwerbstypen belegt (z.B. Brown 1973, R. Clark 1974 oder Peters 1977 für den L1-Erwerb; Huang 1971, Hakuta 1974b oder Fillmore 1976 für den natürlichen L2-Erwerb von Kindern; Hanania/Gradman 1977 für einen erwachsenen L2-Lerner und Ellis 1984 für den FU). Darüber hinaus werden im FU *Rahmen* als *pattern drill* zu Übungszwecken genutzt. Dem vergleichbar berichten Weir (1962) und Pilch (1966) über L1-Kinder, die Sprachspiele zu ihrem eigenen Vergnügen durchführten, indem sie Wörter in Rahmenstrukturen einsetzten. Krashen (1981: 85) weist darauf hin, daß bei bestimmten Arten von Aphasie Formeln auch dann erhalten bleiben, wenn die dominante Hirnhälfte operativ entfernt werden mußte. Bahns et al. (1986) ergänzen, daß Formeln und Rahmen nicht nur im Hinblick auf ihre formale linguistische Struktur stereotyp sind, sondern auch pragmatisch, da ihre Verwendungsweise anfangs stereotyp an bestimmte Situationen gebunden ist. In allen Spracherwerbstypen variieren Lerner stark in der Verwendung von Formeln und Rahmen. Manche benutzen sehr viele (z.B. Fillmore 1976), andere vergleichsweise wenige (vgl. Bohn 1983).

Strittig ist nach wie vor, wie Formeln und Rahmen spracherwerblich zu deuten sind. Einer Auffasssung zufolge bilden Formeln und Rahmen die Grundlage für bestimmte Sprachlernstrategien. Die ursprünglich als ganze Einheiten gelernten Ausdrücke werden nach und nach im Sinne der Zielsprache vom Lerner gegliedert, bis er auf diese Weise zu den Regeln, nach denen diese Ausdrücke geformt sind, vorstößt (vgl. Fillmore 1976 für den natürlichen L2-Erwerb und Peters 1977, 1983 für den L1-Erwerb).

Fraglich ist, ob und wieweit die Verwendung von Formeln und Rahmen sowie späteres Segmentieren zu den Regeln der Zielsprache führen kann. Peters und Fillmore unterstellen dies. Fillmore fand z.B. bei ihren fünf spanischsprachigen Kindern, die Englisch als L2 lernten, Formeln und Rahmen in großer Zahl, etwa *I dunno know* für *I don't know* (ich weiß nicht), *do you want dese?* für *do you want these* (willst du diese?) oder *gimme see* für *let me see* (laß mich mal sehen). Diese Ausdrücke wurden zunächst als Formeln verwendet, später wurden sie zu Rahmen, in denen einzelne Vokabeln gegen andere ausgetauscht werden konnten. Fillmore sieht im Segmentieren von holistisch gelernten Ausdrücken die grundlegende Sprachlernstrategie schlechthin. Diese Auffassung ist sicherlich überzogen, weil diverse Regeltypen und Strukturmerkmale menschlicher Sprachen nicht durch die Segmentierung linearer Ketten gelernt werden können, z.B. phonologische und semantische Merkmale; syntaktische Regeln, die die Umstellung von Konstituenten bzw. Wörtern erfordern; syntaktische Regeln, die zwischen Sätzen gelten; die *do*-Periphrase des Englischen oder diverse Diskurs- und textlinguistische Gesetzmäßigkeiten.

Zweitens können Äußerungen, die z.B. Fillmore als Formeln oder Rahmen betrachtet hat, in dieser Form nicht aus dem Input stammen. Etwa Negationsstrukturen der Form *S neg VP*, wie *she no got some* (sie nein hat einige (=sie hat keine)) oder *I no got birthday* (ich nein hab Geburtstag). Diese entwicklungspezifischen Fehler entspringen den Gesetzmäßigkeiten, nach denen die Negationstrukturen gelernt werden (s. Kap. 5.2, 10.3.3 u. Abb. 5.1). Selbst wenn man sie als Rahmen betrachtet, verdanken sie ihre Existenz der Anwendung einer Lernerstrategie, die nicht auf das Segmentieren von Formeln bzw. Rahmen ausgerichtet sein kann.

Ein dritter Einwand betrifft die Nicht-L1-Erwerbstypen. Durch Segmentieren von Formeln und Rahmen läßt sich sprachlicher Transfer nicht erklären. Äußerungen mit Interferenzen sind nicht holistisch aus dem Input entnommen.

Den wichtigsten Hinweis auf den entwicklungsspezifischen Status von Formeln und Rahmen gewinnt man aus ihrer längerfristigen Entwicklung. Anfangs sind sie beträchtlich komplexer als andere Lerneräußerungen, die nicht als Formeln oder Rahmen gelten können. Lerner entwickeln sich aber üblicherweise nicht so weiter, daß sie ihre übrigen Äußerungen und Strukturen der Komplexität der Formeln und Rahmen anpassen. Im Gegenteil, gerade Formeln werden selten über längere Zeit unverändert beibehalten. Typischerweise werden sie abgewandelt, und zwar so, daß ihre Struktur sukzessiv dem Entwicklungsstand der übrigen Äußerungen angeglichen wird, obwohl die Formeln dadurch zunehmend weniger zielgerecht werden. Beispielsweise hatten Fillmores Informanten verschiedene Rahmen mit Fragepronomina, z.B. *how do you do this?* (wie macht man das?) oder *why do I have to?* (warum muß ich das machen?). In diesem Rahmen war die *do*-Periphrase bereits zielgerecht. Später wurden diese Rahmen verändert, indem u.a. *do* verschwand und dadurch Fragen mit nichtzielgerechter Wortstellung auftraten, z.B. *why you come to my baby?* anstelle von *why do/did you come to my baby?* (warum gehst/gingst du zu meinem Baby?). Diese Veränderung der Formeln entsprach dem Entwicklungstand der Fragebildung, soweit es sich nicht um Formeln handelte. Man erkennt, die ursprünglich frühreifen Formeln wurden dem Entwicklungsstand des gesamten Systems angepaßt, indem die frühreifen Strukturmerkmale eliminiert wurden. Vergleichbare Beispiele ließen sich auch zur Phonologie, zur Flexion und für andere Strukturbereiche anführen (Wode 1981a: 56-58).

Peters (1977, 1983) versucht den Status von Formeln und Rahmen durch die Annahme von Lernstilen im Zusammenhang mit der unterschiedlichen Arbeitsweise der linken gegenüber der rechten Hirnhälfte zu erklären. Wie in Kap. 4.2 erläutert, arbeitet die rechte Hemisphäre primär holistisch, die linke analytisch. Formelnlernen, so Peters, erfolge über die rechte Hirnhälfte. Dem entspricht, wie oben berichtet, daß Sprecher, denen die linke Hirnhälfte operativ entfernt wurde, zwar die regelgeleitete Sprachbeherrschung, nicht aber ihre Formeln verlieren. Da eine Sprache jedoch keine Sammlung von Formeln, sondern ein komplexes System von Regeln ist, müssen auch jene Lerner, die anfangs primär Formeln lernen, später auf nichtformelhaftes, d.h. analytisches Lernen umschwenken.

5.8 Lernersprachen - Interimssprachen: System und Variabilität

Sind *Lernersprachen* Sprachen? Um was für eine Art von Sprachen handelt es sich? Haben Lernersprachen ein *System*? Wenn ja, von welcher Art ist ihre Systematik? Derartige Fragen drängen sich angesichts der rudimentären Sprachkenntnisse von Lernern der frühen Entwicklungsstadien auf. Fragen nach dem linguistischen Status von Lernersprachen sind ursprünglich im Zusammenhang mit dem FU unter Begriffen wie *idiosyncratic dialect* (Corder 1971), *approximative system* (Nemser 1971) und *interlanguage* (Selinker 1972) erörtert worden. Diesen Konzeptionen liegt der gleiche Gedanke zugrunde: Der Lerner nähert sich der Zielsprache schrittweise, indem er diverse *Zwischen-* oder *Interimssprachen* (Terminus nach Raabe 1974a) als Stadien bis hin zur Zielsprache durchläuft. Sie bilden das *interimssprachliche Kontinuum* (Abb. 5.7). Die einzelnen *Zwischenstadien* werden als Systeme analog zu voll entwickelten Sprachen aufgefaßt. Im Unterschied zu ihnen sind sie aber beträchtlich instabiler, und das Ausmaß ihrer internen Variation ist erheblich größer.

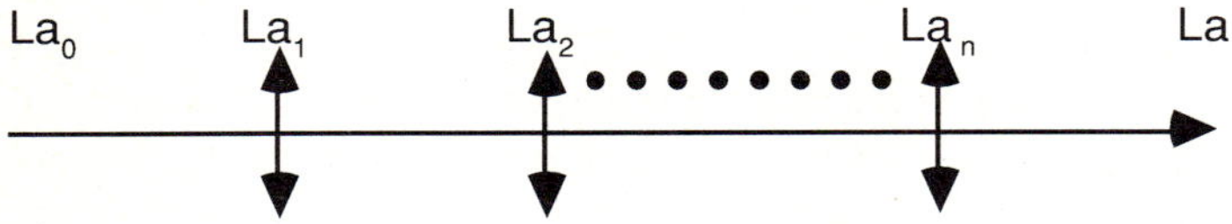

Abb. 5.7: Schematische Darstellung von *Lernersprachen* als *interimsprachliche Kontinua*. La_0 ist der Ausgangspunkt als Unkenntnis der Sprache. La ist die zielgerechte Beherrschung. La_1, La_2, ... La_n sind die Stadien der Entwicklungssequenz. Sie lassen sich als einzelne Interimsprachen auffassen. Die Entwicklung von La_0 bis La ist das interimsprachliche Kontinuum. Der Zuwachs erfolgt nicht notwendigerweise strikt linear.

Die für den FU entwickelte Konzeption ist von der L2-Forschung aufgegriffen und in beiden Bereichen weiterentwickelt worden. Mit den notwendigen Abänderungen läßt sich das Konzept von Interimsprachen auf alle Spracherwerbstypen, den L1-Erwerb eingeschlossen, übertragen und mit der Konzeption von Entwicklungssequenzen (Kap. 5.3), wie in Abb. 5.7 illustriert, integrieren. Je nach Spracherwerbstyp spricht man von L1-, L2- oder FU-Lernersprache. Zwei Arten von Variationen müssen in Lernersprachen unterschieden werden: einmal die *zielsprachliche* (regional, sozial, situativ), die gelernt werden muß, zum anderen die *lernersprachliche Variation*, also jene, die sich aus dem Entwicklungsstand des Lerners ergibt, solange er die Zielsprache nicht ganz beherrscht. Wie die zielsprachlichen Variationen gelernt werden, ist bislang für keinen Spracherwerbstyp ausreichend untersucht worden. Im Hinblick auf die lernersprachliche Variation haben bislang primär der L2- und der FU-Bereich das Interesse der Forscher gefunden. Zwar sind in keiner der vorliegenden Studien die ersten Anfänge erfaßt, an fortgeschritteneren L2-Lernern wird jedoch deutlich, daß beide Arten von Variationen eng miteinander verknüpft sind. L2-Lernersprachen können vor allem nach folgenden Gesichtspunkten variieren:

- *Rückgriff* bzw. *Rückfall* in frühere Strukturen bzw. Fehler;
- *verstärkter Transfer* in Abhängigkeit von den zu bewältigenden Aufgaben bzw. Situationen und
- *stilistische Variation.*

Es kommt oft vor, daß Lerner unerwartet Strukturen und Fehler verwenden, über die sie in ihrer Entwicklung eigentlich längst hinaus sind. Eines der Kieler Kinder zum L2-Englisch/L1-Deutsch sagte z.B. *I no can't see* (ich nein kann nicht sehen) zu einem Zeitpunkt, da es sonst bereits mit *don't, doesn't*, bzw. *can't* negierte (Wode 1981a:190f). Daß die Äußerungen sich oft in Abhängigkeit von der zu bewältigenden Aufgabe unterscheiden, ist mehrfach nachgewiesen. Burmeister et al. (1979) zeigen z.B., daß die Kinder des Kieler Korpus in übersetzungsähnlichen Aufgaben mehr Interferenzen produzierten und verstärkt auf frühere Entwicklungsstrukturen zurückgriffen. Stilistische Variation und ihre Verquickung mit dem Entwicklungsstand von Lernern ist z.B. von Beebe (1980) für L2-Englisch/L1-Thai beschrieben. Bei Aufgaben, die weniger zwangloses Sprechen erfordern wie das Lesen von Wortlisten, übertrugen die Thaisprecher gehäuft jene Aussprachen für das englische /r/, die im Thai in weniger zwanglosen Situationen erforderlich sind, u.a. ein apikales gerolltes /r/, obwohl diese Aussprachen zu mehr Interferenzen im Englischen führten. Ein Beispiel für nichttransferbedingte stilistische Variation ist das Auslassen der Kopula bei L2-Deutsch lernenden Gastarbeitern (Clahsen et al. 1983, Kap. 5.4).

5.9 Lektürevorschläge zu Kap. 5

Dekomposition
Wode (1981a).

Entwicklungssequenzen
Jakobson (1941), Wode (1976a), Meisel et al. (1979), Clahsen et al. (1983).
Morpheme order
Grundlegend: Cazden (1968), Brown (1973), Dulay/Burt (1973).
Überblick:
Dulay et al. (1982). Kritisch: Rosansky (1976a), Andersen (1977), Wode et al. (1978), Bahns (1983).

Mean length of utterance (MLU)
Brown (1973).

Individuelle Variation
L1-Erwerb: Ferguson/Farwell (1975).
L2-Erwerb: Wode (1979), Meisel et al. (1979), Clahsen et al. (1983).

Lernerstrategien
Grundlegend:
Bever (1970), Selinker (1972), Slobin (1973, 1985), Wode (1979).
L1: Cromer (1976).
L2 und FU: Færch/Kasper (1983b), Bialystok (1984), Ellis (1985b: Kap. 7).
Kommunikationsstrategien:
Tarone (1976a,b), Bialystok (1978), Færch/Kasper (1980).
Sammelband: Færch/Kasper (1983a).

Transfer und Interferenz
Klassische Studien: Weinrich (1953), Lado (1957).
Grundlegend für modernere Auffassungen:
Selinker (1969), Dulay/Burt (1973), Wode (1976a, 1977c), Kellerman (1978), Zobl (1980), Hyltenstam (1982), Andersen (1983), Kohn (1986), Sajavaara (1986), Færch/Kasper (1986).
Sammelbände: Gass/Selinker (1983), Kellerman/Sharwood-Smith (1986).

Formeln und Rahmen
L1: Brown (1973), Peters (1983).
L2 und FU:
Hakuta (1974b), Fillmore (1976), Bahns et al. (1986), Ellis (1984), Raupach (1984).
Überblicke und Kritik:
Krashen/Scarcella (1978), Krashen (1981), Wode (1981a), Bohn (1986).

Lernersprachen
Grundlegend:
Selinker (1972), Corder (1971), Nemser (1971), Raabe (1974a).
Variabilität und interimsprachliches Kontinuum:
Adjémian (1976), Beebe (1980), Tarone (1983), Ellis (1985a).

6. Methoden: Beobachten und Auswerten

Wissenschaftliche Ergebnisse sind nur so gut und so verläßlich wie die Methoden, mit denen sie gewonnen werden. Das betrifft sowohl die *Datenerhebung*, d.h. die Art, wie die Beobachtungen durchgeführt werden, als auch die *Analyseverfahren*, mit denen diese Beobachtungen ausgewertet werden. Es würde zu weit führen, auf Einzelheiten, z.B. über statistische Verfahren, Planung oder Durchführung von Experimenten und ihre Auswertung, einzugehen. Dafür gelten jene Grundsätze, die auch in anderen Disziplinen beachtet werden müssen. In diesem Kapitel werden nur die Kunstgriffe vorgestellt, die in anderen Disziplinen weniger verwendet werden und eine wichtige Rolle in der Spracherwerbsforschung spielen.

Longitudinaluntersuchungen gehen über längere Zeiträume. Eine einmalige Beobachtung zu einem bestimmten Zeitpunkt ist eine *Querschnittuntersuchung. Intervallerhebungen* sind Longitudinalstudien, bei denen die Beobachtung in *Zeitintervallen*, z.B. zwei Stunden alle 14 Tage oder alle drei Wochen erfolgt. Tagtägliche Dauerbeobachtung in Form von *Tagebüchern* ist nur in den seltensten Fällen möglich. Von *Fremdbeobachtung* spricht man, wenn die Beobachter nicht die Eltern der Probanden sind. Daten können unter *experimentellen Bedingungen* produziert werden oder *spontan*, d.h. ohne experimentelle Zwänge und ohne Beobachterbeeinflussung. Die wichtigsten Verfahren der Deutung sind die *Fehleranalyse*, die *Kontrastive Analyse* und die *Implikationsananlyse*.

6.1 Spontandaten

Spontan sind Daten dann, wenn sie völlig frei , vor allem frei von experimentellen Zwängen produziert werden. Es handelt sich in der Regel um zwangloses Sprechen. Nur weiß man nie, wie zwanglos und spontan solches Material tatsächlich ist. Die Hauptschwierigkeit besteht darin, daß auf diese Weise kaum die gesamte sprachliche Kompetenz oder alle Einzelheiten eines Teilbereiches dokumentiert werden können. Je nachdem in welchen Abständen und wie viele Probanden untersucht werden, unterscheidet man verschiedene Sonderfälle.

Tagebücher: Kasuistiken

Das Lernen einer Sprache erstreckt sich immer über einen längeren Zeitraum. Im Idealfall müßte daher die Beobachtung *longitudinal* angelegt sein und ein ganzes Leben erfassen, denn wie in Teil B gezeigt wird, ist selbst der Erwerb einer L1 beileibe nicht mit 4, 5 oder 14 Jahren beendet. Man müßte daher tagtäglich beobachten und tagebuchähnliche Aufzeichnungen machen. Als Beobachter kämen nur Eltern in Frage. Keine Familie könnte *Fremdbeobachter* tagtäglich im Hause ertragen. Doch auch von Eltern ist eine solche Beobachtungsform nicht streng durchzuhalten, nicht einmal bei kleinen Kindern, geschweige denn bei schulpflichtigen oder älteren. Hier ist immer ein Auswählen im Spiel, was zwangsläufig daher rührt, daß derselbe Beobachter dem Lerner nicht auf Schritt und Tritt folgen kann. Allerdings ist das Verfahren der tagtäglichen Tagebuchaufzeichnungen zu zeitaufwendig, so daß bestenfalls ein oder zwei Kinder beobachtet werden können. Es handelt sich daher bei Tagebuchaufzeichnungen in der Regel um *Kasuistiken*, also um die Beschreibung einzelner Fälle. Unabwägbar bleibt bei Tagebuchaufzeichnungen, wieweit Eltern voreingenommen beobachten und wieweit sie und ihr Verhalten eventuelle Besonderheiten der sprachlichen Leistung des Kindes provozieren. Individuelle Variation ist nur auf der Grundlage mehrerer Kasuistiken zu bestimmen.

Diese methodischen Unabwägbarkeiten wurden während der Anfänge der L1-Forschung nicht thematisiert. Dennoch zeigen gerade die jüngeren und mit anderen Methoden durchgeführten Erhebungen, daß die früheren L1-Kasuistiken nach wie vor zu den ergiebigsten derzeit verfügbaren Berichten gehören (z.B. Scupin/Scupin 1907, 1910; Ronjat 1913; Stern/Stern 1928; Leopold 1939-49). Zum natürlichen L2-Erwerb hat es bislang nur eine, allerdings sehr detaillierte Tagebucherhebung gegeben, und zwar die Kieler Untersuchungen an vier deutschen Kindern, die Englisch als L2 lernten (Wode 1981a).

Longitudinale Intervallstudien

Mit der Wiederbelebung der L1-Forschung Anfang der 60er Jahre ging man methodisch andere Wege. Die geringe Zahl der erfaßbaren Lerner sollte erhöht und die Beobachtervariable möglichst ausgeschaltet werden. Man bevorzugte *Fremdbeobachtung*. Anstelle von Tagebuchaufzeichnungen griff man auf das *Intervallverfahren* zurück. Die Probanden wurden in regelmäßigen Abständen für eine bestimmte Stundenzahl beobachtet. Wie groß das Intervall am geschicktesten anzusetzen ist, ist schwer zu verallgemeinern. Als Extrem kann Bloom (1970) gelten. Ihre Intervalle betrugen 7 Wochen. Empfehlenswerter sind Intervalle von 2-3 Wochen. Je schneller die Entwicklung, desto kürzer sollten die Intervalle sein. Zwar kann die eventuelle Voreingenommenheit der Eltern als Beobachter durch die Fremdbeobachtung ausgeschlossen werden, doch bedingt dieses Vorgehen zwangsläufig eine andere Art von Beeinflussung, die darauf beruht, daß man mit Eltern anders als mit Fremden redet. Ähnlich wie bei Tagebuchaufzeichnungen gilt: je länger eine Intervallstudie dauert, desto geringer ist die Zahl der zu verkraftenden Probanden, und desto weniger läßt sich auf diese Weise Material zur individuellen Variation gewinnen.

Der gravierendste Nachteil des Intervallverfahrens liegt darin, daß nur jeweils einzelne Ausschnitte aus der gesamten Entwicklung registriert werden. Auf diese Weise ist nicht sichergestellt, daß man gerade jene kritischen Momente erwischt, in denen der Lerner sich einem neuen Stadium zuwendet und dabei möglicherweise verschiedene Alternativen erprobt. Unklar bleibt auch, wieweit der Entwicklungsstand eines Probanden vollständig erfaßt wird. Eltern, die tagtäglich Kontakt zu ihren Kindern haben, können dies besser abschätzen.

Frühe Beispiele für Fremdbeobachtung im Verbund mit Intervallerhebungen sind Braine (1963), Miller/Ervin-Tripp (1964) und Brown (1973). Mit Ausnahme der Kieler Erhebungen (Wode 1981a) waren bislang die longitudinalen L2-Projekte als Intervallstudien angelegt. Der longitudinale Aspekt ist für den FU aus praktischen Gründen kaum anders als über Intervallerhebungen zu erfassen.

Querschnittstudien und simulierte Verlaufsstudien

Die bisher besprochenen Longitudinalverfahren haben den Nachteil, daß sie viel Zeit, oft Jahre erfordern, daß mit ihnen nur eine geringe Probandenzahl auf einmal zu bewältigen ist und daß deshalb die Streubreite der individuellen Variation kaum erfaßt werden kann. Als Ausweg bieten sich *Querschnittuntersuchungen* an. Sie werden in der Regel für *simulierte Longitudinalstudien* eingesetzt. Anstelle eines oder weniger Kinder, die z.B. über 5 Jahre hin untersucht werden, wählt man mehrere Kinder so, daß die Altersgruppe von 1;0-5;0 gleichmäßig abgedeckt ist (Abb. 6.1).

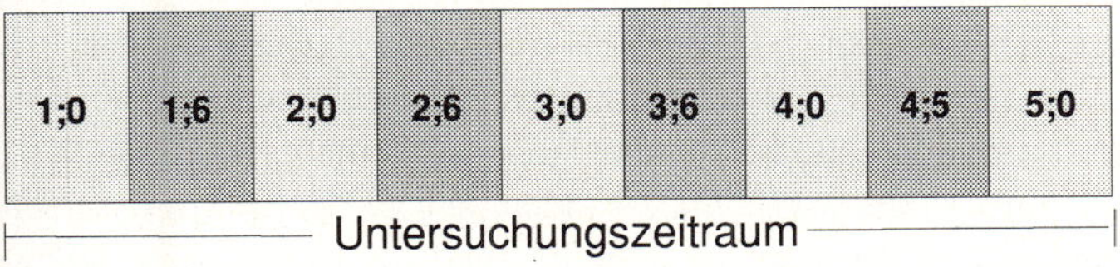

Abb. 6.1: Schema einer simulierten Verlaufsstudie. Der gesamte Untersuchungszeitraum wird in *Intervalle* gegliedert. Die Abfolge der Querschnitte gibt den Gesamtverlauf.

Insgesamt umspannen die verschiedenen Kinder in Abb. 6.1. eine Entwicklungszeit von 1;0 bis 5;0. Unterstellt man, daß sich alle Kinder gleich entwickeln, so können die *verschiedenen Probanden* aneinandergereiht als Annäherung an die Entwicklung *eines Kindes* betrachtet werden. Der Vorzug dieses Kunstgriffes ist offenkundig: Die fünfjährige Wartezeit ist um ein beträchtliches reduziert, und bei entsprechend großer Zahl an Probanden pro Zeitabschnitt ergeben sich Hinweise über das Ausmaß an individueller Variation. Der Nachteil: Das Verfahren der simulierten Longitudinalstudie erfordert als Annahme das, was eigentlich als Ergebnis herauskommen sollte, nämlich daß sich Lerner im wesentlichen gleich entwickeln.

Simulierte Verlaufsstudien erfreuen sich großer Beliebtheit für die Untersuchungen zu sämtlichen Spracherwerbstypen. In der Regel werden aber experimentelle Elizitierungsverfahren eingesetzt (z.B. Templin 1957, Olmsted 1971, Karmiloff-Smith 1979 und viele andere).

6.2 Experimentell elizitierte Daten

Experimentelle Verfahren sollen zwei methodische Schwierigkeiten spontaner Daten umgehen helfen: Einerseits soll die Beeinflussung durch Beobachter, vor allem voreingenommene Eltern, ausgeschaltet werden. Andererseits nehmen viele Forscher an, mit gezielten Aufgabenstellungen besser sicherstellen zu können, daß auch das gesamte Repertoire eines Lerners erfaßt wird. Solche Überlegungen führten dazu, daß bei der Wiederbelebung der Spracherwerbsforschung Anfang der 60er Jahre in Ergänzung zur Fremdbeobachtung verstärkt experimentelle Verfahren eingesetzt wurden. Sie entsprachen in ihren Grundzügen dem, was in den empirischen Sozialwissenschaften erarbeitet worden war, bzw. man ersann neue Techniken innerhalb dieses Rahmens. Einiges wird in Kap. 6.3 vorgestellt werden.

Es sind durchaus Zweifel an der Berechtigung der obigen Annahmen und an der alleinigen Verwendung experimenteller Daten angebracht. Beispielsweise wurde in mehreren Untersuchungen zum Kieler Korpus für L2-Englisch/L1-Deutsch die spontane Entwicklung der vier deutschen Kinder mit ihren experimentellen Daten verglichen (Burmeister et al. 1979, Wode et al. 1978, 1981a, Ufert 1980). Beide Datentypen unterschieden sich erheblich. Vgl. Abb. 5.1 mit Abb. 6.2. Die experimentellen Daten wiesen beträchtlich mehr Interferenz auf; in den Testsituationen verwendeten die Kinder Sprachstrukturen, die sie spontan längst nicht mehr benutzten, d.h., sie griffen auf frühere zurück; und schließlich fanden sich in den Testdaten auch Strukturen, die bei dem jeweiligen Kind spontan während der ganzen Kontaktzeit nicht zu beobachten waren (ähnlich Fillmore 1976).

Man darf in solchen Ergebnissen nicht lediglich eine Bestätigung der bekannten Tatsache sehen, daß jedes Experiment seine eigene Variable ist und den Lerner beeinflußt. Aus den Diskrepanzen zwischen experimentell und spontan gewonnenen Daten sollte auch nicht geschlossen werden, daß entweder nur experimentelles Material oder nur spontane Evidenz spracherwerblich aufschlußreich ist. Beide Datentypen müssen berücksichtigt werden. Denn einerseits kann ein Lerner auch im Experiment nur produzieren, was er vorher gelernt hat, gleichgültig ob er auf frühere Strukturen zurückgreift, ob er mehr Interferenzen produziert oder ob er im Test möglicherweise erstmals Gelegenheit erhält, eine bestimmte Struktur anzuwenden. Andererseits gehört es zu den sprachlichen Fähigkeiten eines jeden, nicht nur experimentelle, sondern ein vielfältiges Spektrum an Situationen und Interaktionen – sprachlich – meistern zu

Strukturtypen	H	B	L	I
S V X not	2;20			5;9
S isn't not X	*2;20			
S don't X			2;20	
S V is don't X			*2;20	
S cannot X V			*2;20	
S can Pron not X			2;20	
S cannot/can't Ving (X)		3;28	2;20	*3;28
		3;29	3;9	
imper. don't Ving X			*2;20	
S can't not VP			*3;9	
S be Ving no X			*3;29	
S be Ving not		*5;12		
S don't be X			*4;7	
			*5;9	
S no can't V			*4;7	
(S) don't Ving X			*5;9	
S V V not X		*3;29		
S V to V not X		*3;29		*5;9
S V to not VP		*3;29		
S can X not VP		*3;29		
imper. don't to Adj		3;29		*4;3
		4;3		
S V to no X				*3;28
S V not Ving				*3;28
there be no S				3;28
S be nothing X				*3;28
S cannot Ving				3;29
S be X not				*3;28
S can't not X			*3;9	*3;28
imper. S not VP				*4;3
imper. V X not				4;3
S not X V				*5;9
imper. sei not be X				*5;9
S can V X not				5;17
S aren't was not Adj.				*5;17

Abb. 6.2: Entwicklungsspezifische Strukturen aus Tests zum natürlichen L2-Erwerb der englischen Negation der 4 deutschen Kinder aus Abb. 6.1. Mit * versehen sind die Strukturen, die in der spontanen Entwicklung, d.h. außerhalb der Tests selten oder gar nicht vorkamen. Fakultative Strukturelemente in () (aus Wode 1981a: 189).

können. Spontane und eperimentelle Situationen sind lediglich Segmente eines Kontinuums, das sämtliche Interaktionen umfaßt. Besonders wichtig ist deshalb, daß die ursprüngliche Annahme, experimentelle Daten lieferten mehr Aufschluß über Entwicklungssequenzen, unberechtigt ist. Die Besonderheiten experimenteller Daten lassen sich erst im Spiegel spontaner erkennen und umgekehrt. Beide müssen zur wechselweisen Ergänzung herangezogen werden.

6.3 Beobachtungstechniken

Die *Beobachtungstechniken* lassen sich von extrem zwanglosem Einbezug des Beobachters über mehr oder minder stark standardisierte Interviews bis hin zu ausgeklügelten Testanordnungen variieren.

Interview

Eine Situation ist in den seltensten Fällen völlig *zwanglos*, am ehesten noch mit kleinen Kindern, die das Tonband und die sonstigen Utensilien des Beobachters voller Neugier betrachten. Jugendliche und Erwachsene geben sich in der Regel weniger zwanglos. Hier hat eine Aufnahmesitzung meist *Interviewcharakter*. Je nach Vertrautheitsgrad kann ein Interview mehr oder minder gekünstelt bzw. befremdlich wirken. Steuerungsmöglichkeiten ergeben sich für den Beobachter u.a. durch die Wahl des Spielzeugs bzw. des Gesprächsthemas.

Man hüte sich vor der weit verbreiteten Fehleinschätzung, durch zwanglose Interviews erhalte man Daten, die sehr wenig oder gar nicht durch die besonderen Umstände, unter denen sie gewonnen wurden, geprägt bzw. verzerrt sind. Wie sehr selbst eine als zwanglos intendierte Interviewsituation durchschlagen kann, zeigt sich z.B. an Arbeiten zur Entwicklung der temporalen Referenz im natürlichen L2-Erwerb. Wie in Kap. 5.5. geschildert, verwenden L2-Sprecher u.a. so lange lokale oder andere nichttemporale Ausdrücke mit temporaler Intention, wie sie die in den Zielsprachen vorgesehenen Kodierungen für temporale Referenz noch nicht beherrschen (Kap. 5.5). Wie sehr diese Lernerstrategie an die Besonderheiten der Interviewtechnik gebunden ist, zeigt sich an den Daten aus dem Kieler Korpus zu L2-Englisch/L1-Deutsch. Sie entstammen in der Mehrzahl freien, durch keinerlei Eingriff von Erwachsenen gelenkten Spielsituationen. In diesen Daten finden sich so gut wie keine Belege für die obige Strategie, wie sie aus Interviewsituationen berichtet wird (Vogel 1987). Das ist auch kein Wunder, denn wann werden Kinder schon im freien Spiel nach Herkunft und Zeitpunkten irgendwelcher Aktivitäten gefragt?

Besondere Aufgabenstellungen: Tests

Wer bestimmte sprachliche Fähigkeiten prüfen will, kann Tests mit entsprechenden Aufgaben stellen. Wer z.B. die Entwicklung *narrativer Fähigkeiten* überprüfen will, kann Bildergeschichten vorgeben und die Lerner bitten, die abgebildeten Geschichten zu erzählen. Ähnlich läßt sich die Dekodierung von Aktiv- und Passivsätzen leicht mit Bildern überprüfen. Vorgegeben werden z.B. die Sätze: *der Hund beißt die Katze* und *die Katze wird vom Hund gebissen.* Der Proband soll aus verschiedenen Bildern das Passende heraussuchen. Welches er wählt, verrät, ob er sich noch in jener frühen

Entwicklungsphase befindet und, wie in Kap. 5.5 skizziert, ob er das erste Nomen als Täter und das zweite als Opfer deutet; oder ob Täter und Opfer der Syntax entsprechend identifiziert werden. Andere sprachliche Bereiche lassen sich überprüfen, indem mit Gegenständen, z.B. Spielzeug oder Puppenfiguren, Anweisungen ausgeführt werden müssen. Solche Verfahren bieten sich z.B. an zur Überprüfung räumlicher Dimensionen nach dem Muster *lege X auf/unter/vor Y*. Einen kleinen Gegenstand legt man üblicherweise *in* einen Kasten. Bittet man ein kleines Kind den Gegenstand *neben* den Kasten zu legen, so steckt es ihn oft trotz der Anweisung hinein. So erkennt man, ob sich ein Proband noch an den außersprachlichen Verwendungskonventionen oder bereits an den sprachlichen Signalen orientiert.

Soll nicht nur das Verständnis, sondern auch die Enkodierfähigkeit überprüft werden, bietet das Spiel mit Puppen je nach Alter der Probanden gute Möglichkeiten. Der Versuchsleiter bittet den Lerner, Puppen oder anderen Figuren Anweisungen zu geben oder die Puppe selbst sprechen zu lassen. Carol Chomsky (1969) gab z.B. amerikanischen Kindern zwei Spielfiguren, Donald und Bozo. Chomsky instruierte die Kinder mündlich, was sie die eine Figur der anderen sagen lassen sollten. Man wollte u.a. wissen, wann L1-Kinder im Englischen die Syntax der Verben *tell* (erzählen), *promise* (versprechen) und *ask* (fragen, bitten) beherrschen. In Satzpaaren wie *tell Bozo to go home* (sag Bozo, er soll nach Hause gehen) und *promise Bozo to go home* (versprich Bozo, daß du nach Hause gehst) ist *Bozo* nur im ersten Fall das logische Subjekt des Infinitivs, also der, der nach Hause geht. Die Kinder mußten sich in die Rolle einer Puppe versetzen, um die Anweisungen der Versuchsleiterin an die andere Figur weitergeben zu können; mit der anderen Figur mußten die Kinder dann das Erwünschte nachspielen. Auf diese Weise ließ sich im Spiel das Verständnis und die Produktion überprüfen, und zwar: Das Verständnis der zielsprachlichen Äußerung der Versuchsleiterin; die eigene Produktion durch die Anweisung der ersten Spielfigur an die zweite und die Semantik der kindlichen Anweisung durch die Handlung, die das Kind mit den Puppen ausführte (Einzelheiten in Kap.10.3.2).

Phantasiematerial

Solange die sprachlichen Aufgaben aus Material bestehen, das auch tatsächlich in der Zielsprache vorkommt, läßt sich nie mit Sicherheit entscheiden, ob die Probanden eine Regel bereits gelernt haben und produktiv verwenden oder ob sie lediglich bereits Gehörtes imitieren. Um dieses Problem zu lösen, sind Aufgabenstellungen mit Phantasiematerial sehr nützlich. Man erfindet z.B. neue Vokabeln, weist ihnen eine Bedeutung zu und läßt Lerner damit Anweisungen ausführen. Nur wer die Regeln beherrscht, kann mit derartigem Phantasiematerial, das ja noch nie gehört worden sein kann, die Aufgaben lösen. Dieses Verfahren eignet sich besonders für das Überprüfen produktiver Flexionsregeln. Der wohl bekannteste Test dieser Art dürfte der von Jean

Berko-Gleason sein (Berko 1958). Sie entwarf Phantasiefiguren und Bezeichnungen für sie. Die Zeichnungen wurden den Probanden mit entsprechenden Anweisungen vorgelegt (Abb.6.3). Je nach abgebildetem Sachverhalt galt es, den Singular, den Plural, den Genitiv, das Präteritum usf. zu bilden.

Abb. 6.3: Phantasiefigur, wie sie Berko (1958) zur Elizitierung von Pluralformen für L1-Englisch verwendete. Dem Probanden wird das Bild gezeigt. Er muß dann die Äußerung vollenden (aus Berko 1958).

Insgesamt lassen sich Tests und ihre Aufgabenstellungen auf unterschiedlichste Art variieren. In der Tat sind dem Erfindungsreichtum kaum Grenzen gesetzt. Allerdings bedingt das unterschiedliche Alter von Probanden, daß die verschiedenen experimentellen Techniken nicht in gleicher Weise für alle Spracherwerbstypen und alle Altersgruppen gleichermaßen geeignet sind. Bildergeschichten mögen kleinen Kindern gefallen und sie anregen; auf ältere Jugendliche und Erwachsene können sie befremdlich wirken und zum Teil hinderlich sein. Das gleiche gilt für den FU.

6.4 Methoden zur Deutung sprachlicher Daten

Fehleranalyse

Mit *Fehleranalyse* bezeichnet man Verfahren, nach denen die Fehler von Lernern mit zweifacher Zielsetzung gesammelt und analysiert werden. Zum einen sollen die Gründe bzw. Gesetzmäßigkeiten, die zu diesen Fehlern führen, ermittelt werden (wie in Kap. 5.2 kurz angedeutet); zum anderen läßt sich aus dem Nichtwissen viel besser als aus zielgerechten Äußerungen ermitteln, was ein Lerner bereits weiß und was er noch lernen muß. Praktiziert worden ist dieses Verfahren für alle Spracherwerbstypen. Ausführlich thematisiert worden ist es jedoch primär mit Bezug auf den FU. Namentlich Pit Corder (1967) hat in einem vielbeachteten Artikel dargelegt, wieviel man aus den Fehlern eines Lerners im Hinblick darauf herauslesen kann, was er bereits gelernt hat. Corder spricht damit das aus, was auch in der L1-Forschung selbstverständlich war.

Das Ergebnis fehleranalytischer Untersuchungen kann einerseits eine Beschreibung einzelner Fehler sein; andererseits eine Typologie von Fehlerursachen, z.B. im Hinblick auf:

- Das Verhalten des Lehrers.
- Die Präsentation des Lehrmaterials: Wer z.B. über längere Zeit mit einer Klasse stur Übungen nach der Art *it's a + N* übt und dann unvorhergesehen zu *it's + Adj* übergehen will, darf sich nicht wundern, wenn Schüler plötzlich statt *it's green* fehlerhaft *it's a green* produzieren.
- Sprachlicher Transfer: z.B. der Ersatz von [s] für Englisch /θ/.
- Übergeneralisierung: z.B. die Bildung des englischen Plurals *sheeps* (Schafe) anstelle von *sheep* analog zu *duck:ducks* (Ente:Enten).

Man erkennt unschwer, daß diese Fehlertypologien im Zusammenhang mit den Gesetzmäßigkeiten stehen, nach denen Sprachen gelernt werden, u.a. mit den in Kap. 5.5 besprochenen Strategien.

Dank der Entwicklung der Forschung zum natürlichen L2-Erwerb konnte die Fehleranalyse beträchtlich präzisiert werden. Nun bot sich die Möglichkeit, jene Fehler, die auf die Besonderheiten der Klassensituation, also Lehrerverhalten, Lehrverfahren, Lehrstoffprogression u.ä. zurückgehen, von jenen zu trennen, die durch die Eigenvoraussetzungen der Schüler bedingt waren. In diesem Zusammenhang hat vor allem die Diskussion über sprachlichen Transfer und Interferenzen neue Dimensionen gewonnen (Kap. 5.6).

Allerdings ergibt die Fehleranalyse ein schiefes Bild, solange nur Fehler in Betracht gezogen werden. Erst wenn auch die gleichzeitig produzierten zielgerechten Äußerungen mitberücksichtigt werden, kann sich eine ausgewogene Einschätzung ergeben (Schachter 1974). Ferner sollte man auch nicht nur isoliert auf einzelne Fehler schauen, sondern immer den gesamten Kontext und größere Strukturbereiche im Blick behalten. Knapp-Potthoff/Knapp (1982: 37) geben folgendes, sehr einleuchtendes Beispiel. Hört man aus dem Munde eines Deutschlernenden nur den Satz *wir kommen zu spät*, so ist daran kaum etwas Fehlerhaftes zu entdecken. Zieht man jedoch auch andere Sätze desselben Lerners heran, z.B. *gehn du noch zur Schule?*, *ich kommen zu spät*, oder *er freuen sich sehr*, so wird deutlich, daß der Betreffende die Unterscheidung zwischen 1., 2. und 3. Person der Verbflexion noch gar nicht kennt und daß damit auch der erste Satz, *wir kommen zu spät*, nur oberflächlich und zufällig, aber keineswegs deshalb richtig war, weil der Lerner bereits wußte, daß die 1. Person Plural als Flexionsendung *-en* erfordert.

Kontrastive Analyse

Die einstige Popularität der *kontrastiven Analyse* als Hilfsmittel für den FU geht zurück auf das einflußreiche Wirken von Charles Carpenter Fries (1945) und Robert Lado (1957). Ihr Grundgedanke: Die Struktur der Zielsprache wird mit der zuvor gelernten L1 verglichen. Für die Bereiche, wo sich beide Sprachen nicht decken, muß mit Lernschwierigkeiten gerechnet werden. Aus diesen Anregungen entwickelten sich zwei Denkrichtungen, die *starke* und die *schwache* Version der kontrastiven Analyse (Wardaugh 1970). Die starke Version geht davon aus, daß alle Fehler auf Transfer beruhen und daß die Art der zu erwartenden Fehler auf Grund eines Vergleichs der involvierten Sprachen vorhergesagt werden kann. Nach der schwachen Version zeigt die kontrastive Analyse lediglich die Strukturunterschiede der involvierten Sprachen auf, erlaubt aber keine Voraussage über die Struktur der zu erwartenden Fehler.

Die starke Version ist nie von Fries oder Lado vertreten worden. Schon Weinreich (1953) machte deutlich, daß es nur zu Transfer kommt, wenn die involvierten Strukturelemente einander ähnlich sind. Entsprechend kam es in der auf Fries und Lado folgenden Forschung zum FU immer wieder zu Klagen, daß bestimmte Lernerfehler nicht durch Transfer erklärbar seien (vgl. Richards 1971, Jain 1974). Man erkennt unschwer, daß die kontrastive Analyse eng mit der Fehleranalyse verquickt ist. Die ursprüngliche Hoffnung bestand darin, daß es die kontrastive Analyse gestatten würde, die Fehler vorauszusagen. Die Ergebnisse aus der Forschung zum natürlichen L2-Erwerb haben ganz wesentlich dazu beigetragen, daß die ursprünglichen Hoffnungen aufgegeben werden mußten. Die kontrastive Analyse ist eine linguistische Methode. Ihr Herzstück ist der Vergleich verschiedener Sprachsysteme. Als Lerntheorie ist sie ungeeignet und war auch nie als solche konzipiert. Daraus folgt nicht, daß kontrastive Analysen für spracherwerbliche Zwecke im allgemeinen und für fremdsprachendidaktische im besonderen nutzlos wären. Im Gegenteil, mit der kontrastiven Analyse werden die Unterschiede und Gemeinsamkeiten zwischen den involvierten Sprachen aufgezeigt. Wie Lerner diese Strukturkonflikte, die sich aus der Konfrontation mit mehreren Sprachen ergeben, spracherwerblich lösen, ist Gegenstand einer Sprachlerntheorie. Kontrastive Analyse und Sprachlerntheorie ergänzen einander (Wode 1977b). Die kontrastive Analyse ist naturgemäß nur auf die mehrsprachigen Erwerbstypen anwendbar, und zwar sowohl die L1-mehrsprachigen wie die zeitversetzten L2, L3, FU usf.

Implikationsanalyse

Die Implikationsanalyse ist ein Verfahren, um Rang- oder Zeitabfolgen darzustellen (Abb. 6.4). Gegeben sei die Menge a, b, c, d sowie vier Lerner A, B, C und D. Die Lerner haben einen unterschiedlichen Entwicklungsstand erreicht. A beherrscht nur

Sprecher	A	B	C	D
sprachliche Elemente	a b	b c	a c d	a b c d

Abb. 6.4: Schema einer Implikationsanalyse. Gegeben sind die sprachlichen Elemente a, b, c, d. Von ihnen beherrschen die Sprecher A bis D unterschiedliche (Teil)Mengen. a und b treten unabhängig voneinander auf; c nur, wenn a oder b oder beide beherrscht werden; und d nur, wenn c vorhanden ist. Das Vorhandensein von d impliziert das von c; c impliziert b oder a. Die sprachliche Entwicklungssequenz muß dann sein: a und/oder b vor c vor d.

a und b; B dagegen b und c; C beherrscht a, c und d; während D alle vier sprachlichen Elemente a-d benützt. Die Elemente a und b treten unabhängig voneinander auf, d.h., wer a beherrscht, muß nicht auch b beherrschen und wer b beherrscht, muß nicht auch a beherrschen. Wer jedoch c beherrscht, beherrscht auch a oder b oder beide. c impliziert also a und/oder b. Ähnlich tritt d nur auf, wenn c vorhanden ist, d.h., d impliziert c. Insgesamt ergibt sich daher folgende Implikationsrelation: d impliziert c; c impliziert b und a. Deutet man die vier Sprecher A-D als eine Querschnittstudie von Lernern unterschiedlichen Entwicklungsstandes, so läßt sich aus der obigen Implikationsanalyse folgern, daß die sprachliche Entwicklungssequenz folgendermaßen verlaufen muß: Sie beginnt mit a und/oder b, dann folgt c, und erst dann folgt d. Die Implikationsanalyse ist ein wichtiges Hilfsmittel für Querschnittstudien an größeren Probandenzahlen unterschiedlichen Entwicklungsstandes. Beispiele für dieses Vorgehen sind u.a. Hyltenstam (1977), C. Chomsky (1969), Klein/Dittmar (1979), Clahsen et al. (1983).

6.5 Lektürevorschläge zu Kap. 6

Umfassende Einführungen in Methoden der Spracherwerbsforschung fehlen. Den besten Eindruck gewinnt man, wenn man sich zwingt, die methodischen Kapitel der größeren Monographien sorgfältig durchzugehen.

Ergänzend dazu:

L1:

Miller (1981: experimentelle Verfahren aus der klinischen Praxis), Prideaux (1984)

L2:

Hatch/Farhady (1982); Dulay et al. (1982: Kap. 10 und Appendix 1).

Unterschiede zwischen experimentellen und nicht-experimentellen Daten:

Fillmore (1976), Rosansky (1976a), Burmeister et al. (1979), Wode (1981a).

Pathologischer Spracherwerb:
Phonologie: Ingram (1976), Grunwell (1983).
Syntax, Flexionen: Crystal et al. (1976).

Kontrastive Analyse und Fehleranalyse:
Grundlegend: Lado (1957).
Überblicke:
James (1980), Heindrichs et al. (1980), Knapp-Potthoff/Knapp (1982), Rein (1983: mit reichhaltigen und systematisch nach Sprachen geordneten Literaturhinweisen).
Sammelbände mit wichtigen klassischen Aufsätzen:
Richards (1974), Robinet/Schachter (1983). Für FU, Lehrer: Fisiak (1981).

Implikationsanalyse:
Decamp (1971), Hatch/Farhady (1982: Einführung), Hyltenstam (1977), Andersen (1978), Clahsen et al. (1983).

B. Lernerverhalten

Teil A gab einen Überblick und eine Einführung in zentrale Fragestellungen, Methoden und die wesentlichen allgemeineren Ergebnisse. Teil B liefert Detailinformationen nach. Dies ist nötig, da aus globalen Hinweisen nach dem Muster der Erklärungsparadigmen (Kap. 3.3) kaum abgeleitet werden kann, wie Syntax, Semantik und die sonstigen Bereiche einer Sprache im einzelnen gelernt werden. Teil B gilt dem Lerner und seinem Lernverhalten. In Teil C werden die Möglichkeiten der Steuerung des Spracherwerbs besprochen.

Die Zielsetzung von Teil B ist primär deskriptiv. Zwar wird der Stand der Theoriebildung zum Erwerb der verschiedenen sprachlichen Bereiche skizziert, jedoch kann derzeit von keinem Bereich behauptet werden, er sei, wenn schon nicht gänzlich, so doch in den entscheidenden Umrissen geklärt. Folglich ist es um so wichtiger, zu beschreiben, wie Lerner üblicherweise vorgehen, wie sich ihre sprachliche Kompetenz entwickelt und welche entwicklungsspezifischen Strukturen unter Einschluß von Fehlern sie verwenden. Teil B liefert damit das Raster, vor dem in Teil C Beeinflußbarkeit und Steuerbarkeit von Spracherwerb besprochen werden kann.

Teil B beginnt mit einem Abriß über die Anfänge des Spracherwerbs. Es folgen jeweils separate Kapitel zum Erwerb von *Lexikon* und *lexikalischer Semantik*, *Lautsystemen*, *Syntax* und *Konstrosemantik*. Die ursprüngliche Absicht, auch die Bereiche Diskurs und Pragmatik zu behandeln, mußte aufgegeben werden, da ihr Erwerb noch nicht genügend erforscht ist. Zunächst wird jeweils die Aufgabe des Lerners anhand der wesentlichen Besonderheiten des betreffenden Strukturbereichs umrissen. Danach werden nacheinander *L1-Erwerb*, *natürlicher L2-Erwerb* und *FU* besprochen. *L1-Mehrsprachigkeit* wird getrennt behandelt. Den Ausgangspunkt bilden die für den L1-Erwerb vorliegenden Theorien. Es wird geprüft, welche Bereiche sie abdecken, wieweit sie stimmen und ob sie auch auf den L2-Erwerb und den FU zutreffen. Im großen und ganzen finden sich für alle Strukturbereiche Unterschiede und Parallelen zwischen den verschiedenen Erwerbstypen. Es scheint, daß sich die Art, wie sprachliche Informationen im Gedächtnis gespeichert und repräsentiert werden, reifungsbedingt ändert.

7. Der Beginn des Spracherwerbs und seine vorsprachlichen Entwicklungen

Ehe Kinder ihre ersten Wörter produzieren, durchlaufen sie eine Reihe von Entwicklungen, die nicht nur rein sprachliche, sondern auch nichtsprachliche Aspekte betreffen, und zwar von interaktionellen und konzeptuellen Fähigkeiten bis letztlich hin zum gesamten Weltverständnis des Kindes. Es fehlt daher nicht an Versuchen, den Beginn des Spracherwerbs über die ersten erkennbaren Wörter hinaus in die pränatale Entwicklung zu verlegen. So meint z.B. Clauser (1971), schon der heranwachsende Fötus nehme an der Kommunikation der Mutter dadurch teil, daß sich ihr Rhythmus auf das Ungeborene übertrage. Auch ist nachgewiesen, daß Frühgeburten schon mit fünf Monaten Laute von sich geben können (z.B. McCarthy 1954: 505, Truby 1976). Nur, was hat das mit Sprache zu tun?

Die Bestimmung des Zeitpunktes, wann der Spracherwerb beginnt, hängt vom Vorverständnis dessen ab, was eine natürliche Sprache ausmacht. Wenn z.B. die *konventionelle Zuordnung* (de Saussure 1916) von Schall zu Bedeutung in Form von Wörtern als Charakteristikum natürlicher Sprachen gelten soll, muß der Zeitpunkt des Beginns des Spracherwerbs beträchtlich später angesetzt werden, als wenn lediglich *lautieren* als Spezifikum gewählt wird. Der Gesichtspunkt der konventionellen Zuordnung liefert den Anhaltspunkt, daß spätestens mit dem Auftreten der ersten Wörter der Spracherwerb begonnen haben muß.

Diese Sichtweise gestattet es, die vorsprachlichen Entwicklungen einzubeziehen, auch wenn sich ihr spracherwerblicher Status nicht in jedem Fall klar bestimmen läßt: Handelt es sich um den Spracherwerb lediglich *begleitende Phänomene*; um *notwendige Voraussetzungen*, ohne direkt als Vorläufer sprachlicher Elemente gelten zu müssen; oder sind es Vorläufer in dem Sinne, daß sich aus ihnen später sprachliche Elemente und Strukturen entwickeln, vergleichbar einem Samenkorn, aus dem eine Pflanze wird?

Leider läßt sich heute noch kein vollständiger Überblick darüber geben, welche Voraussetzungen insgesamt in der Entwicklung eines Kindes gegeben sein müssen, damit der Spracherwerb beginnen kann. Zumindest die drei folgenden aber müssen erfüllt sein:

- Die *Schallwahrnehmung* und *Lautierfähigkeit* muß soweit entwickelt sein, daß ein derzeit noch nicht genau bestimmbares Mindestmaß an menschlicher Lautdifferenzierung gehört und produziert werden kann.
- Das Kind muß erkannt haben, daß *Schall mit Bedeutung* verquickt werden kann, und zwar nicht nur im Hinblick auf individuelle Konzepte bzw. Objekte, sondern auch im Hinblick auf Relationen zwischen ihnen.

• Die *psychologischen Voraussetzungen* für die *kognitive Bewältigung* von Objekten, Konzepten und Relationen müssen im Kind soweit entwickelt sein, daß für sie im Gedächtnis separat abrufbare mentale Repräsentationen existieren, die das Kind sprachlich abbilden kann.

Diese drei vorsprachlichen Voraussetzungen werden nachfolgend bis zur Produktion der ersten Wörter besprochen. Die sich anschließenden Entwicklungen werden in separaten Kapiteln dargestellt.

7.1 L1-Erwerb

7.1.1 Vorsprachliche Lautentwicklungen

Die phonetischen Besonderheiten der vorsprachlichen Vokalisierungen zu beschreiben macht noch immer große Schwierigkeiten. Die für Sprache entwickelten phonetischen Kategorien passen nicht auf diese vorsprachlichen Lautierungen. Wie in Kap. 4 skizziert, ist der Rachenraum des Neugeborenen für die Produktion von Sprachlauten noch nicht weit genug entwickelt. Die Art, wie sich das Lautieren bis zum ersten Wort hin verändert, spiegelt diese anatomische und neurologische Entwicklung wieder (Stark 1979).

Pränatal

Neben der Tatsache, daß zu früh geborene Kinder bereits Laute von sich geben können, läßt sich u.a. durch Herzfrequenzmessungen an Ungeborenen zeigen, daß auch pränatale Föten bereits ein gewisses Maß an Schalldifferenzierung beherrschen (z.B. Drife 1985). Wie bei der anfänglichen postnatalen Entwicklung (s.u.) handelt es sich bei dieser frühen Lautwahrnehmung sicherlich nicht um die Reaktion auf Schall als *Sprachschall*, sondern um eine allgemeine, lautdifferenzierende Fähigkeit, die noch nicht speziell auf Sprache ausgerichtet ist.

Geburtsschrei

Die postnatale Lautentwicklung beginnt in der Regel mit dem *Geburtsschrei*. Vermutlich ist dies als Schmerzensschrei und nicht etwa als erstes Signal für Emotionen o.ä. zu sehen.

Schreien und vegative Laute

Während der ersten 3-8 Wochen hört man von Kleinkindern nur Schreiewegen Unwohlsein, z.B. Hunger, Durst, Schmerzen, Erschrecken oder Geräusche, die durch körperliche Vorgänge wie Nahrungsaufnahme, atmen u.ä. verursacht werden. Instrumentelle Untersuchungen zeigen, daß jeder Schrei akustisch anders strukturiert ist, daß jedes Kind anders schreit und daß diese Schreie noch nicht sprachabhängig sind (z.B. Truby/Lind 1965). Deutlich unterscheidet sich jedoch das Schreien normaler Kinder von Kindern mit pathologischen Auffälligkeiten. Man erkennt, wie wichtig die Frühdiagnose dieser Schreie für medizinisch-therapeutische Zwecke ist (z.B. Truby/Lind 1965). Die weit verbreitete Annahme, die einzelnen Schreie könnten genauer nach Hunger, Schmerz, Schreck u.ä. differenziert werden, ist bislang experimentell nicht überzeugend bestätigt worden (z.B. nicht durch Müller et al. 1974, wohl aber in begrenztem Maße durch Wasz-Höckert et al. 1968). Die Zuordnungen scheinen nicht eindeutig zu sein. Es gehört einige Erfahrung dazu, die Schreie angemessen zu deuten.

Lallen

Zwischen der dritten und achten Woche beginnen Kinder, auch ohne Unmutsanlässe zu vokalisieren: Sie lallen. Die Funktion und die Struktur dieses Lallens ist nach wie vor ungeklärt. Hier wirkt sich besonders nachteilig aus, daß, wie oben erwähnt, noch keine geeigneten Beschreibungsverfahren zur Verfügung stehen. So versuchen einige Untersuchungen nachzuweisen, daß für das Lallen die gleichen phonetischen Restriktionen wie für phonologische Systeme gelten (z.B. Oller et al. 1976) oder daß sich das Lallen gar in Richtung auf die zu lernende Zielsprache verändert und damit in seiner Entwicklung sprachabhängig ist (z.B. Irwin 1957). Einerseits sind diese Ergebnisse immer dann schwierig zu deuten, wenn wie im Falle von Irwin Transkriptionssysteme verwendet werden, die auf eine bestimmte Sprache, in diesem Fall das amerikanische Englisch, zugeschnitten sind. Andererseits fand z.B. Nakazima (1962) keine Unterschiede zwischen dem Lallen japanischer und amerikanischer Kinder. Jüngere Arbeiten bestätigen das (z.B. Thevenin et al. 1985). Wenn überhaupt scheinen bestenfalls Tonhöhenverläufe schon früh sprachspezifisch ausgerichtet zu sein (de Boysson-Bardies et al. 1984). Ungeachtet dieser Unklarheiten ist auch für Laien leicht zu erkennen, daß sich das Lallen im Laufe der Entwicklung eines Kindes verändert. Anfangs sind die Lautierungen kurz, und vokalische Elemente dominieren, später kommen verstärkt konsonantische hinzu.

Die chronologische Entwicklung verläuft nicht notwendigerweise bei allen Kindern gleich. Einige hören ca. 3 Wochen, bevor sie die ersten Wörter von sich geben, ganz auf zu lallen (Jakobson 1941). Bei den meisten Kindern zieht sich das Lallen jedoch bis in die Zeit der ersten Wörter hin. Z.T. werden Lallsegmente wie Vokabeln verwendet, ohne daß sie aus der Sprache der Umgebung übernommen sein können. Man spricht von *Lallwörtern*. Gegen Ende der Lallperiode benutzte eines der Kinder des Kieler Korpus z.B. in seinem L1-Deutsch [hagŋ]. Mit steigendem Tonhöhenverlauf signalisierte es, daß es Aufmerksamkeit verlangte; mit fallendem, daß es dies nicht wünschte. Später wurde [hagŋ] durch [kapm] ersetzt. Mit den geschilderten Intentionen wurde [kapm] noch rund 3 Monate nach Beginn der ersten Wörter benutzt (ähnlich z.B. Lindner 1882, Lewis 1951, Oksaar 1977).

Der Zeitpunkt des Übergangs von der Lallphase zum Gebrauch der ersten Wörter variiert sehr. Manche Kinder produzieren mit 1;0 oder gar früher ihre ersten Vokabeln, andere erst mit 1;8 oder noch später. In der Regel werden anfangs nur wenige Vokabeln, etwa 3-5, aktiv über mehrere Monate hinweg verwendet, ehe weitere Wörter hinzukommen.

Im Hinblick auf die Funktion des Lallens gibt es zwei Deutungsansätze. Eine Richtung sieht eine *Kontinuität* zwischen Lallen und der anschließenden sprachlichen Entwicklung: Während der Lallphase erkundet das Kind die Möglichkeiten seines Artikulationsapparates, macht sich mit ihm vertraut, übt seine Verwendung und nutzt dieses so erworbene Wissen später für den Lauterwerb (vgl. Ferguson/Macken 1983). Dieser Gesichtspunkt verbindet sich gut mit jenem, der eine sprachabhängige Entwicklung der Struktur des Lallens annimmt. Dem widersprechen Verfechter von *Diskontinuitätshypothesen*, als deren namhaftester Vertreter Jakobson (1941) gelten kann. Jakobson macht darauf aufmerksam, daß Kinder während der Lallphase eine Vielfalt an Schalldifferenzierungen demonstrieren. Diverse Frikative, die verschiedenen Arten von /r/, gerundete und ungerundete Vokale u.ä. lassen sich während der Lallphase in großer Vielfalt beobachten. In der sich anschließenden sprachlichen Entwicklung bereiten aber bestimmte, in der Lallphase sehr häufig vorkommende Segmente besondere Schwierigkeiten, so daß Kinder sie erst nach langer Zeit in ihren Wörtern verwenden. Beispielsweise werden die verschiedenen Arten des /r/ in der Regel spät gelernt, obwohl sie während der Lallphase sehr häufig zu beobachten sind.

Insgesamt ist die Struktur und Funktion des Lallens nach wie vor ungeklärt. Ganz kontinuierlich scheint sich die Entwicklung vom Lallen zum Lauterwerb im sprachlichen Sinne nicht zu vollziehen. Darüber hinaus ist es bislang nicht gelungen, Abhängigkeiten zwischem dem Lallen und der Ausprägung der *formalen* Aspekte der sich entwickelnden sprachlichen Strukturen des nachfolgenden Spracherwerbs nachzuweisen. Trotz der Unklarheiten über seine genauere Funktion ist Lallen jedoch für die gesamte Entwicklung von Kindern von großer Bedeutung. Heimkinder lallen in der Regel weniger als in Familien aufwachsende und ihre sprachliche Entwicklung ist oft verzögert. Vermutlich ist das Lallen ein elementares, der Sprache und dem Sprechen vorgeschaltetes Kommunikationssystem, das Kontakt schafft, die Einbindung in Kommunikation und Interaktion ermöglicht und somit den Zugang zu *sprachlicher* Kommunikation sichert (näheres in Kap. 7.1.2).

Kategorielle Schallwahrnehmung

Bei kompetenten Sprechern – Erwachsenen wie auch älteren Kindern – erfolgt die Schallwahrnehmung überwiegend *kategoriell*. Ein Wort wie *Mama* wird als Abfolge von 4 diskreten Segmenten, d.h. 4 Kategorien /m+a+m+a/ aufgefaßt. Diese Art, Schall wahrzunehmen, heißt deshalb *kategoriell*, weil auch Elemente, die nicht völlig identisch sind, derselben *Kategorie* zugeordnet werden. D.h., vergleicht man Beispiele von /m/ aus verschiedenen Sprechproben, so sind diese Segmente akustisch weder völlig identisch noch sind ihre Grenzen genau bestimmbar. Im Gegenteil, solche vom Hörer vorgenommenen Abgrenzungen entsprechen im akustischen Signal nur ganz selten diskreten Grenzen. In der Regel finden sich an den betreffenden Stellen nur graduell-kontinuierliche Übergänge. Ob z. B. stimmloses /p/ oder stimmhaftes /b/ gehört wird, hängt davon ab, wann die Stimmhaftigkeit einsetzt. Nur wenn sie um 25 msec oder weniger nach der Verschlußlösung beginnt, wird das Segment stimmhaft als /b/ gehört, sonst stimmlos als /p/. Man kann dies durch Experimente folgender Art überprüfen. Man verändert ein akustisches Signal /pa/ so, daß der Abstand zwischen der Lösung beider Lippen beim /p/ und dem Einsatz der Stimmhaftigkeit in kleinen Abständen verändert wird. Man beginnt z.B. bei 60 msec nach der Verschlußlösung und verringert den Abstand um jeweils 2 msec bis hin zu 0 msec, so daß die Verschlußlösung mit dem Beginn der Stimmhaftigkeit zusammenfällt. In ihrer Gesamtheit stellen die Proben eine kontinuierliche Veränderung des akustischen Signals dar. Diese Proben werden Hörern in willkürlicher Reihenfolge mit der Bitte vorgelegt zu entscheiden, ob es sich um /pa/ oder /ba/ handelt. Die Entscheidung der Hörer ist im Gegensatz zur akustischen Struktur der Signale kategoriell. Sie bewerten die einzelnen Proben nicht als mehr oder weniger stimmlos bzw. mehr oder minder stimmhaft, sondern kategoriell als /p/ oder /b/. Alle Proben mit einem Abstand von 25 msec oder weniger werden als stimmhaft /ba/, alle mit größeren Abständen als stimmlos /pa/ bewertet (z.B. Abramson/Lisker 1970, Lisker/Abrahamson 1970). Entsprechendes gilt für andere Schallkategorisierungen. Allerdings werden nicht alle Laute kategoriell gehört, z.B. nicht die Vokale.

Die Forschung zur Schallwahrnehmung bei Kleinkindern hat aufbauend auf den Pionierarbeiten von Peter D. Eimas (Eimas et al. 1971) und Alan R. Moffit (1971) sehr aufschlußreiche Ergebnisse erbracht. Sie waren auf folgende Fragen konzentriert:

- Ab wann läßt sich kategorielle Wahrnehmung bei Kindern nachweisen?
- Verfügt nur der Mensch über sie?
- Wird nur Sprachschall kategoriell wahrgenommen?
- Ab wann können Kinder Segmente als gleich oder ungleich identifizieren, wenn sie nicht direkt aufeinander folgen?

Die kategorielle Schallwahrnehmung läßt sich schon bei weniger als vier Wochen alten Säuglingen nachweisen, so daß man annehmen muß, daß sie in ihren Grundzügen bereits pränatal angelegt ist und daß die Mechanismen, die diese Fähigkeit ermöglichen, genetisch verankert sind. Die kategorielle Wahrnehmung entwickelt sich bis zum Beginn der sprachlichen Periode und über sie hinaus. Vermutlich werden anfänglich nur bestimmte konsonantische Unterschiede kategoriell wahrgenommen, und das auch nur in bestimmten Silbenpositionen; später kommen andere hinzu. Die Wahrnehmung von vokalischen Unterschieden scheint bei kleinen Kindern wie bei Erwachsenen nicht kategoriell zu geschehen (Jusczyk 1981).

Drei Untersuchungstechniken wurden verwendet: *Herzfrequenzmessungen, Messungen der Intensität des Nuckelns* sowie die *Kopfwendetechnik*. Bei der Nuckeltechnik und bei Herzfrequenzmessungen spielt man Kindern dieselbe Silbe längere Zeit vor (z.B. /papapa/) und wechselt dann abrupt zu einer anderen, z.B. /ba/. Die anfängliche Wiederholung führt zur Gewöhnung; das Interesse nimmt ab; die anfängliche Saug- bzw. Herzfrequenz sinkt etwas ab und stabilisiert sich auf diesem Niveau. Durch den plötzlichen Wechsel schnellt die Herz- bzw. Saugfrequenz abrupt an und sinkt dann wieder ab. Der Anstieg der Frequenz wird als Indiz dafür gewertet, daß das betreffende Signal einer anderen perzeptuellen Kategorie als der vorangegangenen zugeordnet wird. Man kann die Stimuli wie in Experimenten mit Erwachsenen variieren. Spielt man z.B. all die verschiedenen Stimuli ein, die wie oben geschildert als /pa/ gehört werden, also jene mit einem über 25 msec hinaus verzögerten Einsatz der Stimmhaftigkeit, so erfolgt kein Anstieg der Frequenz. Streut man dann aber ein Element aus dem /ba/-Bereich ein, so schnellt die Frequenz aprupt hoch. Die dritte Technik, das Kopfwenden, war vor allem nützlich, um zu ermitteln, Inwieweit Kleinkinder in der Lage sind, das gleiche Signal zeitversetzt wiederzuerkennen. Kleinkindern wird zunächst beigebracht, auf entsprechende Signale, z.B. /pu/, den Kopf dorthin zu drehen, woher das Geräusch kam. Dann macht man folgendes Experiment: Den Kindern spielt man diverse Signale, z.B. /pa tu ba ti/ in gemischter Reihenfolge vor. Vereinzelt wird das Reizsignal /pu/ eingestreut. Kinder, die auf /pu/ hin den Kopf wenden, nehmen nicht nur kategoriell wahr, sie können lautliche Kategorien auch zeitversetzt wiedererkennen. Das kann nur, wer über die Fähigkeit zur *perzeptuellen Konstanz* verfügt, d.h., lautliche Kategorien müssen im Gedächtnis gespeichert sein, damit sie wiedererkannt werden können. Das Erkennen von Andersartigkeit reicht dafür nicht.

Die Untersuchungen zur Entwicklung der Schallwahrnehmung während der vorsprachlichen Periode sind deshalb so wichtig, weil die Funktionsweise menschlicher Sprachen kategorielle Wahrnehmung in Verbindung mit perzeptueller Konstanz voraussetzt. Die Fähigkeit zur kategoriellen Wahrnehmung ist nicht auf den Menschen beschränkt. Man hat sie z.B. auch bei Chinchillas nachgewiesen (z.B. Kuhl/ Miller 1978). Allerdings ist ungeklärt, ob dies sämtliche Signale betrifft, die von Menschen als *kategoriell* gehört werden. Auf jeden Fall scheint die kategorielle Schallwahrnehmung eine Eigenschaft des Hörsystems einiger Säugetiere zu sein. Damit ist kategorielle Wahrnehmung auch nicht spezifisch sprachlich. Das geht einerseits daraus hervor, daß sie sich auch bei Lebewesen findet, die menschliche Sprachen nicht lernen können. Zum anderen werden auch manche akustischen Signale, die nicht als Sprachschall gehört werden, von Erwachsenen (z.B. Cutting/

Rosner 1974, Pisoni 1977) und Kleinkindern ab 2;0 (z.B. Jusczyk et al. 1977) kategoriell wahrgenommen.

Die vermutlich genetisch verankerte Fähigkeit zur kategoriellen Wahrnehmung entwickelt sich nach der Geburt so weit, daß Kinder bis zu dem Zeitpunkt, da sie anfangen zu sprechen, die meisten jener Schallunterschiede wahrnehmen können, die in den Sprachen der Welt die Grundlage für die distinktiven Differenzierungen bilden. Diese Entwicklung ist nicht sprachabhängig, d.h., Kinder in englischsprachiger Umgebung entwickeln sich genauso wie die, die Spanisch (Lasky et al. 1975) oder Kikuyu, eine Sprache aus Kenia (Streeter 1976), hören. In allen Fällen unterschieden die Kinder z.B. drei Kategorien der Stimmhaftigkeit: stimmhaft, stimmlos und eine dritte, bei der die Stimmhaftigkeit vor der Verschlußlösung einsetzt. Im letzten Fall klingt es, als gehe dem Laut ein Nasal voraus. Diese Fälle unterschieden die Kinder in den genannten Untersuchungen, obwohl die jeweilige Sprache ihrer Umgebung nicht alle drei Kategorien distinktiv nutzt. Englisch nutzt z.B. nur stimmhaft vs. stimmlos; Kikuyu nur stimmhaft vs. vorausgehender Einsatz der Stimmhaftigkeit.

Wenngleich die bislang vorliegenden Ergebnisse noch kein lückenloses Bild ergeben, zeichnen sich doch die groben Umrisse der gesamten vorsprachlichen Entwicklung der Schallwahrnehmung bereits deutlich ab. Am frühesten ist die kategorielle Wahrnehmung für die Stimmhaftigkeit mit 0;1 nachgewiesen und zwar zunächst für orale Verschlüsse, z.B. /p/ vs. /b/ (z.B. Eimas et al. 1971); für orale Spiranten erst ab 0;3 (z.B. Eilers 1977, Eilers et al. 1977). Artikulationsstellen können für Verschlüsse und Frikative schon ab 0;2 kategoriell wahrgenommen werden, z.B. /pa/ vs. /fa/ (z.B. Morse 1972) oder /va/ vs. /ða/. Die einzelnen Entwicklungen vollziehen sich in Abhängigkeit von der Stellung in der Silbe bzw. in längeren Ketten. Die Stimmhaftigkeit für orale Verschlüsse findet sich z.B. zunächst anlautend ab 0;1, auslautend ab 0;2, z.B. /bag/ vs. /bak/ (Jusczyk 1977), für orale Frikative zuerst auslautend. So fand Eilers (1977) kategorielle Wahrnehmung für /as/ vs. /az/ schon im Alter von 0;3, aber noch nicht für /za/ vs. /sa/. Kleinkinder können zwar nasal vs. oral unterscheiden, dies geschieht jedoch im Gegensatz zu Erwachsenen nicht kategoriell. Isolierte Vokale werden weder von Kleinkindern (z.B. Trehub 1973) noch von Erwachsenen kategoriell wahrgenommen. Änderungen von Tonhöhenverläufen und Akzentgegensätze werden von Kleinkindern bereits während der vorsprachlichen Entwicklung registriert. Diese suprasegmentalen und segmentalen Signale können unabhängig voneinander wahrgenommen werden (z.B. Kuhl/Miller 1975). Zu den Unterschieden, die Kinder offenbar erst nach Beginn des Spracherwerbs beherrschen, gehört /θ/ (Eilers et al. 1977).

Die Ergebnisse zur kategoriellen Wahrnehmung sind in mehrfacher Hinsicht wichtig für die Einschätzung von Spracherwerb. Die kategorielle Wahrnehmung muß genetisch vorgegeben sein, denn Kinder können distinktive Schallunterschiede wahrnehmen, ehe sie anfangen zu sprechen (Eimas et al. 1971). Diese Fähigkeit kann nicht an der jeweiligen Zielsprache gelernt worden sein, weil keine Sprache alle potentiell distinktiven Möglichkeiten nutzt. Das Vorhandensein dieser Fähigkeiten erklärt, weshalb es nicht nötig ist, daß Kinder lange Zeit Kontakt mit der betreffende Sprache haben müssen, um ihre einzelnen phonetischen Besonderheiten zu erkennen. Nur fragt sich, weshalb es so lange dauert, ehe Kinder anfangen zu sprechen, obwohl sie die Schallunterschiede doch schon lange vorher wahrnehmen können. Eine der Ursachen ist physiologisch bedingt. Wie in Kap 4.1 besprochen, muß sich postnatal zunächst die erforderliche Ausformung des supralaryngalen Raumes herausbilden. Als zweite Ursache muß aus spracherwerblicher Sicht folgendes bedacht werden: Die in den Experimenten verwendeten Signale wurden synthetisch erzeugt, und sie wiesen auch diverse akustische Charakteristika von Sprachschall auf. Nur: sein wichtigstes Charakteristikum war nicht gegeben, nämlich die Verbindung von Schall mit Bedeutung.

7.1.2 Vorsprachliche Genese von Semantik

Geht man nicht von nativistischen Ansätzen aus, nimmt man also nicht an, die Fähigkeit zur sprachlichen Kodierung von Bedeutung sei genetisch vorgegeben, so bleibt als Bereich, wo Kinder dies lernen können, nur das gesamte Interaktionsgefüge, in das sie tagein, tagaus einbezogen werden und das sich zwischen ihnen und ihren Bezugspersonen aufbaut. Innerhalb dieses Rahmens lernen Kinder den Umgang mit sprachlichen Signalen, z.B. wie sie zur Kontaktaufnahme oder als Instrumente zum Erreichen eigener Ziele genutzt werden können.

Wenn Kinder ihre ersten erkennbar der Zielsprache nachgebildeten Wörter produzieren, müssen sie das Prinzip der Verbindung von Schall mit Bedeutung zumindest in seinen Grundzügen gemeistert haben. Diese Fähigkeit muß sich in der vorsprachlichen Periode herausgebildet haben. Wie dies geschieht, ist bislang noch nicht genügend untersucht worden. M.A.K. Halliday (1975) ist einer der wenigen, der am Beispiel seines Englisch lernenden Sohnes Nigel erste Denkansätze liefert.

Hallidays Ansatz beruht darauf, den Begriff *Bedeutung* weiter als sonst üblich zu fassen. In seinem Sinne ist Bedeutung nicht begrenzt auf Wörter, Morpheme oder semantische Rollen wie *agens* (Täter) oder *affectum* (Betroffener). Nach Halliday haben auch Texte, textliche Strukturen und vor allem die verschiedenen *sprachlichen Funktionen* Bedeutung. Gemeint sind die unterschiedlichen Zwecke, für die Sprache verwendet wird. Einige Funktionen (nach Jakobson 1960) sind:

- *emotiv:* Die emotionale Einstellung des Sprechers, z.B. zweifelnd, unsicher, überzeugt.
- *referentiell:* Die Vermittlung von Information über Objekte, Sachverhalte usf.
- *poetisch:* Benutzung der Sprache für ästhetische Zwecke, z.B. Metrum, Reim, Lyrik.

- *phatisch:* Aufrechterhaltung der Kommunikation, z.B. durch *ja-ja* am Telefon, damit der Partner weiß, daß man noch dran ist.
- *konativ:* Appell an den Hörer, z.B. *Imperativ, Vokativ.*
- *metalinguistisch:* über Sprache reden, z.B. Fragen wie: *Was bedeutet das Wort...? Hast du das und das gesagt?*

Halliday benutzt eine andere Gliederung und Terminologie:

- *instrumental:* Die Verwendung von Sprache zum Erreichen eigener Ziele und Wünsche. Glossiert als: *I want* (ich will).
- *regulatorisch:* Die Steuerung anderer gemäß den eigenen Wünschen: *do as I tell you* (tu, was ich will). Entspricht der obigen konativen Funktion.
- *interaktional:* Die Regelung des sprachlichen Miteinanders mehrerer Gesprächspartner: *you and me* (ich und du). Entspricht im wesentlichen der phatischen Funktion.
- *personal:* Der Ausdruck der eigenen Persönlichkeit, Gefühle etc.: *here I come* (das bin ich). Entspricht z.T. der emotiven Funktion.
- *heuristisch:* Die Verwendung von Sprache zwecks Ergründung der Umwelt: *tell me why* (erklär mir das).
- *imaginativ:* Die Verwendung von Sprache zur Schaffung von Traum, Spiel, Fiktion: *let's pretend* (tun wir so, als ob ...). Nur z.T. deckungsgleich mit der poetischen Funktion.
- *informativ:* Die Verwendung von Sprache, um über Dinge zu berichten: *I've got something to tell you* (ich erzähl dir etwas). Im wesentlichen die referentielle Funktion.
- textual: Die Bildung von sinnvollen Texten, z.B. Dialogen.

Halliday konnte einige dieser acht Funktionen bei seinem Sohn bereits ab 0;9 nachweisen, so die instrumentale, regulatorische, interaktionale und personale, ab 1;1,15 die imaginative und heuristische, um 1;10,15 die informative. Naturgemäß kann sich die informative Funktion frühestens mit den ersten Wörtern einstellen, wenn die Referenz auf Objekte gemeistert ist und die textuale erst mit dem Beginn der Zweiwortperiode.

Lautlich realisiert werden die vorsprachlichen Funktionen durch *Lallwörter* im Verbund mit Tonhöhenverläufen. Gegenüber der großen Variabilität des Lallens waren die Lallwörter bei Nigel phonetisch konstant, und die Tonhöhenverläufe differenzierten die Funktionen systematisch.

In diesen vorsprachlichen Funktionen sieht Halliday ein elementares System, bei dem Bedeutung durch Schall kodiert wird. Im Gegensatz zu vollausgebildeten menschlichen Sprachen fehlt diesem elementaren System die lexikalisch-syntaktische Ebene, und pro Äußerung kann *nur eine* Funktion realisiert werden. Erst die Entwicklung von Lexikon und Syntax ermöglicht es, daß sprachliche Äußerungen gleichzeitig auf mehreren Ebenen, z.B. phonologisch, lexikalisch und syntaktisch, kodiert werden können. Entsprechend können auch mehrere Funktionen in einer Äußerung realisiert werden, z.B. die informative, die regulatorische und die personale, wenn jemand über etwas Verlorenes klagt, damit es zurückgeholt wird. Im Laufe der weiteren Entwicklung bleiben die Funktionen erhalten, bzw. sie werden gegebenenfalls um andere ergänzt, und alle werden der fortschreitenden Entwicklung entsprechend auch mit den neuen sprachlichen Elementen, z.B. Wörtern, realisiert. In diesem Sinne liegt, so Halliday, die Genese von Semantik, d.h. die Kodierung von Bedeutung mittels Schall, in den Funktionen der vorsprachlichen Periode.

7.1.3 Entwicklungspsychologische Grundlagen: Jean Piaget

Die in Kap. 7.1.2 zusammengefaßte Entwicklung der Fähigkeit, Bedeutung durch Schall zu kodieren, setzt voraus, daß Kinder Bedeutungen lernen oder entwickeln, die durch Schall kodierbar sind. Diese Entwicklungen betreffen nicht nur Konzepte, die sich in Wortbedeutungen widerspiegeln, sondern auch die sinnliche Wahrnehmung und ihre kognitive Verarbeitung oder das Verständnis sozialer Zusammenhänge - kurz: das gesamte, sich entfaltende Weltverständnis. Wie die lautlich-sprachlichen Belange werden auch diese kognitiven Grundlagen aus dem gesamten tagtäglichen Interaktionsgefüge entwickelt. Die wohl bekannteste und einflußreichste diesbezügliche Theorie stammt von dem Genfer Psychologen Jean Piaget und seinen Mitarbeitern. Das Entwicklungsstadium, innerhalb dessen sich die vorsprachliche Entwicklung vollzieht, ist das *sensomotorische*. In dieser Zeit, so Piaget, lernen Kinder durch aktiven Umgang mit ihrer Umwelt, also durch Anfassen, Festhalten, Anschauen oder Bewegen von Objekten. Erst bei einem bestimmten Entwicklungsstand innerhalb des sensomotorischen Stadiums entwickeln sich jene intellektuellen Voraussetzungen dafür, daß die ersten Wörter produziert werden können.

Kognitiv bilden im sensomotorischen Stadium der Sinneseindruck, der Ablauf einer Handlung oder eines Ereignisses und die daran beteiligten Objekte und Personen eine Einheit, deren Komponenten kognitiv nicht trennbar sind. Wird z.B. ein Gegenstand verdeckt, so hört er für das Kind auf zu existieren. Es sucht nicht danach, denn es hat dafür noch keine eigenständige *mentale Repräsentation* im Gedächtnis entwickelt. Das ändert sich etwa ab 1;0. Dann beginnen Kinder z.B. nach Objekten zu suchen, die vorher vorhanden waren; sie imitieren Vorgänge aus der Vergangenheit, die z.B. ein bis zwei Tage zurückliegen; sie fangen an, Werkzeuge zu benutzen, um etwas zu erreichen; und sie beginnen, *symbolische Spiele* zu spielen, z.B. Mutter und Kind oder einen Stein als Rennauto zu verwenden. Ermöglicht werden diese Leistungen dadurch, daß Kinder jetzt über eigenständige mentale Repräsentationen verfügen. Nun wird Erinnern möglich, so daß Objekte für das Kind eine dauerhafte Existenz auch dann erlangen, wenn sie seinem Blick entzogen sind; symbolische Spiele gelingen, weil die entsprechenden Aspekte und Abläufe kognitiv gespeichert sind; und die Verwendung von Werkzeugen setzt Planung und Steuerung voraus. In gleicher Weise setzt auch die Verwendung von Wörtern voraus, daß Objekt und Konzept im Gedächtnis kognitiv trennbar sind, damit letzteres sprachlich kodiert werden kann. In der Tat produzieren Kinder ihre ersten Wörter in etwa ab 1;0, wenn *Objektpermanenz*, *Werkzeuggebrauch*, *symbolisches Spiel* und *zeitversetzte Imitation* zu beobachten sind. (Brown 1973, Bloom 1973, Tomasello/Farrar 1984. Abriß der gesamten Entwicklung nach Piaget in Kap. 12.4.2).

7.2 Andere Spracherwerbstypen als L1

Die in Kap. 7.1.3 geschilderten Entwicklungen gelten für den L1-Erwerb, monolingual wie mehrsprachig. Für die Nicht-L1-Erwerbstypen, z.B. natürlicher L2-Erwerb, FU oder Wiedererwerb, erfolgt der Einstieg unter anderen Bedingungen. Eine Schrei- und Lallperiode gibt es dort nicht. Weder die Fähigkeit, Sprachschall kategoriell wahrzunehmen, noch die Tatsache, daß Bedeutung lautlich kodiert werden kann, muß erneut entwickelt werden. Diese Voraussetzungen werden dem Entwicklungsstand des Lerners entsprechend eingebracht; ebenso sein Weltwissen und sein Verständnis von Interaktionszusammenhängen. Kurzum, für die Nicht-L1-Typen beginnt der Spracherwerb auf dem kognitiven und sonstigen Entwicklungsstand, den der Lerner zuvor erreicht hat. Dies bedeutet, daß sich die Eingangsvoraussetzungen für die Nicht-L1-Erwerbstypen in Abhängigkeit von Alter, bisheriger Lebenserfahrung gemäß Kulturkreis, sozialer Schicht, Bildungsniveau und vielem mehr drastisch unterscheiden können.

Lerner beginnen nicht bereits beim ersten Kontakt, Gehörtes nachzusprechen, wenn sie nicht – wie im FU – dazu gezwungen werden. Die Kinder des Kieler Korpus zum L2-Englisch/L1-Deutsch hielten sich z.B. anfangs zurück und versuchten, nur gelegentlich englische Wörter zu produzieren. Daß sie auf deutsch nach der Bedeutung englischer Ausdrücke fragten, zeigt, daß die neue Sprache während dieser Zeit intensiv verarbeitet wurde. Dabei ist es wahrscheinlich, daß in einer nicht an die Identifikation einzelner Wörter oder Ausdrücke gebundenen Weise wesentliche Charakteristika der neuen Sprache entdeckt werden. Die beiden jüngsten Kinder des Kieler Korpus zum L2-Englisch/L1-Deutsch spielten anfangs, als ihre Aussprache noch wenig englisch war, gern ein von ihnen erfundenes *phonetisches Spiel*. Sie verabredeten irgendein Thema, z.B. Angeln oder Reiten. Dann schlug einer vor, ein von ihnen ad hoc erfundenes Gebrabbel heiße jetzt z.B. *Lachs*. Dann brabbelten beide, mal im Dialog, mal durcheinander, und zwar so, daß keiner erkennbare deutsche oder englische Wörter verwendete. Die Lautsequenzen waren frei erfunden, hatten aber einen weit besseren englischen Klang als in den vereinzelten Versuchen der beiden Kinder während dieser Zeit, englische Ausdrücke auszusprechen. U.a. waren in diesem Gebrabbel retroflexe Vokale, zielgerecht retroflexes /ɽ/, Diphthonge u.ä. zu hören, was den Kindern sonst noch für längere Zeit Schwierigkeiten machte. Diese Beobachtungen erinnern an die Diskontinuitätshypothesen zum Lallen (Kap. 7.1.1). Inwieweit sie damit tatsächlich vergleichbar sind, muß die weitere Forschung klären. Denn leider sind diese frühen Entwicklungszeiträume bislang für den natürlichen L2-Erwerb noch nicht systematisch genug untersucht worden.

Für den FU lassen sich zwei Verfahrensweisen unterscheiden. Gemäß der traditionelleren wird von den Schülern phonetische Reproduktion vom ersten Unterrichtstag an verlangt; gemäß der anderen wird eine mehrwöchige, rein *rezeptive Phase* vorgeschaltet, in der die Schüler nur zuhören und verstehen sollen, aber nicht selbst zu sprechen brauchen. Schon seit Mitte der 60er Jahre werden solche Lehrprogramme namentlich in den USA propagiert, z.B. die Methode des *total physical response* von Asher (1965), des *natural approach* von Terrell (1977) oder die Verfahren von Postkovsky (1977) und Gary (1975). Erstaunlicherweise wurden diese Lehrverfahren schon damals damit begründet, daß Kinder unter natürlichen Bedingungen sowohl beim L1- wie L2-Erwerb zunächst ein gutes Maß an Dekodierfähigkeit entwickeln, ehe sie anfangen, selbst zu sprechen. Entsprechend ist allen diesen Lehrverfahren gemeinsam, daß der aktive Sprechbeginn des Lerners nicht erzwungen wird und erst einsetzt, nachdem die Dekodierfähigkeit schon etwas entwickelt ist. Harris Winitz (1981a) faßt diese Lehrverfahren als *comprehension approach to foreign language instruction* zusammen. Noch fehlen zwar breit angelegte Studien, in denen der Lehrerfolg von Unterricht mit vorgeschalteter rezeptiver Phase bewertet und mit traditionellen Verfahren verglichen wird. Jedoch liegen bereits einige weniger umfangreiche Studien vor. Aus ihnen kann man entnehmen, daß die Schüler bei verzögertem Sprechbeginn die Aussprache nicht schlechter, z.T. sogar besser als jene Kontrollgruppen lernen, die von Anfang an sprechen mußten (z.B. Postovsky 1977 für Amerikaner, die Russisch lernen; Gary 1975 für englischsprachige Schulkinder, die in einer Schule in Südkalifornien Spanisch lernten; weitere Berichte in Winitz 1981b).

7.3 Zusammenfassung

Für den Beginn des Spracherwerbs sind die entscheidenden Entwicklungen die Herausbildung der kategoriellen Schallwahrnehmung und das Erreichen des Stadiums der Objektpermanenz. Die Fähigkeit zur kategoriellen Wahrnehmung ist wahrscheinlich genetisch vorgegeben und beginnt sich schon zwei bis drei Wochen nach der Geburt herauszubilden und zu differenzieren. Der Eintritt in die Objektpermanenz ist ein Indiz dafür, daß sich die Fähigkeit zur mentalen Repräsentation von Objekten entwickelt hat.

7.4 Lektürevorschläge zu Kap. 7

Vorsprachliche Lautentwicklung:
Überblick: Stark (1979).

Lallen:
Überblick mit vielen bibliographischen Angaben: Locke (1983).

Schreien:
Truby/Lind (1965), Truby (1976).

Kategorielle Wahrnehmung:
Grundlegend: Moffit (1971), Eimas et al. (1971).
Kritisch: Massaro/Cohen (1983)
Überblicke:
Eilers (1980), Jusczyk (1981), Rupp (1984, allgemein)
Sammelband: Eimas/Miller (1981).

Sprachliche Funktionen:
Grundlegend: Jakobson (1960).
Entwicklung und vorsprachliche Semantik:
Bruner (1975), Doré (1975), Halliday (1975).
Entwicklungspsychologische Grundlagen:
Piaget s. Kap. 12.4.2 und die dort genannte Literatur.

8. Lexikon und Wortbedeutung

Die Besonderheiten beim Erlernen des Lexikons sind stark durch die semantische Struktur der Vokabeln bedingt. Aus diesem Grunde wird das Erlernen von Wörtern bzw. Morphemen und der Erwerb der Wortbedeutungen zusammen behandelt.

8.1 Die Aufgabe des Lerners

Das Lexikon einer Sprache erlernen heißt die *Morpheme* und *Wörter* bzw. ihre Eigenschaften meistern. Dazu rechnen nicht nur die Bedeutung im engeren Sinne, sondern auch die *syntaktischen Merkmale*, z.B. die *Wortklassenzugehörigkeit* oder die Besonderheiten im Hinblick auf das Vorkommen in *syntaktischen Konstruktionen*. Als sprachliche Zeichen sind *lexikalische Einheiten* nicht identisch mit der außersprachlichen Welt, sondern verweisen lediglich auf sie. Diese Verweisfunktion heißt *Referenz*; das Phänomen, auf das referiert wird, heißt *Denotatum* oder *Referent*. Je nach Art des Denotatums unterscheidet man verschiedene *Referenzverfahren*, z.B. ob auf eine Klasse von Elementen oder einzelne Individuen referiert wird. Die Hauptschwierigkeiten beim Erlernen der Bedeutung von Wörtern und Morphemen liegen in der *Gegenständlichkeit* der Denotata, z.B. ob sie *konkret* oder *abstrakt* sind; in der *Abgrenzbarkeit* der Denotata gegeneinander, ob z.B. auf separate Gegenstände oder ob auf physikalische Kontinua wie Wärmeempfindungen oder Farbbezeichnungen referiert wird; sowie in der Art der Beziehungen zwischen den Elementen des Lexikons.

Gegenständlichkeit

- *Konkreta:* Sie bezeichnen – im physikalischen Sinne – direkt Perzipierbares. Die Bedeutung solcher Vokabeln läßt sich z.T. durch Zeigen auf das Objekt erläutern.
- *Abstrakta:* Viele Vokabeln, wie *Liebe*, *Haß*, *Schlaraffenland* oder *Schneewittchen* haben keine physikalisch faßbaren Denotata. Ihre Bedeutung läßt sich daher nicht wie bei Konkreta durch Zeigen erkennen oder verdeutlichen.

Außersprachliche Abgrenzbarkeit

- *Physikalische Kontinua:* Farbadjektive bezeichnen beispielsweise einen Bereich, der physikalisch gesehen ein Kontinuum darstellt. Nirgendwo im Gesamtspektrum der Lichtwellen findet sich ein abrupter Übergang, den man als Grenze zwischen zwei verschiedenen Farben betrachten könnte. Die Übergänge sind fließend. Lerner müssen erkennen, wie die jeweilige Zielsprache diese physikalischen Kontinua kodiert (vgl. Abb. 8.1).

- *Diskrete Gegenstände:* Viele Objekte sind in sich auch physikalisch abgegrenzt, z.B. *Stuhl*, *Tisch*, *Fahrrad* oder *Ball*. Sie können auch als Einzelobjekte wahrgenommen werden. Doch gilt dies nicht für alle Substantive. Vieles, was sprachlich wie diskrete Gegenstände behandelt wird, stellt streng genommen physikalisch ein Kontinuum dar, z.B. der Unterschied zwischen *Berg*, *Hügel* und *Tal* oder zwischen *Tasse* und *Becher*.
- *Klassen und Individuen:* Die Denotata von Vokabeln wie *Stuhl*, *Tisch*, *Theorie* u.ä. sind jeweils eine Klasse, nämlich die Klasse der Tische, Stühle, Theorien. Um einzelne Elemente dieser Klasse, also *einen* Tisch, *einen* Stuhl, *eine* Theorie zu bezeichnen, bedarf es zusätzlicher sprachlicher Kodierungsverfahren, z.B. der Verwendung der Artikel. Auf Individuen läßt sich – vorausgesetzt, es sind Konkreta – zeigen; auf Klassen nicht.
- *Deixis:* Die Denotata von Vokabeln wie *hier:da*, *gestern:heute:morgen*, *links: rechts*, *oben:unten*, *ich:du:er* sind abhängig von der Situation und dem Kontext. Je nachdem, in welcher Richtung man fährt, ist beispielsweise dieselbe Seite links oder rechts. Ebenso kommt es auf die *Sprecherrolle* an, ob jemand mit *ich*, *du* oder *er* benannt wird.
- *Relationale Wörter:* Vokabeln wie *lang:kurz*, *alt:jung* referieren nicht im absoluten Sinne auf etwas. Was groß und klein, was alt und jung ist, wird auf eine Norm bezogen, die für den betreffenden Bereich gilt. Absolut gesehen ist eine große Maus beträchtlich kleiner als der kleinste Elefant. Noch komplexer sind Verwandtschaftsbezeichnungen. Dieselbe Person kann je nach Bezugspunkt *Enkel*, *Sohn*, *Vater*, *Opa*, *Onkel*, *Vetter oder Neffe* sein.

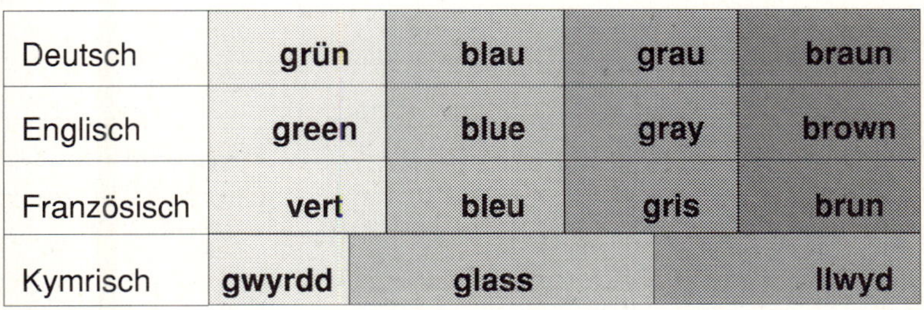

Abb. 8.1: Referenzbereiche der Farbadjektive im Deutschen, Englischen, Französischen und Kymrischen, einer keltischen Sprache aus Wales. Sprachen gliedern das physikalisch vorgegebene Kontinuum in unterschiedlicher Weise.

Der Wortschatz einer Sprache ist keine in sich ungegliederte Liste von Vokabeln. Zwischen ihnen bestehen vielerlei Beziehungen, z.B.:

- *Wortfelder* sind Klassen von Wörtern, die sich auf ein außersprachliches Kontinuum beziehen, das innersprachlich *diskret*, d.h. so kodiert ist, als lägen keine graduellen, sondern abrupte Grenzen vor. Die oben schon erörterten Farbadjektive wären ein Beispiel. Abb. 8.1 zeigt, daß Sprachen das physikalisch vorgegebene Kontinuum der Lichtwellen diskret, wenn auch in unterschiedlicher Weise, gliedern. Was z.B. im Deutschen und Englischen unter *grün* bzw. *green* fällt, wird im Kymrischen nur z.T. durch eine Vokabel erfaßt, der Rest durch eine andere. Andere Sprachen haben andere Kodierungen und kommen z.T. mit weniger Farbadjektiven aus (Berlin/Kay 1969). Andere außersprachliche Kontinua, z.B. Bezeichnungen für Größe, Länge oder Wärme werden ebenfalls in der Regel sprachlich diskret kodiert. Wortfelder können intern unterschiedlich strukturiert sein.
- *Taxonomien* sind Wortfelder, in denen *Hyperonyme* den *Hyponymen*, d.h. Oberbegriffe den Unterbegriffen überschneidungsfrei zugeordnet sind. In der Regel bilden z.B. Tier- und Pflanzenterminologien natürlicher Sprachen solche Taxonomien (Abb. 8.2.).
- *Relationale und reziproke Wortfelder:* Die komplexesten Wortfelder einer Sprache bilden in der Regel die Verwandtschaftswörter. Die Schwierigkeit für den Lerner besteht darin, daß beispielsweise im Gegensatz zu Namen ein und dieselbe Person je nach Bezugspunkt unterschiedlich benannt wird, z.B. *Enkel, Sohn* oder *Vater*. Diese Bezeichnung ist *relational*, da es auf den Bezugspunkt ankommt, von dem aus das Verwandtschaftsverhältnis bezeichnet wird. Darüber hinaus sind derartige Vokabeln *reziprok*, weil sich aus der Benennung einer Person der Status einer anderen rückerschließen läßt. Wer z.B. einen Bruder hat, ist auch selbst dessen Bruder bzw. Schwester.

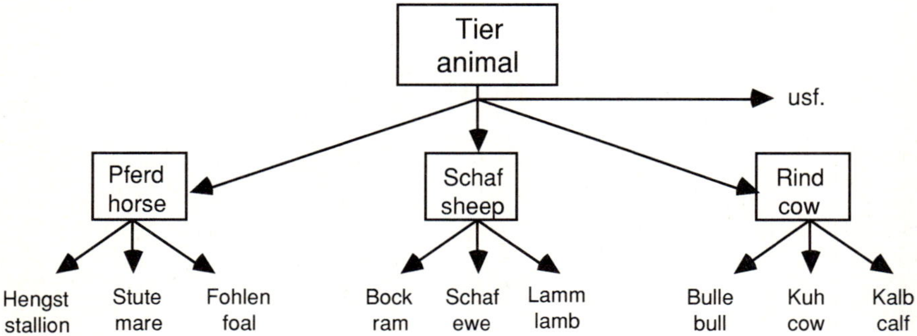

Abb. 8.2: Taxonomische Struktur eines Teiles des Wortfeldes für Bezeichnungen der Tierarten im Deutschen und Englischen. Den jeweiligen Oberbegriffen sind die Unterbegriffe überschneidungsfrei zugeordnet.

Für viele Vokabeln läßt sich ihre Bedeutung als Konstellation *semantischer Merkmale* angeben, z.B.

Mann	Frau	Kind
+human	+human	+human
+erwachsen	+erwachsen	–erwachsen
+männlich	–männlich	±männlich

Das Merkmal /+human/ unterscheidet *Mann* von *Pferd*, *Schaf* etc.; *Mann* und *Frau* sind /+erwachsen/, *Kind* nicht, also /–erwachsen/; *Mann* ist /+männlich/, *Frau* das Gegenteil /–männlich/ und bei *Kind* ist das Geschlecht nicht näher spezifiziert und daher /±männlich/. Die Merkmalsspezifikation eines Wortes/Morphems nennt man seinen Lexikoneintrag. Für die in Abb. 8.2 aufgeführten Tierbezeichnungen wären die Einträge analog zu Mann, Frau, und Kind, nur müßten zusätzlich entsprechende Merkmale für die Tierarten eingeführt werden.

Manche Merkmale sind *klassifikatorisch*, z.B. /+human, +männlich/; andere *relational*, weil zu ihrer Definition der Bezug zu anderen Einheiten gehört, z.B. die Merkmale der Verwandtschaftswörter. *Tochter* bedeutet *Kind von X*, *Vater* ist *Vater von X*. Solche relationalen Merkmale können *rekursiv*, d.h. mehrfach in einem Lexikoneintrag vorkommen, z.B. enthält *Großvater* zweimal das Merkmal *Vater von X*, einmal in erster Generation als Vater des eigenen Kindes, das zweite Mal in der zweiten Generation, der der Kindeskinder. Die Relevanz solcher Merkmale erkennt man z.B. an den englischen Verben *help, assist, aid*, alle drei im Sinne von ‚helfen'. Man kann sagen *Damian helped the cow* (Damian half der Kuh) und *Damian helped his grandfather* (Damian half seinem Großvater), aber nicht **Damian assisted/aided the cow*. Die englischen Verben *aid* und *assist* werden nur mit Bezug auf Menschen, d.h. /+human/ verwendet, *help* mit Bezug auf Tier oder Mensch /±human/.

8.2 Ansätze und Theorien

Anerkanntermaßen ist es das Lexikon, in dem der konzeptuelle und der sprachliche Bereich besonders miteinander verwoben sind. Folglich hängen der Erwerb des Lexikons und die konzeptuelle Entwicklung eng voneinander ab. Drei Positionen sind denkbar:

- *konzeptueller Determinismus:* die konzeptuelle Entwicklung determiniert die lexikalische;
- *lexikalischer Determinismus:* die lexikalische Entwicklung determiniert die konzeptuelle;
- *gegenseitiger Determinismus:* beide beeinflussen einander nach ihrem jeweiligen Entwicklungsstand.

Die letzte Position ist die plausibelste. Einerseits wird kein Kind, z.B. um 3;0, etwas benennen, wofür es kein Konzept hat. Später, wenn Kinder sich sprachlich genügend entwickelt haben, stellen sie u.a. auch Fragen nach der Bedeutung von Vokabeln, z.T. nach solchen, deren konzeptuellen Gehalt sie noch nicht kennen und den sie folglich erst über die Sprache begreifen bzw. – wie im Falle von Märchenfiguren oder Abstrakta – nur über die Sprache begreifen können.

Drei Theorien werden heute diskutiert: die *Merkmalstheorie* von Eve Clark (1973), die *funktionale Theorie* von Katherine Nelson (1974) und die *Prototypentheorie*, die, ausgehend von Elenor Rosch (1973, 1978), namentlich von Melissa Bowerman (1978) in die Spracherwerbsforschung eingebracht wurde. Keiner der Ansätze reicht allein; sie heben auf unterschiedliche Aspekte ab und erfassen in diesen Bereichen jeweils etwas Relevantes. Im Kern geht es um zwei Fragen. Eine ist, ob die Bedeutung kindlicher Vokabeln bzw. die dahinterstehenden Konzepte *holistisch*, d.h. als im Gedächtnis ungegliederte Ganzheiten, oder nach Merkmalen gegliedert repräsentiert sind. Ersteres nimmt die Prototypentheorie an, letzteres die funktionale und die Merkmalstheorie. Die zweite Frage ist, ob die Bedeutung aufgrund der wahrnehmbaren Eigenschaften der Objekte oder nach ihren Funktionen, d.h. den Möglichkeiten ihrer Verwendungsweisen, erschlossen wird. E. Clark (1973) nimmt ersteres, K. Nelson (1974) letzteres an.

Merkmalstheorie auf perzeptorischer Grundlage: Eve Clark (1973)

Die Grundlage dieser Theorie bildet die Auffassung, die Bedeutung eines Wortes bzw. Morphems sei die Summe seiner semantischen Merkmale (Kap. 8.1.). Clark sieht die Lernaufgabe nicht darin, daß Kinder lernen müssen, was semantische Merkmale sind oder gar was mögliche oder nichtmögliche sind. Das Kind muß sich lediglich erschließen, welche Merkmale in einem Lexikoneintrag kombiniert sind. D.h., Clark nimmt gestützt auf Bierwisch (1967) an, daß es eine endliche Menge semantischer Merkmale gibt, die elementar in dem Sinne sind, daß sich mit ihnen sämtliche semantischen Differenzierungen, die in natürlichen Sprachen kodiert werden, erfassen lassen. Diese Merkmale bilden das Rüstzeug, mit dem der Mensch seine Umwelt kognitiv bewältigt. Art, Zahl und Struktur der Merkmale ist für Kinder und Erwachsene gleich, da sie über die perzeptuelle und kognitive Ausstattung des Menschen vorgegeben sind. In den Einzelsprachen werden nicht sämtliche Merkmale, sondern von Fall zu Fall verschieden nur eine Auswahl von ihnen verwendet. Die Lernaufgabe besteht darin zu ermitteln, welche Merkmale eine Sprache verwendet und welche davon in einem Lexikoneintrag kombiniert sind. Der Unterschied zwischen der Bedeutung kindlicher nichtzielgerechter und erwachsener Vokabeln liegt lediglich darin, daß Kinder noch nicht alle Merkmale eines Lexikoneintrags ermittelt haben. Verbindet ein Kind z.B. das Wort *Kuh* mit dem Merkmal /Vierbeinigkeit/, so wird es *Kuh* übergeneralisieren und auch auf Pferde, Zebras, Esel usf. anwenden. Die Identifikation weiterer Merkmale, z.B. /charakteristische Lautgebung, gibt Milch/ oder /gescheckt/, führt dazu, daß der kindliche Referenzbereich nach und nach in Einklang mit der Zielsprache differenziert wird.

Den Lernablauf sieht Clark folgendermaßen: Anfangs orientieren sich Kinder an den direkt wahrnehmbaren Eigenschaften ihrer Umgebung, z.B. an Hörbarem, Fühlbarem, Greifbarem oder Manipulierbarem. Man erkennt es an den nichtzielgerechten Verwendungen von Vokabeln, die phonologisch unverkennbar zielsprachigen nachgebildet sind. Ihre erstmalige Verwendung durch das Kind ist in dem Sinne zielgerecht, daß es damit etwas bezeichnet, was auch in der Zielsprache so benannt wird. Weitere Verwendungen zeigen dann, wie das Kind sich nur an einem Merkmal orientiert und keineswegs den Bezug im Sinne der vollen Bedeutung der Zielsprachenvokabel herstellt. Wenn beispielsweise, wie oben besprochen, ein deutsches Kind mit dem Ausdruck *Kuh* Kühe und Pferde bezeichnet, war vermutlich das Merkmal /vier Beine/ entscheidend. Eine Kuh hat zwar vier Beine, insofern ist der Referenzbezug des Kindes im Einklang mit der Zielsprache. Nur enthält das zielsprachliche Wort *Kuh* neben dem Merkmal /Vierbeinigkeit/ noch andere, letztlich die Artbezeichnung /Rind/. Diese Zusammenhänge hat das Kind anfangs nicht durchschaut, was sich darin äußert, daß es die Vokabel *Kuh* auch für Vierbeinigkeit in Verbindung mit Pferden und anderen Vierbeinern verwendet.

Im Hinblick auf die Auswahl der Vokabeln aus einem Referenzbereich gehen Kinder, so Clark, grob von oben nach unten vor, d.h., sie wählen anfangs generellere Wörter bzw. Merkmale, erst später spezifische, z.B. das allgemeinere *Baum* vor den spezielleren *Eiche*, *Birke* oder *Pappel*. Im Hinblick auf den Merkmalskomplex eines Lexikoneintrags wird ein Merkmal nach dem anderen gelernt. Um welche Merkmale es sich im einzelnen handelt, wird lediglich aus den Generalisierungen und späteren Differenzierungen deutlich.

Gegen die Merkmalstheorie lassen sich verschiedene Einwände vorbringen. Nicht sehr wörtlich darf die Behauptung genommen werden, Kinder beginnen mit den allgemeineren Wörtern. Das gilt nur bis zu einem gewissen Maße. Zwar reden Kinder zunächst von *Baum*, *Tomate*, *Apfel*, ehe sie *Eiche*, *Birke*, *Pappel* oder gar Apfel- und Tomatensorten unterscheiden, aber sie beginnen nicht mit dem noch allgemeineren *Gewächs*, *Obst* oder *Gemüse*. Sie beginnen mit jenen, die im Zentrum ihres Interesses stehen (Brown 1958). Nicht sonderlich gravierend ist auch die Behauptung, daß ein Merkmal nach dem anderen gelernt werde. Warum nicht zwei gleichzeitig? Im Einzelfall läßt sich das selten verläßlich unterscheiden.

Schwerer wiegen folgende Einwände: Einerseits ist Clarks Theorie nur auf die sprachliche Kodierung von Bedeutungen ausgerichtet, zeigt aber nicht, wie die Bedeutung im Kinde entsteht und wie sie sich entweder aus der allgemeinen konzeptuellen Entwicklung entwickelt oder in sie integriert ist (Nelson 1974). Vor allem gilt es zu bedenken, daß nicht *alle* Wörter erschöpfend mit Merkmalen beschreibbar sind. Der Referenzbereich mancher Vokabel, z.B. *Spiel*, umfaßt so viele verschiedene

Denotata, daß kein Merkmal denkbar ist, das ihnen allen gemein ist (Wittgenstein 1953, Einzelheiten s.u.). Wie kann ein kleines Kind diese Wörter jemals lernen, wenn es auf die Entdeckung von Merkmalen angewiesen ist und wenn dies nur über wahrnehmbare Attribute, Übergeneralisierung und Differenzierung geschehen kann?

Der funktionale Ansatz: Katherine Nelson (1974)

Nelson geht davon aus, daß Kinder bereits einen beachtlichen Schatz an Erkenntnissen über ihre Welt entwickelt haben, ehe sie ihre ersten Wörter produzieren. Kinder verfügen dann über vielerlei Konzepte und müssen entdecken, für welche dieser Konzepte die Zielsprache Wörter bereitstellt und für welche nicht. Weder entspricht jeder kindlichen Erkenntnis bzw. jedem Konzept ein einzelnes Wort, noch benennt ein Kind jedes ihm verfügbare Konzept, und für manche Konzepte erfinden Kinder – allerdings meist nur kurzfristig – Wörter, auch wenn es in der Zielsprache dafür keines gibt.

Zur Begründung der Entstehung dieses sprachunabhängigen Wissens wählt Nelson einen Piagetschen Ansatz. Wissen entsteht durch aktive Auseinandersetzung mit der Umwelt; Objekte, Personen etc. gewinnen konzeptuelle Identität dadurch, daß ihnen die gleichen Funktionen in Schemata zukommen: Ein *Ball* rollt; eine Kerzenflamme ist *heiß*, weil der Finger wehtut, wenn man sie berührt. Nach Nelson ist der Kern einer Wortbedeutung *funktional*, d.h., die Bedeutung ergibt sich aus dem, was mit dem Denotatum getan werden kann. Entsprechend werden Wörter zuerst nach ihrer Funktion erworben. Was gleich funktioniert,`wird demselben Konzept zugeordnet. Danach werden die Eigenschaften der Konzepte bzw. Denotata analysiert, so daß Kinder ihre Konzepte auf Grund einzelner Attribute weiterentwickeln und Objekte anhand ihrer wahrnehmbaren Eigenschaften bezeichnen, d.h., ein *Ball* ist dann /+rund/ und /+rollt/; *heiß* ist dann etwas, was /+wehtut/ und /+leuchtet/.

Die Ansätze von Clark und Nelson arbeiten mit Merkmalen. Nelsons funktionaler Ansatz wird jedoch eher als der Clarks dem Umstand gerecht, daß die Bedeutung eines Wortes gerade bei Lernern nicht notwendigerweise stets klar abgegrenzt ist und sich verändern kann. Statisch starre Merkmale wie in der Clarkschen Merkmalstheorie lassen dafür wenig Raum. Allerdings zeigen die bislang vorliegenden Untersuchungen, daß wahrnehmbare Eigenschaften anfangs eine größere Rolle spielen. Bowerman (1978) hebt u.a. auf dieses Problem am Beispiel ihrer beiden L1-Englisch lernenden Töchter ab. Ihre Überlegungen: Wenn Wörter funktional gelernt werden, müßten Kinder neue Wörter erstmals dann verwenden, wenn die betreffenden Objekte sich in Aktion befinden. Das war bei Bowermans und anderen Kindern keineswegs stets der Fall. Zum anderen, so Bowerman, müßte sich an den Übergeneralisierungen ablesen lassen, ob sie auf Grund der Funktion oder der perzipierbaren Eigenschaften erfolgen. Letzteres scheint viel häufiger der Fall zu sein. Ein besonders aufschlußreiches Beispiel sind die Übergeneralisierungen von *moon* (Mond) durch die kleine Eva zwischen 1;3,26 und 1;11,20. Mit *moon* bezeichnete das Kind: den Mond (1;3,26); eine Grapefruitschale (1;4,2); eine halbmondförmige Zitronenscheibe (1;4,19); einen runden Knopf am Geschirrspüler (1;4,23); ein glänzendes rundes Blatt (1;4,24); ein Häufchen Spinat (1;4,24); ein halbrundes gelbes Stück Papier (1;5,2); die Innenseite eines beleuchteten Lampenschirms (1;6,16); Bilder in einem Gemüseladen mit grünen Gurken, Erbsen u.a. (1;6,21); sowie in der Folgezeit auch ein halbrundes Blinklicht eines Autos, geschwungene Ochsenhörner und den Buchstaben „D" am Kühlschrank. Die Grundlage für diese Übergeneralisierung können, so Bowermann, kaum Funktionen, etwa gleiche Verwendungsweisen, sondern bestenfalls wahrnehmbare Eigenschaften sein. Denn die Benennungen erfolgen, obwohl das Kind die unterschiedlichen Funktionen kannte. Allerdings müssen diese Übergeneralisierungen entgegen Bowermans Annahme nicht notwendigerweise gegen Nelsons These eines funktionalen Ursprungs von Konzepten sprechen. Ehe es zu – sprachlichen – Übergeneralisierungen kommt, sind die Konzepte vermutlich längst soweit gefestigt, daß perzeptuelle Merkmale ins Spiel kommen können (Nelson et al. 1978).

Insgesamt spielen daher perzeptuelle Eigenschaften eine wichtige Rolle im frühen L1-Erwerb. Vermutlich jedoch nicht im Sinne statischer linguistischer Merkmale, wie es in Clarks Merkmalstheorie zum Ausdruck kommt, sondern in einer flexibleren Weise, die besser mit Hilfe der Prototypentheorie erfaßt werden kann.

Prototypen: Melissa Bowerman (1978)

Die *Prototypentheorie* wurde im Hinblick auf die Frage nach der Struktur von Konzepten und den ihnen zugrundeliegenden Kategorisierungsgesetzmäßigkeiten entwickelt. Diese Theorie verbindet sich heute primär mit Eleonor Rosch und ihren Mitarbeitern, knüpft aber am Gedankengut von Wittgenstein (1953) an. Die Prototypentheorie trifft besonders auf Klassenbegriffe für konkrete Objekte wie *Vogel*, *Pferd* oder *Fahrzeug* zu. Wittgenstein (1953) wies am Beispiel der Vielfalt von Spielen und dem zugehörigen Konzept *Spiel* darauf hin, daß es nicht notwendigerweise für jedes Konzept jeweils ein oder mehrere Merkmale gibt, die allen dazugehörigen Ausprägungen, in diesem Fall allen Spielen, eigen sind. Zu den Vögeln rechnen z.B. neben Amsel, Fink und Star auch Strauß, Pinguin und Adler. Nur, auf die Frage, was ein *Vogel* sei, würde man den Pinguin oder Strauß kaum als typische Vertreter anführen. Typischerweise fliegen Vögel und haben Federn; Pinguine und Strauße fliegen nicht. An letzteren findet man zwar auch einige Federn, an Pinguinen sind sie aber kaum als solche zu erkennen. Offenbar ist das mentale Konzept nicht wie der Klassenbegriff in der mathematischen Mengenlehre strukturiert, nämlich so, daß alle Vögel als Elemente der Klasse Vogel mindestens ein Merkmal gemeinsam haben müssen. An Stelle eines einzigen bei allen Elementen auftretenden Merkmals treten mehrere auf und stiften so einen *Verbund*. Sämtliche Merkmale sind charakteristisch für den Verbund, nur weisen die Mitglieder nicht notwendigerweise alle Merkmale auf. Entsprechend sind manche Merkmale für das Konzept qua Verbund charakteristischer als andere. Charakteristisch für Vögel ist u.a., daß sie fliegen können, Federn haben, Eier legen, 2 Flügel und 2 Beine haben, singen und Nester bauen. Nicht jeder Vogel weist sämtliche Merkmale auf. Bei manchen Vogelarten sind die Flügel verkümmert, und auch andere Tiere können fliegen. Viele Vögel bauen Nester, der Kuckuck aber nicht. Er legt seine Eier in fremde Nester. Rosch nimmt daher an, Konzepte seien so strukturiert, daß die Elemente dem Konzept mehr oder minder ausgeprägt entsprechen. Als *Prototyp* bezeichnet sie jenes Element, das die meisten aller Charakteristika in sich vereint. Andere Elemente sind weniger typisch und je nach Nähe zum Prototypen marginaler. Ein gutes Beispiel für das Konzept ‚Vogel' ist z.B. das Rotkehlchen, ein weniger gutes der Geier und ein sehr schlechtes der Emu.

In zahlreichen Experimenten wurde die Nützlichkeit des prototypischen Ansatzes von Rosch und ihren Mitarbeitern illustriert (Rosch 1973, Überblick in Rosch 1978). Die wichtigste Erkenntnis ist, daß die menschliche Wahrnehmung und Kategorisierung auf kritische, perzeptorisch besonders auffällige Charakteristika ausgerichtet ist, z.B. auf bestimmte Farbtöne, bestimmte geometrische Formen usf. Diese Charakteristika werden vorzugsweise in natürlichen Sprachen kodiert und in Wiedererkennungsexperimenten am schnellsten und verläßlichsten wiedererkannt, und zwar auch dann, wenn die betreffende Sprache sie nicht kodiert.

Besonders Melissa Bowerman (1978) hat versucht, die Prototypentheorie zur Deutung des Lexikonerwerbs heranzuziehen. Ihr Ausgangspunkt waren die oben beschriebenen Übergeneralisierungen, z.B. jene im Zusammenhang mit engl. *moon* (Mond). Die verschiedenen Verwendungen von *moon* lassen vermuten, daß die Übergeneralisierung nicht in jedem Fall aufgrund desselben Merkmals von *moon* erfolgte. Die Sichelform könnte ausschlaggebend gewesen sein für die Benennung der halben Grapefruitschale oder der geschwungenen Ochsenhörner; die runde Form des Mondes für das Häufchen Spinat oder den erleuchteten Lampenschirm. Das ursprüngliche Objekt Mond und die später durch Übergeneralisierung bezeichneten Objekte bilden einen Verbund. Nur das ursprüngliche Objekt bzw. Ereignis, die Benennung des Mondes mit *moon*, ist mit allen später so bezeichneten Objekten durch ein Merkmal verbunden; die letzteren untereinander aber nur soweit, wie die Benennung aufgrund desselben Merkmals erfolgte. Das ursprüngliche Objekt nennt Bowerman den *Prototyp*. Im Rahmen des prototypischen Ansatzes stellt sich der Erwerb des Lexikons folgendermaßen dar: Die Konzepte werden holistisch repräsentiert. Anfangs sind sie weitgehend auf das betreffende Objekt der Situation, in der es wahrgenommen wurde, ausgerichtet. Dies ermöglicht dessen Wiedererkennung. Z.B. bezeichnet *Ball* nur einen bestimmten Ball. Anschließend werden besonders auffällige Merkmale des Prototypen identifiziert, z.B. /rund, rollt/, und zusammen mit der holistischen Prototypenrepräsentation gespeichert. Dies wird durch analytische Prozesse ermöglicht. Sie gestatten es einerseits, daß auch Objekte, die nicht völlig mit dem ursprünglichen identisch sind, sondern ihm nur z.T. gleichen, mit demselben Wort bezeichnet und im Sinne des prototypischen Verbundes dem betreffenden Konzept zugeordnet werden (z.B. Brooks 1978, Bowerman 1978, Greenberg/ Kuczaj 1982). D.h., *Ball* bezeichnet nun verschiedene Bälle und wird zum Klassenbegriff. Andererseits gestatten es die gespeicherten Merkmale, Wörter und ihre Bedeutung auf Ähnlichkeiten hin zu vergleichen. Gleiche Merkmale in verschiedenen Wörtern bilden Wortfelder. Die Prototypen werden so zu lexikalischen Strukturierungen vernetzt, die über einzelne Wörter hinausgehen (Barrett 1982). Dabei spielen verschiedene Arten von Ähnlichkeiten eine Rolle, z.B. perzeptuelle, emotionale, funktionale. Die perzipierbaren Eigenschaften dominieren in der frühen Entwicklung.

Der prototypische Ansatz ist geeignet, Merkmalsansätze zu integrieren. Sie finden ihren Niederschlag in den analytischen Prozessen, die auf die Konzepte angewendet werden müssen, wenn verschiedene Objekte mit derselben Vokabel bezeichnet werden, z.B. bei Übergeneralisierungen. Sie entstehen aus zwei Gründen: Entweder rechnet das Kind zwei Objekte aufgrund von ähnlichen Merkmalseigenschaften zum selben Konzept und bezeichnet sie mit derselben Vokabel, obwohl die Zielsprache beide differenziert, z.B. *Kuh* für ‚Kuh' und ‚Pferd', oder das Kind kennt zwar den funktionalen Unterschied, kann ihn aber nicht benennen und greift deshalb zu einer Vokabel, die wenigstens etwas Ähnliches bezeichnet, z.B. die ‚Ochsenhörner' und der ‚Mond' in Bowermans obigem Beispiel. Mit dem Prototypenansatz sind ferner kindliche Verwendungsweisen erklärbar, in denen die Wörter enger als in der Zielsprache üblich verwendet werden (z.B. Bloom 1973, Reich 1976). So tun sich etwa deutsche Kinder lange Zeit schwer, ein Pony als *Pferd* zu konzeptualisieren. Die Unterschiede sind zu groß.

Der prototypische Ansatz läßt dem Lerner viel Spielraum. Da Prototypen durch mehrere Eigenschaften charakterisiert sind, muß der Lernende nicht genau jenes Objekt als Prototyp entdecken, das im Sinne der Zielsprache als solches anzusehen ist. Selbst wenn ein weniger zentraler Vertreter zum Prototyp wird, ermöglicht dies bereits die Teilnahme an der Kommunikation, so daß sich durch Vergleiche mit anderen Sprechern der Fehler korrigieren läßt. Da die Prototypentheorie über die Psychologie der Wahrnehmung begründet wird, kann sie allerdings spracherwerblich nur auf den Bereich des Wahrnehmbaren angewendet werden. Es ist schwer zu sehen, wieweit nicht direkt Perzipierbares, Konjunktionen oder Artikel, Sozialstrukturen u.ä. nach der Prototypentheorie gemeistert werden können. Insgesamt bleibt daher festzuhalten, daß z.Zt. keine Theorie vorliegt, die den gesamten L1-Lexikonerwerb, ganz zu schweigen von anderen Spracherwerbstypen, zufriedenstellend erfaßt.

8.3 Abriß der L1-Entwicklung des Lexikons

Die Grundzüge der L1-Entwicklung sind nach Grobstadien in Abb. 8.3 zusammengefaßt. Besonders wichtig ist, zu erkennen, daß der Erwerb des Lexikons nicht vor 10;0 – 12;0 abgeschlossen ist und daß es danach vor allem durch *Fachterminologien*, *altersbedingte Register*, z.B. Schülerjargon u.ä., erweitert wird.

8.3.1 Frühe Entwicklungen

Die ersten 50 Wörter

Die ersten erkennbaren Wörter produzieren die meisten Kinder um 1;0; frühe Starter schon mit 0;9, z.B. Eva Stern (Stern/Stern 1928:172), spätere mit 1;6 oder danach (z.B. Stern/Stern 1928, Bühler 1930, McCarthy 1954). Normwerte anzugeben ist schwierig, da manche Kinder 2-3 Monate nach dem Erwerb der ersten Vokabel(n) verstreichen lassen, ehe sie weitere lernen.

In der Regel wächst der Wortschatz sehr langsam bis zu einem Umfang von ca. 40-50 Wörtern (K. Nelson 1973). Dann kann sich das Vokabular sprunghaft ausweiten (z.B. Nelson 1973, McShane 1979). Das geschieht zwischen 1;2 - 2;0, in der Regel

I	bis 1;9	**erste 50 Wörter** • holistische Repräsentationen der phonologischen Manifestation von Wörtern/Morphemen • primär Perzipierbares • keine verdeckten Relationen • keine Abstrakta • Übergeneralisierung auf der Grundlage perzipierbarer Attribute
II	1;9 – 3;0	**segmentorientierte Repräsentation der phonologischen Komponente lexikalischer Einheiten** • abrupte Ausweitung des Wortschatzes • Schwerpunkt weiterhin Perzipierbares
III	3;0 – 12;0 ab 3;0 ab 4;5 ab 5;0 ab 8;0	**lexikalische Strukturierungen: Wortfelder** • polare Adjektive • Verwandtschaftswörter relational definiert • lexikalische Bedeutungen in Abhängigkeit von syntaktischen Konstruktionen und pragmatischen Funktionen • Verwandtschaftswörter reziprok definiert
IV	ca. 12;0	**Ausklang** • Fachterminologien • generationsspezifisches Vokabular

Abb. 8.3: Einige Grobstadien der L1-Entwicklung des Lexikons.

um 1;8. Nach diesem Schub flacht die Zuwachsrate wieder ab. (Zum Wachstum des Wortschatzes unter Einschluß der späteren Entwicklung s. Kap. 8.3.2.). In Kap. 9.3.2. wird erläutert, daß diese abrupte Entwicklung vermutlich dadurch bedingt ist, daß sich um diese Zeit die Art, wie die phonologische Repräsentation von Wörtern im Gedächtnis gespeichert wird, ändert. Statt holistisch wie bislang, wird nun segmentorientiert verfahren, ein beträchtlich ökonomischeres und leistungsfähigeres Vorgehen.

Die Bereiche, für die sehr früh Vokabeln gelernt werden, decken sich von Kind zu Kind in hohem Maße (Abb. 8.4). Unter den deiktischen Elementen ist die *da-Deixis* in der Regel eines der frühesten, bisweilen sogar das erste Wort überhaupt; das Wort *hier* folgt später. Die *dies/das-Deixis* erscheint um einiges später als *da*. Die Ausdrücke für Grüßen, Bitten, Danken werden dann früh verwendet, wenn sie phonologisch nicht sonderlich komplex sind. Beispielsweise wird der umgangssprachliche Gruß *ata* für ‚adieu' aus der Gegend um Freiburg i.Br. von Kindern sehr früh gelernt, das norddeutsche *tschüß* erst vergleichsweise später. Entsprechend werden die englischen Grüße *bye-bye* oder *hi* wegen ihrer geringen phonologischen Komplexität in der Regel sehr früh gemeistert, desgleichen schlichte Interjektionen wie *oh*, *ah*. Negationen schwanken beträchtlich. Bei zweien der Kinder aus dem Kieler Korpus zum L1-Deutsch war *nein* unter den ersten 30 Wörtern; bei einigen der von Nelson (1973) untersuchten 18 Englisch lernenden Kindern wird *no* unter den ersten 10, bei anderen noch nicht einmal unter den ersten 50 Wörtern aufgeführt. Letzteres ist sehr ungewöhnlich. Wichtig ist zu erkennen, daß diese frühen Vokabeln von Kindern nicht notwendigerweise in voll zielgerechter Bedeutung verwendet werden. So wird z.B. die *da-Deixis* in der Regel in der Bedeutung von *da ist X wieder* und nicht lokativisch als *da und nicht dort ist X* verwendet. Desgleichen werden die zielsprachlichen Formeln für soziale Konventionen wie Grüßen, Verabschieden, Danken, von Kindern anfangs in einem konkreten Sinn gebraucht, das englische *bye-bye* z.B., wenn sich eine Person oder ein Auto entfernt oder verschwindet, engl. *hi*, wenn sich jemand nähert (z.B. Tomasello/Farrar 1984).

Übergeneralisierungen

Der expansivste Bereich des frühkindlichen Lexikons ist das direkt Perzipierbare, also das Sehbare, Hörbare, Fühlbare, vor allem aber das, womit Kinder hantieren können. Auf welche Charakteristika Kinder dabei besonders ansprechen, erkennt man sehr gut an den Übergeneralisierungen (Kap. 8.2). Sie treten besonders häufig am Anfang während der ersten 25 Vokabeln auf (Rescorla 1980). Mit ca. 2;6 nehmen Übergeneralisierungen merklich ab.

In der Regel verläuft die Entwicklung eines Wortes dieses frühen Stadiums folgendermaßen: Anfangs ist der Referenzbereich eingeschränkt, z.B. wird *Hund* nur auf einen bestimmten Hund bezogen; danach auf weitere Hunde; dann kann auf Vierbeiner, die keine Hunde sind, übergeneralisiert werden, und schließlich erfolgt eine Eingrenzung, bis sich die Verwendungsweise des Kindes mit der Zielsprache deckt.

	Deutsch	Englisch
Deixis	da, dies, das	there, that, this
Negation	nein	no
Wahrnehmbares: konkret, hörbar, sichtbar, greifbar, manipulierbar		
Spielzeug, manipulierbare Gegenstände	Ball, Puppe, Laster	ball, dolly, truck
Tiere	Hund, Katze, Kuh	dog, cat, cow
Körperteile	Auge, Nase, Hand	eye, nose, hand
Kleidung	Hose, Schuhe	sock, shoe
Nahrung	Ei, Milch, Banane	egg, milk, banana
Personen		
• Namen	Mama, Papa, Oma	mommy, daddy, Bettie,
• sonstige	Junge, Baby	boy, baby
Tätigkeiten, Vorgänge, Zustände		
rauf, runter	auf, runter	up, down
zerstören	kaputt	
verschwinden	alle, weg	all gone
Nahrungsaufnahme	essen, trinken	eat, drink
Soziale Formeln		
Grüße	ata	bye, hi
Bitten	bitte	please
Attribute	heiß	hot

Abb. 8.4: Einige Referenzbereiche, für die Kinder im L1-Erwerb früh Wörter lernen, d.h. bei einem Wortschatz um 30 Vokabeln. (Englisches Material aus Nelson 1973, deutsches Lars und Inga aus dem Kieler Korpus).

Besonders reichhaltig sind Übergeneralisierungen bei der Sprachproduktion nachgewiesen (z.B. Clark 1973, Barrett 1982). Einige Untersuchungen (z.B. Thomson/ Chapman 1977, Mervis/Canada 1983) weisen Übergeneralisierung bei Kindern auch für das Verstehen nach. Allerdings müssen Produktion und Verstehen sich nicht notwendigerweise decken. Das scheint gar nicht so häufig der Fall zu sein. Im Gegenteil, ein Kind, das die Getränke seines Vaters generell mit *Bier* bezeichnet, wird, auf dessen Bitte, ihm ein Bier zu holen, nicht notwendigerweise ein beliebiges Getränk – Milch, Wasser, Tee oder rein zufällig auch eine Flasche Bier – anschleppen. Viel häufiger wird die Bitte richtig im Sinne des Auftrages erfüllt, d.h., das Kind kennt die Wörter und Objekte, nur unterscheidet es sie noch nicht in der eigenen Produktion. Übergeneralisierungen dürfen daher nicht vorschnell als Indiz für fehlendes Wissen schlechthin mißgedeutet werden.

Welche Vokabeln im einzelnen bevorzugt aufgenommen werden, hängt u.a. von den Zufälligkeiten der Umgebung des Kindes ab. Es reicht aber nicht, daß Objekte einfach präsent sind. Viele Vokabeln, die oft in Gegenwart des Kindes genannt werden und deren Denotata es auch ständig vor Augen hat, werden anfangs nicht gelernt, so z.B. die stehende Einrichtung von Zimmern wie Wände, Decke oder Fenster. Beachtung finden Dinge, mit denen das Kind hantieren und die es in sein Aktionsverständnis einbeziehen kann; die sich verändern können, aber wiedererkennbar bleiben. Kurz, es ist das, was Kinder in ihrer sensomotorischen Entwicklung verarbeiten. Sie benennen sowohl die involvierten Gegenstände wie die Funktionszusammenhänge. Nelson (1973) konnte darüber hinaus ausgeprägte, individuelle Unterschiede zwischen Kindern feststellen.

Wie die Objekte und Funktionszusammenhänge im einzelnen beschaffen sein müssen, damit sich Kinder an ihnen orientieren, ist bislang noch nicht hinreichend geklärt. Gewählt werden beileibe nicht alle, selbst wenn sie in der täglichen Umgebung eines Kindes vorkommen. Als bevorzugt nennt E. Clark (1973) z.B. Bewegung, Form, Größe, Klang, Geschmack, Materialbeschaffenheit, Handlungen. Farbe hingegen scheint ein Attribut zu sein, auf das während der frühen Entwicklung nicht zurückgegriffen wird. Daß es sich hierbei nicht um individuelle Besonderheiten einzelner Kinder handelt, erkennt man daran, daß die genannten Merkmale in ganz ähnlicher Weise bei vielen Kindern und in verschiedenen Sprachen durchschlagen. Abb. 8.5 illustriert dies am Beispiel von Übergeneralisierungen auf der Grundlage der Form von Objekten bzw. Lebewesen.

Das Ausmaß an Übergeneralisierungen darf nicht überschätzt werden. Das Thema hat viel Beachtung gefunden, weil das Phänomen leicht zu beobachten ist. Kinder unterscheiden sich individuell sehr. Rescorla (1980) untersuchte z.B. die jeweils ersten 75 Wörter im Wortschatz von sechs amerikanischen Kindern. Nur 33 % aller Wörter dieser Kinder waren mindestens einmal übergeneralisiert. Auf den Anteil der zum jeweiligen Zeitpunkt aktiv verwendeten Wörter bezogen ergab sich sogar lediglich ein Wert von rd. 25 % Übergeneralisierungen in der Produktion.

Abb. 8.6 illustriert die Übergeneralisierung und spätere Differenzierung an einem Beispiel aus dem Deutschen. Die Vokabel *wau* und ihre Varianten sind entweder lautmalerisch selbst vom Kind erfunden oder es hat sie woanders aufgeschnappt. Zunächst wird *wau* nur auf den Nachbarshund bezogen. Dann wird die Verwendung schnell auf andere Boxerhunde, dann auf alle Hunde und schließlich auf viele Tiere ausgeweitet. Was aus der Fülle der Tierarten Ingas Interesse findet, wurde mit *wau* bezeichnet. Ob hier eventuell Einschränkungen im Spiel waren, ließ sich in der Hektik nicht ermitteln. Aus dem häuslichen Bereich sind verläßlich belegt der Bezug auf: Hunde, Katzen, zwei Schwäne, Nashörner im Fernsehen, die Pelzstiefel der Mutter und ein Spielzeugkrokodil. Einmal wird auch ein Dorsch, der in einem Eimer schwimmt, mit *wau* bezeichnet. Es fällt auf, daß eine Benennung mit *wau* für kleine Tiere wie Insekten, flugfähige Vögel oder den Hamster der Geschwister, nicht beobachtet wurde. Dieser große Referenzbereich von *wau* wird schließlich durch eigene

Sprache und Quelle	Kinderform	Erstbe-zeichnung	Übergeneralisierung in der Reihenfolge ihres Auftretens
Deutsch			
Idelberger (1903)	bow-bow	Hund	Pelzstück mit Glasperlen - Vaters Manschettenknöpfe - Perlenknöpfe eines Kleides - Badethermometer
Lars (Kieler Korpus)	ete	Ente	Schwäne - Wasservögel auf der Förde
	nopf	Knopf	Knochen
	keva	Käfer	Fliege
Englisch			
Chamberlain/ Chamberlain (1904)	mooi	Mond	Kuchen - Kreise auf Fensterscheibe - Schriftzeichen auf Fenstern und Büchern - runde Formen in Büchern - Beschläge an ledernen Buchdeckeln - runde Poststempel - Buchstabe ,O'
Bowerman (1978)	moon	Mond	Grapefruitschale - halbmondförmige Zitronenschale - runder Knopf am Geschirrspüler - glänzendes rundes Blatt - Häufchen Spinat - halbrundes gelbes Stück Papier - Innenseite eines beleuchteten Lampenschirms
Lewis (1951)	tee	Katze	Kuh - Pferd - kleiner Hund
Französisch			
Grégoire (1937)	wawa	Hund	kleine weiße Schafe
Guillaume (1927)	nénin	Brust, Keks	roter Knopf am Kleid - nackte Ellbogenspitze - Auge auf Portraitbild - Mutters Gesicht auf Photo

Abb. 8.5: Übergeneralisierungen ausgehend von Form und Materialbeschaffenheit. Besonders häufig sind die Bezeichnungen für Tiere, Nahrung sowie Vater und Mutter betroffen.

Vokabeln für vorher mit *wau* bezeichnete Tiere eingegrenzt, z.B. *mau* für Katze(n). Andererseits werden weitere Tierarten unterschieden, die vorher noch nicht benannt worden waren, so Hamster, Hasen und Kaninchen, Enten und Kühe. Das entscheidende Merkmal für die Verwendung von *wau* dürfte anfangs das Bellen gewesen sein. Danach ein Komplex bestehend aus den Aspekten Größe, Vierbeinigkeit, Beweglichkeit und/oder Flugfähigkeit. Für die Bezeichnung der Fellstiefel der Mutter mit *wau* war wohl die Materialbeschaffenheit entscheidend; für die Benennung des Krokodils die Funktion, daß man nämlich mit ihm wie mit einem Tier spielen konnte; und für die Bezeichnung des Dorsches wohl die Bewegung.

1;2,22	Inga sieht und hört Pallas, die Boxerhündin der Nachbarn, bellen.
1;2,26	Hund bellt vermutlich auf der Terrasse des Nachbarn. Das Tier ist nicht in Sicht.
1;2,28	Besuch im Tierpark: alle größeren Tiere; für kleinere zeigt Inga kein Interesse.
1;4,22	Alle Hunderassen, z.B.: schwarzer Terrier (1;4,22), Schäferhunde (1;4,25), Langhaardackel (1;5,3), hellbrauner Cockerspaniel (1;5,10), Wolfsspitz (1;8,7).
1;4,25	Katze
1;5,30	zwei stehende Schwäne am Strand
1;5,30	zwei Nashörner im Fernsehen
1;7,12	Mutters Pelzstiefel, die Inga zum ersten Mal sieht
1;7,22	ca. 50 cm langes Spielzeugkrokodil
1;7,23	Ausgliederung von Tierarten, und zwar solche, die vorher mit *wau* bezeichnet wurden, wie Katze jetzt *mau*, sowie andere, die erstmals bezeichnet werden wie Hamster *hape* (1;8,15), Häschen *hese* (1;11,11), Ente (1;11,18), Kühe (2;0,21) u.a.
2;1,3	Hund(e) mit *hunt* und Katze mit *kake* bezeichnet.

Abb. 8.6: Übergeneralisierung und Differenzierung von *wau* durch Inga aus dem Kieler Korpus (L1-Deutsch). Das ursprünglich am Bellen orientierte Merkmal wird ersetzt bzw. verändert.

8.3.2 Der Ausbau des Lexikons

Das frühkindliche Lexikon muß quantitativ, d.h. an Umfang, und qualitativ, d.h. an lexikalischen Strukturierungen ausgebaut werden. Zum ersten Aspekt werden Wortschatzuntersuchungen besprochen; zum letzteren ausgewählte Beispiele zur Entwicklung von Taxonomien, relationalen und reziproken Wörtern. Je weiter sich der Wortschatz entwickelt, desto schwieriger wird es, die entwicklungsspezifischen Besonderheiten in spontaner Interaktion zu erkennen. Man ist daher zunehmend auf experimentelle Untersuchungsmethoden angewiesen.

Wortschatzuntersuchungen

Die größeren Erhebungen zum Anwachsen des kindlichen Wortschatzes sind in den 20er und 30er Jahren gemacht worden, und zwar zum Englischen (kritisch zusammengefaßt in McCarthy 1954). Wortschatzuntersuchungen werfen große methodische Probleme auf. Soll der *aktive* oder der *passive* Wortschatz ermittelt werden? Wie kann man *alle* Wörter von Kindern ermitteln? Soll man hochrechnen? Sicherlich, nur wie werden Wortbildungsregeln und nach ihnen abgeleitete bzw. ableitbare Wörter bewertet? (Zur Problematik vgl. ausführlicher Kegel 1974:52ff). Wenngleich eine zufriedenstellende Lösung bislang nicht in Sicht ist, liefern die vorliegenden Studien doch zumindest ein grobes Bild. Abb. 8.7 illustriert am Beispiel von Smith 1926 (zitiert nach McCarthy 1954) den typischen Zuschnitt solcher Untersuchungen. Man erkennt, daß zwischen 1;6 und 1;9 der Wortschatz stark zuzunehmen beginnt und daß die Zuwachsrate ab 3;6 wieder abflacht. Mit zunehmendem Alter über 6;0 hinaus werden die Zuwachsraten immer geringer. Allerdings liegen mit Ausnahme von August (1984) fürs Deutsche kaum detaillierte Untersuchungen über Art, Umfang und Entwicklung des Wortschatzes zu den Altersgruppen ab etwa 4;0 vor. Spätere Schübe können z.B. auftreten, wenn Jugendliche *Schülerjargon* aufnehmen oder wenn aus beruflichen Gründen Fachterminologien gelernt werden. Im Prinzip bleibt die Fähigkeit, neue Vokabeln zu lernen, bis ins hohe Alter erhalten. Man denke z.B. an Großeltern, die bei lebhaftem Kontakt zu ihren Enkeln noch deren Schülerjargon beherrschen lernen.

Wieweit der aktive Wortschatz dem passiven entspricht, ist methodisch schwer zu untersuchen und daher z.Zt. nicht verläßlich abzuschätzen. Die Unterschiede können beträchtlich sein. So berichtet z.B. Benedict (1979) über 8 Kinder, von denen eines über 182 Wörter verstand, aber nur 10 aktiv verwendete.

Alter		Zahl der Kinder	durchschnittlicher IQ	Zahl der Wörter	Zuwachs
Jahre	Monate				
	8	13		0	
	10	17		1	1
1	0	52		3	2
1	3	19		19	16
1	6	14		22	3
1	9	14		118	96
2	0	25		272	154
2	6	14		446	174
3	0	20	109	896	450
3	6	26	106	1222	326
4	0	26	109	1540	318
4	6	32	109	1870	330
5	0	20	108	2072	202
5	6	27	110	2289	217
6	0	9	108	2562	273

Abb. 8.7: Zuwachsraten des L1-Lexikons bei L1-englischen Kindern (nach Smith 1926, zit. nach McCarthy 1954: 533). Die Zuwachsrate schnellt zwischen 1;6 – 1;9 abrupt hoch.

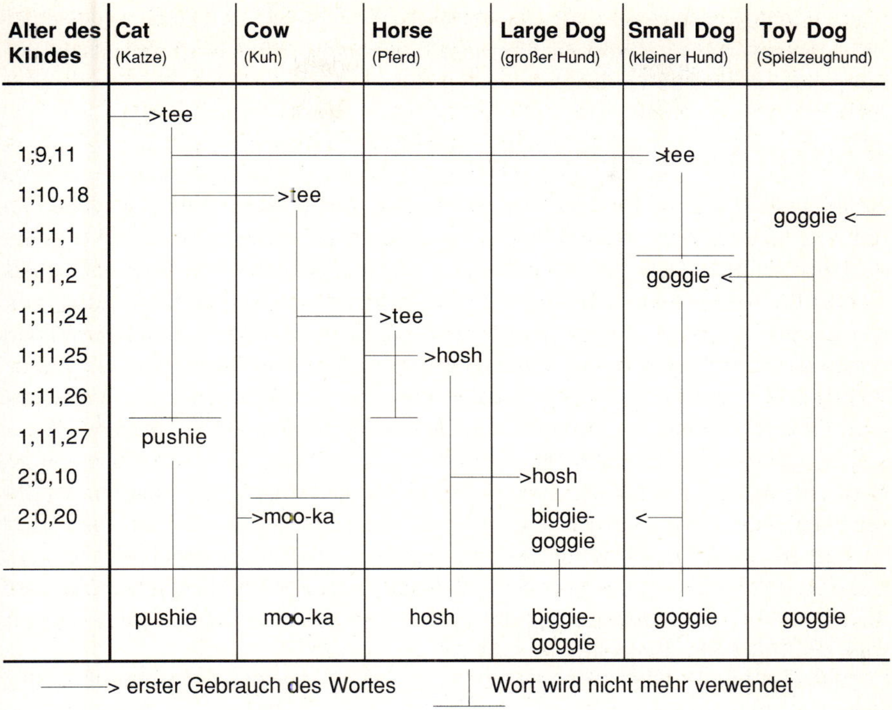

Abb. 8.8: Ausdifferenzierung eines taxonomischen Wortfeldes für Tierbezeichnungen (nach Lewis 1963, S. 51). Für längere Zeit existiert kein Oberbegriff.

Taxonomien: Ober- und Unterbegriffe

Nicht nur vom Standpunkt des Erwachsenen wäre es sehr sinnvoll, wenn taxonomische Wortfelder so gelernt würden, daß mit dem Oberbegriff begonnen wird, da dieser für alle nachgeordneten Begriffe verwendet werden kann. Kinder beginnen jedoch nicht so, sondern mit einem Gegenstand ihres Interesses ohne Rücksicht auf taxonomische Strukturierungen. Abb. 8.8 illustriert, wie ein englischsprachiges Kind nach und nach Bezeichnungen für Katze, Kuh, Pferd und verschiedene Hunde entwickelte. Das ursprünglich für Katze verwendete *tee* wird nach und nach auf kleiner Hund, Kuh, Pferd übergeneralisiert und später wieder differenziert. Letztlich bleibt zunächst keine Vokabel, die als Oberbegriff für alle Tierbezeichnungen dient. *tee* stirbt aus. Die übrigen Vokabeln *pushie, moo-ka, hosh, biggie-goggie* und *goggie* bleiben zunächst als *unstrukturiertes* Wortfeld bestehen. Es dauert in der Regel einige Jahre, ehe Kinder ihren Vokabelschatz und ihr Verständnis so ausweiten, daß Ober- und Unterbegriffe in zielgerechter Weise verwendet werden. Wie diese Entwicklung im einzelnen verläuft, und ab wann Kinder die gängigen Taxonomien ihrer L1 beherrschen, ist bislang nicht untersucht worden.

Relationale Wörter: polare Adjektive

Relationale Wörter sind deshalb besonders intensiv untersucht worden, weil ihre Bedeutung nicht schlicht über wahrnehmbare Eigenschaften einzelner Objekte zu erschließen ist. Hier sind andersartige kognitive Operationen erforderlich, denn es müssen zwei oder mehrere Objekte zueinander in Beziehung gesetzt werden, z.B. *links:rechts* je nachStandort; *heute:morgen:gestern* nach dem Sprechzeitpunkt; *groß:klein* je nachdem, welche Größe die betreffenden Objekte üblicherweise haben. Als Beispiel werden nachstehend die englischen *polaren Adjektive more:less* (mehr:weniger) sowie die Unterklasse der *dimensionalen Adjektive* besprochen.

Die polaren Adjektivpaare bezeichnen Gegensätze nach Quantität, Höhe, Länge, Gewicht, Wärme, Zeit usf., und zwar die Pole des jeweiligen Parameters: +pol den positiven Aspekt, –pol den negativen. Der Parameter selbst wird oft, aber nicht immer, durch ein Nomen bezeichnet, das von einem der beiden Adjektive abgeleitet ist (Abb. 8.9). Das betreffende Nomen ist *neutral* und bezeichnet beide Pole. Man sagt *langes Haar*, *kurzes Haar*, aber in beiden Fällen spricht man von der *Länge der Haare*, gleichgültig ob sie lang oder kurz sind.

Drei Aspekten galt das Erkenntnisinteresse: der Entwicklungssequenz der Vokabeln der einzelnen Paare, ob z.B. *more* vor *less* oder umgekehrt erworben wird; der Entwicklungssequenz der verschiedenen Gegensätze, ob z.B. engl. *big:small* (groß:klein) vor *thick:thin* (dick:dünn) gemeistert wird und ob +polige oder –polige Adjektive zuerst gelernt werden.

Adjektiv +pol		**Adjektiv -pol**		**Polaritätsnomen**	
Dt.	Engl.	Dt.	Engl.	Dt.	Engl.
lang	long	kurz	short	Länge	length
stark	strong	schwach	weak	Stärke	strength
hoch	high	niedrig	low	Höhe	height
alt	old	jung	young	Alter	age (+belebt)
alt	old	neu	new	Alter	age (–belebt)
frisch	fresh	alt	old	Frische	freshness (z.B. Salat)

Abb. 8.9: Einige deutsche und englische Polaritätsadjektive und ihre Nomina. +pol bezeichnet viel/mehr, –pol wenig/weniger der betreffenden Polarität. In den Nomina ist der Gegensatz *neutralisiert*.

Ausgelöst wurde das spracherwerbliche Interesse an Polaritätsadjektiven durch Donaldson/Balfour (1968). Sie berichteten über die Behandlung von *more* (mehr) und *less* (weniger) in folgender experimenteller Situation: Man baute Kindern im Alter zwischen 3;5 und 4;1 Pappbäumchen auf und behängte sie jeweils mit mehr, weniger oder gleich vielen Äpfeln. Die Kinder sollten sagen, an welchem Baum mehr und an welchem weniger Äpfel hängen. Desgleichen ließ man die Kinder die Bäume gemäß Anweisung behängen, so daß der eine mehr, der andere weniger Äpfel trug; oder die Kinder sollten vorgegebene Unterschiede ausgleichen, indem der Baum mit weniger Äpfeln zusätzlich zu behängen war. In diesen Experimenten verwendeten die Kinder das Wort *more* mehrheitlich auch dann, wenn zielsprachlich *less* erforderlich war, z.B. zeigten auf die Frage *which one has more?* (welcher trägt mehr?) 91 % der Kinder korrekt auf den Baum mit mehr Äpfeln. Auf die Frage *which one has less?* (welcher trägt weniger?) wiesen nur 21 % der Kinder korrekt auf den Baum mit weniger Äpfeln. Die Tendenz war, auf den Baum zu zeigen, der mehr Äpfel trug, gleichgültig welche Frage vorgelegt wurde. Donaldson und Balfour meinten gezeigt zu haben, daß die Kinder *more* und *less* noch gar nicht im gegensätzlichen Sinne verwendeten, sondern lediglich in der Bedeutung von ‚etwas/Quantität', d.h. im Sinne des neutralisierten Gegensatzes. Die gleiche Kindergruppe wurde auch im Hinblick auf ihre Beherrschung anderer polarer Adjektive überprüft, z.B. *same:different* (gleich:ungleich), *long:short* (lang:kurz) usf. (Donaldson/Wales 1970, Wales/Campbell 1970). Das Ergebnis entsprach dem an *more* und *less* gewonnenen Bild. Wenn Fehler gemacht wurden, dann so, daß gehäuft das +polige Adjektiv auch da verwendet wurde, wo die Zielsprache das -polige erforderte. H.H. Clark (1970) deutete diese Befunde so: Kinder erwerben zunächst das unmarkierte Adjektiv solcher Paare und übergeneralisieren es auf Kontexte, wo die Zielsprache markierte erfordert. Die markierten, also die -poligen Adjektive, so Clark, werden erst nach den unmarkierten gelernt.

Diese ursprüngliche Deutung ist heute nicht mehr haltbar. Einerseits können schon 2-3jährige Kinder in natürlichen, d.h. nichtexperimentellen Situationen zutreffend beurteilen und benennen, ob es sich z.B. um ein großes oder kleines Stück Kuchen handelt. Äußerungen wie *ich will einen großen Kuchen* oder *das ist ein kleines Kaninchen* treffen den Sachverhalt richtig. Kinder dieser Altersgruppe verfügen durchaus über markierte Polaritätsadjektive. *More* und *less* entsprechende Polaritätsadjektive sind daher keineswegs generell für Kinder dieser Altersgruppen synonym. Die ursprünglichen experimentell erzielten Ergebnisse sind Artefakte des besonderen experimentellen Designs. Das bestätigt sich an Experimenten, in denen die experimentelle Situation und die Aufgabenstellung variiert wurden (z.B. Kavanaugh 1976, Wannemacher/Ryan 1978, Carey 1978). Carey stellte beispielsweise 32 Kindern im Alter von zwei bis vier Jahren Fragen zu diversen Objekten nach dem Muster *ist das ein langer Bindfaden?*. In solchen Experimenten war keine gehäufte Verwendung +poliger für -polige Adjektive oder umgekehrt zu beobachten. Die Paare schienen als Paare gelernt zu werden, auf keinen Fall aber das unmarkierte Adjektiv vor den anderen.

Die eigentliche Schwierigkeit in den ursprünglichen Experimenten bestand einerseits darin, daß die Kinder nur die Wahl zwischen *more* und *less* hatten. In Experimenten und Situationen, in denen mehr Wahlmöglichkeiten bestehen, sind die Fehler, die im Hinblick auf *less* gemacht werden, bestenfalls Zufallsfehler, aber keineswegs so signifikant häufig, daß sie als Indiz für die Synonymie von *more* und less herangezogen werden könnten. Die zweite Schwierigkeit im ursprünglichen Design liegt in der Art, wie die Aufgabenstellung formuliert wurde. Die Kinder mußten eine Entweder-Oder-Entscheidung treffen. Dies setzt die Beherrschung eines bestimmten kognitiven Schemas voraus, das für die semantische Interpretation der betreffenden syntaktischen Struktur, die in der Formulierung der Frage verwendet wird, erforderlich ist. Umgeht man dieses kognitive Schema, wie es z.B. Carey (1978) in der oben angedeuteten Weise tut, so taucht der ursprünglich von Donaldson/Balfour (1968) beobachtete Effekt nicht auf. Ihr damaliges Ergebnis entpuppt sich daher als ein Sonderfall dafür, daß ein Wort nicht so gelernt wird, daß es in allen syntaktischen Konstruktionen zum gleichen Zeitpunkt zielgerecht beherrscht wird.

Dimensionale Adjektive

Mehr Bestand als die frühen Deutungen der Entwicklungssequenz der einzelnen Wörter haben die Untersuchungen zur Entwicklungssequenz der polaren Paare untereinander gehabt, z.B. die d*imensionalen Adjektive*. Schon die frühen Studien zeigten für das Englische, daß *big:little* (groß:klein) vor *long:short* (lang:kurz), *tall:short* (groß:klein) und *high:low* (hoch:tief) erworben werden und daß erst nach ihnen die Paare *wide:narrow* (breit:schmal), *deep:shallow* (tief:flach) und *thick:thin* (dick: dünn) gelernt werden (z.B. Wales/Campbell 1970, E.Clark 1972). Anstelle der späteren Adjektivpaare der verschiedenen Dimensionen wird anfangs *big:little* verwendet.

E. Clark (1972) begründet die Entwicklungssequenz durch Bezug auf Bierwischs (1967) semantische Analyse der internen Komplexität der dimensionalen Adjektive. Objekte haben auffälligere und weniger auffällige Dimensionen. Z.B. fällt an einer Latte primär ihre Länge, sekundär ihre Breite und erst in dritter Linie ihre Dicke auf. Diese Auffälligkeitshierarchie entspricht der internen Komplexität der Adjektive. Am wenigsten komplex sind die dimensional unspezifizierten: *big:little/small* (groß: klein). Sie können für eine, zwei oder drei Dimensionen gebraucht werden, wie in *a big/small (little) puppy/field/box* (ein Welpe/Acker/Kasten). Paare wie *long:short* (lang:kurz), *tall:short* (groß:klein), *high:low* (hoch:tief) sind komplexer, weil sie spezifisch auf eine Dimension, die horizontale bzw. die vertikale festgelegt sind. Diese Adjektive sind ihrerseits weniger komplex als Paare wie *thick:thin* (dick:dünn), *wide:narrow* (weit/breit:eng) und *deep:shallow* (tief:flach), weil *long:short, high:low* und *tall:short* die für ein Objekt primär ins Auge fallenden, prototypischen Dimensionen bezeichnen und *thick:thin*, *wide:narrow* oder *deep:shallow* die sekundären, d.h. die weniger prototypischen. In mehreren experimentellen Untersuchungen ergab sich eine Entwicklungssequenz die dieser Komplexitätsabstufung entspricht, also *big:small/little* vor *long:short*, *high:low*, *tall:short* vor *thick:thin*, *wide:-narrow* und *deep:shallow* (z.B. Wales/Campbell 1970, E. Clark 1972, Bartlett 1976).

Reziproke Wörter: Verwandtschaftswörter

Der Erwerb der Verwandtschaftswörter ist neben ihrer relationalen und reziproken Struktur spracherwerblich sehr interessant, weil ihre zielgerechte Verwendung voraussetzt, daß die entsprechenden Sozialstrukturen erkannt werden. Diese Sachverhalte sind noch weniger als bei polaren Adjektiven über direkte Attribute zu meistern. Angeregt wurden Studien durch Piagets Untersuchung, wie 240 französischsprachige Kinder im Alter von 4;0-12;0 frz. *frère* (Bruder) und *sœur* (Schwester) definierten (1928). Die derzeit ausführlichste Studie ist Haviland/Clark (1974) über 50 amerikanische Kinder im Alter von 3;0 - 8;10. Man folgte dem Piagetschen Design, berücksichtigte aber 15 Verwandtschaftswörter. Die von den frühen Studien Piagets, Elkinds (1962) und Danzigers (1957) ermittelte Entwicklungssequenz von 4 Stadien wird von Haviland/Clark bestätigt und erweitert (Abb. 8.10).

Im Stadium I können Kinder Verwandtschaftswörter nicht definieren. Sie behaupten, sie kennten sie nicht oder geben unpassende Antworten. Im Stadium II werden die ersten Definitionen gegeben, in der Regel ab 3;0 oder etwas früher. Diese Definitionen sind jedoch weder relational, geschweige denn reziprok, sondern sie nennen ein perzipierbares Attribut - z.B. Größe, Kleidung, charakteristische Tätigkeit, Geschlecht. Im Stadium III, um 4;6, werden die ersten relationalen Definitionen gegeben. Als Bezugsgröße benutzen Kinder die Zugehörigkeit zur Familie oder andere Verwandtschaftswörter. D.h., sie wissen, daß ein Bruder in derselben Familie leben muß. Aber noch können sie aus der Tatsache, daß jemand, der einen Bruder hat, nicht schließen, daß auch er selbst ein Bruder oder eine Schwester ist. Solche Definitionen werden erst im Stadium IV gegeben, in der Regel um 8;0, bei Frühentwicklern schon um 6;0. Dies entspricht dem Übergang des Kindes zur konkret operationalen Phase im Sinne Piagets (Kap. 12.4.2).

Die einzelnen Verwandtschaftswörter durchlaufen die 4 Stadien nicht zum gleichen Zeitpunkt. Die gesamte Entwicklungssequenz ergibt sich nach Haviland/Clark aus der internen Struktur der Wörter, und zwar je nachdem, wie viele verschiedene relationale Merkmale ein Wort enthält und wie oft dasselbe Merkmal darin vorkommt (Abb. 8.11). Im Stadium I werden die Wörter mit nur einem relationalen Merkmal /Eltern von/ oder /Kind von/, also *Sohn*, *Tochter*, *Vater*, *Mutter* gelernt. Im Stadium II die Wörter mit beiden relationalen Merkmalen /Eltern von/ und /Kind von/, also *Bruder*, *Schwester*. Im Stadium III ein relationales Merkmal rekursiv, z.B. zweimal /Kind von/ oder /Eltern von/, also *Enkel*, *Enkelin*, *Großvater*, *Großmutter*. Im Stadium IV schließlich Wörter mit zwei Merkmalen rekursiv, z.B. /Kind von/ und /Eltern von/ wie in *Onkel*, *Tante*, *Neffe*, *Vetter*, *Kusine*.

Stadium	Beispiel	Alter des Kindes
I *Unkenntnis*	I: *What's a grandson?* (Was ist ein Enkel?) K: *I don't know, but I guess it's a girl* (weiß ich nicht, aber ich glaube, das ist ein Mädchen)	4;5
II *Bezug auf perzipierbare Attribute* ab ca. 3;0	I: *what's a brother?* (was ist ein Bruder?) K: *a brother is a boy* (ein Bruder ist ein Junge) I: *what do you have to have to be a brother?* (was mußt du haben, damit du ein Bruder bist?) K: *pants with pockets* (eine Hose mit Taschen)	6;9
III *relationale Definitionen* ab ca. 4;6	I: *what's a mother?* (was ist eine Mutter?) K: *it's a mommy. I have a mommy. It's somebody in your family.* (eine Mami. Ich habe eine Mami. Es ist jemand in der Familie.)	6;6
IV *reziproke Definitionen* ab ca. 8;0	I: *what's a son?* (was ist ein Sohn?) K: *a son is a father's or mother's boy.* (ein Sohn ist der Junge eines Vaters oder einer Mutter)	8;8

Abb. 8.10: L1-Entwicklungssequenz der Definitionen englischer Verwandtschaftswörter (Haviland/Clark 1974). I = Interviewer, K = Kind. Zur Entwicklungssequenz der einzelnen Verwandschaftswörter vgl. Abb. 8.11.

Wie stark die Entwicklung der Verwandtschaftsterminologie vom Verständnis der Sozialstruktur und dem entsprechenden Kontakt abhängt, zeigt Deutsch (1979). Er ließ 84 Kinder, die in normalen Familien lebten, und 84 Heimkinder ein elementares Verwandtschaftssystem mit frei erfundenen Wörtern lernen und auf dieser Grundlage bestimmte Aufgaben durchführen. Deutsch nahm an, daß die in einer Familie aufwachsenden Kinder die Verwandtschaftsbeziehungen schneller lernen würden und daß entsprechend auch die Aufgabenstellungen von den in Familien aufwachsenden Kindern besser bewältigt würden, da Heimkinder nicht in familiären Strukturen leben. Diese Überlegungen bestätigten sich. Die Heimkinder schnitten schlechter ab.

Lexikonerwerb und Syntax

Im Zusammenhang mit *more* und *less* war oben bereits angedeutet worden, daß eine Vokabel nicht notwendigerweise in allen syntaktischen Konstruktionen zugleich zielgerecht verwendet wird. C. Chomsky (1969) überprüfte beispielsweise die Verwendung von Verben wie engl. *promise* (versprechen), *ask* (fragen), *tell* (sagen),

Stadium		Beispiel
I	nur ein relationales Merkmal /Eltern von/ oder /Kind von/ pro Wort	Sohn, Tochter, Vater, Mutter
II	zwei relationale Merkmale pro Wort:	Bruder, Schwester
III	ein relationales Merkmal rekursiv pro Wort:	Enkel, Enkelin, Großvater, Großmutter
IV	zwei relationale Merkmale rekursiv pro Wort:	Onkel, Tante, Neffe, Nichte, Vetter, Cousine

Abb. 8.11: L1-Entwicklungssequenz der Verwandschaftswörter (Haviland/Clark 1974). Zur L1-Entwicklungssequenz der kindlichen Definitionen von Verwandschaftswörtern s. Abb. 8.10.

indem sie amerikanische Kinder im Alter zwischen 5;0 - 10;0 entsprechende Anweisungen mit Puppen nachspielen ließ. In gesonderten Voruntersuchungen war sichergestellt, daß die Kinder die Bedeutung der einzelnen Vokabeln außerhalb der zu untersuchenden syntaktischen Kontexte kannten. Dann wurden die Verben in Konstruktionen wie *Bozo tells Donald to do a somersault* (Bozo bittet Donald, einen Salto zu machen) und *Bozo promises Donald to do a somersault* (Bozo verspricht Donald, einen Salto zu machen) getestet. Im ersten Satz soll Donald den Salto machen und ist damit das logische Subjekt des Infinitivs; im zweiten Satz soll Bozo den Salto drehen, somit ist Bozo das logische Subjekt des Infinitivs. Die Schwierigkeit und der Unterschied zwischen beiden Sätzen liegt darin, daß einmal das dem Infinitiv direkt vorausgehende Nomen, im anderen Fall das entferntere, das logische Subjekt ist. Manche 10jährigen Kinder in der Versuchsgruppe von C. Chomsky interpretierten beide Sätze so, daß Donald, also das dem Infinitiv direkt vorausgehende Nomen, das logische Subjekt bildet.

Je nach Art und Zahl der Konstruktionen durchlaufen einzelne Vokabeln längere Entwicklungssequenzen. Beispielsweise überprüfte C. Chomsky auch die Verben *tell* (sagen) und *ask* (fragen) in den drei verschiedenen Konstruktionen aus Abb. 8.12. Sie gab jeweils sechs Instruktionen, und zwar drei mit *ask* und die drei gleichen mit *tell* statt *ask*: *ask/tell X what time it is* (sag/frag X, wie spät es ist), *tell/ask X his/her name* (sag/frag X nach seinem/ihrem Namen) sowie *tell/ask X what to feed the doll* (sag/frag X, was die Puppe zu essen bekommen soll). Für *ask* ergab sich eine Entwicklungssequenz mit 5 Stadien, bis es nicht mehr als *tell* aufgefaßt wurde (Abb. 8.12). Die jüngeren Kinder um 5;0 deuteten in allen Instruktionen *ask* als *tell*. Anstatt nach der Uhrzeit zu fragen, gaben sie sie an; sie nannten ihren eigenen Namen; und sie sagten, was die Puppe essen sollte, anstatt danach zu fragen. Die Fehldeutung *tell* für *ask* wurde schrittweise überwunden, und zwar in Abhängigkeit von der jeweiligen Konstruktion. Erst die 9 - 10jährigen reagierten zielgerecht auf *ask*.

Eine plausible Deutung der Befunde von C. Chomsky (1969) schlägt Tanz (1983) vor. Sie zeigte in vergleichbaren Experimenten, daß Kinder *ask* dann wie *tell* auffassen, wenn sie in Experimenten etwas erfragen sollen, was sie selbst wissen, z.B.

Altersgruppe Entwicklungsstadien	ca. 5;0 I	 II	 III	 IV	ca. 10;0 V
Konstruktionen mit *ask*					
ask X what time it is (frag X, wie spät es ist)	*tell*	ask	ask	ask	ask
ask X her/his name (frag X nach seinem/ihrem Namen)	*tell*	*tell*	ask	ask	ask
ask X what to feed the doll (frag X, was die Puppe zu essen bekommt)	*tell*	*tell*	*tell*	*ask	ask

Abb. 8.12: Fehldeutung von *ask* (fragen) als *tell* (sagen) bei L1-Englisch sprechenden Kindern in drei verschiedenen Konstruktionen (C. Chomsky 1969). Fehldeutungen unterstrichen. *ask wurde zwar als Frage aufgefaßt, aber als logisches Subjekt wurde das falsche N gewählt. Die Kinder fragten: *What are you going to feed the doll* (was gibst du der Puppe zu essen) anstelle von *what should I feed the doll* (was soll ich der Puppe zu essen geben) (nach Clark/Clark 1977: 362).

den Namen. Damit sind die Besonderheiten nicht lexikalisch oder syntaktisch, sondern pragmatisch bedingt. Die Kinder erkennen die Experimente nicht als Experimente, sondern verhalten sich wie in natürlichen Situationen. Wer etwas sucht, kann jemanden indirekt fragen wie *frag doch bitte Oma, wo mein Kamm geblieben ist.* Diese Bitte erfordert nicht, daß der Angesprochene die Oma tatsächlich fragt. Weiß er, wo der Kamm ist, reicht es, daß er die Auskunft selbst gibt. Genau diese pragmatische Bedingung natürlicher Fragesituationen wenden Kinder an, wenn sie *ask* wie *tell* handhaben. Sie übersehen dabei, daß diese Bedingung in den Experimenten nicht gilt.

Entwicklungsspezifische lexikalische Fehldeutungen in Abhängigkeit von syntaktischen und pragmatischen Regularitäten, sind kein Sonderfall, der auf *tell*, *ask* oder *promise* beschränkt ist. Derartige Entwicklungen des Lexikons sind bislang noch wenig erforscht. Es scheint aber schon jetzt klar, daß ihr Erwerb nicht vor 10;0 - 12;0 abgeschlossen ist. Diese Entwicklungen bilden vermutlich den Ausklang des Lexikonerwerbs und leiten über zu jenen lexikalischen Veränderungen, die z.B. daraus resultieren, daß berufsbedingt Fachterminologien gelernt werden müssen oder daß das Lexikon um generationsspezifisches Vokabular erweitert wird.

8.4 L1-Mehrsprachigkeit

Erwerb und Funktionsweise des mehrsprachigen Lexikons haben schon immer viel Interesse gefunden, vor allem im Hinblick auf quantitative Aspekte. Wie groß ist der Umfang eines bilingualen Lexikons? Wie hoch sind die Zuwachsraten? Bezeichnen bilingual aufwachsende Kinder mehr oder weniger Konzepte bzw. Objekte? Vor allem ist die Frage nach Schaden und Nutzen des Bilingualismus primär im Hinblick auf das Lexikon diskutiert worden. Qualitative Aspekte haben dabei weniger Aufmerksamkeit erfahren. Bislang gibt es kaum Studien, die speziell den Erwerb lexikalischer Strukturen, z.B. dimensionale Adjektive oder Verwandtschaftsterminologie bei L1-Mehrsprachigkeit untersuchen. Aus den vorliegenden tagebuchähnlichen Kasuistiken lassen sich vor allem Hinweise zur Übergeneralisierung wahrnehmbarer Attribute sowie zu referentiellen Bereichen gewinnen, die L1-mehrsprachig aufwachsende Kinder am Anfang vorzugsweise benennen.

Abgesehen davon, daß L1-mehrsprachige Kinder den Wortschatz mehrerer Sprachen lernen müssen, gibt es keinen Anlaß, anzunehmen, der Erwerb des Lexikons verlaufe bei L1-Mehrsprachigkeit grundsätzlich anders als bei L1-Monolingualismus. Anfangs sind die Lexika nicht nach Sprachen getrennt. Die Kinder erlernen Vokabeln aus beiden Sprachen und handhaben sie, als verfügten sie nur über ein einziges Lexikon. Die Trennung von Sprachen und das Bewußtsein dafür kann um 2;0 (Vihman 1985) einsetzen. Wie dies geschieht, variiert individuell. Manche Kinder lernen die entsprechenden Wörter für ein Denotatum aus beiden Sprachen und verfügen damit über Doubletten, also gewissermaßen über Synonyme, z.B. dt. *da* und engl. *there*. Andere Kinder meiden *Doubletten* oder verwenden nur wenige. Wenn sie in diesen Fällen vorkommen, sind sie selten völlig deckungsgleich. Taeschner (1983) zeigt am Beispiel ihrer zwei L1-bilingual mit Deutsch und Italienisch aufwachsenden Kinder, daß ihre Tochter Giulia anfangs die beiden Vokabeln *daki* aus dt. *danke* und *da* aus ital. *dare* besaß. *Daki* wurde verwendet, um jemandem zu danken, um jemandem etwas zu geben oder wenn das Kind etwas haben wollte; *da* gebrauchte es nur, wenn es jemandem etwas geben wollte. Die Bedeutung von *da* war also in der von *daki* eingeschlossen. Eine andere Art von Besonderheit illustriert Taeschner an dt. *da* (da) und der italienischen Entsprechung *la*. *La* wird verwendet, um auf Gegenstände zu verweisen, die abwesend oder nicht sichtbar sind; dt. *da* für anwesende oder sichtbare Objekte. Hier schaffte sich das Kind Unterscheidungen, die in den Zielsprachen nicht vorgegeben waren. Eine dritte Möglichkeit ist die Kombination von Doubletten zu einem Kompositum. Guilia verband z.B. das italienische *scotta* (heiß) und das deutsche *heiß* zu einem Kompositum *cotta heiß* in der Bedeutung von *heiß*.

Daß sich die Lexika nach Sprachen zu differenzieren beginnen, erkennt man bei diesen Kindern daran, daß verstärkt Doubletten als echte Synonyme auftreten, d.h. daß sie nach Verwendungsweise und Semantik äquivalent sind. Ihr Auftreten geht einher mit einer rascheren Erweiterung des Umfangs des Gesamtvokabulars. Dies entspricht dem L1-Monolingualismus, bei dem ebenfalls zwischen 1;6 und 1;9 der Umfang des Lexikons abrupt wächst (Kap. 8.3.2.). Abb. 8.13 verdeutlicht am Beispiel früher Substantiva die zeitliche Gliederung, nach der der Ausbau der Äquivalente bei Giulia erfolgte. Auch im späteren Verlauf war es bei den von Taeschner beobachteten Kindern stets so, daß die Zahl jener Wörter, zu denen das Kind Äquivalente aus der anderen Sprache beherrschte um rd. 1/3 geringer war als die Zahl der Wörter ohne Äquivalente. Der Zuwachs des Lexikons erfolgte in ähnlichen Raten: Zunächst lernten die Kinder neue Vokabeln und erst in zweiter Linie Äquivalente.

Wort	Erstbeleg	Erstbeleg für Äquivalent	Äquivalent
acqua (Wasser)	1;5	1;8	Wasser
coda (Schwanz)	1;5	1;9	Schwanz
Beine	1;5	1;11	gamba
uva (Trauben)	1;5	2;8	Trauben
Haare	1;6	1;11	capelli
bimba (kleines Mädchen)	1;6	1;9	Kind
carta (Papier)	1;6	2;3	Papier
mani (Hände)	1;6	1;10	Händchen
Milch	1;6	1;11	latte

Abb. 8.13: Erwerb äquivalenter Wortpaare am Beispiel früher Substantive bei L1-Mehrsprachigkeit Deutsch-Italienisch (nach Taeschner 1983: 29). Die Zahl äquivalenter Vokabeln bleibt auf lange Zeit um 1/3 geringer als jene, für die das Kind keine Äquivalente beherrscht.

Vihman (1985) macht darauf aufmerksam, daß bei anderen L1-bilingualen Kindern von vornherein auch gehäuft Doubletten auftreten können. Damit ist ihr Auftreten nicht notwendigerweise ein sicheres Indiz für die Trennung des Lexikons nach Sprachen. Z. B. hatte Vihmans L1-bilingual mit Estnisch und Englisch aufwachsender Sohn von vornherein diverse echte Doubletten. Vihman meint, daß dessen Lexikon sich um 2;0 nach Sprachen getrennt habe. Sie erschließt dies aus dem metasprachlichen Verhalten des Jungen.

Insgesamt ist es z.Zt. noch nicht hinreichend klar, wie und in welchen Zeiträumen sich die Differenzierung der Lexika bei L1-Mehrsprachigen vollzieht. Vermutlich ist es ein gradueller Prozeß, der unterschiedlich früh beginnen und unterschiedlich lange dauern kann.

Bei L1-Mehrsprachigkeit scheinen dieselben Lernerstrategien wie bei L1-Monolingualismus angewendet zu werden, und zwar gleichermaßen bezogen auf alle involvierten Sprachen. Abb. 8.14 illustriert, daß die referentiellen Bereiche, die anfänglich vorzugsweise von Kindern benannt werden, sich beim Erwerb von L1-Monolingualismus und L1-Mehrsprachigkeit weitgehend decken. Die in Abb. 8.14 wiedergegebenen Belege für Giulia decken sich mit denen für Lisa, Taeschners zweiter Tochter und mit denen der von Taeschner zum Vergleich herangezogenen zwei L1-monolingual aufwachsenden Kinder. Auch die *Übergeneralisierung* von Wörtern im Zusammenhang mit direkt wahrnehmbaren Attributen verläuft bei L1-Mehrsprachigkeit ähnlich wie bei L1-Monolingualismus. Abb. 8.15 und Abb. 8.5-6 verdeutlichen dies am Beispiel von Hildegard Leopold, die L1-mehrsprachig mit Deutsch und Englisch aufwuchs (Leopold 1939-49, s.a. Barrett 1978, 1983).

In der Regel ist der Gesamtumfang des Wortschatzes mehrsprachig aufwachsender Kinder größer als der einsprachig aufwachsender. Die Gesamtzahl der benannten Konzepte bzw. Objekte bleibt etwas geringer. Dies erklärt sich durch die Verwendung von Doubletten bei Mehrsprachigen.

	Deutsch	Italienisch
Deixis	da	la (da)
Negation	nein	no (nein)
Wahrnehmbares: konkret, hörbar, sichtbar, greifbar, manipulierbar		
Spielzeug, manipulierbare Gegenstände	Buch, Ticktack	balle (Ball), auto (Auto)
Tiere	Baubau (Hund)	chichi (Fisch)
Körperteile	Zahn, Nase, Beine	popo (Popo)
Nahrung	Bonbon	uva (Trauben)
sonstige	Baum, Haus	acqua (Wasser, bonnatale (Tisch)
Personen		
• Namen	Mami, la (Lisa)	Dodo (Rudolfo), Julia
• sonstige	–	neni (Kind)
Tätigkeiten, Vorgänge, Zustände		
öffnen/schließen	–	api (offen)
rauf/runter	–	–
zerstören	–	–
verschwinden	alle alle	–
Nahrungsaufnahme	–	kinkinny (trinken)
sonstige	sitzi (sitzen) aizi (anziehen) haiahaia (schlafen) baite (arbeiten)	cade (fallen), guada (schauen) scotta (brennen) balla (tanzen) tatau (gehen)
Soziale Formeln		
Grüßen	–	ciao (tschüß).
Bitten/Danken	datsie	–
Attribute	–	caa (lieb)
Interjektionen	–	–
sonstige	auch, wo	tutto tutto (alles) qua (hier)

Abb. 8.14: Referentielle Bereiche, die von Guilia, einem mit Deutsch und Italienisch L1-mehrsprachig aufwachsenden Kind bis 1;6 bezeichnet wurden (Taeschner 1983: 51). Die Bereiche decken sich mit denen von L1-monolingual aufwachsenden Kindern (s. Abb. 8.4).

Daß es bei L1-Mehrsprachigkeit zu lexikalischen Interferenzen kommen kann, ist für ältere Kinder oft berichtet worden, vor allem, wenn eine Sprache dominiert (z.B. de Matteis 1978, Hiller 1981). Bislang ist nicht untersucht worden, wann sich die Fähigkeit für lexikalischen Transfer herausbildet, bzw. ab wann sich bei L1-mehrsprachigen Kindern Transfer erstmals beobachten läßt. Solange Bedeutungen noch situativ-kontextuell abhängig sind, dürfte Transfer kaum auftreten. Das wird erst möglich, wenn diese kontextuelle Bindung aufgegeben und Konzepte und lexikalische Elemente voneinander trennbar gespeichert werden. Dann könnten Kinder, vermutlich ausgehend von der prototypischen Bedeutung der Vokabel in einer Sprache,

1;1	Hundegebell; Wunsch, ein bestimmtes Buch, in dem u.a. Hunde zu sehen waren, zu erhalten.
1;1	steinerner Löwe
1;1	Spielzeughund aus Stoff
1;1	Plüschhausschuhe mit Gesicht, das nicht nur als Hundegesicht gedeutet werden konnte.
1;3	Buchstütze in Pferdeform
1;4	Tierbilder
1;6	lebendige Pferde
1;6	Porzellanaschenbecher in Form eines Elefanten
1;6	Porzellanelefant
1;7	das eigene Babybild des Kindes, auf dem es einen Hund im Arm hat
1;8	Faultier auf einem Bild
1;8	Katze
1;9	Osterlamm aus Kuchen mit Zuckerguß

Abb. 8.15: Übergeneralisierungen und Differenzierungen bei der L1-mehrsprachig mit Deutsch und Englisch aufwachsenden Hildegard Leopold (nach Leopold 1939-49). Die Gesetzmäßigkeiten gleichen denen aus dem monolingualen L1-Erwerb. (vgl. Abb. 8.5-6).

diese auch mit dem Äquivalent der anderen Sprache verbinden. Decken sich die Referenzbereiche nicht, wird Transfer sichtbar. Der kritische Zeitpunkt scheint daher jener Moment zu sein, an dem Kinder beginnen, Äquivalente zu lernen. Das bestätigt sich in etwa an Hillers knappem Bericht über den L1-Erwerb des Deutschen und Niederländischen seiner zwei Kinder (1981). Hiller spricht zwar von Zweitsprachenerwerb, es handelt sich aber um L1-Mehrsprachigkeit, wobei Niederländisch dominiert.

8.5 Natürlicher L2-Erwerb

Innerhalb der Forschung zum natürlichen L2-Erwerb ist der Erwerb des Lexikons bislang weitgehend unberücksichtigt geblieben. Zwar gibt es einige Untersuchungen über Lerner, die neben dem FU auch Zugang zur L2 über natürliche Kontaktsituationen hatten. Diese Mischtypen werden in Kap. 8.6 besprochen. Zum natürlichen L2-Erwerb im strengen Sinne der Abgrenzung von Kap. 2 liegen hingegen lediglich einige Untersuchungen zu ausgewählten Bereichen aus den Heidelberger und den Kieler Korpora sowie aus den USA vor. In Kap. 8.6 wird genauer gezeigt, daß natürlicher L2-Erwerb, die Mischtypen und FU sehr viele Parallelen haben.

Im L2-Deutschen der italienischen und spanischen Gastarbeiter des Heidelberger Korpus fanden sich die Präpositionen *in*, *bei* sowie die Modalverben *wollen*, *können* und z.T. auch *müssen* schon bei den weniger fortgeschrittenen Sprechern (HDP 1977,1979). Bei den deutschen Kindern des Kieler Korpus war *can* (können) mit Abstand das erste Modalverb; *could* (könnte), *will:would* (werden:würde), *shall: should* (werden:sollen:sollte) fanden sich erst beträchtlich später (Bahns 1981). Für die Personalpronomina lernten die Gastarbeiter zunächst die deiktische Verwendungsweise, wobei der Singular oft auf den Plural übergeneralisiert wurde. Die anaphorische Verwendung der Personalpronomina war erst wesentlich später belegt. Und schließlich verwendeten die Heidelberger Sprecher von den Wahrnehmungsverben bevorzugt *gucken*, und zwar in zielgerechter und – übergeneralisiert – in nicht zielgerechter Weise (HDP 1979). Der bevorzugte Gebrauch derselben Vokabel, bei der gemäß der Zielsprache normalerweise andere zu verwenden wären, führt zu einem der auch für Laien auffälligsten Charakteristika von L2-Lernersprachen, nämlich der ungenügenden Beherrschung der Synonymik und der semantischen Unschärfe im Wortgebrauch, für L2-Deutsch z.B. besonders auffällig die mannigfaltige Verwendung von *kaputt* (z.B. für zerstört, beschädigt, verletzt, krank, tot) (HDP 1977).

Die vorliegenden Berichte reichen noch nicht, um detaillierte Verallgemeinerungen zu wagen. Es fehlen systematische Beobachtungen zu größeren lexikalischen Bereichen, namentlich über die Anfänge und die frühen Entwicklungen, zu Wortfeldern und besonderen Vokabeltypen sowie ganz besonders zur Rolle der Interferenz im natürlichen L2-Lexikonerwerb.

Im Gegensatz zum natürlichen L2-Erwerb ist der Erwerb des Lexikons für den FU beträchtlich besser durchgearbeitet. So manche der dort gewonnenen Erkenntnisse dürften auch auf den natürlichen L2-Erwerb zutreffen. Die Zusammenhänge werden in Kap. 8.6 besprochen. Um überhaupt eine Andeutung zu gewinnen, wie der L2-Erwerb des Lexikons zumindest in groben Zügen verlaufen könnte, wird im folgenden die Entwicklung der vier Kinder des Kieler Korpus zum L2-Englisch/L1-Deutsch als ein Beispiel geschildert (Bahns 1981, Doege 1985, Wode 1987b, P. Burmeister 1986, Klössing 1986).

Der Einstieg des L2-Lerners erfolgt gemäß seines kognitiven Entwicklungsstandes. Anfangs wird relativ schnell ein grundlegender Wortschatz aufgebaut. Seine Referenzbereiche spiegeln die Bedürfnisse und Kontaktmöglichkeiten des Lerners wider. Im Hinblick auf die Strukturierung des Lexikons entsprechen die Vokabeln dem Entwicklungsstand, den der Lerner für die Verarbeitung der Umwelt gemäß Perzeption, Objektdifferenzierung, Verständnis von Sozialstrukturen und Denkoperationen erreicht hat. Je nach Alter des Lerners fehlen daher im L2-Erwerb die lexikalischen Besonderheiten des frühen L1-Erwerbs.

Umfang und Zuwachsraten

In Abb. 8.16 sind die Zuwachsraten des Wortschatzes der vier Kinder des Kieler Korpus wiedergegeben. Die Zuwachsrate ist der prozentuale Anteil der Erstbelege pro Monat am Gesamtwortschatz. Die Rate steigt während der ersten 2-4 Kontaktmonate schnell an und verflacht dann mit zunehmender Kontaktdauer. Die Kinder unterscheiden sich in Einzelheiten, z.B. erreicht Heiko schon nach zwei Monaten

Kontakt (=2;0) den höchsten Zuwachs, Lars mit 3;0 und Birgit und Inga erst um 4;0. Ingas Kurve sinkt im dritten Kontaktmonat zunächst (Abb. 8.16), weil sie wegen eines Beinbruchs nicht so viel und so frei Kontakt zu den Einheimischen wie die übrigen Kinder hatte.

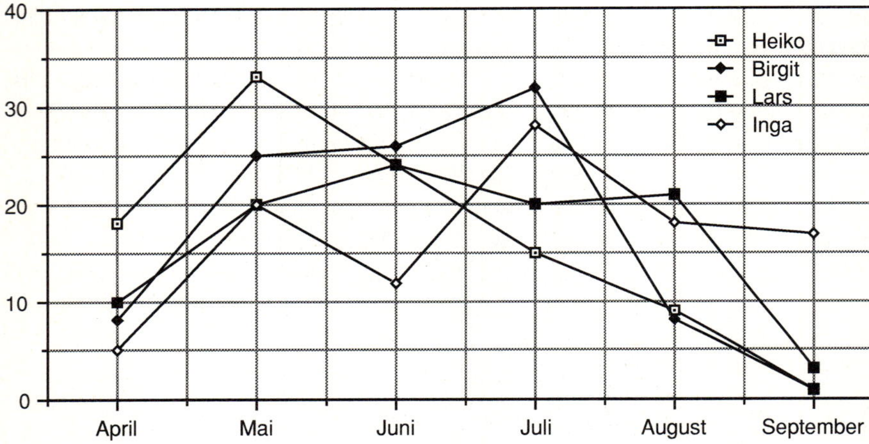

Abb. 8.16: Monatliche Zuwachsraten in Prozent des gesamten Wortschatzes der 4 Kinder des Kieler Korpus zum L2-Englisch/L1-Deutsch (Wode1987b). Die Zuwachsrate ist die Summe der Erstbelege pro Monat. Berücksichtigt sind nur die schriftlichen Spontannotizen, d.h., die experimentell elizitierten und die Tonbanddaten sind nicht einbezogen. Der geringe Zuwachs bei Inga im Monat Juni erklärt sich dadurch, daß ihr gebrochenes Bein ihren Kontakt zum Englischen sehr einschränkte.

Weder aufgrund der Zuwachsraten noch hinsichtlich der Funktion dieses frühen Wortschatzes ist es angebracht, ihn mit dem Erwerb der ersten 50 Wörter im L1-Erwerb in Verbindung zu bringen. Im L2-Erwerb erfolgt kein abruptes Anwachsen des Wortschatzes um die ersten 50 Wörter wie im L1-Erwerb (Kap.8.3.1); und während der frühen L2-Entwicklungen muß sich die Fähigkeit zur segmentorientierten Kodierung phonologischer Information nicht erst herausbilden (Kap. 8.3.1-2, 9.3.3).

Unbeschadet individueller Unterschiede ermöglicht es dieser grundlegende L2-Wortschatz dem Lerner zunächst, sich L2-sprachlich zu behaupten. Die weitere Entwicklung des L2-Wortschatzes hängt entscheidend von der Art und dem Umfang des Kontaktes des Lerners zu seiner Umgebung ab. Bei einem Gastarbeiter wird das Vokabular anderen Aktivitätsbereichen als bei Kindern entnommen.

Wortklassen

Im Hinblick auf die Wortklassen, denen die Vokabeln des frühen L2-Lexikons zuzuordnen sind, unterscheiden sich L1- und L2-Erwerb erheblich. Alle offenen Klassen

– N, V, Adj, Adv – sind schon früh vertreten. Präpositionen, Konjunktionen, Pronomina diverser Art, z.B. auch 3. Pers. der Personalpronomina, lassen keineswegs lange auf sich warten. Abb. 8.17 gibt einen Überblick nach Wortklassen für die Kinder des Kieler Korpus. Die Verteilung der L2-Kinder entsprach schon sehr bald grob dem der einheimischen, wie Abb. 8.18 zeigt. Ausgezählt ist ein je 200 Wörter langer Textausschnitt aus einem Schachspiel zwischen dem 9jährigen Heiko und dem etwa gleichaltrigen einheimischen Bob. Wegen der Hektik der Situation kommen keine komplexen syntaktischen Strukturen vor. Entsprechend gering ist der Anteil der Konjunktionen bei Bob und deren Fehlen bei Heiko, obwohl er zu der Zeit bereits folgende beherrschte: *and* (und), *but* (aber), *or* (oder), *if* (wenn), *when* (wenn), *because* (weil).

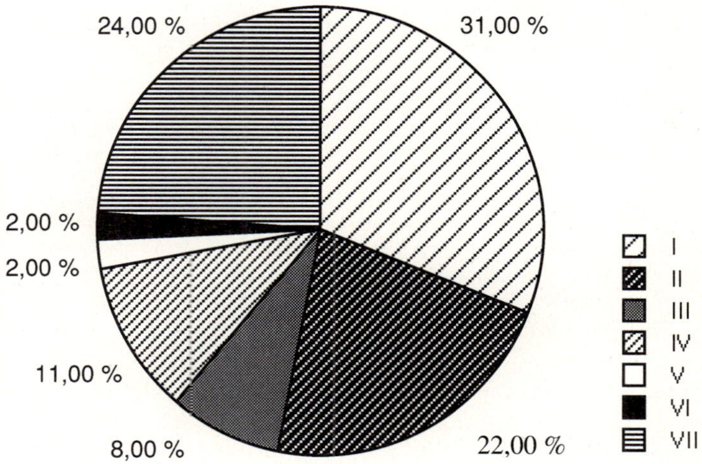

I: Nomen, II: Verben, III: Pronomina, IV: Adjektive, V: Präpositionen, VI: Konjunktionen, VII: Sonstiges (Interjektionen, Orts- und Eigennahmen u.ä.)

Abb. 8.17: Prozentuale Anteile der einzelnen Wortklassen am Gesamtwortschatz der 4 Kinder des Kieler Korpus zum L2-Englisch/L1-Deutsch (Wode 1987b).

L2-Lerner scheinen ihre Vokabeln von vornherein Wortklassen zuzuordnen. Diese müssen nicht erst gelernt werden. Sie scheinen aus dem L1-Erwerb bereits zur Verfügung zu stehen. Ganz auffällig ist z.B., daß die Kinder des Kieler Korpus, sobald sie Vokabeln aus dem Englischen in ihr L1-Deutsch entlehnten, diese ausnahmslos den angemessenen deutschen Wortklassen zuordneten. Und umgekehrt findet sich im gesamten Material kein Fehler in der Wortklassenzuweisung von der Art, wie es häufig im L1-Erwerb zu beobachten ist, wenn z.B. Partikel, Präpositionen oder Grüße wie *rauf, runter, rein, weg, atc*, wie Verben gebraucht werden. Um zu klären, wie stark

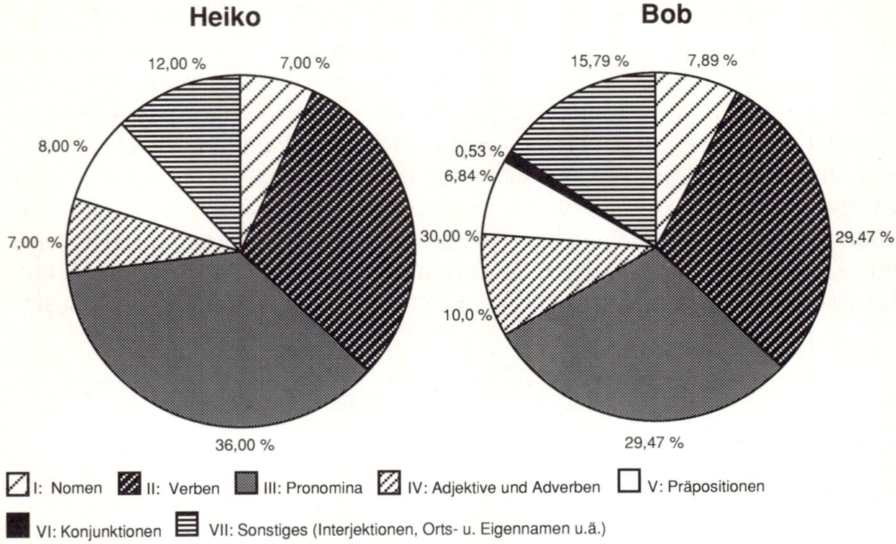

Abb. 8.18: Verteilung der Wortklassen beim einheimischen Bob und bei Heiko nach einer Kontaktzeit von 2;15. Zugrundegelegt ist ein Ausschnitt mit je 200 Wörtern, als beide Jungen gegeneinander Schach spielen. Die Hektik verhindert, daß komplexe syntaktische Strukturen vorkommen. Dem entspricht der geringe Anteil an Konjunktionen bei Bob und ihr gänzliches Fehlen bei Heiko, der zu diesem Zeitpunkt aber bereits über mehrere verfügt (Wode 1987b).

die Wortklassenzugehörigkeit der L1 durchschlägt, wären allerdings L2-Kombinationen heranzuziehen, in denen die Grobzuordnung von Gegenständen zu N, Aktivitäten zu V oder Attributen zu Adj anders als im Deutschen, Englischen oder Französischen geregelt ist und in denen der L1 einzelne Wortklassen der L2 fehlen wie beim Finnischen, das keine Präpositionen kennt.

Frühe Benennungen

L1- und L2-Erwerb decken sich darin, daß anfangs das unmittelbare Hier und Jetzt des Lerners den Ansatzpunkt für seine lexikalische Entwicklung bildet. Besonders auffällig unterscheiden sich beide Erwerbstypen jedoch in den Bereichen, für die anfangs bevorzugt Vokabeln gelernt werden, und in der Art, wie die Bedeutung eines Wortes erschlossen wird. Abb. 8.19 faßt einige Benennungsbereiche zusammen, die sich in den ersten 30 Vokabeln von zwei der vier Kinder des Kieler Korpus erkennen lassen. Die Negationsform *no* (nein) und - im Gegensatz zum L1-Erwerb - auch die Bejahung durch *yeah*, *yes* (ja) wird früh beherrscht. Noch früher sind die ersten Grußformeln, wie *bye*, *bye-bye*, *good bye* (auf Wiedersehen) und *hi* (hallo) oder *good morning* (guten Morgen). Anders als im L1-Erwerb wurden Verabschiedungen nicht etwa im Sinne von ‚weg, verschwinden‘ oder ‚ins Bett gehen‘ verwendet, sondern interaktionsgerecht als Verabschiedungsformeln. Zwar versicherten die Kinder anfangs, sie wüßten nicht, was diese Formeln bedeuteten, aber sie verwendeten sie stets zielgerecht. *Please* (bitte), *thank you* (danke), *thank you very much* (vielen Dank) wurden zwar auch früh und nur für Danken und Bitten verwendet, jedoch anfangs nach dem deutschen Muster und damit nicht ganz zielgerecht, nämlich *please* auch im Sinne des deutschen *bitte* als Erwiderung an jemanden, der sich für etwas bedankt. Interaktionsanweisungen, wie *come on* (komm mit), *shut up* (halt die Klappe), *who's up* (wer ist dran? (Baseballausdruck)) sind anfangs monomorphematische Formeln.

	Lars	**Birgit**
Verneinung	no	no
Bejahung	yes	yes
Formeln für soziale Interaktionen:		
• grüßen	bye-bye, good morning	bye, good bye, bye-bye
• danken und bitten	thank you, thank you very much, please	thank you
• anweisen	lay, fetch, go home, come on, right here	shut up, come on, sit, excuse me, this way, go, swing me
Namen		
• Personen	Craig, Mrs. Carpenter	Mum, Johnny, Stacey, Craig
• Tiere	Grief	Grief
• Orte u.ä.	Trinity Center, Redding	Redding, Cottonwood
Nomina	doggie, baseball, kite, milk	book, bike, school
Adjektive	little	wet
Verben	fishing	drink, fishing
Possessiva	my, mine, your	my
Demonstrativa	this	—
Numeralia	one	two, four

Abb. 8.19: Bereiche, die im natürlichen L2-Erwerb von zwei Kindern des Kieler Korpus mit L2-Englisch/L1-Deutsch mit den ersten 30 Vokabeln bzw. Formeln benannt wurden.

An der Verwendung der frühen L2-Formeln für soziale Rituale und bestimmte Interaktionsmuster erkennt man, daß L2-Lerner nicht mehr erst lernen müssen, daß soziale Rituale existieren und wie sie funktionieren. L2-Lerner setzen dies nicht nur voraus, sondern verhalten sich so, als erwarteten sie, daß sich die Konventionen ihrer L1 mit denen der L2 decken (H. Burmeister 1983).

Namen aus den täglichen Kontaktbereichen werden in großer Zahl bewältigt – Personen-, Tier-, Orts-, Flurnamen, und zwar nicht wie im L1-Erwerb zunächst über einzelne, wahrnehmbare Attribute (Kap. 8.3.2), sondern gleich im vollen Sinne als Namen, und das auch in ihrer Gliederung in Vor-, Zuname und ggf. Titel wie *Mrs.* (Frau) bzw. *Mr.* (Herr). Das Verständnis von Namen illustrieren z. B. Heiko und Lars in einer Episode von 0;12, in der sich beide darüber amüsieren, als Heiko berichtet, in der Schule werde er oft gefragt, was *Mike* und andere Namen auf Deutsch heißen. Darauf Lars, knapp 6jährig: „Die wissen nicht, daß Namen immer gleich sind".

Vollverben werden im Gegensatz zum L1-Erwerb beträchtlich früher gelernt. Sie sind anfangs vorzugsweise in Formeln oder Imperativen belegt. Zahlen und Zählweisen werden früh gemeistert, solange keine Wortbildungsregeln im Spiel sind, d.h., die englischen Zahlen ab 14 werden etwas später gelernt. Besonders verblüffend ist in diesem Zusammenhang Heiko, der mit 0;12 der staunenden Familie vorführte, daß er den englischen Zahlenbereich von 1-100 sicher beherrschte, auf englisch multiplizieren, addieren und subtrahieren konnte und auch einige Tausender vorführte. Teilbereiche des Lexikons sind demnach separat lernbar.

Das Gros des Wortschatzes betrifft Objekte und Aktivitäten entsprechend den Kontaktmöglichkeiten des Lerners. Bei den vier Kindern des Kieler Korpus waren es z.B. Bezeichnungen aus dem Baseballspiel, vom Angeln, für Eßgewohnheiten und lokale Besonderheiten. Abb. 8.20 verdeutlicht darüber hinaus u.a., daß ein kleiner L2-Wortschatz sehr schnell im Hinblick auf die Erschließung neuer Sinnbereiche erweitert werden kann. In Abb. 8.20 werden die dominierenden Sinnbereiche für Inga und Lars in ihren ersten 50 Wörtern mit der entsprechenden Verteilung für ihre 101.-150. Vokabel verglichen. Der Anteil „Sonstige" ist zu einem späteren Zeitpunkt drastisch ausgeweitet, ein Indiz dafür, daß die anfänglichen Schwerpunktbereiche erweitert wurden. Bei erwachsenen Gastarbeitern würde man entsprechend mehr Vokabular aus ihrer Arbeitswelt erwarten.

Übergeneralisierung und Differenzierung

Für die aus dem L1-Erwerb vertraute Art der Übergeneralisierung und späteren Differenzierung auf der Grundlage wahrnehmbarer Attribute (Kap. 8.2, 8.3.1) findet sich im Kieler Korpus kein Beleg, auch nicht bei der jüngsten, knapp vierjährigen Inga. In dieser Hinsicht verlaufen L1- und L2-Erwerb anders. Bei entsprechendem Alter haben L2-Lerner längst gelernt, ihre Welt kognitiv nicht nach einzelnen Attributen zu bewältigen, sondern u.a. nach Konzepten, die diverse Attribute bündeln. Nach diesen Konzepten als Bündelungen und in Erwartung einer weitgehenden Isomorphie zu ihrer L1 erschließen sich L2-Lerner die neue Umgebung und die lexikalischen Kodierungen der Zielsprache. Nichts illustriert dies besser als die Reaktionen auf unerfüllte Erwartungen. So lachten die vier Kieler Kinder ungläubig, als sie erfuhren, daß es im Englischen keine eigenständigen Wörter für den für sie so offenkundigen Unterschied zwischen *Vetter* und *Kusine* gibt, sondern daß beide als *cousin* bezeichnet werden.

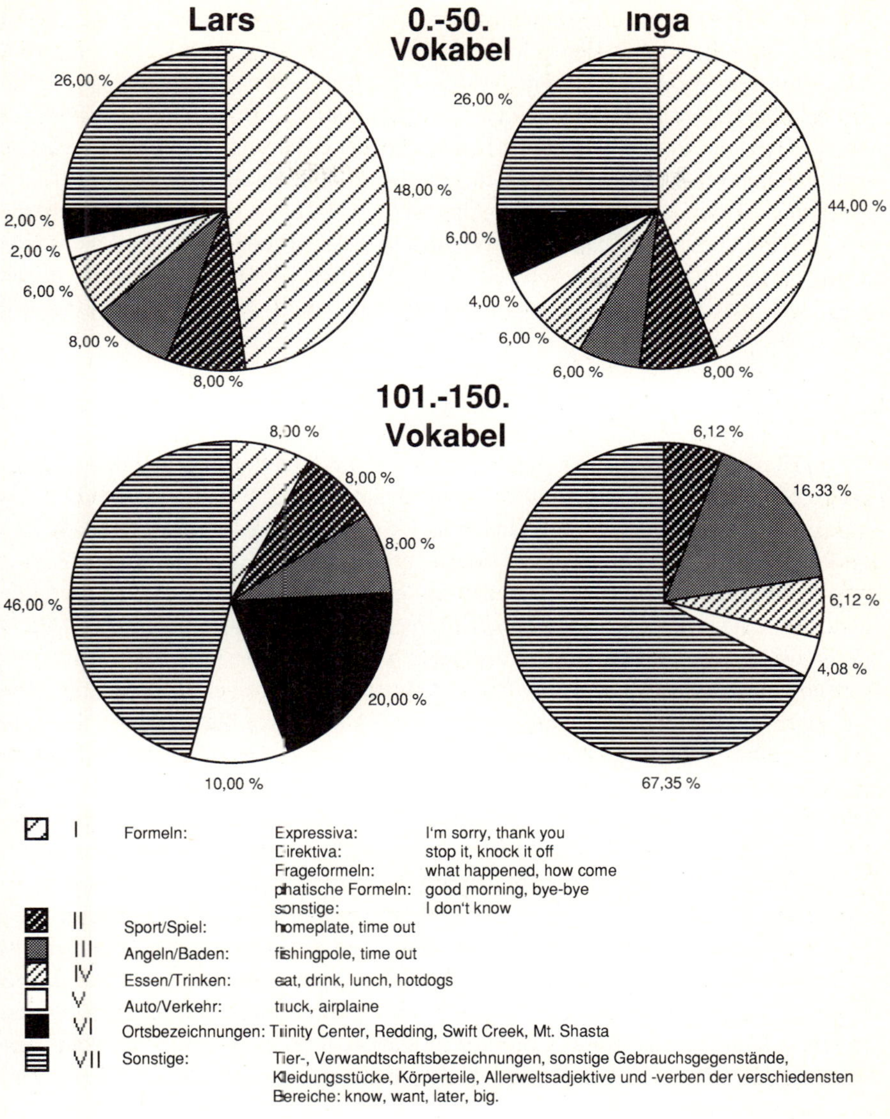

Abb. 8.20: Gliederung und Entwicklung des frühen L2-Wortschatzes von Lars und Inga des Kieler Korpus zum L2-Englisch/L1-Deutsch nach Sinnbereichen, aufgeschlüsselt nach der 1. bis 50. und 101. bis 150. Vokabel. Unter den zwischen der 101. und 150. Vokabel neu hinzugekommenen Wörtern ist der Bereich „Sonstige" gegenüber den ersten 50 Vokablen stark erhöht, d.h. der Wortschatz ist über die anfänglichen Schwerpunktbereiche hinaus erweitert worden. (Wode 1987b).

In Kap. 5.5 wurde im Zusammenhang mit Lernerstrategien auf einen Kunstgriff von Lernern hingewiesen, der sich oberflächlich wie eine Art von Übergeneralisierung ausnimmt. Wem der passende Ausdruck fehlt, verwendet eine Vokabel, die mit dem Intendierten in irgendeinem Zusammenhang steht, z.B. den Ort, ein Erlebnis oder ein Gebäude, und zwar in der Hoffnung, daß der Hörer das Gemeinte errät. Diese Verwendungsweise unterscheidet sich von den Übergeneralisierungen des frühen L1-Erwerbs dadurch, daß der L2-Sprecher weiß, daß das verwendete Wort nicht die richtige Bezeichnung ist. In Kap. 8.6 werden einige Arten von Übergeneralisierungen aus dem im FU elizitierten L2-Schwedischen (Kotsinas 1984) besprochen, die denen des L1-Erwerbs näher sind. Allerdings betreffen diese Fälle anders als im L1-Erwerb vorwiegend Verben.

Transfer und Interferenz

Wie im FU, so kommt auch im natürlichen L2-Erwerb häufig Interferenz vor, allerdings nicht in allen lexikalischen Bereichen gleichermaßen. Der Hauptgrund für das Vorkommen von lexikalischem Transfer ist die enge Verquickung des Lexikons mit den konzeptuellen und perzeptiven Systemen, mit deren Hilfe der Mensch seine Umwelt kognitiv bewältigt. Wie bereits erläutert, erfolgt der Einstieg ins L2-Lexikon auf der Grundlage des kognitiven Entwicklungsstandes des L2-Lerners. Das gilt nicht nur für direkt wahrnehmbare Objekte und ihre Attribute, sondern auch für nicht direkt Wahrnehmbares. Wer gelernt hat, daß bestimmte Attribute einen Baum ausmachen, wendet das engl. Wort *tree*, wenn er es auf einen Ahornbaum bezogen hört, auch auf andere Bäume im Sinne des Referenzbereiches von dt. *Baum* an. Mangelnde Deckung der Referenzbereiche zwischen beiden Sprachen führt zwangsläufig zu Fehlern. Ähnliches gilt für nicht direkt Wahrnehmbares, z.B. für die oben bereits erwähnten sozialen Konventionen für Danken und Bitten. Die vier Kinder des Kieler Korpus machten anfangs den gleichen Fehler: Dem deutschen Gast wird Speise und Trank mit der Aufforderung *bitte* gereicht. Bedankt er sich, so entgegnet man *bitte*. Im Englischen sind die Konventionen anders geregelt. Dem deutschen auffordernden *bitte* entspricht engl. *please*, dem deutschen *danke* des Bewirteten das engl. *thank you*. Auf dieses *thank you* des Bewirteten erfolgt im Englischen anders als im Deutschen nicht *please*, sondern z.B. *you're welcome*. In ihrem Bemühen, besonders höflich zu sein, verwendeten die deutschen Kinder anfangs anstelle von *you're welcome* der deutschen Konvention entsprechend *please*.

Der noch zu besprechende Lexikonerwerb im FU unterstreicht, daß neben den eben skizzierten Grundlagen weitere Gesetzmäßigkeiten morphologischer, semantischer und sonstiger Art im Spiel sind, von denen es im einzelnen abhängt, wieweit lexikalische Elemente transferiert werden und was an ihnen *transferierbar* ist. Ein wichtiger Aspekt ist die *morphophonologische Ähnlichkeit*. Die vier Kinder verwendeten z.B.

anfangs den Ausdruck *(you) missed it* ((du) hast (den Ball, das Ziel) verpaßt) im Sinne ihrer umgangssprachlichen Mißfallensäußerung *Mist*. Den Ausdruck *you missed it* hatten sie vermutlich häufig wiederkehrenden Situationen beim Baseball, Basketball oder anderen Spielen entnommen. Der Ausdruck fällt oft aus Ärger oder Schadenfreude, wenn ein Spieler den Ball verfehlt. Vermutlich auf Grund der phonologischen Ähnlichkeit mit dt. *Mist* verfielen die vier deutschen Kinder auf die Bedeutung *ärgerlich, Schadenfreude*. Sie waren höchst erstaunt, als ihnen Wochen später die tatsächliche Bedeutung erklärt wurde. Fortan kam der Fehler nicht mehr vor. Allerdings fruchten solche Erklärungen nicht in jedem Fall. Die Verwendung von engl. *what* (was) für engl. *something* (etwas) hielt sich z.B. lange, wie in *give me what for eating* (gib' mir was zu essen). Zugrunde liegt der Transfer von verkürztem dt. *(et)was* für engl. *something*.

Ein zweiter Aspekt verbirgt sich hinter dem aus dem FU bekannten wörtlichen Übersetzen, also Beispiele wie *how goes it you?* für *how are you?* (wie geht es Dir?). Solche wörtlichen Übersetzungen sind auch aus dem Kieler Korpus zum natürlichen L2-Erwerb des Englischen bekannt, und das sind Kinder, die zuvor nie FU und damit Vokabellernen in Form von einander gegenübergestellten Wortpaaren nach dem Muster von *geben* = engl. *give* kennengelernt haben. So sagt Heiko mit 2;25, daß er mitkommen will: *I'm going with*. Offensichtlich wird der deutsche L1-Referenzbereich auf den L2-Englischen übertragen.

Vor allem aufgrund von Erkenntnissen, die aus experimentellen Untersuchungen zum FU gewonnen wurden (Kap. 8.6), stellt sich die Frage, ob sämtliche Aspekte der Bedeutung einer Vokabel in gleichem Maße *transferierbar* sind. Sind z.B. die prototypischen Bedeutungen eher transferierbar als die peripheren, also die übertragenen, die idiomatischen oder gar metaphorischen Verwendungen? An den Kieler Kindern fällt z.B. auf, daß sie idiomatische Beschimpfungen nie wörtlich aus dem Deutschen ins Englische übertrugen. Äußerungen wie **you stupid cow* im Sinne der deutschen Beschimpfung *du blöde Kuh* sind nicht belegt. Auf der anderen Seite findet sich Transfer als wörtliche Übersetzung gehäuft in den experimentellen Daten des Kieler Korpus, z.B. Heikos *it gives no gold up Swift Creek* aus einem Übersetzungstest für *es gibt kein Gold am Swift Creek*. Hingegen kommt dergleichen in natürlichen Situationen beträchtlich seltener vor. Eines der wenigen spontanen Beispiele liefert Lars, als er die Schlange, die von der Familie bestaunt wird, nicht sehen kann und deshalb klagt, daß ihm die Sicht verdeckt sei: *I cannot see 'cause Henning is vor my nose* (ich kann nichts sehen, weil Henning mir vor der Nase steht). Es scheint, daß zentrale, prototypische Aspekte der Bedeutung und des Referenzbereiches einer L1-Vokabel eher transferierbar sind als periphere, idiomatische oder gar metaphorische. Das obige Beispiel der ins L2-Englisch übertragenen Bitt- und Dankkonventionen läßt ferner vermuten, daß Transferierbarkeitsbedingungen, wenngleich anderer Art, auch für soziale Konventionen und ihre sprachliche Bewältigung gelten.

Ob und wieweit der Transferierbarkeit Grenzen durch die Struktur der L2 gesetzt sind, läßt sich z.T. nicht abschätzen, da noch keine diesbezüglichen Untersuchungen vorliegen. Das L2-Deutsch türkischer Gastarbeiter zeigt aber, daß auch lexikalische Strukturierungen in die L2 transferiert werden, die dort keinerlei Entsprechung haben. Das Verb *almak* vereint im Türkischen die Bedeutung von *nehmen*, *kaufen*, *leihen*, *bekommen*, *kriegen* und neutralisiert so zwei Gegensätze: einerseits aktiv etwas tun wie in *nehmen*, *kaufen*, *leihen* gegenüber dabei passiv bleiben wie in *bekommen*, *kriegen*; andererseits gegen Entgelt wie in *kaufen* gegenüber ohne Entgelt wie in *nehmen*. Dem Deutschen fehlt ein *almak* entsprechendes Hyperonym. Seine hyperonymische Verwendungsweise wird von türkischen L2-Sprechern oft auf *nehmen* übertragen, z.B. im Sinne von *kaufen* wie *ich nehme ein Pfund Fleisch* oder im Sinne von *kriegen*, *bekommen* wie *was hast du von Englisch genommen* (welche Note hast du im Englischen bekommen?) (Meyer-Ingwersen et al. 1981:150, 193ff).

8.6 Fremdsprachenunterricht

Wortschatzarbeit ist für den FU sehr wichtig. Entsprechend gibt es eine Fülle an Literatur, die sich auf die eine oder andere Weise mit dem Wortschatz und seiner Vermittlung befaßt (Überblicke z.B. in Doyé 1982, Scherfer 1985). Jedoch wird erst in jüngster Zeit über den FU-Erwerb des Lexikons aus spracherwerblicher Sicht gearbeitet. Die Hauptthemen waren hierbei bislang Transfer und Transferierbarkeit lexikalischer Elemente sowie die lexikalischen Aspekte von FU-Lernersprachen. In der Regel wurde immer dann nicht streng nach FU und natürlichem L2-Erwerb getrennt, wenn die unterrichtete Sprache auch im gleichen Lande gesprochen wurde, z.B. Schwedisch in Schweden, Englisch in den USA, Deutsch in Deutschland. Im strengeren Sinne handelt es sich um Mischtypen zwischen natürlichem L2-Ewerb und FU. Die Ergebnisse dieser Mischtypen werden hier einbezogen, weil sie den größten Teil der Untersuchungen ausmachen und weil, wie sich zeigen wird, sehr viele Parallelen bestehen zwischen FU, den Mischformen und dem natürlichen L2-Erwerb.

Globale Gemeinsamkeiten und Unterschiede zwischen FU und natürlichem L2-Erwerb

Auch im Anfangs-FU werden ohne Schwierigkeiten gelernt: Bejahung und anaphorische Verneinung; kurze Formeln für Interaktionsverhalten, z.B. Grüßen, Danken, Bitten; Personen-, Länder-, Städtenamen, Flurbezeichnungen, Eßgerichte. Wie im natürlichen L2-Erwerb läßt sich auch im FU keine dem L1-Erwerb ähnliche Lernpräferenz für bestimmte Wortklassen erkennen. N, V, Adj, Adv werden früh gelernt, auch Konjunktionen, Präpositionen, Hilfsverben und Determinatoren. Übergeneralisierungen und Differenzierungen auf der Grundlage einzelner wahrnehmbarer Attribute analog zum L1-Erwerb finden sich ähnlich dem natürlichen L2-Erwerb im FU nicht. Die Übergeneralisierungen von Schülern folgen im Gegenteil dem aus dem natürlichen L2-Erwerb bereits geschilderten Muster: Sie richten sich einerseits nach den Referenzbereichen der entsprechenden Vokabeln der zuvor gelernten L1 und sind damit transferbedingt. Andererseits greifen auch Schüler zu jenem Kunstgriff, der für den natürlichen L2-Erwerb am Beispiel von *Kathedrale* – als Erklärungshilfe für die Zugehörigkeit zu jener Religionsgemeinschaft, die durch die Kathedrale symbolisiert wird – in Kap. 5.5 illustriert wurde. Diese Art von Generalisierung kommt dann häufig vor, wenn sich Schüler im Unterricht frei, d.h. ohne Lehrbuchvorlagen und ohne Intervention des Lehrers äußern können. Ferner scheint es, daß Teilbereiche des Lexikons wie im natürlichen L2-Erwerb isoliert voneinander gelernt werden können, z.B. Zahlen, Zählen und die sprachliche Bewältigung mathematischer Operationen; Städte-, Länder- und andere Namen; Fachterminologien. Das selektive Erlernen von derartigen Teilbereichen setzt besondere Inputverhältnisse voraus, die sich in natürlichen Situationen kaum ergeben, im FU aber mühelos geschaffen werden können. Ferner ist der frühe Wortschatz, wie er sich im natürlichen L2-Erwerb entwickelt, nach Wortklassen, Referenzbereichen und Vokabelzuwachsraten nicht unähnlich dem, der im FU anfänglich vermittelt und gelernt wird. Insgesamt scheinen Transfer bzw. Interferenzen den gleichen Gesetzmäßigkeiten im FU und natürlichen L2-Erwerb zu folgen (s.u.).

Transfer und Transferierbarkeit lexikalischer Elemente

Klagen über das große Ausmaß von Interferenzen sind aus Lehrerkreisen zur Genüge bekannt. Zumindest die Grundzüge lexikalischen Transfers im FU scheinen denen des natürlichen L2-Erwerbs zu entsprechen. Kaum ein Schüler entgeht dem Erlebnis, erklärt zu bekommen, daß dt. *Kultur* und engl. *culture* nicht immer äquivalent seien und daß die Verwendung von engl. *culture* für dt. *Kultur* zu unterlassen ist. Transferbedingte Fehler bei konventionalisierten Interaktionen nach dem Muster der fehlerhaften Verwendung von engl. *please* beim Bedienungszeremoniell eines Gastes sorgen auch in der Schule stets für Heiterkeit. Und schließlich ist das Lernen von Vokabeln anhand von Listen mit Vokabelgleichungen nach dem Muster von frz. *donner* (geben) wohl das verläßlichste Verfahren, um Interferenzen zu provozieren. Bei der Besprechung des natürlichen L2-Erwerbs war bereits deutlich geworden, daß solche Gleichungen und die Fähigkeit, sie nachzuvollziehen, nicht erst durch den FU und seine besondere Lernsituation geschaffen werden.

Welche Aspekte der gesamten Bedeutung eines Wortes werden transferiert? Es wäre unrealistisch anzunehmen, eine Vokabel würde im natürlichen L2-Erwerb oder FU so gelernt, daß dem Lernenden sämtliche Verwendungsweisen vorgeführt werden, so daß er sie bei Bedarf lediglich zu reproduzieren braucht. Auch für den FU stellt sich das Projektionsproblem (Kap. 1.3.). Vorgegeben werden bestenfalls einige Verwendungsweisen, aus denen der Lerner dann zu schließen hat, in welchen anderen er das betreffende Wort noch verwenden kann. Er kann sich hierbei an äquivalenten Vokabeln seiner zuvor gelernten L1 bzw. an anderen zuvor gelernten Sprachen orientieren, oder er muß andere Verfahren entwickeln oder zur Verfügung gestellt bekommen. Nun kann, wie in Kap. 8.1 erläutert, die Bedeutung einer Vokabel und ihre Verwendungsweisen in sich nach prototypischer Kernbedeutung, peripherer Bedeutung, übertragener Bedeutung, Metaphorik bis hin zu idiomatischen Ausdrücken vielschichtig differenziert sein. Wenn sich Vokabeln aus verschiedenen Sprachen in ihrem prototypischen Kern decken, folgt daraus nicht notwendigerweise, daß auch alle anderen Bedeutungsaspekte deckungsgleich sind, z.B. dt. *gehen* : engl. *go* wie in *geh nach Hause* : *go home*; falsch ist aber *Max geht es gut* : **it goes Max well.* Der Lerner kann anfangs nicht in jedem Fall wissen, ob er es mit dem prototypischen oder mit anderen Bedeutungsaspekten zu tun hat. Also stellt sich die Frage, ob diese einzelnen Bedeutungsaspekte in gleichem Maße transferierbar sind oder ob es eine Skala von Transferierbarkeit, möglicherweise in Abhängigkeit von prototypischen und weniger prototypischen Bedeutungsaspekten, gibt. Das scheint der Fall zu sein.

Eric Kellerman (1978) legte in einem viel beachteten Experiment niederländischen Schülern und Studenten 17 niederländische Sätze mit dem Verb *breken* (brechen) vor. Die Versuchspersonen sollten angeben, in welchen Sätzen breken mit engl. *break* (brechen) übersetzt werden konnte. Die 17 Sätze enthielten ein weites Spektrum der Verwendungsweisen von *breken* - von prototypischen bis hin zu übertragenen, sprichwörtlichen und idiomatischen Ausdrücken. Nur drei der Sätze hatten keine direkte Entsprechung mit engl. *break*. Durch alle Lernerniveaus hindurch – bei den niedrigeren stärker, bei den fortgeschritteneren geringer ausgeprägt – ergab sich folgende Tendenz, und zwar unabhängig davon, ob *breken* tatsächlich durch *break* übersetzt werden konnte: Je prototypischer die Bedeutung in der niederländischen Fassung, desto eher neigten die Versuchspersonen dazu, *breken* durch *break* zu übersetzen; und je peripherer die niederländische Verwendungsweise, desto geringer war diese Neigung. Die Einschätzung der peripheren Beispiele ist besonders bemerkenswert: Bis auf wenige Ausnahmen haben auch sie ihre wörtlichen Entsprechungen im Englischen. Deshalb fällten die Probanden ihre Urteile vermutlich nicht aufgrund der Kenntnis des Englischen, sondern allein anhand des am Niederländischen zuvor erworbenen Wissens. Kellerman folgert zweierlei: Die übertragenen, metaphorischen und idiomatischen Verwendungsweisen seien *markierter* als die prototypischen Bedeutungen; und *unmarkiertere* lexikalische Elemente seien eher transferierbar als markiertere.

Diese ersten Ergebnisse zur Transferierbarkeit müssen fraglos ergänzt, präzisiert und abgerundet werden, z.B. im Hinblick auf andersartige Markiertheitsrelationen, unterschiedliche Einbindung in die semantischen Relationen der involvierten Sprachen und in Hinsicht darauf, ob die Ergebnisse an die besonderen Aufgabenstellungen des Experimentes gekoppelt sind. Die geringe Transferierbarkeit der periphereren Bedeutungsaspekte ist vermutlich nicht ausschließlich an die besonderen experimentellen Aufgabenstellungen des Kellermanschen Experimentes gebunden. Dies zeigt einerseits die Beobachtung an den vier deutschen Kindern des Kieler Korpus, die periphere Verwendungsweisen, z.B. in Beschimpfungen, bei ihrem natürlichen L2-Erwerb so gut wie gar nicht in ihr Englisch übertrugen (Kap. 8.5),und zum anderen kam Jordens (1977) in einem Experiment etwas anderen Zuschnitts als das Kellermansche bei FU-Deutsch lernenden Holländern gleichfalls zu dem Ergebnis, daß idiomatische Wendungen wenig transferierbar sind.

Hyltenstam (1982) schlägt eine weitere Präzisierung des Verhältnisses von Markiertheit und Transferierbarkeit vor. Er meint, daß L2-Übergeneralisierungen den Markiertheitsrelationen, wie sie in typologischen Studien sichtbar werden, folgten. Hyltenstam verweist auf die lexikalischen Untersuchungen von Kotsinas (1982, 1984) an erwachsenen L2-Schwedisch sprechenden Immigranten. Meist differenzierten sie z.B. nicht zwischen *titta* (ansehen, betrachten) und *se* (sehen) und verwendeten für beide Fälle bevorzugt *titta*. Dies entspricht der Tatsache, daß nicht alle Sprachen die Sinneswahrnehmung nach intentionaler Tätigkeit wie in *ansehen* und passiver Tätigkeit wie in *sehen* differenzieren. Die Verwendung nur eines Verbs entspricht dem unmarkierten Fall.

Doch auch diese Deutungsmöglichkeit hat ihre Grenzen. Sie bestätigt sich einerseits nicht an den Daten aus dem Kieler Korpus zum natürlichen L2-Erwerb, andererseits unterscheiden nicht alle Sprachen die Wahrnehmung gemäß den fünf Sinnen mit separaten Vokabeln wie *sehen*, *hören*, *fühlen*, *riechen*, *schmecken*. Die fünffache Differenzierung des Deutschen, Englischen oder Schwedischen ist der markierteste Fall. Je weniger Differenzierungen vorgenommen werden, desto unmarkierter ist eine Sprache. Noch aber gibt es keine Berichte, nach denen L2-Lerner soweit generalisieren, daß sie auch dann mit einem Verb für alle fünf Sinneswahrnehmungen auskommen und z.B. *sehen* oder *hören* füreinander oder gar für *fühlen*, *riechen* oder *schmecken* verwenden, wenn die Ziel-L2 bzw. die zuvor gelernte L1 dafür mehr als nur eine Vokabel haben. Möglicherweise handelt es sich in solchen Fällen nicht so sehr um Markiertheitsregularitäten als um Übergeneralisierungen der Art, wie oben am Beispiel der Verwendung von *Kathedrale* im Sine einer Zugehörigkeit zu einer Religionsgemeinschaft (Kap. 8.5-8.6). Beispielsweise berichtet Kotsinas (1984), daß einer ihrer polnischen und ihre fünf griechischen Sprecher in ihrem L2-Schwedisch bestimmte Verben innerhalb der lexikalischen Felder *verbale Kommunikation* (sagen, sprechen, reden, fragen etc.) oder Bewegungsverben (kommen, gehen, reisen, spazieren etc.) übergeneralisierten. Sie verwendeten z.B. *komma* (kommen) für gå (gehen). Die Grenzen der Felder aber wurden nicht übersprungen.

Insgesamt ist die Frage der Transferierbarkeit lexikalischer Elemente derzeit alles andere als geklärt. Weit aufschlußreicher als zweisprachige L2-Situationen dürften für zukünftige Untersuchungen Fälle sein, in denen zuvor zwei oder mehr Sprachen gelernt werden, ehe eine weitere hinzukommt, also als L2 bei L1-bilingualen Sprechern oder als L3, L4 in anderen Fällen. Solche Situationen sind bislang zu wenig für Forschungszwecke genutzt worden. Eine Ausnahme bietet die Gegend um Åbo in Südfinnland. Sie ist z.T. L1-mehrsprachig mit Finnisch und Schwedisch. Die in der Schule gelernten Sprachen wären L3 oder L4. Seit mehreren Jahren untersucht man an der dortigen Universität den Erwerb des Englischen durch monolinguale L1-Sprecher beider Sprachgruppen sowie durch L1-bilinguale. Finnischsprachige machen andere Fehler als Schwedischsprachige. Ringbom (1986) berichtet, daß bilinguale Finnen je nachdem, um welche englischen Strukturen es sich handelt, entweder auf Schwedisch oder auf Finnisch zurückgreifen, z.B. auf Finnisch für die Wortbildung, auf Schwedisch für die Präpositionen (Wikberg 1979). Dem entspricht, daß Finnisch reich an Wortbildungsregeln ist, aber im Gegensatz zum Schwedischen keine Präpositionen hat. An Untersuchungen dieses Zuschnitts würden sich die Details der Bedingungen für Transferierbarkeit über idiomatische Wendungen u.ä. hinaus besser untersuchen lassen, als wenn nur zwei Sprachen involviert sind.

Lexikalische Strategien

Soshona Blum und Eddie Levenston gehören zu den wenigen, die über Einzelprobleme hinausgehende Ansätze entwickelt haben, wenngleich nicht als Beschreibung von Lernvorgängen, sondern als Charakterisierung der lexikalischen Aspekte von L2-Lernersprachen (Levenston/Blum 1977, Blum/Levenston 1978 a-b, Levenston 1979). Ihr Grundgedanke ist: L2- und FU-Lernertexte sind im Vergleich zur Zielsprache einfacher. Diese Vereinfachung resultiert daraus, daß der Lerner seine aus der zuvor gelernten Sprache erworbene Kenntnis über semantische Relationen ausnutzt. Levenston und Blum haben vornehmlich Relationen wie Synonymie, Antonymie, Hyponymie und Hyperonymie im Auge. Wer eine bestimmte Vokabel nicht kennt, kann sie durch das zugehörige Hyperonym ersetzen, z.B. *Baum* anstelle von *Esche*; ein fehlendes Antonym durch die Negation des bekannten, z.B. *leicht* durch *nicht schwer*; ein Synonym durch ein anderes, z.B. die diversen Vokabeln für *schadhaft* durch *kaputt*, wie es nicht nur Deutsch lernende Gastarbeiter gern tun (Kap. 8.5). Auf diese Weise entsteht der Eindruck, als seien Lernertexte gegenüber zielsprachigen Texten in ihrer Wortwahl ungenau, wenn z.B. Hyperonyme anstelle von Hyponymen verwendet werden, oder der Wortschatz erscheint verarmt, weil stereotyp jeweils nur eine einzige Vokabel für viele Synonyme der Zielsprache gebraucht wird (HDP 1979). Weitere Charakteristika ließen sich nennen. So erweckt die Verwendung von

Vokabeln nach dem Muster des in Kap. 8.5 geschilderten Falls von *Kathedrale* (Zugehörigkeit zu einer Religionsgemeinschaft) den Eindruck, als könnten Lerner nicht von ihren persönlichen Erlebnissen abstrahieren, weil sie Vokabeln verwenden, mit denen sie etwas sehr Persönliches, dem Hörer nicht ohne weiteres Rekonstruierbares verbinden.

8.7 Zusammenfassung

Zusammengefaßt lassen sich für den Erwerb des Lexikons folgende größeren Meilensteine der Entwicklung nachzeichnen. Sie spiegeln die Art und Weise wider, in der das Weltwissen, die konzeptuelle und die sprachliche Entwicklung miteinander verquickt und im Gedächtnis repräsentiert werden. Anfangs bilden die Situation, die zugehörigen Objekte sowie das lernende Kleinkind eine Einheit, wie es Piaget als sensomotorisches Stadium beschreibt. Situationen, Objekte, Schemata und die sprachliche Benennung, soweit überhaupt vorhanden, sind vermutlich anfangs im Gedächtnis nicht trennbar, sondern holistisch als ein Komplex repräsentiert. Diese globalholistische Repräsentation wird im Stadium der Objektpermanenz aufgebrochen. Daß Objekte nun für Kinder auch dann existieren, wenn sie im Moment nicht wahrnehmbar sind, bedeutet, daß das Kind nun in der Lage sein muß, das Objekt unabhängig von seiner physikalischen Präsenz im Gedächtnis zu repräsentieren (Tomasello/Farrar 1984). Diese Art der Repräsentation hat zwei wichtige Konsequenzen: Zum einen können die Wörter jetzt auf Konzepte bezogen werden (Nelson 1974); zum anderen wird der Weg dafür frei, daß Objekte und die funktionalen Zusammenhänge zwischen ihnen trennbar abgebildet und gespeichert werden. Letzteres ist eine wichtige Voraussetzung für den Beginn der syntaktischen Entwicklung.

Die Entwicklung von einer holistischen zu einer segmentorientierten Repräsentation der phonologischen Komponente lexikalischer Einheiten (Kap. 9.3.3) ermöglicht die abrupte Ausweitung des Wortschatzes ungefähr um den Zeitpunkt, wo die fünfzigste Vokabel gelernt ist. Wieweit sich gesonderte Entwicklungen im Gedächtnis als Grundlage für L1-Mehrsprachigkeit vollziehen müssen, etwa damit Doubletten gelernt werden können, ist derzeit unklar. Auf jeden Fall verläuft die weitere Entwicklung im lexikalisch-semantischen Bereich in enger Verbindung mit der intellektuellen, perzeptuellen und sonstigen Entwicklung des Kindes. Dieses findet seinen Niederschlag in der Art und Weise, wie die verschiedenen Vokabeltypen im Laufe des Reifungsprozesses gelernt bzw. verändert werden. Je nachdem, zu welchem Zeitpunkt jemand eine zweite oder weitere Sprachen lernt, bildet der diesbezügliche jeweilige Entwicklungsstand die Voraussetzungen dafür, wie das Lexikon einer neuen Sprache erworben wird, bzw. wie es im FU vermittelt und gelernt werden kann.

8.8 Lektürevorschläge zu Kap. 8

Einführungen in die Lexikologie und Nachschlagewerke

Blanke (1973: Schwerpunkt Deutsch), Kastovsky (1983: Schwerpunkt Englisch), Schwarze/Wunderlich (1985), Wierzbicka (1985).

Theorie des Lexikonerwerbs

E. Clark (1973), K. Nelson (1974), Bowerman (1978), Barrett (1982). Kritische Würdigung: Carey (1981). Wode 1987).

L1-Erwerb

Überblicke: Szagun (1980: Kap. 5), Carey (1981).
Erste 50 Wörter: K. Nelson (1973).
Übergeneralisierungen:
E.Clark (1973), Rescorla (1980), Barrett (1982), Thompson/Chapman (1977).
Umfang des Wortschatzes:
McCarthy (1954), Kegel (1974), Augst et al. (1977), Augst (1984).
Polare Adjektive:
Donaldson/Balfour (1986), Donaldson/Wales (1970), H.H. Clark (1970), Carey (1978).
Dimensionale Adjektive: Wales/Campbell (1970), E. Clark (1972), Bartlett (1976).
Verwandtschaftswörter: Haviland/E.Clark (1974), Deutsch (1979).
Lexikonerwerb und Syntax: C.Chomsky (1969).

L1-Mehrsprachigkeit

Wichtige Quellen: Leopold (1939-49), Taeschner (1983).
Doubletten: Taeschner (1983), Vihman (1985).

L2-Erwerb

Überblick: Wode 1987b.
Transfer: Doege (1985), Meyer-Ingwersen et al. (1981).
Wichtige Quellen:
HDP (1977, 1979), Bahns (1981), P.Burmeister (1986), Klössing (1986).

Fremdsprachenunterricht (FU)

Doyé (1982), Heindrichs et al. (1980), James (1980), Lado (1957), Scherfer (1985).

Transfer und Transferierbarkeit

Kellerman (1978), Hyltenstam (1982),Ringbom (1986).

Lernerstrategien

Blum /Levenston (1978a, b), Levenston (1979), Ringbom (1986).

9. Lauterwerb

In der Frühphase der L1-Forschung hat der Lauterwerb viel Interesse gefunden. In der Forschung zum natürlichen L2-Erwerb ist die Phonologie bislang nur wenig beachtet worden. Zum FU liegen viele, meist aber wenig systematische Fehlersammlungen vor.

9.1 Die Aufgabe des Lerners: Erwerb des Lautsystems

Die Aufgabe des Lerners erschöpft sich nicht im Auswendiglernen der Aussprache der Wörter bzw. Morpheme, also ihrer *phonologischen Repräsentation*. Das gesamte Lautsystem muß gemeistert werden. Dazu gehören u.a.:

- *Phoneminventar* und *distinktive Oppositionen*:
  Alle *Phoneme* einer Sprache bilden ihr *Phoneminventar*. Dies unterscheidet sich von Sprache zu Sprache. Das Französische hat z.B. Nasalvokale wie /ã ɔ/ und gerundete vordere Vokale wie /ø y/. Deutsch hat keine Nasalvokale, aber gerundete; das Englische hat weder Nasalvokale noch vordere gerundete, dafür aber im Gegensatz zum Deutschen und Französischen den tiefen vorderen Vokal /æ/ und die Konsonanten /θ ð/. Im Englischen sind /θ ð/ distinktiv, d.h., mit ihnen werden minimal Wörter differenziert, z.B. engl. *sin* (Sünde): *thin* (dünn). Im Deutschen und Französischen sind [θ ð] nicht distinktiv, sondern Sprechfehler. Die Phoneme einer Sprache bilden Oppositionen.
- *Phonotaktik:*
  Gemeint sind Regeln für die Kombinierbarkeit der Phoneme. Englisch und Deutsch haben z.B. die Phoneme /k g n/. Nur im Deutschen lassen sie sich zu /kn- gn-/ kombinieren wie in *Knast*, *Knie*, *Gnom*. Im Englischen darf man sich durch die Orthographie von *knee* /ni/ (Knie), *gnome* /nəɷm/ (Gnom) nicht täuschen lassen. Phonotaktische Regeln können Silbenanlaute, -auslaute und andere Einzelheiten betreffen. Im Deutschen treten z.B. stimmhafte Verschlüsse und Spiranten nicht im Silbenauslaut auf wie *Tod*:*Todes*, *Sieb*:*Siebes*, *Laus*:*Läuse*, wohl aber im Englischen und Französischen, wie engl. *ride* (reiten):*write* (schreiben), *rice* (Reis):*rise* (aufstehen, aufgehen) bzw. frz. *grande* (groß):*rouge* (rot).
- *Morphophonologische Alternationen:*
  Die phonologische Repräsentation eines Morphems kann sich je nach Vorkommen, z.B. in Wortbildungsregeln, ändern. Zu den englischen Nomina *president* (Präsident), *resident* (Bewohner) heißen die Adjektive *presidential*, *residential*. Im Adjektiv findet sich an Stelle des /t/ ein /ʃ/.

Zum Lautsystem zählen nicht nur die Besonderheiten einzelner Wörter, sondern auch die *satzphonetischen* Aspekte. Damit sind jene Besonderheiten gemeint, wenn Wörter im Verbund längerer Ausdrücke, Sätze oder Texte gesprochen werden. Das sind einerseits der suprasegmentale Bereich mit Betonung, Pausensetzung und Tonhöhenverläufen; andererseits segmentale Verschleifungen, die bei schneller und weniger sorgfältiger Aussprache entstehen. Das geschieht regelhaft. Beispielsweise wird bei schnellem Sprechtempo in *hast du gut geschlafen* nicht etwa zuerst das /s/ in *hast* unterdrückt, sondern das auslautende /-t/.

Das Gros der bisherigen Untersuchungen zu allen Spracherwerbstypen betrifft die Enkodierung, und zwar primär das Phoneminventar, die phonologische Repräsentation von Wörtern und Morphemen sowie die Phonotaktik von Silben. Betonung, Pausensetzung, Tonhöhenverläufe und Verschleifungen sind bislang wenig untersucht worden.

9.2 Theorien und Ansätze

Substitutionen

Die ersten Modelle zur Beschreibung des kindlichen Lauterwerbs waren *Substitutionsansätze*. Sie unterstellen, daß der Lauterwerb so abläuft, daß die Zielphoneme systematisch durch andere Laute ersetzt werden (z.B. Bloch 1921 oder Pavlovitch 1920), etwa /k/ durch [t] wie in *Decke* [tɛtə], *Fuchs* [fɷts], *komm* [tɔm]. Andere Phoneme haben andere Substitutionen. Diese Gesetzmäßigkeiten gelten für alle Sprachen.

Substitutionsansätze treffen in dem zu, was sie erfassen, lassen aber Wesentliches unberücksichtigt. Zwei Schwächen sind besonders gravierend: Einerseits wird Lauterwerb ohne Bezug zu den distinktiven Oppositionen untersucht. D.h., es wird nicht gefragt, wie Kinder lernen, daß z.B. [θ] im Deutschen und Französischen ein Sprechfehler, im Englischen aber distinktiv ist. Auf diese Problematik ist der *strukturalistische Ansatz* von Roman Jakobson (1941) ausgerichtet (s.u.).

Eine zweite Schwäche betrifft die Beschreibung kindlicher Äußerungen wie *klettern* [lɛka], *Toilette* [lɛtə], *Decke* [kɛkə] (Wode 1978b). Kinder dieses Entwicklungsstandes verfügen bereits über /k l t ɛ a/ und sind in der Lage /-t-/ inlautend zu sprechen. Warum tun sie es nicht in *klettern*? Vermutlich deshalb nicht, weil in dieser Entwicklungsphase nicht streng ein Segment für ein anderes substituiert wird. Kinder richten sich u.a. auch nach der Umgebung, in der das zielsprachliche Segment vorkommt. Das inlautende /-k-/ in *klettern* ist offenbar ein Reflex des anlautenden /k-/. Es „strahlt" über andere Segmente hinaus, so daß das Kind auch inlautend [-k-] spricht. Ähnlich erklärt sich vermutlich die Aussprache [kɛkə] für *Decke*. Hier wirkt das inlautende /-k-/ auf den Anlaut zurück. Man spricht von *Fernassimilation*.

Der strukturalistische Ansatz von Roman Jakobson (1941)

Jakobsons Theorie ist einer der herausragenden Beiträge zur Spracherwerbsforschung. Erstmals wird der Grundgedanke der modernen Linguistik, Sprachen seien Systeme, konsequent auf den Spracherwerb angewendet. Ferner bringt Jakobson den Lauterwerb in Zusammenhang mit *Sprachtypologie*, *Sprachwandel* und *Sprachverfall* bei Aphasikern, so daß Sprachenlernen nicht isoliert als ein Phänomen ohne Bezug zu anderen sprachlichen Bereichen erscheint. Welch starken Einfluß Jakobson auf die Forschung gehabt hat, erkennt man u. a. daran, daß spätere Theorien in der Regel mit Schwächen und Versäumnissen der Jakobsonschen begründet werden.

Jakobsons Theorie zielt auf den Erwerb der distinktiven Oppositionen des Lautsystems ab und weniger auf ihre phonetische Realisierung, d.h. die tatsächliche Aussprache. Eigene Beobachtungen hat Jakobson nicht angestellt. Er meint, Kinder lernten das Lautsystem nach *universellen* Gesetzmäßigkeiten, und zwar unabhängig davon, welchem Kulturkreis sie angehören und welche Sprache sie lernen. Diejenigen phonologischen Oppositionen, die in allen Lautsystemen der Welt vorkommen, werden zuerst gelernt, weniger häufige später, die seltensten zuletzt. Bei Aphasikern verfällt das Lautsystem in umgekehrter Reihenfolge: die am spätesten gelernten zuerst, die ganz früh erworbenen zuletzt. Die Veränderungen, die Kinder im Laufe der Entwicklung ihrer jeweiligen Lautsysteme vornehmen, decken sich mit denen beim Lautwandel.

Jakobson sieht keinen funktionalen Zusammenhang zwischen Lallen und dem Erwerb des Lautsystems. Distinktive Oppositionen seien im Lallen nicht nachzuweisen. Während der Lallphase werden aber in großer Fülle auch jene Elemente produziert, die in der eigentlichen sprachlichen Entwicklung der Kinder erst sehr viel später auftauchen, z.B. werden /l r/ in der Regel spät gemeistert. Beim Lallen aber sind sie sehr häufig. Eine physiologisch begründete Fähigkeit bzw. Unfähigkeit zu lautieren erklärt diese Beobachtung nicht. Die Begründung kann, so Jakobson, nur darin liegen, daß Schall in der sprachlichen Periode funktional anders, nämlich zur Differenzierung sprachlicher Zeichen genutzt wird.

Jakobson sieht den Lauterwerb als eine Entwicklung, die bei den gröbsten, einfachsten und damit maximalen Differenzierungen beginnt und jeweils über die nächst feineren bis hin zu den subtilsten des betreffenden Lautsystems verläuft. Der größte Gegensatz besteht zwischen einem maximal geöffneten Segment, dem tiefen Vokal /a/ und den maximal geschlossenen, dem Lippenlaut /p/. Als nächstes entwickelt sich die konsonantische Opposition *oral* vs. *nasal*, also /p/ vs. /m/ und danach eine zweite Artikulationsstelle der vorderen Mundhöhle, also der Gegensatz *labial* vs. *dental*, /p/ vs. /t/. Nach diesen konsonantischen Oppositionen folgt der zweite Vokal. Dem tiefen /a/ wird ein enger, in der Regel /i/ entgegengestellt. Der dritte Vokal ist dann entweder ein hinterer, /u/, oder einer mittleren Öffungsgrades, /e/. In der weiteren Entwicklung werden hintere Konsonanten nach den vorderen, Engelaute nach den entsprechenden Verschlüssen und Affrikaten wie /pf/ nach den entsprechenden Kontinuanten gemeistert. Hintere Vokale erscheinen nach den vorderen; gerundete vordere erst, wenn für denselben Öffnungsgrad ein vorderer ungerundeter und ein hinterer gerundeter vorhanden ist. Von den Liquiden /r l/ wird anfangs nur einer gelernt, der zweite, meist /r/, erst beträchtlich später. Jakobson hält diese Entwicklungssequenz für universell und invariant in dem Sinne, daß alle Kinder sie befolgen, vorausgesetzt die Zielsprache hat die entsprechenden Phoneme und Oppositionen.

An Jakobsons Theorie ist viel Kritik geübt worden. Einerseits haben sich viele Einzelheiten der postulierten Entwicklungssequenz nicht bestätigt (z.B. von Raffler-Engel 1970, Oksaar 1970, Ferguson/Garnica 1975). Andererseits hat sich die Theorie als zu begrenzt auf den Erwerb der segmentalen Oppositionen ausgerichtet erwiesen. Dekodierung, Morphophonologie, Phonotaktik, satzphonetische segmentale Verschleifungen sowie der gesamte suprasegmentale Bereich fehlen. Distinktive Oppositionen aber sind Relationen, die nicht direkt beobachtet werden können, sondern erschlossen werden müssen, und zwar über das, was man hört. Entsprechend meinen Ferguson/Farwell (1975) zu Recht, daß die Einheiten, an denen sich der Lauterwerb vollzieht, Wörter und nicht distinktive Oppositionen sind. Mit dem Blick auf distinktive Oppositionen sind in der Jakobsonschen Theorie diverse, inzwischen gut dokumentierte Besonderheiten des L1-Lauterwerbs gar nicht erfaßbar, z.B. die Assimilationen wie die oben bereits besprochene von [lɛka] für *klettern*; desgleichen die Besonderheiten der phonetischen Realisierungen. Beispielsweise trifft es zwar zu, daß die verschiedenen Arten von /r/ oft sehr spät gelernt werden, nur erklärt das nicht, weshalb ein retroflexes /ɽ/ zwischenzeitlich durch [w] , ein apikales /r/ durch [l] oder [j] und ein uvulares /R/ durch [h] oder [j] substituiert wird (Wode 1977d, 1981a). Und letztlich spielt die Stellung in der Silbe eine wichtige Rolle; so wird z.B. die Stimmhaftigkeit im Silbenanlaut eher als im Auslaut gemeistert.

Jakobson schloß zu Recht *Lautmalerei* und *andressierte Vokabeln* aus. Sie können phonetisch viel komplexer strukturiert sein als der übrige bis dahin gelernte Wortschatz. Das gleiche gilt für *Archaismen* der vorsprachlichen Periode wie die Lallwörter. Wie in Kap. 7.1.1 geschildert, gebrauchte Heiko z.B. schon früh [hagŋ]. Mit steigender Tonhöhe signalisierte er, daß er Aufmerksamkeit verlangte, mit fallender das Gegenteil. Später wurde [hagŋ] durch [kapm] ersetzt. Mit den für [hagŋ] geschilderten Intentionen wurde der Archaismus [kapm] noch weit in die sprachliche Periode hinein verwendet. Eines der bekanntesten Beispiele für eine andressierte Vokabel stammt aus Leopold (1939: 24f, 119f). Seiner mit Deutsch und Englisch L1-bilingual aufwachsenden Tochter Hildegard wurde bei den Verwandten das Wort *pretty* (hübsch) beigebracht. Sie sprach es [prɪti] oder [prəti] aus. *pretty* gehörte neben [dɛ] für *there* (da) zu den beiden ersten Vokabeln, die das Kind aktiv und dauerhaft beherrschte. Wichtig ist an derartigen Sonderfällen folgendes: diese Lautbildungen sind Formeln (Kap. 5.7). Sie stellen eine besondere Schicht im Lautsystem dar, denn trotz ihrer z.T. drastisch größeren phonetischen Komplexität scheinen sie die übrige Entwicklung nicht zu fördern. Die interne Struktur dieser Formeln ist nicht durch das sich entwickelnde Lautsystem des Kindes abgedeckt. Hildegard eignete sich z.B. zunächst keine weiteren Vokabeln mit anlautendem /pr-/ oder mit /r/ an. Vielmehr paßte sie ihr ursprüngliches [prəti] durch Auslassen von /r/ der Entwicklung ihres übrigen Lautsystems an, als sie in etwa im Einklang mit Jakobsons Entwicklungssequenz /p t i/ erworben hatte. Sie spricht es dann [pɩti] und kurz danach [bɩdi]. Erst Jahre später verwendet sie die Konsonantengruppe /pr-/ wieder.

Besonders gravierend wirkt sich aus, daß Jakobsons Ansatz zu wenig Spielraum für individuelle Variation läßt und damit heute gut dokumentierbare Charakteristika nicht berücksichtigt. Kinder variieren u.a. darin, welche Vokabeln sie bevorzugt lernen. Dabei orientieren sie sich oft an phonologischen Besonderheiten. Manche Kinder bevorzugen Wörter mit labialen Lauten, z.B. /p/ oder /b/, andere mit velarer Aussprache /k/ oder /g/, und wiederum andere zeigen keinerlei Präferenzen (z.B. Ferguson/Farwell 1975, Leonard et al. 1980, Stoel-Gammon/Cooper 1984). Entgegen Jakobsons Annahme bevorzugen keineswegs alle Kinder anfangs Silben der Struktur K(onsonant) V(okal), manche eben auch VK oder KVK (z.B. Stoel-Gammon/Cooper 1984). Insgesamt haben sich viele der von Jakobson herausgearbeiteten Besonderheiten im wesentlichen zwar bestätigt; allerdings nicht im strengen universellen Sinne, sondern eher als sehr häufige Tendenzen, von denen Kinder in vielfacher Weise individuell variierend abweichen können (Macken/Ferguson 1983).

Poststrukturalistische Ansätze

In der großen Mehrzahl der auf Jakobson (1941) folgenden Ansätze wird versucht, Schwächen und Schwierigkeiten seiner Theorie entgegenzuwirken. Man hebt nicht mehr ausschließlich auf das Inventar an Oppositionen ab, sondern bezieht größere Einheiten – Silben, Morpheme, Wörter – und die individuelle Variation mit ein.

- *Behavioristische Theorien:* z.B. Mowrer (1952), Winitz (1969), Olmsted (1971). In ihnen wird u.a. die Wichtigkeit von *Verstärkung* durch den stimmlichen Kontakt mit der Umwelt betont. Doch schon die Tatsache, daß taube Kinder auch sprechen lernen, ganz zu schweigen von den Besonderheiten wie [lɛka] für *klettern* oder das in Kap. 1.2. besprochene Beispiel [tat] für Stadt, zeigt, daß derartige Theorien zu kurz greifen. (Zur grundlegenden Schwäche behavioristischer Ansätze Kap. 3.3.1).
- *Natürliche Phonologie:* Stampe (1979). Stampe nimmt an, daß der Mensch genetisch mit einem Repertoire von *phonologischen Prozessen* ausgerüstet ist. Stampe hält sie für mentale Prozesse. Die volle Bandbreite der Leistungsfähigkeit zeigt sich im Lallen. Im Verlaufe des Spracherwerbs wird dieses Potential auf die Zielsprache

eingeengt, z.B. durch *Unterdrückung* nicht erforderlicher Prozesse oder durch *Einschränkung* eines Prozesses auf einen Teil seines ursprünglichen Anwendungsbereichs. Ein Beispiel für die völlige Unterdrückung natürlicher Prozesse wäre die*Uvularisierung*. Beim Lallen tritt sie häufig auf. Im Deutschen bleibt sie im /R/ erhalten; das Englische hat keine uvularen Phoneme. Bei der Einschränkung eines Prozesses denke man z.B. an die Stimmhaftigkeit im Deutschen. Während der Lallphase tauchen stimmhafte Verschlüsse und Spiranten auch auslautend auf. Für sie muß im Deutschen die Stimmhaftigkeit auf An- und Inlaute eingeschränkt werden.

- *Die kognitive Theorie:* Macken/Ferguson (1983). Dieser Ansatz hebt nicht so sehr auf universelle Entwicklungssequenzen von Phonemen ab, sondern primär auf die Fähigkeiten, die erforderlich sind, um Input phonologisch zu dekomponieren und um die dekomponierten Elemente zu einem phonologischen Regelsystem zu integrieren. *Kognitiv* heißt dieser Ansatz deshalb, weil Lauterwerb als Problemlösung aufgefaßt wird und weil man annimmt, daß hierfür keine speziellen linguo-kognitiven, sondern lediglich allgemein-kognitive Fähigkeiten erforderlich sind, die auch für den Aufbau von Systemen in anderen sprachlichen Bereichen, z.B. der Syntax oder des Lexikons, sowie in nichtsprachlichen Bereichen, z.B. bei der Bewegungskontrolle oder bei intellektuellen Problemen, angewendet werden. Man nimmt an, daß sich die universalistischen Tendenzen, wie sie der strukturalistische Ansatz von Jakobson (1941) oder die natürliche Phonologie von Stampe (1979) herausstellen, aus der biologischen Funktionsweise des perzeptiven und auditiven Apparates ergeben.

Unter den neueren Ansätzen ist der kognitive am ausführlichsten durch empirische Daten abgesichert. Er wurde seit Ende der 60er Jahre im wesentlichen im und um das *Stanford Child Phonology Project* unter Leitung von Charles A. Ferguson auf der Grundlage detaillierter Studien zu diversen Aspekten des kindlichen Lauterwerbs konzipiert. Wie Jakobson rechnet man mit vielen Parallelitäten in den Entwicklungssequenzen einzelner Kinder. Im Gegensatz zu Jakobsen und Stampe hält man sie jedoch nicht für universell und invariant. Vielmehr zeigt sich in den vielen Gemeinsamkeiten der phonologischen Entwicklungssequenzen lediglich eine Tendenz. Es ist also eine Frage der Wahrscheinlichkeit, wie ein Kind die einzelnen Phoneme lernt. Zu dieser Einschätzung gelangte man im Rahmen des Stanforder Ansatzes, weil man sich sehr viel mit intraindividueller Variation, sprachlichem Spiel und weiteren Phänomenen befaßte, die in anderen phonologischen Ansätzen bislang wenig Beachtung gefunden haben (z.B. Ferguson/Farwell 1975, Ferguson/Macken 1983).

Insgesamt darf es nicht verwundern, daß die bislang vorliegenden Theorien zum Lauterwerb sich nicht decken. Sie heben auf unterschiedliche Aspekte ab und müßten obendrein auf den L2-Erwerb und andere Erwerbstypen ausgeweitet werden.

9.3 Abriß der L1-Lautentwicklung

Vor allem Dank der jüngeren Arbeiten zum Englischen läßt sich zumindest ein grober Überblick über den Lauterwerb ab den ersten Anfängen geben. Wichtig ist, daß die alte Vorstellung, der Lauterwerb sei im Alter von 4;0-5;0 abgeschlossen, aufgegeben werden muß. Noch nicht einmal mit 16;0 ist er beendet. Abb. 9.1 faßt die Hauptentwicklungsschübe zusammen.

I: 0-1;0	vorsprachliche Entwicklung des Lallens und der kategoriellen Schallwahrnehmung
II: 1;0-1;9	Erwerb der ersten 50 Vokabeln: • elementares Lautinventar • phonologische Kontraste auf der Grundlage von Wörtern • noch kein segmentorientiertes Lautsystem im erwachsenensprachlichen Sinne
III: 1;9-4;0	phonologische Differenzierungen auf der Grundlage von lautlichen Segmenten und Phonologie einfacher Morpheme: • abrupte starke Erweiterung des Wortschatzes • phonologische Prozesse • phonologische Kontraste als segmentorientiertes Lautsystem • Lautinventar bis ca. 4;0 erworben
IV: 4;0-7;0	Erwerb komplexer Morpheme/Wörter
V: 7;0-12;0	Erwerb morphonologischer Alternationen

Abb. 9.1: Hauptentwicklungsperioden des L1-Lauterwerbs.

9.3.1 Vorsprachliche Lallphase und kategorielleSchallwahrnehmung

Der Lauterwerb baut auf den vorsprachlichen Entwicklungen zur Schallwahrnehmung und Schallproduktion auf. Wie in Kap. 7.1.1 geschildert, hat die sprachliche Schallproduktion ihre Vorläufer im Lallen, wenngleich die Zusammenhänge zwischen Lallen und Sprechen nach wie vor unklar sind. Ehe Kinder ihre ersten Wörter produzieren, haben sich die Grundzüge der kategoriellen Wahrnehmung zumindest für einen großen Teil jener phonetischen Unterscheidungen, die in den Sprachen der Welt als distinktive Merkmale für Oppositionen dienen, herausgebildet.

9.3.2 Die Frühphase: die ersten 50 Vokabeln

Anfangs, d.h. während der holophrastischen Phase, baut sich der Wortschatz von Kindern nur langsam auf, und zwar bis zu jener sprunghaften Erweiterung, die, wie in Kap. 8.3.1-2 gezeigt, nach ca. 50 Wörtern einsetzt. Auf den Zeitraum dieser ersten 50 Wörter bezieht sich die Mehrzahl der bisherigen Untersuchungen zum Lauterwerb (so auch Jakobson 1941). Die gelernten Vokabeln sind - in der Zielsprache - wenig komplex. Abb. 9.2 stellt die ersten Vokabeln für drei Kinder verschiedener Sprachen einander gegenüber. Anfangs dominiert der Silbentyp K(onsonant)+V(okal), z.B. [ta] *da*; bzw. redupliziert als KVKV. VK wie in [ɔp] *hoppe* (hoppe Reiter) ist seltener. Kinder variieren sehr, wieweit sie Reduplikationen verwenden (Schwarz et al. 1980). KVK-Silben können wenig später als KV bzw. VK hinzukommen. Konsonantengruppen fehlen anfangs.

Lars			**Jennika (Ingram 1976)**			**(Pačesová 1968)**		
Heiko	hako	1;1	blanket	ba	1;3	tam (da)	ta	0;10
	haiko			babi			tam	1;2
	ako	1;3	byebye	ba	1;3	tady (hier)	tati	0;11
hoppe-hoppe-	hɔp	1;1		baba			tadi	
Reiter	ɔp		daddy	da	1;3	táta (Pappi)	ta:ta	1;0
Tuten,	tu	1;3		dada		auto (Auto)	autɔ	1;1
Fahrgeräusch	tut			dadi		bakany (böse)	ba	1;1
	ut		dot	dat	1;3	bába (Omi)	baba	1;1
Ball	pa	1;3		dati			ba:ba	
da	ta	1;3	hi	hai	1;3	máma (Mami)	mama	1;1
	ata	1;4		haidi	1;4		mamam	
Mama, Papa	apa	1;3	mommy	ma	1;3	ano (Jahr)	ano	1;2
	hapa			mami			a:no	
	papi	1;4		mama			anɔ	
	api		no	no	1;3		haʊnɔ	
nein	aɪ	1;3	see	si	1;3	ne (nein)	ne	1;2
ausziehen	au	1;4	see that	siæt	1;3		ne:	
Pallas	pa	1;4	that	da	1;3	to::to (dies)	to:to	1;2
pal		hot	hat	1;4		kviti (Blume)	citi:	1;2
	pala		up	ap	1;4		titi	
	paja			api		kluk (Junge)	tut	1;2
die, dies	ti	1;4					kuk	
	tü					hapat (fallen)	apa:	1;2
							hapa:	

Abb. 9.2: Die ersten 10 Vokabeln bei 3 Kindern für L1-Deutsch (Lars), L1-Englisch (Jennika, Ingram 1976) und L1-Tschechisch (Pačesová 1968). Frühe Lautmalereien sind nicht aufgeführt. Es dominieren die Silbentypen KV, VK, KVK, KVKV. Konsonantengruppen fehlen, bzw. sie sind gegenüber der Zielvokabel auf einen Konsonanten reduziert. Von den Diphthongen sind /aɪ aʊ/ früh.

Im Einklang mit Jakobson dominieren zunächst die vorderen, namentlich die labialen Konsonanten; aber auch dentale können früh auftreten. Hintere Konsonanten werden in der Regel später gemeistert; allerdings berichten Ferguson et al. (1973), daß manche Kinder Velare bevorzugen. Wenngleich einzelne Frikative relativ früh gelernt werden, erscheinen sie in der Regel erst nach den entsprechenden Verschlüssen. Ferguson/Garnica (1975) zeigen, daß auch /w/ und /h/ sehr früh gemeistert werden können.

Die Vokalentwicklung erfolgt im wesentlichen im Einklang mit den Annahmen von Jakobson (1941). Zunächst bildet sich das elementare Vokalsystem, meist als *Dreiecksystem*, seltener als *Dreistufensystem*. Das Dreiecksystem beginnt mit dem offenen, dann einem geschlossenen hinteren oder vorderen und danach dem fehlenden dritten Element:

Dreiecksystem

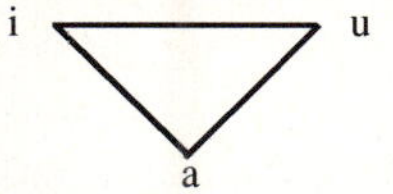

Dreistufensystem

i/u
e/o
a

Seltener ist das dreistufige, beginnend mit dem offenen /a/, dann geschlossenes /i/ oder /u/ und danach der mittlere Öffnungsgrad /e/ oder /o/. Von den Diphthongen sind /aʊ aɪ ɔɪ/ früh.

Ganz entscheidend für die Beurteilung der Entwicklung während der Frühphase ist die Frage, ob die lautliche Differenzierung der Kinder auf der Grundlage von Segmenten wie in der Sprache Erwachsener oder auf der Grundlage des gesamten Wortes erfolgt. Jakobson nahm ersteres an. Dagegen sind jüngst gravierende Einwände erhoben worden, die vermuten lassen, daß eine Differenzierung auf der Basis von Segmenten, wenn überhaupt, zumindest während der Frühphase noch nicht voll ausgebildet ist. Kinder haben bei ihren frühen Wörtern große Schwierigkeiten, die phonetischen Merkmale in der Reihenfolge der Zielsprache zu produzieren (Waterson 1970, 1971, Ferguson/Farwell 1975).

Ferguson/Farwell berichten z.B. über ein Englisch lernendes Kind, das innerhalb von 30 Minuten 10 verschiedene Aussprachen von engl. *pen* (Kugelschreiber) lieferte: (1) [mãə] (2) [jʌ,] (3) [dɛdn̩] (4) [hɪn], (5) [mbõ], (6) [p^{h}ɪn], (7) [t^{h}n̩t^{h}n̩t^{h}n̩] (8) [ba^{h}], (9)[d^{h}aun], (10)[buã]. Man erkennt deutlich, daß das Kind Schwierigkeiten hat, die Merkmale nasal, bilabialer Verschluß, alveolarer Verschluß und stimmlos in die erforderliche Abfolge zu bringen. Vermutlich erfolgt die phonologische Repräsentation lexikalischer Einheiten zu diesem Zeitpunkt noch gar nicht oder noch nicht im gleichen Ausmaße auf der Grundlage von Segmenten, wie dies bei älteren Kindern und Erwachsenen der Fall ist, sondern ganzheitlich auf der Basis des ganzen Wortes (Ferguson/Farwell 1975, Wode 1985. Näheres Kap. 9.7).

9.3.3 Segmentorientierte Kodierung und die Phonologie einfacher Morpheme

Mit der abrupten Erweiterung des Wortschatzes über die ersten 50 Wörter hinaus (Kap. 8.3.1) ändert sich auch die Art, wie die phonologischen Repräsentationen lexikalischer Einheiten im Gedächtnis gespeichert sind. Nun geschieht dies auf der Grundlage von Segmenten (Wode 1985). Zwischen 4;0 und 7;0 werden das Inventar an Phonemen und die Konsonantengruppen gemeistert. Danach müssen noch morphonologische Alternationen und komplexe Morpheme gelernt werden.

Die Entwicklung der phonologischen Dekodierfähigkeit

Die Entwicklung der sprachlichen Schallperzeption ist bislang nur wenig untersucht worden. Als Pionier und Initiator gilt der Russe N. Kh. Shvachkin (1948). In bestimmten Intervallen prüfte er bei 19 russischen Kindern im Alter von 0;10 - 2;0, wieweit ihre phonologische Dekodierfähigkeit entwickelt war. Dafür benutzte er erfundene Namen für gleichfalls erfundene Phantasieobjekte. Die Phantasienamen wählte er so, daß sie den phonotaktischen Regeln des Russischen entsprachen, d.h., An- und Auslautgruppen entsprachen denkbaren russischen Vokabeln, auch wenn diese nicht tatsächlich belegt waren. Die Kinder lernten die erfundenen Vokabeln dadurch, daß das Aufsichtspersonal die Gegenstände entsprechend benannte. Die Überprüfung er-

Stadium	Oppositionen
Ia	[a] vs. restliche Vokale
Ib	[i]-[u], [e]-[o], [i]-[o], [e]-[u]
Ic	[i]-[e], [u]-[o]
II	Vorhandensein vs. Fehlen anlautender Konsonanten z.B. [bok]-[ok], [ek]-[vek]
III	Nasale, Liquide und Gleitlaute vs. Verschlüsse und Frikative z.B. [m]-[b], [r]-[d], [n]-[g], [j]-[v]
IV	Patalisierte vs. nichtpatalisierte Konsonanten z.B.[n‘]-[n], [b‘]-[b], [v‘]-[v], [r‘]-[r]
Va	Nasale vs. Liquide und Gleitlaute z.B.[m]-[l], [m]-[r], [n]-[l], [n]-[r], [n]-[j], [m]-[j]
Vb	verschiedene Nasale, z.B. [m]-[n]
Vc	verschiedene Liquide, z.B. [l]-[r]
VI	Nasale, Liquide und Gleitlaute vs. Frikative z.B. [m]-[z], [n]-[ʒ]
VII	Labiale vs. Nichtlabiale z.B. [b]-[d], [b]-[g], [v]-[z]
VIII	Verschlüsse vs. Frikative z.B. [b]-[v], [d]-[ʒ]
IX	Alveolare vs. Velare z.B. [d]-[g], [t]-[k]
X	stimmhaft vs. stimmlos z.B. [b]-[p], [d]-[t], [g]-[k], [v]-[f], [z]-[s], [ʒ]-[ʃ]
XI	Schibilanten vs. Sibilanten z.B. [ʒ]-[z], [ʃ]-[s]
XII	Liquide vs. Gleitlaute z.B. [r]-[j], [l]-[j]

Abb. 9.3: Entwicklung der phonologischen Dekodierfähigkeit russischer Kinder (Shvachkin 1948 (nach Clark/Clark 1977: 381)). Untersucht wurden die Anlaute frei erfundener Einsilber. Im großen und ganzen dürfte die Entwicklung auch auf den Erwerb anderer Sprachen zutreffen.

folgte, indem das Kind aus einer entsprechenden Gruppe das richtige Objekt heraussuchen oder identifizieren sollte.

Shvachkin fand, daß Anlaute am ehesten differenziert wurden. Folglich beschränkte er sich auf die Anlaute einsilbiger Wörter, z.B. *ak*, *mak*, *pak*. Die Entwicklung verlief recht einheitlich für alle Kinder (Abb. 9.3). Als erstes wurden Vokale unterschieden, und zwar /a/ gegenüber den anderen. Danach erfolgten weitere Vokaldifferenzierungen. Konsonanten wurden zunächst nicht, dann aber als undifferenziertes Geräusch und erst danach gemäß ihrer distinktiven Qualität registriert.

In ihren Grundzügen gelten Shvachkins Ergebnisse vermutlich auch für andere Sprachen. Garnica (1973) und Edwards (1974) haben mit einigen Modifikationen das Verfahren aufs Englische übertragen und vergleichbare Resultate erzielt. Auch Garnica und Edwards ermittelten geordnete Entwicklungssequenzen. Zusätzlich fanden sie mehr individuelle Variation. Auch scheint die Entwicklung bis 2;0 noch nicht abgeschlossen zu sein (Edwards 1974). Im Gegenteil, nach Templin (1957) identifizieren englischsprachige Kinder noch um 8;0 die Phoneme des Englischen nicht mit gleich gutem Erfolg wie Erwachsene. Allerdings bedeutet dieser Befund nicht notwendigerweise, daß die Kinder diese Unterscheidungen noch nicht beherrschen. Überhaupt verdeutlicht Bartons (1980) kritischer Überblick über die bisherigen Untersuchungen zum Erwerb der Dekodierfähigkeit, daß als Antwort auf die Frage nach der Entwicklung der phonologischen Dekodierfähigkeit nicht schlicht ein lineares Nacheinander der Phoneme zu erwarten ist. Die Entwicklung scheint von diversen Faktoren abzuhängen. Barton nennt u.a.: Stellung in der Silbe, Bekanntheitsgrad des Wortes, Phantasiewort oder tatsächlich vorkommendes Wort, Zahl der zu unterscheidenden Schallmerkmale und Besonderheiten der Testbedingungen.

Zur Priorität von Dekodierung oder Enkodierung

Das genaue Verhältnis von Dekodierung zu Enkodierung ist nach wie vor ungeklärt. Es wäre unangemessen, aus den obigen Untersuchungen zur Dekodierung zu folgern, sie gehe der Enkodierung grundsätzlich voraus. Eine solche Auffassung vertreten z.B. Salus/Salus (1974). Sie meinen, Laute werden erst richtig produziert, wenn sie auch richtig perzipiert werden. Shvachkin (1948) vertrat die gegenteilige Auffassung. Kinder, die einen Laut sprechen können, hören ihn auch besser.

Diese beiden Positionen sind nicht unvereinbar. Sie betreffen unterschiedliche Aspekte. Da ohne Input nichts gelernt wird (Kap. 11.1.1), muß die Dekodierung vorausgehen. Sind aber Laute gelernt und werden sie gesprochen, sind Kinder stärker auf sie sensibilisiert. Sie schärfen ihre Dekodierung in der täglichen Interaktion und nehmen bevorzugt Wörter auf, die diese Elemente enthalten. So berichteten z.B. Ferguson/Farwell (1975) über ein englischsprechendes Kind, das eine zeitlang bevorzugt Wörter mit /b/ aufnahm. Andererseits wird in den genannten und vielen anderen Studien dennoch meist implizit angenommen, der Enkodierung und der Dekodierung liege eine gemeinsame mentale Repräsentation zu Grunde. Doch auch dieser Annahme ist widersprochen worden. So geht z.B. Straight (1980) von zwei getrennten Repräsentationen aus. Diese Annahme würde die Diskrepanz erklären, weshalb Kinder z.B. [tat] für Stadt sagen, aber bereits /ʃtat/ als richtig erkennen (Kap.1.2).

Lautinventar und Konsonantengruppen

Mit ca. 7;0 ist das Inventar an Phonemen und Konsonantengruppen einfacher Morpheme erworben. Das ergibt sich aus Querschnittuntersuchungen an größeren Gruppen von Kindern, z.B. zum Englischen (z.B. Wellman et al. 1936, Templin 1957, Olmsted 1971). Trotz großer methodischer Unterschiede ergänzen sich die Ergebnisse dieser Studien. Der Erwerbszeitpunkt der Phoneme ist abhängig von mehreren Faktoren. Einerseits kann er von Kind zu Kind um z.T. zwei und mehr Jahre variieren. Andererseits spielt die Position innerhalb der Silbe oder längerer Wörter eine wichtige Rolle. Im großen und ganzen sind Silbenanlaute lerngünstiger als Silbenauslaute, betonte Silben günstiger als unbetonte (s.u.).

Im Englischen sind die Vokale mit 3;0 gelernt, die letzten Konsonanten und Konsonantengruppen mit 7;0. Die Abbildungen. 9.4-5 zeigen den Entwicklungsstand um 4;0. Abb. 9.4 faßt die experimentellen Daten von Templin (1957) zusammen. Sie ließ pro Phonem je eine Vokabel nachsprechen oder ein Bild benennen. Abb. 9.5 gibt die Ergebnisse von Olmsted (1971) wieder. Er untersuchte die spontanen Äußerungen von 100 Kindern. Die Ergebnisse von Olmsted und Templin decken sich trotz methodischer Unterschiede in vielen Punkten. In Abb. 9.6 sind die Erwerbszeitpunkte der englischen Konsonanten nach Sander (1961 zitiert in Ingram 1976) aufgeführt. Diese Darstellung veranschaulicht, mit welcher zeitlichen Variationsbreite gerechnet werden muß, z.T. mit bis zu fünf Jahren. Die Erwerbszeitpunkte der Konsonantengruppen sind in Abb. 9.7 wiedergegeben. Deutlich erkennt man die Unterschiede in Abhängigkeit von der Position der Silbe.

Phonologische Strategien

Angaben über Zeitpunkte, wann Phoneme zielgerecht bewältigt sind, müssen durch Hinweise auf die Entwicklungssequenzen ergänzt werden, die dorthin führen. Die ihnen zugrunde liegenden phonologischen Strategien unterscheiden sich nach Art und Funktionsweise u.a. in Abhängigkeit vom Entwicklungsstand eines Kindes. Ein ganz entscheidendes Charakteristikum der Lautentwicklung nach der Frühphase der ersten 50 Wörter ist, daß sich gegen Ende dieser Periode die phonologischen Strategien auf Segmente und nicht mehr auf Wörter als Ganzes beziehen. Das wird

Konsonanten	mit 4;0 erworben	nicht mit 4;0 erworben
Verschlüsse	p(3) t- -t k(4)	-t-(6)
	b(4) d(4) g(4)	
Affrikate	dʒ-	tʃ(4;6) -dʒ-(5) -dʒ(7)
Frikative	f(3) s- -s ʃ- -ʃ	θ(6) ɷ-(6)-ɷ-(7)-ɷ(7)
	-v- -z-	v-(6) -v(6) z-(7) -z(7) ʒ(7) -s(4;6)
Nasale	m(3) n(3) ŋ(3)	
Gleitlaute	w(3) j(3;16)	
Liquide	l- -l- r(4)	-l(6)
Vokale	alle erworben (3)	

Abb. 9.4: Entwicklungsstand des Konsonanteninventars des Englischen um 4;0 (Templin 1957 (nach Ingram 1976: 26)). () Erwerbszeitpunkte vor oder nach 4;0. - Stellung in der Silbe. Falls - fehlt, gilt die Angabe für alle Silbenstellungen. Das Material wurde durch Nachsprechen oder Bildbenennung gewonnen.

Konsonanten	mit 4;0 erworben	nicht mit 4;0 erworben
Verschlüsse	p t- -t k	-t-
	b d g	
Affrikate	-tʃ	tʃ- -tʃ-
	-dʒ-	dʒ- -dʒ
Frikative	f -θ- -θ s ʃ	ɷ- -ɷ- -ɷ
	v -z- -z	z- -ʒ- -ʒ θ-
Nasale	m n ŋ	
Gleitlaute	w j	
Liquide	l- r	-l- -l
Vokale	alle erworben	

Abb. 9.5: Entwicklungsstand des Konsonanteninventars des Englischen um 4;0 (Olmsted 1971 (nach Ingram 1976: 29)). Die Ergebnisse decken sich gut mit denen aus Templin (1957, Abb. 9.4), obwohl Olmsted spontane Sprechproben verwendete.

Konsonanten	Durchschnittsalter bei produktivem Gebrauch	Alter, in dem 90 % der Probanden den Konsonanten richtig sprechen
p m h n w	1;6	3;0
b	1;6	4;0
k g d	2;0	4;0
t ŋ	2;0	6;0
f j	2;6	4;0
r l	3;0	6;0
s	3;0	8;0
tʃ ʃ	3;6	7;0
z	4;0	7;0
dʒ	4;0	7;0
v	4;0	8;0
θ	4;6	7;0
ɷ	5;0	8;0
ʒ	6;0	8;6

Abb. 9.6: Durchschnittliche Erwerbszeitpunkte der englischen Konsonanten (Sander 1961 nach Ingram 1976: 28). Individuell können Kinder bis zu vier Jahren von den Durchschnitten abweichen.

Gruppen	mit 4;0 erworben	nicht mit 4;0 erworben
Anlaut		
s+Nasal	sm-(4) sn-{4}	
s+Verschluß	sp-(4) st-(4) sk-(4)	
s+L/G		sl-(7) sw-(7)
s+Verschluß+L/G		str-(5) skr-(7) spl-(7) spr-(7) skw-(6)
Verschluß+Liquid	pl-(4) pr-(4) tr-(4) kl-(4) gl-(4) kr-(4) bl-(4) br-(4) dr-(4)	gr-(4;6)
Verschluß+Gleitlaut	tw-(4) kw-(4)	
Frikativ+L/G		fr-(4;5) fl-(5) θr-(7) ʃr-(7) sl-(7) sw-(7)
Auslaut		
s+Verschluß		-sk(7) -st(7) -sp(8)
Liquid+Verschluß	-lp(4) -lt(4)	-rp(4;6) -lb(4;6) -lk(6) -rb(6) -rg(6)
liquid+Frikativ		-lf(4;6) -rf(4;6) -rθ(6) -rʒ(6) -lz(7) lθ(7)
Liquid+Nasal	-rm(3;6)	
Nasal+Obstruent	-gk(3) -mp(3;6)	-nt(6) -nd(6) -nθ(6)
Nasal+K+K	-mpt(4) -mps(4)	
Verschluß+Obstruent	-pt(3;6) -ks(3;6)	-kt(8)
Verschluß+K+K		-kst(7)
Frikativ+Obstruent	-ft(4)	

Abb. 9.7: Erwerbszeitpunkte für englische Konsonantengruppen (Templin (1957) nach Ingram (1976: 29)). L/G bezeichnet Liquide oder Gleitlaute, K beliebige Konsonanten. ()=Erwerbszeitpunkte vor oder nach 4;0.

besonders daran deutlich, daß diese Strategien Klassen von Segmenten und nicht nur einzelne Vokabeln betreffen, z.B. wenn *alle* Frikative durch Verschlüsse ersetzt werden wie bei Lars *Fische* [tɪtə], *Küche* [kytə], *schälen* [tɛlə]. Die phonologischen Lernerstrategien lassen sich grob gliedern nach:

- *Silbenstrukturstrategien:* Sie betreffen die Strukturierung von Silben und Silbenabfolgen im Hinblick auf die Anordnung von Vokalen und Konsonanten.
- *Assimilationsstrategien:* Sie betreffen Segmente in Abhängigkeit von anderen, und zwar als *Fernassimilation*, d.h. über andere Segmente hinweg oder als *Kontaktassimilation*, wenn unmittelbar aufeinanderfolgende Segmente betroffen sind.
- *Substitutionsstrategien:* Sie betreffen Segmente unabhängig von ihrer Umgebung.

Zu diesen Typen folgt eine Auswahl besonders häufig beobachtbarer Strategien. Es gilt dabei zu bedenken, daß auch für die Anwendung dieser Strategien mit individueller Variation gerechnet werden muß. Selbst dasselbe Kind wendet eine Strategie nicht notwendigerweise stets in gleicher Weise auf dieselbe Vokabel an.

Silbenstrukturstrategien

Komplexe Silben werden anfangs auf verschiedene Weise vereinfacht, z.B. durch: *Tilgung unbetonter oder schwachtoniger Silben.* Anfangs dominieren in der Sprache der Kinder Einsilber oder Reduplikationen (s. u.). Unbetonte und schwach betonte

Silben mehrsilbiger Wörter fallen weg. Dies ist noch charakteristisch für die Periode der ersten 50 Wörter, z.B.:

Dt. (Lars)			**Frz. (Roussey 1899)**	
kaputt	[pɷt]	1;6	Auguste	[kɷs]
Kakao	[kaɷ]	1;7	charbon (Kohle)	[bɔ]
Musik	[ðik]	1;8	école (Schule)	[kɔ]

Wenn Kinder Zweisilber produzieren, entfallen in Drei- und Mehrsilbern der Zielsprache die unbetonten Silben, vorzugsweise die erste(n), wie bei Inga *Kartoffel(n)* [tʰɔfə] (2;0), bei Lars *Apfelsine* [himə] (1;7). Die Tilgung von unbetonten Silben kann sich recht lange, oft bis ca. 4;0 und später halten.
Reduplikation: Wiederholung der gleichen Silbe, gleichgültig ob die zielsprachliche Vorlage ein- oder mehrsilbig bzw. redupliziert ist.

Dt. (Lars)			**Frz. (Roussey 1899)**	
Bagger	[kaka]	1;5	assoir (setzen)	[djidji]
Wasser	[θaθa]	1;6	buchette (setzen)	[pɛkɛkɛ]
Joghurt	[koko]	1;6	balle (Ball)	[babab]

Reduplikation tritt früh auf, schon während der ersten 50 Wörter (Schwarz et al. 1980a). Sie verliert sich, wenn die Kinder auslautende Konsonanten, Konsonantengruppen und mehrsilbige Wörter produzieren lernen.
Reduktion von Konsonantengruppen: Mehrgliedrige Konsonantengruppen der Zielsprache werden von Kindern anfangs oft reduziert. Die Tilgungen sind keineswegs zufällig. Was im einzelnen ausgelassen wird, hängt von den Konsonanten der Zielvorlage ab. Greenlee (1974) schlägt vier Grobstadien in der Entwicklung von Konsonantengruppen vor:

I. Fehlen der ganzen Gruppe, z.B. engl. *play* (spielen) als [ɛɩ];
II. Reduktion auf einen Konsonanten [pɛɩ];
III. Konsonantengruppe mit Substitution eines der Glieder [pwɛi];
IV. Zielgerechte Konsonantengruppe /plɛɩ/.

Das Stadium I kommt nur selten vor; Stadium III nur dann, wenn einer der Konsonanten noch für Substitutionen anfällig ist. Stadium II ist sehr ausgeprägt und kann mehrere Monate dauern. Dazu einige Beispiele:

s/ʃ-Tilgung

Dt. (Lars)			**Tschechisch (Ohnesorg 1948)**	
stinkt	[tɩŋ]	1;6	stul (Tisch)	[tul]
spielen	[pil]	1;7	sponka (Spange)	[pɔnta]
Schlappen	[apə]	1;8	sklenice (Glas)	[tenita]

r/l-Reduktion:

Dt. (Inga)			**Tschechisch (Ohnesorg 1948)**	
Fleisch	[vaɩθə]	1;10	tlacit (drücken)	[tati]
Brot	[pot]	1;11	klic (Schlüssel)	[tit]
draußen	[taɷθə]	1;11	krocan (Pute)	[totan]

Wenngleich beträchtlich seltener, können auch /s ʃ l r/ erhalten bleiben und die anderen Konsonanten ausfallen, z.B. Lars *Blume* [lumə] 1;9, Inga *Klo* [lo] 2;0 oder engl. *trolley* (Bus, Bahn) [lɔli] 2;2 (Smith 1973). Der Erhalt von /s ʃ l r/ ist meist später als die Tilgung der übrigen Konsonanten der betreffenden Gruppe zu beobachten.

Assimilationsstrategien

Sonorisierung vor Vokalen: Kinder variieren beträchtlich, wieweit sie stimmlose Konsonanten zu stimmhaften assimilieren. Beispielsweise findet sich diese Assimilation für Verschlüsse und Frikative bei Veltens englischsprachiger Tochter (Velten 1943), bei Lars für Affrikate und Frikative und bei Inga für Frikative wie in Feuer [vaɩa] 1;7 und fertig [vɛti] 1;7.

Dt. (Lars)			**Engl. (Velten 1943)**		
Zucker	[ðɑka]	1;7	toe (Zeh)	[du]	1;9
fertig	[vɛti]	1;7	cap (Mütze)	[dap]	1;10
Zwieback	[ðika]	1;7	soup (Suppe)	[zup]	1;9

Velarassimilation: Anpassung an bzw. Ersatz von Dentalen und Alveolaren durch Velare:

Dt. (Lars)			**Englisch (Ingram 1976)**	
Decke	[kɛkə]	1;5	talk (reden)	[kuk]
trinken	[kɩŋə]	1;5	dog (Hund)	[gɔk]
Staubsauger	[kaɑka]	1;7	take (nehmen)	[kek]

Velarassimilation liegt auch in Fällen vor, in denen ein anlautendes /k-/ fehlt wie in *klettern* [lɛka] 1;7 oder *klappen* [lakə] 1;8 (Lars). In diesen Fällen ist zwar /k-/ ausgefallen, jedoch unter Assimilation des inlautenden /-t-/ bzw. /-p-/ zu [-k-]. Ähnliches geschieht in Fällen wie [ðika] *Zwieback* (Lars 1;8). Hier fehlt das auslautende Ziel-/-k/, es sorgt aber für die Assimilation von /-b-/ zu [-k-]. Die Form [ðika] zeigt ferner, daß Velarassimilation auch andere Phoneme als Dentale und Alveolare betreffen kann, z.B. das labiale /-b-/ oder das anlautende labiodentale /v-/ in [kɛk] für *weg* (Lars 1;8). Die Assimilation kann in beiden Richtungen ablaufen: Meist wird das folgende Phonem vorweggenommen, z.B. [kɛkə] *Decke.* Seltener ist der Rückgriff auf ein vorhergehendes Phonem, z.B. [kɔkə] *Kurve* (Lars 1;8).

Substitutionsstrategien

Trotz der Tatsache, daß Assimilationen im L1-Erwerb in großer Vielfalt auftreten, sind auch Substitutionsstrategien keineswegs selten.

Stoppen: Ersatz von Kontinuanten durch Verschlüsse

Dt. (Lars)			**Ungarisch (Kerek 1975 nach Ingram 1976)**	
schälen	[tɛlə]	1;7	/vira:g/ (Blume)	[bija:g]
essen	[ɛtə]	1;7	/fa:zik/ (er friert)	[pa:zik]
Licht	[lɩk]	1;7	/saɩja/ (sein Mund)	[ta:ja]
Löwe	[løpə]	1;8		

In der Regel dienen *homorgane*, d.h. an derselben Artikulationsstelle gebildete Verschlüsse als Substitutionen. Jedoch kann diese Gesetzmäßigkeit wie bei Lars durch verschiedene andere überlagert sein, z.B. Fernassimilationen auf der Grundlage von /t/ wie in *Fische* [tɩtə] 1;6, *fertig* [tɛtə] 1;7, *Kartoffel* [tɔtə] 1;7; oder dadurch, daß nur ein Frikativ gestoppt ist wie in *Fische* [tɩhɛ] 1;6; oder durch Substitution nicht-homorganer Verschlüsse wie in *Küche* [kytə] 1;7.

Frontieren: Ersatz von velaren durch alveolare oder dentale Konsonanten

Dt. (Inga)			**Engl. (Ingram 1976)**		
Kühe	[tʰyn]	2;0	book (Buch)	[bɷt]	1;5
komm(t)	[tʰɔm]	2;0	dog (Hund)	[dɔdi]	1;5
geb(en)	[tep]	2;1	kitty (Katze)	[dɩti]	1;5

Der Ersatz von /k- g-/ durch [t- d-] gilt als weit verbreitet. Dieser Eindruck muß korrigiert werden. Inga nutzt Frontieren von /k g/ häufiger, Lars nur ganz selten, z.B. *Gabel* [tɑpə] 1;9. Vereinzelt ersetzt er /t/ oder /d/ durch [k], wie in *Auto* [aɷko] 1;5, *Marmelade* [kakə] 1;6. Manche Kinder frontieren nicht nur Verschlüsse wie Lars und Inga, sondern auch Frikative und Affrikate, z.B. engl. *shoes* (Schuhe) [suz] 3;2, *chair* (Stuhl) [tsɛə] 3;0, *John* [dzɔn] 3;3 (Smith 1973). In diesen Fällen sind [ʃ dʒ tʃ] insofern frontiert, als /s dz ts/ weiter vorn gesprochen werden.

Die Substitutionsstrategien halten sich unterschiedlich lange. Das Stoppen von Frikativen ist früh und verliert sich, sobald die Frikative gelernt werden. Frontieren von /k g/ ist gleichfalls früh und wird meist eher als für Frikative und Affrikaten aufgegeben. Stoppen und Frontieren können jedoch noch bis 3;5 und später beobachtet werden.

Homonymisierung

Während die bislang besprochenen Strategien im wesentlichen auf lexikalische Einheiten bezogen sind, gibt es phonologische Strategien mit einer stärker phonologischen Grundlage. Manche Kinder zeigen z.B. einen ausgesprochenen Hang zur *Homonymisierung*. Neue Vokabeln werden bereits gelernten angeglichen, so daß vorübergehend Homonyme entstehen. Vihman (1981) berichtet z.B., daß ihr Kind das estnische Wort *juust* (Käse) zunächst [du] oder [uf] und *vorst* (Wurst) [os] oder [vuf] aussprach und danach beide zu [əs] veränderte. Anschließend fügte das Kind *sokk* (Socke) und *suss* (Pantoffel) hinzu, und zwar beide zunächst als [uf] oder [ef], später verändert zu [əs].

Entwicklungssequenzen

Auch der Erwerb der einzelnen Phoneme unterliegt Entwicklungssequenzen. Besonders komplex sind sie für die verschiedenen Arten von /r/. Abb. 9.8 enthält Belege zum uvularen /R/ wie im Deutschen, zum apikalen /r/ und zum frikativen /ř/ wie im

Tschechischen, sowie zum retroflexen /τ/ und friktionslosen alveolaren /ɹ/ wie im Englischen. Drei Grobstadien sind erkenntlich:

I: Auslassen;
II: Substitution durch Kontinuanten;
III: Zielgerechtes /r/.

Substitutionen in Konsonantengruppen erfolgen entsprechend, allerdings werden hier zusätzlich die Silbenstrukturstrategien wirksam.

	/R/ Deutsch (Lars)					/r/ Tschechisch (Ohnesorg 1959)				
		RV		**KRV**			**rV**		**KrV**	
		runter		*trinken*			*radio* (Radio)		*hruška* (Birne)	
I	ø:	ɷna	1;5	kɩŋɛ	1;7,4	ø:	adijo	1;11,24	huʃka	2;0,4
II	h:	hɷnta	1;6	khɩŋɛ	1;7,23	j:	jadijo	2;2,7	hjuʃka	2;4,7
	χ^R:	χ^Rɷna	1;7			h:	hadijo	2;2,13		
III	R:	Rɷnta	1;9	khRɩŋə	1;8,24	l:	ladijo	2;6,11	hluʃka	3;9,2
				thRɩŋə		r:	radijo	4;0,5	hruʃka	4;0,10

	/ř/ Tschechisch (Ohnesorg 1959)					/τ/ Englisch (Edwards 1973)		
		řV		**KřV**			**τV**	**KτV**
		řidit (dirigieren)		*při vezt* (bringen)				
I	ø:		1;11,12	pivezu	2;4,5	ø:	—	grandma [gæme]
II	ʐ:	ʐidit'	2;3,15	pʃivest	2;4,25	w:	rockie [waki]	truck[twak]
III	ř:	řidit	4;3,4	přivest	4;4,12	τ:	room [τum]	truck[tτακ]

Abb. 9.8: Substitutionen und Entwicklungssequenzen für den L1-Erwerb der verschiedenen „r". I-III Grobstadien der Entwicklung. [χ^R] Spirans zwischen uvular und velar. Die Hauptunterschiede im Erwerb der „r" liegen in den Substitutionen des Stadiums II. Sie unterscheiden sich nach Art des Ziel-„r", ob uvular [R], apikal [r], spirantisch [ř], retroflex [τ] oder alveolar frikationslos [ɹ]. Zentral ist [χ] für /R/, [l] für /r/, [ʐ ʃ] für /ř/ und [w] für /τ ɹ/. Das Material in Edwards (1973) ließ es nicht zu, die Entwicklungssequenzen an jeweils einer Vokabel zu illustrieren.

Das Stadium I findet sich für Wörter mit anlautendem „r" nur in frühen Vokabeln. Schon um 2;0 oder davor können neue Vokabeln gemäß Stadium II gelernt werden. Die r-Reduktion als Silbenstrukturstrategie wirkt jedoch länger. Von den Substitutionen des Stadiums II sind mehrere peripher. Häufig für /R/ sind [h] oder ein fast uvulares [χ]; [j l] können auch vorkommen, sind aber seltener. Lars und Inga verwenden z.B. kein [j], und nur Inga hat einen Beleg mit [l], und zwar [fala] *Fahrrad* 2;1. Für /r/ scheint [l] am häufigsten zu sein. In Ohnesorg (1948, 1959) finden sich z.B. viele Belege ohne die Substitutionen [h j], aber kaum welche ohne [l]. Z.B. ist [l] die einzige Substitution für *merunka* (Aprikose) [melɷnta] 2;4. Für /ř/ ist [ž] am häufigsten, denn Pačesová (1968) registriert für das Tschechische, abgesehen von einigen Sonderfällen bei Substitutionen in Konsonantengruppen, nur [ʐ]. Auch bei Ohnesorg (1959) gibt es manche Belege, die nur [ʐ] für /ř/ verzeichnen. Ferner unterliegen die Substitutionen wie auch /ř/ der Stimmhaftigkeitsassimilation: stimmlos nach anlautenden stimmlosen Konsonanten wie [pʃidu] für *prijit* (kommen) 2;02 (Ohnesorg 1948); sonst stimmhaft (s. Abb. 9.8). Für /ɽ/ wird primär [w] substituiert. Zwar beobachtete Smith (1973) für Englisch häufig ein [l] wie in *bread* (Brot) [blɛd] 2;7, jedoch spricht die Mutter des Kindes ein indisches Englisch mit einer möglicherweise besonderen r-Variante. Diese [l]-Substitution ist daher vermutlich den Besonderheiten des /r/ der Mutter zuzuschreiben.

Die oben aufgeführten phonologischen Strategien sind nur eine kleine Auswahl der bislang beobachteten. Wenngleich sie getrennt besprochen wurden, wirken sie zusammen und bestimmen die Entwicklungssequenz der phonologischen Repräsentation der einzelnen Morpheme und Wörter und damit ihre wechselnde Aussprache im Laufe der Entwicklung des Kindes. Die Funktion der Strategien ist deutlich auszumachen: Sie vereinheitlichen das phonologische System des Kindes und ermöglichen die Herausbildung *kanonischer phonologischer Muster* (Menn 1983). Auf diese Weise ist z.B. festgelegt, welche Silbenstrukturen zu einem Zeitpunkt möglich sind, z.B. ob nur stimmlose Konsonanten im Auslaut stehen können. Diese kanonischen Formen erleichtern dem Kind den Umgang mit seinem eigenen Lautsystem und sie bilden eine der Grundlagen, an denen der Lerner seine phonologischen Regeln ausbildet, und zwar auch dann, wenn dadurch die kindliche Aussprache vieler Wörter von der der Zielsprache abweicht. Wie dieses Zusammenspiel gesteuert wird, ist zwar eine zentrale, aber noch ungelöste Frage.

Mit ca. 7;0, bei individueller Variation von z.T. zwei und mehr Jahren, ist die Annäherung an die Zielsprache im wesentlichen abgeschlossen. Es bleibt der Erwerb der morphonologischen Alternationen.

9.3.4 Der Ausklang: morphophonologische Alternationen Stil, Register, Sprachwandel

In vielen Sprachen treten phonologische Alternationen nur in Verbindung mit Wortbildungsregeln oder Flexionen auf. So wechseln z.B. /a/ und /e/ in *General: Generälchen* und der Akzent in zusammengesetzten Verben wie *úmfahren* (über den Haufen fahren):*umfáhren* (herumfahren), oder in syntaktischen Gruppen gegenüber Komposita in engl. *bláck bírd* (schwarzer Vogel):*bláckbird* (Amsel). Ein Beispiel für morphonologische Alternationen im Zusammenhang mit Flexionen ist die Pluralbildung im Englischen. Dort erfordern Nomina auf /-s -z -(t)ʃ -(d)ʐ/ ein /-əz/, alle sonstigen stimmlos auslautenden /-s/ und die restlichen /-z/, also *witch-es* [witʃ-əz] (Hexen), *kick-s* [kik-s] (Tritte), *dog-s* [dog-z] (Hunde).

Der Erwerb morphophonologischer Alternationen ist, mit Ausnahme von Flexionen, bislang wenig untersucht worden, und das auch primär nur fürs Englische Moskowitz (1973) fand in einer Reihe von Querschnittstudien, daß vokalische Alternationen vom Typ *grateful* [gτeɩtful] (dankbar):*gratitude* [gτætɩtju:d] (Dankbarkeit) erst gegen 12;0 beherrscht werden. Ähnlich ermittelte Atkinson-King (1973) ebenfalls in Querschnittstudien, daß englischsprachige Kinder Akzentalternationen erst gegen 12;0 sicher beherrschen. Morphophonologische Alternationen für Flexionen wie die englische Plural- oder Präsensflexion der Verben werden schon um 5;0 - 6;0 gelernt, und zwar die Verteilung von /-s -z/ vor /-əz/ (z.B. Berko 1958, Anisfield/Tucker 1967, Selby 1972, Ramer/Rees 1973).

Mit dieser Annäherung an das zielsprachliche Lautsystem mündet der kindliche Lauterwerb in phonologische Entwicklungen, die Jugendliche und Erwachsene betreffen. Jugendliche wachsen hinein in alters-, schicht- und rollenspezifische Ausprägungen. Sie lernen gegebenenfalls Fremdwörter und Fachvokabularien, die oft mit dem Erwerb neuer Wortbildungsschemata und phonologischer Alternationen verbunden sind. Wie jeder Angehörige einer Sprachgemeinschaft übernehmen auch Jugendliche die phonologischen Veränderungen, die der stete Wandel, dem natürliche Sprachen unterliegen, mit sich bringt. Die phonologische Lernfähigkeit bleibt daher für spätere Lebensabschnitte erhalten. Das zeigen besonders eindrucksvoll die soziolinguistischen Ergebnisse der letzten Jahrzehnte. Sprachwandel allgemein und Lautwandel im besonderen verläuft quer durch alle Schichten und Altersgruppen. Im Gegensatz zu früheren Vermutungen (Überblick in Baron 1977) sind es nicht Kinder, sondern vorzugsweise Erwachsene mittlerer Altersgruppen um 40, die Lautwandel initiieren, vorantreiben und damit ihre Fähigkeiten zum Lauterwerb unter Beweis stellen (z.B. Labov 1966, Wode 1984).

9.4 L1-Mehrsprachigkeit

Der L1-Lauterwerb bei Mehrsprachigkeit verläuft nicht grundsätzlich anders als der monolinguale L1-Erwerb. Leider ist die Zahl der verwertbaren Studien zu L1-Mehrsprachigkeit sehr gering, und die beobachteten Zeiträume sind zu kurz. Meist gehen sie über das zweite Lebensjahr nicht hinaus. Am ausführlichsten berichtet Werner Leopold (1934-49) über den L1-Erwerb von Deutsch und Englisch durch seine Tochter Hildegard. Leopold war in erster Linie an ihrer Lautentwicklung von den Anfängen bis 2;0 interessiert, allerdings primär an der Produktion. Diese Zeitspanne erlaubt Vergleiche zur Periode der ersten 50 Wörter und zu einigen Sprachlernstrategien.

Die Entwicklung während der ersten 50 Wörter verläuft wie im monolingualen L1-Erwerb beider Sprachen. Abb. 9.9 zeigt Hildegards frühe Vokabeln, nach Deutsch

Deutsch			Englisch oder Deutsch			Englisch		
Bild	by	0;11	Baby: baby	bebi	0;11	there	dɛ	0;11
	bi	1;3	muh: moo	mu:	1;2	bye-bye	baba	1;3
Ball	ba	1;0	Carolyn	dada	1;3		babaɩ	1;4
	ba:ɩ	1;3	Bad: bath	ba:	1;3	kitty	didi	1;3
Blume	bu	1;0	Mama: mama	mama	1;3		dɩdi	1;10
Gertrud	dɛ:da	1;1	danke: thank	dada	1;4	down	da:	1;4
	dɛda		you	dadaɩ			da:o	1;5
heiß	ha	1;5	Bett: bed	bɛ	1;4	hot	ha	1;4
	haɩ		Marion	mɛmɛ	1;4	peek-a-boo	bi	1;4
	haɩʃ			meme	1;5		bɩ:(ə)bɷ:	1;8
bitte	bitæ	1;5	Apfel: apple	aba	1;5	up	ap	1;4
	bɩti			apa	1;8	all	a:	1;5
	bɩta	1;6	Auto: auto	ata	1;5	high chair	aɩta	1;5
mehr	me:	1;5		aɷtɔ	1;7	mitten	mi:	1;5
	mea			aɷto	1;8		mɩ	1;8
auf	aɷχ	1;6	Mann: man	ma	1;5	naughty	nana	1;5
Bauch	ba	1;6	aus: out	aɷ	1;6		n ɔ'i	1;11
Bleistift	baɩti	1;6		aɷχ	1;7	brush	ba	1;6
	dadi	1;7	Buch: book	buh	1;6	hello	ɛɫɔ	1;6
Nackedei	daɩ	1;6		buχ	1;7		jo	1;10
	dadi	1;7		bok	1;11	no	nɔ:	1;6
nein	naɩnaɩ	1;6					nɔ	1;7
Schnee	ne:	1;6						

Abb. 9.9: Frühe Vokabeln und ihre Aussprache bei Hildegard Leopold, getrennt nach Deutsch, Englisch und Beispielen, die auf englische oder deutsche Vokabeln zugrückgehen können. Nach Silbenstruktur und Lautinventar entspricht die Aussprache in allen drei Gruppen der von L1-monolingualen Kindern der betreffenden Sprachen (s. Abb. 9.2).

und Englisch getrennt. Abgesehen vom schon besprochenen *pretty* (Kap. 9.2) dominiert anfangs der Silbentyp KV. KVK und reduplizierte KVKV sind auch belegt. Nichtreduplizierte Mehrsilbler haben zunächst verschiedene Vokale KV_1KV_2.

Abgesehen vom frühreifen Gebrauch des Wortes *pretty* und der Lautmalerei *ticktock* sind Hildegards erste Konsonanten Verschlüsse, und zwar dentale, alveolare und labiale. Die ersten stabilisierten Vokale sind [ɛ: a ɩ u], wobei [ɛ:] zunächst auf *there* (da) und später *Gertrud* beschränkt bleibt. Es handelt sich also im wesentlichen um das elementare Dreieckssystem /a i u/.

Neben anderen lassen sich die in Kap. 9.3.3 besprochenen Sprachlernstrategien für beide Sprachen belegen. Abb. 9.10 gibt einige Beispiele. Daß der Ersatz von /t-/ durch [k-] nur flüchtig in drei Wörtern vorkam (Leopold 1947: 46), ist keineswegs ungewöhnlich und bleibt im Rahmen der üblichen individuellen Variation.

Es ist wichtig, zu ermitteln, ob bzw. ab wann in der Entwicklung eines Lerners phonologischer Transfer vorkommt. Die Schlußfolgerung aus Kap. 9.3.2, daß erst gegen Ende der Periode der ersten 50 Wörter die Schalldifferenzierung auf der

	Deutsch		Englisch	
Tilgung unbetonter oder schwachtoniger Silben	kaputt [bɷt]	1;10	aboard [baɷ]	1;10
Reduplikation	danke [dada]	1;3	cracker [gaga]	1;7
s-/ʃ-Tilgung	Spiegel [bi]	1;8	spoon [bu]	1;7
-r-/-l-Tilgung	tragen [da]	1;11	brush [baʃ]	1;5
	Blumen [bu]	1;7	please [biʃ]	1;9
Fernassimilation t : k	kaputt [kapɷk]	1;10	nicht belegt	
Sonorisierung vor Vokalen	Papier [bubu]	1;8	piece [biʃ]	1;11
Stoppen	Loch [lɔk]	1;10	thank you [dada]	1;3
Frontieren	Kuß [duʃ]	1;11	cold [do]	1;10

Abb. 9.10: Einige phonologische Lernerstrategien bei Hildegard Leopold (Leopold 1939). Daß die Fernassimilation von /t/ zu /k/ für Englisch nicht belegt ist, liegt im Rahmen der für den L1-Erwerb üblichen individuellen Variation.

Grundlage von Segmenten erfolgt, läßt erwarten, daß erst zu diesem Zeitpunkt Interferenzen auftreten können. Hildegards Daten liefern keine dem widersprechenden Anhaltspunkte. Einerseits lernt sie Vokabeln beider Sprachen; andererseits kommt es, sobald Mehrwortverbindungen gebildet werden, zu Sprachmischung (s. Kap. 10.4). Und natürlich lernen auch L1-Bilinguale irgendwann, die phonologischen Elemente von einer in die andere Sprache zu transferieren. Ein Beispiel sind die drei älteren der vier L1-trilingual mit Deutsch, Italienisch und Niederländisch aufwachsenden Kinder in de Matteis (1978). Bei Hildegard finden sich bis 2;0 keine phonologischen Interferenzen. Allerdings ließe sich dies in der frühen Entwicklung auf Grund des radikalen Effektes der Lernerstrategien nur schwer entscheiden, z.B. werden /e ɛɩ/ und /aɷ o/ gleich behandelt. Die Entwicklung des uvularen /R/ des Deutschen und des retroflexen englischen /ɽ/ ist bis 2;0 noch nicht so weit vorangekommen, daß man entscheiden könnte, ob das [h] als Substitution für das deutsche /R/ ins Englische übertragen wird oder das [w] für das englische retroflexe /ɽ/ ins Deutsche (vgl. die entsprechenden Entwicklungssequenzen in Kap. 9.3.3 und Abb. 9.8). Demgegenüber zeigt die Entwicklung des /l/ im Deutschen und Englischen, daß Hildegard beide Sprachen trennt und wie L1-monolinguale Kinder verfährt. Anlautend werden Vokabeln aus beiden Sprachen gleich behandelt: /l/ wird durch [h j] ersetzt, z.B. *Löscher* [jokɛ] oder [loka] (1;11), engl. *light* (hell) [haɩ] (1;6), engl. *like* (mögen) [jaɩ] (2;1). Auslautend wird das velarisierte /ɫ/ des Englischen durch [ɷ], das nichtvelarisierte des Deutschen durch [ɩ] substitutiert, z.B. dt. *Ball* [baɩ] (1;5), engl. *towel* (Handtuch) [daɷ] (1;11). Daß zu dieser Zeit phonologischer Transfer noch nicht vorkommt, zeigt sich an dt. *Ball* und engl. *ball* (Ball). Das deutsche Wort verwendet Hildegard schon ab 1;5 als [baɩ], das englische erst ab 1;9, und zwar als [baɷ]. Wenn

Transfer aus dem Deutschen mit im Spiel gewesen wäre, hätten beide Wörter als [baɪ] gesprochen werden müssen.

Insgesamt geben die derzeit verfügbaren Daten keinen Anlaß anzunehmen, der Erwerb von L1-Mehrsprachigkeit verlaufe grundlegend anders als der monolinguale L1-Erwerb. Die gleichen Lernerstrategien werden aktiviert; die Periodisierung deckt sich; und für Transfer während der Frühphase, einem der wesentlichen Charakteristika der Nicht-L1-Erwerbstypen, gibt es keine Anhaltspunkte. Zwar nennen McLaughlin (1978) und von ihm ausgehend Taeschner (1983) in ihren zusammenfassenden Überblicken über bisherige Untersuchungen zum L1-Erwerb von Mehrsprachigkeit auch die Studien Burling (1959), Murrel (1966), Ruke-Dravina (1965, 1967) und de Matteis (1978) als Beispiele dafür, daß es beim Erwerb von L1-Mehrsprachigkeit zu Interferenz kommen kann, für drei dieser Studien ist die Einschätzung aber mißlich, da sie aus McLaughlins wenig sachgemäßer Definition von L1-Mehrsprachigkeit resultiert. Er setzt willkürlich fest, daß Kinder L1-mehrsprachig sind, wenn sie vor Ende ihres dritten Lebensjahres Kontakt zu einer zweiten oder dritten Sprache erhalten. Wie in Kap. 9.5 gezeigt wird, muß bei diesem Alter längst von L2-Erwerb gesprochen werden, weil hier bereits Interferenzen auftreten. So kam bei Murrel (1966) die dritte Sprache erst mit 2;1 hinzu, und nur im Zusammenhang mit ihrem Erwerb traten Interferenzen auf. Ähnlich schreibt Ruke-Dravina (1963) in ihrem Vorwort über die beiden Kinder, auf die sich ihre Arbeiten von 1965 und 1967 beziehen: „Von Zweisprachigkeit im echten Sinne dieses Wortes kann man bei meinen Kindern bis zu ihrem Schulalter jedoch nicht sprechen, obwohl es sich um lettische Flüchtlingskinder handelt, die in Schweden geboren sind. Jedenfalls war der Kontakt mit anderen Sprachen als dem Lettischen während der ersten Lebensjahre nicht bedeutender, als wenn dies in einer größeren Stadt in der Heimat, z.B. in Riga, gewesen wäre. Engere Berührungen mit dem Schwedischen begannen erst im Schulalter..." (1963: 5). De Matteis (1978) analysiert seine vier deutsch-niederländisch-italienisch trilingualen Kinder. Nur bei den älteren zeigten sich Interferenzen. Sie waren aber bei Untersuchungsbeginn bereits 2;8-4;0 alt. Bei Burling (1959) liegt der Fall anders. Es handelt sich nicht um Interferenz im üblichen Sinne. Das Kind sprach Englisch und Garo, wobei Garo dominant war. Der Junge kam mit 1;4 nach Indien. Garo war bald seine dominierende Sprache. Von den lauterwerblichen Besonderheiten seines Englisch, über die Burling berichtet, lassen sich die meisten als individuelle Variation deuten und müssen nicht unbedingt als Einfluß des Garo gewertet werden. Das scheint auch für die Verwendung postvelarer Verschlüsse in englischen Wörtern zu gelten, deren Auftreten Burling dem Einfluß des Garo zuschreibt. Allerdings wird als Zeitangabe 1;3 gegeben. Ein Einfluß des Garo konnte zu diesem Zeitpunkt noch nicht möglich gewesen sein, da der Junge erst mit 1;4 nach Indien kam. Sicherlich hörte er viel transfergefärbtes indisches Englisch in seinem täglichen Kontakt. Vermutlich paßte er sich diesem Englisch an, ganz so wie sich

Kinder bei Umzug in eine andere Gegend schnell die neue regionale Aussprache aneignen (zu sprachlichen Vorbildern s. Kap. 11.1.4).

9.5 Natürlicher L2-Erwerb

Der Lauterwerb ist in der bisherigen L2-Forschung nur wenig untersucht worden. Studien zur L2-Entwicklung der Dekodierung liegen noch nicht in ausreichendem Maße vor. Eine Reihe von Untersuchungen betreffen Mischformen aus FU mit mehr oder minder starkem Einschlag von natürlichem L2-Erwerb. Sie werden im Zusammenhang mit dem FU in Kap. 9.6 besprochen. FU und natürlicher L2-Erwerb decken sich weitgehend.

Zwischen dem L1- und dem L2-Erwerb gibt es Unterschiede und Parallelen. Der L2-Erwerb ist nicht in gleicher Weise wie der L1-Erwerb periodisierbar. Eine Lallphase gibt es nicht. Im Gegensatz zur Phonologie der ersten 50 Wörter des L1-Erwerbs erfolgt die phonologische Kodierung lexikalischer Einheiten im L2-Erwerb von Anfang an auf der Grundlage von Segmenten. Die drei großen Klassen von Lernerstrategien – Silbenstruktur-, Assimilations- und Substitutionsstrategien – finden sich zwar im L2-Erwerb, jedoch dominieren hier Substitutionen, freilich vielfach auf der Basis von Interferenz. Fernassimilationen nach dem Muster von /t/:[k], wie in *trinken* [kɪŋə] sind sehr selten; häufig findet sich statt dessen Kontaktassimilation. Silbenstrukturstrategien reduzieren nur selten den Komplexitätsgrad von Konsonantengruppen. Meistens sind es transferbedingte Anpassungen an die Silbenstrukturen der zuvor gelernten L1.

Insgesamt ist der L2-Erwerb von Lautsystemen sehr durch Transfer bestimmt. Für phonologische Elemente, die nicht durch Transfer gemeistert werden, greifen Lerner auf jene Strategien zurück, nach denen die betreffenden Elemente im L1-Erwerb gelernt werden (Wode 1977d, 1978b).

Silbenstrukturstrategien

Daß die im L2-Erwerb zur Wirkung kommenden Silbenstrukturstrategien nicht notwendigerweise einen derart reduzierenden Effekt wie im L1-Erwerb haben, zeigt eine Auswahl von sehr frühen Vokabeln der vier L2-Englisch lernenden deutschen Kinder des Kieler Korpus (Abb. 9.11). Unbetonte oder schwachtonige Silben werden nicht ausgelassen. Reduplikationen kommen nur dort vor, wo es die Zielsprache fordert, z.B. in *bye-bye* (auf Wiedersehen). Die zielsprachlichen Silbentypen werden nicht wie im L1-Erwerb auf KV, VK, KVK vereinfacht und Konsonantengruppen nicht durchgehend durch Tilgung von /s ʃ r l/ reduziert. So fand sich die Aussprache [dɔp] für *drop* (Tropfen) nur vereinzelt bei dem sechsjährigen Lars (Wode 1981a).

Kind	L2-Ausdruck	L2-Form des Kindes	Kontaktdauer
Heiko	somebody	sambɔdi	0;3
	German song	dʒœᵊmən sɔŋ	0;5
	pitcher	pʰɩtʰʃa	0;6
Birgit	bye	baɩ	0;4
	good bye	gɷt baɩ	0;5
	no	no	0;5
Lars	Craig	kʰwɛ·k	0;5
	Trinity Center	tʰwɩniti θɛnta	0;5
	bye-bye	paɩ paɩ	0;7
Inga	Trinity Center	tʰRɩnitʰi θɛnta	0;5
	Craig	kʰwɛɩk	0;5
	Ginger	ɖɩnɖa	0;9

Abb. 9.11: Einige sehr frühe Ausspracheversuche der vier 4-9jährigen deutschen Kinder des Kieler Korpus zum L2-Englisch/L1-Deutsch (nach Wode 1981a: 237). Es dominieren keineswegs die Silbentypen KV, VK, KVK wie im L1-Erwerb; Konsonantengruppen werden nicht reduziert; Kontaktdauer in Monaten und Tagen.

Seine Aussprache [dwɔp] war die weitaus häufigere. Die Anlaute /θ r-/ und /sw-/ wurden zu [w] reduziert, als stabilisierte Aussprache allerdings nur von der 4jährigen Inga, und zwar in *three* (drei) und *Swift Creek* (Wode 1981a: 224).

Im L2-Ewerb dominieren Silbenstrukturstrategien, durch die die Besonderheiten der L1 in die L2 übertragen werden. So sprachen die vier deutschen Kinder anfangs die stimmhaften Verschlüsse und Spiranten des Englischen im Silbenauslaut stimmlos wie in ihrem Deutsch. Sprecher mit einer L1, die nur wenig komplexe Konsonantengruppen hat, verwenden oft *Sproßvokale* so, daß die L2-Lernersprache den Silbenstrukturen der zuvor gelernten L1 entspricht. Tropf (1983) berichtet, daß Spanier, die Deutsch als L2 lernen, Silbenanlaute, wie /ʃtr- ʃpl- ʃn-/, z.B. in *Straße*, *Splitter*, *schnell*, durch einen vorangestellten Sproßvokal [ə] oder [ɛ] so verändern, daß die Konsonanten des Anlauts im Einklang mit dem Spanischen auf zwei Silben verteilt werden, also [əstr- əspl- əsn-]. Beide Strategien, Entstimmung auslautender Konsonanten(gruppen) und Sproßvokale, sind auch aus dem L1-Erwerb bekannt: erstere tauchen sehr früh auf, z.B. engl. *mud* (Matsch) [mat], *nose* (Nase) [nus], *red* (rot) [wut] (Velten 1943); letztere auch früh, aber seltener, z.B. *bread* (Brot) [bərɛd] 2;6, *play* (spielen) [bəleɩ] 2;6 (Smith 1973). Diese oberflächlich betrachtet parallelen Phänomene erfordern unterschiedliche Erklärungen. Sie scheinen im L2-Erwerb auf Transfer zurückzugehen. Möglicherweise verstärken sich in solchen Fällen Transfer und L1-Gesetzmäßigkeiten. Andererseits berichten Hecht/Mulford (1982) über einen 6jährigen Isländer, der Englisch als L2 lernte, daß er wie die deutschen Kinder des

Kieler Korpus auslautende stimmhafte Verschlüsse im Englischen stimmlos sprach. Zusätzlich aspirierte er sie stark. Das entspricht dem Isländischen, ist aber bislang für L1-Englisch nicht berichtet worden. Desgleichen fügte der Isländer wie die deutschen Kinder auslautendem /-ŋ/ ein [k] an, wie in *going* [gowɩŋk] (gehen); manchmal allerdings auch stimmhaftes [g], wie in *sitting* [sɩtɩŋg] (sitzen). Im Isländischen kann /ŋ/ nicht den Auslaut bilden.

Assimilationsstrategien

Im L2-Erwerb scheinen *Fernassimilationen* nach dem Muster von /t /:[k-] wie in *klettern* [lɛka] u.a. nur sehr begrenzt angewendet zu werden. Aus dem Kieler Korpus ist nur ein Fall berichtet (Wode 1981a: 224). Er betrifft engl. *very* (sehr). Neben zielgerechten Aussprachen fanden sich vereinzelt [wɛɹɩ] (Heiko), [wɛɩ wɛbi ɹɛɹi ɹɛɩ] (Birgit), [wɛɩ wɛRi wɛbə wɛwi] (Inga). Bis auf Ingas Form [wɛRi], in der das uvulare [R] vermutlich durch Interferenz zu erklären ist, betreffen die konsonantischen Besonderheiten labiale Segmente. Das anlautende [w] ist wahrscheinlich ein Reflex des inlautenden /ř/, denn unten wird gezeigt, daß [w] auch im L2-Erwerb bevorzugt für /ɽ/ substituiert wird. Die wechselweise inlautend auftretenden [b] und [w] könnten entweder als Reflex des anlautenden [w] oder als Substitutionen für das /ɽ/ gedeutet werden (s. u.), wobei sich [b] als Stoppen erklärt. Auffallend ist an diesen Formen, daß in Vokabeln mit anlautendem /w-/, wie in *wet*, *Wyntoon* oder *Weaverville*, /w-/ anfangs durch [v-] ersetzt wird und daß die obigen Aussprachen von *very* nur sporadisch auftraten und sich nicht über längere Zeit stabilisierten.

Kontaktassimilationen sind nicht sehr häufig. Für deutschsprachige Lerner bewirkt das velare bzw. retroflexe /ɫ/ bei unmittelbar vorausgehenden Vokalen vereinzelt Rundung, einen größeren Öffnungsgrad oder Velarisierung. Für die Kieler Kinder sind Formen mit [ɷ ɔ] statt /ɩ ɛ/ berichtet, z.B. milk [mɷlk mɔɫk] (Milch), help [hɔlp] (helfen), twelve [tvɔɫf] (zwölf) (Wode 1981a: 222).

Substitutionsstrategien

Nach den bislang vorliegenden Untersuchungen spielen Substitutionsstrategien eine dominierende Rolle im L2-Erwerb. Das gilt für die Vokale (Abb. 9.12) und die Konsonanten (Abb. 9.13). Die Abbildungen 9.12-13 geben für die Kinder des Kieler Korpus die Variationsbereiche an, innerhalb derer die Substitutionen erfolgten, d.h., nicht bei jedem Versuch wurde die Zielaussprache gleich stark verfehlt. Wenn Fehler gemacht wurden, lagen sie innerhalb des angegebenen Bereiches, z.B. kann /æ/ einmal zielgerecht als [æ], ein anderes Mal wenig zielgerecht als [ɛ] oder bei noch weiteren Gelegenheiten als etwas zu geschlossenes [æ] gesprochen sein. Alle Fehler lagen im Bereich [æ - ɛ].

L2-Zielelement	L2-Substitution	L2-Beispiel
i	i	me, Weaverville, Creek
ɩ	ɩ	Bill, Ginger, cricket
ɛ	ɛ	bed, better, seven
æ	ɛ	catch,thank you, Hank
u	u	shoe, you, stupid
ɷ	ɷ	good, hook
o ~ oɷ ~ əɷ	o	pole, boat, home run, throw
ɔ	ɔ	not, caught, song, Bob, saw
ɑ	ɑ	father
ʌ	a	shut up, someone, truck
e ~ ɛɩ	e	lake, game, chain, say
ɔɩ	ɔɩ	boy, noisy
aɷ	aɷ	house, out
aɩ	aɩ	strike, my, bike
$ə^r$	$œ^ə$	German, first, bird
V^r ~ $V^ə$	$V^ə$ ~ V^a	beer, bear, lure, porch, our

Abb. 9.12: Zentren der Substitutionsbereiche für die langen und kurzen Vokale im L2-Erwerb des Englischen bei den vier deutschen Kindern des Kieler Korpus zum L2-Englisch/L1-Deutsch (Wode 1981a: 221). Wenn Fehler gemacht wurden, lagen sie im angegebenen Bereich, z.B. für /æ/ [ɛ æ]. Die Fehlertypen decken sich in hohem Maße für alle 4 Kinder.

Substitutionsstrategien, die nicht Transfer betreffen, werden im L2-Erwerb beträchtlich seltener als im L1-Erwerb verwendet. Für die Kinder des Kieler Korpus ist z.B. Stoppen von Spiranten nicht belegt. Die häufigste nicht transferbedingte Substitution war [w] für /ɹ/ (Abb. 9.15; weiteres unten).

Transfer und Transferierbarkeit

Am natürlichen L2-Erwerb bestätigt sich, was aus dem FU bekannt ist und beklagt wird. Lautsysteme sind sehr anfällig für Transfer. Er erfolgt nicht willkürlich, sondern systematisch und in seiner Stringenz vergleichbar jener Systematik, die aus der Funktionsweise derjenigen Lernerstrategien resultiert, die nicht Transfer betreffen. Die Bedingungen für die Transferierbarkeit phonologischer Elemente sind derzeit besser durchschaubar als für lexikalische (Kap. 8.5-6). Es scheint, daß im Prinzip alle Bereiche eines Lautsystems für Transfer anfällig sind: Vokale, Konsonanten, Silben-an- und -auslaute, die suprasegmentale Ebene usf. Ob es im Einzelfall zum Transfer kommt und welche Ausprägung er annimmt, hängt von der Struktur der jeweils involvierten Sprachen ab. Franzosen, die Englisch lernen, machen andere Transferfehler als z.B. Deutsche oder Sprecher des Hindi (Abb. 9.14). Zwei für den FU wie den natürlichen L2-Erwerb gleichermaßen zutreffende Bedingungen bestimmen primär, ob und welche Elemente füreinander bei Transfer substituiert werden: die betreffenden Laute müssen einander hinreichend ähnlich sein (Weinreich 1953,

L2-Zielelement	L2-Substitutionen H	B	L	I
/θ/	[θ-]	[s-]	[θ-]	[θ-]
	[s-]	[θ-]	[s-]	[f-]
/-θ-/	[-θ-]	[-θ-]	[-θ-]	
	[-f-]			
	[-s-]			
/ð-/	[ð-]	[d-]	[ð-]	[d-]
	[d-]	[z-]	[t-]	
	[z-]			
/-ð-/	[-d-]	[-d-]		
	[-ð-]			
/-ð/		[-z]		
/w/	[w]	[w]	[w]	[w]
	[v]	[v]	[v]	[v]
/v-/				[f-]
	[w-]		[ɹ-]	
/-v-/	[-v-]	[-v-]	[-v-]	[-v-]
	[-w-]		[-f-]	
/-v/	[-f]	[-f]	[-f]	[-f]
	[-v]			
/l/	[l]	[l]	[l]	[l]

Abb. 9.13: Substitutionsbereiche für ausgewählte Konsonanten im L2-Erwerb des Englischen durch die vier deutschen Kinder des Kieler Korpus zum L2-Englisch/L1-Deutsch (Wode 1981a: 218). Wie bei den Vokalsubstitutionen (Abb. 9.12) decken sich die Substitutionen bei den vier Kindern in hohem Maße.

Wode 1978b, 1981a), und markierte Elemente werden bei Transfer eher als unmarkierte ersetzt (Eckmann 1977, Hyltenstam/Magnusson 1983).

Die Abbildungen 9.12-14 zeigen sehr deutlich, daß solche kritischen Ähnlichkeiten im Spiel sind. Alle vier Kinder des Kieler Korpus machen trotz individueller Unterschiede die gleichen Fehler, d.h., nur ein Element der Ziel-L2, das einem aus dem L1-Repertoire hinreichend ähnlich ist, wird durch letzteres ersetzt. Liegen zwei Laute außerhalb dieses Ähnlichkeitsbereiches, werden sie nicht füreinander substituiert. Das /ɩ/ des Englischen wie in *sit* (sitzen) ist dem frz. /i/ wie in *fils* (Sohn) hinreichend ähnlich, so daß Franzosen engl. *sit* transferbedingt als [sit] wie engl. *seat* ((der) Sitz) sprechen. Andere Vokale, z.B. /u a y/, werden nicht gewählt.

Die Art, wie der Markiertheitsgrad sich bei phonologischem Transfer auswirkt, wird deutlich an den Diphthongen aus Abb. 9.14. Die markierteren /ɛɩ/ und /əɷ/ der Ziel-L2 werden durch die Monophthonge /e/ bzw. /o/ ersetzt, wenn die zuvor gelernte

Erwerbstyp	Englische Vokale und ihre Substitutionen	Quelle
	i ɩ ɛ æ u ɷ ʌ aɩ ɛi ɔɩ aɷ əɷ	
natürlicher L2-Erwerb		
L2-Englisch/L1-Deutsch	i ɩ ɛ ɛ u ɷ a aɩ e ɔɩ aɷ o	(Wode 1977a, 1978b)
L2-Englisch/L1-Französisch	i ɩ ɛ a u u a aɩ e ɔɩ aɷ o	(Lemcke 1984)
FU		
L2-Englisch/L1-Deutsch	i ɩ ɛ ɛ u ɷ a aɩ e ɔɩ aɷ o	(Schröder 1979)
L2-Englisch/L1-Französisch	i ɩ ɛ ɛ u u ? aɩ ɛ ɔɩ aɷ o	(O'Connor 1967)
andere		
Hindi	i ɩ æ/ɛɩ æ u ɷ a aɩ e ɔɩ aɷ o	(O'Connor 1967)
Arabisch (Kairo)	i ɩ ɛ ? u ɷ ɔ aɩ e/ɩ ɔɩ aɷ o	(O'Connor 1967)
Spanisch	i ɩ ɛ a u u a aɩ ɛɩ ɔɩ aɷ ɔ	(O'Connor 1967)
Twi	i ɩ ɛ a u u a aɩ e ɔɩ aɷ o	(Sey 1973, eigene Beobachtungen)
Wiedererwerb		
L2-Englisch/L1-Deutsch	i ɩ ɛ ɛ u ɷ a aɩ e ɔɩ aɷ o	(Klinck 1981)

Abb.. 9.14: Substitutionen für ausgewählte Vokale bei Nicht-L1-Sprechern des Englischen bei unterschiedlicher L1. „?" kennzeichnen unklare Fälle. Die Substitutionen unterscheiden sich systematisch in Abhängigkeit von der zuvor gelernten Sprache.

L1 diese Diphthonge nicht hat, wie das Französische. Die unmarkierten Diphthonge /aɩ ɔɩ aɷ/ hingegen werden auch dann nicht durch Monophthonge ersetzt, wenn wie im Französischen die L1 diese Diphthonge nicht kennt. Mehr noch: diese Markiertheitsunterschiede schlagen so stark durch, daß /ɛɩ/ selbst dann oft monophthongiert wird, wenn die L1 einen /ɛɩ/-Diphthong hat. Bulgarisch hat z.B. /ɛɩ/. Danchev (1986) berichtet, daß englischlernende Bulgaren das ihnen eigentlich vertraute /ɛɩ/ oft durch /e/ ersetzen.

Spracherwerbstyp	Ziel-r	Substitution	Quelle
L1-Deutsch	uvular [R]	[h j]	Wode 1977d
L1-Englisch	retroflex [ɽ]	[w]	Velten 1943
L1-Lettisch	apikal [r]	[i j]	Ruke-Dravina 1963
L1-Tschechisch	frikativ [ř]	[ ]	Ohnesorg 1948, 1959
L2-Englisch/L1-Deutsch	retroflex [ɽ]	[w]	Wode 1977d, 1981a
L2-Deutsch/L1-Englisch	uvular [R]	[h]	Denison 1958

Abb. 9.15: Zentrale Substitutionen für verschiedene Arten von „r" in verschiedenen Spracherwerbstypen.

Transfer beim Lauterwerb verdeutlicht besonders, daß der Rückgriff auf die L1, gleichgültig ob aufgrund von Ähnlichkeit oder Markiertheitsabstufungen, nur auf der Grundlage der vom Lerner tatsächlich beherrschte(n) Variante(n) der L1 und nicht auf der Basis irgendeiner fiktiven „Hochsprache" erfolgt. Eingeschlossen sind dabei sowohl der jeweilige L1-Entwicklungsstand bei Kindern wie der Akzent oder der Dialekt bei Erwachsenen. Einleuchtende Beispiele liefern die beiden jüngeren vier- bzw. sechsjährigen Kinder des Kieler Korpus. Beide lispelten im Laufe ihrer L1-Entwicklung. Zum Zeitpunkt der L2-Untersuchung beginnt der sechsjährige Lars, das Lispeln zugunsten erster Versuche eines zielgerechten /s/ aufzugeben. Die vierjährige Inga hingegen hat in ihrem L1-Deutsch die Unterscheidung zwischen /s ʃ z ʒ/ noch nicht gemeistert. Sie ersetzt die stimmlosen Spiranten durch [θ], die stimmhaften durch [ð]. Wer meint, wer in seiner L1 lispelt, müsse auch die englischen /θ ð/ auf Anhieb zielgerecht meistern, irrt. Weitaus häufiger als in seinem Deutsch produziert Lars in L2-Wörtern, die /θ/ erfordern, [s] bzw. einen [s]-ähnlichen Laut. Dies wird erklärlich, wenn man bedenkt, daß Lars im Deutschen bereits /ʃ ʒ/ und /s z/ unterscheidet. Nur in den Wörtern mit /s z/ lispelt er. Im Englischen produziert er /ʃ ʒ/ zielgerecht, bis auf die Stimmhaftigkeit im Auslaut. Englische Wörter mit /s z/ produziert er mit Lispelanklang und Entstimmung zielsprachlich stimmhafter Auslaute. Inga hingegen verwendet [θ ð] für englisch /s z ʃ ʒ/. Ihre Substitutionen entsprechen dem Stand der Entwicklung ihres L1-Lautsystems, denn sie trennt auch im Deutschen noch nicht zwischen /s z/ und /ʃ ʒ/, sondern lispelt in beiden Fällen [θ ð] (Wode 1981a: 214-20).

Ein einleuchtendes Beispiel für phonologische Elemente, die einander nicht hinreichend ähnlich sind und deshalb wie im L1-Erwerb gemeistert werden, ist der L2-Erwerb der verschiedenen Arten von /r/. Wird /r/ nicht einfach ausgelassen, so wird es im natürlichen L2-Erwerb nicht notwendigerweise durch das L1-/r/ ersetzt. Sind die involvierten /r/ einander nicht ähnlich genug, kommt es nicht zu einem Rückgriff auf das L1-/r/. Dann gelten die in Abb. 9.15 aufgeführten Substitutionsrelationen, so sind ein retroflexes /τ/ und ein apikales /r/ einander nicht ähnlich genug, als daß sie im natürlichen L2-Erwerb füreinander substituiert werden. Stattdessen werden jene Substitutionen gewählt, die im L1-Erwerb zu beobachten sind, also [w] für /ɹ τ/ und [l] für /r/. Letzteres ist z.B. bei den Kindern des Kieler Korpus belegt in der Aussprache für engl. *shut up* (halt den Mund) oder *property* (Besitz). Umgangssprachlich hört man meistens ein einmal geschlagenes [ɾ] (*flap*) anstelle von /-t-/. [ɾ] ist dem apikalen [r] sehr ähnlich. Die zentrale Substitution für [r] ist [l] (s. Kap. 9.3.3). Der 9jährige Heiko und vor allem die 8jährige Birgit bevorzugten anfangs die Aussprache [ʃalap] für *shut up*. Inga sprach *property* verschiedentlich als [p^{h}ɔpali] (Wode 1981a: 221).

Die Schlußfolgerung, daß bei fehlender Ähnlichkeit L1-Strategien angewendet werden, wird ferner deutlich durch die Beobachtungen von Hecht/Mulford (1982) über die Art, wie ein sechsjähriger Isländer engl. /z ʃ ʒ tʃ dʒ/, die im Isländischen nicht vorkommen, lernte. Die betreffenden Substitutionen des Jungen entsprechen den aus dem L1-Erwerb des Englischen bekannten.

Abriß der L2-Entwicklung

Es liegen leider noch nicht genügend Untersuchungen vor, um den Verlauf des L2-Erwerbs von seinen Anfängen bis zum mehr oder minder erfolgreichen Abschluß zu skizzieren. Zu ermitteln wäre: Wie erfolgt der Übergang von fehlerhaften zu zielgerechten Realisierungen, z.B. von [ɛ] zu [æ] im Englischen, von stimmlosen Auslauten zu stimmhaften? Hören Fehler einfach auf - graduell oder abrupt? Diese Fragestellungen sind äußerst wichtig. Der L2-Erwerb und die Entwicklung des englischen /r/ der vier Kinder des Kieler Korpus gibt einige Hinweise. Anfangs dominiert die Substitution von [w]; danach wird das friktionslose [ɹ] verwendet; und anschließend verstärkt sich die Retroflexion bis zur Herausbildung der zielgerechten Aussprache. Die vier Kinder entwickelten sich unterschiedlich schnell. Der neunjährige Heiko beherrschte die zielgerechte Aussprache bereits nach 5 Wochen, der sechsjährige Lars nach 7 Wochen und die vierjährige Inga erst nach 12 Wochen. Bei der achtjährigen Birgit verlief die Entwicklung etwas anders. Am Anfang des Aufenthalts erlebte sie in der zweiklassigen Dorfschule, wie den Einheimischen die englische Orthographie beigebracht wurde. Da sie selbst bereits lesen und schreiben konnte, berichtete sie u.a. auch zu Hause über die Wörter, die an der Tafel gestanden hatten. Dabei verwendete sie ihre deutsche, uvulare Aussprache. Erst als nach 6 Wochen die großen Sommerferien begannen und der Schulunterricht aufhörte, verlor sich das uvulare [R]; an seiner Stelle verwendete Birgit dann zunächst [w]. Ihre nachfolgende Entwicklung verlief wie bei ihren drei Geschwistern. Die Übergänge von einem Entwicklungsstadium zum anderen waren bei allen Kindern fließend in dem Sinne, daß eine neue Aussprache nicht abrupt die frühere ersetzt. Für eine Weile existierten beide nebeneinander, wobei die ältere Form seltener und schließlich gar nicht mehr gebraucht wurde (Ring 1985). Diese fließenden Übergänge galten insgesamt auch für die übrigen lautlichen Entwicklungen.

9.6 Fremdsprachenunterricht

Die Forschung zum Lauterwerb im FU hat seit der Mitte der 70er Jahre im Hinblick auf Methoden und Fragestellungen einen beachtlichen Aufschwung genommen. Lange Zeit schlug sich der Erfahrungsschatz von Fremdsprachenlehrern hauptsächlich in Phonetik- und Aussprachehandbüchern wenig differenziert als „typische Fehler“ nieder. Gemeint ist, daß bestimmte Fehler charakteristisch sind, z.B. für englischlernende Deutsche, Franzosen oder Sprecher des Hindi. In der Regel bleibt in diesen Büchern unklar, woher diese Beobachtungen stammen und um welche Art von Unterricht und welche Altersgruppen es sich handelt. So z.B. bei den vielbenutzten Jones (1972), Gimson (1970), Keutsch (1974) oder Baker (1982) fürs Englische oder Faure (1975) fürs Französische. Allerdings decken sich diese Fehlertypen mit denen aus jüngeren methodisch anspruchsvolleren Erhebungen (z.B. Weiher 1975 und Schröder 1979 für L2-Englisch/L1-Deutsch, Pulß 1983 für L2-Englisch/L1-Französisch).

Das Gros der früheren Untersuchungen zum FU sind Fehleranalysen im Zuschnitt von Substitutionsansätzen, und zwar für ein weites Spektrum an Sprachen. Mit Ablauf der 70er Jahre gilt das Interesse auch den Sprachlernstrategien, Silben, ihren Konstituenten und in jüngster Zeit auch der Entwicklung der Perzeption. Sie wurden bislang jedoch vorwiegend am Englischen untersucht.

Insgesamt zeichnet sich ab: Der Lauterwerb im FU unterscheidet sich kaum vom natürlichen L2-Lauterwerb. Was in letzterem zu beobachten ist, findet sich auch in ersterem, einschließlich individueller Variation. Hinzu kommen Besonderheiten bedingt durch die Wahl des Lehr- und Übungsstoffes, durch die Dauer, mit der einzelne Phänomene intensiver als andere geübt werden, sowie durch den Zugang der Schüler zur Orthographie. Auch im FU dominieren wie im natürlichen L2-Erwerb Substitutionsstrategien auf der Basis von Transfer; die Silbenstrukturstrategien entsprechen denen aus dem natürlichen L2-Erwerb; nicht durch Transfer gelernte Elemente werden wie im L1-Erwerb gemeistert; und in einigen Fällen werden Elemente bereits zielgerecht produziert, ehe sie perzeptuell unterschieden werden.

Substitutionen

Abb. 9.16 verdeutlicht am Beispiel des Englischen bei deutschen Sprechern, wie sehr sich die Berichte über typische Fehler decken und das trotz großer Unterschiede in den zugrundeliegenden Unterrichtsformen, in den Altersstufen sowie in der Datenerhebung und -auswertung. Man darf sich dabei nicht durch die in einigen Fällen recht merkwürdigen phonetischen Transkriptionen irreleiten lassen.

In welchen Aspekten des FU-Lauterwerbs sich die Besonderheiten des Unterrichts wie Selektion von Lehr- und Übungsstoff, Zugang zu orthographischer und damit visueller Kodierung oder Korrekturen durch den Lehrer niederschlagen, ist bislang nicht genug untersucht. Sicherlich wird man eine unterschiedliche Häufung von Substitutionen ins Auge fassen müssen. So weist Schröder (1979) darauf hin, daß sie in ihren Untersuchungen an einer Sexta weniger Belege für die Substitution von [w] für zielsprachliches /ɹ/ als erwartet fand; häufiger war das aus dem Deutschen transferierte uvulare [R]. Man erkennt die Rolle der Orthographie.

Silbenstrukturstrategien

Auch die bislang vorliegenden Studien zum Erwerb von Silben und Silbenkonstituenten weisen starke Parallelen zwischen FU und natürlichem L2-Erwerb auf. Als

L2 Ziel-laut	natür-licher L2-Erwerb	Jones 1972	Kufner 1971	Keutsch 1974	Schröder 1979	Weiher 1975
θ	s (f)	s f	s (f)	s	θ	s f
ð	z d	z v (θ)	θ d (z)	z	z (d)	z
r	w	R ʁ	R r	R	ʁ (w r)	w (ʁ)
w	v	ß (v)	v (ø)	v	v	—
ɫ	l	l	l	l	l	—
æ	ɛ	ɛ	ɛ	ɛ	ɛ	ɛ
ʌ	a	a ɒ œ	a	a ɒ	a	—
ɔɷ	o	o ɔɷ	—	o	o (ɔɷ)	—
ɛɩ	e	e	—	e	e	—
ər ə:	œ	œ ø	ø œ	ø œ	ø œ	—

Abb. 9.16: Fehlertypen im FU für ausgewählte Ziellaute des L2-Englischen bei Lernern mit Deutsch als L1 verglichen mit dem natürlichen L2-Erwerb. () stehen für weniger häufige Substitutionen (nach Wode 1981a: 234).

notorisch bekannt ist der Fehler deutscher Schüler, stimmhafte Verschlüsse und Frikative im Silbenauslaut des Englischen oder Französischen im Einklang mit dem Deutschen stimmlos zu sprechen. Tarone (1976) berichtet über erwachsene L2-Sprecher des Englischen mit Kantonesisch, Koreanisch bzw. Portugiesisch als L1. Auch hier dominierten Transferstrategien. Die Sprecher veränderten die Silbenstruktur ihres Englisch durch Sproßvokale und Konsonantentilgungen in Richtung auf die ihrer L1. Zusätzlich fand Tarone eine von Transfer unabhängige angeblich universale Tendenz, die L2-Silbenstrukturen in Richtung auf KV-Silben zu modifizieren. Sato (1984) rückt, gestützt auf Beobachtungen an zwei vietnamesischen Kindern, diese Einschätzung durch den Hinweis zurecht, daß sie in ihrem L2-Englisch geschlossene Silben und andere Strategien bevorzugten. Satos Daten betreffen zwar den natürlichen L2-Erwerb, dergleichen läßt sich aber auch an erwachsenen FU-Lernern zeigen, z.B. an L2-Sprechern des Englischen, die Englisch im FU gelernt und anschließend für unterschiedlich lange Zeit in den USA gelebt haben. Flege/Davidian (1984) untersuchten die Realisierung der auslautenden Verschlüsse in englischen Wörtern mit der Struktur KVK. Verglichen wurden 12 erwachsene L1-Sprecher des Englischen mit je 12 L2-Sprechern des Englischen mit Polnisch, mexikanischem Spanisch bzw. Chinesisch als L1. Um welches Chinesisch es sich handelte, wird nicht gesagt. Polnisch hat nur stimmlose auslautende Verschlüsse; Chinesisch gar keine; und im mexikanischen Spanisch kann nur /d/ auslautend stehen, /b/ und /g/ vereinzelt in Lehnwörtern, während /p/ und /k/ auslautend nicht vorkommen, wohl aber entsprechende homorgane Spiranten. Gemäß diesen Besonderheiten verfuhren die L2-

Sprecher auch mehrheitlich in ihrem Englisch: Die Sprecher mit Polnisch als L1 entstimmten in den Zielwörtern die auslautenden Verschlüsse /-b -d -g/ zu /-p -t -k/. Die Chinesischsprachigen ließen sowohl die stimmhaften als auch die stimmlosen Verschlüsse aus oder entstimmten sie. Die spanischsprachigen Probanden entstimmten die stimmhaften Verschlüsse oder spirantisierten sie. Die Spirantisierung von Verschlüssen ist aus dem L1-Erwerb des Englischen nicht bekannt. Hier liegt eindeutig Transfer aus dem Spanischen vor. Tilgung und Entstimmung auslautender Verschlüsse kommen auch im L1-Erwerb des Englischen vor. Jedoch findet sich die Tilgung nicht bei den Polnischsprachigen. Folglich handelt es sich bei der Tilgung auch um einen Fall von Transfer. Die Sprecher mit Chinesisch als L1 konnten sich in ihrem Tilgungsverhalten an ihrer L1 ausrichten, folgten aber bei der Entstimmung einer Strategie, die in diesem Fall kaum durch Transfer ausgelöst worden sein kann.

Die Art, wie diese erwachsenen FU-Sprecher Silbenstrukturen behandeln, entspricht dem natürlichen L2-Erwerb (Kap. 9.5). Desgleichen finden sich auch vergleichbare Berichte zu anderen phonologischen Strategien, etwa Sproßvokale (z.B. Eckman 1981, Tarone 1980) oder die von der Zielsprache abweichende Zuordnung von Konsonanten zu Silben (Broselow 1984).

Eine Forschung zur L2-Entwicklung der Perzeption beginnt sich gerade zu etablieren, und zwar mit Schwerpunkt auf im FU gelernte Zweitsprachen. Einige erste Ergebnisse überraschen. Beispielsweise sprechen L2-Lerner vielfach Phoneme zielgerecht, obwohl sie sie perzeptuell noch gar nicht hinreichend unterscheiden. So fand z.B. schon Brière (1966), daß seine Versuchspersonen neu eingeführte phonologische Oppositionen produzieren konnten, ohne sie verläßlich hören zu können. Ähnliches berichten Sheldon/Strange (1982) über das englische /r l/ bei erwachsenen Japanern. Manche Sprecher hörten keine Unterschiede, produzierten aber akzeptable /r/ und /l/. Dies ist um so bemerkenswerter, als die Fremdsprachendidaktik vom umgekehrten Grundsatz ausgeht, daß nämlich die Perzeptionsentwicklung der Produktion vorauszugehen habe.

Die Gründe für diese Befunde sind noch unklar. Zum einen kann offensichtlich nicht einfach auf jene Fähigkeiten zurückgegriffen werden, die während der vorsprachlichen Entwicklung vorhanden bzw. entstanden waren. Sie müssen sich erneut entwickeln. Zwei Alternativen sind denkbar. Entweder die besagten Fähigkeiten werden auf der Grundlage der bereits durch die L1 vorhandenen aufgebaut, oder sie entwickeln sich ohne Bezug zu ihnen. Im ersten Fall könnte die Entwicklung so verlaufen, daß die für die L1 kritischen Bereiche derart verändert bzw. ausgeweitet werden, daß sie auch die L2 mit abdecken. Der eventuelle Lernfortschritt bestünde dann darin, diesen globalen Bereich in Richtung auf die Besonderheiten der beiden Sprachen zu differenzieren. Dies wäre eine auf Transfer gegründete Entwicklung. Nach der zweiten Alternative erfolgt kein Transfer aus zuvor gelernten Sprachen. In diesem Fall wäre eine L2-Entwicklung zu erwarten, die sich mit der L1-Entwicklung deckt.

Die erste Alternative scheint für den L2-Erwerb der Perzeption von Verschlüssen im Hinblick auf ihre Stimmhaftigkeit zu gelten, wie erste L2-Untersuchungen nach dem in Kap. 7.1.1 beschriebenen Verfahren andeuten. Sprachen unterscheiden sich im Hinblick darauf, wann der Einsatz der Stimmhaftigkeit erfolgen muß, damit ein Verschluß noch als stimmhaft gehört wird. Treffen Sprachen mit unterschiedlichen Werten aufeinander, z.B. Spanisch und Englisch, so werden die L1-Werte anfangs etwas in Richtung auf die L2-Werte verändert. Solche Sprecher verwenden dann zwar für ihre L1 und ihre L2 dieselben Werte, in weniger extremen Fällen unterschiedlich, sie weichen aber in beiden Fällen von denen ab, die sich bei monolingualen L1-Sprechern beider Sprachen finden. Für die L1 geht die Abweichung in Richtung der Werte für die L2; für die L2 in Richtung der L1 des Sprechers (z.B. Gass 1984, Flege/Eefting 1987).

Für die zweite Alternative liegen bislang keine Untersuchungen vor. Es ist aber schwer zu sehen, wie nach der ersten, also der Transferalternative, Lautentwicklungen in der Produktion zustande kommen können, die, wie im Falle der verschiedenen Arten von /r/ (Kap. 9.5), keinen Transfer erkennen lassen.

Transfer, Transferierbarkeit und Lebensalter

Dem bisherigen Vergleich zwischen L1- und natürlichem L2-Lauterwerb des Englischen lagen primär Beobachtungen an Kindern zugrunde. Bezieht man die Ergebnisse des FU mit ein (Abb. 9.16), erhöht sich die Altersspanne bis ins Erwachsenenalter. Diesen Altersunterschieden zum Trotz finden sich im wesentlichen dieselben Fehlertypen. Folglich können die Gesetzmäßigkeiten, denen phonologischer Transfer unterliegt, vor allem die Ähnlichkeits- und Markiertheitsrelationen, *nicht altersabhängig* sein. Damit ist sprachlicher Transfer auch keineswegs ein Produkt des FU, wie irrtümlich oft behauptet wurde (z.B. Burt/Kiparsky 1972, Dulay/Burt 1973, Bailey et al. 1974, Krashen et al. 1976), sondern ein integrierter Bestandteil jeder Art von Sprachenlernen. Der Hauptunterschied liegt dabei nicht zwischen schulischen vs. nichtschulischen Lernsituationen, sondern zwischen L1 und späterem Erwerb. Nur bei den Nicht-L1-Erwerbstypen kommt es zu Transfer als Lernphänomen. Dies wird besonders deutlich, wenn sämtliche in Abb. 9.14 aufgeführten Spracherwerbstypen und Sprachkombinationen miteinander verglichen werden, auch jene, die nicht klar zwischen FU oder natürlichem L2-Erwerb unterscheiden. Die Substitutionen und Silbenstrukturprozesse unterscheiden sich in Abhängigkeit von der zuvor gelernten L1, eine Systematik, die sowohl für den natürlichen L2-Erwerb wie für den FU gilt. Das wird besonders deutlich aus den Parallelen zwischen dem natürlichen L2-Englisch/L1-Deutsch bzw. L2-Englisch/L1-Französisch und den entsprechenden FU-Kombinationen. Darüber hinaus bestätigen sich die Ergebnisse zum Englischen an den Untersuchungen zum L2-Schwedisch bei Immigranten mit diversen L1.

Johansson (1973) untersuchte z.B. 20 Sprecher mit insgesamt 9 verschiedenen L1. Bannert (1983) berichtet über Untersuchungen an 70 erwachsenen L2-Sprechern des Schwedischen. Sie repräsentieren 25 verschiedene L1, darunter Punjabi, Japanisch, Hindi, Swahili, Thai und diverse europäische Sprachen. Die Substitutionen unterschieden sich systematisch in Abhängigkeit von der L1 und den Markiertheitsabstufungen der involvierten Elemente.

9.7 Zusammenfassung: Zur Entwicklung der Kodierung mentaler Repräsentationen phonologischer Elemente

Der Lauterwerb ist jener Bereich, für den sich derzeit am überzeugendsten nachweisen läßt, daß sich die Kodierweise des Gedächtnisses im Laufe der Entwicklung des Kindes z.T. reifungsbedingt ändert.

Die kategorielle Schallwahrnehmung und ihre Ausrichtung auf jene Schallmerkmale, die in den Sprachen der Welt zur Differenzierung der distinktiven Oppositionen dienen, ist genetisch verankert. Einige Unterscheidungsfähigkeiten sind schon mit der Geburt gegeben, andere entwickeln sich im Laufe der vorsprachlichen Periode. Im Gedächtnis erfolgt die phonologische Repräsentation lexikalischer Einheiten anfangs holistisch auf der Grundlage des ganzen Wortes. Möglicherweise erfolgt die Speicherung auch nach den Silbenkonstituenten Anlaut, Kern und Auslaut. Auf keinen Fall aber scheint im gleichen Ausmaß nach Segmenten gegliedert zu werden wie bei ausgereiften Sprechern. Diese anfängliche Kodierfähigkeit für mentale phonologische Repräsentationen reicht noch nicht, um die gelernten Wörter lautlich zu einem phonologischen System nach der Art ausgereifter Sprecher zusammenzufassen. Dazu bedarf es eines Kodierverfahrens, das sich stärker auf Segmente gründet. Diese Kodierweise bildet sich erst mit den ersten 50 Wörtern heraus. Dieses neue und beträchtlich ökonomischere Verfahren ermöglicht es dem Kind, explosionsartig neue Vokabeln zu lernen. Daß diese Entwicklung zu segmentorientierter Speicherung stattgefunden hat, erkennt man an mehrerem: Einerseits finden sich nach den ersten 50 Wörtern keine Beispiele mehr dafür, daß phonetische Merkmale eines Wortes in den verschiedenen Versionen des Kindes abweichend von der Zielvorlage über das ganze Wort verstreut sein können. Andererseits können die Lernerstrategien nur so funktionieren, wie es geschieht, wenn im Gedächtnis die entsprechenden Segmente vorhanden sind, denn Fernassimilationen, Substitutionen etc. erfolgen so, daß keine Segmentgrenzen verletzt werden. Diese Treffsicherheit setzt voraus, daß die Grenzen und damit die Segmente im Gedächtnis repräsentiert sind. Drittens setzt die Funktionsweise von sprachlichem Transfer geradezu voraus, daß die Segmente, die vom Transfer betroffen sind, auch mental vorhanden sind. Denn beim Transfer gilt die gleiche „Treffsicherheit“: Segmentgrenzen werden nicht verletzt. Dies erklärt, weshalb es bei L1-Mehrsprachigkeit anfangs nicht zu Interferenzen wie im L2-Lauterwerb kommen kann. Findet der Kontakt zu einer weiteren Sprache nach Herausbildung der segmentorientierten Kodierung statt, so erfolgt Transfer nach Gesetzmäßigkeiten, die für jung und alt gleichermaßen gelten. Das entscheidende Alter liegt vermutlich zwischen 2;5-3;0 (Wode 1985). Die Einzelheiten der Ausprägung des phonologischen Transfers hängen dabei vom Entwicklungsstand ab, den der Lerner zu dem betreffenden Zeitpunkt in seiner L1 erreicht hat. Spracherwerblich gesehen kann daher der L2- vom L1-Erwerb nur dann unterschieden werden, wenn der Kontakt zur L2 nach Herausbildung der segmentorientierten Kodierung erfolgte.

Die Entwicklung der phonologischen Kodierfähigkeit schafft auch die Basis für das Erlernen einer zweiten oder weiteren Sprache im FU. Die am natürlichen L1- und L2-Erwerb sichtbar gewordenen Sprachlernfähigkeiten inklusive des Transfers bilden die Grundlage für die Vermittlung der Aussprache im FU.

9.8 Lektürevorschläge zu Kap. 9

Einführungen
Phonetik mit Phonologie:
Lass (1984: allgemeine Grundlagen, Theorien), Kohler (1977: Deutsch), Ladefoged (1975: Englisch.), H.-W. Klein (1968: Französisch).
Phonemtheorie: Pilch (1974).
Natürliche Phonologie: Donegan/Stampe (1979).

Theorien des Lauterwerbs
Grundlegend für L1:
Jakobson (1941), Stampe (1979), Macken/Ferguson (1983).
Grundlegend für L2: Wode (1978b), James (i.Dr.).
Überblicke: Ferguson/Garnica (1975), Ingram (1976).

L1-Lautentwicklung
Überblick:
Ingram (1976), Menn (1983).
Umfangreiche Quellen:
Smith (1973: Englisch), Ohnesorg (1948, 1959: Tschechisch), Pačesová (1968: Tschechisch), Macken (1979: Spanisch).
Frühphase der ersten 50 Wörter:
Pačesová (1968), Ferguson/Farwell (1975), Ferguson/Garnica (1975), Waterson (1970, 1971).
Segmentorientierte Kodierung mentaler Repräsentationen: Wode (1987a).

Dekodierung, Perzeption:
Shvachkin (1948: Russisch), Garnica (1973: Englisch), Edwards (1974: Englisch), Barton (1980).
Entwicklung von Lautinventar und Konsonantengruppen: Templin (1957: Englisch), Olmsted (1970: Englisch), Sander (1961: Englisch).
Phonologische Lernerstrategien und Entwicklungssequenzen:
Ingram (1976), Vihman (1981), Wode (1977d, 1981a).
Morphonologische Alternationen:
Moskowitz (1973: Englisch), Atkinson-King (1973: Englisch), Berko (1958: Englisch).

L1-Mehrsprachigkeit
Primär: Nach wie vor überragt Leopold (1939-49: Englisch, Deutsch).
Weitere Quellen:
Ronjat (1913: Deutsch, Französisch), Pavlovich (1920: Französisch, Serbisch), Oksaar (1970: Schwedisch, Estnisch), de Matteis (1978: Deutsch, Niederländisch, Italienisch).

L2-Erwerb
Kieler Korpus L2-Englisch/L1-Deutsch: Wode (1977d, 1978b, 1981a); Ring (1985); Dumrese (1986). Heidelberger Korpus L2-Deutsch/L1-Spanisch: Tropf (1983).
Lernerstrategien und Transfer:
Beebe (1980), Sato (1984), Tropf (1983), Wode (1978b, 1981a).

Fremdsprachenunterricht (FU)
Weiher (1975: L2-Englisch/L1-Deutsch), Schröder (1979: L2-Englisch/L1-Deutsch), Dickerson (1975: L2-Englisch/L1 Japanisch), Pulß (1983: L2-Englisch/L1-Französisch), Gatbonton (1978: L2-Englisch/L1-Französisch), Johansson (1973) und Bannert (1983), beide für L2-Schwedisch bei vielen verschiedenen L1.
Lernerstrategien und Transfer:
Broselow (1984), Eckman (1977, 1981: Markiertheit und Transfer), Flege/Davidian (1984: L2-Englisch/L1-Polnisch, Spanisch oder Chinesisch), Tarone (1976: L2-Englisch/ L1-Portugiesisch, Kantonesisch oder Koreanisch), Wode (1978b: L2-Englisch/L1-Deutsch).
Entwicklung der L2-Kodierfähigkeit:
Flege/Eefting (1986, 1987), Gass (1984), Sheldon/Strange (1982), Weiher (1975).
Sammelbände:
Yeni-Komshian et al. (1980: L1), Butterworth (1983: L1), Ketteman/James (1983: Transfer bzw. Einfluß von Dialekten auf die FU-Aussprache des Englischen).

10. Syntax und Konstrosemantik

Die Semantik syntaktischer Konstruktionen wird als *Konstrosemantik* gemeinsam mit der *Syntax* besprochen. Beide sind schwer zu trennen, und oft liefert erst der Situationsbezug einen Hinweis darauf, wieweit die Syntax einer Äußerung zielgerecht ist bzw. was an ihr noch falsch ist.

Die Forschungslage ist für die einzelnen Spracherwerbstypen unterschiedlich. Für den L1-Bereich liegen sehr viele Studien vor. Sie entstanden im wesentlichen seit den 60er Jahren, oft im Anschluß an die Entwicklung der generativen Grammatik. Auch die Forschung zum natürlichen L2-Erwerb war bislang primär auf Syntax ausgerichtet, wenngleich weniger auf konstrosemantische Aspekte. Für den FU liegen diverse Fehlersammlungen vor, jedoch sind nur wenige unter spracherwerblicher Fragestellung zusammengetragen worden.

10.1 Die Aufgabe des Lerners

Der Lerner muß vor allem zwei Schwierigkeiten überwinden. Einerseits sind die zu lernenden Sachverhalte nicht direkt beobachtbar, sondern sie müssen erschlossen werden, z.B. syntaktische Relationen wie S, O oder die Wortklassenzugehörigkeit wie N, V, Adj, Präp. Andererseits lassen sich die Formen – Morpheme und Wörter – in der Regel nicht nur einer einzigen Funktion, z.B. einem Satzteil oder einer Wortklasse zuordnen. Dasselbe N kann S oder O sein wie in *Katzen (S) beißen Hunde (O)* und *Hunde (S) beißen Katzen (O)*; und dasselbe Wort kann N oder V sein wie in engl. *(the) kiss* (der Kuß) und *(to) kiss* (küssen). Besonders zu beachten sind folgende Phänomene:

- *Wortstellung:* Sprachen unterscheiden sich nach den in ihnen zulässigen Anordnungen der Satzteile, besonders wichtig sind S, V, O. Die entsprechenden Klassifikationen beziehen sich auf Aussagesätze. Im Englischen dominiert SVO, ausgenommen einige Sonderfälle im Zusammenhang mit Adverbien und der *do*-Periphrase wie in *hardly ever does he finish his meal* (kaum jemals ißt er sein Essen auf). Im Deutschen ist die Wortstellung beträchtlich flexibler. In Hauptsätzen findet sich zwar auch SVO, jedoch kann die Reihenfolge von S und O vertauscht werden, wenn das Objekt im Fokus stehen soll, und auch Adverbien oder Nebensätze können an die erste Stelle rücken. Die zweite Position des Verbs bezieht sich jedoch nur auf das finite Verb; das infinite Verb rückt in diesem Fall oft an das Ende des Satzes, z.B.: *Gestern hat Inga Forellen an der Brücke geangelt. Forellen hat Inga gestern an der Brücke geangelt. An der Brücke hat Inga gestern Forellen geangelt.* In Nebensätzen rückt das finite Verb ans Ende wie in *ich weiß, daß Inga gestern Forellen an der Brücke geangelt hat.*

Das Französische ähnelt stärker dem Englischen, in dem SVO dominiert. Jedoch unterscheidet sich die Stellung der Personalpronomina vom Englischen oder Deutschen, vgl. engl. *I pay you 10 dollars*, dt. *ich bezahle dir 10 Dollar*, frz. *je te paie 10 dollars.*

- *Flexionen:* Sie markieren die Satzteile wie S, direktes O oder indirektes O und tragen – in Abhängigkeit vom jeweiligen Verb – zur Identifizierung der *semantischen Rollen* bei, d.h. welcher Satzteil den Täter, das Opfer oder das Instrument bezeichnet (s. u.). Sprachen unterscheiden sich nach dem Ausmaß, in dem Flexionen verwendet werden. Das Deutsche hat ein ausgeprägtes Flexionssystem für verschiedene Wortklassen, z.B. für N: Differenzierungen nach *Numerus* (Singular, Plural), *Kasus* (Nominativ, Genitiv, Dativ, Akkusativ), *Genus* (maskulinum, femininum, neutrum). Andere Sprachen haben weniger Flexionen. Beispielsweise kommt das Englische mit einem bestimmten Artikel im Singular, *the*, aus. Das Deutsche hingegen hat drei bestimmte Artikel im Singular: *der, die, das.* Das Französische hat wiederum ein ausgeprägteres Flexionssystem als das Englische, begnügt sich aber mit der Unterscheidung von zwei Genera bei den Artikeln, nämlich *la* feminin vs. *le* in den restlichen Fällen. Sprachen mit ausgeprägten Flexionssystemen haben in der Regel eine flexiblere Wortstellung – wie das Deutsche – Sprachen ohne oder mit wenig Flexionen haben eine weniger flexible Wortstellung, z.B. das Englische. Man erkennt: Die Markierung von Satzteilen erfolgt durch Flexionen. Wenn das System der Flexionen wenig ausgeprägt ist, durch starre Wortstellungsregeln oder Präpositionen.

  Im Deutschen kann man aus den Elementen /ich/, /gab/, /den Schlüssel/ und /dem Vorarbeiter/ die folgenden Sätze bilden: Ich gab dem Vorarbeiter den Schlüssel. Ich gab den Schlüssel dem Vorarbeiter. Den Schlüssel gab ich dem Vorarbeiter. Dem Vorarbeiter gab ich den Schlüssel. Im Englischen lassen sich aus den Entsprechungen /I/, /gave/, /the key/ und /the foreman/, abgesehen von komplexen Umstellungen wie *it was the foreman I gave the key to* (es war der Vorarbeiter, dem ich den Schlüssel gab) nur zwei Sätze bilden und das auch nur unter Hinzufügung der Präposition *to*: *I gave the foreman the key. I gave the key to the foreman.*

  Die Flexionen sichern die Interpretierbarkeit im Deutschen, die Präpositionen im Englischen.

  Flexionsparadigmata müssen in ihren Formen nicht so regelmäßig sein wie die progressiven Formen innerhalb der englischen Verbflexion. Hier tritt nur *-ing* /ɩŋ/ oder /-ɩn/ auf. Anders sieht die Pluralflexion der englischen Nomina aus. Die produktive Regel erfordert, daß /-s -z -əz/ an den Stamm angefügt wird. Welche Variante gewählt wird, hängt von den phonologischen Besonderheiten des Stammes ab: /-z/ nach stimmhaft auslautenden Stämmen, /-əz/ nach Stämmen auf /-s -z -(t)ʃ -(d)ʒ /, in den übrigen Fällen steht /-s/, bis auf unregelmäßige Bildungen wie *foot:feet* (Fuß:Füße) oder *mouse:mice* (Maus:Mäuse). In manchen Sprachen unterliegt die Flexion keiner produktiven Regel, z.B. die Pluralflexion des Deutschen. Für jedes Wort muß der Plural gesondert gelernt werden.

- *Semantische Rollen:* So bezeichnet man die Deutung der Satzteile z.B. als *Täter (agens)*, *Betroffener (affectum)* oder *Produkt (effectum)* einer Handlung. Je nach Sachlage kann das S das agens, affectum, effectum, instrumentum, lokativum oder eine andere Rolle sein. Vgl. *Heiko (agens) hat mein Fahrrad (affectum) repariert, Heikos Fahrrad (affectum) ging kaputt, diese Schachtel (lokativ) enthält ein Geheimnis, ein Blitzschlag (instrumentum) fällte die alte Eiche (affectum).* Umgekehrt kann dieselbe semantische Rolle durch verschiedene Satzteile signalisiert werden, z.B. *mich (affectum) hat ein Hund (agens) gebissen* und *ich (affectum) wurde von einem Hund (agens) gebissen.*
- *komplexe Syntax:* Über die Verkettung von einzelnen Satzteilen hinaus können einfache Ausdrücke und Sätze in vielfältiger Weise umgeformt und mit- und ineinander verschachtelt werden, z.B. die *Einbettung* von *Relativsätzen* oder *Infinitivkonstruktionen.* Z.B. besteht *das ist das Haus, das wir kaufen wollen* aus den zwei Sätzen *das ist das Haus* und *wir wollen das Haus kaufen.* Der zweite ist als Relativsatz in den ersten, den Matrixsatz, eingebettet. In dieser Relativeinbettung wird das in beiden Sätzen vorkommende N *Haus* im Relativsatz durch das entsprechende Relativpronomen des gleichen Numerus, Kasus und Genus ersetzt und dieser Satz an das N *Haus* des Matrixsatzes angefügt. Sprachen unterscheiden sich sehr in den Details solcher Einbettungen, z.B. nach der Stellung des Relativsatzes vor oder nach dem Matrix-N oder nach der Art, wie das Matrix-N im Relativsatz ersetzt wird. Anders als im Englischen, Deutschen oder Französischen wird z.B. in vielen Sprachen das Matrix-N im Relativsatz zweimal ersetzt, einmal durch das Relativpronomen und zusätzlich noch einmal als Personalpronomen, also sinngemäß *wir haben den Schlüssel wiedergefunden, den wir gestern (ihn) verloren hatten.*

Oft kaum als Einbettungen zu erkennen sind Infinitivkonstruktionen. Besonders das Englische ist reich daran. Vgl. engl. *John (affectum) is easy to please* (John ist leicht zufriedenzustellen) und *John (agens) is eager to please* (John bemüht sich zu gefallen). Der erste Satz besteht aus *it is easy to please X* (es ist leicht, X zufriedenzustellen) und *(someone) pleases John* (jemand stellt John zufrieden); der zweite aus *John (agens) is eager* (John ist bemüht) und *John (agens) pleases (someone)* (John stellt jemand zufrieden). Für Lerner sind derartige Einbettungen schwierig, weil die unterschiedliche Rolle von *John* erkannt werden muß, und zwar einmal als logisches Objekt zu *(easy to) please* und damit als affectum, das andere Mal als logisches Subjekt zu *(eager to) please* und damit als agens.

Die obige Auswahl von syntaktischen und konstrosemantischen Charakteristika ist nur ein kleiner Teil dessen, was der Lerner bewältigen muß. Für alle Bereiche gilt das eingangs Gesagte: Die Lernaufgabe erschöpft sich nicht darin, die direkt beobachtbaren Phänomene zu meistern. Die Regeln müssen erschlossen werden. Die Hauptschwierigkeit ist auch hier, daß der Lerner nicht von Eins-zu-eins-Zuordnungen ausgehen kann.

10.2 Theorien und Ansätze

Theorien zum Syntaxerwerb wurden erst mit dem Wiederaufschwung der Spracherwerbsforschung in den Vereinigten Staaten vorgelegt. Dieser Aufschwung ging einher mit der Entwicklung der primär auf Syntax ausgerichteten generativen Grammatik. Spracherwerblich gesehen galt das Interesse der Wortstellung und der Semantik der frühen Zwei-Wort-Verbindungen im L1-Erwerb. Im Brennpunkt der Diskussion standen zwei Problemkreise: Wieweit sind die für die Sprache Erwachsener entwickelten Kategorien und theoretischen Konstrukte auf Kindersprache übertragbar? Und erschließen sich Lerner die syntaktischen Regeln über Auslassen von Funktoren, über Wortklassen, über syntaktische Relationen oder über die Semantik? Eine befriedigende Lösung steht noch aus.

Telegrammstil: Auslassen von Funktoren

Brown/Fraser (1963) fiel auf, daß während der frühen Entwicklungsstadien vor allem Flexionen, Präpositionen, Konjunktionen, Hilfsverben, Artikel, kurz die *Funktoren* fehlen. Sie bilden geschlossene Klassen und markieren in erster Linie syntaktische Relationen, sichern aber nicht so sehr den Bezug zur konkreten Welt. Dies leisten primär die Wörter der großen offenen Klassen, also N, V, Adj. Sie dominieren in den Frühstadien der L1-Syntaxentwicklung. Die Ähnlichkeit mit dem *Telegrammstil* Erwachsener suggerierte den Terminus. Als grobe Charakterisierung früher kindlicher Syntax ist er nützlich; jedoch handelt es sich, wie auch Brown (1973) darlegt, nicht um eine Theorie des Syntaxerwerbs, da keine Aussagen darüber gemacht werden, wie der Erwerb syntaktischer Strukturen vor sich geht. Und daß der Syntaxerwerb nicht generell als Auslassen von Funktoren gedeutet werden kann, erkennt man nicht nur am Deutschen, wo Funktoren wie *da*, *rauf*, *ab* schon als Holophrasen und in den frühen Zwei-Wort-Verbindungen vorkommen (Abb. 10.1).

Der Pivot-Ansatz: Wortstellung als Aneinanderreihung von Wortklassen

Im Gegensatz zum Telegrammstil war der *pivot*(P)-Ansatz als Theorie des Syntaxerwerbs gedacht. Beim P-Ansatz stehen Wortklassen im Mittelpunkt. Braine (1963) stellte an drei amerikanischen Kindern, die er seit ihrem achtzehnten Lebensmonat

	Englisch (Gregory: Braine 1963)	Deutsch (Lars)
P_1 + X	*allgone shoe*	*mein Stock*
	(weg Schuh)	
	allgone vitamin	*mein Medizin*
	(weg Vitamine)	
	allgone egg	*meine große* (mein großer Stift)
	(weg Ei(er))	
X + P_2	*do it*	*Birgit auch*
	(tu es)	
	close it	*Larsie auch*
	(mach zu)	
	push it	
	(schieb es)	
X + X	*man car*	*da Birgit*
	(Mann (ist im) Auto)	(da (ist) Birgit)
	car bridge	*Bagger da*
	(Auto (ist unter) der Brücke)	(da (ist der) Bagger)

Abb. 10.1: *P(ivot)*- und *X-Konstruktionen* bei L1-Englisch und L1-Deutsch lernenden Kindern. P1 kommt nur am Anfang, P2 nur am Ende, Wörter der Klasse X an beliebiger Stelle vor. Die ursprüngliche Erwartung, Kinder verwendeten grundsätzlich feste Wortstellungen nach dem Muster von P-Konstruktionen, war unberechtigt. Kinder variieren individuell, wie stark sie anfangs feste Wortstellungsschemata verwenden.

beobachtete, fest, daß ihr Vokabular sich in zwei Wortklassen gliedern ließ. Eine Klasse nannte Braine *pivot* (P). Sie war positionell eingeschränkt: P-Wörter konnten nur am Anfang oder nur am Ende einer Äußerung stehen, und sie waren nicht miteinander kombinierbar. Die zweite Klasse von Vokabeln, die X-Wörter, waren in ihrer Wortstellung frei. Sie konnten diesen vorausgehen oder folgen: Untereinander waren sie im Gegensatz zu den P frei kombinierbar. Die P-Klasse war klein, erweiterte sich nur langsam, und die P kamen nicht als Einwortäußerungen vor. Die X-Klasse war groß und wurde zügig erweitert, indem neue Vokabeln vorzugsweise ihr zugeordnet wurden. X-Wörter kamen auch als Einwortäußerungen vor. Aufgrund dieser Besonderheiten der Wortstellung ließen sich die Konstruktionen der beobachteten drei Kinder als drei verschiedene Anordnungen von P und X beschreiben: P1 + X, X + P2 und X + X. Die Beispiele in Abb. 10.1 zeigen, daß diese Wortstellungen nicht notwendigerweise der Zielsprache entsprachen. Vergleichbare Beobachtungen machten auch Miller/Ervin-Tripp (1964) und Brown/Fraser (1963). Slobin (1970) verglich mehrere Sprachen und meinte, es handele sich bei diesen Wortstellungsphänomenen um spracherwerbliche Universalien.

In dieser strengen Form mußte der P-Ansatz bald fallengelassen werden. Wie Kinder zu diesen Wortstellungsschemata kommen und wieweit sie dabei auf die Zielsprache zurückgreifen, blieb unklar. Ferner zeigte sich schon an den Daten von

Braine, daß nicht alle Kinder das gleiche Wort in gleicher Weise als P-Wort oder X-Wort behandeln. So benutzte Andrew, eines der drei von Braine untersuchten Kinder, *allgone* sowohl in Anfangs- als auch in Endstellung, z.B. *airplane allgone* (Flugzeug weg) gegenüber *allgone juice* (weg Saft); bei Andrew war *allgone* ein X-Wort, bei Gregory ein P-Wort (Abb. 10.1); und schließlich deckten sich kindliche Wortstellung und Zielwortstellung in den meisten Fällen. Andererseits war im P-Ansatz die Semantik nicht angemessen berücksichtigt. Beispielsweise untersuchte Bloom (1970) bei drei amerikanischen Kindern die N+N-Verbindungen während des Zwei-Wort-Stadiums, also Äußerungen wie *mommie sock* (Mama Socke), *baby highchair* (Babystuhl). Bloom konnte zeigen, daß die Wortstellung dieser frühen N+N-Verbindungen nur dann scheinbar frei war, wenn man die intendierten semantischen Rollen außer acht ließ. Dieselbe Wortstellung wurde für mehrere verschiedene Rollenkonstellationen verwendet, aber nicht jede Rollenkonstellation mit jeder beliebigen Wortstellung. *Mommie sock* kann z. B. bedeuten *Mamas Socke* oder *Mama soll mir die Socke anziehen* (Bloom 1970: 47f.). Aufgrund solcher Einwände überlegte man, ob semantische oder syntaktische Relationen verläßlichere Ansätze abgeben könnten.

Syntax oder Semantik?

In semantischen Ansätzen wird angenommen, Kinder erschließen sich die Syntax über die Semantik, z.B. indem sie die Wortstellung anfangs nicht nach syntaktischen Relationen wie S, V oder O, sondern nach semantischen Konstellationen z.B. agens, stets an erster Position ausrichten. Später muß diese semantisch begründete Wortstellung dann zu einer syntaktischen weiterentwickelt werden. In syntaktischen Ansätzen wird angenommen, daß auch die frühen Lerneräußerungen nicht nach semantischen, sondern nach syntaktischen Gesichtspunkten strukturiert sind.

Die Schwierigkeit liegt darin, syntaktische Relationen in den Zwei-Wort-Äußerungen nachzuweisen, wenn z.B. Flexionen fehlen oder die Wortstellung nicht stets zielgerecht ist. Dabei sollte man sich vor folgendem Trugschluß hüten: Obwohl Kinderäußerungen oft nach Kategorien der Erwachsenensprache, z.B. als SV, SVO oder VO beschrieben werden, bedeutet dies nicht, daß diese syntaktischen Kategorien auch bereits für das Kind gelten. Das muß nachgewiesen werden. Wie oben angedeutet, ist es ja durchaus denkbar, daß die Kinder in solchen Äußerungen von semantischen Konstellationen wie agens + actio *Birgit laufe* (Birgit läuft) oder actio + locativ *schwimmt Wasser* ((der Hund) schwimmt im Wasser) ausgehen und sie stets in einer bestimmten Reihenfolge, nämlich agens vor actio, actio vor locativ ausdrücken. Zur Illustration der Schwierigkeiten, die syntaktische und semantische Ansätze aufwerfen können, werden nachstehend Bloom (1970) als ein primär syntaktisch orientierter Ansatz und Schlesinger (1971) als ein semantisch orientierter besprochen.

Ein syntaktischer Ansatz: Bloom (1970)
Paradoxerweise läßt sich ein syntaktischer Ansatz ohne Rückgriff auf die Semantik so lange nur schwer begründen, wie die üblichen Markierungen für syntaktische Relationen noch fehlen. Flexionen für N und V müssen sich noch entwickeln; die Pronomina werden anfangs nicht nach Kasus, z.B. *ich* (Nominativ) vs. *mich* (Akkusativ) getrennt, und die Wortstellung entspricht auch nicht notwendigerweise der Zielsprache, wie oben am Beispiel des P-Ansatzes gezeigt. Wer folglich meint, Kinder folgten syntaktischen Relationen, dem bleibt als Begründung primär der Hinweis auf die Semantik. So schließt Bloom (1970) aus der mutmaßlichen semantischen Konstellation kindlicher Äußerungen, daß die Kinder über die entsprechenden zielsprachlichen syntaktischen Relationen verfügen müßten. Beispielsweise schließt Bloom aus agens + actio auf SV, aus actio + affectum auf VO. Ferner deutet sie die Tatsache, daß Kindern sehr wohl klar ist, wer in einer Äußerung der Form VO wie in *pick glove* (nehmen Handschuh), den Handschuh nimmt, daß sie bereits im Zwei-Wort-Stadium über die volle Satzstruktur S + VO verfügen, ihre Enkodierkapazität ihnen aber lediglich erlaubt, zwei Konstituenten zu produzieren. Folglich müssen die restlichen Konstituenten im Zuge der Planungsabläufe für die Enkodierung eines Satzes getilgt werden. Derartige Reduktionsansätze leuchten wenig ein, denn Kinder müßten dann mehr leisten als Erwachsene, weil diese über keinen solchen Reduktionsmechanismus verfügen. Kinder aber kommen ohne ihn nicht aus. Damit besäßen sie letztlich mehr Kenntnisse über die Sprache, die sie lernen sollen, als Erwachsene, die sie schon kennen.

Insgesamt ergeben sich für rein syntaktische Ansätze zwei Schwierigkeiten. Einerseits sind die frühkindlichen Zwei-Wort-Äußerungen in stärkerem Maße semantisch strukturiert als durch die Angabe von Wortklassen, z.B. NV für *Bärbel holen* (Bärbel (soll meine Schuhe) holen), suggeriert wird (z.B. Bowerman 1973b, Bloom 1970, Brown 1973). Andererseits bleibt unklar, ob die syntaktischen Relationen, nach denen die einzelnen kindlichen Äußerungen analysiert werden, in gleicher Weise generell wie bei voll kompetenten Sprechern auf alle kindlichen Äußerungen zutreffen. Die Relation Subjekt gilt z.B. für alle Sätze einer Sprache und garantiert so, daß die Sätze untereinander ein zusammenhängendes System bilden. Gilt dies auch für alle Äußerungen des Zwei-Wort-Stadiums? Braine (1976) vermutet, daß die Zwei-Wort-Äußerungen anfangs separate Strukturen darstellen. Erst später werden sie durch die Regeln, die die Einzelstrukturen verbinden, zu einem System vernetzt.

Ein semantisch orientierter Ansatz: Schlesinger (1971)
Ansätze, die das Primat der Semantik betonen, können sich an Grammatiktheorien orientieren, die z.B. nach Art von Fillmore (1968) oder Chafe (1971) von *Kasus* oder *Rollen* ausgehen. In diesen Ansätzen werden nicht den syntaktischen Strukturen semantische Interpretationen zugeordnet, sondern den *semantischen Relationen* syn-

taktische Strukturen. Die Kasus bzw. Rollen einer semantischen Konstellation sind zunächst eine *ungeordnete Menge*, z.B. agens, affectum, actio. Erst durch die Zuordnung zu syntaktischen Strukturen werden diese Elemente nach den Regeln der jeweiligen Sprache geordnet, im deutschen Aktivsatz als *S (agens) +V (actio) +O (affectum)* oder im Passivsatz als *S (affectum)+werden+von+N (agens)+ (actio)*. Für den Lerner besteht die Schwierigkeit derartiger Ansätze darin, daß er entdecken muß, wie diesen semantischen Relationen syntaktische Strukturen zugeordnet sind. Denn letztere sind nicht direkt mit ersteren gegeben, weil z.B. nicht jedes agens auch stets ein Subjekt ist. Eine zweite Schwierigkeit besteht darin, daß die Kasus bzw. Rollen der Sprache sich nicht mit den kindersprachlichen decken müssen. Beispielsweise wird ein Kind denjenigen, der schläft, der ein Auto repariert oder der durch ein Fenster geworfen wird, als agens deuten. Täter im strengen Sinne ist aber lediglich der Automechaniker; der durchs Fenster Sausende ist eher als instrumentum, und der Schläfer weder als das eine noch das andere zu deuten (Braine 1976).

Schlesingers Entwurf enthält vieles, was Kasus- bzw. Rollenansätze vielversprechend erscheinen läßt. Schlesinger geht von den Planungsvorgängen aus, die sprachlichen Äußerungen vorausgehen müssen. Zunächst müssen entsprechende Intentionen vorliegen. Sie bilden eine ungeordnete Menge. Für die Verbalisierung müssen die Intentionen in Sprache „übersetzt" und damit in syntaktische Strukturen überführt und einer Wortstellung zugeordnet werden. Schlesinger entwickelt sein Modell an acht *semantischen Relationen* wie /agens + actio/ usf. Diesen werden *Positionsregeln* zugeordnet, im obigen Fall agens + actio, d.h., actio steht nach agens, z.B. *Bambi go* (Bambi gehen). Andere semantische Relationen erfordern andere Positionsregeln, z.B. die Elemente /X locativ/ als /X + locativ/, wie *baby highchair* (Baby (ist im) Kinderstuhl). Insgesamt decken sich diese kindlichen Wortstellungen mit dem Englisch Erwachsener.

Die zentrale Frage, wie Kinder Wortstellungen lernen, wird von Schlesinger nicht erörtert. Einige in der von ihm benutzten Literatur genannten Beispiele zeigen, daß die Wortstellung von der Zielsprache abweichen kann, z.B. *balloon throw* für *I throw/threw the balloon* (ich werfe/habe den Ballon geworfen) (Bloom 1970: 87). Die Belege zum Deutschen und Englischen in Abb. 10.1-2 zeigen, daß die kindlichen Wortstellungen von Sprache zu Sprache und von Kind zu Kind variieren können. In Schlesingers Ansatz bleibt die Herkunft der Wortstellungsregeln unklar. Allein durch Rückgriff auf universelle kindliche Intentionskonstellationen lassen sie sich nicht erklären.

In den Kapiteln 3.3.3-3.4 wurden bereits weitere auf die Erklärung des Erwerbs der Syntax zielende Ansätze besprochen, u.a. das Bioprogramm und die Universalgrammatik. Insgesamt bleibt festzuhalten, daß derzeit kein Ansatz zur Verfügung steht, mit dem sich der Erwerb der Syntax, vor allem die frühen Wortstellungsbesonderheiten des L1-Erwerbs befriedigend erklären lassen.

	Englisch	**Deutsch** (Lars)
agens, actio	*bambi go* (Bambi geht)	*Larsie hole* (Larsie (=ich) hole (die Decke)
actio, affectum	*pick glove* (nehmen Handschuhe)	*Zeitung hol* ((ich) hole (die) Zeitung)
agens, affectum	*Eve lunch* (Eva (=ich esse zu) Mittag)	*Larsie Apfel* (Larsie (=Ich möchte einen) Apfel)
actio, locativ	*bounce here* (hier springen (lassen))	*schwimmt Wasser* ((der Hund) schwimmt (im) Wasser)
objectum, locativ	*lady home* ((die) Frau (ist zu) Hause) *jam there* ((die) Marmelade (ist) da)	*Pipel Haus* (Pipel (ist zu) Hause) *da Birgit* (da (ist) Birgit)
possessor, possessum	*Mommy chair* (Mamas Stuhl)	*Henning Gabel* (Hennings Gabel)
objectum, attributum	*little tobacco* (kleine Tabak(dose))	*böser Wolf* (böser Wolf)
demonstrativum, objectum	*this book* (dieses Buch)	*dieser meiner* (dies (ist) mein (Apfel))

Abb. 10.2: Acht zentrale Rollenkonstellationen (nach Brown 1973) in Zwei-Wort-Äußerungen englischer und deutscher Kinder: *agens* (Täter), *actio* (Handlung), *affectum* (Opfer bzw. Betroffener/s einer Handlung oder eines Vorganges), *locativ* (Ort), *objectum* (Objekt, Person oder Gegenstand), *possessor* (Besitzer), *possessum* (Besitz), *attributum* (Eigenschaft), *demonstrativum* (hinweisendes Wort). Brown (1973) nennt diese Konstellationen zentral, weil er sie bei allen von ihm untersuchten Kindern fand; weitere Konstellationen sind bei weniger Kindern belegt bzw. entwickeln sich später. Die Notierung der Rollen entspricht nicht der Wortstellung. Sie kann von Sprache zu Sprache und von Kind zu Kind variieren. Wörter wie *da*, *there* können sowohl locativ wie demonstrativ sein. Englische Beispiele aus Brown (1973) und Braine (1976).

10.3 Abriß der L1-Entwicklung der Syntax

Die Hauptstadien der Entwicklung der Syntax werden in Abb. 10.3 zusammengefaßt. Leider läßt sich eine solche Grobentwicklung nur für Sprachen skizzieren, die wie Deutsch, Englisch oder Französisch Flexionen und Präpositionen haben, aber z.B. nicht für die Eskimosprachen, das Türkische, oder das Finnische, die über viele Flexionen, aber keine oder nur wenige Präpositionen verfügen oder für solche, die, wie chinesische Sprachen, keine Flexionen kennen.

Grobstadium	
I 0;10-1;16	Holophrasen
II 1;6-2;0	Zwei-Wort-Äußerungen • anfangs Wortketten • keine Flexionen • je nach Kind kann die Wortstellung fest oder frei sein
III 2;0-2;6	Ausbau der einfachen Syntax • Ausrichtung auf Wortstellung der Zielsprache • Aufbau einfacher Sätze • erste hierarchische Strukturierungen je nach Zielsprache z.B. Adj. + N oder N + Adj. • Beginn der Flexionen
IV 2;6-4;0	erste Transformationen und Nebensätze • Syntax einfacher Sätze im wesentlichen gemeistert • Flexionen noch fehlerhaft • Relativsätze, Konjunktionalsätze, Inversion
V 4;0-12;0	Ausbau der komplexen Syntax

Abb. 10.3: Grobabriß der Syntaxentwicklung für Sprachen mit Flexionen und Präpositionen. Für analytische oder agglutinierende Sprachen fehlen entsprechende Daten.

10.3.1 Frühe Entwicklungen

Holophrasen

Syntaktisch sind die ersten sprachlichen Äußerungen von Kindern *holophrastisch*. Aufeinanderfolgende Wörter werden durch Pausen getrennt. Kontrovers ist nach wie vor, welche Informationen in holophrastischen Äußerungen enthalten sind. Sicherlich intendieren die Kinder mit Holophrasen nicht lediglich die Nennung der betreffenden Vokabel. Wenn ein Kind z.B. *Decke* [tɛtə] sagt, errät man in der Regel ohne Schwierigkeiten, ob es die Decke haben will, ob sie aus dem Weg geräumt werden soll oder ob es sich freut, daß es seine Decke endlich hat. Fehldeutungen strafen Kinder durch Protest. Kontrovers ist der Status dieser Intentionen im Hinblick auf die sprachliche Entwicklung. Sind sie bereits als Rollen im konstrosemantischen Sinne zu deuten? Oder sind sie lediglich ihre Vorläufer? Oder gar die Vorläufer der – syntaktischen – Satzteile? Bislang hat man keine methodischen Möglichkeiten gefunden, diese Fragen befriedigend zu beantworten.

Kaum kontrovers sind hingegen die zu beobachtenden Fakten. Die während des holophrastischen Stadiums intendierten Rollen und ihre Konstellationen unterliegen einer Entwicklungssequenz, wie z.B. Greenfield/Smith (1976) für das Englische aufzeigen (Abb. 10.4). Anfangs reden Kinder vorwiegend über Personen, Tiere und Objekte, die etwas in Bewegung setzen (agens); über bewegbare Objekte wie Spielsachen, Kleidung (affectum); über Handlungen bzw. deren Konsequenz im Hinblick auf Objekte wie *auf*, *runter* (actio); später über Ort (locativ) und Besitzer (possessor); z.T. auch über Empfänger (recipiens) (z.B. Nelson 1973, Greenfield/Smith 1976).

In der Weiterentwicklung zum Zwei-Wort-Stadium hin werden entsprechend mehr der in einer Konstellation beteiligten Rollen sprachlich ausgedrückt, und zwar im wesentlichen jene aus Abb. 10.1-2.

	Rolle oder Aktion	Äußerung	Kontext
I	agens	*dada*	hört jemanden hereinkommen
II	Handlung oder daraus resultierender Zustand	*down*	setzt sich hin oder müht sich von etwas herunter
III	affektum einer Handlung	*ban*	Ventilator wird ausgeschaltet
IV	Zustand des affectum bei Vollzug der Handlung	*down*	beim Schließen der Schranktür
V	Objekt in Verbindung mit einem anderen Objekt oder lokativ	*poo*	mit der Hand am Hosenboden nach nach dem Umziehen, normalerweise nach Stuhlgang
VI	possessor	*lara*	beim Anblick von Laurens leerem Bett
VII	lokativ	*bap*	Hinweis auf die Stelle(n), wo die Windel schmutzig ist

Abb. 10.4: Rollen und Handlungen in Holophrasen eines englischsprachigen Kindes (Greenfiield/Smith 1976 (nach Clark/Clark 1977: 304)). Die Numerierung entspricht der Entwicklungssequenz dieses Kindes.

Zwei-Wort-Stadium

Zwischen dem holophrastischen und dem Zwei-Wort-Stadium findet sich oft eine Übergangsphase mit *Wortketten*. Vokabeln, die später in einer Äußerung verbunden sind, werden in der gleichen Reihenfolge, aber durch Pause getrennt gesprochen, z.B. *Heiko.Decke* vs. *Heiko Decke*, beides von Lars als ‚Heikos Decke' intendiert (ähnlich z.B. Stern/Stern 1928, Ramge 1975, Scollon 1976).

Einige Charakteristika des Zwei-Wort-Stadiums wurden schon in Kap. 10.2 besprochen. Dieses Stadium beginnt um 1;6. Die Semantik dieser Äußerungen deckt sich weitgehend von Kind zu Kind und von Sprache zu Sprache. Kinder reden über das Hier und Jetzt. Nur eine begrenzte Zahl an Rollenkonstellationen wird sprachlich ausgedrückt. Brown (1973) analysierte z.B. die Zwei-Wort-Äußerungen der Datensammlungen zu zehn L1-Kindern. Vier lernten Englisch, zwei Samoanisch, zwei Finnisch, eines Schwedisch und eines Spanisch. Bei allen zehn Kindern fanden sich die acht Rollenkonstellationen aus Abb. 10.2; zusätzlich einige weitere bei einzelnen dieser Kinder, u.a. mit recipiens *for Daddy* (für Papa), instrumentum *sweep broom* (mit dem Besen fegen) und conjunctional *Kimmy Phil* (Kimmy und Phil), aber bei keinem über Kausalität, räumliche Relationen, Konditionalität, Zukünftigkeit oder Vorzeitigkeit (s.a. Schaerlakens 1973, Ervin-Tripp 1973, Wells 1974, Bloom et al. 1975, Braine 1976).

Die semantischen Relationen der Zwei-Wort-Äußerungen unterliegen einer Entwicklungssequenz. Bloom et al. (1975) untersuchten sie an vier L1-Englisch lernenden Kindern. Die Autoren gehen von 15 Relationen aus. Kinder reden anfangs über Objekte, z.B. ob sie vorhanden, verschwunden oder wieder da sind. Danach folgen Relationen, die sich auf Handlungen beziehen, wobei ein Verb die Handlung bezeichnet. Erst anschließend werden Zustände von Objekten benannt. Die Zustände werden lokalisiert, und die Wahrnehmung von Objekten wird bezeichnet. Im vierten Stadium verbalisieren Kinder ihre Intentionen, Empfänger werden genannt; Informationsfragen gestellt und der Ort einer Handlung wird angegeben, ohne daß ein Verb der Fortbewegung gebraucht wird. Chronologisch nicht verläßlich festlegen ließen sich Besitzangaben über Objekte sowie ihre näheren Bestimmungen. Im einzelnen variierten die Kinder beträchtlich.

Die Ergebnisse von Wells (1974) decken sich im wesentlichen mit jenen von Bloom et al. (1975). Wells verwendet ein differenzierteres Klassifikationssystem. So trennt er die Kategorie Handlung nach Funktionen von Personen, z.B. *eat* (essen), *play* (spielen), gegenüber Veränderungen von Gegenständen, z.B. *break* (zerbrechen), *open* (offen, öffnen). Handlungen von Personen werden eher verbalisiert als Veränderungen von Gegenständen.

Bloom et al. (1975) weisen darauf hin, daß diese semantischen Relationen und ihre Entwicklungssequenz sich sehr gut mit der kognitiven Entwicklung von Kindern während des sensomotorischen Stadiums im Sinne Piagets decken, und zwar in besonderem Maße die frühen Relationen Vorhandensein, Nichtvorhandensein, Wiedervorhandensein und Handlung mit Lokativergänzung. Das sind die Hauptcharakteristika der sensomotorischen Entwicklung (Kap. 12.4.2).

Einige Besonderheiten der linguistischen Struktur der Zwei-Wort-Äußerungen sind bereits in Kap. 10.2 besprochen worden, so das Fehlen von Flexionen und Funktionswörtern sowie die individuelle Variation im Hinblick auf die Verwendung fester gegenüber freier Wortstellung. Darüber hinaus kann die Wortstellung, die für eine semantische Konstellation gewählt wird, variieren. Das ist nur z.T. sprachbedingt. Während für das Englische die Abfolge actio + affectum als dominant dargestellt wird (z.B. Bloom 1970, Brown 1973), bevorzugt Lars in seinem Deutsch affectum + actio (Abb. 10.2). Andere Studien berichten über variablere Wortstellungen (z.B. Park 1974 und Miller 1976 zum Deutschen; Braine 1976 zum Englischen, Samoanischen,

Finnischen, Schwedischen und Hebräischen). Lars variierte nur in einigen Mustern, z.B. possessor – possessum in *Birgit Geld* und *Geld Birgit,* beide als „Birgit(s) Geld(beutel)“ intendiert. Dennoch, ob fest oder weniger fest, insgesamt entspricht die Mehrzahl der Wortstellungsschemata der Zielsprache; seltener weichen sie von ihr ab wie engl. *allgone shoe* (weg (ist der) Schuh) (Kap. 10.2).

Im Hinblick auf die semantischen Konstellationen der Zwei-Wort-Äußerungen ist unverkennbar, daß Kinder mit ihnen nicht bloß Sachverhalte benennen wollen. Wie oben bereits gezeigt, kann engl. *Mommy sock* „Mamas Strumpf“ oder „Mama soll mir meinen Strumpf anziehen“ heißen. Daß seitens der Kinder über die zwei Vokabeln hinausgehende Zusammenhänge im Spiel sein müssen, erkennt man sprachlich an einigen intonatorischen Besonderheiten. Eine Äußerung wie *MAMA essen* (Mama soll essen) mit dem Intonationszentrum auf MAMA und mit Nachlaufintonation auf *essen* bedeutet Hervorhebung von *Mama* gegenüber anderen Personen. Solche Intonationsunterschiede kommen schon früh während des Zwei-Wort-Stadiums vor. Von der verbalen Planung her muß sich das Kind hierbei auf längere Kontexte beziehen, die über die Verkettung von zwei Wörtern hinausgehen (Wode 1980a).

10.3.2 Dekodierung

Untersuchungen zur Dekodierung von Syntax und Konstrosemantik sind aus mehreren Gründen wichtig. Einerseits muß die Enkodierkompetenz des Lerners in einer gewissen Relation zu seiner Dekodierfähigkeit stehen. Man wird kaum erwarten, daß die Enkodierung weiter entwickelt ist als die Dekodierung, da sonst der Lerner weniger verstehen würde, als er zu sagen imstande ist. Andererseits gibt es keinen Grund anzunehmen, daß die semantische Interpretation von syntaktischen Strukturen angeboren ist. Folglich stellt sich die Frage, wie die Dekodierung syntaktischer Strukturen gelernt wird. Im großen und ganzen geschieht dies in einem komplexen Zusammenspiel von perzeptuellen Fähigkeiten, Weltwissen und sprachlichen Faktoren. Drei Lernerstrategien sollen dies illustrieren. Sie verdeutlichen, daß der L1-Erwerb von Syntax und Konstrosemantik noch bis 10;0 nicht voll abgeschlossen ist.

Syntaktische Strategien

Die NVN-Strategie

Die Grundzüge der NVN-Strategie sind bereits in Kap.5.5 geschildert worden. Hier gilt es, einiges zu ergänzen. Schon Bever (1970) hatte angenommen, daß die Funktionsweise dieser Strategie stark vom Entwicklungsstand der Perzeption und des Weltwissens eines Kindes abhängt. Diese Aspekte sind in der Folgezeit durch Untersuchungen an anderen Sprachen, z.B. Französisch (Mehler 1971), Deutsch (Grimm

1975), Serbokroatisch und Türkisch (Slobin/Bever 1982) und mit z.T. etwas verändertem Design präzisiert worden. Das Hauptproblem war die Reversibilität von Passivsätzen. Gemeint sind Sätze, in denen beide N sinnvoll als agens oder affectum fungieren können. Ein Aktivsatz wie *Klaus schubst Peter in die Pfütze* ist so sinnvoll wie *Peter wird von Klaus in die Pfütze geschubst*, *Peter schubst Klaus in die Pfütze* oder *Klaus wird von Peter in die Pfütze geschubst.* Aber *ein Jäger schießt ein Wildschwein* ist nicht reversibel, denn *ein Wildschwein schießt einen Jäger* bzw. *ein Jäger wird von einem Wildschwein erschossen* sind aufgrund des Weltverständnisses schlecht denkbar. In normalen Situationen macht der Kontext klar, wer wem etwas antut, und eventuelle Versprecher werden vom Hörer automatisch nach seinem Wissen über solche Situationen korrigiert, so daß die Äußerung sinnvoll gedeutet wird. Oftmals hört der Hörer den Fehler gar nicht, da diese Korrekturen unbewußt vorgenommen werden. Nützt das Weltverständnis nichts, z.B. in entsprechenden Experimenten, ist der Hörer allein auf die sprachliche Struktur angewiesen. In solchen – experimentellen – Situationen tun sich Kinder besonders schwer mit reversiblen Passivsätzen. Sie werden z.T. noch über 8;0 hinaus nach der NVN-Strategie gedeutet, z.B. so, daß *das Pferd wurde von der Kuh geküßt* verstanden wird als *das Pferd küßt die Kuh.*

Strohner/Nelson (1974) zeigten an englischsprachigen Kindern im Alter von 2;4-5;0, daß neben der NVN Strategie die Einschätzung eine wichtige Rolle spielt, ob ein Aktiv- oder Passivsatz einen für das Weltverständnis des Kindes wahrscheinlichen Sinn ergibt. Unwahrscheinliche Aktiv- und Passivsätze nach der Art von *Wildschweine erschießen Jäger* wurden von den Probanden notfalls auch entgegen der Wortstellung so gedeutet, daß das Ganze einen wahrscheinlichen Sinn ergab, nämlich daß der Jäger der Schütze sei. Bei reversiblen Sätzen hingegen, bei denen also das Weltwissen nicht weiterhilft, wurde bevorzugt die NVN-Strategie angewendet. Als Tendenz ergab sich, daß Kinder um 3;0 am stärksten auf ihr Weltwissen und die NVN-Strategie bauten; je älter sie wurden, desto mehr orientierten sie sich an der linguistischen Information.

Grimm (1975) weist die NVN-Strategie bei deutschen Kindern vergleichbbarer Altersgruppen nach und präzisiert sie dahingehend, daß sie eine Skala der Reversibilität annimmt. Diese Skala ergibt sich aus den charakteristischen Merkmalen, die Täter üblicherweise haben müssen, um überhaupt als solche in Frage kommen zu können, z.B. Merkmale wie *belebt*, *stark genug* oder *alt genug*. MacWhinney (1982) spricht daher von einer Strategie, die die Interpretation von Passivsätzen nach der Stärke der beteiligten N regelt.

Besonders aufschlußreich ist die Studie von Slobin/Bever (1982), weil man anfänglich annahm, die NVN-Strategie gelte für alle Sprachen. Slobin und Bever überprüften die NVN-Strategie an englischen, italienischen, türkischen und serbokroatischen Kindern. Allerdings wurden keine Passivsätze einbezogen, dafür aber Anordnungen wie SOV, SVO, VSO u.a. An den türkischen Kindern zeigte sich, daß Kinder je nach Zielsprache unterschiedliche Strategien anwenden. Türkisch hat keine feste Wortstellung und ist reich an Flexionen. Das direkte Objekt wird stets durch ein Flexionsmorphem markiert, das phonetisch nur im Rahmen der Vokalharmonie variiert. Türkische Kinder beherrschen diese Flexionen bereits mit 2;0. Entsprechend wendeten sie schon um 2;0 nicht die NVN-Strategie an, sondern deuteten die Testsätze gemäß der Flexionsmarkierung.

Natürliche Serialisierung
E. Clark (1971) ließ amerikanische Kinder im Alter von 3;0 - 6;0 mit Spielzeug Anweisungen nachspielen. Die Anweisungen erhielten die Kinder in Form von Sätzen, in denen systematisch so variiert wurde, daß entweder die Geschehensabfolge mit der Erzählabfolge übereinstimmte oder die Abfolge umgekehrt war, z.B. *der Junge streichelte die Katze, ehe er nach Hause ging* gegenüber *ehe der Junge nach Hause ging, streichelte er die Katze*. Selbst die jüngeren Kinder hatten kaum Schwierigkeiten, die Sätze zielgerecht zu deuten, solange sprachliche und nichtsprachliche Zeitabläufe übereinstimmten. Wurde jedoch das spätere Ereignis vor dem früheren genannt, so wurden diese Anweisungen erst zwischen 5;0 bis 6;0 richtig verstanden (ähnlich z.B. Ferreiro (1971) für französischsprachige und Schöler (1975) für deutschsprachige Kinder).

Prinzip der minimalen Distanz
Diese Strategie ist bislang vorwiegend an englischen Kindern untersucht worden. Sie bezieht sich auf Konstruktionen wie engl. *John promised Bill to clear the driveway* (John versprach Bill, die Auffahrt zu räumen) gegenüber *John told Bill to clear the driveway* (John sagte Bill, er solle die Auffahrt räumen). Im zweiten Satz ist *Bill* das *logische Subjekt* des Infinitivs. Das Prinzip der minimalen Distanz besagt, daß das dem Infinitiv unmittelbar vorausgehende N als logisches Subjekt des Infinitivs zu wählen ist. Dieses Prinzip gilt für viele englische Verben, z.B. *tell* (sagen). Nur wenige folgen ihm nicht, z.B. *promise* (versprechen), und manche Verben, z.B. *ask* (fragen, bitten) gehorchen dem Prinzip nur manchmal. In *Mary asked to leave* (Mary bat, gehen zu dürfen) gilt das Prinzip, da Mary geht; in *Mary asked Laura what to feed to the doll* (Mary fragte Laura, was sie der Puppe füttern solle) hingegen nicht, denn Laura wird nicht gebeten, die Puppe zu füttern. Englisch lernende Kinder haben z.T. noch bis 10;0 Schwierigkeiten mit diesen Konstruktionen. Fälschlicherweise folgen sie dem Prinzip der minimalen Distanz auch dort, wo es nicht angebracht ist. Aus verschiedenen experimentellen Untersuchungen, ausgelöst durch C. Chomsky (1969), ergibt sich, daß Sätze vom Typ *Bozo promises Donald to do a somersault* (Bozo verspricht Donald, einen Salto zu drehen) und *ask Lynn what to put back in the box* (frage Lynn, was in den Kasten zurückkommt) von vielen Kindern erst zwischen 9;0 und 10;0 zielgerecht gedeutet werden. Vorher werden fälschlicherweise die Objekte

Donald bzw. *Lynn* als logische Subjekte der Infinitive aufgefaßt. In Puppenspielen lassen die Kinder z.B. Donald einen Salto machen, bzw. sie fragen Lynn, was sie in den Kasten zurücklegen will (C. Chomsky 1969).

In späteren Untersuchungen sind Chomskys Ergebnisse präzisiert und ergänzt worden. Kessel (1970) und Kramer et al. (1972) zeigten, daß manche Kinder *ask* schon früher als bei Chomsky beherrschen. Oller et al. (1977) berichten, daß Arabisch sprechende Kinder sich wie englischsprachige verhalten, nur deuteten die Araber ihr Wort für *sagen/tell* als *bitten, fragen* bzw. *ask*. Maratsos (1974) benutzte Passivsätze nach dem Muster von *the bear is told by the elephant to get in* (der Bär wird vom Elefanten aufgefordert, einzusteigen). Jene Vier- bis Fünfjährigen, die das Passiv bereits richtig beherrschten, deuteten derartige Sätze nicht nach dem Prinzip der minimalen Distanz, sondern ließen den Bären und nicht den Elefanten einsteigen. Tavakolian (1977) berichtet, daß jüngere Kinder um 3;0 bis 4;0 wieder anders vorgehen: sie wählten grundsätzlich das Subjekt des Matrixsatzes als logisches Subjekt des Infinitivs. Wie bereits in Kap. 8.3.2 erwähnt, zeigt Tanz (1983), daß auch pragmatische Aspekte eine Rolle spielen. Kinder deuten *ask* immer dann fälschlicherweise als *tell*, wenn sie die Situation nicht als experimentelle Situation erkennen. Sie fragen pragmatisch angemessen dann nicht weiter, wenn sie die Information selbst liefern können.

Insgesamt zeigen Studien zur Dekodierentwicklung der Syntax sehr klar, daß der Syntaxerwerb je nach Strukturtyp nicht vor 9;0, z.B. für das Passiv, oder 10;0, z.B. für Strukturen, die dem Prinzip der minimalen Distanz widersprechen, beendet ist (Überblicke in Karmiloff-Smith 1979b, Bowerman 1979, Rickheit 1975).

Nach wie vor ist unklar, wie das Verhältnis von Enkodierung zu Dekodierung einzuschätzen ist. Für die Entwicklungen um die Zeit des Zwei-Wort-Stadiums konnten Shipley et al. (1969) in Experimenten zeigen, daß Kinder dieses Entwicklungsstandes nicht etwa Zwei-Wort-Äußerungen, sondern solche am besten verstanden, die etwas komplexer als ihre eigenen Produktionen waren. Sie ließen Kinder, die sich im holophrastischen Stadium bzw. der Telegrammstilphase befanden, Anweisungen ausführen. Die Kinder verstanden nicht etwa – ihrer Dekodierfähigkeit entsprechend – jeweils holophrastische, Zwei-Wort- bzw. telegrammstilähnliche Anweisungen besser, sondern jene, die jeweils etwas komplexer strukturiert waren. Hieraus läßt sich sicher zu Recht schließen, die Dekodierung müsse etwas weiter als die Enkodierung entwickelt sein, wenn es zu Lernfortschritten kommen soll. Nur wie weit? In welchem Sinne wäre z.B. die NVN-Strategie als Dekodierstrategie den NVN-Enkodierungen des betreffenden Kindes voraus? Das genaue Verhältnis von Enkodier- zu Dekodierentwicklung ist bislang für Syntax und Konstrosemantik noch ungenügend erforscht.

10.3.3 Der Ausbau der Syntax

Während des Zwei-Wort-Stadiums entwickelt sich ein elementares Inventar an syntaktischen Konstruktionen, das später ausgebaut und ergänzt wird. Die Rollenkonstellationen des Zwei-Wort-Stadiums werden in Äußerungen mit drei, vier und mehr Konstituenten vereint. NP und VP bilden sich heraus; Flexionen erscheinen; Einbettungen und andere syntaktische Operationen kommen hinzu. Dabei ist es nicht so, daß z.B. Fragebildung und Negation, die erwachsenensprachlich als Umformungs- und Einfügungsregeln analysiert werden, erst dann bei Kindern auftreten, wenn ihre elementare Syntax so weit entwickelt ist, daß z.B. Einbettungen und Wortstellungsveränderungen vorgenommen werden können. Im Gegenteil, die ersten Anfänge komplexer Regeln finden sich in pivot-ähnlichen und anderen Zwei-Wort-Äußerungen, ohne daß von Umformungsoperationen in der kindlichen Syntax gesprochen werden kann. Das wird am Beispiel der Negation und der Interrogation verdeutlicht.

Negation

Zur Struktur von Negationssystemen
Funktional unterscheidet man:

- *anaphorisch:* Die Negation bezieht sich nicht auf den Satz bzw. die Konstituenten des betreffenden Satzes. Beispielsweise ist in *nein, ich möchte Schmalz,* weder der Satz *ich möchte Schmalz* noch sind Teile davon negiert, sondern etwas im Satz nicht Genanntes.
- *nichtanaphorisch:* Negiert werden Konstituenten oder der ganze Ausdruck, in dem das Negationsmorphem (neg) vorkommt. Beispielsweise negieren *kein* bzw. *nicht* in *Peter mag kein Bier* oder *Bier mag Peter nicht* die Tatsache, daß Peter Bier mag.

In formaler Hinsicht unterscheiden sich Sprachen nach der Art der verwendeten neg und nach ihrer Stellung. Für die anaphorische Negation haben die meisten Sprachen eine freie Negationspartikel, die auch allein als Antwort auf eine Frage verwendet werden kann, also dt. *nein*, engl. *no*, frz. *non*. Für die nichtanaphorische Negation dienen in der Regel andere wie *nicht*, engl. *not*:-*n't*, frz. *ne...pas*. Nur selten sind anaphorische und nichtanaphorische *neg* wie engl. *no* oder span. *no* homophon. Je nach Sprache muß neg präverbal stehen wie im Spanischen *yo no te conozco* oder postverbal wie in der deutschen Entsprechung *ich kenne dich nicht* oder im umgangssprachlichen Französisch *je te connais pas*. Seltener ist die Spreizstellung vor und nach dem Verb wie im weniger zwanglosen Französisch *je ne connais pas ce monsieur* (ich kenne diesen Herrn nicht). Manche Sprachen erfordern Mehrfachnegation wie das Lettische, etwa sinngemäß *nicht-ich nicht-kenne nicht-den Herrn.* Systeme wie das Englische mit Besonderheiten wie der *do*-Periphrase nach dem Muster von *I do not/don't like you* (Ich mag dich nicht) gibt es nur in wenigen Sprachen. Neben den zentralen Regularitäten der Stellung von neg weisen viele Sprachen weitere Besonderheiten auf, z.B. Sonderformen wie *kein*, *nichts*, *niemals*, engl. *none* (niemand), *nothing* (nichts), *never* (niemals) u.a.m.

Erwerb und Entwicklung der Negation

Die ersten Anfänge der Negation finden sich während des holophrastischen oder während des Zwei-Wort-Stadiums. Bislang liegen nur Untersuchungen zu Sprachen vor, die die Negation morphologisch kodieren, d.h. bei denen sie durch *Negationsmorpheme* signalisiert wird wie *nein*, *nicht*, *kein*, engl. *no*, *not: n't*, *none* oder frz. *non*, (*ne*)...*pas*. Die vier Hauptstadien sind folgendermaßen charakterisiert (Abb. 10.5):

Stadium	**Inga (Dt.)**	**Kathryn (Engl.)**	**Dainis (Lett.)**
I neg	nein (1;0,22)	nicht untersucht	1. ne (1;4) 2. nav (1;6)
II anaphorisch neg, X/X, neg	nein, Milch (1;8,28)	nicht untersucht	ne, Dainis (nein, Dainis (=ich) möchte es tun)
III nichtanaphorisch neg X/X neg	nein schaff ich (2;07) ((das) schaff ich nicht)	no fit ((Spielzeugwürfel) paßt nicht)	1. aci nav (1;7) (das Buch (über den) Bär ist nicht da) 2. sapal ne (1;8,7) (schmerzt nein) 3. ne mimimi (1;8,7) (nein Bleistift)
IV satzintern	Hand beißt nicht (2;1,24)(die Hand beißt nicht) du nicht Segelboot, Henning (2;2,3) ich nicht klecker (ich klecker nicht)	1. Lois no hat (Lois (trägt) keinen Hut) Kathryn no like celery (Kathryn (=ich) mag keinen Sellerie) Kathryn not quite through((=ich bin) nicht ganz fertig) 2. Kathryn not go over there (Kathryn (=ich) gehe nicht dort rüber) this one don't fits (dieser paßt nicht)	1. te nav bilda (1;8,7) (hier sind (=gibt es) keine Bilder) 2. ipupu ne ita (Bad nein gehe (=ich gehe nicht ins Bad)

Abb. 10.5: Vier frühe Stadien der Entwicklungssequenz des Negationssystems eines deutschen (Inga), englischen (Kathryn: Bloom 1970) und lettischen Kindes (Dainis: Ruke-Dravina 1963, 1972, Wode/Ruke-Dravina 1977). Für Englisch und z.T. für Lettisch wurden die Stadien I-II nicht untersucht. Soweit sich die Strukturen innerhalb der Stadien I-IV chronologisch ordnen lassen, ist dies durch arabische Ziffern geschehen. Falls es sich nicht um Intervallstudien handelt, sind die Belegzeiten angegeben.

Stadium I: Holophrastische Negation: neg
In Kap 5.5 ist in Zusammenhang mit der Strategie, die freie Formen betrifft, schon darauf verwiesen worden, daß Kinder mit der Ein-Wort-Negation beginnen und daß sie in der Regel jene neg, die in der Zielsprache u.a. als eigenständiges Wort und vor allem als alleinige Antwort auf ja-/nein-Fragen dienen können, wählen, also dt. *nein*, engl. *no*, frz. *non* oder lett. *ne* und *nav*. In seltenen Fällen werden andere Negationspartikel verwendet. Bloom (1970) berichtet z.B. über ein englisches Kind, das zunächst *nomore* als neg verwendete. Ähnlich fand Gvozdev (1949) bei seinem russischsprachigen Sohn als erstes neg [nɑda], vermutlich aus *ne nado* (ist nicht). Die Kinder verwenden auch solche Negationen als ein Morphem.

Stadium II: Anaphorische Zwei-Wort-Negation: negX / Xneg
Die ersten Zwei- oder Mehr-Wort-Negationen sind anaphorisch. Als neg wird der Negator aus Stadium I verwendet. Entspricht er nicht dem zielsprachlich vorgesehenen wie *nomore* bzw. [nɑda](s. o.), so werden letztere durch die zielsprachigen ersetzt, also durch *no* bzw. *njet*.

Stadium III: Nichtanaphorische Zwei- und Mehr-Wort-Negation: negX / Xneg
Das gleiche neg wie unter Stadium II wird jetzt für die nichtanaphorische Negation verwendet, und zwar auch dann, wenn die Zielsprache solche Strukturen nicht hat. In der Regel steht neg am Anfang, seltener am Ende. Meist entscheiden sich die Kinder für eine Wortstellung; seltener ist bislang berichtet worden, daß Kinder beide Wortstellungen gebrauchen (z.B. Klima/Bellugi 1966, Stern/Stern 1928). Die Komplexität der mit neg verbundenen Konstruktionen variiert. Bei einigen Kindern ist neg in externer Stellung noch in Verbindung mit ganzen Sätzen gefunden worden wie in engl. *no the sun shining* (die Sonne scheint nicht) (Brown und Bowerman, persönliche Mitteilungen). Park (1979) und Clahsen (1983) weisen darauf hin, daß aufgrund ihrer Beobachtungen zu L1-Deutsch die obigen Stadien II und III bei einigen Kindern zusammenfallen können.

Stadium IV: Satzinterne Negation
Die Anfangs- bzw. Endstellung von neg des Stadiums III wird ersetzt durch Strukturen, in denen neg satzintern steht. Als neg kann das bisherige aus Stadium III beibehalten werden, oder zielgerechtere, nichtanaphorische neg können hinzukommen, also *nein* oder *nicht*, schwed. *nej* (nein) oder *inte* (nicht), frz. *non* oder *pas*. In Sprachen mit gebundenem neg wie Lettisch und Englisch dominiert die freie Negationsform des Stadiums III, z.B. lett. *ne*, engl. *no* oder russ. *njet*.

Im Hinblick auf die Wortstellung ist die Struktur SnegVP zentral. Neg steht nach S und vor dem Prädikat. Daneben treten weitere Strukturen auf, bei denen es wegen des fortschreitenden Entwicklungsstandes eines Kindes oft schwierig ist, zu entscheiden, ob es sich um als Ganzes gelernte Wendungen handelt wie *will nicht* ((ich) will nicht) (Lars 1;11,2), *geht nicht* ((das) geht nicht) (Lars 1;11,9); um elliptische Äußerungen wie *Heiko nicht* (Heiko (soll) nicht (V)), *nicht rein* ((ihr dürft) nicht rein) (Lars 2;0,9); oder ob es eigenständige Bildungen sind, die der zielsprachlichen Wortstellung bereits weiter angenähert sind wie *Henning brauch nicht Uni* (Henning braucht nicht in die Uni) (Lars 1;11,10). Ferner variieren Kinder individuell und von Sprache zu Sprache, wie lange und wie ausgeprägt sie an der Struktur SnegVP festhalten; im Deutschen (Wode 1977a, Park 1979) und im Schwedischen (Lange/Larsson 1973) in der Regel weniger ausgeprägt als im Englischen (Bloom 1970, Klima/Bellugi 1966) oder Lettischen (Ruke-Dravina 1963, 1967, Wode/Ruke-Dravina 1977).

Abb. 10.5 illustriert die Hauptstadien der Entwicklung der Negation bei drei Kindern mit Deutsch, Englisch bzw. Lettisch als L1. Diese drei Sprachen wurden wegen der Unterschiede in ihren Negationssystemen gewählt. Sie verwenden freie Formen für die anaphorische Negation. Dabei haben Deutsch und Englisch ein Wort, *nein* bzw. *no*, das Lettische zwei, *ne* (nein) und *nav* (ist nicht, hat nicht). Nichtanaphorisch negiert das Deutsche mit *nicht* als freier Form; das Lettische mit *ne-* als gebundener Form; und die englische freie Form *not* hat die gebundene Variante *-n't*. Deutsch und Englisch haben Einfachnegation; das Lettische Mehrfachnegation. Deutsch negiert postverbal; Lettisch präverbal, und Englisch erfordert die *do*-Periphrase, so daß neg vor dem Vollverb steht.

Dem englischen und lettischen Kind in Abb. 10.5 entsprechen häufig zu beobachtende Entwicklungen; Inga, dem deutschen Kind, weniger häufige. U.a. verwendete sie nicht wie andere deutsche Kinder wie *Henne nein Messer* (Hendrik darf das Messer nicht nehmen) (Cron-Böngeler 1985). Ferner negierte Inga Hilfs- und einige Vollverben anfangs nur postverbal. Unklar war, ob diese Negationen als ganzes gelernt waren. Erst viel später finden sich präverbal negierte Beispiele, bei denen dieser Verdacht nicht besteht, z.B. *Heiko, ich nicht darf* (Heiko, ich darf nicht) (2;4,15).

Ehe das gesamte Negationssystem gemeistert ist, lassen sich weitere entwicklungsspezifische Besonderheiten beobachten. Im Deutschen macht die Stellung von *nicht* Schwierigkeiten, z.B. anstelle von *ich kann die Hose nicht hochziehen* sagt Lars *ich kann nicht Hose hoch* (2;2,5). Bei englischsprachigen Kindern sind Formen wie *don't, doesn't, didn't, can't* anfangs monomorphematisch, d.h., für die Kinder bestehen sie – noch – nicht aus *do* + *-n't*, sondern sie sind als Ganzes Negatoren. Entwicklungsbedingt kommt es auch in Sprachen ohne Mehrfachnegation zu doppelter Verneinung wie in engl. *I didn't did nothing* anstelle von *I didn't do anything* (ich habe nichts getan) (Bellugi 1967). Für negative Indefinita wie *kein, nichts* oder engl. *none, nothing*, werden zeitweilig neg + positivum verwendet, also *nicht ein* (kein), *nicht (et)was* (nichts), engl. *no/not some/something* für (no/not any/anything). Vgl. Inga *ich seh nicht was* (ich sehe nichts) (2;5,15) oder Lars *Henning, ich nicht ein Gabel?* (Henning, darf ich keine Gabel haben?) (3;5,24); engl. *you don't want some supper?* für *you* *don't want any supper?* (du möchtest kein Abendbrot?) oder *I didn't see something* für *I didn't see anything*, (ich habe nichts gesehen) (Klima/Bellugi 1966).

Interrogation

Zur Struktur von Interrogationssystemen
Nach den zu erwartenden Antworten unterscheidet man:
Funktional:
- *ja-/nein-Fragen:* Als Antwort wird Bejahung oder Verneinung erwartet.
- *Informationsfragen:* Mit ihnen sucht man Information, z.B. über Ort (wo), Zeit (wann), Grund (warum) oder agens (wer).

Im Hinblick auf die *formale Kodierung* trennt man nach:
- *Intonationsfragen:* Steigende Tonhöhe am Ende einer Äußerung ohne Inversion oder Interrogativpronomen, z.B. *du bist doch hingegangen?*
- *Wortstellungsfragen:* Inversion von S und V, z.B.: *bist du hingegangen?*
- *Pronominalfragen:* Verwendung von Interrogativpronomin wie *wer, wie, wohin.*
- *Partikelfragen:* An den zu interrogierenden Satzteil wird eine Partikel angefügt, aufs Deutsche übertragen z.B. *du*+Fragepartikel *bist hingegangen?*

Sprachen nutzen diese Kodierungsverfahren in unterschiedlicher Weise. Deutsch, Englisch und Französisch kodieren ja-/nein-Fragen durch Intonation und Wortstellung. Das Finnische hat keine Intonationsfragen und kodiert ja-/nein-Fragen als Partikelfragen. Im Lettischen können ja-/nein-Fragen durch Intonation oder Partikel signalisiert werden. Für Informationsfragen verwenden Deutsch, Englisch und Französisch Pronominalfragen. Bei Anfangsstellung ist zusätzlich Inversion erforderlich wie in *wo wohnt Karl?*, engl. *where does Charlie live?*, frz. *où habite Charles?*. Die Inversion entfällt, falls das Interrogativpronomen nicht am Anfang steht, wie in *Karl wohnt wo?*, engl. *Charlie lives where?*, frz. *Charles habite où?* Lettisch und Finnisch haben keinerlei Interrogativinversion; in anderen Sprachen stehen die Interrogativpronomina nicht am Anfang.

Erwerb der Interrogationssyntax
Für die Interrogationssyntax gilt folgende Entwicklungssequenz: Intonationsfragen vor Pronominalfragen, vor Wortstellungsfragen oder Partikelfragen. Ob Partikelfragen vor oder nach Wortstellungsfragen auftreten, ist noch ungeklärt, weil bislang keine Untersuchungen über eine Sprache vorliegen, in der beide gebraucht werden. Differenziert nach holophrastischen, Zwei-Wort-Äußerungen und späteren Entwicklungsstadien ergibt sich folgende Entwicklungssequenz (Abb. 10.6) (Wode 1976b):

Stadium I: Holophrastische Intonationsfragen
Schon während des holophrastischen Stadiums können die ersten Fragen auftreten. Wenn die Zielsprache Intonationsfragen hat, wird dieser Typ als erster verwendet.

Stadium		Inga
I	holophrastische Intonationsfragen	*putt?* (1;6,16) (kaputt?)
II	holophrastische Pronominalfragen	*wo?* (1;7,8) (wo (ist der Fettstift)?)
III	nicht-invertierte-Zwei- und Mehr-Wort-Fragen	*Auto weg?* (1;10,29) ((ist das) Auto weg?) *wo Larsie, Henning?* (2;4,0) (wo (ist) Larsie, Henning?) *Henning, wo Björnie wohnt?* (2;8,1) (Henning, wo wohnt Björn?) *Henning, dieser Auto gehört?* (2;8,28) Henning, wem gehört dieses Auto?
IV	Wortstellungsfragen	*Henning, hast du Schokolade?* (2;10,19)
V	Pronominalfragen mit Inversion	*Mama, was macht Birgit?* (2;10,20)

Abb. 10.6: Entwicklung der Interrogativsyntax für L1-Deutsch am Beispiel von Inga (Wode 1976b).

Anfangs sind es ja-/nein-Fragen. Als Intonationsfragen kodierte Informationsfragen können auch auftreten, sind aber in der Regel später (z.B. Wode 1976b; Felix 1980; Ruke-Dravina 1963), und sie scheinen selten zu sein (z.B. Greenfield/Smith 1976 für Englisch; Stern/Stern 1928 für Deutsch).

Stadium II: Holophrastische Pronominalfragen

Auch die ersten Pronominalfragen können während der holophrastischen Phase auftreten. Hier handelt es sich um Informationsfragen. Die ersten Fragen sind in der Regel Lokativfragen. Die weitere Entwicklung der Interrogativpronomina wird unten gesondert besprochen.

Stadium III: Nichtinvertierte Zwei- und Mehr-Wort-Fragen

In der weiteren Entwicklung werden zunächst die Intonations- und Pronominalfragen im Einklang mit der übrigen syntaktischen Entwicklung ausgebaut. Beide Strukturtypen weisen anfangs keine Inversion auf, auch wenn die Zielsprache sie hat. Semantisch sind diese frühen Intonationsfragen einerseits im Einklang mit der Zielsprache ja-/nein-Fragen; andererseits finden sich nun auch häufiger als Intonationsfragen kodierte Informationsfragen, z.B. *Henning, dieser Auto gehört?* (Henning, wem gehört dieses Auto?) (Inga 2;8,28). Derartige Äußerungen kommen solange vor, wie die entsprechenden Interrogativpronomina noch nicht gemeistert sind.

Stadium IV: Wortstellungsfragen

Mit Ausnahme von Erreich (1984) wird in der Literatur übereinstimmend berichtet, daß die Inversion in Fragestrukturen sich zunächst für Nicht-Pronominalfragen herausbildet, also im Englischen, Deutschen und Französischen zunächst für die ja-/nein-Fragen. Erreich berichtet hingegen, daß von 18 untersuchten englischsprachigen Kindern einige in Experimenten wh-Fragen, aber nicht ja/nein-Fragen invertierten. Ob es sich um ein Artefakt der experimentellen Situation oder echte individuelle Variation handelt, ist derzeit unklar. Dessen ungeachtet wird man wohl davon ausgehen müssen, daß die Einzelheiten der Entwicklung der Inversion je nach ihrer Ausprägung in den Einzelsprachen unterschiedlich verläuft. Auch ist z.Zt. nicht klar, welcher Zusammenhang zwischen der Inversion in Fragestrukturen und dem Entwicklungsstand der sonstigen Syntax erreicht sein muß, damit es zur Herausbildung der Inversion kommen kann.

Stadium V: Partikelfragen
Es ist z.Zt. keineswegs gewiß, daß Partikelfragen tatsächlich, wie hier angenommen, erst nach Wortstellungsfragen bzw. nach dem Erlernen der Inversion in Pronominalfragen auftreten. Am Beispiel des Finnischen (Bowerman 1973), des Lettischen (Ruke-Dravina 1963) und des Bulgarischen (Gheorgov 1908) wird aber deutlich, daß Partikelfragen erst nach Intonations- und Pronominalfragen gemeistert werden.

Erwerb und Entwicklung der Interrogativpronomina
Auch aus spracherwerblicher Sicht müssen die Interrogativpartikel wie bulg. *-li*, lett. *vai-* oder fin. *-ko*: *-kö* von den eigentlichen Interrogativpronomina wie *wer*, *wie*, *was* getrennt werden. Sie unterliegen unterschiedlichen Entwicklungssequenzen. Beispielsweise wird von lettischen Kindern die dem Satz vorangestellte ja-/nein-Partikel *vai-* gegen Ende der Entwicklung des Interrogativsystems erworben (Ruke-Dravina 1963). Ferner wurde die nachgestellte ja-/nein-Partikel *-li* des Bulgarischen von den beiden von Gheorgov (1908) beobachteten Kindern zu unterschiedlichen Zeitpunkten in ihrer Entwicklung des Interrogativsystems gelernt. Abb. 10.7 gibt die Entwicklungssequenz für Interrogativpronomina wieder.

In Sprachen, die wie das Deutsche zwischen *wer* /+human/ und *was* /-human/ unterscheiden, wird in der Regel zunächst das Pronomen für /-human/, also dt. *was*, engl. *what* gemeistert. Das Pronomen /+human/ folgt danach. Mit Modalität in Stadium III sind Strukturen wie *wie groß*, *wie sieht das aus*, engl. *how nice* (wie nett) gemeint. In der Mehrzahl meistern die Kinder als IV. Stadium das kausale Pronomen und in einem V. Stadium das temporale. Selten ist die Reihenfolge umgekehrt.

Übergeneralisierungen von Interrogativpronomina
Interrogativpronomina werden häufig übergeneralisiert. Bemerkenswerterweise sind bislang nur bestimmte Übergeneralisierungen beobachtet worden. Dies ist bisher lediglich am Beispiel des Deutschen einigermaßen ausführlich untersucht worden (Wode 1976b, Allendorff/Wode 1981). In Abb. 10.8 sind die Übergeneralisierungen der Interrogativpronomina der drei in Abb. 10.7 aufgeführten deutschen Kinder

Stadium		Deutsch (Inga)	Deutsch (Lars)	Deutsch (Bubi: Scupin/ Scupin 1907)	Lettisch (Dainis: Ruke/ Dravina 1963)
I	lokativ	wo	wo	wo	–
II	Identifikation	was wer	was wer	was wer	kas
III	modal	wie	wie	wie	ka
IV-V	kausal	wierum (=warum)	wann	warum	kapec
	temporal	wann	warum	wann	kad

Abb. 10.7: Entwicklungssequenzen für Interrogativpronomina. In der Mehrzahl der Fälle wird ‚temporal' nach ‚kausal' gelernt und nicht wie bei Lars ‚kausal' vor ‚temporal' (Wode 1976b, Allendorf/Wode 1981).

zusammengefaßt. *Wo* wird beispielsweise im Sinne von ‚wo, wohin, woher', also stets mit einer Lokativkomponente, verwendet und nicht etwa im Sinne von ‚was' oder ‚wie'. Umgekehrt wird zwar *was* für ‚wer, wem' verwendet, nicht aber *wer* für ‚was'. Felix (1976c) vermutet, daß die Pronomina der fünf Hauptstadien der Entwicklungssequenz nicht übergeneralisiert werden, weil sie in dem Sinne kognitiv primär sind, daß sie einander gegenseitig ausschließen. Innerhalb dieser Primärkategorien aber kann in Abhängigkeit von den semantisch-syntaktischen Besonderheiten der Zielsprache übergeneralisiert werden . Kinder, die das entsprechende Pronomen für eine bestimmte Intention noch nicht beherrschen, haben zwei Möglichkeiten: entweder sie übergeneralisieren, oder sie lassen das Interrogativpronomen aus und kodieren die entsprechende Informationsfrage als Intonationsfrage. Folglich finden sich Informationsfragen ohne Interrogativpronomina solange, wie die entsprechenden oder übergeneralisierbaren Pronomina noch nicht gelernt sind.

Die Übergeneralisierungen erfolgen systematisch in Abhängigkeit vom sprachlichen Entwicklungsstand. Solange deutsche Kinder z.B. nur das Lokativpronomen *wo* beherrschen, verwenden sie es, um alle Lokativintentionen auszudrücken. Nach *wo* wird von deutschen Kindern *wohin* erworben. Zu diesem Zeitpunkt wird *wo (ist)* weiterhin durch ‚wo' ausgedrückt, ‚wohin' aber durch *wohin*. ‚Woher' hingegen wird jetzt nicht etwa durch *wohin* ausgedrückt, sondern nach wie vor durch das frühere und allgemeinere *wo*. Diese Verwendung von *wo* wird erst aufgegeben, wenn *woher* gemeistert wird.

Das komplexeste Schema an Übergeneralisierungen bietet im Deutschen die Kategorie der Identifikation. Sie wird durch *was*, *wer* und *wie (heißt)* bzw. durch die entsprechenden flektierten Formen realisiert (Abb. 10.9). Solange Kinder nur über *was* verfügen, verwenden sie es für das gesamte Teilparadigma, also für *wer, wem, wonach, wozu* etc. Vgl. *was hat den Spielsachen weggeräumt* (wer hat die Spielsachen weggeräumt) (Scupin/Scupin 1907: 169, 2;9,4), *wer gehört die Gabel?* (wem gehört

Verwendete Pronomina	Intention
wo	wo, wohin, woher
was	was, wer, wem, von wem, wonach, wozu, wessen, was für ein
wer	wer, wem, bei wem, wie (heißt)
wen	wem, mit wem
wie	wie, wieviel, wie (+Adj/Adv)
wann	wann
wierum, warum	warum

Abb. 10.8: Übergeneralisierungen von Interrogativpronomina bei drei L1-deutschen Kindern (nach Allendorf/Wode 1981: 35). Die Pronomina der linken Spalte wurden im Verlauf der Entwicklung der drei Kinder auch für die Intentionen der rechten Spalte verwendet.

die Gabel?) (Inga 2;6.10), *wer heißt du denn?* (wie heißt du denn?) (Inga 3;8,27). Welches Pronomen für welche anderen übergeneralisiert werden kann, ist für die Kategorie Identifikation in Abb. 10.9 dargestellt.

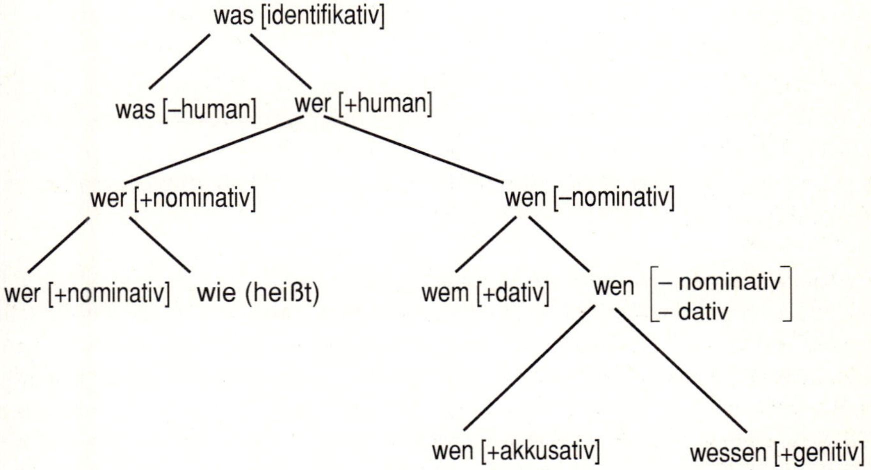

Abb. 10.9: Hierarchie der Übergeneralisierungen der identifizierenden Interrogativpronomina *was*, *wer*, ihrer flektierten Formen sowie *wie*. Die über den Knoten stehende(n) Form(en) kann/können für die darunter stehenden übergeneralisiert werden. Die Grundlage ist vermutlich semantisch und allgemein kognitiver Natur (Allendorf/Wode 1981).

Flexionen

Flexionen stellen als gebundene Formen eine besondere Lernaufgabe dar, wie in Kap. 5.5 am Beispiel freier gegenüber gebundener Formen illustriert wurde. Die Einzelheiten des Erwerbs und der Entwicklung von Flexionssystemen hängen von ihrer Ausprägung in den einzelnen Sprachen ab, z.B. von der Anzahl der Kategorien innerhalb der einzelnen Paradigmata (z.B. Tempus, Aspekt, Aktionsart, Numerus, Kasus oder Genus) oder von der Ausprägung etwaiger phonologischer Besonderheiten für die Verteilung der Flexionsendungen, wie z.B. bei den englischen Pluralvarianten /-z -s -əz/ (Kap. 10.1). Unabhängig von diesen Einzelheiten kann übergreifend mit nachstehender Entwicklungssequenz gerechnet werden (z.B. Cazden 1968, Wode 1981a). Sie wird primär am Beispiel der Pluralbildung von Substantiven illustriert, da für diesen Bereich Vergleichsuntersuchungen zu verschiedenen Sprachen und Spracherwerbstypen vorliegen:

Stadium I: Eine Form pro Wort
Anfangs fehlt jede Flexion. Lerner verfügen nur über eine Form pro Wort. In Fällen wie dem Englischen, in denen innerhalb des Paradigmas unflektierte Formen als Stämme auftreten, werden meist diese Formen gewählt, seltener andere, aber dann vorzugsweise kurze. Im Deutschen und Englischen sind dies z.B. oft unregelmäßige Formen wie *Küh* für *(eine) Kuh* oder engl. *went* für *go* (gehen).

Stadium II: Lexikalisierte Paare
Lerner verfügen jetzt über zwei oder mehr Formen pro Wort. Diese Formen sind als Ganzes gelernt und noch nicht durch eine produktive Flexionsregel miteinander verbunden. Sehr oft sind lexikalisierte Paare unregelmäßige Formen des zugrundeliegenden Zielparadigmas, also dt. *Kuh:Kühe*, engl. *foot:feet* (Fuß:Füße), *catch:caught* (fangen:fing).

Stadium III: Produktive Verwendung von Regeln
Wann Lerner zur produktiven Verwendung von Flexionsregeln übergehen, ist sehr schwer auszumachen, solange sie keine entwicklungsspezifischen Fehler machen. Wenn entwicklungsspezifische Fehler gemacht werden, ist dies der beste Anhaltspunkt dafür, daß die entsprechende Regel produktiv geworden ist. Aus englischen Beispielen wie *wented* für *went* (ging) und *feets* für *feet* (Füße) erkennt man, daß die Regeln für die Bildung des Präteritums mit /-əd/ bzw. des Plurals auf /-s/ nun produktiv geworden sind, da Lerner diese Flexionen übergeneralisieren, und da solche Formen nicht aus dem sprachlichen Input entnommen sein können.

Selbst in jenen Fällen, in denen die Zielsprache keine produktiven Regeln verwendet, kann es vorkommen, daß vorübergehend ein Muster produktiv wird. Deutsche Kinder verwenden z.B. vorübergehend gern die Pluralbildung auf /-s/ für alle bzw. eine große Zahl ihrer Substantive wie Inga in *Mädchens* oder *Tellers*. Diese produktive Verwendung der /-s/-Regel wird später wieder eingeschränkt.

Integration von Stämmen in Flexionsregeln
Die Art und Weise, wie die in Frage kommenden Stämme in eine Flexionsregel integriert werden und wie eine Regel sich auf das gesamte Lexikon ausdehnt, hängt von den internen Gesetzmäßigkeiten des jeweiligen Paradigmas ab. Phonologisch bedingte Besonderheiten in der Wahl der Flexionsmorpheme werden in der Regel früher beherrscht als lexikalisch bedingte. Beispielsweise meistern englische Kinder die Verteilung der Regeln für die Pluralvarianten /-s -z -əz/ eher als die Einzelheiten der unregelmäßigen Pluralbildung nach dem Muster *louse:lice* (Laus:Läuse), *foot:feet* (Fuß:Füße). Fehlerhaft lexikalisierte Plurale findet man noch bei Kindern im Alter von bis zu fünf und sechs Jahren. Entsprechend sind auch die Pluralregeln des Deutschen in der Regel im Alter von fünf bis sechs Jahren noch nicht voll gemeistert (Park 1978).

Auf neue Wörter werden die Regel(n) nicht notwendigerweise sofort angewandt. Oft bleiben sie zunächst unflektiert, auch wenn der Lerner sonst bereits das Stadium III erreicht hat. Das wird besonders deutlich in experimentellen Untersuchungen mit frei erfundenen Vokabeln. Selbst Kinder im Alter von 7;0 und vereinzelt auch Erwachsene der Kontrollgruppe ließen, wenn sie in Berkos (1958) Experimenten Fehler machten, bevorzugt die unbekannten Stämme unflektiert.

10.4 L1-Mehrsprachigkeit

Die bislang verfügbare Literatur ist wenig umfangreich, aber in ihren Beobachtungen einheitlich. Aus ihr ergeben sich keine Hinweise, daß der Syntaxerwerb bei L1-Mehrsprachigkeit grundsätzlich anders als bei L1-Monolingualismus abläuft. Der Hauptunterschied ist, daß es bei L1-Mehrsprachigkeit von Anfang an zu Sprachmischung kommt.

Wie L1-monolinguale Kinder durchlaufen mehrsprachig aufwachsende eine holophrastische Phase. Die so kodierten Intentionen und Themen decken sich mit denen L1-monolingual aufwachsender. Im Übergang zum Zwei-Wort-Stadium finden sich auch bei L1-mehrsprachigen Kindern Wortketten mit trennenden Pausen zwischen den Wörtern, die später zu Zwei-Wort-Verbindungen zusammengefaßt werden (z.B. Leopold 1939-1949, Taeschner 1983).

Wieweit es beim Erwerb von L1-Mehrsprachigkeit zu *pivots* (*P*) oder P-ähnlichen Konstruktionen kommt, ist zwar bislang nicht gesondert untersucht worden, jedoch entsprechen die Zwei-Wort-Verbindungen im Hinblick auf ihre Wortstellung und die kodierten Intentionen bzw. die Semantik denen von L1-monolingual aufwachsenden Kindern. Abb. 10.10 gibt entsprechende Beispiele aus Leopold (1939-49). Darüber hinaus entwickelt sich die Wortstellung bei mehrsprachig aufwachsenden Kindern für die jeweilige Sprache unterschiedlich, und zwar im Sinne der Entwicklungssequenz, die monolinguale Kinder der betreffenden Sprache durchlaufen. Beispielsweise unterschied sich die Wortstellung bei den beiden mehrsprachig aufwachsenden Kindern von Taeschner so, daß die Entwicklungssequenzen für das Deutsche etwas anders verliefen als für das Italienische. Beide Kinder hatten u.a. die Verbindungen von VO, SV und OV. Wenig später verwendeten beide Kinder nach wie vor SV für beide Sprachen, bevorzugten darüber hinaus aber in ihrem Deutsch die Wortstellung OV und in ihrem Italienisch die umgekehrte Abfolge VO. Taeschners monolinguale Kontrollkinder verfuhren so wie die bilingualen für Italienisch. Ähnliche Beobachtungen machte Meisel (1985) bei L1-bilingual mit Deutsch und Französisch aufwachsenden Kindern. Sie verwendeten pro Sprache unterschiedliche Wortstellungen.

Das für die Frühphasen der Syntaxentwicklung gewonnene Bild gilt auch für spätere Entwicklungen. Z.B. berichtet Swain (1972), daß der Erwerb der Interrogativsyntax bei mit Englisch und Französisch aufwachsenden Kindern dem der monolingual aufwachsenden entspricht. Die z.Zt. vermutlich beeindruckendste Illustration dafür, daß der Erwerb von L1-Mehrsprachigkeit so verläuft wie der monolinguale L1-Erwerb liefert Kadar-Hoffmann (1977, 1983). Sie untersucht den Erwerb der Negationssysteme ihres dreisprachig mit Deutsch, Französisch und Ungarisch aufwachsenden Sohnes Johannes. Über die Mutter erhielt er Kontakt zum Deutschen, über den Vater zum Ungarischen und über das Kindermädchen und durch die Tatsache, daß die Familie in Paris lebt, Kontakt zum Französischen. In der Gesamtentwicklung des Jungen dominieren Deutsch und Französisch; Ungarisch lernt er verzögert. Dennoch durchläuft er für alle drei Sprachen die Entwicklungssequenzen, die man für den entsprechenden L1-Erwerb kennt bzw. erwarten würde. Der einzige Unterschied zu L1-monolingualen Entwicklungssequenzen ist das Auftreten von Sprachmischung (Abb. 10.11). Die Datierung der Belege ist bis zum Zeitpunkt 2;11 unsicher, da die Datenerhebung erst von da ab intensiv erfolgte. Johannes verfügte zu diesem Zeitpunkt bereits über Strukturen, die für die Stadien I - II, z.T. sogar III aus dem monolingualen Erwerb bekannt sind.

Auch Johannes beginnt, indem er wenig nach Sprachen trennt. Das erste Negationselement ist *na*. Es könnte phonologisch dem ung. *nem*, dem dt. *nein* oder dem frz. *non* nachgebildet sein. *Na* dominiert zunächst in allen drei Sprachen sowohl in der holophrastischen wie in den folgenden Zwei- und Mehr-Wort-Äußerungen. *Na* wird nach und nach durch Negationsmorpheme der drei Zielsprachen ersetzt. Auch Johannes verwendet in seiner Entwicklung, die sich an die in Abb. 10.11 zusammengefaßte anschließt, *nicht ein* für *kein* und *nicht etwas* für *nichts*, z.B. *da ist nicht ein Platz* (da

	Englisch	Englisch/ Deutsch gemischt	Deutsch
agens, actio	*I do* 1;11 (ich tue (es))	*Dada wäscht* 1;8	*Frau m* 1;11 ((die) Frau ißt)
actio, affectum	*open door* 1;8 ((die) Tür aufmachen) *coat button* 1;11 ((den) Mantel zuknöpfen)	*my auf* 1;11 (ich (will) aufstehen)	*Schuhe aus?* 1;9 ((die) Schuhe ausziehen?)
agens, affectum	*meow oatmeal* 1;11 ((die) Katze (ißt) Haferflocken)	*Papa apple* 1;8 (Papa (ißt einen) Apfel)	
actio, locativ		*go bett* 1;11 (ins Bett gehen)	
objectum, locativ	*meow out* 1;12 ((die) Katze ist draußen)	*cry-baby da* 1;11 ((die) Heulsuse (ist) da)	*Hase Bett* 1;8 ((der) Hase (soll auch ins) Bett)
possessor, possessum	*my stocking* 1;7 ((dies ist) mein Strumpf)		*mein Ball* 1;7 ((dies ist) mein Ball)
objectum, attributum	*pretty coat* 1;11 (hübscher Mantel)	*No Aa* 1;11 ((Ich will) nicht Aa (machen))	*armer Wauwau* 1;10 (armer Hund)
demonstrativum, objectum	*this bottle* 1;8 (diese Flasche)		

Abb. 10.10: Die 8 zentralen Rollenkonstellationen gemäß Abb. 10.2 bei Hildegard Leopold. Das Kind wuchs mit Deutsch und Englisch als L1 auf (Leopold 1939-49). Es verwendet in beiden L1 wie auch gemischt die gleichen Konstellationen wie monolinguale L1-Kinder. Auch entspricht die Variation der Wortstellung dem von dort bekannten. Zur Erläuterung der Darstellung s. Legende zu Abb. 10.2.

ist kein Platz) (3;5,11), *nicht etwas dran* (da ist nichts dran) (3;8,17). Ähnliches gilt für das Ungarische. Die Negation von Sätzen mit der Kopula *van* erfolgt zielsprachlich nicht durch *nem* (=neg) + *van*, sondern durch *nincs*. Für *nincs* und *van* und weitere Elemente dieses Paradigmas gelten noch diverse andere morpho-syntaktische Besonderheiten. Johannes umgeht sie gut zwei Jahre lang, indem er *nem+van* oder *van+nem* statt *nincs* verwendet, z.B. *nem itt ha van* (nein hier Hund sein (= der Hund ist nicht da)) (3;4.0), *itt van nem meleg* (hier sein nein warm (= hier ist es nicht warm)) (4;9,25).

Gleichfalls im Einklang mit den bislang besprochenen syntaktischen Bereichen findet sich auch bei Johannes Evidenz für Interferenz erst relativ spät. Kadar-Hoffmann berichtet (1983:147), daß einige ungarische Beispiele um 4;0 postverbale Negation aufweisen, z.B. *Nani fölkel nem* (Nani aufsteht nicht = Daniel steht nicht auf) (4;1,3). Da vergleichbare Beobachtungen zum monolingualen L1-Erwerb der ungarischen Negation fehlen, ist schwer abzuschätzen, ob es sich hier tatsächlich um Interferenz aus dem Deutschen oder Französischen oder um andere Gesetzmäßigkeiten handelt.

Die Beobachtungen von Kadar-Hoffmann werden durch Berichte zum L1-Bilingualismus ergänzt. Die beiden Töchter von Taeschner (1983) bevorzugen statt negX die Wortstellung Xneg wie in *Lisa cade no* (Lisa (=ich) fällt nicht); beide Kinder verwenden die satzinterne Stellung des Negationselementes gemäß Stadium IV zwischen S und Prädikat wie in *Guilia no puo capace* (Giulia kann (das) nicht) (2;3), und sie mischen die Sprachen wie in *Lisa heia heia machen no* (2;7). Entsprechend verfährt der mit Englisch und Estnisch L1-bilingual aufgewachsene Sohn von Vihman (1985). Nur bevorzugt er anfangs negX.

Auch die Dekodierung scheint sich bei L1-Mehrsprachigkeit wie bei L1-Monolingualismus zu entwickeln. Z.B. überprüfte Kessler (1971) bei L1-bilingual mit Englisch und Italienisch aufwachsenden Kindern diverse syntaktische Konstruktionen – u.a. Aktiv:Passiv, Reflexivkonstruktionen, Relativsätze, Singular:Plural. Hinweise, daß die entsprechenden Strukturen bei den mehrsprachigen Kindern anders als bei den L1-monolingual aufwachsenden gelernt wurden, ergaben sich nicht.

Transfer und Sprachmischung

Vermutlich ist zumindest während der frühen Entwicklung Sprachmischung nicht als Transfer bzw. Interferenz zu betrachten. Von Interferenz kann erst dann gesprochen werden, wenn tatsächlich zwei verschiedene Sprachsysteme vorliegen, aus denen von einem ins andere transferiert werden kann. Vor allem der Erwerb des Lexikons (Kap. 8), aber auch der Erwerb des Lautsystems (Kap. 9) bei Mehrsprachigen deuten darauf hin, daß sie anfangs mit einem einzigen System operieren und es erst später ausdifferenzieren, ungefähr zu der Zeit, da sie beginnen, im Lexikon Äquivalente aus beiden Sprachen zu verwenden. Die Beobachtungen zur Syntax ergänzen dieses Bild.

	Deutsch	Französisch	Ungarisch
I holophrastisch	*na* Beginn unklar *nein* 2;5	*na* Beginn unklar *non* 2;11,0 (nein)	*na* Beginn unklar *nem* 2;11,16 (nein)
II anaphorisch neg, X	*nein, da* 3;0,17 (nein, da)	*non, N* 3;0,15 (nein, (das ist ein) N) *na, na, Nana* 3;1,29 (nein, nein, Nadja)	*nem , Mamaja* 3;0,15 (nein, Mama)
III nichtana--phorisch negX	*na/ja/ ander Schuleschule* 2;9,26 (nein da andere Schule) *nein raus* 3;0,2 (nicht raus) *nix Führer?* 3;1,3 (nichts Führer?) *Kein Hanno Löffel* 3;1,29 (Hanno (=ich habe) keinen Löffel *nicht so laufen* 3;5,2 (so kann man nicht laufen)	*na tout prend* 2;11 (nein alles nimmt) *non ca y est* 2;11,3 (nein fertig) *plus Nani copain* 3;1,7 (nicht mehr Daniel (mein) Freund) *pas chaud thé* 3;2,15 (nicht warm der Tee)	*na jó* 2;9,7 (nein gut) *nem jó* 3;2,6 (nein gut)
IV satzintern	*Hasi na kauf?* 2;10,2 (Hasen nein kaufen) *Papaja nein mag Schaum* 3;0,11 *Hanno nix aus* 3;0,24 (Hanno (=ich habe es) nicht ausgemacht) *das Hanno kein sehen* 3;1,19 (Hanno (=ich kann) keins sehen)	*Hanno non dessiner* 2;11,3 (Hanno (=ich) nein malen) *Papaja na toto* 2;11,4 (Papa nein Auto) *Papaja veut pas* 3;1.23 (Papa will nicht) *ça pas glisse maintenant* 3;1,27 (das nicht rutscht jetzt)	*itt nem jó* 3;5,6 (hier auch nicht)

Abb. 10.11: Entwicklungssequenzen der Negation bei einem mit Deutsch, Französisch und Ungarisch L1-dreisprachigen Kind (Kadar-Hoffmann 1983). Die entwicklungsspezifischen Strukturen und die Entwicklungssequenzen decken sich mit dem Erwerb der Negation der betreffenden Sprachen im monolingualen L1-Erwerb (vgl. Abb. 10.5). Die Datierung der Belege ist bis 2;11 unsicher, da die Datenerhebung erst zu diesem Zeitpunkt intensiv begann.

Äußerungen, von denen man mit einiger Sicherheit annehmen kann, daß sie interferenzbedingt sind, traten in allen besprochenen syntaktischen Bereichen erst relativ spät auf, bei der Negation des dreisprachigen Johannes - wenn überhaupt - um 4;0. Bezeichnend ist hierbei auch, daß diese interferenzverdächtigen Strukturen für das Ungarische beobachtet wurden, jene Sprache, die von den dreien des Kindes nicht die dominierende war und die gegenüber Deutsch und Französisch verzögert gelernt wurde. Dem entspricht, daß Burling (1959) berichtet, daß das Englisch seines Sohnes phonetisch betrachtet von dem Zeitpunkt ab interferenzähnlich klang, als Garo zu dominieren begann.

10.5 Natürlicher L2-Erwerb

Im natürlichen L2-Erwerb gibt es weder ein dem L1-Erwerb vergleichbares holophrastisches noch ein Zwei-Wort-Stadium, noch sind bislang entsprechende *pivot*- oder P-ähnliche Konstruktionen oder Wortketten beobachtet worden. Soweit L2-Lerner die Möglichkeit haben, neben der neuen Zielsprache auch die zuvor gesprochene zu benutzen, sind die ersten Reflexe der neuen Sprache in der Regel Entlehnungen in die zuvor gesprochene, so daß gemischtsprachliche Äußerungen entstehen. Vorzugsweise werden neue Ortsbezeichnungen, Personennamen, auch Bezeichnungen für neue Objekte, Kulinarisches oder Spiele entlehnt. Zusätzlich werden sehr früh formelartig feste und häufig vorkommende Wendungen der neuen Zielsprache gelernt: Grußformeln, Danksagungen, aber auch nützliche Wendungen wie *was kostet das?*, *weiß ich nicht* u.ä. Auch isolierte Bereiche können schon sehr früh zielgerecht gemeistert werden. Wie in Kap. 8.4 bereits geschildert wurde, beherrscht Heiko z.B. bei seinem ausgeprägten Sinn für das Zählen schon nach 12 Tagen die englischen Zahlen und rechnet mit ihnen auf englisch zielgerecht. Diese erstaunlichen Frühleistungen sind jedoch von geringem oder gar keinem Belang für den Erwerb der zentralen Bereiche der Syntax. Formelhafte Wendungen klingen zwar zielgerecht, nur hat der Lerner, wie in Kap. 5.7 erläutert, die interne Struktur noch längst nicht durchschaut.

Frühe Syntax

Während der ersten Zeit des Kontaktes wird ein begrenztes Repertoire an elementaren Konstruktionen erlernt (Abb. 10.12). Die bislang vorliegenden Berichte stimmen darin überein, daß diese Äußerungen eng an der Zielsprache ausgerichtet sind, z.T. könnten sie als Ellipsen direkt aus ihr entnommen sein. Es ist daher schwer abzuschätzen, ob sie als Ganzes gelernt und als Formeln verwendet werden. Verben fehlen in der Regel zunächst, erscheinen aber wenig später, und zwar in individuell unterschiedlicher Reihenfolge. Manche Sprecher verwenden die ersten Vollverben vor Auxiliaren und der Kopula, (z.B. Clahsen et al. 1983), andere die Kopula zuerst und ausschließlich (z.B. Tiphine 1983). Die ausführlicheren Studien stimmen darin überein, daß L2-Lerner anfänglich eine Phase durchlaufen, in der Äquationalsätze häufiger als andere Satztypen verwendet werden und in der sich die syntaktische Entwicklung schwerpunktmäßig zunächst auf Äquationalsätze konzentriert. Das System der Vollverbsätze mit und ohne Auxiliare wird später ausgebaut. In dieser Hinsicht unterscheiden sich L1- und L2-Erwerb sehr auffällig. Abb. 10.12 zeigt, daß im L1-Erwerb schon während des Zwei-Wort-Stadiums eine Fülle verschiedener Satztypen bzw. ihre Vorläufer entwickelt werden, u.a. auch Konstruktionen mit Vollverben.

	L2-Deutsch/ L1-romanische Sprachen Clahsen et al. (1983) mehrere Sprecher	**L2-Deutsch/ L1-Englisch** Felix (1978) 4 Kinder	**L2-Englisch/ L1-Deutsch** Bohn (1983) 4 Kinder
Vokativ	—	—	*come on, car* (fahr zu, Auto!)
N + Adv.	—	*Lampe da*	*Heiko there* (Heiko ist da)
Numeral + N	*zwanzig Jahre*	—	*two fish* (zwei Fische)
Adj. + N	*schöne Haus*	—	*little froggie* (kleiner Frosch)
Quantor + N	*bischen Streit*	—	—
Adv. + Adj.	*ganze frei*	*zu klein*	—
Dem./N + Adj.	*Kollege deutsch*	*diese rot*	*Craig stupid* (Craig ist blöde)
Präp. + N	*in Deutsch*	*in Bett*	—
negX	*nicht kucken*	*nein gut* (nicht gut)	*no milk drink* (ich trinke keine Milch)
Bitten	—	—	*please, cookie* (bitte einen Keks)
S(Kop)X	—	—	*it's me. Du. No!* (das ist mein (Ballon), nicht deiner!)
Was ist X	—	—	*what is your name?* (wie heißt du?)
V + Partikel	—	—	*shut up!* (halt den Mund!)

Abb. 10.12: Frühe L2-Äußerungen bei Erwachsenen und Kindern. Clahsen et al. untersuchen jugendliche und erwachsene Sprecher aus Italien, Spanien und Portugal in der Bundesrepublik, Felix (1978) Kinder im Alter von 3;4-7;6, Bohn (1983) 4 Kinder zwischen 4;0 bis 9;0. Viele dieser frühen Äußerungen sind Formeln oder Rahmen.

Dominanz der Äquationalsätze

Auf die Dominanz der Äquationalsätze hat Felix (1978) erstmals hingewiesen. Spätere Studien bestätigen und ergänzen seine Beobachtungen. Der weitere Ausbau erfolgt zunächst primär über das Prädikat. Als Subjekte wurden im wesentlichen Pronomina, vereinzelt Namen verwendet. Das Ausmaß an individueller Variation ist beträchtlich. Die Kopula kann anfangs entweder ganz fehlen (z.B. Huang 1971) oder in freiem Wechsel verwendet oder ausgelassen werden wie in *die ein Elefant* (das ist ein Elefant) gegenüber *ich sein a baby* (ich bin ein Baby) oder *die ist ein Baum* (das ist ein Baum) (z.B. Julie in Felix 1978 und erwachsene Sprecher in Clahsen et al. 1983). Früh auftretende Formen mit gebundener Kopula wie engl. *that's* (das ist), *I'm* (ich bin), sind anfangs für die L2-Lerner monomorphematisch. Manche Lerner scheinen die Verwendung der Kopula eng an der Zielsprache auszurichten (z.B. Huang 1971, Hakuta 1974a, Smetacek 1978); andere übergeneralisieren die Kopula und verwenden sie auch anstelle von Vollverben der Zielsprache. Beispielsweise erhält die 5 1/2jährige Julie beim Spiel Vater-Mutter-Kind den Auftrag, dem Vater zu sagen, er solle zum Mittagessen kommen. Julie tut es mit *das ist Mittagessen* (Felix 1978: 53; ähnlich z.B. Fillmore 1976, Tiphine 1983).

Hilfsverb- und Vollverbsätze

Stärker als bei den Äquationalsätzen wirken sich beim Ausbau der Vollverb- und Auxiliarsyntax die Besonderheiten der jeweiligen Sprachen aus. Über Kinder mit L2-Deutsch/L1-Englisch berichtet Felix (1978), daß sie nach den Äquationalsätzen schwerpunktmäßig zunächst Strukturen mit einfacher VP bestehend aus einem Auxiliar, z.B. *du mußt so* (du mußt das so machen) (Julie 3;29) verwenden und danach einfache VP aus einem Vollverb wie *nein, ich geben das* (nein, ich gebe das) (Julie 4;4). Sätze mit Auxiliar plus Vollverb wurden erst danach häufiger. Diese Entwicklungssequenz deckt sich mit der für L2-Deutsch, wie es Sprecher mit romanischen Sprachen als L1 sprechen, und zwar sowohl Erwachsene (Clahsen et al. 1983) als auch Kinder (Pienemann 1981). Wenn in diesen Studien eine Entwicklungssequenz ermittelt wird, in der einfache Vollverbsätze vor Kopula- und Auxiliarsätzen aufgeführt sind, so liegt kein sachlicher Widerspruch vor. Pienemann (1981) und Clahsen et al. (1983) erschließen ihre Ergebnisse implikationell (Kap. 6.4). Dieses Verfahren erfaßt nicht, welche entwicklungsspezifischen Strukturen zu einem bestimmten Zeitpunkt für den Erwerb dominant sind.

Wie sich der Erwerb der Wortstellung im einzelnen vollzieht, läßt sich z.Z. noch nicht allgemein zusammenfassen. Es liegen über das Deutsche (z.B. Klein/Dittmar 1979, Clahsen et al. 1983) und Englische (z.B. Bohn 1983) hinaus noch zu wenige Untersuchungen vor.

Negation

Der Erwerb der Negation ist vor allem fürs Englische intensiv untersucht worden. Allerdings galt das Interesse primär ausgewählten Aspekten der frühen Entwicklungsstadien. Abb. 10.13 zeigt die Entwicklungssequenzen für L2-Englisch und L2-Deutsch bei unterschiedlicher L1. Bis auf transferbedingte entwicklungsspezifische Strukturen treten die gleichen Strukturen wie beim L1-Erwerb auf. Beispielsweise ist postverbales neg für den L1-Erwerb des Englischen bislang nicht berichtet. Im L2-Erwerb treten solche Äußerungen unter zwei Bedingungen auf: Wenn die L2 wie im Falle des Deutschen postverbal negiert und wenn zwar nicht die Zielsprache, aber die zuvor gelernte L1, etwa Norwegisch (Ravem 1974), Deutsch (Wode 1981a) oder umgangssprachliches Französisch (Tiphine 1980), postverbal negiert.

	L2-Deutsch/ L1-Englisch David (5 J.)		**L2-Englisch/ L1-Deutsch** Inga (4 J.)		**L2-Englisch/ L1-Französisch** Jean-Marc (11 J.)
I anaphorisch neg, X/X, neg	*nein*		*no* (nein)	1;0	*no* (nein)
	nein		*no, no, my turn* (nein, nein, ich bin dran)	3;0	*no, me* (nein, ich)
II nichtanaphorisch negX/Xneg	*nein kaputt* (nicht kaputt)	0;26	*no here* ((berühre es) nicht da)	1;21	*no finish* ((noch) nicht fertig)
III satzinternes neg	*ich nein essen* (ich esse (meine Schokolade) nicht)	1;07	*that's no enough* (das ist nicht genug)	3;12	*one is no old* (eines ist nicht alt)
	ich nicht schlafen (ich schlafe nicht)	1;29	*that's not right.* *that's no right* (das ist nicht richtig)	3;16	*it's not my house* (es ist nicht mein Haus)
	das ist nicht Wasser	2;5	*me no close the window* (ich mach das Fenster nicht zu)	3;16	*you no under the bed* (du sollst nicht unters Bett)
			Craig sleeping no in my bed (Craig soll nicht in meinem Bett schlafen)	3;24	*I not like snakes* (ich mag keine Schlangen)
			I go not to bed (ich gehe nicht ins Bett)	4;6	

Abb. 10.13: Frühe Stadien der Entwicklungssequenzen des natürlichen L2-Erwerbs der Negation für L2-Deutsch/L1-Englisch (Felix 1978), L2-Englisch/L1-Deutsch (Wode 1981a) und L2-Englisch/L1-Französisch (Tiphine 1980). Der L2-Erwerb unterscheidet sich vom L1-Erwerb primär dadurch, daß die Stadien I und II zusammenfallen und daß interferenzbedingte Wortstellungen vorkommen.

Die Chronologie der Entwicklungssequenzen deckt sich nicht ganz für den L1- und den L2-Erwerb. Die für die L1-Stadien I–II charakteristische anaphorische Ein- und Zwei-Wort-Negation kann im L2-Erwerb zusammenfallen. Die anschließende Entwicklung verläuft im wesentlichen wie im L1-Erwerb. Zunächst steht neg extern, und zwar vorzugsweise am Anfang, seltener am Ende wie vereinzelt bei Ravem (1974) für L2-Englisch/L1-Norwegisch und Felix (1978) für L2-Deutsch/L1-Englisch. Danach folgt die satzinterne Stellung von neg. Auch im L2-Erwerb dominiert die Wortstellung SnegVP. Das Negationselement ist eine freie Form. Wenn die zuvor gelernte L1 präverbal negiert, wird SnegVP besonders häufig verwendet, und die Struktur hält sich auch besonders lange. Negiert die zuvor gelernte L1 postverbal wie Deutsch oder Französisch, so tritt um diese Zeit neg interferenzbedingt zielabweichend postverbal auf (z.B. Wode 1981a, Tiphine 1980). Besonderheiten wie die englische *do*-Periphrase entwickeln sich später. Formen wie engl. *don't*, *doesn't*, *didn't*, *can't* etc. sind anfangs monomorphematisch. Sie tauchen zunächst zielgerecht in Verbindung mit Vollverben auf, später auch übergeneralisiert in Verbindung mit Auxiliaren, z.B. *don't broke* (zerbrich es nicht) (Heiko 1;22) und *I didn't can closed it* (ich konnte es (die Tür) nicht schließen) (Heiko 2;12). Auch andere aus dem L1-Erwerb bekannte Besonderheiten wie doppelte Negation, die Verwendung von neg + Positivum für negative Indefinita wie *nichts*, *kein* oder engl. *nothing* (nichts) finden sich im L1- wie im L2-Erwerb, z.B. doppelte Negation: *ich hab nicht keine* (ich habe keine (Bonbons)) (Julie 4;27 (Felix: 212)); *immer nicht* für *nie* bzw. *nicht etwas* für *nichts* in *du bringt immer nicht was* (Guy 7;14 (Felix: 217)). Vergleichbare Beispiele für L2-Englisch sind gut belegt, z.B. *no some* für neg + *any*: *no drink some milk* für *I don't want to drink any milk* (ich trinke keine Milch) (Heiko 1;13); doppelte Negation: *I cannot nothing see* für *I can't see anything* (ich kann nichts sehen) (Heiko 2;11); neg + *too* statt neg + *either*: *and I got nothing fish and Tiffany Cain too* für *and I got no fish and Tiffany Cain did not either* (ich habe keinen Fisch gefangen und Tiffany Cain auch nicht) (Birgit 4;10). Vergleichbare Äußerungen finden sich auch bei älteren Jugendlichen und Erwachsenen (z.B. L2-Englisch/L1-Spanisch bei Butterworth 1972, Schumann 1975a).

Interrogation

Die Hauptunterschiede zwischen L1- und L2-Erwerb sind das Vorkommen von Interferenz und Unterschiede in der Entwicklungssequenz der Interrogativpronomina.

Ja-/nein-Fragen

Abb. 10.14 illustriert die frühe Entwicklung von ja-/nein-Fragen an je einem Kind für L2-Deutsch/L1-Englisch und L2-Englisch/L1-Deutsch. Wie im L1-Erwerb werden zunächst Intonationsfragen gemeistert – holophrastische Fragen, Mehrwortäußerun-

		L2-Deutsch/ L1-Englisch David, 5 J.		L2-Englisch/ L1-Deutsch Lars, 6 J.	
I	**Intonationsfrage**	*du spielen?* (willst du spielen?)	0;30	*no?* (möchtest du es nicht haben?)	0;13
II	**Inversion**				
	1. Kop.	wegen Unterbrechung der Datenerhebung nicht sicher belegt		*is it seven?*	2;1
	Aux			*can I one more, please?* (darf ich bitte noch eines?)	2;0
	2. V	*hast du Bonbon?* (hast du Bonbons?)	3;12	*John, this bring you me?* (John, bringst du mir dies?)	2;6
III	**do-Periphrase**				
	a) do V	—		*do you want to see this good pitch?* (willst du diesen guten Wurf sehen?)	2;20
	b) do Aux/Kop	—		*do the crickets can fly?* (können Grillen fliegen?)	4;6

Abb. 10.14: Entwicklungssequenzen für ja/nein-Fragen bei je einem Kind mit L2-Deutsch/L1-Englisch (Felix 1978) und L2-Englisch/L1-Deutsch (Wode 1978c, Ufert 1980).

gen oder ganze Sätze. Fragen mit Inversion werden wie im L1-Erwerb im Stadium II gelernt. Die Einzelheiten unterscheiden sich je nach Ziel-L2 und zuvor gelernter L1. Englische Kinder, die Deutsch als L2 lernen, invertieren anfangs Hilfsverben und die Kopula, wie es die fortgeschrittenen Kinder aus Felix (1978) tun, z.B. *soll ich diese in da?* (soll ich dieses Teil da hinein stecken?) (Julie 4;15, S. 150). Die Vollverbinversion kommt später. Ob diese zeitliche Gliederung damit zu erklären ist, daß das Englische nur die Auxiliare und die Kopula, aber keine Vollverben invertiert, ist nicht geklärt. Im L2-Englischen werden ebenfalls zunächst Fragen mit Kopula oder Auxiliaren invertiert. Invertiert die zuvor gelernte L1 auch Vollverben wie das Deutsche oder Norwegische, so treten später, seltener zur gleichen Zeit, auch Fragen mit Vollverbinversion auf (z.B. Wode 1978c und Ufert 1980 für L2-Englisch/L1-Deutsch, Ravem 1974 für L2-Englisch/L1-Norwegisch). Bei L2-Englisch/L1-Taiwanesisch wurde Vollverbinversion nicht beobachtet (Huang 1971). Dem entspricht, daß das Taiwanesische keine Vollverbinversion hat.

Besonderheiten wie die englische *do*-Periphrase entwickeln sich erst im Stadium III nach der Inversion. *Do* steht anfangs zielgerecht vor Vollverben. Später kann es ähnlich wie bei der Negation und bei den Informationsfragen übergeneralisiert auch nichtzielgerecht vor Auxiliaren oder vor der Kopula verwendet werden. Da dieses Phänomen sowohl für den L1- als auch für den L2-Erwerb beobachtet worden ist, kann es sich nicht um Interferenz handeln (Ufert 1980).

Informationsfragen

In den bislang vorliegenden Untersuchungen zum L2-Erwerb der Informationsfragen unterscheidet sich das Stadium I stark vom L1-Erwerb. Alle entsprechenden L2-Studien verzeichnen als ersten Informationsfragetypen Pronominalfragen mit oder ohne Kopula. Ist letztere vorhanden, so ist auch die Inversion zielgerecht (Abb. 10.15). Die Interrogativpronomina stehen am Anfang, bei französischen Kindern wie in ihrer L1 oft auch in Endstellung (Tiphine 1983). Der Erwerb von Vollverbfragen markiert Stadium II. Sie sind nicht invertiert, wenn die zuvor gelernte L1 keine Vollverbinversion hat wie bei L2-Englisch/L1-Taiwanesisch (Huang 1971) oder L2-Deutsch/L1-Englisch (Felix 1978). Werden in der L1 jedoch Vollverben invertiert, so treten neben nichtinvertierten auch invertierte Vollverbfragen auf, z.B. im L2-Englisch/L1-Deutsch (Wode 1978c, Ufert 1980) oder L2-Englisch/L1-Spanisch (Fillmore 1976). In der Regel finden sich invertierte Vollverben etwas später als nichtinvertierte, seltener zur gleichen Zeit.

Im Anschluß an Stadium II bildet sich die Inversion zielgerecht heraus, und Besonderheiten wie die *do*-Umschreibung des Englischen werden gelernt. Die *do*-Umschreibung wird zunächst zielgerecht auf Vollverben angewendet, findet sich später auch übergeneralisiert in Verbindung mit Auxiliaren, der Kopula oder der progressiven Form, z.B. *what do you was doing* (was habt ihr gemacht?) (Lars 4;15). Hierbei handelt es sich analog zu den ja-/nein-Fragen und zur Negation vermutlich nicht um Interferenz, da derartige Strukturen sowohl im L1- wie im L2-Erwerb nachgewiesen sind (Ufert 1980). Im Deutschen fehlt etwas der engl. *do*-Periphrase Vergleichbares. Hier entwickelt sich nach Stadium II die Vollverbinversion.

Zusammenfassung der Interrogativsyntax

Faßt man ja-/nein-Fragen und Informationsfragen zusammen, ergibt sich folgendes Bild: die Entwicklung der Interrogationssyntax beginnt mit Intonationsfragen. Sie sind ja-/nein-Fragen. Danach folgen Pronominalfragen mit zielgerecht invertierter Kopula; Fragen mit Vollverben haben zunächst noch die Wortstellung von Aussagesätzen. Anschließend erscheinen Wortstellungsfragen, und zwar zunächst als ja-/nein-Fragen sowie Pronominalfragen mit invertierten Vollverben. Werden die Verbklassen in der Zielsprache anders behandelt als im Englischen, so bilden sich diese Besonderheiten anschließend heraus.

		L2-Englisch/ L1-Deutsch Heiko, 9 J.		L2-Deutsch/ L1-Englisch Julie, 5 1/2 J.	
I	wh(Kop)NP	*Henning, what ist it fishing pole?* (Henning, was ist das, fishing pole (=Angelrute)?)	0;29	*was ist sie?* (Was ist das (Bild im Tierbuch)?)	3;16
II	nichtinvertierte Vollverbfragen	*what you want it?* (wie willst du den Wurf haben?)	2;0	*wo Sascha kommt?* (wo kommt Sascha?)	4;14
	invertierte Vollverbfragen	*where you have your ball?* (wo hast du deinen Ball?)	2;1		
III	*do*-Periphrase	*who do you fix it that door?* (wie reparierst du die Tür?)	2;12		
	Vollverbinversion			*was mach ich nun?*	5;5

Abb. 10.15: Entwicklungssequenzen für den Erwerb von Informationsfragen bei je einem Kind mit L2-Englisch/L1-Deutsch (Wode 1978c, Ufert 1980) und L2-Deutsch/L1-Englisch (Felix 1978). Der L2-Erwerb unterscheidet sich vom L1-Erwerb vor allem durch den frühen Erwerb der Kopulafragen und das Vorkommen von interferenzbedingten Wortstellungen.

Erwerb der Interrogativpronomina

L1- und L2-Erwerb der Interrogativpronomina decken sich nicht. Der Hauptunterschied liegt in der Entwicklungssequenz. Abb. 10.16 vergleicht verschiedene Arten des L2-Englisch mit L2-Deutsch/L1-Englisch. U.a. wird im L1-Erwerb zuerst das Lokativpronomen, im L2-Erwerb hingegen das identifizierende Pronomen ohne Genusdifferenzierung, also *was* bzw. engl. *what* verwendet. Die für den L1-Erwerb charakteristischen Übergeneralisierungen bei der Verwendung der Interrogativpronomina finden im L2-Erwerb keine Parallele (Felix 1978). Zwar werden auch hier Pronomina nicht zielgerecht verwendet, jedoch in anderer Weise. Im L1-Erwerb wird z.B. *was* für *wer,* aber nicht *was* für *wo* gebraucht (Abb. 10.8). Im L2-Erwerb finden sich einige andere Muster: in Äußerungen wie *where you going?* im Sinne von *where are you going?* (wohin gehst du?) (Heiko 1;29) dürften morphonologische interferenzbedingte Gründe für die Verwechslung ausschlaggebend gewesen sein. Hingegen ist die Verwendung von *who* anstelle von *whose* wie in *who is that?* (wessen ist das?) (Lars 3;26) dem L1-Erwerb vergleichbar, indem unflektierte vor flektierten Formen verwendet werden. Ob Äußerungen wie *what you want it?* für *how do you want it?* (wie willst du es haben?) einfach als *lapsus linguae* zu betrachten sind oder ob sich dahinter Erwerbsgesetzmäßigkeiten verbergen, läßt sich z.Zt. nicht abschätzen.

	Stadium					
	I	II	III	IV	V	VI
L2-Englisch bei:						
L1-Deutsch (Ufert 1980)	what	where	how much how many how	why when who whose whom which		
L1-Norwegisch (Ravem 1970)	what	where	why			
L1-Taiwanesisch (Huang 1971)	what	where	whose	who	how	why
L1-Französisch (Tiphine 1983)	what où	who	why where how	when	which + N	
L1-Dari (Hashemeyan 1977)	what	where	how much how many	which		
L2-Deutsch bei:						
L1-Englisch (Felix 1978)	was	wo	warum wieso wer wann			

Abb. 10.16: L2-Entwicklungssequenzen für Interrogativpronomina (nach Ufert 1980). Die L2-Chronologie deckt sich weder unter den L2-Lernern noch mit dem L1-Erwerb. Übergeneralisierungen verlaufen nach anderem Muster als im L1-Erwerb.

Flexionen

Mehr noch als die bislang besprochenen Bereiche der Syntax ähnelt der L2-Erwerb dem L1-Erwerb im Bereich der Flexionssysteme. Das wird besonders deutlich am Beispiel der englischen Nominalflexion (Bahns 1976, Wode 1981a). Die vier Kinder des Kieler Korpus für L2-Englisch/L1-Deutsch durchliefen die gleichen Stadien wie im L1-Englisch. Die einzelnen Allomorphe wurden in der gleichen Reihenfolge produktiv: /-s -z/ vor /-əz/; die Kinder machten die gleichen entwicklungsspezifischen Fehler, z.B. *fishes* statt *fish* (Fische), *guyses* statt *guys* (Kerle); und sie verwendeten gelegentlich zielsprachliche Pluralformen fälschlicherweise monomorphematisch als Singular wie in *guys* (Kerl). Wie im L1-Erwerb wurden neue Vokabeln zunächst nicht pluralisiert.

Unterschiede zwischen L1- und L2-Erwerb traten aber in der Art auf, wie die einzelnen Stämme in die Flexionsregeln einbezogen wurden. Beispielsweise wurden anders als im L1-Erwerb Substantive auf *-er* wie *hammer* (Hammer) oder *teacher* (Lehrer) anfangs nicht pluralisiert. Dem entspricht, daß Nomina auf *-er* im Deutschen ihren Plural oft nicht morphologisch markieren, z.B. *der Hammer:die Hammer*. Es ist unschwer zu erkennen, daß es sich um eine subtile Form von Transfer handelt.

Transfer und Transferierbarkeit

Im großen und ganzen zeichnen sich für die Syntax ähnliche Gesetzmäßigkeiten ab, wie sie für den Transfer und die Transferierbarkeit im phonologischen und lexikalischen Bereich gelten. Auch für die Syntax ist entscheidend, daß die fraglichen Strukturen aus den involvierten Sprachen einander hinreichend ähnlich sind; daß diese Ähnlichkeit u.a. durch den Entwicklungsstand, den der Lerner erreicht hat, bedingt ist und daß markiertere Strukturen eher durch unmarkiertere Strukturen aus der zuvor gelernten Sprache ersetzt werden.

Flexionen
Bislang ist der Erwerb von Flexionssystemen im natürlichen L2-Erwerb noch nicht genügend auf Transfer bzw. Interferenz untersucht worden. Ein Grund dafür ist, daß hier nur wenig Transfer zu beobachten ist. Flexionssysteme sind stärker resistent gegen Transfer als z.B. die Phonologie oder das Lexikon, wenn auch nicht völlig immun. Das obige Beispiel aus dem L2-Englischen des Kieler Korpus zeigt z.B., daß Stämme eher transferiert werden als Flexionsmorpheme und daß dabei auch phonologische Besonderheiten eine Rolle spielen.

Wortstellung
Die entwicklungsspezifischen Wortstellungsfehler verdeutlichen, daß sowohl der Entwicklungsstand des Lerners als auch Markiertheitsabstufungen zu jenen Faktoren gehören, die die Transferierbarkeit von syntaktischen Elementen bestimmen. Die Relevanz des Entwicklungsstandes des Lerners wird z.B. deutlich an den Negationsdaten aus dem Kieler Korpus zum L2-Englischen/L1-Deutschen (Abb. 5.1). Die Kinder verwendeten nicht sofort in dem Moment die deutsche postverbale Wortstellung in ihrem L2-Englisch, als sie wußten, welches Wort ein Verb und welches ein Nomen war. Sie verwendeten zunächst präverbale Negation und erst im Anschluß daran negierten sie postverbal. Es müssen bestimmte entwicklungsspezifische Voraussetzungen erfüllt sein, damit es zu syntaktischem Transfer, in diesem Fall zu Wortstellungstransfer, kommen kann (Wode 1977c).

Hyltenstam (1982) zeigt u.a. an Negationsdaten zum L2-Schwedischen, daß die syntaktische Entwicklung mit Markiertheitshierarchien in Verbindung gebracht werden kann. Elemente der Zielsprache sind besonders anfällig für Transfer, wenn ihnen in der zuvor gelernten L1 weniger markierte Strukturen entsprechen. Das erklärt aber nur einiges am Syntaxerwerb. Beispielsweise ist präverbale Negation nach Hyltenstam, der sich auf Dahl (1979) stützt, weniger markiert als postverbale. Nach dieser These dürften deutsche und französische L2-Lerner des Englischen keine Interferenzen mit postverbaler Negation aufweisen. Sie tun es aber, und das z.T. in beträchtlichem Umfang (z.B. Wode 1976b, 1981a, Tiphine 1980) (Vgl. auch Kap. 10.5).

Eine andere Erklärungsdimension bringt Zobl (1984, 1985) ins Spiel. Er glaubt, daß jene Elemente wenig transferanfällig seien, die nach typologisch begründbaren universellen Implikationsrelationen zueinander gehören. Entsprechend finden sich in den Berichten aus ZISA und dem Kieler Korpus kaum transferbedingte Fehler im Hinblick auf die grundlegende Wortstellung SVO des Deutschen und Englischen. Wortstellungsfehler tauchen erst dann auf, wenn die L2-Lerner Adverbien und Satzpartikel einbeziehen. Diese Art von Adverbien und Partikel unterliegen keiner stringenten typologischen Restriktion, sind also mit verschiedenen Wortstellungen vereinbar. Folglich können Lerner in diesem Bereich relativ frei auf ihre L1-Wortstellung zurückgreifen (z.B. Clahsen et al. 1983, Bohn 1983).

10.6 Fremdsprachenunterricht

Gerade im Hinblick auf die Syntax wirkt es sich sehr nachteilig aus, daß der FU bislang wenig unter spracherwerblichen Gesichtspunkten untersucht worden ist. Zwei Fragen sind zentral: finden sich vergleichbare entwicklungsspezifische Strukturen, z.B. im FU und im natürlichen L2-Erwerb? Wieweit deckt sich die Chronologie im Auftreten dieser Strukturen mit anderen Spracherwerbstypen?

Man darf nicht erwarten, daß die Entwicklungssequenzen im FU mit denen anderer Erwerbstypen oberflächlich identisch sind. Wie in Kap. 11.2.3 erläutert, ist der Input im FU gerade für die Syntax durch Lehrstoffprogression und Lehrerverhalten sehr stark strukturierbar. Der Vergleich der Fehler im FU mit den entwicklungsspezifischen Strukturen nichtschulischer Lernsituationen ist daher der aufschlußreichere Aspekt. Im FU werden in viel größerem Maße als in natürlichen Lernsituationen von Anfang an zielgerechte Äußerungen produziert. Einerseits insistieren Lehrer darauf, andererseits werden zielgerechte Strukturen gezielt geübt. Es ist daher besonders aufschlußreich, ob und inwieweit diese Fehler denen aus natürlichen Lernsituationen vergleichbar sind.

Fehler im FU und entwicklungsspezifische Strukturen

Wie im natürlichen L2-Erwerb fehlen auch im FU dem L1-Erwerb vergleichbare Ein-Wort- und Zwei-Wort-Stadien. Auch die semantischen Eigenschaften und die Besonderheiten der Wortstellung von Zwei-Wort-Äußerungen sind im FU nicht zu erwarten. Die üblichen Unterrichtsformen lassen solche Strukturen gar nicht erst aufkommen. Die frühe Dominanz von Äquationalsätzen des natürlichen L2-Erwerbs wird im FU verhindert, da von vornherein auch Vollverbsätze gelehrt werden. Dessen ungeachtet werden auch im FU häufig die Formen von *be* ausgelassen (Felix 1982, Hahn 1982).

Analog zum natürlichen L2-Erwerb werden anfangs auch im FU feststehende Wendungen, Gruß- und Dankesformeln angeboten und ohne große Schwierigkeiten gelernt. Vor allem wenn Satzstrukturen und Satztypen nacheinander eingeführt und in *pattern drill*-ähnlichen Techniken geübt werden, kommt es zur Verwendung von rahmenähnlichen Strukturen wie im natürlichen L2-Erwerb.

In der weiteren Entwicklung finden sich viele Parallelen zu den entwicklungsspezifischen Strukturen nichtschulischer Erwerbssituationen, namentlich des natürlichen L2-Erwerbs. Die folgenden Beispiele und Fehlertypen dürften Lehrern sehr bekannt vorkommen. Auch wenn Intonationsfragen zur Kodierung von ja-/nein-Fragen nicht wie meist üblich im Unterricht gesondert eingeführt werden, kommen sie in den frühen Unterrichtsstunden häufig vor, z.B. in den Protokollen der Passauer und Kieler Schulklassen, also Fragen wie *it's big shoe?* (ist es ein großer Schuh?). Bei den Informationsfragen kann die Inversion fehlen, z.B. *how you are old?* statt *how old are you?* (wie alt bist du?); die Inversion kann fälschlich auf Vollverben ausgedehnt sein wie in *where plays he?* statt *where does he play?* (wo spielt er?). Gelegentlich werden Formen von *be* falsch verwendet wie in *why are you not correct your mistakes?* statt *why don't/didn't you correct your mistakes?* (warum hast du deine Fehler nicht berichtigt?); die Form von *be* kann ausgelassen sein wie in *who watching you?* statt *who are you watching?* (wem guckst du zu?) (Hahn 1982).

Die Verwendung der Interrogativpronomina ist dem natürlichen L2-Erwerb vergleichbar, weniger dem L1-Erwerb. Z.B. fand Hahn (1982) bei der Dekodierung die Verwendung von *who* (wer) für *where* (wo), *where* (wo) für *what* (was), *where* für *who* und *when* (wann) für *who*; für die Enkodierung *where* für *who*, *who* für *where*, *what* für *who*, *who* für *whom* (wem) und *what* für *where*. Ob diese Fehler lediglich als Versprecher oder, wie Hahn meint, bedingt durch spracherwerbliche Gesetzmäßigkeiten zu bewerten sind, muß offen bleiben. Die Zahl der Belege bei Hahn (1982) und Felix (1982) ist nicht sehr groß.

Für die Negation sind Parallelen zwischen dem natürlichen L2-Erwerb und dem FU noch ausführlicher belegbar als für die Interrogation. Aus den Kieler und Passauer Korpora sind die Verwendungen von *no* anstelle von *not*, *doesn't*, *didn't* u.ä. Formen belegt, z.B. *this is no my comb* statt *this is not/isn't my comb* (dies ist nicht mein Kamm) (Felix 1976), *this coat is no black, it is white* statt *this coat isn't/is not black* (diese Jacke ist nicht schwarz) oder *Mr. K gives no a lot of homework* statt *Mr. K does not assign a lot of homework* (Herr K gibt nicht viel Hausaufgaben auf) (Hahn 1982: 171). Doch auch die umgekehrte Verwendung, *not* anstelle von *no*, ist belegt wie in *no, there is not furniture* für *no, there is no furniture*,(nein, da sind keine Möbel) (Hahn 1982:179). Sowohl *no* als auch *not* kommen nichtzielgerecht postverbal vor wie in *I live not in the country* für *I don't live in the country* (ich wohne nicht auf dem Land) und *she hears no what David say* für *she does not hear what David says* (sie hört nicht, was David sagt). Negierte elliptische Nachsätze, die sogenannten *tags*, machen lange Zeit Schwierigkeiten wie in *has your father a hat?* (hat dein Vater einen Hut?) - Antwort: *yes, he hasn't* für *yes, he does/has* (ja, das hat er) (Hahn 1982:173). Und letztlich sei darauf hingewiesen, daß auch im FU doppelte Negation ein bekanntes Phänomen ist wie in *no, I haven't not a red...* für *no, I don't have a red...* (nein, ich habe kein rotes...) (Hahn 1982:177).

Besonders interessant sind Fehler wie *doesn't she eat an apple* (Hahn 1982:144). Sie sind nicht als Fragen intendiert, denn sie stammen aus Übungskontexten, in denen die Negation im Zusammenhang mit der *do*-Periphrase eingeführt werden sollte. Der Satz hätte zielsprachlich *she doesn't eat an apple* (sie ißt keinen Apfel) lauten sollen. Deutlich erkennt man die aus dem natürlichen L2- und L1-Erwerb bekannte Negationsstruktur negX. Bedingt durch den Übungskontext erscheint die neue Negationsform *doesn't*. Solange dem Schüler die Regel nicht klar ist, setzt er, der frühen Struktur negX folgend, *doesn't* an den Anfang.

Die entwicklungsspezifischen Fehler, die am Beispiel des Englischunterrichts deutscher Schüler aufgezeigt wurden, sind auch aus anderen Sprachen bekannt. So fand Hyltenstam (1977) bei 160 Studenten, die in Schweden u.a. auch im FU bzw. in Abendkursen Schwedisch als L2 lernten, zahlreiche Fehler der Form SnegVP, und das, obwohl Schwedisch postverbal negiert. Diese 160 Sprecher verteilten sich auf 35 verschiedene L1. Es scheint, als häuften sich Paralellen zum natürlichen L2-Erwerb und FU, wenn der sprachliche Input nicht ausschließlich über den Unterricht bereitgestellt wird. Diese Inputsituationen sind weniger selektiv als der FU (Einzelheiten im Kap. 11.2).

Darüberhinaus berichtet Ellis (1984) u.a. über die Entwicklung des Englischen bei drei 11-13jährigen Immigrantenkindern aus einer Londoner Schule. Ein Kind sprach Portugiesisch als L1, die beiden anderen Punjabi. Englisch wurde als Unterrichtssprache und als Lehrgegenstand verwendet. Zusätzlich hatten die Kinder – wenn auch in unterschiedlichem Ausmaß – Kontakt zum Englischen außerhalb der Schule. Ellis berichtet, daß die Entwicklung der englischen Negation, Interrogation und der Flexionen, soweit Gegenstand seiner Untersuchung, weitgehend dem natürlichen L2-Erwerb entsprach.

Entwicklungssequenzen im FU

Wie oben angedeutet und ausführlicher in Kap. 11.2 begründet, kann es im FU keine Entwicklungssequenzen in gleichem Umfang und in gleicher Ausprägung nach Stadien wie in den natürlichen Erwerbstypen geben. Je weniger kommunikativ der Unterricht ist, desto weniger können sich die Entwicklungssequenzen der natürlichen Lernsituation ausprägen. Dennoch ist zu fragen, ob sich Besonderheiten derart finden, daß analog zu den Entwicklungsstadien der natürlichen Erwerbstypen der Erwerb bestimmter Strukturmerkmale den Erwerb anderer voraussetzt oder erleichtert.

Daß es im FU keine so streng geordneten Entwicklungssequenzen gibt, wird schon aus den methodisch schlichten *Morphemstudien* deutlich (Kap. 5.3). Ihre Ergebnisse sind uneinheitlich. In manchen werden Parallelen der Sequenzen für den FU und den natürlichen L2-Erwerb herausgestellt (z.B. Perkins/Larsen-Freeman 1975), aus anderen Arbeiten ergeben sich Parallelen zwischen Kindern und Erwachsenen (z.B. Dulay/Burt 1974b und Bailey et al. 1974). Andere stellen Unterschiede zwischen FU und natürlichem L2-Erwerb bzw. zu den eben genannten Studien fest (z.B. Hakuta 1974a für den natürlichen L2-Erwerb und Lightbown 1983 für den FU). Ein Grund für die Heterogenität dieser Ergebnisse ist, daß in englischsprachigen Ländern kaum „reine FU-Studien" zum Englischunterricht durchgeführt werden können. Gleichgültig, wo die Lerner leben, neben dem FU erhalten sie auch Kontakt zum Englischen außerhalb der Schule. Dieser außerschulische Input ist, wie in Kap. 11.2 erläutert, anders und reichhaltiger strukturiert als in der Schule. Vor allem sind die Zielstrukturen in natürlichen Situationen weder so stark selektiert, noch werden die zu lernenden Strukturen über längere Zeit dominant präsentiert, wie dies in der Schule geschieht. Vermutlich schlägt in jenen Morphemstudien, die über eine starke Parallelität zwischen FU und natürlichen Situationen berichten, die natürliche L2-Inputsituation stärker als die schulische durch. Das bestätigten z.B. die Ergebnisse von Lightbown (1983). Sie untersuchte kanadische Kinder aus der Nähe von Montreal. Die Gegend ist frankophon; Englisch wurde nur in der Schule gesprochen. Lightbown fand einige Unterschiede zu den Morphemstudien in den USA.

Erfahrene Lehrer wissen, daß bestimmte sprachliche Strukturen relativ leicht im Unterricht bewältigt werden, wenn sie zur richtigen Zeit angeboten werden. Geschieht das zu früh, entstehen Schwierigkeiten, die vermeidbar wären. Ein Beispiel dieser Art ist bereits in Kap. 5.5 im Zusammenhang mit Lernerstrategien besprochen worden. Dort wurde gezeigt, daß gebundene Formen wie die englischen Negationsformen *isn't*, *can't* oder *don't* zu Schwierigkeiten führen können und daß Schüler auch im FU anfangs bevorzugt freie Formen anstelle der gebundenen verwenden. Selbst in Übungen, die speziell darauf ausgerichtet sind, diese gebundenen Negationsformen zu fördern, kommt es zu typischen Fehlern folgender Art: der Lehrer zeigt ein Bild, auf dem diverse Dinge zu erkennen sind, z.B. Peters Zimmer mit einer Couch darin. Anschließend werden Fragen gestellt, etwa *is there a sofa in Peter's room?* (ist ein Sofa in Peters Zimmer?) Typische Lernerfehler sind dann Antworten wie *yes, there isn't* (ja da ist keins). Ähnlich kann man auf Lehrerfragen wie *can you see the bus?* (kannst du den Bus sehen?) als Antwort *no, I can* (nein, ich kann das (sehen)) erhalten. Felix (1976b, 1982) zieht aus seinen Beobachtungen die Folgerung, daß auch der FU Entwicklungsgesetzmäßigkeiten unterliegt: wie in den Entwicklungssequenzen des natürlichen Spracherwerbs müssen bestimmte Kenntnisse – sprich Entwicklungsstadien – erreicht sein, ehe andere Strukturtypen gemeistert werden, z.B. in den obigen Beispielen die freien vor den gebundenen Formen. (In Kap. 11.2.3 wird besprochen, wie solche Beobachtungen für die Lehrstoffprogression von Belang sein können).

10.7 Zusammenfassung

Für die Syntax kann beim derzeitigen Forschungsstand kaum eine Zusammenfassung, wie es für den Erwerb des Lexikons und der Phonologie versucht wurde, gegeben werden. Zum einen durchleuchten die bislang vorliegenden Untersuchungen – typologisch gesehen – einen zu geringen Ausschnitt des gesamten Spektrums. So fehlen z.B. detaillierte Untersuchungen über L1- und L2-Syntaxerwerb von Tonsprachen oder agglutinierenden Sprachen wie das Türkische oder Eskimosprachen. Dabei verdeutlicht schon die Studie von Bever/Slobin (1928, s. Kap. 10.3.2), daß vermutlich bereits sehr früh eine Ausrichtung auf diese typologischen Besonderheiten erfolgt. Zum anderen lassen sich diverse Parallelen zwischen den entwicklungsspezifischen Strukturen aus dem natürlichen L2-Erwerb und dem FU nachweisen, auch einige Parallelen zwischen den Entwicklungssequenzen bzw. den Entwicklungsstadien. Diese Ergebnisse verdeutlichen zwar, daß beide Erwerbstypen nicht als völlig verschieden betrachtet werden können, nur bedarf es dringend weiterer umfangreicher Studien, in denen der FU aus spracherwerblicher Sicht untersucht wird, ehe sich genauer bestimmen läßt, worin die Unterschiede und Gemeinsamkeiten im einzelnen liegen. Teil C wird zeigen, daß es hierbei besonders wichtig ist, daß bei derartigen FU-Untersuchungen nach verschiedenen Arten von Unterricht im Hinblick auf Lehrstoffprogression sowie Diskurs- und Interaktionsmöglichkeiten differenziert wird.

10.8 Lektürevorschläge zu Kap. 10

L1-Erwerb
Pivots: Braine (1963), Miller/Ervin-Tripp (1964), Brown/Fraser (1963).
Kritisch: Bloom (1970), Bowerman (1973a).
Syntaktischer Ansatz: Bloom (1970).
Semantischer Ansatz: Schlesinger (1971).
Holophrasen:
Greenfield/Smith (1976: Englisch), Bloom (1973: Englisch), Anders (1982: Deutsch), Ramge (1975: Deutsch).

Zweiwortstadium:
Brown (1973), Braine (1976).
Primärstudien:
Bloom (1970: Englisch), Brown (1973: Englisch und andere Sprachen), Bowerman (1973a: Finnisch, Englisch), Schaerlaekens (1973: Niederländisch), Miller (1976: Deutsch).
Telegrammstil: Brown (1973).
Semantische Relationen von Zweiwortäußerungen:
Brown (1973), Bloom et al. (1975: Englisch), Wells (1975: Englisch), Miller (1976: Deutsch).
Intonation in Zweiwortäußerungen: Wode (1980a)
Lernerstrategien: Cromer (1976).
NVN-Strategie:
Bever (1970: Englisch), Mehler (1971: Französisch), Grimm (1975: Deutsch), Bridges (1980: Englisch), Slobin/Bever (1982: Serbokroatisch, Türkisch, Italienisch, Englisch), Strohner/Nelson (1974), MacWhinney (1982).
Natürliche Serialisierung:
E. Clark (1971: Englisch), Ferreiro (1971: Französisch), Schöler (1975: Deutsch).
Minimale Distanz: Bowerman (1979).
Primärstudien:
Chomsky (1969: Englisch), Kessel (1970: Englisch), Maratsos (1974: Englisch), Aller et al. (1977: Arabisch), Tavakolian (1977: Englisch), Tanz (1983: Englisch).
Negation: Wode (1977a: Deutsch und andere Sprachen)
Weitere Primärstudien:
Klima/Bellugi (1966: Englisch), Bellugi (1967: Englisch), Park (1979: Deutsch), Clahsen (1983: Deutsch), Toivainen (1980: Finnisch).
Interrogation:
Wode (1976b: Deutsch und andere Sprachen), Allendorf/Wode (1981: Deutsch), Klima/Bellugi (1967: Englisch).
Flexionen:
Cazden (1968: Englisch), Berko (1958: Englisch), Mugdan (1977: Deutsch), Park (1978: Deutsch), Slobin/Bybee (1982: Englisch), Clahsen (1984: Deutsch), Bronckart (1983: Französisch).
Späte syntaktische Entwicklung:
Bowerman (1979: Überblick), Karmiloff-Smith (1979), Rickheit (1975: Deutsch), Augst (1978: Deutsch).

L1-Mehrsprachigkeit
Zweiwortverbindungen:
Leopold (1939-1949: Englisch, Deutsch), Taeschner (1983: Italienisch, Deutsch)

Negation:

Kadar-Hoffmann (1983: Deutsch, Französisch, Ungarisch), Taeschner (1983: Italienisch, Deutsch), Swain (1972: Englisch, Französisch)

Flexionen:

Vihman (1981: Estnisch, Englisch), Meisel (1986: Deutsch, Französisch).

Wortstellung:

Taeschner (1983: Italienisch, Deutsch), Meisel (1985: Deutsch, Französisch)

L2-Erwerb

Frühe Syntax: Bohn (1983: L2-Englisch/L1-Deutsch)

Äquationalsätze: Felix (1978), Clahsen et al. (1983).

Wortstellung:

Clahsen et al. (1983: L2-Deutsch/romanische Sprachen), Klein/Dittmar (1979: L2-Deutsch/L1-Spanisch, L1-Italienisch), Felix (1978: L2-Deutsch/L1-Englisch).

Negation:

Wode (1981a: L2-Englisch/L1-Deutsch), Felix (1978: L2-Deutsch/L1-Englisch), Schuman (1978b: L2-Englisch/L1-Spanisch), Tiphine (1980: L2-Englisch/L1-Französisch).

Interrogation:

Wode (1978c: L2-Englisch/L1-Deutsch), Ufert (1980: L2-Englisch/L1-Deutsch), Felix (1978: L2-Deutsch/L1-Englisch), Lightbown (1980: L2-Französisch/L1-Englisch), Tiphine (1983: L2-Englisch/L1-Französisch), Fillmore (1976: L2-Englisch/L1-Spanisch).

Flexionen: Wode (1981a: L2-Englisch/L1-Deutsch)

Transfer und Transferierbarkeit:

Wode (1977c), Hyltenstam (1981, 1982), Zobl (1980, 1985), diverse Artikel in Kellerman/Sharwood-Smith (1986).

Fremdsprachenunterricht (FU)

Äquationalsätze:

Felix (1983: L2-Englisch/L1-Deutsch), Hahn (1982: L2-Englisch/L1-Deutsch).

Verwendung freier Formen, Negation, Interrogation:

Felix (1976b, c, 1981, 1982: L2-Englisch/L1-Deutsch), Hahn (1982: L2-Englisch/L1-Deutsch), Hyltenstam (1977: L2-Schwedisch/diverse L1), Ellis (1984: L2-Englisch/L1-Portugiesisch, Punjabi)

Flexionen:

Lightbown (1983a,b: L2-Englisch/L1-Französisch). Vgl. auch die *morpheme-order*-Studien Kap. 5.3: Dulay et al. (1982: Überblick). Primärstudien: Dulay/Burt (1974a,b), Bailey et al. (1974).

C. Steuerung und Steuerbarkeit

Teil B hat gezeigt, daß jede Art von Sprachenlernen hochgradig gesteuert ist. Welche Faktoren sind beteiligt? Einerseits *endogene* Faktoren, also Eigenschaften, die im Lerner angelegt sind; andererseits *exogene*, d.h. *externe* Faktoren, die das gegebene Umfeld, in dem der Lernvorgang abläuft, bilden. Hierzu zählt auch der sprachliche Input. Streng genommen müßten sämtliche externen Faktoren als sozial betrachtet werden. Es empfiehlt sich, die *sprachlichen* Faktoren von den nichtsprachlichen zu trennen. Als *soziale Faktoren* werden im folgenden die nichtsprachlichen externen Faktoren bezeichnet, also die gesellschaftlichen, kulturellen, situativen und sonstigen Faktoren, die die Lernsituation ausmachen.

Die Gliederung von Teil C in drei Kapitel ist in leichter Abwandlung Wienold (1973) entnommen. Der Vorteil dieser Aufgliederung liegt darin, daß sie der Relevanz der einzelnen Faktorengruppen für den gesamten Lernverlauf besser entspricht als die Gliederung nach *endogen* vs. *exogen*. Denn im wesentlichen bestimmen die sprachlichen Faktoren die linguistische Struktur von Lerneräußerungen und die Entwicklungssequenzen; die nichtsprachlichen sozialen Faktoren bestimmen den erreichten bzw. erreichbaren Lernerfolg.

In der bisherigen Forschung ist das Problem der Steuerung je nach Spracherwerbstyp unterschiedlich intensiv untersucht worden. Für die natürlichen Spracherwerbstypen ist beträchtlich mehr über die sprachlichen als über die nichtsprachlichen Faktoren gearbeitet worden; für den FU war es umgekehrt. Dessen ungeachtet hat sich gezeigt, daß die Untersuchung nichtsprachlicher Faktoren erheblich größere Schwierigkeiten als die Bearbeitung sprachlicher bereitet. Das ist vermutlich einer der Gründe dafür, daß zu vielen nichtsprachlichen Faktoren einander widersprechende Berichte vorliegen. Dennoch wird sehr deutlich werden, daß gerade die nichtsprachlichen Faktoren einen beträchtlichen Spielraum für externe und damit unterrichtlich nutzbare Steuerung bieten.

Drei Faktorengruppen – sprachliche, endogene und soziale – werden in gesonderten Kapiteln besprochen. Zu fragen ist besonders:

- Welche Voraussetzungen müssen erfüllt sein, damit Sprachen überhaupt gelernt werden können?
- Welche Faktoren begünstigen oder behindern den Verlauf?
- Welche Möglichkeiten haben Erzieher, Eltern oder Lehrer, um dem Lerner zu helfen?

11. Der Einfluß sprachlicher Faktoren

Eine Sprache lernen heißt, sprachlichen Input zu verarbeiten. Die Tatsache, daß auch Taube Sprachen lernen, zeigt, daß die Eingabe nicht notwendigerweise über das Gehör erfolgen muß. Andererseits wird berichtet, daß gesunde Kinder tauber Eltern nur verzögert eine Sprache lernen, wenn ihr sprachlicher Kontakt beispielsweise auf das Fernsehen beschränkt ist. Offenbar ist mehr als einfaches Hinhören notwendig. Deshalb muß ermittelt werden, welche Elemente des Inputs für welche Aspekte des Lernvorganges relevant sind:

- Gibt es Minimalbedingungen, die erfüllt sein müssen, damit überhaupt eine Sprache gelernt werden kann?
- Welche Wirkung haben die sprachlichen Anpassungen, mit denen sich Gesprächspartner auf das intellektuelle und sprachliche Niveau von Lernern einstellen?
- Welches sind die sprachlichen Vorbilder an denen sich Lerner orientieren - Eltern, Spielgefährten, Lehrer?

Der FU wird in einem getrennten Abschnitt behandelt, damit seine Besonderheiten besser herausgearbeitet werden können.

11.1 Input in natürlichen Lernsituationen

11.1.1 Inputvoraussetzungen für Sprachenlernen

Soziale Isolierung: Kinder der Wildnis, Genie

Sprachenlernen ist ohne sprachlichen Input nicht möglich. Er ist erforderlich, um den Lernvorgang auszulösen. Experimentelle Nachweise verbieten sich heute aus ethischen Gründen. Entsprechende Versuche sollen jedoch der ägyptische Pharao Psammetichus ca. 600 v. Chr. und der Hohenstaufer Friedrich II. von Sizilien im 13. Jahrhundert durchgeführt haben. Psammetichus ließ zwei Kinder ohne Sprachkontakt aufziehen. Eines soll als erste sprachliche Reaktion etwas gesagt haben, was den Mitarbeitern des Pharaos wie das phrygische Wort *bekos* (Brot) geklungen haben soll. Daraus schloß Psammetichus, die Ursprache der Menschheit, aus der sich alle anderen Sprachen entwickelt haben, müßte Phrygisch gewesen sein (Ferguson/ Slobin 1973: VII). So leichtfertig werden heute entsprechende Schlüsse nicht mehr gezogen. Es ist nämlich sehr wahrscheinlich, daß keines der beiden Opfer des Pharaos je gesprochen hat. Das, was seine Helfer als *bekos* zu hören glaubten, haben sie wahrscheinlich hineingehört. Friedrich II. von Sizilien ließ ebenfalls mehrere Kinder ohne sprachlichen Kontakt untereinander und zur sprachlichen Umwelt aufwachsen. Sie starben früh, ohne daß auch nur eines sprechen gelernt hatte.

Ähnlich unschlüssig sind die Berichte über *Kinder der Wildnis*, die verwahrlost in Wäldern aufgegriffen wurden und von denen berichtet wird, sie seien von Tieren aufgezogen worden, z.B. Victor von Aveyron (Lane 1977). Diese Berichte sind zu unzuverlässig, als daß aus ihnen genauere Schlußfolgerungen gezogen werden könnten. Zum einen ist nicht auszuschließen, daß es sich um extreme Fälle von Debilität gehandelt haben könnte. Zum anderen fehlten damals die methodischen Voraussetzungen, um solche Fälle so zu beschreiben, daß sie für die Klärung der Frage nach den Voraussetzungen für Spracherwerb herangezogen werden können. Der einzige einschlägige Fall aus neuerer Zeit, der auch tatsächlich mit modernen wissenschaftlichen Methoden untersucht wurde, ist ein Mädchen, das unter dem Pseudonym *Genie* in die Literatur eingegangen ist (Fromkin et al. 1974, Curtiss 1977).

Genie wurde im Jahre 1970 im Alter von 13;7 in völlig verwahrlostem Zustand in Los Angeles aufgefunden. Sie konnte weder aufrecht stehen noch feste Nahrung kauen; hatte kein Kälte- und Wärmeempfinden; war nicht trocken und konnte weder sprechen noch Sprache verstehen. Es liegen keine Anzeichen dafür vor, daß Genie extrem debil war oder sonstige Schäden hatte, die die Eltern hätten veranlassen können, das Kind so zu vernachlässigen. Auch haben sie nur dies eine Kind so schrecklich behandelt. Genies Bruder wuchs normal auf.

Wahrscheinlich hatte Genie im Alter zwischen 1;6-2;0 einige Vokabeln gelernt. Danach wurde die Sprachentwicklung abrupt unterbrochen. Der Vater sprach nicht mit ihr, sondern knurrte und bellte sie lediglich nach Hundemanier an. Wenn das Kind laut wurde, wurde es durch Prügel zum Schweigen gebracht. Auch die anderen Familienmitglieder wurden angewiesen, nicht mit dem Kind zu sprechen. Die halbblinde Mutter hatte extreme Angst vor ihrem Mann. Sie flüsterte zwar ab und zu mit Genie, nahm es aber hin, daß das Kind über mehr als 10 Jahre strikt von der Außenwelt abgeschlossen ohne Sichtkontakt nach draußen in einem Hinterzimmer der elterlichen Wohnung dahinvegetierte. Diese beklagenswerte Situation fand erst ihr Ende, als die Mutter mit Genie zu ihren Eltern floh. Kurz darauf kam Genie in ein Krankenhaus. Dort erfuhr sie viel Zuneigung. Sie lernte soziales Verhalten, und sie lernte sprechen.

Wissenschaftler verschiedener Disziplinen haben Genie genau untersucht und ihren Werdegang zu rekonstruieren versucht. Die in mehrerer Hinsicht verblüffendste Erkenntnis war, daß Genie, nachdem sie einmal sprechen gelernt hatte, auch über das berichtete, was in jener Zeit geschah, als sie noch nicht sprechen konnte - ein äußerst aufschlußreicher Hinweis für die Eigenständigkeit von Denken gegenüber Sprache.

Interaktionistische Defizite

Beobachtungen an gesunden Kindern stummer Eltern deuten darauf hin, daß irgendeine beliebige Form von sprachlichem Input nicht ausreicht. Er muß für den Lernenden durchschaubar sein. Sachs/Johnson (1976) berichten über ein normales Kind taubstummer Eltern, das im Alter von 3;9 nur über ein sehr geringes Vokabular verfügte. Davon stammten einige Brocken von Spielgefährten, andere aus dem Fernsehen. Der Junge hatte keinen regelmäßigen Kontakt zu Erwachsenen, obwohl er über das Fernsehen viel Sprache hörte. Als das Kind regelmäßig mit Erwachsenen zu sprechen begann, verbesserten sich seine Sprachkenntnisse rapide. Ähnlich berichten Snow et al. (1976), daß holländische Kinder, die täglich das deutschsprachige Fernsehen sahen, dadurch nicht etwa Deutsch lernten. In der Regel sind derartige Programme nicht auf das Niveau von Kindern zugeschnitten. Auch wird kein Versuch gemacht, das Kind einzubeziehen. Ihm kann es daher kaum gelingen, das Gehörte mit dem Hier und Jetzt der gesamten Interaktion in Verbindung zu bringen, um z.B. die Bedeutung der Vokabeln zu erschließen.

Leider ist der Bereich interaktionistischer Voraussetzungen für den Spracherwerb bislang nicht genügend bearbeitet worden, so daß derzeit kaum mehr als die globale Schlußfolgerung gezogen werden kann, daß Input vorhanden und verständlich sein muß und daß die Teilnahme an kommunikativer Interaktion von großer Bedeutung ist. Längerfristig ist es erforderlich, genauer zu ermitteln, welche einzelnen Aspekte in welcher Weise die interaktionistischen Voraussetzungen ausmachen.

Schädigungen von Sinnesorganen

Im Normalfall können alle Sinnesorgane – in unterschiedlichem Ausmaß – zum Spracherwerb beitragen. Das wird besonders deutlich am Erlernen von Wortbedeutungen. Verben des Sehens oder Farbbezeichnungen lassen sich z.B. nur sehr schwer erklären, wenn optisch nichts wahrgenommen werden kann. Das Gleiche gilt für die Terminologie des Tastens, Hörens, Fühlens und Schmeckens. Die Berichte über Spracherwerb bei Ausfall bzw. Schädigung einzelner Sinnesorgane zeigen, daß unter diesen Umständen das Lernen von Sprachen nicht völlig unmöglich wird. *Taube* können Sprachen lernen (Furth 1966); *Blinde* können es (z.B. Landau 1982, 1983, Mulford 1983); selbst wer blind und taub ist, kann eine Sprache meistern, wie Helen Keller (1955) der Welt bewiesen hat.

Tote Sprachen werden vor allem über den optischen Kanal gelernt. Aus dem FU sind jene typischen Aussprachefehler bekannt, wenn Lerner von der Orthographie auf die Aussprache schließen. Sie greifen dabei auf ihre L1 zurück und produzieren in der L2 Interferenzen. Selbst wenn dem Lerner die eigene Lautierfähigkeit wie bei angeborener *Anarthrie* fehlt, d.h. wenn die Artikulationsbewegungen z.B. wegen Lähmung nicht im erforderlichen Maße erfolgen können, kann sein Sprachverständnis voll entwickelt sein. Man erkennt es daran, daß sprachliche Anweisungen selbst dann richtig ausgeführt werden, wenn die Anweisungen lediglich vom Tonband kommen und daher situative Signale zur Interpretation des Gesagten nicht zur Verfügung stehen (Lenneberg 1967).

Leider gestattet es der derzeitige Forschungsstand noch nicht, abzuschätzen, in welcher Weise im einzelnen die Defizite eines Bereiches durch andere kompensiert werden. Wie wichtig dieser Aspekt jedoch für die Einschätzung der Sprachlernfähigkeit ist, zeigt das Beispiel blinder L1-Kinder. Nach Mills/Thiem (1980) lassen sich die deutschen Konsonanten danach ordnen, wieweit die Artikulationsbewegungen sichtbar sind und wieweit Sprecher in Experimenten darauf reagieren. Man spielte den Probanden Filme vor, in denen dem Bild ein anderer Ton als ursprünglich im Bild festgehalten unterlegt war. So ließ sich prüfen, ob die Versuchspersonen stärker auf die optischen oder auditiven Signale reagierten. Am stärksten optischer Steuerung unterworfen war die Konsonantengruppe /p b m/, dann /v/ und beträchtlich weniger /d t g k n s ʃ l/. Mills (1983b) und Dodd (1983) verglichen den Lauterwerb blinder Kinder mit dem normal Sehender im Hinblick auf die konsonantischen Substitutionen. Sie fanden heraus, daß normal sehende Kinder vorzugsweise Konsonanten derselben visuellen Gruppe substituierten und weniger dazu neigten, die Grenzen der visuellen Gruppen zu überspringen. Die Substitutionen der blinden Kinder hingegen gehen über die visuell ermittelten Klassen hinaus. Die Rolle von Schädigungen der Sinnesorgane ist bislang über den L1-Bereich hinaus noch nicht für andere Spracherwerbstypen untersucht worden.

11.1.2 Lernerregister

Lernerregister sind die sprachlichen Anpassungen fortgeschrittenerer Gesprächspartner an das intellektuelle und sprachliche Niveau weniger kompetenter. Diese Anpassungen sind lediglich ein Sonderfall eines allgemeineren Charakteristikums von natürlichen Sprachen bzw. ihrer Sprecher. Wenn es einem auch selten bewußt ist, paßt man sich sprachlich den jeweiligen Gegebenheiten an, z.B. im Deutschen dem Alter, sozialen Status und Bekanntheitsgrad des *Gesprächspartners* durch Siezen oder Duzen; dem *Medium*, je nachdem, ob man etwas schriftlich niederlegt oder mündlich bespricht; dem *Gesprächsgegenstand*, je nachdem ob man z.B. mit einem Schuster oder einem Meeresbiologen fachsimpelt. Ähnlich paßt man sich auch dem *sprachlichen Niveau* des Gesprächspartners an, also dem eines Kleinkindes, eines Schülers oder eines erwachsenen Emigranten. Unterschieden wird:

- *Baby*- oder *Kinderregister*: Anpassungen an (L1-)Babys und (Klein)Kinder, auch *Ammensprache* genannt;
- *Fremdenregister*: Anpassungen an L2-Lerner;
- *Schülerregister*: Anpassungen von Lehrern an ihre Schüler.

Die Lernerregister sind unterschiedlich stark konventionalisiert. Die Anpassungen erwachsen aus natürlichen Zwängen. Man will schließlich verstanden werden. Wer beispielsweise ein Pferd kaufen oder verkaufen will, muß notwendigerweise Pferdeterminologie verwenden. Vergleichbare Zwänge liegen nicht vor, wenn im Deutschen *hotte-hüh*, *muh-muh* oder *wau-wau* statt *Pferd*, *Kuh*, *Hund* gebraucht werden.

Die moderne Forschung zu Lernerregistern begann mit einem Aufsatz von Charles A. Ferguson (1964) zumBabyregister. Er konnte zeigen, daß es ein derart stark konventionalisiertes Baby- und Kinderregister wie im Englischen oder Französischen auch in anderen Sprachen und Kulturkreisen gibt, ohne daß diese Sprachen miteinander verwandt zu sein brauchen. Ferguson zog z.B. neben Englisch und Spanisch auch die Sprache der Komantschen und das Arabische heran. Er konnte zeigen, daß stark konventionalisierte Besonderheiten nicht nur im Wortschatz des Babyregisters auftreten, sondern auch in der Phonologie, der Intonation und der Syntax.

In der Folgezeit wurde diese Perspektive in zweifacher Hinsicht ausgeweitet. Einerseits auf Lernerregister im Zusammenhang mit anderen Spracherwerbstypen als dem L1-Erwerb; andererseits suchte man nicht nur nach stark konventionalisierten Besonderheiten, sondern man bezog alle Anpassungen an das Lernerniveau mit ein, indem man die gesamte Interaktion zwischen Lernern und ihrer Umwelt untersuchte.

Noch stärker als Fergusons Aufsatz wirkte Chomskys Annahme, der Input, dem Kinder ausgesetzt seien und aus dem sie die Zielsprache erschließen müßten, sei unzulänglich, u.a. weil er auch viel Fehlerhaftes enthalte (Kap. 1.3, 3.3.4). Dies provozierte eine große Anzahl detaillierter Untersuchungen, so daß die Weiterentwicklung der Forschung zum Babyregister mit den von Chomsky ausgelösten Interaktionsanalysen zusammenfiel. Insgesamt zeigte sich, daß Sprecher aller Altersgruppen über ausgeprägte Fähigkeiten verfügen, sich auch sprachlich auf das Niveau ihrer Gesprächspartner einzustellen. Wie das im einzelnen geschieht, ist z.T. abhängig von den sozialen Konventionen der betreffenden Sprachgemeinschaften. Allerdings gehen diese Anpassungen weit über die Konventionalisierungen des Babyregisters im engeren Sinne hinaus. Die meisten Untersuchungen liegen für den L1-Bereich vor. Für den L2-Bereich und für den FU wird z.Z. viel über diese Anpassungsfähigkeiten gearbeitet. Aus spracherwerblicher Sicht ist die zentrale Frage für alle Lernerregister, ob und wieweit diese Anpassungen dem Lerner tatsächlich helfen.

Baby- und Kinderregister

Das Babyregister ist am stärksten konventionalisiert. Den Kern bilden lexikalische Besonderheiten. Erstaunlich ist, wie sehr sich die Babyregister in den verschiedenen Sprachen ähneln. Abb. 11.1 gibt einen Überblick über einige lexikalische Besonderheiten. Man erkennt: wenngleich die Grenzziehung nicht in allen Fällen eindeutig ist, so handelt es sich in der Regel um bestimmte außersprachliche Bereiche, zu denen Bezeichnungen für die engere Familie, Körperfunktionen, Tiere und Spiele gehören. Abb. 11.1 verdeutlicht ferner, daß die phonologische Struktur dieser Wörter weit weniger komplex als die der entsprechenden Wörter der Umgangssprache ist. Es dominieren bestimmte Silbenstrukturen wie V(okal) K(Konsonant), KVK oder KVKV. Reduplikationen sind häufig. Konsonantengruppen werden gemieden. Auch die Bedeutung von Vokabeln kann verändert sein. Kleinen Kindern gegenüber bedeutet z.B. dt. *Onkel* oder engl. *uncle* erwachsener Mann und nicht Onkel als Verwandtschaftsbezeichnung.

	Arabisch	**Giljakisch**	**Englisch**	**Deutsch**
Eltern				
Mutter	ma:ma	yma	mommy	Mama
Vater	ba:ba	da(j), dyj	daddy	Papa
Tiere				
Hund	wa:wa	gyck, gycy	bow-wow, doggie	Wau-wau
Katze	nanaɷ, n‘aɷn‘aɷ	—	pussy(-cat)	Miau
Pferd	—	—	horsie	Hottehü
Kuh	—	—	moo-cow	Mu-mu, Muh-kuh
Körperfunktionen				
essen	m̩am̩m̩	mama, nana	—	happa-happa
schlafen	nɩnnɩ, nɩnne	qoq	sleepy-bye	heia-heia
„kleines Geschäft“	ʔaħ:	hisa, cisa	wee-wee, pee-pee	Pipi
„großes Geschäft“	kʌħɔ̃	[aʔa]	poop(oo)	A-a
Schmerzen	wa:wa	ykyk	ow, booboo	aua-aua
Eigenschaften				
schlecht/schmutzig	dɩde	—	[ʔæʔæ]	bäh-bäh
weg	baħ:	ap(k)a	a(ll) gone	alle

Abb. 11.1: Einige lexikalische Besonderheiten von Ammensprachen (Ferguson 1964 – ergänzt um deutsche und einige englische Beispiele). Deutsch und Englisch in konventioneller Orthographie.

Auch andere Strukturbereiche können Besonderheiten aufweisen. Flexionen werden gemieden; die Syntax ist durch die Verwendung von Verben wie *machen*, *tun*, engl. *make*, *go* oder frz. *faire* u.ä. vereinfacht, indem diese Verben formelhaft mit anderen Vokabeln verbunden werden wie etwa *heia-heia machen* (schlafen gehen), *ei-ei machen* (streicheln), *pi-pi machen* (auf die Toilette gehen), engl. *go sleepy-byes* (schlafen gehen), *make peepee* (auf die Toilette gehen), oder frz. *faire dodo* (schlafen gehen). Selbst textlinguistische Besonderheiten lassen sich beobachten. Weit verbreitet ist die Meidung von Personalpronomina der 1. und 2. Person. An ihre Stelle treten Namen und Nomina wie *Mammi kommt gleich* (ich komme gleich), engl. *baby (is) finished?* statt *are you finished* (bist du fertig?), *Mommy is coming* für *I am coming* (ich komme).

Während die früheren Untersuchungen den Schluß nahe legten, daß das Babyregister und das *Mutteresisch* sich in allen Sprachen decken, zeigen jüngere Arbeiten, daß auch mit Besonderheiten, die durch den jeweiligen Kulturkreis bedingt sind, gerechnet werden muß. So berichtet Pye (1985) über einige Besonderheiten für das

Quiché, eine Mayasprache aus Guatemala, deren Babyregister sich von dem anderer Sprachen unterscheidet.

Einige Besonderheiten, vor allem die weniger konventionalisierten, erklären sich z.T. aus der *Funktion* des Babyregisters. Ferguson nimmt an, es diene der *Vereinfachung* und der *Verdeutlichung*, um den Kindern das Verstehen des Inputs zu erleichtern. Als dritte Funktion nennt Ferguson *Expressivität*. Das Kind soll durch Bekundung besonderer Zuneigung zur Kommunikation ermuntert werden. Vereinfachungen wären z.B. die Vermeidung von Flexionen und Personalpronomina. Solange ein Kind sie nicht beherrscht, hilft man ihm, indem man sie umgeht. Bei Verdeutlichung denke man an häufige Wiederholungen, langsames Sprechtempo oder die Vermeidung von Verschleifungen, etwa [hasu] für *hast du* oder engl. [ditʃə] *did you* (hast du (das getan)). Beispiele für Expressivität sind die - oft übertrieben freundliche - Intonation, die man nicht nur im Deutschen oder Englischen beim Umgang mit Kleinkindern hören kann sowie Diminutivsuffixe wie dt. *-i* oder engl. *-y/ie* in *Omi*, *Klausi*, *Hansi* bzw. engl. *Daddy* (Pappi), *auntie* (Tante), *Billie* (Bill).

Die Entstehung der stark konventionalisierten Elemente des Babyregisters ist ungeklärt. Einiges läßt sich als Reduktion aus der Normalsprache ableiten. Beispielsweise ist engl. *tummy* [tʌmi] (Bauch) aus normalsprachlichem *stomach* [stʌmək] entstanden. Die Konsonantengruppe /st-/ wird durch Tilgung des /s/ zu /t-/ vereinfacht; die auslautende unbetonte Silbe /-mək/ wird durch das Diminutiv -y /i/ ersetzt. In einem geringen Maße steuern Kinder Eigenbildungen bei, die im Familienkreis für einige Zeit Verwendung finden können. Bei einem großen Teil der konventionalisierten Elemente, z.B. *hotte-hüh*, ist die Entstehung unklar. Sicherlich unzutreffend wäre es, anzunehmen, daß die Anpassungen im Babyregister genau jenen Gesetzmäßigkeiten entsprechen, nach denen Kinder sich eine Sprache erschließen. Beispielsweise ist *hotte-hüh* als Bezeichnung für Pferd nicht durch phonologische Lernerstrategien aus *Pferd*, *Gaul* oder anderen Bezeichnungen für sie zu begründen.

Mutteresisch

Der Terminus *Mutteresisch* ist dem engl. *motherese* (Newport 1977) nachgebildet. Er ist etwas mißverständlich, denn es geht nicht nur um die Mutter, sondern um alle Bezugspersonen, die sich um das Wohlergehen des Kindes kümmern und die seine hauptsächliche sprachliche Umgebung bilden – einschließlich der Väter (z.B. Rondal 1980). Seit Ende der 60er Jahre entwickelte sich als Reaktion auf Chomskys Auffassung, der sprachliche Input des Kindes sei unzulänglich (Kap. 3.3.4), eine intensive Forschung zu diesem Bereich. Die bevorzugt untersuchte Konstellation ist die Interaktion von Müttern und ihren Kindern, die *Mutter-Kind-Dyade*. Ziel dieser Studien ist es, zu ermitteln, wie der Input tatsächlich strukturiert ist und wie Sorgepersonen tatsächlich mit Kindern umgehen. Mutteresisch schließt das Babyregister mit ein.

Untersucht werden nicht nur die sprachlichen Aspekte, sondern das gesamte Interaktionsgefüge: welche Verhaltensweisen entstehen? Wie werden Rollen erlernt? Wie entwickelt sich das Sozialverhalten? Wieweit erhalten Kinder sprachliche und andere Hilfen? Setzen Sorgepersonen bewußt oder unbewußt sprachliche Lehrtechniken ein?

Die Hauptergebnisse dieser Untersuchungen sind: Kinder nehmen an hochkomplexen Interaktionssituationen teil. In ihnen lernen sie neben der Sprache noch sehr viel mehr. Ehe ein Kind anfängt zu sprechen, besitzt es bereits einen beträchtlichen Schatz an Welterfahrung. Die Kontaktpersonen, vor allem die unmittelbaren Sorgepersonen, können sich sehr subtil auf den jeweiligen Entwicklungsstand des Kindes einstellen. Sprachlich wird eine Fülle von Hilfestellungen gegeben. Kein sprachlicher Strukturbereich bleibt ausgenommen. Die Annahme, der Input enthalte sehr viele ungrammatische Äußerungen, wird widerlegt. Zwar passen sich nicht notwendigerweise alle Kontaktpersonen dem Niveau des Kindes an, wenn es geschieht, dann aber in erstaunlich einheitlicher Weise und nicht nur seitens der Erwachsenen, sondern auch der Jugendlichen und Kinder. Einerseits enthält die an Kinder gerichtete Sprache der Älteren in der Regel mehr Wiederholungen, um die Verständigung sicherzustellen, andererseits finden sich beträchtlich weniger ungrammatische Äußerungen, als wenn Gleichaltrige oder Ältere miteinander reden (Überblicke z.B. Snow 1977, Hoff-Ginsberg 1985).

So eindeutig die Beobachtungen der bisherigen Forschung zum Mutteresisch auch sind, letztlich reicht es nicht, die subtilen Anpassungen zu beschreiben. Es muß geklärt werden, welchen Einfluß sie auf den gesamten Lernvorgang haben. Fördern sie die Strukturerkenntnis des Kindes? Bestimmen sie die Entwicklungssequenzen, die Lerngeschwindigkeit, oder bewirken sie nichts? Diese Fragen müssen schon deshalb aufgeworfen werden, weil Heimkinder, die nur wenig persönliche Zuneigung erfahren, sich sprachlich meist langsamer entwickeln (Kap. 13.1). Im Hinblick auf die Frage nach der Funktion sprachlicher Anpassungen weist die Forschung große Defizite auf. Es wird zunächst das Fremdenregister für den natürlichen L2-Erwerb besprochen, damit danach die Frage nach der Relevanz der sprachlichen Besonderheiten des Inputs für den L1- und L2-Erwerb gemeinsam erörtert werden kann.

Fremdenregister

Gegenüber dem Baby- und Kinderregister liegen für das Fremdenregister beträchtlich weniger Studien vor, so daß verallgemeinernde Schlußfolgerungen unangebracht sind. Mehrere globale Charakterisierungen zeichnen sich jedoch bereits ab. Schon die ersten Untersuchungen (z.B. Clyne 1968, Ferguson 1975, Ferguson/de Bose 1977, Katz 1977, Meisel 1980) haben keine Hinweise erbracht, daß das Fremdenregister eine dem Babyregister vergleichbare, eine ähnlich stark konventionalisierte Komponente enthält. Dennoch kann es auch im natürlichen L2-Erwerb zu sehr subtilen Anpassungen an das Lernerniveau kommen. Es gibt keine Anzeichen, daß die aus dem L1-Erwerb bekannten Anpassungsfähigkeiten kompetenterer Sprecher im L2-Bereich nicht in vergleichbarer Weise zum Tragen kommen können. Alles in allem, scheinen - wiederum wie im L1-Erwerb - sämtliche Strukturbereiche einer Sprache derartigen Anpassungen zugänglich zu sein. Im Hinblick auf seine Funktionen scheinen im Fremdenregister *Vereinfachung* und *Verdeutlhung* im Vordergrund zu stehen. Überzeugende Hinweise, daß auch die Funktion der Expressivität eine Rolle spielt, haben sich bislang nicht ergeben.

Gegenüber den L1-Situationen bietet der L2-Erwerb ein beträchtlich weiteres Spektrum an Interaktionskonstellationen, etwa L1-Erwachsener und L2-Erwachsener (z.B. Long 1980, 1982); L1-Kind und L2-Kind (z.B. Katz 1977); L2-Kinder untereinander (z.B. Kieler Korpus); L1-Kind und L2-Erwachsener (z.B. Chesterfield 1982). Entsprechend diesen vielen Möglichkeiten hat sich bislang keine Situation herauskristallisiert, die ähnlich der Mutter-Kind-Dyade des L1-Erwerbs im Zentrum des Interesses der L2-Forschung steht. Überdies liegen bislang nur zu wenigen denkbaren Interaktionskonstellationen Untersuchungen vor. Hatch et al. (1978) beispielsweise ließen Studenten, die Englisch als L2 lernten, bei einer Luftfahrtgesellschaft, einem Restaurant und einer Tankstelle telefonisch Auskünfte einholen. Die Art, wie die Telefonanrufe beantwortet wurden, ließ sich mit Kontrollversuchen vergleichen, bei denen einheimische Sprecher des Englischen anriefen. Schon nach kurzer Zeit, z.T. nach wenigen Worten reagierten die Angerufenen auf die Tatsache, daß ein Ausländer um Rat bat. Man begann, langsamer zu sprechen, sich zu wiederholen oder den gleichen Inhalt mit anderen Worten noch einmal wiederzugeben. Auch Rückfragen, ob der Gesprächspartner verstanden habe, waren häufig.

Die Ergebnisse von Hatch et al. sind für den gesamten Bereich des natürlichen L2-Erwerbs durchaus charakteristisch. Dabei bleiben die Anpassungen an das sprachliche Niveau des L2-Gesprächspartners keineswegs auf Phonologie, Wortschatz oder Syntax beschränkt, sondern können das gesamte sprachliche Interaktionsgefüge betreffen. Wesentliche Charakteristika sind:

- *Phonologisch:* Verlangsamung des Sprechtempos, deutlicheres Sprechen und die Tendenz, regionale und soziale Aussprachen durch Annäherung an die Standardnormen zu vermeiden (z.B. Tropf 1983).
- *Lexikalisch:* Vermeidung längerer Wörter mit spezieller Bedeutung und Bevorzugung kürzerer mit allgemeiner Bedeutung, z.B. *weg*, *nix*, *fertig* oder Allerweltsverben wie *machen*, *tun*, *sagen*; Vermeidung von Höflichkeitsformen wie *Sie*, frz. *vous*, und Ersetzen durch familiärere Formen wie *du*, frz. *tu*.
- *Syntaktisch:* Vermeidung von komplizierten Ausdruckweisen, z.B. Nebensätzen, Appositionen, Inversion selbst bei der Fragebildung. Stattdessen Verwendung ein-

facher Satzmuster und Verkettung mittels reihendem *und* oder *dann.* Oft werden auch Konstruktionen gewählt, die außerhalb des Fremdenregisters nicht zielgerecht wären wie *du nix schlafen?* (hast du nicht geschlafen), *nix gut* (nicht gut).

- *Flexionen:* Vermeidung von Flexionen; stattdessen bevorzugte Verwendung unspezifizierter Formen, und zwar des unflektierten Stammes im Englischen wie *your mom come to my mom house* statt *your mother came to my Mom's house* (deine Mutter war bei meiner Mutter) oder des Infinitivs im Deutschen wie *du kommen Spanien?* (kommst du aus Spanien?).
- *Diskurs, Konversation, Interaktion:* besonders stark variieren die Anpassungen in Abhängigkeit von Zweck, Thema und Umgebung des Gesprächs, Grad der Vertrautheit der Gesprächspartner untereinander sowie ihrem Alter, sozialen Status, der Zahl der Teilnehmer und ihrer jeweiligen Rolle als Lehrer, Schüler, Freund oder Versuchsperson. So stellte Long (1980, 1982) 16 erwachsene Paare aus je einem L1- und einem L2-Sprecher zusammen und gab ihnen folgende sprachliche Aufgaben: ein zwangloses Gespräch führen; zu einem Spiel anleiten; zwei Spiele spielen; über den Zweck des Experiments diskutieren. Die gleichen Aufgaben erhielten vergleichbare Paare aus zwei L1-Sprechern. Es ergaben sich diverse Unterschiede. In den L1/L2-Interaktionen überließ der L1-Sprecher dem L2-Partner großzügiger die Themenwahl; wählte seinerseits aber möglichst markante Themen; behandelte die Themen knapp; wenn neue Themen aufkamen, wurden sie deutlich herausgestellt; und der L1-Sprecher vergewisserte sich, daß der L2-Partner auch möglichst alles verstanden hatte. Die L1-Sprecher bedienten sich dabei bestimmter sprachlicher Techniken: sie verlangten Klärung bei Unklarheiten; bestätigten, daß sie verstanden hatten; machten Pausen vor Schlüsselwörtern und hoben sie besonders hervor; wiederholten bei Bedarf eigene Äußerungen und die ihrer Partner; duldeten Mehrdeutigkeiten, um das Gespräch nicht abreißen zu lassen oder akzeptierten aus demselben Grund unbeabsichtigte Themenwechsel wie in folgendem Beispiel, bei dem zu beachten ist, daß Disneyland und Knottsberry Farm weit entfernt von San Francisco in der Nähe von Los Angeles liegen:

L1-Sprecher:	*are you going to visit San Francisco?* (willst du dir San Franciso anschauen?)
L2-Sprecher:	*Yes. I went to Disneyland and Knottsberry Farm.* (Ja. Ich war in Disneyland und Knottsberry Farm.)
L1-Sprecher:	*oh yeah?* (ah so?)

Eine Fülle weiterer Situationen und Aufgaben sind denkbar, die sich auch experimentell nachstellen lassen, z.B. Bilder beschreiben, die Lebensgeschichte erzählen, Probleme lösen oder einkaufen gehen. Daß dabei ähnliche Gespräche wie in den oben geschilderten experimentellen Situationen vorkommen, wird jeder bestätigen, der sich einmal mit nicht sonderlich L2-kompetenten Sprechern unterhalten hat. Mehr noch, nicht nur L1-Sprecher können sich an das intellektuelle und sprachliche Niveau ihrer L2-Gesprächspartner anpassen. Auch L2-Sprecher können es gegenüber weniger fortgeschrittenen L2-Gesprächspartnern, und zwar nicht nur Erwachsene, sondern auch Kinder untereinander.

Die obigen Ergebnisse über die Apassung von L2-Sprechern untereinander runden das Gesamtbild, das sich aus den bislang vorliegenden Untersuchungen zum natürlichen L1- und L2-Bereich ergibt, sinnvoll ab. L1- wie L2-Sprecher aller Altersgruppen können sich dem sprachlichen und intellektuellen Niveau ihrer Gesprächspartner sehr subtil und feinfühlig anpassen. Wie dies im einzelnen geschieht, richtet sich nach dem Strukturbereich, der Sprache, dem sprachlichen Niveau und nach anderen Faktoren. Dabei kommen sowohl im L1- als auch L2-Bereich Äußerungen vor, die außerhalb des Lernerregisters nicht zielgerecht sind wie *du nix Bier?* (trinkst du kein Bier?). Wichtig ist, daß derartige Anpassungen nicht notwendigerweise stets und in gleichem Umfang erfolgen, und zwar gleichgültig, um welchen Spracherwerbstyp es sich handelt. Manche Sprecher passen sich stark an, andere weniger; manche machen es häufig oder fast immer, andere selten oder nie (Ritter 1985). Um so wichtiger ist es daher, das Vorkommen derartiger Adaptionen nicht nur zu konstatieren, sondern ihre Relevanz genauer zu bestimmen.

11.1.3 Zur Relevanz von Input und Lernerregistern

Das Kernproblem ist, in welcher Weise Lerner mit dem Input umgehen, welche Aspekte des Lernvorganges davon betroffen werden und ob alle Anpassungen hilfreich sind. In der Regel wird die Frage nach ihrer Funktion zu global behandelt. Es empfiehlt sich, den gesamten Bereich über die von Ferguson (1964) genannten Funktionen der *Vereinfachung*, *Verdeutlichung* und *Expressivität* (Kap. 11.1.2) hinaus, detaillierter aufzuschlüsseln und genauer zu hinterfragen, welchen Einfluß die sprachlichen Aspekte des Inputs haben auf:
- die sprachliche Struktur von Lerneräußerungen;
- die Struktur von Entwicklungssequenzen;
- die Lerngeschwindigkeit, z.B. wie lange Lerner brauchen, um von einem Entwicklungsstadium zum nächsten zu gelangen;
- den Lernerfolg, d.h. inwieweit Lerner letzten Endes eine Sprache, namentlich eine L2 meistern; und
- die nichtsprachlichen Aspekte.

Die Erkenntnislage zur Relevanzdifferenzierung von sprachlichen Aspekten des Inputs ist für die einzelnen Spracherwerbstypen recht unterschiedlich. Soweit überhaupt vorgenommen, handelt es sich in der Regel um *Lernerfolgsuntersuchungen*. Das gilt für den L1- und den L2-Bereich genauso wie für den FU. Nur sehr wenige

Studien werfen überhaupt die Frage auf, ob Inputanpassungen die *sprachliche Struktur* von Lerneräußerungen oder gar ihre Entwicklungssequenzen beeinflussen. Auf diesen Aspekt ist dieser Abschnitt ausgerichtet. (Nichtsprachliche Faktoren werden in den Kapiteln 12-13 besprochen). Die deutlichsten Hinweise zur Rolle der sprachlichen Faktoren liefert derzeit die L1-Forschung.

Mit der angesichts der geringen Zahl an verfügbaren Untersuchungen gebotenen Vorsicht zeichnet sich folgende Einschätzung ab: die Funktionsweise der Lernerstrategien scheint nicht beeinflußbar zu sein. Dennoch können die Anpassungen dem Lerner in mehrfacher Hinsicht helfen, die Lernsituationen zu durchschauen: Einerseits, um die einzelnen sprachlichen Elemente besser zu erkennen und zu dekomponieren; andererseits, um die nichtsprachlichen Aspekte der Lernsituation zu verstehen und sie den sprachlichen Elementen zuzuordnen, z.B. um die Bedeutung von Vokabeln zu erschließen, um semantische Rollen zu ermitteln u.ä. Auf diese Weise wird die Lerngeschwindigkeit gefördert, indem die zeitlichen Abstände zwischen den Entwicklungsstadien zumindest in einem gewissen Umfang verkürzt werden können. Allerdings sind nicht alle Arten von Anpassungen in gleichem Maße hilfreich, und sie sind es auch nur unter bestimmten entwicklungsspezifischen Voraussetzungen. Zur Illustration werden zwei Inputcharakteristika besprochen: die relative *Auffälligkeit* und die relative *Häufigkeit*, mit der Elemente im Input vorkommen.

Auffälligkeit (salience)

Nicht alle sprachlichen Elemente sind gleich leicht oder schwer im Input auszumachen. Ihre Auffälligkeit hängt von ihrer Struktur und ihrem Vorkommen, z.B. in einer Silbe, im Wort, im Satz, oder von der Betonung ab. Die auffälligeren werden leichter und schneller gelernt. Man erkennt unschwer, daß es sich hierbei um jene sprachlichen Strukturierungen und Charakteristika des Inputs handelt, auf die die Lernerstrategien, die zur Dekomposition des Inputs eingesetzt werden, ausgerichtet sind. In diesem Sinne sind z.B. ganze Wörter als freie Formen auffälliger als Flexionsmorpheme. Entsprechend werden anfangs flektierte Formen oft monomorphematisch verwendet. Daß die betreffende Form Flexionselemente enthält, merkt der Lerner erst später (Kap. 10.3.3). Ähnlich ist die Position eines Wortes innerhalb eines Satzes oder einer Kette wichtig. Die End- und/oder Anfangsstellung ist beträchtlich auffälliger als die satzinterne Stellung. Slobin (1973) hat, wie in Kap. 5.5 berichtet, für den Bereich der Syntax und Morphologie herausgearbeitet, welche Charakteristika für die Belange der Verarbeitung von sprachlichem Input das Gefälle von auffällig und weniger auffällig ausmachen. Entsprechendes gilt auch für die Phonologie, wie die phonologischen Strategien zeigen. Betonte Silben sind z.B. auffälliger als unbetonte; die Auffälligkeit einzelner Konsonanten hängt u.a. von ihrer Stellung in Konsonantengruppen ab; manche Konsonanten sind im Silbenanlaut auffälliger als im Auslaut.

Der Grad der Auffälligkeit ist für einen Lerner nicht konstant, sondern ändert sich in Abhängigkeit von seinem sprachlichen Entwicklungsstand. Je nach Lernfortschritt erkennt er mehr und mehr Details im sprachlichen Input. Der Lernfortschritt sensibilisiert den Lerner, so daß er ständig feinere Unterschiede wahrnimmt.

Das Problem der Auffälligkeit sprachlicher Elemente im Input ist bislang primär für den L1-Erwerb untersucht worden. Erste Untersuchungen zum natürlichen L2-Erwerb, zum FU und zum Wiedererwerb zeigen jedoch, daß Vergleichbares auch für diese Spracherwerbstypen gilt. In den Nicht-L1-Typen wird jedoch das Gesamtgefüge deshalb noch komplexer, weil neben den Auffälligkeitshierarchien, wie sie sich im L1-Erwerb darstellen, u.a. noch sprachlicher Transfer im Spiel ist.

Häufigkeit

Es ist oft vermutet worden, daß jene Elemente, die besonders häufig im Input vorkommen, früher richtig gelernt werden, seltener vorkommende später. In dieser schlichten Form trifft die Vermutung nicht zu. Man muß differenzieren, da sich die Vorkommenshäufigkeit sprachlicher Elemente unterschiedlich im Lernverlauf niederschlägt. In Kap. 5.7 wurde bereits berichtet, daß in allen Spracherwerbstypen besonders häufig vorkommende Wörter oder Ausdrücke oft als Formeln gelernt werden, ohne daß ihre interne Struktur durchschaut wird. Andererseits wurde schon im Zusammenhang mit dem logischen Rätsel des Spracherwerbs erläutert, daß Lerner manches produzieren, was im Input gar nicht vorhanden ist (Kap. 3.3.4). Im Deutschen, Englischen und Französischen hört man z.B. kaum etwas so häufig wie Flexionen, Präpositionen, Artikel und andere Funktionswörter. Sie werden aber in keinem Spracherwerbstyp sehr früh beherrscht (z.B. Brown 1973, Wode 1981a, Bahns et al. 1986). Ähnliches gilt für andere Strukturbereiche, z.B. die Phonologie. Selbst ein Phonem wie /r/, das im Englischen, Deutschen oder Französischen in vielen Wörtern vorkommt, wird in keinem Spracherwerbstyp besonders früh oder auf Anhieb fehlerfrei bewältigt (Kap. 9.3.3). Nachfolgend wird erläutert, daß die Vorkommenshäufigkeit im Input den Spracherwerb nur fördert, wenn es sich um Elemente handelt, die ihrer Struktur nach für den Lerner aufgrund seines sprachlichen Entwicklungsstandes auffällig genug sind.

Zur Wirkungsweise von Inputanpassungen

Das Konzept der relativen Auffälligkeit sprachlicher Elemente im Input bietet einen wichtigen Schlüssel zur Frage, ob und in welcher Weise die Anpassungen von Sorgepersonen an das sprachliche und intellektuelle Niveau ihrer weniger kompetenten Gesprächspartner sich auf den Lernablauf auswirken können. Nur in wenigen Studien ist man dieser Frage bislang differenziert nachgegangen. Zu den wenigen gehören

Newport et al. (1977). Sie untersuchten 15 amerikanische mittelständische Mutter-Kind-Paare mit unterschiedlichem sprachlichen Entwicklungsstand. Die einzelnen Paare wurden in sechsmonatigem Abstand zweimal 2 Stunden lang untersucht. Das Verhalten der Mütter war wie erwartet: Sie paßten sich sehr feinfühlig dem kindlichen Entwicklungsstand an.

Newport et al. gingen methodisch noch einen Schritt weiter. Sie konstatierten anhand der jeweils zweiten Beobachtung, daß der Lernfortschritt nicht für alle Paare gleich groß war. Die sprachlichen Bereiche, in denen die einzelnen Kinder besonders große Fortschritte machten, korrelierte mit den diversen Besonderheiten des elterlichen Sprachverhaltens. Der Lernzuwachs im Bereich der Auxiliare z.B. war bei jenen Kindern besonders groß, deren Eltern die Auxiliare sehr häufig in bestimmten Wortstellungen verwendeten.

Im Englischen stehen die Auxiliare am Satzanfang in negierten Imperativen wie *don't sing* (sing nicht) und in ja/nein-Fragen wie *can you sing?* (kannst du singen?); in Mittelstellung in Aussagesätzen wie *you can sing* (du kannst singen) und in Informationsfragen wie *what can you sing?* (was kannst du singen?). Nach Newport et al. werden im Englischen die Auxiliare zunächst in Anfangsstellung gelernt bzw. verwendet, also in negierten Imperativen oder in invertierten ja/nein-Fragen.

Der unterschiedliche Lernzuwachs der Kinder betraf nicht etwa die Abfolge der Entwicklungsstadien der Entwicklungssequenz, sondern die Zeit, die benötigt wurde, um die Auxiliare in Anfangs- oder Mittelstellung zu lernen. Der Lernfortschritt korrelierte negativ oder positiv mit der Häufigkeit entsprechender Inputphänomene in der Sprache der Mütter, und zwar positiv für negierte Imperative und ja/nein-Fragen; negativ für nichtnegierte Imperative, Aussagen und Informationsfragen. Der Grund für die unterschiedliche Entwicklung ist unschwer zu erkennen. Offensichtlich fällt es Kindern dieses Entwicklungsstandes leichter, die Auxiliare am Satzanfang auszumachen; im Satzinneren ist die Identifizierung schwieriger. Genau dies hatte Slobin (1973) in seinem Versuch, lernbegünstigende und lernungünstigere Inputkonstellationen zu charakterisieren, vorgeschlagen. End- und Anfangsstellungen sind günstiger, mittlere Positionen ungünstiger. Das bestätigt die Untersuchung von Newport et al. Diejenigen Kinder, deren Eltern Äußerungen bevorzugten, in denen die Auxiliare am Anfang standen, meisterten den Auxiliarbereich schneller (ähnlich z.B. Furrow et al. 1979, Barnes et al. 1983).

Die sprachlichen Besonderheiten des Inputs und damit auch Anpassungen sind für den gesamten Sprachlernvorgang relevant. Jedoch müssen mehrere Aspekte zueinanderkommen, u.a. muß die Auffälligkeit der betreffenden Elemente dem jeweiligen Entwicklungsstand des Lernenden so angepaßt sein, daß die Lernerstrategien greifen können. Ist dies gegeben, werden die entsprechenden Elemente des Inputs dann besonders schnell gelernt, wenn sie häufig angeboten werden. Werden z.B. dem Lerner zu Beginn nur gebundene Formen angeboten, obwohl anfangs freie auffälliger sind, darf es nicht verwundern, wenn diese gebundenen Formen nicht erkannt und statt dessen freie verwendet werden. Dies wurde bereits am Beispiel der englischen Negation und der frühen monomorphematischen Verwendung von *don't*, *doesn't* und anderen zielsprachlich enklitischen Formen in Kap.5.5 illustriert.

Lehrtechniken

Man kann das Anpassungsverhalten von Eltern und Sorgepersonen als *Lehrverhalten* auffassen. Brown/Bellugi (1964) berichten z.B. über zwei *Lehrtechniken*: *modellieren* und *expandieren*. Beim *Expandieren* reagiert der Gesprächspartner auf eine nichtzielgerechte Äußerung des Kindes, indem er die vermutlich intendierte zielgerecht wiederholt. Ein kindliches *Heiko Hause* wird z.B. zu *Heiko will nach Hause* expandiert. Beim *Modellieren* wird das vom Kind Intendierte mit anderen Ausdrücken wiederholt oder ergänzt, z.B. wird *Heiko Hause* modelliert zu *ja, wir wollen gleich nach Hause und dort gibt's dann auch Eis*. Aus Newport et al. (1977) kann man entnehmen, daß nicht alle Eltern und Sorgepersonen die gleichen Techniken anwenden. Es handelt sich um unbewußte Verhaltensweisen, über deren Wirkung und optimale Anwendungsweise Eltern und Sorgepersonen weder intuitiv noch bewußt Bescheid wissen.

Mit den Ergebnissen von Newport et al. läßt sich erklären, was während der frühen 60er Jahre zunächst nicht hinreichend gedeutet werden konnte. Das Expandieren und Modellieren von Cazden (1965) wurde in einem Experiment mit zwölf farbigen Kindern im Alter von 2;4 - 3;2 überprüft. Sie wurden in drei Gruppen aufgeteilt. Drei Monate lang erhielt eine Gruppe 40 Minuten täglich intensives Modelliertraining, eine zweite das gleiche als Expandieren und eine dritte weder das eine noch das andere. Am Ende verzeichnete die Gruppe mit Modelliertraining den größten Lernzuwachs. Dieses Ergebnis war damals schwer zu deuten. Heute wird deutlich, daß sprachliche Anpassungen den Spracherwerb nur dann fördern, wenn lernbegünstigende Situationen geschaffen werden. Expandieren verlangt vom Kind etwas, was es noch gar nicht kann. Denn wenn es modellgerechte Äußerungen produzieren könnte, täte es dies auch. Das Modellieren hingegen bietet dem Kind sprachliche Alternativen an, von denen einige seinem Entwicklungsstand besser entsprechen. Sprachliche Anpassungen an den Lerner nützen daher nichts, wenn sie extrem vereinfacht sind. Der Input muß komplexer sein als der Entwicklungsstand des Lerners, und er muß neue Elemente als Lernanreize enthalten. Anpassungen helfen dann am besten, wenn sie auf diesem Niveau erfolgen (z.B. Gleitman et al. 1984, Hoff-Ginsberg 1985). Es müßten weitere Arten von Lehrtechniken im obigen Sinne identifiziert werden (z.B. Schwarz et. al. 1985), und zwar auch für andere sprachliche Bereiche. So zeigen Chapman et al. (1986) für das Lexikon, daß in Experimenten das Ausmaß an Übergeneralisierung im frühen Lexikon dadurch schneller und erfolgreicher überwunden wird, wenn man den Kindern die richtige Verwendungsweise erklärt.

Schlichte Korrektur oder gar die Kontrastierung des Falschen mit dem Richtigen innerhalb derselben Äußerung hilft weniger.

Diese Beobachtungen stehen im Einklang mit Befunden bei Heimkindern sowie bei Fällen extremer sozialer Vernachlässigung (Kap. 11.1.1). Die sprachliche Entwicklung von Heimkindern ist oft verzögert (Kap. 13.1). Vor dem Hintergrund des bisher Gesagten über die Relevanz von Inputanpassungen und über die interaktionistischen Grundlagen bestätigt sich daher die traditionelle Auffassung, nach der die Verzögerung in der sprachlichen Entwicklung auf die Begrenzung der Vielfalt der Inputsituationen im sprachlichen wie im interaktionistischen Bereich zurückzuführen ist. Heime haben nicht das nötige Personal, um jedem Kind jene Möglichkeiten zu bieten, die eine intakte Familie als Gesamtrahmen für die Sprachentwicklung bereitstellt. Die Entwicklungssequenzen und die sprachliche Struktur der Lernäußerungen bei Heimkindern unterscheiden sich von denen unter normalen Bedingungen aufwachsender Kinder primär dadurch, daß die zeitlichen Abstände zwischen den Entwicklungsstadien beträchtlich größer sind und daß der Spracherwerb bei Heimkindern später einsetzt. Die entwicklungsspezifischen Strukturen der Entwicklungssequenzen decken sich mit denen normal aufwachsender Kinder.

11.1.4 Sprachliche Vorbilder

An wem richten sich Lerner sprachlich am stärksten aus – an den Eltern, an den Spiel- und Altersgefährten, am Lehrer oder an den Mitschülern? Diese Frage ist wichtig, da ein Lerner seinen Input nur selten von einer einzigen Person erhält. Dementsprechend ist der Input meistens heterogen, da ja mehrere Sprecher keineswegs völlig gleich sprechen.

Je nach Alter und Spracherwerbstyp gilt: für den L1-Erwerb anfangs die Eltern und die unmittelbaren Bezugspersonen, später Spiel- und Altersgefährten; für den natürlichen L2-Erwerb Spiel- und Altersgefährten der zielsprachlichen Kontaktgruppe. Für den FU wird in Kap. 11.2 gezeigt, daß als Vorbilder nur anfangs der Lehrer, später stärker die Mitschüler und die gleichaltrigen Spiel- und Kontaktgefährten dienen.

Solange der Interaktionsradius von Kindern kaum über das Elternhaus hinausgeht, bilden die unmittelbaren Kontaktpersonen, also Mutter, Vater und andere zum Haushalt gehörende Personen die sprachlichen Vorbilder im L1-Erwerb. Sobald Kinder jedoch Kontakt zu Alters- und Spielgefährten außerhalb des elterlichen Hauses gewinnen, richten sie sich an der regionalen Variante ihrer Alters- bzw. älteren Spielgefährten aus. Dies wird besonders an Klagen von Eltern deutlich, die erkennen müssen, daß nichts ihre eigenen Kinder davon abhalten kann, bei einem Umzug die regionale Sprechweise der neuen Umgebung anzunehmen. Diese Anpassung an die regionalen Besonderheiten nimmt erst mit Eintritt in das Erwachsenenalter ab.

Solche Beobachtungen sind keineswegs auf Deutschland beschränkt. Noch offensichtlicher wird der Vorrang von Spiel- und Altersgefährten als sprachliche Vorbilder z.B. aus Beobachtungen über den L1-Erwerb des Englischen durch farbige Jugendliche in den Gettos der Vereinigten Staaten. So berichtet Stewart (1964), daß das *Black English* in Washington D.C. in der Regel am extremsten bei Kindern bis zu ca. 7;0-8;0 ausgeprägt ist. Nach diesem Zeitpunkt verändern die Jungen ihre Sprechweise in Richtung auf die der älteren Jungen. Dem entspricht, daß sich ihr Status innerhalb der sozialen Struktur des farbigen Gettos vom *small boy* zum *big boy* verändert. Ihrer Statusveränderung passen sich die Jungen an, indem sie die Sprechweise der *big boys* annehmen. Diese soziale Strukturierung betrifft primär Jungen. Entsprechend findet sich die oben geschilderte Veränderung der Sprechweise kaum bei den Mädchen. Daß sich die sprachliche Entwicklung der Jungen nicht an der Schule oder am Elternhaus ausrichtet, erkennt man an zweierlei: Zum einen wird den Kindern in der Schule im Englischunterricht eine Variante des Englischen geboten, die der Standardsprechweise von Washington entspricht bzw. nahekommt. Zum anderen kann sich das oben geschilderte Sprachverhalten der Kinder auch in jenen Familien finden, in denen die Eltern ein Englisch sprechen, das dem Standardenglisch, wie es in der Schule angeboten und in Washington sonst gesprochen wird, sehr nahe kommt.

11.2 Die sprachliche Situation im Fremdsprachenunterricht

Seit Mitte der 70er Jahre entwickelt sich eine Forschungsrichtung, in der die sprachliche Situation im FU d.h. im Klassenzimmer als Lernsituation mit den Methoden der Soziolinguistik sowie der Diskurs- und Interaktionsanalyse detailliert untersucht wird.

Den Ansatzpunkt für diese Forschungsrichtung lieferte Hymes (1972). Er wies darauf hin, daß das Geschehen im Klassenraum lediglich *einen* Ausschnitt aus dem gesamten Spektrum an Interaktionen und Situationen darstellt, die Sprecher sprachlich bewältigen. Folglich müsse auch der FU nach den dafür üblichen Methoden und Gesichtspunkten, z.B. der Variations- und Interaktionsanalyse, untersucht und beschrieben werden. Entsprechend gilt das Interesse dieser Forschungsrichtung nicht isoliert dem Lehrer oder dem einzelnen Schüler, sondern dem gesamten Interaktionsgefüge zwischen Lehrer und Schülern sowie zwischen den Schülern untereinander. In manchen Studien wird allgemein die Sprache im Unterricht betrachtet, unabhängig von seiner inhaltlichen Ausrichtung, ob z.B. Mathematik oder eine Fremdsprache unterrichtet wird (z.B. Bellack et al. 1966, Priesemann 1971). Später standen die Besonderheiten des FU im Blickpunkt (z.B. Allwright 1975, Gaies 1977, Edmondson 1978, Kasper 1981, Lörscher 1983, Wagner 1983. Weitere Einzelheiten in Kap. 13.3).

11.2.1 Input als Voraussetzung für Sprachenlernen im Fremdsprachenunterricht

Rolle und Funktion des Lehrers

Im Hinblick auf die Bereitstellung von sprachlichem Input ist der Lehrer die entscheidende Instanz (Knapp-Potthoff/Knapp 1982). Wieweit er allein Input bereitstellt oder bereitstellen sollte, ist derzeit schwer abzuschätzen. Anfangs ist der Lehrer der einzige, der mündlichen Input liefert. In dem Maße, in dem Schüler ihre L2-Kenntnisse erweitern und wie sie mündlich und schriftlich zum Unterricht beitragen, werden auch sie mehr und mehr zu einer potentiellen Inputquelle. Auch können mit zunehmendem Entwicklungsstand das Lehrbuch, Sprachlaborübungen, die gelesenen Texte und schließlich Kontakte zur Fremdsprache außerhalb der Schule, z.B. über Urlaub oder längere Auslandsaufenthalte, als Inputquellen hinzukommen. In den späteren Klassenstufen wird die Rolle des Lehrers im Hinblick auf Input und Steuerung mehr und mehr auf Korrekturmaßnahmen, Grobsteuerung der Klasseninteraktionen und Auswahl der zu bearbeitenden Texte beschränkt.

Rolle und Funktion von Schüleräußerungen

Weitgehend ungeklärt, weil bislang nicht genügend untersucht, ist der Anteil und die Bedeutung der verschiedenen Inputquellen, die neben Lehrer und Lehrwerk in Frage kommen, vor allem die Äußerungen von Mitschülern für die sprachliche Entwicklung. Man erinnere sich: im L1-Erwerb kann der sprachliche Einfluß des Elternhauses sinken, sobald die Kinder intensiven Kontakt zu Spielgefährten außerhalb des engeren Familienkreises haben. Entsprechend wurde in Kap. 11.1.4 die Bedeutung der Alters- und Bezugsgruppe bei Jugendlichen bzw. Erwachsenen auch im L2-Erwerb herausgestellt. Dem entspricht, daß Schüler aus *immersion*-Programmen mit zunehmendem Niveau sprachliche Besonderheiten aufweisen und darauf verharren, weil sie in der Klasse von der Mehrheit der Schüler gebraucht werden und kein weiteres Korrektiv durch Input von außerhalb der Klasse zur Verfügung steht. Die Klasse wird sich selbst zum sprachlichen Vorbild (z.B. Genesee 1978).

11.2.2 Schülerregister und Anpassungsverhalten des Lehrers

Insgesamt zeigt das Verhalten der Lehrer im FU die wohl extremste Ausprägung jener Fähigkeiten, die es Sprechern mit höherem sprachlichen Niveau ermöglichen, sich ihren Gesprächspartnern anzupassen. Allerdings berechtigt dies – im Gegensatz zu Henzl (1979) – nicht dazu anzunehmen, Schülerregister und Fremdenregister seien identisch. Ohne Zweifel finden sich im FU viele Verhaltensweisen, die aus dem natürlichen L2-Erwerb und anderen natürlichen Sprachlernsituationen bekannt sind. Nur gibt es, wie im folgenden näher ausgeführt, eben auch diverse Anpassungen, die entweder nur im natürlichen L2-Erwerb oder nur im FU vorkommen.

Funktionen von Lehreranpassungen

In der Art, wie Input vom Lehrer bereitgestellt wird, können mehrere Funktionen erfüllt werden. Die wichtigsten sind in einem Komplex von Hilfsmaßnahmen zu sehen, die den Schülern in verschiedenen Bereichen und in verschiedener Weise helfen sollen, z.B.:

- *Vereinfachung:* Ein wichtiger Beitrag ist z.B. die Wahl der Vokabeln. Lehrer bemühen sich, ihre Schüler wortschatzmäßig nicht zu überfordern.
- *Verdeutlichung:* Sollen bestehende Schwierigkeiten behoben werden oder bei Einführung neuer Elemente von vornherein vermieden werden, können verschiedene Verfahren eingesetzt werden, um das Neue bzw. das jeweils zu Korrigierende für den Schüler hervorzuheben.
- *Demonstration:* Elemente bzw. Sachverhalte, auf die es besonders ankommt, werden dem Schüler deutlich demonstriert.
- *Erklärung:* Nach wie vor spielt der Gesichtspunkt, daß bestehende Schwierigkeiten oder neu einzuführende Elemente erklärt werden müssen, eine wichtige Rolle im FU. Die einzelnen Verfahren, wie dies geschieht, sind vielfältig und richten sich in ihrer Ausprägung nach Art und Schwierigkeitsgrad dessen, was erklärt werden soll. In diesen Bereich gehört letztlich auch die Erklärung sprachlicher Phänomene durch Regeln.
- *Negativer Input:* Oft werden nichtzielgerechte Versionen benutzt, um zu illustrieren, was falsch gemacht wurde. Aus seinen Fehlern soll der Schüler lernen.

Negativer Input

Noch ist ungeklärt, ob und in welchem Maße die Verwendung von negativem Input, gekoppelt mit Erklärungen, was an den Äußerungen falsch ist, tatsächlich hilft. Der Anspruch, es helfe, steht im Gegensatz zum natürlichen L2-Erwerb. Man erinnere sich: auch im natürlichen L2-Erwerb kann es vorkommen, daß dem Lerner negativer Input mit einer entsprechenden Erklärung geliefert wird. Die bisher berichteten Fälle lassen nicht erkennen, daß dies die sprachliche Entwicklung des Lerners in jedem Fall günstig beeinflußt. Zwei Fälle aus dem Kieler Korpus zum L2-Englisch/L1-Deutsch sind in früheren Kapiteln geschildert worden. Beispielsweise war Birgit trotz des negativen Inputs ihrer Brüder eine Zeitlang nicht von der Substitution von [R] und später [w] für engl. /τ/ abzubringen (Kap. 9.5). Anders die Fehldeutung von zielsprachlichem *you missed it* (du hast es verpaßt/hast daneben gehauen) (Kap. 8.5). Diese Fehldeutung als umgangssprachliche Unmutsäußerung ‚Mist' wurde den Kindern nur einmal erläutert. Der Fehler trat fortan nicht mehr auf. Die Forschung muß daher dringend präziser ermitteln, welche Art von negativem Input erfolgreich ist.

Status und Funktion nichtzielgerechter Äußerungen: Korrekturhilfen
Die Art und Weise, wie Lehrer Input produzieren und wie sie mit Hilfe ihrer Anpassungen den genannten und anderen Funktionen gerecht zu werden versuchen, deckt sich nur z.T. mit dem natürlichen L2-Erwerb. Langsames und deutliches Sprechen, gehäuftes Wiederholen, Besonderheiten im Interaktionsverhalten, z.B. im Hinblick darauf, daß dem Schüler die Themenwahl überlassen wird, daß der Lehrer bereitwillig auf das, was Schüler sagen, eingeht, aber auch, daß der Lehrer sich bemüht, den Schüler sprachlich in Interaktionen zu verwickeln, all das ist aus natürlichen Lernsituationen hinreichend vertraut (Kap. 11.1.2). Allerdings liegt ein Unterschied in der Verwendung nichtzielgerechter Äußerungen. Lehrer verwenden sie mindestens in zwei unterschiedlichen Zusammenhängen: zum einen, um dem Schüler den Fehler bewußt zu machen und ihm so mit Hilfe weiterer Erklärungen zu helfen, den Fehler zu beseitigen. Der zweite Zusammenhang betrifft vor allem die Phonologie. Eine vielfach verwendete Lehrtechnik besteht darin, phonologische Unterscheidungen extrem zu übertreiben, um die Aufmerksamkeit des Schülers auf das Problem zu lenken und um ihm die Schwierigkeit durch Üben überwinden zu helfen. Deutsche Schüler tun sich z.B. sehr schwer mit der Stimmhaftigkeit bei auslautenden oralen Verschlüssen und Frikativen des Englischen oder Französischen. Im Anlaut besteht diese Schwierigkeit nicht. Ein Kunstgriff ist, entsprechende Vokabeln, z.B. engl. *ride* (reiten), *dog* (Hund) oder franz. *code* (Kode), *robe* (Robe), entgegen der zielsprachlichen Aussprache mit einem auslautenden [ə] sprechen zu lassen. Dies bereitet deutschen Schülern erfahrungsgemäß wenig Schwierigkeiten. In weiteren Schritten wird das auslautende [ə] nach und nach reduziert. So gelingt es oft, die Schüler dazu zu bringen, auch tatsächlich stimmhafte Verschlüsse und Frikative im Auslaut zu sprechen. Derartige Annäherungstechniken lassen sich auch für andere phonologische Elemente entwickeln, und in vielen Fällen bleibt der Erfolg auch nicht aus (z.B. Furkmann/Wode 1986). Jedoch fehlen breit angelegte methodisch verläßliche Untersuchungen, die den Erfolg oder Mißerfolg solcher Maßnahmen evaluieren. Wichtig ist, in diesem Zusammenhang zu beachten, daß derartige phonologische Anpassungen bislang weder für den natürlichen L2-Erwerb noch für den L1-Erwerb berichtet wurden, wenngleich sie im Prinzip denkbar wären.

Andere Arten von Anpassungsverhalten, die in natürlichen Sprachlernsituationen üblich sind, werden im FU streng gemieden, z.B. die Verwendung vereinfachter syntaktischer Strukturen, die in der Zielsprache außerhalb des betreffenden Lernerregisters nicht zielgerecht sind. Wie oft hört man doch im Umgang mit Gastarbeitern oder anderen nicht voll kompetenten L2-Sprechern Äußerungen wie *du nix verstehen?* für *du verstehts das nicht?* bzw. *verstehst du das nicht?*, *du Spaghetti?* für *magst du Spaghetti?* oder *das Peter* für *das gehört Peter* bzw. *das ist Peters*. Wie in Kap. 11.1.2 berichtet, kann man Ähnliches in allen Sprachen erleben, jedoch nicht im FU, jedenfalls nicht in der gleichen Funktion wie im Fremdenregister. Dort dienen diese vereinfachten, aber fehlerhaften Äußerungen dazu, den Gesprächserfolg herbeizuführen. Wenn Lehrer im Unterricht solche Äußerungen verwenden, dann lediglich in der Absicht, am negativem Input erklären zu können, wie die Äußerung richtig zu lauten habe. In der Funktion, den Erfolg eines Gesprächs sicherzustellen, werden derartige Vereinfachungen gemieden.

Noch läßt sich kein detaillierter Überblick darüber geben, welche Strukturbereiche welchen Anpassungen durch Lehrer unterliegen. Die Syntax ist sicherlich nicht der einzige Bereich, bei dem aus dem Fremdenregister bekannte Anpassungen im FU gar nicht oder mit anderer Funktion auftauchen. Die lexikalischen Aspekte des Schülerregisters sind in der Regel hochgradig an das Lernerniveau, d.h. im Hinblick auf die den Schülern vertrauten Vokabeln, angepaßt. Allerdings vermeiden Lehrer das, was in natürlichen Situationen durchaus geschehen kann, daß nämlich der kompetentere Gesprächspartner die nichtzielgerechte Bedeutung einer vom Lerner verwendeten Vokabel übernimmt (Kap. 11.1.2).

Anpassungen im Bereich des Flexionssystems sind ein ausgeprägtes Charakteristikum des Fremdenregisters. Wie in Kap. 11.1.2 gezeigt, werden die Flexionen reduziert, indem sie durch unflektierte Formen wie im Englischen oder durch den Infinitiv der Verben bzw. durch den unflektierten Stamm bei Substantiven wie im Deutschen ersetzt werden. Beides vermeiden Lehrer im FU, außer als Grundlage für Erklärungsversuche.

Die Phonologie wirft wiederum andersartige Probleme auf. Langsames Sprechen, deutliches Sprechen u.ä. findet sich im Fremden- wie im Schülerregister. Lehrer scheuen sich aber, das zu tun, was gelegentlich im natürlichen L2-Erwerb vorkommt. Elemente, die dort einer Entwicklungssequenz unterliegen, werden z.T. auch von kompetenteren L1-Gesprächspartnern vorübergehend übernommen: z.B. die Substitution von [w] für /τ/. In einigen Fällen findet sich unter solchen Umständen auch die Reduktion von Konsonantengruppen. Lehrer neigen dazu, derartiges im Unterricht nur als negativen Input zur Illustration von Fehlern zwecks anschließender Erklärung zu verwenden.

Soweit sich z.Z. erkennen läßt, entsprechen insgesamt die Fähigkeiten von Lehrern, sich auf Interaktionen mit ihren Schülern einzustellen, dem, was aus dem Fremdenregister bekannt ist. Allerdings sind die einzelnen Strukturbereiche bislang nicht detailliert genug untersucht worden. Hier stellt sich eine vordringliche Forschungsaufgabe.

11.2.3 Zur Relevanz von Inputanpassungen: Lehrstoffprogression

Die Frage nach der Relevanz von Inputanpassungen im FU hat in der bisherigen Forschung aus leicht einsichtigen Gründen kaum Beachtung finden können. Einerseits fehlte die Vergleichsgrundlage, solange die Forschung zum natürlichen L2-Erwerb nicht existierte. Andererseits waren die Beobachtungen zur sprachlichen Situation im FU zu wenig detailliert, als daß erfolgversprechende Hypothesen hätten entwickelt werden können. Diese Situation hat sich inzwischen in beiden Forschungsrichtungen drastisch geändert. Längerfristig geklärt werden müßten u.a.:

- Wie häufig muß ein Element im Klasseninput vorkommen, damit es gelernt wird?
- Wie sind in dieser Hinsicht mündlicher und schriftlicher Input zu gewichten?
- Wie weit muß der Input im Klassenzimmer auf den Entwicklungsstand des einzelnen Schülers bzw. der ganzen Klasse zugeschnitten sein; und zwar sowohl der Input des Lehrers, des Lehrbuches mit seiner Lehrstoffprogression als auch die Progression des Übungsbetriebes?
- Schadet es z.B., wenn der durch den Lehrer beigesteuerte Input weder der Progression des Lehrbuches noch der des Übungsbetriebes, noch dem Entwicklungsstand der Schüler entspricht?
- Welchen Einfluß haben die Lehrtechniken im einzelnen?

Diese Fragen müssen für die einzelnen sprachlichen Strukturbereiche unterschiedlich beantwortet werden. Man kann den Wortschatz zeitlich gestaffelt einführen, ebenso die Syntax, selbst die Pragmatik, aber nicht das Lautsystem. Z.B. kann man im Englischunterricht bei deutschen Schülern die englischen Phoneme /θ ð/ oder die auslautende Stimmhaftigkeit nicht einfach übergehen oder erst im zweiten Unterrichtsjahr einführen. Der natürliche L2-Erwerb illustriert, daß dies auch nicht erforderlich ist, denn hier bestimmt der Lerner die Progression dadurch, daß er den Input dekomponiert und damit selektiv aufarbeitet. Es gibt aber bereits einige Experimente, die zeigen, daß die Lehrstoffprogression im FU über den Input bzw. über Inputveränderungen gesteuert werden kann (z.B. Politzer 1968, Valdman 1974, Knapp 1980, Wienold et al. 1982, Wienold/Achtenhagen 1985).

Valdman (1974) führte zwei unterschiedliche Progressionen in Französischkursen für amerikanische Studenten ein. Einmal wurden nur Informationsfragen mit Inversion, z.B. *où va Jean?* (wohin geht Jean?), oder mit *est-ce que* wie in *où est-ce que Jean va?* (wohin geht Jean?) in ungeordneter Reihenfolge präsentiert. Im Abschlußtest war den Studenten freigestellt, welche Frageform sie benutzen wollten. Sehr viele Lerner bevorzugten den Typ mit vorangestelltem Interrogativpronomen ohne Inversion wie in *où Jean va?* Gelehrt worden war dieser Fragetyp nicht. Die Studenten hatten ihn selbst kreiert. Daraufhin wurde der Kurs überarbeitet. Bis auf idiomatische Ausnahmen wurde nun die Struktur mit vorangestelltem Interrogativpronomen zuerst eingeführt, danach die Formen mit *est-ce que* und erst am Schluß die Inversion. Der

Abschlußtest zum überarbeiteten Kurs zeigte, daß die Fragen mit vorangestelltem *est-ce que* dieses Mal beträchtlich besser beherrscht wurden als in der ursprünglichen Fassung. Auch der Fragetyp mit vorangestelltem Interrogativpronomen ohne Inversion fand sich im zweiten Abschlußtext in beträchtlich geringerer Zahl als in der ersten Fassung. Man erinnere sich: der im ersten Durchgang häufige Fehler nichtinvertierter Informationsfragen mit vorangestelltem Interrogativpronomen markiert ein frühes Stadium beim Erwerb von Informationsfragen (Kap. 10.3.3, 10.5). Zielgerecht invertierte ja/nein-Fragen treten später auf. Das deckt sich mit der geänderten und weniger fehlerträchtigen Lehrstoffprogression des zweiten Durchgangs.

In diesem Zusammenhang sei auch daran erinnert, daß die Einführung freier Formen vor ihren gebundenen Varianten den Lernerfolg verbessert (Kap. 5.5). Jedoch darf man nicht stets solche klaren Ergebnisse erwarten. Je komplexer das Lernmaterial, desto mehr Lernerstrategien sind involviert und desto weniger kann es eine für alle betroffenen sprachlichen Eigenschaften in gleichem Maße optimale Progression geben. Das verdeutlicht Knapp (1980). Er untersuchte an 13 Schulklassen, die im zweiten Jahr Englischunterricht hatten, den Lernerfolg bei bestimmten Eigenschaften restriktiver Relativsätze, und zwar:

- Wahl der zu relativierenden NP, also Relativsätze, die sich entweder auf das Subjekt oder auf das Objekt beziehen;
- Tilgbarkeit von Relativpronomina;
- Stellung der Präposition im Verbund mit den Relativpronomina;
- Differenzierung der Relativpronomina, also *who* (der) für Personen, sonst *which* (das), bzw. *who, whose* (dessen) oder *whom* (dem) für die Kasus; und die Verwendung von *that* (das).

Diese Eigenschaften kommen in Sätzen z.T. kombiniert miteinander vor. Knapp illustriert es an folgenden Beispielen:

(1a) The man who slept was old.
(b) The animal which slept was old.
(c) The man/animal that slept was old.
(2a) The man whom I saw was old.
(b) The animal which I saw was old.
(c) The man/animal that I saw was old.
(3a) The man/animal Ø I saw was old.
(4a) The man at whom I looked was old.
(b) The animal at which I looked was old.
(5a) The man whom I looked at was old.
(b) The animal which I looked at was old.
(c) The man/animal that I looked at was old.
(6a) The man/animal Ø I looked at was old.

Sätze nach diesen sechs Mustern wurden den Schulklassen in unterschiedlicher Anordnung präsentiert, um am Ende ermitteln zu können, welche Eigenschaft bei welcher Anordnung am erfolgreichsten gelernt worden war. Die Unterrichtssequenz bestand aus sechs Stunden. In jeder Stunde wurde ein kurzes Textstück mit dem zu lernenden sprachlichen Material präsentiert. Jedes Textstück war Teil einer längeren Geschichte. Zunächst wurde der Text gelesen, dann der Relativsatz an die Tafel geschrieben und mit den zugrundeliegenden beiden Hauptsätzen verglichen. Danach wurde mündlich geübt. Knapp fand, daß der Lernerfolg abhängig war von der Anordnung, in der das betreffende sprachliche Material präsentiert wurde. Es gab keine Anordnung, die für alle sechs Eigenschaften zugleich den besten Lernerfolg sicherte. Für jedes Merkmal erwies sich eine bestimmte Anordnung als besonders günstig.

11.3 Zusammenfassung

Trotz einer insgesamt als noch recht dürftig einzuschätzenden Forschungslage sind einige Aspekte der Steuerung durch den Input bereits sehr deutlich geworden. Sprachlicher Input bildet nicht nur eine notwendige Voraussetzung, damit Sprachenlernen überhaupt stattfinden kann, sondern er bietet auch wichtige Möglichkeiten der Steuerung. Dabei ist es nicht entscheidend, daß der Input ausschließlich über einen Sinneskanal bereitgestellt wird. Die menschliche Sprachlernfähigkeit ist insgesamt so flexibel, daß Schädigungen in einem Sinnesbereich durch andere ausgeglichen bzw. überwunden werden können.

Unterschiede in der Art und der Strukturierung des Inputs können zu unterschiedlichen Ausprägungen des Lernverlaufes und seiner Ergebnisse führen. Allerdings kann man hieraus nicht schließen, daß die Sprachlernfähigkeiten der einzelnen Lerner verschieden sind. Es ergeben sich keine Hinweise, die die Annahme rechtfertigen könnten, daß die Funktionsweise der zugrundeliegenden Sprachlernfähigkeiten, z.B. der Lernerstrategien, durch Unterschiede im Input beeinflußt werden könnten.

Die Skizze, die Kap. 11 geliefert hat, kann derzeit nur als eine erste Orientierung gesehen werden. Sehr wichtig ist in diesem Zusammenhang, daß die Rolle des Inputs nicht isoliert gesehen wird, sondern daß seine gesamte Wirkung im Verbund mit den Sprachlerneigenschaften des Individuums und den sozialen Faktoren, die den äußeren Rahmen für die gesamten Lernabläufe bilden, betrachtet wird.

11.4 Lektürevorschläge zu Kap. 11

Kinder der Wildnis und soziale Isolierung
Zu den bekanntesten Fälle gehören Victor von Aveyron (Lane 1976), Kaspar Hauser und Genie (Curtiss 1977, Fromkin et al. 1974).
Überblicke: Singh/Zingg (1980), Malson et al. (1972).

Interaktionistische Defizite
Snow et al. (1976), Sachs/Johnson (1976).

Spracherwerb bei Schädigung der Sinnesorgane
Blinde:
Landau (1982, 1983), Mills (1983b) und Artikel in Mills (1983a, i.Dr.).
Weitere Bereiche s. Lektürevorschläge zu Kap. 2.

Lernerregister
Baby- und Kinderregister: Ferguson (1964), Pye (1985).
Mutteresisch: Newport (1977), Newport et al. (1977)
Überblicke:
Snow (1977), Rondal (1981), Lederberg (1982), Gleitman et al. (1984), Hoff-Ginsberg (1985).
Sammelbände: Snow/Ferguson (1977).
Fremdenregister: Ferguson (1975), Ferguson/de Bose (1977).
Primärstudien und Überblicke:
Chesterfield (1982), Long (1982), Hatch et al. (1976).
Schülerregister s. u. sprachliche Situation im Fremdsprachenunterricht.

Input und Relevanz von Input, Lehrtechniken
Ellis (1985b, Kap. 6: Überblick für L1, L2, FU). Brown/Bellugi (1964), Cazden (1965), Slobin (1973), Newport et al. (1977), Furrow et al. (1979), Barnes et al. (1983), Chapman et al. (1986).

Sprachliche Vorbilder
Steward (1964), Genesee (1978).

Sprachliche Situation im FU
Grundlegend:
Hymes (1972), Allwright (1975), Gais (1977), Bahns (1986).
Lehrstoffprogression und Entwicklungssequenzen:
Valdman (1974), Knapp (1980), Butzkamm (1985),Wienold et al. (1985).
Schülerregister, Interaktion im Klassenzimmer:
Ellis (1985b: Überblick). Primärstudien: Henzl(1973, 1979), Sinclair/Coulthard (1975), Gaies(1977), Kasper (1981), Lörscher (1983), Long/Sato(1983).
Sammelbände:
Larsen-Freeman (1980: L2 und FU), Seliger/Long(1983: FU).
Nutzen von Unterrichtstechniken: Long (1983).
Weitere Lektürevorschläge in Kap. 13.

12. Steuerung durch Eigenschaften von Sprechern

Die im Sprecher angelegten Eigenschaften, die den Spracherwerb beeinflussen, bilden ein breites Spektrum:
- *linguo-kognitive Fähigkeiten*, z.B. Kodierung mentaler Repräsentationen; Kodierung von entwicklungsspezifischen Strukturen;
- sonstige *biologische Eigenschaften*: z.B. Alter, Geschlecht;
- Merkmale der *Persönlichkeitsstruktur*: z.B. Selbstsicherheit, Empathiefähigkeit, Lernstil, analytische Fähigkeiten, Feldabhängigkeit;
- affektive Faktoren: z.B. Motivation, psychische Stabilität, emotionale Zustände.

Diese Gruppierung entspricht der Frage, welcher Aspekt des Lernvorgangs durch welche Faktoren beeinflußt werden kann. So ist z.B. die Art, wie mentale Repräsentationen aufgebaut werden, letztlich insofern auch ein biologisches Phänomen, als dafür Voraussetzungen biologischer Art gegeben sein müssen, vergleichbar jenen, die Altern oder Wachsen ermöglichen. Nur unterscheiden sich die Faktorengruppen im Hinblick auf ihre Relevanz für den Spracherwerb: Die linguo-kognitiven Faktoren ermöglichen die Verarbeitung der sprachlichen Strukturen; die übrigen Faktoren beeinflussen primär das Lerntempo und das Lernniveau.

Im Hinblick auf die bislang untersuchten Faktoren ist die Forschungslage für die verschiedenen Spracherwerbstypen unterschiedlich. Auch stellen sich Fragen nach der Relevanz der einzelnen Faktoren für die verschiedenen Spracherwerbstypen mit unterschiedlicher Dringlichkeit. Z.B. hat die Frage nach dem möglichen Lernerfolg im FU ein stärkeres Gewicht als für den L1-Erwerb. In diesem Kapitel stehen jene Faktoren im Vordergrund, die primär Lernniveau und Lerntempo beeinflussen, also bestimmte biologische und affektive sowie persönlichkeitsstrukturelle Merkmale. Die Relevanz der biologischen Faktoren wird wegen ihrer indirekten Wirkungsweise am Schluß besprochen.

12.1 Linguo-kognitive Fähigkeiten

Die genaue Funktionsweise des linguo-kognitiven Systems bzw. seiner Teilsysteme über das bislang Gesagte hinaus erörtern zu wollen, wäre derzeit verfrüht. Einen Eindruck über Art und Umfang der Relevanz sprachlicher Faktoren hat der Abriß der sprachlichen Entwicklungen in Teil B sowie Kap. 11 über sprachlichen Input vermittelt. Im Hinblick auf die Frage nach der Steuerbarkeit gibt es keinerlei Anhaltspunkte dafür, daß die linguo-kognitiven Systeme in ihrer Funktionsweise beeinflußbar wären. Steuerung scheint hier lediglich so möglich zu sein, daß die Ausprägung des Lernverlaufs im Hinblick auf die linguistische Ausprägung von Lerneräußerungen und Entwicklungssequenzen durch die Art und Strukturierung des sprachlichen Materials im Input beeinflußt werden kann.

12.2 Merkmale der Persönlichkeitsstruktur

Der Einfluß von Merkmalen der Persönlichkeitsstruktur ist bislang primär für den FU, in etwas geringerem Maße für den natürlichen L2-Erwerb und kaum für den L1-Erwerb untersucht worden. Diese experimentell ausgerichtete sozialpsychologische Forschung ist primär im Rahmen der kanadischen und US-amerikanischen Bilingualismusforschung entstanden. Studien europäischer Provenienz sind nach wie vor selten. Nachstehend werden besprochen: *Empathiefähigkeit*, *psychische Stabilität*, *analytische Fähigkeiten* und *Feldabhängigkeit*, *Lernstile* sowie *Sprachbegabung* bzw. *Sprachlerneignung*.

Empathiefähigkeit

Empathie ist die Fähigkeit, sich in die Emotionen, Gedanken, Vorstellungen und kulturbedingten Besonderheiten anderer Leute einzufühlen. Diesbezügliche Untersuchungen sind für den FU und den natürlichen L2-Erwerb gemacht worden. Ihre Ergebnisse sind insgesamt nicht schlüssig (z.B. Guiora et al. 1972, 1975, Naimann et al. 1978). Teils zeigt sich, daß autoritäre Personen eine zweite Sprache schwerer als weniger autoritäre lernen. Sprachenlernen erfordert schließlich partnerschaftlichen Umgang mit anderen und sorgfältiges Hinhören. Die Neigung, den eigenen Standpunkt durchzusetzen oder gar dem Gesprächspartner über den Mund zu fahren, steht dem entgegen.

Psychische Stabilität

Knapp-Potthoff/Knapp (1982) fassen eine Reihe von Faktoren zusammen, die sie mit *psychischer Stabilität* umschreiben. Je stabiler ein Lerner psychisch ist, desto höher wird sein Lerntempo und Lernerfolg sein. Bislang ist dies allerdings nur für den FU und den natürlichen L2-Erwerb untersucht worden. Wer ängstlich dem unausweichlichen *Kultur-* und *Sprachschock* bei der Begegnung mit einer neuen Sprache entgegensieht, wer sich gar nicht oder nur schwer damit abfindet, daß er sich zumindest vorübergehend nicht in gleichem Maße wie in seiner L1 durch die Sprache selbst darstellen, behaupten und sich seinen Persönlichkeitswerten entsprechend verhalten kann, der sperrt sich oft unbewußt gegen den Erwerb einer neuen Sprache. *Ego-*

Durchlässigkeit ist einer der Faktoren, die in besonderem Maße zur psychischen Stabilität bzw. Instabilität beitragen können. Jeder Mensch entwickelt im Laufe seiner Kindheit und der damit verbundenen Sozialisation ein psychisches Ego als Ausdruck seiner psychischen Eigenständigkeit. Zu dieser Selbstidentifikation trägt, so Guiora et al. (1972), in hohem Maße das eigene sprachliche Verhalten, besonders der Klang der eigenen Stimme und die Aussprache bei. Nur in jungen Jahren ist dieses psychische Ego so flexibel, daß neue Anregungen und Veränderungen leicht aufgenommen werden können. Im Laufe des Reifungs- und Alterungsprozesses verfestigt es sich und verliert in späteren Jahren mehr und mehr an Durchlässigkeit. Folglich kann der Erfolg beim Erlernen einer L2 mit zunehmendem Alter abnehmen (zum Lebensalter s. Kap. 12.4.2).

Zum Bereich der psychischen Stabilität können auch *Schüchternheit* bzw. *Selbstsicherheit* sowie *Extrovertiertheit* bzw. *Introvertiertheit* gerechnet werden. Schüchternheit und Introvertiertheit sind dem Spracherwerb abträglich, Selbstsicherheit und Extrovertiertheit förderlich. Wer schüchtern und introvertiert ist, scheut sich in der Regel, den Kontakt zu L2-Sprechern zu suchen. Er erhält weniger sprachlichen Input, baut unbewußt Barrieren gegen die neue Sprache auf und gerät auf diese Weise fast unausweichlich im Hinblick auf Lernerfolg und Lernniveau ins Hintertreffen. Selbstbewußte Menschen sind bereit, Lösungsversuche auch dann zu riskieren, wenn sie einen zu bewältigenden Sachverhalt noch nicht voll durchschauen. Entsprechend sind sie auch eher bereit, sich auf sprachliche Interaktionen in der neuen Zielsprache einzulassen. Lerner mit diesen Eigenschaften scheuen sich weniger, Ausdrücke der neuen Sprache in größerer Zahl auch dann zu verwenden, wenn sie noch viele Fehler machen (z.B. Solmecke/Boosch 1981, Beebe 1983). Allerdings kann der Einfluß von Extrovertiertheit und Introvertiertheit je nach Kulturkreis und den damit verbundenen sozialen Besonderheiten schwanken. So fand Busch (1982) bei japanischen Schülerinnen und Studentinnen keinen derart positiven Einfluß von Extrovertiertheit auf ihre Englischleistungen. Mit der Rolle der Frau in Japan ist z.B. verbunden, daß sie sich nicht extrovertiert verhalten darf.

Analytische Fähigkeiten: Feldabhängigkeit

Manche Leute nehmen Situationen eher als Ganzes wahr und tun sich schwer, die Einzelheiten zu erkennen. Solche Personen sind *feldabhängig*. Ihre Wahrnehmung ist *holistisch*, d.h. an den jeweiligen Komplex und somit an das *Feld*, gebunden, und weniger *analytisch* und damit auf die Einzelheiten ausgerichtet. *Feldunabhängig* nennt man Leute, die über den gesamten Komplex hinaus auch die Einzelheiten gut wahrnehmen (Brown 1977).

Feldunabhängigkeit steht in Verbindung mit einem analytischen Denkstil, Feldabhängigkeit mit ganzheitlicher Denkweise. Die vorliegende Literatur ist wenig umfangreich. Sie betrifft den FU und den natürlichen L2-Erwerb bzw. Mischformen zwischen beiden. Die Berichte zeigen, daß Feldunabhängigkeit eher zur Herausbildung von bewußtem Lernen, Feldabhängigkeit eher zu Kommunikationsfertigkeiten durch unbewußtes Lernen führt (z.B. Tucker et al. 1976, Brown 1977, Naiman et al. 1978).

Lernertypen und Lernstile

Mehrfach wurde in den vorangegangenen Kapiteln gezeigt, daß für alle Spracherwerbstypen mit individueller Variation zu rechnen ist. Ähnlich unterscheiden sich Lerner individuell danach, wie sie sich der Lernaufgabe stellen. Man spricht von *Lernertypen* und *Lernstilen*. Die entsprechende Forschung galt bislang nur dem FU und dem natürlichen L2-Erwerb. Einige Charakteristika jener Lernstile, die erfolgreiche Lerner ausmachen, zeichnen sich bereits ab. Seliger (1977) unterscheidet z.B. zwischen aktiven Lernern, die geradezu nach Gelegenheiten suchen, um mit den Sprechern der neuen Sprache in Kontakt zu gelangen, und Lernern, die den Kontakt scheuen. Da sich die Fähigkeit und der Wunsch zur direkten Kontaktnahme in der Regel mit einer entsprechenden Konstellation anderer den Spracherwerb fördernder Faktoren verbindet, z.B. Ego-Durchlässigkeit oder Selbstsicherheit, verwundert es nicht, daß gerade diese aktiven Lerner in der Regel besonders gute Lernfortschritte machen.

Zwei andere Lernertypen bezeichnet Hatch (1974) mit *Sammler* (*data gatherer*) und *Verarbeiter* (*data organizer*). Sammler ziehen viel Input auf sich, reden selbst viel und zeigen ein großes Maß an Variation pro Entwicklungsstadium, gleichsam als wollten sie nach dem *trial and error-Verfahren* alles ausprobieren. Verarbeiter sind hingegen Lerner, die weniger Input aufnehmen, weniger freizügig sprechen, weniger Fehler machen und weniger Variation pro Entwicklungsstadium aufweisen. Sie erwecken den Eindruck, als arbeiteten sie den Input im Hinblick auf seine Strukturierungen besser durch. Diese Arten von Lernertypen korrelieren mit bestimmten Denkweisen. Sammler sind in der Regel impulsiver und feldabhängiger als Verarbeiter.

Sprachbegabung und Sprachlerneignung (language aptitude)

Weit verbreitet ist die Annahme, es gebe eine individuell variierende Begabung, Sprachen zu lernen. Der amerikanische Psychologe John Carroll (1962, 1981) hat versucht, die Annahme einer *Sprachbegabung* wissenschaftlich zu begründen. Sein Interesse galt der Begabung, eine L2 im FU zu lernen. Für diesen Spracherwerbstyp liegen bislang entsprechende Untersuchungen vor. Für Carrolls englischen Terminus *language aptitude* hat sich die Bezeichnung *Sprachlerneignung* (z.B. Wienold 1973,

Knapp-Potthoff/Knapp 1982) eingebürgert. Carroll versteht darunter die Zeit, die jemand benötigt, um eine Lernaufgabe einem Leistungsniveau entsprechend hinreichend gut zu meistern. Der Anlaß für Carroll, nach einer Sprachlerneignung zu fragen, ergab sich bei der Auswahl von amerikanischem Militärpersonal für Intensivsprachkurse. Man suchte ein Verfahren, mit dessen Hilfe sich jene Personen ermitteln ließen, die einen optimalen Lernerfolg garantieren. Die Hoffnung, ein solches Verfahren entwickeln zu können, begründete man mit der alltäglichen Erfahrung, daß der Lernerfolg im FU selbst dann drastisch variieren kann, wenn die Eingangsvoraussetzungen z.B. nach Alter, Bildungsniveau, sozialem Status und Lernzeit für alle Lerner gleich sind. Methodisch bestand die Schwierigkeit darin, Faktoren zu finden, die die gesuchte Sprachlerneignung als eigenständiges Phänomen und nicht als ein seinerseits von anderen Faktoren abhängiges erweisen sollten. Zur Sprachlerneignung rechnet Carroll (1962) vier Fähigkeiten:

- eine *phonetische Kodier- und Memorierfähigkeit*, um gehörte Sprachsignale im Hinblick auf ihre phonetische Struktur kurz- oder längerfristig zu speichern und sie später korrekt wiederzugeben;
- eine *grammatische Fähigkeit*, gleiche syntaktische Funktionen von Wörtern in unterschiedlichen Kontexten erkennen zu können;
- die Fähigkeit, fremdsprachliches Material in möglichst kurzer Zeit *auswendig zu lernen*;
- eine *induktive Fähigkeit*, Eigenschaften und Regelmäßigkeiten in neuen Äußerungen zu erkennen und diese auf andere zu übertragen.

Diese Fähigkeiten können untereinander unterschiedlich stark ausgeprägt sein. Der Status der vier Fähigkeiten, die die Sprachlerneignung im Sinne Carrolls ausmachen, bleibt im Hinblick auf Sprachenlernen unklar. Einerseits handelt es sich um Fähigkeiten, die keineswegs in jedem Fall in besonderem Maße auf sprachliche Probleme und sprachliches Lernen zugeschnitten, also alles andere als linguo-kognitive Fähigkeiten sind. Andererseits weiß man heute von zweien, nämlich von der phonetischen Kodier- und Memorierfähigkeit sowie von der Fähigkeit, fremdsprachliches Material auswendig zu lernen, daß sich mit ihnen der Spracherwerb nicht hinreichend erklären läßt. Beide Fähigkeiten laufen letztlich darauf hinaus, daß Schallsequenzen imitiert werden, ohne daß die interne Struktur erkannt wird. Wie mehrfach betont, ist der entscheidende Punkt, daß Sprachenlernen nicht per Imitation längerer Schallsequenzen erfolgt (Kap. 3.3.1), sondern durch Dekomposition von sprachlichem Input und durch die kreative Rekonstruktion der sprachlichen Strukturen (Kap. 5.1). An den beiden übrigen Fähigkeiten, nämlich gleiche syntaktische Funktionen von Wörtern in unterschiedlichen Texten erkennen zu können und Eigenschaften von schon vorgekommenen Sätzen auf neue zu übertragen, fällt folgendes auf: sie sind für jeden Spracherwerbstyp unentbehrlich und daher weder für den FU noch für den natürlichen L2-Erwerb charakteristisch. Läßt sich daher Carrolls Konzept einer

Sprachlerneignung auf den L1-Erwerb übertragen? Die Antwort steht noch aus. Zumindest müßte ein solches Konzept, das bislang lediglich auf sprachliche Strukturen ausgerichtet ist, um den gesamten pragmatischen Bereich, also die kommunikativen und handlungsbezogenen Aspekte erweitert werden (Knapp-Potthoff/ Knapp 1982:113). Ferner müßte geklärt werden, wie jemand bei geringer Sprachlerneignung dennoch eine Sprache lernt. Der eigentliche Prüfstein wäre hier der L1-Erwerb. Daß im FU eine geringe Ausprägung der vier Carrollschen Teilfähigkeiten durch andere Maßnahmen kompensiert werden kann, zeigen entsprechende Untersuchungen sehr deutlich. Mehr noch, Jakobovits (1970) errechnete, daß die Variation im erreichten Lernniveau verschiedener Schüler nur bis zu einem Drittel auf die Sprachlerneignung zurückgeführt werden konnte.

Insgesamt ist es z.Z. sehr fraglich, ob es eine besondere Sprachlerneignung für den L2-Erwerb, den FU, den L1-Erwerb oder gar eine alle Spracherwerbstypen gleichermaßen betreffende Sprachbegabung gibt. Sie ist sicher nicht gleichzusetzen mit Intelligenz oder allgemeinen kognitiven Fähigkeiten. Selbst in groß angelegten Untersuchungen – wie Vollmer (1982) zum Englischunterricht von insgesamt über 12000 deutschen Gymnasiasten – ist ein Nachweis bislang nicht gelungen. Es ist daher derzeit schwer zu präzisieren, worin eine solche Eignung im einzelnen bestehen sollte und wie die fraglichen Faktoren gemessen werden könnten. Daher ist noch immer nicht auszuschließen, daß eine besondere L2- und FU-Lerneignung oder gar eine alle Spracherwerbstypen betreffende Sprachbegabung nicht doch das Ergebnis einer günstigen Konstellation anderer Eigenschaften von Sprechern wie affektive Variablen und Merkmale der Persönlichkeitsstruktur ist.

12.3 Affektive Faktoren

Affekt bezeichnet die Motive, Bedürfnisse, Einstellungen und emotionalen Zustände. Im Gegensatz zu Eigenschaften der Persönlichkeitsstruktur sind affektive Faktoren kurzfristig veränderbar. Sie können Lerntempo und Lernerfolg beeinflussen. Auch dieser Bereich von Sprechereigenschaften ist bislang primär von der kanadischen und US-amerikanischen Forschung bearbeitet worden.

Motivation

Motivation ist der Wille und die Bereitschaft, ein Ziel anzugehen. Zwei Aspekte sind zu unterscheiden: die *Beweggründe* zum Lernen und die *Stärke* der Bereitschaft. Viele Faktoren addieren sich zur Motivation. Sie ist eng verbunden mit der *Einstellung* gegenüber den Zielen, z.B. ob man diese aus reinen Nützlichkeitserwägungen und trotz anderer Vorurteile anstrebt oder ob man einfach Spaß an einer

Leistung hat. Der Einfluß der Motivation auf Sprachenlernen ist bislang nur für den FU, den natürlichen L2-Erwerb und für L1-Heimkinder untersucht worden.

Sehr viel Interesse fand seinerzeit Gardners und Lamberts Konzept der *integrativen* und *instrumentellen Motivation* (1959, 1972). Integrativ ist die Motivation, wenn jemand eine Sprache lernt, um über sie am Leben der betreffenden Gemeinschaft und ihrer Kultur teilhaben zu können. Instrumentell ist Motivation dann, wenn eine Sprache aus Nützlichkeitserwägungen gelernt wird, z. B. um einen neuen Beruf zu finden, berufliche Chancen zu verbessern, fremdsprachliche Fachliteratur zu lesen u.ä. Die Trennung nach integrativer und instrumenteller Motivation ermittelten Gardner und Lambert mit Hilfe von vier Gesichtspunkten. Sie ließen kanadische Schüler erläutern, ob Kenntnisse des Französischen

- nützlich sind, um einen Arbeitsplatz zu erhalten;
- einem helfen, gebildeter zu erscheinen;
- es ermöglichen, Frankokanadier und ihre Lebensweise besser zu verstehen, oder
- nützlicher sind, um mehr und andersartige Leute zu treffen und mit ihnen ins Gespräch zu kommen.

Gardner und Lambert betrachteten die beiden ersten Gesichtspunkte als Indizien für instrumentelle, die beiden letzten als Indizien für integrative Motivation. Aufbauend auf Gardner/Lambert (1959, 1972) sind beide Arten von Motivation mehrfach, vor allem in den USA und Kanada, auf ihren Einfluß auf Sprachenlernen hin untersucht worden, wenn auch die Termini *integrativ* und *instrumentell* insgesamt z.T. nicht einheitlich definiert wurden (Clément/Kruidemeier 1983). Dennoch zeigte sich stets, daß die Motivation das Lerntempo und den Lernerfolg stark positiv beeinflußt. Anfangs schien es, als sei die Art der Motivation entscheidend. So korrelierte das Niveau des Französischen der Montréaler Schüler in der Untersuchung von Gardner/ Lambert (1972) stärker mit der integrativen als der instrumentellen Motivation. Später verschob sich das Bild. Einerseits schien der Einfluß der integrativen Motivation unterschiedlich zu sein. Gardner/Lambert (1972) fanden in ihrer Untersuchung an Französisch lernenden amerikanischen Schülern in den Staaten Maine, Connecticut und Louisiana, daß die integrative Motivation in Maine und Louisiana nicht mit dem Lernniveau korrelierte und daß die Korrelation in Connecticut schwach ausgeprägt war. Ähnlich konnten Chihara/Oller (1978) bei 123 Japanern, die Englisch im FU lernten, keine ausgeprägte Korrelation zwischen integrativer Motivation und Lernniveau feststellen.

Andererseits gibt es inzwischen auch Studien, die zeigen, daß instrumentelle Motivation zu größerem Lernerfolg führen kann. Z.B. berichtet Lukmani (1972) über 60 Mädchen der Abschlußklasse einer Highschool in Bombay. Die Unterrichtssprache war Marathi. Die Mädchen hatten sieben Jahre Englischunterricht gehabt. Sie gehörten einer Bevölkerungsschicht an, die noch wenig durch westliche Kultur beeinflußt war. Das Niveau des Englischen dieser Mädchen korrelierte stärker mit ihrer instrumentellen als mit ihrer integrativen Motivation. Die Schülerinnen wollten Englisch vor allem deshalb lernen, um einen besseren Lebensstandard zu erreichen und um aus Bombay herauszukommen. Ähnliche Schlußfolgerungen liefern Gardner/Lambert (1972) über Englisch als L2 auf den Philippinen. Auch dort ist Englisch die Sprache der Erziehung und der Wirtschaft, wird aber zu Hause nur wenig gesprochen. Sozialer Aufstieg hängt auf den Philippinen entscheidend von den Englischkenntnissen ab.

Welche Art von Motivation zum Tragen kommt, hängt z.T. von den sozialen Verhältnissen ab. Z.B. kann in mehrsprachigen Ländern leicht eine integrative Einstellung anderen Sprachen gegenüber entstehen, aber kaum gegenüber einer *lingua franca*. Diese lernt man aus instrumentellen Erwägungen, denn für eine *lingua franca* gibt es keine Gemeinschaft, an deren Kultur man teilhaben möchte. Solmecke/Boosch (1981) weisen nach, daß dies sogar für das Erlernen des Englischen bei deutschen Studenten und Schülern gilt, da sie im Englischen heute weniger eine Nationalsprache als eine *lingua franca* sehen. Ähnliches dürfte für viele andere Länder, namentlich der Dritten Welt, gelten.

Dulay et al. (1982) unterscheiden eine weitere Art von Motivation, die *Gruppenidentifikationsmotivation*. Sie ähnelt der integrativen, und sie ist wichtig, weil sie erklären hilft, an welchen sprachlichen Vorbildern sich Lerner orientieren. Lerner mit integrativer Motivation wünschen, am sozialen und kulturellen Leben der Gruppe, die die neue Zielsprache spricht, teilzunehmen, wollen aber gleichzeitig ihre bisherige soziale und kulturelle Identität bewahren. Lerner mit Gruppenidentifikationsmotivation hingegen wollen nicht nur am sozialen und kulturellen Leben der Gruppe teilhaben können, sondern direkt Mitglieder dieser Gruppe werden. Diese Motivationsform geht über integrative Motivation hinaus und schließt sie ein.

Die Bedeutung der sozial orientierten Gruppenidentifikationsmotivation erkennt man an den sprachlichen Vorbildern, an denen sich Lerner orientieren. Wie in Kap. 11.1.4 genauer beschrieben, wählen Lerner zwischen den Kontaktpersonen, die sie als sprachliche Vorbilder akzeptieren und deren Sprechweise sie sich aneignen, altersbedingt und im Hinblick auf soziale Bedingungen aus.

Insgesamt muß man heute davon ausgehen, daß nicht so sehr die Art als vielmehr die Stärke der Motivation für Lerntempo und Lernniveau entscheidend ist. Das bestätigen besonders die kanadischen *immersion*-Programme. Schüler mit geringer Motivation und entsprechend gleichgültiger oder negativer Einstellung stellen den überwiegenden Teil der Schüler dar, die aus den *immersion*-Programmen aussteigen (z.B. Bruck 1985). Allerdings darf die Rolle der Motivation nicht einseitig als nur in einer Richtung wirkend gesehen werden. Die Ergebnisse von Hermann (1980) über die Englischkenntnisse deutscher Schulkinder und von Strong (1984) über L1-spanischsprachige Vorklässler, die in den USA Englisch als L2 lernten, verdeutlichen, daß der Lernerfolg auch die Stärke der Motivation steigern kann.

Einstellungen

Neben den oben im Zusammenhang mit Motivation bereits genannten gibt es eine breite Palette weiterer Einstellungen. Sie können neben der Sprache noch viele damit in Zusammenhang stehende Faktoren betreffen: z.B die Sprecher, den Lehrer, das Land oder die Produkte des Landes. Für alle gilt: eine negative Einstellung kann den Lernerfolg mindern, eine positive kann ihn fördern. Dazu gehören Einstellungen, die öffentlich, z.B. durch die Sprachpolitik eines Landes, genährt werden, genauso wie jene aus dem Kreis der Familie. Wer etwa seinen Kindern zu verstehen gibt, das Erlernen einer L2 sei schwierig, überfordere die Schüler, verlange ihnen besondere Leistungen ab, sei nur etwas für Hochbegabte, führe zu schlechteren Leistungen in anderen Fächern oder sei schlichtweg unnütz, darf sich nicht wundern, wenn die betreffenden Kinder negative Einstellungen entwickeln und schlechte Leistungen erbringen.

Eine besondere Form dieser Art von Vorurteil ist der *Ethnozentrismus*. Gemeint ist, daß der Lerner seine eigene(n) Sprache(n), L1 oder andere, gegenüber der neu zu lernenden überbewertet, etwa nach dem gängigen Muttersprachenmythos, demzufolge die L1 die schönste Sprache sei und man nur in ihr richtig denken, träumen, Literatur genießen, Emotionen ausdrücken oder sich geistig voll entwickeln könne. Solmecke/Boosch (1981) haben an den Englischkenntnissen von 187 deutschen Studenten und 327 deutschen Schülern sehr deutlich zeigen können, daß Ethnozentrismus sich nicht nur direkt auf Sprachenlernen, sondern auch auf andere affektive Faktoren, die den Spracherwerb beeinflussen, sehr negativ auswirken kann.

Emotionale Zustände

Emotionale Zustände sind in enger Verbindung mit Motivation zu sehen. Wie letztere haben sie einen starken Einfluß auf Lernerfolg und Lerntempo. Z.B. fördert Angst Sprachenlernen wenig. Hingegen lernt, wer sich entspannt fühlt, in der Regel mehr und in kürzerer Zeit. Eine extreme Folge von Ängsten beim L1-Erwerb ist *Autismus*, d.h. wenn Kinder sich dadurch verweigern, daß sie gar nicht sprechen. Für den FU erkennt man unschwer, weshalb zu erwartende schlechte Noten Leistungsniveau und Leistungsbereitschaft schlechter Schüler nicht fördern. Sie werden nur noch mehr verängstigt (z.B. Gardner et al. 1976, Naiman et al. 1978, Oller et al. 1977, Solmecke/Boosch 1981).

Insgeamt kann der positive bzw. negative Einfluß affektiver Faktoren auf Lerntempo und Erfolgsniveau als gut nachgewiesen gelten. Unklar ist nach wie vor, inwieweit und in welcher Weise in einer gegebenen Situation ein Faktor gegenüber anderen durchschlägt bzw. welcher unter welchen Bedingungen andere überspielt. Diese Arbeiten sind methodisch deshalb sehr schwer durchzuführen, weil sich die Stärke affektiver Faktoren kurzfristig ändern kann und weil die Zahl der potentiellen

Faktoren in jeder Lernsituation so groß ist, daß sie kaum alle erfaßt, geschweige denn im erforderlichen Maße experimentell kontrolliert werden können.

12.4 Biologische Faktoren

Bislang sind von den biologischen Eigenschaften von Lernern vor allem Alter und Geschlecht untersucht worden. Sie lassen sich leicht erfassen. Doch wie einleitend zu diesem Kapitel erläutert, ist mit ihrer bloßen Erfassung nur wenig geleistet. Der Einfluß der biologischen Faktoren auf den Spracherwerb entsteht neben den rein anatomischen Aspekten, vor allem indirekt über die mit Geschlecht und Alter verbundenen sozialen Rollen und kognitiven Entwicklungsschübe. Es ist daher unerläßlich, auf diese indirekte Wirkungsweise von Geschlecht und Alter mit einzugehen.

12.4.1 Geschlecht

Der Einfluß des Geschlechts auf den Spracherwerb ist für den L1-Erwerb und den FU untersucht worden. Aus mehreren Studien der dreißiger und vierziger Jahre ging hervor, daß Mädchen früher als Jungen anfangen zu sprechen und bis zum Schulbeginn auch schneller vorankommen (Zusammengefaßt von McCarthy 1954: 577-581). Sie stellte fest, daß das obige Ergebnis auch dann gilt, wenn die Jungen und Mädchen gemäß IQ und sozioökonomischem Status vergleichbar waren. Diese Einschätzung wird heute nicht von allen jüngeren Studien gestützt. So berichten Anastasi/D'Angelo (1952) über farbige amerikanische Kinder, daß die Jungen den Mädchen voraus waren. Berko (1958) fand keine geschlechtsspezifischen Unterschiede. Templin (1957) lieferte ein noch differenzierteres Ergebnis. In diversen Tests, die die Artikulation, das Hörverständnis, den Umfang des Wortschatzes sowie die Länge und Komplexität von Sätzen betrafen, hatten die Mädchen einen geringen Vorsprung; die Jungen verfügten hingegen über einen größeren passiven Wortschatz. Allerdings waren diese Unterschiede erst um 5;0 zu beobachten. MacCaulay (1978) hält die These, daß Mädchen den Jungen überlegen seien, für einen Mythos.

Insgesamt ist die Rolle des Geschlechts für den Spracherwerb z.Z. alles andere als klar. Wenn es überhaupt eine Rolle spielt, dann wahrscheinlich in Abhängigkeit von geschlechtsbedingten sozialen Rollen und in Verbindung mit Motivation und Einstellung. Solange jedoch die rollenbedingten sprachlichen Besonderheiten, die ja in vieler Hinsicht mit den sprachlichen Fähigkeiten korrelieren, nicht in den Aufgabenstellungen eines Tests berücksichtigt werden, sind keine klaren Ergebnisse zu erwarten.

12.4.2 Lebensalter

Daß das Lebensalter eine wichtige Rolle beim Sprachenlernen spielt, läßt sich durch alltägliche Erfahrung und wissenschaftliche Untersuchungen belegen. Das Problem stellt sich jedoch je nach Spracherwerbstyp unterschiedlich. Für den L1-Bereich verbindet sich die Frage nach dem Alter mit der nach der intellektuellen Entwicklung, der Entwicklung der Perzeption und der des Weltverständnisses. Für den L2-Bereich und den FU ging es in der Vergangenheit primär um die Frage, ob es ein optimales Alter für den Erwerb einer L2 oder weiterer Sprachen gibt und ob Erwachsene Sprachen auf dieselbe Weise wie Kinder lernen. Die Aufmerksamkeit galt dem letztlich zu erwartenden Lernniveau und der Lerngeschwindigkeit. Als Faustregel galt: je jünger, desto erfolgversprechender. Verweisen ließ sich besonders auf Immigranten und ihre Kinder. Viele erwachsene Immigranten sprechen oft nach jahrelangem Aufenthalt im Gastland die jeweilige Sprache mit Interferenzen, ihre Kinder in der Regel ohne.

Die obigen sowie vergleichbare Beobachtungen bei Hirnreizungen und bei Aphasikern ließen Penfield/Roberts (1951) und später Lenneberg (1967) eine kritische Sprachlernspanne annehmen, innerhalb derer eine Sprache gelernt werden muß, wenn dies ähnlich erfolgreich wie bei kleinen Kindern geschehen soll. Nach dieser kritischen Phase verliert das Gehirn an Flexibilität, so daß weitere Sprachen nach anderen Gesetzmäßigkeiten als bei Kindern wirksam gelernt werden. Als Zeitpunkt glaubte Lenneberg die Pubertät, also die Zeit zwischen ca. 12 und 16 Jahren, identifizieren zu können. In dieser Ausprägung sind beide Auffassungen, sowohl die globale These, Kinder lernten eine Sprache besser als Erwachsene wie auch die Annahme einer kritischen Sprachlernspanne, heute nicht mehr haltbar. Es gibt durchaus Erwachsene, die eine L2 so meistern, daß sie nicht als L2-Sprecher erkannt werden. Auch zeigen Untersuchungen zum natürlichen L2-Erwerb und FU, daß Kinder keineswegs in allen Belangen den Erwachsenen überlegen sind. Das günstigste Lernalter ist für die verschiedenen sprachlichen Strukturbereiche unterschiedlich. Und schließlich mußte die Lennebergsche These einer kritischen Sprachlernspanne dahingehend revidiert werden, daß sie gar nicht existiert oder daß sie um 5;0 endet (Krashen 1973). Entsprechend haben sich bislang keine Anhaltspunkte dafür ergeben, daß sich die linguo-kognitiven Fähigkeiten altersbedingt so radikal und global verändern, wie es Lenneberg annahm. Derzeit läßt sich allenfalls auf einige altersbedingte Veränderungen in der Kodierweise für mentale Repräsentationen verweisen (z.B. Kap. 8.7). Insgesamt kann gelten, daß das Lebensalter nicht direkt auf das Sprachenlernen einwirkt, sondern indirekt über altersbedingte Entwicklungen in anderen Bereichen.

Die Lösung der Frage nach der Relevanz des Lebensalters für die Modalitäten des Spracherwerbs ist derart komplex, daß die einzelnen oben genannten Aspekte separat besprochen werden müssen. Zunächst werden Beobachtungen zum Lernniveau und Lerntempo aus dem natürlichen L2-Erwerb und dem FU referiert werden; dann die linguistische Struktur von Lerneräußerungen und das Ausmaß altersabhängiger Unterschiede; danach einige Erklärungsversuche für die Beobachtungen zum Lerntempo und Lernerniveau, und zwar Lennebergs These der kritischen Sprachlernspanne, die Entwicklung des logischen Denkvermögens sowie Erklärungsversuche unter Rückgriff auf affektive Variablen und Inputanpassungen.

Beobachtungen zum Lerntempo und Lernerfolg im natürlichen L2-Erwerb und FU

Die verschiedenen sprachlichen Strukturbereiche werden je nach Alter unterschiedlich erfolgreich und unterschiedlich schnell gelernt. Kinder schneiden keineswegs stets besser als Erwachsene ab. Die Aspekte *Lerngeschwindigkeit* und erreichbares *Lernniveau* müssen getrennt betrachtet werden, denn die anfangs schnelleren sind keineswegs auch die letztlich erfolgreicheren Lerner.

Lebensalter und Lerntempo

Die bislang vorliegenden Untersuchungen betreffen den natürlichen L2-Erwerb. Sie stimmen darin überein, daß Erwachsene sowie ältere Kinder und Jugendliche anfänglich schneller als jüngere Kinder vorankommen, von ihnen aber später überholt werden. Sehr bekannt geworden sind die Untersuchungen von Ervin-Tripp (1974), Fathman (1975) und Snow/Hoefnagel-Höhle (1978).

Ervin-Tripp untersuchte amerikanische Kinder, die im Alter von 4;0-9;0 unter natürlichen Bedingungen in Genf Französisch als L2 lernten. Zum Zeitpunkt der Untersuchung war kein Kind länger als 9 Monate in der Schweiz gewesen. Ervin-Tripp prüfte die Genus- und Numerusflexion, führte Imitations- und Übersetzungstests durch und untersuchte die Dekodierung syntaktischer Strukturen, indem die Kinder Aufgaben mit Puppen oder Tieren nachspielen mußten. Am schnellsten entwickelte sich die Aussprache bei den Kindern über 7;0, die Syntax zwischen 7;0-9;0, und über die Flexionen wird gesagt, sie würden von den älteren Kindern am schnellsten gelernt.

Fathman (1975) untersuchte ca. 200 L1-Koreanisch bzw. L1-Spanisch sprechende Kinder im Alter von 6;0-15;0. Sie besuchten verschiedene Schulen in Washington D.C.. Die Kinder lernten Englisch als L2 primär dadurch, daß sie wie in *immersion*-Programmen den gesamten Unterricht auf Englisch erhielten. An einigen Schulen gab man ihnen auch Englischunterricht. Fathman unterzog die Kinder einem umfangreichen mündlichen Test. Er erfaßt verschiedene syntaktische Bereiche, Flexionen, Präpositionen, Artikel u.a. Fathmans Ergebnisse runden die von Ervin-Tripp (1974) ab. Die 6-10jährigen meisterten die Phonologie am schnellsten, die 11-15jährigen die

Flexionen und die Syntax am zügigsten. Der Englischunterricht wirkte sich nicht aus. Keine wesentlichen Unterschiede ergaben sich im Hinblick auf die Entwicklungssequenz der abgeprüften Elemente.

Die Ergebnisse von Snow/Hoefnagel-Höhle (1978) zur Phonologie weichen von den bisher referierten ab. Untersucht wurden Kinder und Erwachsene mit L1-Englisch, die in Holland auf natürliche Weise Niederländisch lernten. Das Altersspektrum war 3;0-50;0. Als Anfänger galt, wer noch keine drei Monate, als Fortgeschrittener, wer über ein Jahr in den Niederlanden wohnte. Überprüft wurden: die Hörfähigkeit mittels Diskriminationstests, die Aussprache durch Nachsprechen von L1-Sprechern; Flexionen, indem die Probanden nach Art von Berko (1958) erfundene Wörter flektieren sollten; der Wortschatz anhand des *Peabody-Picture-Vocabulary-Test*; Syntax durch Satzwiederholungsaufgaben sowie Übersetzungen. Die Fortgeschrittenen wurden nur einmal untersucht; die Anfänger zweimal im Abstand von 4 1/2 Monaten. Im Hinblick auf regelgeleitete Aspekte der L2, gemeint sind Morphologie und Syntax, schnitten die älteren Lerner besser als die jüngeren ab, wobei die Teenager die Erwachsenen noch übertrafen. Je länger die Aufenthaltsdauer in Holland und damit der Kontakt zur L2 dauerte, desto mehr verwischten sich diese Unterschiede. Altersspezifische Besonderheiten im Hinblick auf die Aussprache fanden sich nicht.

Insgesamt läßt sich folgendes Bild entwerfen: im Hinblick auf Syntax und Flexionsmorphologie kommen in der Regel ältere Lerner anfangs schneller voran als kleine Kinder; Kinder um 10-14 machen anfangs die größten Fortschritte. Im Hinblick auf die Phonologie bleibt das Bild noch unklar. Wenn eine Altersgruppe die Aussprache schneller lernt, dann jüngere Kinder zwischen 6;0-10;0. Mit zunehmender Aufenthaltsdauer nivellieren sich die Unterschiede in allen Strukturbereichen. Präpubertäre Lerner überholen dabei sehr oft Erwachsene und erreichen letztlich auch das höhere Lernniveau.

Lebensalter und erreichbares Lernniveau

Die bislang vorliegenden Untersuchungen über das erreichte bzw. das erreichbare L2-Niveau haben charakteristischerweise folgenden Zuschnitt: Man ermittelt den Zeitpunkt des erstmaligen L2-Kontaktes und überprüft, welches Niveau der Lerner inzwischen erreicht hat. Als Probanden eignen sich besonders gut Immigranten. Die Mehrzahl derartiger Untersuchungen stammt aus den USA und bezieht sich auf die Aussprache. Eine der früheren, sehr bekannt gewordenen Studien ist Asher/Garcia (1969). 71 Einwanderer aus Kuba im Alter von 9-19 Jahren lasen vier englische Sätze. Amerikanische Highschool-Schüler bewerteten diese Sprechproben nach vier Kategorien: klingt wie ein L1-Sprecher, klingt fast wie ein L1-Sprecher, leichter Ausländerakzent und ausgeprägter Ausländerakzent. Die größte Zahl derjenigen, die wie L1-Sprecher klangen, fanden sich in der Gruppe der im Alter zwischen 1-6 Jahren ins Land gekommenen; die mit 7-12 Jahren gekommenen wiesen die größte Zahl mit leichtem Ausländerakzent auf; die meisten Sprecher mit starkem Ausländerakzent gab es unter den mit 13-19 Jahren Eingereisten.

Ähnliches berichten Seliger et al. (1975). Immigranten sollten einschätzen, ob und inwieweit man bei ihnen heraushören könne, daß die Sprache des Einwanderungslandes nicht ihre Muttersprache sei. Die überwiegende Mehrzahl derjenigen, die 9jährig oder jünger ins Land kamen, meinten, sie hätten keinen Akzent; bei denen, die als 10- bis 15jährige einwanderten, fand sich nur eine geringe Mehrheit, die glaubte, sie sprächen mit einem Akzent; und bei denen, die 16jährig oder älter ins Land kamen, überwog bei weitem die Einschätzung, daß sie einen ausländischen Akzent hätten. Dem entspricht eine Untersuchung von Oyama (1976) an männlichen Einwanderern aus Italien, die 18 Jahre lang in den Vereinigten Staaten gelebt und dort Englisch als L2 gelernt hatten. Die Probanden mußten einen kurzen Absatz lesen und auf Englisch eine Situation schildern, in der sie sich in Lebensgefahr gewähnt hatten. Auch hier fand sich der geringste Akzent bei den jüngeren; die Aufenthaltsdauer hatte keinen nennenswerten Einfluß auf die Ausprägung des Akzentes.

Scovel (1977) untersuchte, wann sich die Fähigkeit von L2-Sprechern herausbildet, L1- von L2-Akzenten des Englischen zu unterscheiden. Die Probanden mußten Tonbandaufnahmen bewerten. Mit wenigen Ausnahmen erfüllten die erwachsenen Probanden die Aufgabe erfolgreicher als die jüngeren Kinder. Ihre Erfolgsquote näherte sich im Alter von 9-10 Jahren jener der Erwachsenen. Das entspricht jener Altersgrenze, die in den oben geschilderten Untersuchungen zur Aussprache denjenigen Zeitraum absteckt, in dem sich Ausländerakzente zu verfestigen beginnen. Somit scheinen die Herausbildung ausländischer Akzente und die Fähigkeit, sie zu erkennen, zeitlich Hand in Hand zu gehen.

Die genannten altersspezifischen Unterschiede gelten nicht nur für den L2-Erwerb verschiedener Sprachen, sondern auch für andere Kontaktsituationen, z.B. für den Erwerb von Regionalvarianten im Jugendalter. Auch dies ist eine Art von L2-Erwerb. Labov (1966) wies darauf hin, daß nur diejenigen, die vor Beginn der Pubertät nach New York ziehen, auch den New Yorker Akzent annehmen. Krashen/Seliger (1975) überprüften dies, indem sie Probanden fragten, ob sie außerhalb New Yorks auf Grund ihrer regionalen Aussprache für echte New Yorker gehalten würden. Es ergab sich das gleiche Altersgefälle wie für die oben geschilderten Studien, wenngleich nicht ganz so scharf ausgeprägt.

Leider galten bislang nur wenige Studien anderen als Ausspracheproblemen. Oyama (1976) ließ Versuchspersonen neben Ausspracheaufgaben auch ungewöhnliche Sätze auf ihre grammatikalische Akzeptabilität hin bewerten. Auch hier schnitten die am besten ab, die sehr jung in die Vereinigten Staaten gekommen waren. Diese Ergebnisse werden durch die Beobachtungen von Patkowski (1980) untermauert. 67 Einwanderer, die in die USA kamen, bevor sie 15 Jahre alt waren, wurden untersucht. Auch Patkowski fand: je jünger das Einwanderungsalter, desto höher der Lernerfolg. Die Aufenthaltsdauer war weniger ausschlaggebend.

Lebensalter und die linguistische Struktur von Lerneräußerungen und Entwicklungssequenzen
Verändern sich die ursprünglichen Sprachfähigkeiten, die z.B. im L1-Erwerb wirksam werden mit zunehmendem Alter? Die Lösung kann kein globales Ja oder Nein sein. Drei Arten von Beobachtungen sind in diesem Zusammenhang zu berücksichtigen. Wie in Teil B berichtet, gibt es einerseits entwicklungsspezifische Strukturen, die in allen Altersgruppen quer durch alle Spracherwerbstypen vorkommen, z.B. präverbale Negation wie in *me no close the window* (ich mach das Fenster nicht zu) (Kap. 10.3.3 und 10.5). Andererseits gibt es altersabhängige Veränderungen, z.B. die Veränderung der Kodierweise für die mentale Repräsentation der phonologischen Repräsentation lexikalischer Einheiten von holistischer zu segmentorientierter Speicherung (Kap. 11.7). Drittens ist im Hinblick auf Zusammenhänge zwischen Lebensalter und der linguistischen Struktur von Lerneräußerungen das Alter um 11;0 - 14;0 sehr wichtig. Dies ist die Zeit, in der die intellektuelle Entwicklung von Kindern das Stadium der *formalen Operationen* im Sinne Piagets erreicht (Einzelheiten unten). Wenn diese Entwicklung das Erlernen von Sprachen beeinflußt, dürften Schüler erst von diesem Zeitpunkt an in der Lage sein, mit Grammatikregeln umzugehen und mit ihrer Hilfe ihre eigenen Leistungen zu überprüfen, zu korrigieren oder Äußerungen bewußt aus Regeln abzuleiten. Insgesamt ergibt sich, daß manche Sprachlernfähigkeiten sich verändern, andere nicht. Wie läßt sich das erklären?

Erklärungsansätze für Zusammenhänge zwischen Lebensalter und Spracherwerb

Die oben geschilderten Beobachtungen ergeben insgesamt ein vielschichtiges Bild über die Zusammenhänge zwischen Spracherwerb und Lebensalter. Einige globale Tendenzen zeichnen sich ab. Die Lerngeschwindigkeit hängt vom Alter und den sprachlichen Strukturbereichen ab. Am günstigsten für die Phonologie ist die Altersspanne von 6;0-10;0. Längerfristig haben präpubertäre Lerner die günstigsten Aussichten auf einen guten Lernerfolg für Flexionen und Syntax. Sprachenlernen unter Zuhilfenahme von erklärenden Regeln gelingt erst nach dem Erreichen des Stadiums der formalen Operationen, also ab etwa 11;0. Jüngere Erwachsene können kurzfristig schneller und erfolgreicher vorankommen als andere Altersgruppen, werden aber meistens längerfristig von Lernern, die als Kinder oder Jugendliche Kontakt zur L2 erhalten, überholt. Die entwicklungsspezifische linguistische Ausprägung von Lerneräußerungen und Entwicklungssequenzen ändert sich für bestimmte Strukturbereiche altersabhängig. Längerfristig führt das intuitive Lernen zu größerem Erfolg, namentlich in der Entwicklung jener Fähigkeiten, die die spontane Verwendung einer Sprache erfordert.

Dieses differenzierte Gesamtbild erfordert differenzierte Erklärungen. Die bislang vorgelegten Erklärungsversuche lassen sich foldendermaßen gliedern:

- *Biologische* Erklärungen nehmen an, daß das Gehirn bzw. das Gedächtnis des erwachsenen Menschen anders als das eines Kindes funktioniert.
- *Intellektuell-kognitive Erklärungen* unterstellen, daß die intellektuelle Entwicklung des Kindes einer Entwicklungssequenz folgt und daß etwaige Altersunterschiede durch diese allgemeine kognitive Entwicklung bedingt sind.
- *Affektive Erklärungen* gehen davon aus, daß Erwachsene und Kinder im Hinblick auf diverse affektive Faktoren unterschiedlich reagieren und daß sich so beim Kind eher als beim Erwachsenen die erforderliche affektive Grundlage aufbaut, die erforderlich ist, Sprachen unbefangen zu lernen.
- *Inputerklärungen* begründen den unterschiedlichen Lernerfolg damit, daß Erwachsene und Kinder unterschiedlichen Input erhalten, weil sich ihre Gesprächspartner unterschiedlich auf das altersbedingte intellektuelle und sprachliche Niveau des Lerners einstellen.

Keine dieser Begründungen erklärt für sich allein sämtliche beobachteten Fakten, aber jede für sich genommen einige.

Biologische Erklärungen: Lateralisierung und die kritische Sprachlernspanne

Auf Penfield/Roberts (1959) aufbauend nimmt Lenneberg (1967) an, daß bei kleinen Kindern im Gegensatz zu Erwachsenen beide Hirnhälften an der Verarbeitung und Speicherung von Sprache beteiligt sind. Mit zunehmendem Alter werden die sprachlichen Funktionen mehr und mehr auf eine Hemisphäre, meistens die linke, übertragen. Mit der Pubertät ist die Lateralisierung des Gehirns im Hinblick auf sprachliche Funktionen abgeschlossen und entspricht der bei Erwachsenen. Daher verliert der Mensch mit der Pubertät die Fähigkeit, eine Sprache auf die gleiche Weise zu lernen, wie es kleine Kinder tun. Lenneberg übertrug einen in der Biologie geläufigen Gedanken auf den Spracherwerb. In vielen Fällen ist es erforderlich, daß Organismen innerhalb eines bestimmten Zeitraums stimuliert werden, damit sich entsprechende Verhaltensmuster bzw. Fähigkeiten herausbilden können. Das wohl bekannteste Beispiel ist die Prägung, z.B. bei Gänsen (Lorenz 1965). Analog dazu nahm Lenneberg für den Spracherwerb an, daß der Kontakt zum sprachlichen Input vor Abschluß der Lateralisierung, also grob mit der Pubertät, hergestellt sein müsse, damit eine Sprache nach Art kleiner Kinder gelernt werden kann. Nach der Pubertät verliere das menschliche Gehirn seine Flexibilität, so daß Sprachenlernen dann nur noch auf andere Weise, als es kleine Kinder tun, erfolgen kann.

Lenneberg stützte seine Überlegungen auf Beobachtungen über Aphasie bei Kindern und Erwachsenen sowie auf landläufige Vorstellungen über den unterschiedlichen L2-Lernerfolg bei Kindern und Erwachsenen. Erstens kann es nur bei Kindern durch Verletzungen der rechten Hirnhälfte zu Sprachschädigungen kommen, bei Erwachsenen nur sehr selten oder nur in sehr begrenztem Umfang. Im Hinblick auf die Lokalisierung der sprachlichen Funktionen muß daher die rechte Hirnhälfte bei Kindern mehr als bei Erwachsenen involviert sein. Wird zweitens einem Erwachsenen die linke Hirnhälfte entfernt, so verliert er die Sprache ganz. Bei Kindern ist dies nicht der Fall. Auch hieraus folgt, daß bei Kindern die rechte Hemisphäre an der Lokalisierung der sprachlichen Funktion beteiligt sein muß. Zum dritten lernen Kinder, die nach Beginn des Spracherwerbs infolge einer Verletzung einer Hirnhälfte eine Aphasie erleiden, eine Sprache beträchtlich erfolgreicher wieder als Erwachsene.

Lenneberg hatte eine große Zahl an Fällen durchgearbeitet und glaubte, an ihnen erkennen zu können, daß das Ende der kritischen Sprachlernspanne mit der Pubertät, also mit einem Alter um 12;0-16;0 zusammenfiel. Das deckte sich für Lenneberg mit der Auffassung, daß Erwachsene und ältere Jugendliche eine L2 nur mit geringerem Erfolg als präpubertäre Kinder lernen könnten. Lennebergs Auffassung ist in ihrer ursprünglichen Form heute nicht mehr aufrechtzuerhalten. Krashen (1973) konnte zeigen, daß bei den seinerzeit von Lenneberg herangezogenen Aphasiefällen die Hirnverletzungen bereits vor dem fünften Lebensjahr vorkamen. Fälle, die nach dem Erscheinen von Lennebergs Buch bekannt wurden, zeigen, daß bei Kindern das Ausmaß an Sprachstörungen bei Schädigungen der rechten Hemisphäre dem Ausmaß bei Erwachsenen entsprach, wenn die Verletzungen nach dem fünften Lebensjahr auftraten. Krashen folgerte, die Lateralisierung des Gehirns müsse bereits im Alter von 5 Jahren abgeschlossen sein. Kinsbourne (1975) meint sogar, die Lateralisierung sei bereits mit der Geburt gegeben. Er verweist u.a. darauf, daß eine erhöhte elektrische Aktivität der linken Hirnhälfte bei Kleinkindern festgestellt werden kann, wenn ihnen sprachliche Stimuli geboten werden, wie es z.B. Molfese (1973) oder Gardiner et al. (1973) schildern. Auch sind die anatomischen Asymetrien, wie sie sich in den Gehirnen Erwachsener finden, bereits bei Neu- und Frühgeborenen nachgewiesen (z.B. Witelson/Pallie 1973, Teszner et al. 1972 oder Wada et al. 1974 bei 29 Wochen alten Föten).

Die Diskussion um die Lateralisierung ist noch keineswegs abgeschlossen. Sie ist sicherlich bei der Geburt zumindest in den Grundzügen vorhanden und prägt sich in den folgenden Jahren rasch aus. Ob sie mit 5;0 abgeschlossen ist, ist unklar. Es wird auch die Auffassung vertreten, die Lateralisierungsprozesse hielten bis ans Lebensende an (z.B. Brown/Jaffe 1975).

Die Forschung zum natürlichen L2-Erwerb hat in entscheidendem Maße zur Klärung der Frage nach einer kritischen Sprachlernspanne beigetragen. Mit den bislang besprochenen hirnphysiologischen und sprachpathologischen Argumenten lassen sich die vermuteten Zusammenhänge zwischen hirnfunktionaler Entwicklung und Sprachlernfähigkeit nicht im Hinblick darauf präzisieren, welche ihrer Aspekte im einzelnen betroffen sind - z.B. Lerntempo, erreichbares Lernniveau oder linguo-kognitive Verarbeitungsfähigkeiten. Tatsächlich scheint keiner der drei Bereiche in dem Ausmaße, wie von Lenneberg angenommen, betroffen zu sein. Das wird besonders an den linguo-kognitiven Verarbeitungsfähigkeiten deutlich. Wie oben gezeigt, finden sich viele entwicklungsspezifische sprachliche Strukturen in gleicher Ausprägung in den Lernersprachen aller Altersgruppen. Die diesen Lerneräußerungen zugrundeliegenden Fähigkeiten können sich daher nicht altersabhängig verändern, sondern sie bleiben in ihrer Funktionsweise zeitlebens erhalten. Was auch immer an Entwicklung im Gehirn im Hinblick auf Lateralisierung vorgeht, kann nicht die biologischen Grundlagen für diese Strukturen betreffen. Möglicherweise verändert sich altersbedingt lediglich die Zugriffsmöglichkeit bzw. die Möglichkeit, diese linguo-kognitiven Fähigkeiten zu aktivieren, weil sie überlagert werden durch die mit dem Älterwerden einhergehende Herausbildung und Verfestigung anderer Systeme, z.B. des affektiven. Anders verhält es sich mit den biologischen Grundlagen für altersabhängige Veränderungen in der Art, wie mentale Repräsentationen kodiert werden. Hier vollziehen sich in der Tat Veränderungen, wie besonders am Beispiel des Lauterwerbs deutlich wird (Kap. 9.7). Nur sind diese lauterwerblichen Entwicklungen längst vor der Pubertät abgeschlossen.

Intellektuell-kognitive Erklärungen
Lerner im allgemeinen und Kinder im besonderen drücken sprachlich nichts aus, was sie intellektuell, d.h. im Hinblick auf Konzepte und logische Denkoperationen, noch nicht bewältigen können. Das wird besonders deutlich an semantischen Aspekten des Spracherwerbs. Von Kindern, die noch kein Konzept für ‚mehr' oder ‚weniger' haben, darf man nicht erwarten, daß sie die Vokabeln mehr oder weniger zielgerecht verwenden, oder wenn Kinder noch keine reziproken Schlüsse ziehen können, gelingt ihnen dies auch nicht für Verwandtschaftswörter (Kap. 8.3.2). Die intellektuelle Entwicklung ist daher eine notwendige, wenn auch - und das zu erkennen ist sehr wichtig - keine hinreichende Voraussetzung. Es darf nämlich aus der Tatsache, daß Kinder erst ab etwa 8;0 reziproke Schlüsse aus Verwandtschaftswörtern ziehen können (Kap. 8.3.2), nicht gefolgert werden, daß auch erst ab diesem Zeitpunkt reziproke syntaktische Operationen gelernt werden. Das zeigt schon das Beispiel der Inversion im Deutschen. Sie ist insofern eine reziproke Regel, als aus dem Satz *morgen (A) regnet (B) es (C) bestimmt (D)* geschlossen werden kann, daß die Abfolgen C B A D oder D B C A auch sprachgerecht sind. Die deutsche Inversion beherrschen Kinder schon um 3;5. Die Fähigkeit zu reziproken Schlüssen für den semantisch-intellektuellen Bereich aber erst beträchtlich später.

Zu erkennen, daß die intellektuelle Entwicklung nur eine von mehreren Voraussetzungen für Sprachenlernen darstellt, ist deshalb so wichtig, weil für viele Forscher die Versuchung so groß war, die sprachliche Entwicklung als direkt abhängig von der intellektuellen zu deuten (z.B. Sinclair-de Zwart 1971). Diese Annahme führt solange zu sinnvollen Ergebnissen, wie die Spracherwerbsforschung auf semantische, vorzugsweise lexikalische Phänomene beschränkt bleibt. Leider findet sich diese eingeschränkte Sichtweise in der Regel in der psychologisch und pädagogisch ausgerichteten Literatur. Eine Sprache aber ist mehr als ihre Wörter (Kap. 8-10), und die Zusammenhänge zwischen Sprachenlernen und intellektueller Entwicklung sind beträchtlich komplexer als vielfach unterstellt. Eine Eins-zu-Eins-Abhängigkeit der sprachlichen Entwicklung von der intellektuellen anzunehmen, ist nicht mehr gerechtfertigt. Je nach sprachlichem Strukturbereich ist die Abhängigkeit mehr oder weniger stark ausgeprägt. Darüber hinaus gibt es sprachliche Fähigkeiten, die sich zum Teil beträchtlich früher als vergleichbare intellektuelle zeigen. Eine echte Vorreiterrolle scheint der intellektuellen Entwicklung z.B. im semantischen Bereich zuzukommen, nicht jedoch in der Phonologie und bei den formalen Aspekten der Syntax. Ob damit, wie Felix (1982) vermutet, der Phonologie und der Syntax eine die intellektuelle Entwicklung (mit)bestimmende Vorreiterrolle zukommt, wäre erwägenswert.

In diesem relativierten Sinne bildet die intellektuelle Entwicklung sowie die Ausprägung des gesamten Weltverständnisses eines Lerners eine unter mehreren Voraussetzungen für seinen Spracherwerb. Diese Voraussetzungen sind für jeden Lerner unterschiedlich, und zwar besonders in Abhängigkeit vom Zeitpunkt des Lernbeginns. Mithin können die kognitiven Voraussetzungen je nach Spracherwerbstyp sehr unterschiedlich ausfallen. Der L1-Erwerb vollzieht sich eingebettet in die sich Schritt für Schritt entfaltende kognitive Entwicklung des Kleinkindes; bei allen anderen Spracherwerbstypen verknüpft sich der Spracherwerb mit dem jeweiligen kognitiven Entwicklungsstand, den der Lerner zu diesem Zeitpunkt erreicht hat. Vorausgesetzt, es handelt sich nicht um einen intellektuell voll ausgereiften Sprecher, so verlaufen die nachfolgende sprachliche Entwicklung und die kognitive Entwicklung in gegenseitiger Verknüpfung wie beim L1-Erwerb. Zur Präzisierung ist ein kurzer Abriß zur intellektuellen Entwicklung nach Piaget erforderlich.

Die intellektuelle Entwicklung nach Piaget

Die Diskussion über die Zusammenhänge zwischen intellektueller und sprachlicher Entwicklung hat sich seit dem Wiederaufschwung der Spracherwerbsforschung Ende der 60er Jahre im wesentlichen auf die Auseinandersetzung mit der Theorie Piagets und seiner Mitarbeiter konzentriert (z.B. Piaget 1923, 1974, Piaget/Inhelder 1969, Inhelder 1976). Diese Theorie hat viele Spracherwerbsforscher aus mehreren Gründen sehr gefesselt: Sie war durch umfangreiche Beobachtungen abgesichert, hatte unter Entwicklungspsychologen und Pädagogen viel Anerkennung gefunden und die kognitive Entwicklung des Kindes war nicht als Kette mehr oder minder wahrscheinlicher Entwicklungsschübe, sondern als Abfolge von aufeinander bezogenen *Entwicklungsstadien* konzipiert. Das jeweils vorausgehende bereitet das nachfolgende Stadium vor und ermöglicht es erst. Diese Konzeption entsprach der über Entwicklungssequenzen und -stadien in der linguistischen Spracherwerbsforschung (Kap. 5.3). Ferner wird die intellektuelle wie sprachliche Entwicklung als ein Kontinuum gesehen, das seinen Ausgang in gemeinsamen rudimentären Frühformen hat. Und schließlich wird die Rolle und der Beitrag des Kindes nicht als passiv und rezeptiv, sondern als aktiv und kreativ gesehen. In der Interaktion mit der Umwelt bilden sich Kognition und Sprache aus.

Furth (1972) unterscheidet in seinem von Piaget sehr gelobten Überblick über die Piagetsche Theorie drei große Entwicklungsschübe: das sensomotorische Stadium von der Geburt bis ca. 1;8; das Stadium der konkreten Denkoperationen von ca. 1;8 bis 11;0; und das Stadium der formalen Denkoperationen ab ca. 11;0. Jedes dieser drei Grobstadien gliedert sich in diverse Unterstadien. In der Regel findet sich in den Überblicksdarstellungen meistens eine Vierteilung, indem das Stadium der konkreten Denkoperationen in präoperationales Denken von ca. 1;8 bis 7;0 und konkretoperationales Denken von ca. 7;0 bis 11;0 untergliedert wird. Die Hauptcharakteristika dieser vier Stadien sind:

Sensomotorisches Stadium

Kinder beginnen ihre intellektuelle Entwicklung dadurch, daß sie auf der Grundlage ihrer angeborenen Reflexe mit Objekten ihrer Umwelt hantieren bzw. selbst in Handlungen eingebunden werden. Charakteristisch während des sensomotorischen Stadiums ist der kognitive Status dieser Handlungsschemata sowie der Gegenstandsbegriff des Kindes. Gegenstände existieren für Kinder im sensomotorischen Stadium nur, solange sie diese wahrnehmen können. Die Objekte, die Handlungen und das wahrnehmende Selbst bilden eine kognitiv noch nicht trennbare Einheit. Rollt z.B. ein Ball außer Sichtweite hinter eine Tür, hört er für das Kind auf zu existieren. Wie bereits in Kap. 7.1.3 angedeutet, sucht es nicht nach ihm. Es ist noch außerstande, sich vorzustellen, daß der Ball wieder hervorrollen könnte oder unabhängig von der Bewegung hinter der Tür weiter existiert. Das Kind kann kognitiv das Objekt, nämlich den Ball, noch nicht vom gesamten Handlungsablauf trennen; und über das gesamte Schema kann es kognitiv nur verfügen, wenn das betreffende Objekt auch tatsächlich wahrgenommen wird. Das bedeutet: Dem Gegenstandsbegriff des Kindes fehlt noch der Aspekt der *Objektpermanenz*, d.h. daß Gegenstände auch dann existieren, wenn man sie nicht wahrnimmt. Offensichtlich sind Objekte, Ereignisse und Handlungen mental noch nicht so repräsentiert, daß sie separat abrufbar sind.

Präoperationales Stadium

Die Entwicklung von vier Charakteristika dieses Stadiums ist besonders wichtig: die Herausbildung von *Objektpermanenz*, die *Fähigkeit zum Werkzeuggebrauch*, die *zeitversetzte Imitation* und das *symbolische Spiel.* Nun ist das Kind in der Lage, Handlungen und Objekte kognitiv zu trennen. Der Gegenstandsbegriff ist jetzt so entwickelt, daß Objekte auch dann existieren, wenn sie im Moment nicht präsent oder wahrnehmbar sind. Räumliche und zeitliche Distanz sind keine Barriere mehr für die kognitive Verfügbarkeit von Handlungsschemata. Dies ermöglicht Kindern den Gebrauch von Werkzeugen und das für ihren sinnvollen Einsatz erforderliche Planen. Desgleichen können Kinder nun Handlungen reproduzieren, die sie zu einem vergangenen Zeitpunkt erlebt, gesehen oder auch selbst ausgeführt haben. Kinder können z.B. berichten bzw. zeitversetzt imitieren, was sie im Laufe des Tages erlebt haben.

Besonders aufschlußreich sind die bei Kindern sehr beliebten „Als-Ob-Spiele" im Hinblick auf die Entwicklung der symbolischen Funktion, z.B. die Verwendung eines Steines als Auto, eines ‚Stockes als Gewehr' oder Spiele wie ‚Mutter und Kind'. Solche Spiele kann nur der erfolgreich spielen, der in der Lage ist, den tatsächlichen Gegenstand von der jeweiligen Funktion zu trennen und diese Funktion einem anderen, normalerweise dafür nicht in Frage kommenden Objekt zuzuweisen. Das geht nur, wenn diese Dinge mental trennbar repräsentiert werden können.

Wie in Kap. 7.1.3 gezeigt, setzt Spracherwerb mit dem präoperationalen Stadium ein. Die Piagetsche Theorie erklärt einsichtig, warum der Beginn in dieses Entwicklungsstadium fällt. Wie oben erläutert, setzt die Verwendung sprachlicher Zeichen die Beherrschung der Symbolfunktion voraus. Ein Wort oder ein Morphem ist nicht identisch mit seinem Denotatum, sondern verweist nur darauf. Ein Wort und seine Bedeutung zu lernen, erfordert, daß beide unabhängig von einem physikalisch gegebenen Denotatum im Gedächtnis mental repräsentiert und dort verfügbar gehalten werden.

In der Literatur wird der Beginn der Beherrschung der symbolischen Funktion häufig als *Voraussetzung* für den Beginn des Spracherwerbs angesehen. Felix (1982: 261) warnt jedoch mit Nachdruck davor, die Beherrschung der symbolischen Funktion als *hinreichende* Bedingung für den Beginn des *gesamten* Spracherwerbs zu betrachten. Die Beherrschung symbolischer Funktionen und die wachsende Kenntnis der Welt erklären zwar den Beginn des Lexikonerwerbs, aber z.B. nicht den Erwerb der Phonologie. Wie in Kap. 7.1.1 erläutert, setzt der Erwerb der Phonologie die Entwicklung von Fähigkeiten zur Wahrnehmung, Speicherung und Produktion von Schallsignalen voraus.

Konkret-operationales Stadium

Der entscheidende Fortschritt gegenüber dem präoperationalen Stadium ist, daß das Denken nun reversibel wird. Was gemeint ist, sei am Erhaltungsbegriff illustriert: präoperationale Kinder behaupten z.B., wenn Wasser aus einem breiten, aber niedrigen Gefäß in ein schmales, aber höheres gefüllt wird, daß im hohen mehr Wasser als im flachen Behälter enthalten ist. Präoperational orientiert sich ein Kind an einer Dimension, und es ist auch dann noch nicht in der Lage, mehrere Dimensionen zueinander in Beziehung zu setzen, wenn es diese Dimensionen einzeln bereits beherrscht. In diesem Sinne ist das Denken präoperationaler Kinder noch irreversibel. Konkret-operational denkende Kinder hingegen erkennen, daß sich zwar die Form, aber nicht das Volumen ändert. D.h., sie sind in der Lage, verschiedene Dimensionen zueinander in Beziehung zu setzen und ggf. von einer auf eine andere zu schließen. Das Denken ist reversibel geworden. Damit ist u.a. die Voraussetzung geschaffen, daß Kinder reziproke Wörter lernen, und z.B. aus der Tatsache, daß Peter drei Brüder *Klaus*, *Hans* und *Heiner* hat, auf die Zahl der Brüder von Heiner schließen können.

Gegenüber dem späteren Stadium der formalen Operationen unterscheiden sich sowohl das präoperationale als auch konkret-operationale dadurch, daß Kinder kognitiv nur solche Operationen bewältigen können, die sich auf im Moment wahrnehmbare oder direkt vorstellbare Gegenstände und Handlungen beziehen. Kinder in dieser Entwicklungsstufe können zwar auf Vergangenes, Jetziges und Zukünftiges verweisen, ihr Denken aber ist noch immer nicht im gleichen Maße abstrakt wie das der Erwachsenen oder Jugendlichen. Das wird besonders deutlich am Umgang mit Zahlen. Kinder lernen zwar Rechenoperationen wie Addieren, Subtrahieren, Multiplizieren, jedoch verbinden sie die Zahlenwerte mit konkreten Gegenständen wie Murmeln, Pfennigen oder Bonbons. Die Objekte müssen nicht wie im sensomotorischen Stadium physisch gegenwärtig sein. Es reicht, wenn sie vorstellbar sind. D.h., das Operieren mit Zahlen, also mit rein gedanklichen Konstrukten, losgelöst von konkretisierbaren Vorstellungen, ist noch nicht möglich.

Formal-operationales Stadium

Nun sind Kinder in der Lage, von konkreten oder konkretisierbaren Vorstellungen zu abstrahieren und über rein Gedankliches, z.B. abstrakte Regeln oder Hypothesen zu reflektieren. Das Denken ist *hypothetisch*. Dies ist kein Charakteristikum einzelner Denkoperationen, sondern betrifft das gesamte Denken als kognitives System. Damit sind die intellektuellen Grundlagen für logisch-mathematisches Denken geschaffen. Jetzt ist der Mensch in der Lage, über Denkbares zu reflektieren. Theorien und Hypothesen sind nun überprüfbar, indem sie nicht mehr an konkreten Sachverhalten der Wirklichkeit gemessen werden, sondern an der inneren Konsistenz, der Logik der Argumentationsweise und den – hypothetisch – zu erwartenden Konsequenzen.

Der Eintritt in das Stadium der formalen Operationen gilt als Voraussetzung dafür, daß in der Schule – und auch im FU – mit bewußt gegebenen Regeln gearbeitet werden kann. Die Praxis bestätigt das. Man würde allerdings auch erwarten, daß in natürlichen Situationen der Beginn des Stadiums der formalen Operationen den Zeitpunkt markiert, an dem Kinder beginnen, bewußt über Sprache nachzudenken. Dem widersprechen bislang vorliegende Beobachtungen zum L1- und natürlichen

L2-Erwerb. Kinder können durchaus im Alter von 4, 5 oder 6 Jahren bereits von sich aus zielgerechte von nichtzielgerechten Äußerungen unterscheiden, Fehler identifizieren, erläutern und sie korrigieren, ohne daß sie dazu aufgefordert oder erzogen werden.

Insgesamt sind die Zusammenhänge zwischen den Stadien der intellektuellen und der sprachlichen Entwicklung z.Z. noch nicht hinreichend geklärt. Innerhalb der Theorie von Piaget läßt sich dies nicht erreichen, da sie nicht auf die Frage nach der Verflechtung von sprachlicher und intellektueller Entwicklung ausgerichtet ist. Piaget betrachtete die sprachlichen Fähigkeiten von Kindern als Indizien für ihren intellektuellen Werdegang. Entsprechend benutzte er für seine Experimente Problemlösungsaufgaben, die - naturgemäß - die Interpretation bestimmter Vokabeltypen und Diskursstrukturen voraussetzen. Die Phonologie und weite Bereiche der Syntax gerieten nicht ins Blickfeld. Darüber hinaus hat sich Piaget in einem späteren, wenig bekannt gewordenen Vortrag sehr skeptisch darüber geäußert, daß es sehr direkte Beziehungen zwischen der sprachlichen Entwicklung und der Entwicklung des Denkens geben könnte (Furth 1972: 176ff).

Dessen ungeachtet läßt sich mit Piagets Theorie einleuchtend erklären, daß der Spracherwerb erst nach der Herausbildung der *Symbolfunktion* und der *Objektpermanenz* im präoperationalen Stadium beginnen kann und daß die semantische Entwicklung, namentlich der lexikalischen Einheiten, die Denkentwicklung widerspiegelt. Bislang ist es jedoch nicht gelungen, das formale Denken ähnlich einleuchtend mit der Entwicklung der Sprachlernfähigkeit in Verbindung zu bringen (Einzelheiten s.u.).

Darüber hinaus hat die spätere Forschung auch einige von Piagets konkreteren Ansichten über Sprachenlernen zurechtgerückt. So meinte er, die Sprache von Kindern sei noch bis 6;0-7;0 überwiegend *egozentrisch* und nicht *sozial*. D.h., die Äußerungen seien nicht direkt an jemanden gerichtet und damit nicht als Mitteilung intendiert. Kleine Kinder, so Piaget, könnten sich noch nicht in die Rolle anderer Gesprächspartner versetzen und daher keinen echten Dialog führen. Dieser sprachliche Egozentrismus ist von anderen Autoren nicht bestätigt worden. (z.B. McCarthy 1954: 564ff, Keenan 1974, Garvey 1975, Miller 1976). Nach diesen Berichten sind Kinder spätestens um 2;5 sehr wohl fähig zum Dialog und zu sozialer Interaktion.

Formales vs. intuitives Lernen: Regellernen und formale Operationen

Mit Erreichen des Stadiums der formalen Operationen ist die Grundlage dafür geschaffen, daß diverse Phänomene, u.a. auch Sprachen, unter Zuhilfenahme von explizit vorgegebenen Regeln gelernt werden können. Dieses Lernen erfolgt *formal.*, d.h., der Lernvorgang wird bewußt gemacht. Die damit erzeugte Lernhaltung dominiert nicht nur in allen Bereichen des schulischen Lernens, sondern auch im späteren Leben. Im Hinblick auf die verwendeten Lehr- und Lerntechniken und die sonstigen damit verbundenen Externa der Lernsituation unterscheidet sich das formale Regellernen sehr von den in nichtschulischen Situationen aktivierten intuitiven, d.h. unbewußten Lernvorgängen. Die Effektivität beider Lernsysteme muß differenziert gesehen werden. Daß ältere Jugendliche und Erwachsene anfangs viele Bereiche einer L2 schneller bewältigen, liegt vermutlich daran, daß sie über ein wesentlich ausgereifteres kognitives System verfügen, das ihnen den Umgang mit formalen Regeln in höherem Maße erlaubt. Ältere Menschen verfügen über bessere Fähigkeiten zur Abstraktion, Klassifikation und Generalisierung; sie sind besser in der Lage, etwaige Ergebnisse zu reflektieren und zu diskutieren. Daß Erwachsene und Jugendliche längerfristig in der Regel von Kindern im Lernniveau übertroffen werden, erklärt sich durch affektive Faktoren (Kap. 12.3).

Darüber, wie formales Lernen im Hinblick auf die Verarbeitung von Input funktioniert, ist derzeit wenig bekannt. An Beobachtungen ist u.a. zu berücksichtigen: der gesamte Lernerfolg ist begrenzter als beim intuitiven Lernen. Das unbewußte Lernen kann offensichtlich nicht völlig ausgeschaltet werden, wie die zahlreichen entwicklungsspezifischen Strukturen zeigen, die sowohl in den natürlichen als auch in den schulischen Lernsituationen auftreten. Unklar ist daher z.Z., ob und inwieweit beide Lernsysteme auf dieselben Speicherprozesse, die zu den mentalen Repräsentationen sprachlicher Elemente im Gedächtnis führen, zurückgreifen.

Die Unterscheidung von zwei Lernsystemen entspricht einer alten pädagogischen Tradition. In jüngerer Zeit sind zwei Ansätze zu Überlegungen über das Zusammenwirken bzw. über Konflikte zwischen dem formalen und dem intuitiven Lernsystem bekannter geworden, Stephen Krashens *Monitortheorie* und die Überlegungen über *konkurrierende Lernsysteme* von Sascha Felix.

Das Monitormodell von Stephen Krashen

Der Monitoransatz von Krashen (1981) bezieht sich in erster Linie auf die Aktivierung sprachlichen Wissens und sprachlicher Fähigkeiten in L2-Kommunikationssituationen. Wie Sprachen gelernt werden, wird im Monitormodell nicht näher ausgeführt. Krashen meint lediglich, jene sprachlichen Fähigkeiten und Kenntnisse, die für die Bewältigung spontaner Kommunikation erforderlich sind, würden nur über das *intuitive System* (*acquisition*) gelernt. Das *bewußte System* (*learning*) bilde sich erst mit dem Stadium der formalen Operationen heraus. Über dieses bewußte Lernsystem können zwar auch Sprachen gelernt werden, jedoch ist dieses Wissen ungeeignet, um spontane Kommunikation zu bewältigen. Im konkreten Sprechvorgang werden Äußerungsabsichten initiiert und zunächst durch jenes Wissen kodiert, das über das intuitive System erworben wurde. Die Kenntnisse aus dem bewußten System können lediglich dazu verwendet werden, um die über das unbewußte System initiierten Äußerungen zu korrigieren - vorausgesetzt, es bleibt genügend Zeit (Krashen 1981; kritisch z.B. McLaughlin 1978b, Wode 1981a, Felix 1982, Gregg 1984).

Das Modell konkurrierender Lernsysteme von Sascha Felix
Auch die Überlegungen von Felix (1982) sind bislang nicht hinreichend detailliert ausgearbeitet worden. Im Gegensatz zu Krashen steht bei Felix jedoch der Lernaspekt im Vordergrund. Seine Überlegungen hängen eng mit der Frage zusammen, ob und inwieweit Piagetsche Vorstellungen über die intellektuelle Entwicklung des Kindes für den Spracherwerb relevant sein könnten. Aus Gründen, die oben geschildert wurden, kommt Felix zu der Überzeugung, daß es sich um zwei verschiedene Lernsysteme handelt. Das erste dient nur dem Spracherwerb, arbeitet unbewußt, seine Abläufe können nicht bewußt gemacht werden, es läßt sich auch im FU nicht ausschalten, und seine Funktionsweise ist durch keine affektiven oder andere nichtsprachliche Variablen beeinflußbar. Das zweite ist ein *allgemein kognitives* Lernsystem, das für alle Arten von Problemlösungen eingesetzt werden kann. Es bildet sich auf der Grundlage der formalen Operationen heraus. Es ist bewußter Reflexion zugänglich und erlaubt damit Lernen mit bewußtgemachten Regeln. Es kann in seiner Effektivität durch affektive und andere Variablen beeinflußt werden, führt aber nicht zu der Art von Kompetenz, die für spontane Kommunikation erforderlich ist, und auch seine Anwendung kann – wie das intuitive System – nicht bewußt verhindert werden. Folglich geraten beide Systeme zwangsläufig in Konflikt, wodurch der Lernerfolg behindert wird. Das intuitive Lernsystem führt zu entwicklungsspezifischen Strukturen, wie sie in natürlichen Lernsituationen zu finden sind. Auf das Konto des bewußten Lernsystems gehen diverse Dinge, die unter natürlichen Bedingungen nicht beobachtet worden sind und sich typischerweise im FU einstellen.

Ob tatsächlich zwei derart strikt getrennte Lernsysteme im Sinne von Felix oder Krashen angenommen werden können, ist noch nicht genügend geklärt. Im Gegenteil, je mehr detaillierte Untersuchungen über die sprachlichen Leistungen im FU und beim natürlichen L2-Erwerb vorgelegt werden, desto schwieriger wird es, kategorielle Unterschiede zwischen beiden Erwerbstypen auszumachen. Folglich werden in jüngster Zeit verstärkt Ansätze erörtert, in denen von einem variablen Sprachlernsystem ausgegangen wird (z.B. Ellis 1985a,b). Allerdings stellen sich in solchen monosystematischen Ansätzen naturgemäß zwei Fragen: Wie kann intuitiv Gelerntes Eingang in Reflexionen über Sprachen und sprachliche Regeln finden, und wie kann in formalen Lehrverfahren angebotener Input zu intuitivem Lernen führen? Beide Fragen harren noch einer überzeugenden Beantwortung (z.B. Sharwood-Smith 1981).

Affektive Faktoren als Erklärung für altersunterschiedliche Lernerfolge

Affektive Faktoren können erklären helfen, weshalb Erwachsene eine L2 oft mit weniger Erfolg als Kinder meistern. Wie oben bereits gesagt, kann sich im Gegensatz zu Eigenschaften der Persönlichkeitsstruktur die Stärke mancher affektiver Variablen kurzfristig sprachlernbegünstigend oder -hemmend verändern. Weniger kurzfristig veränderlich sind jene affektiven Grundlagen, die sich im Verlaufe des Sozialisationsprozesses des Kindes ausprägen. Je älter ein Kind ist, desto weiter fortgeschritten ist dieser Prozess; und je fester das Individuum in die Verhaltensweisen, Wertsysteme und Normen der Bezugsgruppe eingebunden ist, desto schwerer gelingt es ihm, sich mit den Normen einer neuen Gruppe und ihrer Sprache zu identifizieren oder sich in sie einzufügen, wenn dadurch die Bezüge zur früheren Gruppe verändert oder aufgegeben werden müssen. Entsprechend eng ist der Spielraum für die Herausbildung einer günstigen Sprachlernmotivation.

Die entscheidende Altersspanne scheint die Pubertät zu sein. Nach ihr sind Lerner in der Regel nicht mehr im erforderlichen Maße in der Lage, die Grenzen der eigenen Persönlichkeit und des an die zuvor gelernte Sprache gebundene Wert- und Normsystem so flexibel zu halten, wie es Kindern und präpubertären Jugendlichen gelingt. Für sie bilden soziale Wertsysteme, berufliche Konsequenzen und Integrationszwänge, die sich mit dem Erlernen einer neuen Sprache stellen, weniger drückende Probleme als für Erwachsene. Vor der Pubertät kann sich eine günstigere affektive Grundlage ausbilden.

Die Zusammenhänge zwischen dem Sozialisationsprozeß und der Entwicklung der affektiven Grundlagen erklärt manche Beobachtungen über Lerntempo und Lernniveau. Für den L1-Erwerb gilt, daß Jugendliche nach einem Umzug nur bis um die Zeit der Pubertät oder kurz danach die Regionalismen ihrer neuen Umgebung annehmen. Jüngere und ältere Erwachsene passen sich nicht mehr oder nur langsam an. Für den L2-Bereich und den FU erklärt die obige Annahme, weshalb Kinder, obwohl anfangs keineswegs stets schneller, letzten Endes doch meist erfolgreicher eine weitere Sprache lernen.

Es ist wichtig, aus dem eben Gesagten nicht den Eindruck entstehen zu lassen, mit den altersbedingten Unterschieden der affektiven Grundlagen würden auch sämtliche linguo-kognitiven Fähigkeiten verschwinden oder sich verändern. Nur einige verändern sich, z.B. die Kodierweise für phonologische Repräsentationen lexikalischer Einheiten (Kap. 11.3.3, 11.7); andere bleiben unverändert erhalten (z.B. die präverbale Negation (Kap. 10.3.3, 10.5)). Die affektiven Faktoren wirken wie ein Filter (Dulay et al. 1982) oder eine Barriere, die verhindert, daß die linguo-kognitiven Sprachlernfähigkeiten bzw. das bereits Gelernte auch stets voll aktiviert werden. Ein sehr einprägsames Beispiel ist Schumanns Schilderung, wie der 33jährige Costaricaner Alberto in den USA Englisch als L2 lernte. Als Schumann seine Untersuchung begann, war Alberto bereits vier Monate in den Vereinigten Staaten. Sein Kontakt zum Englischen beschränkte sich im wesentlichen auf den Bereich des Arbeitsplatzes. Seine Freizeit verbrachte er vorwiegend in der Gesellschaft seiner ebenfalls spanischsprachigen Freunde. Während der zehnmonatigen Untersuchungszeit stellte Schumann kaum nennenswerte Fortschritte fest. Albertos Englisch blieb so rudimentär wie zu Beginn der Untersuchung. Nur rd. 22% seiner negierten Äußerungen waren zielgerecht. Er negierte überwiegend präverbal, z.B. *I no understand* statt *I don't understand* (ich verstehe nicht), und die Inversion bei Fragen fehlte weitgehend. Kurzum, Alberto bot das vertraute Bild des noch wenig fortgeschrittenen L2-Sprechers. Da so wenig Fortschritt zu erkennen war, erhielt Alberto nach Ablauf der Untersuchungszeit sieben Monate lang Englischunterricht, um zu prüfen, ob er über die erforderlichen Lernfähigkeiten verfügte. Albertos Englisch verbesserte sich rapide. So waren seine negierten Äußerungen in Tests gegen Ende des Unterrichts zu rd. 64% korrekt. Allerdings machte er außerhalb des Unterrichts wenig Gebrauch davon. Seine spontanen, d.h. außerhalb der schulischen Tests produzierten negierten Äußerungen waren nur zu rd. 20% zielgerecht (Schumann 1978c: 108f).

Das Beispiel von Alberto zeigt sehr deutlich, daß ein Lerner sehr wohl über die erforderlichen Sprachlernfähigkeiten verfügen kann. Seine Einbindung in die Gruppe der Landsleute mit ähnlichem sozialen Status und der damit gegebenen affektiven Konstellation kann den Lerner dazu bringen, nicht über das L2-Niveau seiner Landsleute hinauszugehen. Ähnliches ergibt sich aus den Beobachtungen der ZISA-Gruppe zur individuellen Variation der *restriktiven* L2-Lerner des Deutschen. Wie in Kap. 5.4 berichtet, verwendeten sie bevorzugt die Strukturen früherer Entwicklungsstadien, obwohl sie weiter fortgeschrittene Strukturen bereits beherrschten. Diese Lerner zeigten wenig Integrationsbereitschaft und bewegten sich vorzugsweise im Kreise ihrer gleichsprachigen Landsleute (Clahsen et al. 1983). Offensichtlich sind für Lerner mit bestimmter affektiver Ausrichtung die eigenen L2-sprachigen Landsleute die bevorzugten sprachlichen Vorbilder im Sinne von Kap. 11.1.4.

Insgesamt zeigt sich, daß der Faktor Lebensalter eine sehr wichtige und komplexe Rolle beim Spracherwerb spielt. Als biologische Eigenschaft ist das Lebensalter nicht direkt relevant für den Spracherwerb, sondern nur indirekt über reifungs- und sozialisationsbedingte Entwicklungen des Gedächtnisses sowie des intellektuellen, sozialen und affektiven Bereiches.

12.5 Lektürevorschläge zu Kap. 12

Grundlegender Überblick

Dulay et al. (1982). Hieran lehnt sich auch die Gliederung dieses Kapitels an.

Merkmale der Persönlichkeitsstruktur

Empathie: Guiora et al. (1975), Naiman et al. (1978).

Psychische Stabilität:

Knapp-Potthoff/Knapp (1982), Guiora et al. (1972), Solmecke/Boosch (1981), Busch (1982), Beebe (1983).

Feldabhängigkeit, -unabhängigkeit:
Brown (1977), Naiman et al. (1978), Hansen/Stansfield (1981: Knapper Überblick).
Lernertypen und -stile: Hatch (1974), Seliger (1977).
Sprachlerneignung:
Carroll (1962, 1981), Knapp-Potthoff/Knapp (1982), Vollmer (1982), Wienold (1973), Wienold et al. (1985).

Affektive Faktoren
Grundlegend: Gardner/Lambert (1959), Solmecke/Boosch (1981).
Überblick: Solmecke (1973), Dulay et al. (1982).
Ergänzend:
Lukmani (1972), Gardner/Lambert (1972),Chihara/Oller (1978), Strong (1984).
Sammelband: Solmecke (1976).
Ethnozentrismus: Solmecke/Boosch (1981).
Emotionale Zustände, Angst:
Gardner et al. (1976), Oller et al. (1977), Solmecke/Boosch (1981).

Biologische Faktoren
Geschlecht:
McCarthy (1954), Templin (1957), MacCaulay (1978).
Kritische Lernspanne und Lateralisierung:
Penfield/Roberts (1959), Lenneberg (1967), Krashen (1973).
Kritisch: Wode (1981a).
Lerntempo:
Ervin-Tripp (1974), Fathman (1975), Snow/Hoefnagel-Höhle (1978).
Erreichbares Lernniveau:
Asher/Garcia (1969), Seliger et al. (1975), Oyama (1976), Zabrocki (1966).
Intellektuelle Entwicklung nach Piaget:
Piaget (1923, 1974), Piaget/Inhelder (1969), Inhelder(1976).
Überblick:
Flavell (1963), Potter (1966), Oerter (1977), Piaget(1970).

Formales vs. intuitives Lernen
Monitormodell:
Krashen (1981). Kritisch: McLaughlin (1978b), Wode(1981a), Felix (1982), Gregg (1984).
Konkurrierende Lernsysteme: Felix (1982).
Affektive Faktoren und altersunterschiedlicher Lernerfolg:
Schumann (1975a,b, 1978), Clahsen et al. (1983).

13. Der Einfluß sozialer Faktoren

Der *soziale Rahmen*, in dem Sprachenlernen erfolgt, wird zum einen gebildet durch den *sprachlichen Input*, zum anderen durch die *nichtsprachlichen* Variablen.

Wie schon einleitend zu Teil C vermerkt, liegt die Bedeutung der sozialen Faktoren nicht einfach in ihrer Existenz, sondern in ihrer Wirkung auf die Fähigkeit und die Bereitschaft des Lerners, eine Sprache zu lernen. Die sozialen Faktoren sind die Auslöser für die Herausbildung der erforderlichen affektiven Grundlagen (Kap. 12). Die sozialen Faktoren müssen deshalb aus *soziopsychologischer* Sicht betrachtet werden. Der Umstand, daß z.B. ein spanischer Gastarbeiter mit einem L1-deutschsprachigen Partner zusammenlebt, besagt für sich betrachtet wenig. Erst aus den Konsequenzen, die sich daraus ergeben, wird die spracherwerbliche Relevanz des Zusammenlebens deutlich. Es steigert die Lernmotivation, öffnet vielfältige Kontaktmöglichkeiten und stärkt die Integrationsbereitschaft (Becker et al. 1978). Die Wirkungsweise eines einzelnen Faktors oder gar einer einzelnen Variablen ist daher meistens vielschichtig.

Methodisch ergeben sich drei Schwierigkeiten. Erstens ist kaum ein Faktor denkbar, der nicht selbst wieder in weitere gegliedert werden könnte. Zweitens sind in jeder Lernsituation derart viele Faktoren beteiligt, daß es auf absehbare Zeit unmöglich erscheint, sie alle angemessen zu untersuchen. Deshalb mußte sich die bisherige Forschung darauf beschränken, durch Vorüberlegungen Faktoren zu isolieren, von denen angenommen werden konnte, daß sie für den Spracherwerb relevant sind. Diese Faktoren wurden dann genauer untersucht. Dabei sind je nach Spracherwerbstyp unterschiedliche Faktoren bevorzugt untersucht worden: für den L1-Erwerb, wie Kinder aufwachsen, z.B. ob in der Familie oder im Heim; für den L2-Erwerb primär das Alter und die Kontaktmöglichkeiten Erwachsener und für den FU das Umfeld von Schule und Elternhaus. Der Faktor sozioökonomische Schicht gehört zu den wenigen, die in mehreren Spracherwerbstypen überprüft worden sind.

Die dritte Schwierigkeit betrifft die sprachlichen Aspekte, an denen der Nachweis des Einflusses der sozialen Faktoren bislang gemessen wurde. Teilweise handelte es sich um wenig differenzierte Maßgrößen, z.B. der Umfang des Wortschatzes, die durchschnittliche Zahl der Wörter pro Satz als Maß für syntaktische Komplexität oder Imitationstests zur Überprüfung der Phonologie. Erst in neueren Studien versucht man, von differenzierteren Indices wie Entwicklungssequenzen auszugehen (z.B. Schumann 1975a, Klein/Dittmar 1979, Clahsen et al. 1983, Pienemann/Johnston 1985).

Die einzelnen Faktoren werden separat nach den verschiedenen Spracherwerbstypen besprochen. So läßt sich besser verdeutlichen, welche sozialen Faktoren für die einzelnen Spracherwerbstypen besonders wichtig und charakteristisch sind.

13.1 L1-Erwerb

Man nimmt an, daß jedes normale Kind ein angemessenes L1-Niveau erreicht. In den bisherigen Untersuchungen zum L1-Erwerb stand daher das Lerntempo im Vordergrund. Unterschiede in der Entwicklung erklären sich im wesentlichen aus der Art und Intensität des sprachlichen Kontakts, den Kinder erhalten, und zwar im Zusammenwirken mit Faktoren wie Familienstruktur, Mehrlingssituation, Heimmilieu und sozialer Schicht.

Familienstruktur

Im Gegensatz zu früheren Auffassungen (z.B. Stern/Stern 1928) zeigen jüngere Untersuchungen, daß kleine Familien die Sprachentwicklung beschleunigen können. Einzelkinder kommen besonders schnell voran, und zwar schneller, als man es auf Grund des Einflusses anderer Faktoren erwarten würde (McCarthy 1954:5f).

Die Ergebnisse aus Kap. 11 über die Relevanz und Wirkungsweise von sprachlichem Input und Interaktionsverhalten machen verständlich, weshalb kleinere Familien mit viel Kontaktmöglichkeiten zwischen Kindern und Erwachsenen das Lerntempo begünstigen können. Infolge ihres sprachlichen und intellektuellen Entwicklungsstandes reden Kinder anders als Erwachsene, ihr Themenkreis ist eingeschränkter, die Vielfalt ihrer sprachlichen Ausdrücke geringer. Folglich liefern Kinder weniger reichhaltigen Input als Erwachsene. Kinder, die primär von gleichaltrigen oder wenig älteren Kindern lernen, erhalten somit weniger Ansatzpunkte für ihre Lernstrategien. Entscheidend ist also nicht die Größe der Familie, sondern die Art und die Reichhaltigkeit der sprachlichen Interaktion.

Mehrlinge: Zwillinge und Drillinge

Die *Mehrlingssituation* kann aus denselben Gründen wie kinderreiche Familien eine das Lerntempo ungünstig beeinflussende Situation sein (z.B. Schaerlaekens 1973, Savič 1980). Mehrlinge sind einander auf Grund des gleichen Alters und den damit zusammenhängenden Entwicklungen und Bedürfnissen sehr ähnlich. Dies wird verstärkt durch die Tatsache, daß ihnen von ihrer Umgebung in der Regel eine besondere Rolle zugewiesen wird. Sie werden oft gemeinsam mit den gleichen Aktivitäten beschäftigt und verbringen deshalb viel Zeit miteinander. Daher verstehen sie sich ohne viele sprachliche Erklärungen. Mehrlinge dienen einander ferner als Spielpartner, so daß die Eltern meist wenig Veranlassung sehen, für weitere Gefährten zu sorgen. Bei Einzelkindern hingegen geben sich Eltern in der Regel große Mühe, Partner für ihre Kinder zu finden. Diese Besonderheiten führen einerseits dazu, daß die Motivation, eine Sprache zu lernen, bei Mehrlingen geringer ausgeprägt sein kann. Andererseits kann auf diese Weise auch der sprachliche Input im Vergleich zu Einzelkindern verarmt sein. Es ist daher kein Wunder, daß Mehrlinge in ihrer sprachlichen Entwicklung sehr oft verzögert sind. Day (1932) verglich z.B. 80 Zwillingspaare nach jenen Kriterien, nach denen McCarthy (1930) Einzelkinder untersucht hatte. Die Zwillinge waren deutlich zurückgeblieben. Beispielsweise entsprach die Länge der Antworten der 5jährigen Zwillinge in etwa denen 3jähriger Einzelkinder.

Überliefert sind sogar Fälle, bei denen die Situation des Aufeinanderangewiesenseins dazu führte, daß sich die Sprachentwicklung extrem verzögerte oder auf elementarem Niveau verharrte, ohne daß die für die weitere Entwicklung erforderlichen Fähigkeiten fehlten. So berichtet Jespersen (1922:185ff) über ein dänisches Zwillingspaar, das extrem vernachlässigt wurde. Bei diesen Jungen bildete sich ein sehr rudimentäres Idiom heraus, das kaum jemand verstand. Mit 4 Jahren kamen die Kinder in ein Waisenhaus. Zunächst verwendeten sie untereinander weiter ihr Zwillingsidiom, machten dann aber nach kurzer Zeit intensiven sprachlichen Kontaktes mit anderen Personen schnell Fortschritte.

Die sprachliche Verzögerung bei Mehrlingen ist in der Regel besonders ausgeprägt im Alter zwischen 2 und 5 Jahren. Während dieser Zeit bewegen Kinder sich vorwiegend im elterlichen Hause. Das ändert sich zwangsläufig mit Schulbeginn. Die Schule sorgt für viel Kontakt, so daß sich mit Beginn der Schulzeit die Unterschiede zwischen Zwillingen und Einzelkindern nivellieren (Davies 1937). Day (1932) konnte ferner Zusammenhänge mit der sozio-ökonomischen Schicht, aus der die Zwillinge bzw. deren Familien kamen, feststellen. Zwillinge aus höheren Schichten holten in der Schule schneller auf als jene aus unteren.

Was für Zwillinge gilt, trifft auf Drillinge in erhöhtem Maße zu. Howard (1946) verglich die Ergebnisse über englischsprachige Zwillinge von Day (1932) und Davis (1937) mit Drillingen. Ihr sprachlicher Rückstand zu Einzelkindern war noch größer als der von Zwillingen.

Heimmilieu

Das Heimmilieu kann auf alle Bereiche der Sprachentwicklung von Kindern eine sehr ungünstige Wirkung haben. Heimkinder schreien in ihrer vorsprachlichen Entwicklung mehr (z.B. Aldrich et al. 1945 a-c, Aldrich et al. 1946), beginnen später zu sprechen und haben einen geringeren Wortschatz. Zwei Gründe scheinen entscheidend: einerseits die primär durch die geringe Zahl an Pflegepersonal und Kontaktpersonen bedingte unzureichende Versorgung mit reichhaltigem sprachlichem Input. Zum anderen ist es dem wenigen Personal in der Regel selten möglich, den Kindern die emotionale Zuwendung in dem Maße zukommen zu lassen, wie es die Herausbildung einer günstigen affektiven Grundlage für erfolgreiches Sprachenlernen erfordert. Ein entsprechend düsteres Bild zeichnen die einschlägigen Untersuchungen. Das Heimmilieu ist oft durch Monotonie und Unpersönlichkeit geprägt. Verzögerungen, die sich während der frühen Jahre in Heimen einstellen, können lange nachwirken und sind nicht notwendigerweise im späteren Leben völlig wieder wettzumachen. So fand Goldfarb (1955 - nach Oksaar 1977) in einer Serie von Tests an denselben Kindern im Alter von 3;7, 6;0, 8;0 und im Jugendalter deutliche Verzögerungen in phonetischen und anderen Bereichen. Daß es sich bei diesen Schwächen der Heimkinder nicht um Defizite ihrer Sprachlernfähigkeit handelt, wird deutlich, wenn die externe Situation geändert wird. Das Sprachniveau von Heimkindern steigt schon nach kurzer Zeit, wenn die sprachliche und emotionale Zuwendung verbessert wird (McCarthy 1954:584ff).

Sozioökonomische Schicht

In den 60er und 70er Jahren hat die Frage nach dem Einfluß der sozioökonomischen Schicht, in der ein Kind aufwächst, besonders viel Forschungsinteresse geweckt und zur Revision älterer Auffassungen geführt. In früheren Studien wird in der Regel berichtet, daß Kinder aus sozial niederen Schichten ein geringeres Niveau erreichen als Kinder höherer Schichten. Das kann u.a. einen geringeren Wortschatz, geringere syntaktische Komplexität, kürzere Sätze oder Verzögerung in der Entwicklung der Aussprache betreffen (z.B. Descœudres 1921, Stern/Stern 1928:230).

Dieser recht globalen Einschätzung gegenüber konnten schon Hetzer/Reindorf (1928 - nach Oksaar 1977) an 65 Kindern der Wiener Übernahmestelle für Kinder aus unterprivilegierten Schichten zeigen, daß sie zwar einen sprachlichen Rückstand von drei bis zwölf Monaten hatten, daß aber die einzelnen sprachlichen Leistungen nicht im gleichen Maße vom sozialen Milieu beeinflußt zu sein brauchen (McCarthy 1954:586f). Diese Einschätzung wird bestätigt durch die recht umfangreiche Untersuchung von Templin (1957) an 480 amerikanischen Kindern zwischen 3;0 und 8;0. Mit Hilfe verschiedener Tests wurden Artikulation, Schallwahrnehmung, Satzstruktur und Wortschatz überprüft.

Die Untersuchungen der 60er und 70er Jahre sind besonders durch die Annahmen des britischen Soziologen Basil Bernstein über die schichtspezifische Verwendung von *Sprachkodes* inspiriert bzw. angeregt worden. Bernstein nahm an, daß die Mitglieder verschiedener sozialer Schichten unterschiedlich sprächen: die unteren einen *restringierteren Kode*, die oberen einen *elaborierteren*. Der restringierte Kode wurde als eine einfachere und verarmte Variante des elaborierten Kodes aufgefaßt. In den unteren sozialen Schichten erhalten Kinder restringierten Input, in den oberen elaborierten. Je restringierter der Kode, desto ungeeigneter sei er, um gedanklich komplexe Sachverhalte auszudrücken und desto weniger wird in diesen Kreisen auch über komplizierte Sachverhalte gesprochen. Folglich lernen Kinder, die in sprachlich restringierten Verhältnissen aufwachsen, nicht nur eine weniger nützliche Sprechweise, sondern auch ihre intellektuelle Entwicklung bleibt defizitär, da, so Bernstein, sie über den restringierteren Kode ihrer Umgebung weniger als Oberschichtkinder stimuliert werden. Kein Wunder, daß Kinder der Oberschicht im späteren Leben denen der niedrigeren Schichten im Hinblick auf Berufs- und Lebenserfolg überlegen sein sollen (Bernstein 1971).

Bernsteins Gedankengut ist in den USA und Westeuropa in den 70er Jahren intensiv diskutiert worden und hat umfangreiche Forschungsaktivitäten provoziert. Insgesamt haben diese Impulse zu einem vertieften Verständnis über schichtenspezifisches Sprachverhalten geführt. In beeindruckendem Umfang wurde die Existenz schichtspezifischer Sprachunterschiede bestätigt. Allerdings erwiesen sich wesentliche Teile von Bernsteins Annahmen als falsch. Schichtspezifische Sprachunterschiede bezeugen keine Defizite im sprachlichen Leistungsvermögen, sondern Andersartigkeit. Aus unterschiedlicher sprachlicher Stimulierung ergeben sich nicht notwendigerweise intellektuelle Defizite. Tests zur Ermittlung von schichtspezifischem Sprachvermögen, auch bei Kindern, dürfen nicht einseitig auf die Normen einer Schicht, etwa der dominierenden Mittel- oder Oberschicht zugeschnitten sein. Und es gibt keine Hinweise, daß Kinder niederer Schichten mit anderen oder gar leistungsschwächeren Voraussetzungen für Sprachenlernen ausgestattet sind (Wode 1982).

Besonders aufschlußreich waren in diesem Zusammenhang die Untersuchungen an farbigen Kindern und Jugendlichen aus den Gettos der Vereinigten Staaten. Labov (1970, 1972) zeigt z.B. für Jugendliche aus Harlem, daß sich ihr Englisch zwar von dem weißer Mittel- und Oberschichtkinder unterscheidet, nur war es in keiner Weise minderwertig. Im Gegenteil, Kinder aus verschiedenen sozialen Milieus beherrschen wechselweise sprachliche Fertigkeiten, die den anderen fehlen. Dies beruht nicht, wie Ginsberg (1972) betont, auf unterschiedlicher kognitiv-intellektueller Leistungsfähigkeit, sondern darauf, daß z.B. das Gettoleben andere sprachliche Fertigkeiten als der Tagesablauf in der weißen Mittel- und Oberschicht erfordert und daß sich die sprachlichen Wertvorstellungen von jugendlichen Gettobewohnern stark von denen besser situierter weißer Jugendlicher unterscheiden. Entsprechendes gilt für schichtspezifische Sprachunterschiede in anderen Ländern (z.B. Oevermann (1973) für Deutschland oder Trudgill (1974) für Großbritannien).

Diese Ergebnisse zwingen dazu, nicht nur frühere Beobachtungen zu schichtspezifischem Sprachverhalten und -lernen differenzierter zu deuten. Soziolekte der Unterschichten sind entgegen der Annahme Bernsteins nicht verarmte, minderwertige Varianten der Sprache der Mittelschicht. Vielmehr sind sie auf die Bedürfnisse und Gewohnheiten der jeweiligen Sprachgemeinschaft zugeschnitten. Tests, die das sprachliche Niveau verschiedener sozialer Schichten überprüfen sollen, dürfen daher nicht auf den sprachlichen Normen der einen, etwa der Mittelschicht aufbauen. Wegen der Mißachtung dieses Gesichtspunktes können gerade die oben referierten früheren Arbeiten heute nur noch unter Vorbehalt herangezogen werden. Wer den

Entwicklungsstand des Wortschatzes überprüfen will, darf nicht von jenem Wortgut ausgehen, das in unteren Schichten ohnehin nicht geläufig ist. Wenn sich dann im Test zeigt, daß Kinder aus weniger privilegierten Schichten diese Vokabeln nicht oder erst spät kennen, hat dieser Umstand nichts mit Sprachlernfähigkeiten oder einem niedrigen Entwicklungsstand zu tun, sondern eben mit schichtspezifischen Input-Besonderheiten, also mit den Externa der sozialen Situation.

Insgesamt muß der Einfluß der sozioökonomischen Schicht auf Sprachenlernen anders als der von Familienstruktur, Heimmilieu oder Mehrlingssituation gesehen werden. In diesen Fällen kann man davon ausgehen, daß es sich um eine Form von L1-Erwerb handelt, bei der alle Beteiligten im großen und ganzen die gleiche Zielvariante lernen. Entsprechend kann hier Lerntempo und Lernniveau an dieser einen Variante gemessen werden. Beim Faktor sozioökonomische Schicht ist zu berücksichtigen, daß sich die schichtspezifischen Varianten soweit unterscheiden können, daß es nicht mehr möglich ist, Lerntempo und Lernniveau auf nur eine einzige Variante zu beziehen. Das Erlernen eines Soziolektes kann daher eher dem L2-Erwerb vergleichbar sein. Daher ist es kein Wunder, daß Kinder der Unterschicht im Vergleich zu Mittel- oder Oberschichtkindern in der Schule meist schlechter abschneiden. Das wird besonders deutlich an den Berichten über die Lese- und Lernschwierigkeiten farbiger Schüler in den USA (z.B. Artikel in Fasold/Shuy 1970, Baratz/Shuy 1969).

Dessen ungeachtet bestätigt und unterstreicht gerade der Faktor sozioökonomische Schicht, wie wichtig ausreichender und reichhaltiger sprachlicher Input ist. Solange im Familienkreis wenig diskutiert und mit den Kindern gesprochen oder Probleme erörtert werden, was in niederen sozialen Schichten häufiger der Fall zu sein scheint, erhalten diese Kinder vergleichsweise weniger reichhaltig strukturierten Input. Folglich bleibt ihr Wortschatz begrenzter und ihr Konversationsvermögen weniger ausgeprägt als bei jenen Kindern, in deren Familie sich mehr Gelegenheiten für Gespräche und Diskussionen ergeben. Bei Änderung der Kontaktverhältnisse können diese Defizite abgebaut werden. So zeigt Millner (1951) für Großbritannien, daß Unterschiede in der Sprachentwicklung zwischen 2;0 und 5;0 besonders stark ausgeprägt sind. Das ist leicht erklärlich. Der Zeitpunkt, zu dem sich diese Unterschiede nach Millner nivellieren, fällt in Großbritannien mit dem Schulbeginn zusammen. Von diesem Zeitpunkt an ändert sich der Input, indem nun Standardvarianten gelehrt und unter Umständen sogar über Schulkameraden zusätzlich bereitgestellt werden. Die Schüler erhalten damit einen Input, dessen Vielfalt über die lokale Variante um die Regional- oder gar die nationale Standardvariante erweitert wird.

13.2 Natürlicher L2-Erwerb

Bislang sind die Untersuchungen über die Relevanz sozialer Faktoren im natürlichen L2-Erwerb an Gastarbeitern und Immigranten sowie an Kindern dieser Gruppen vorgenommen worden. Insgesamt ist die entsprechende Literatur weniger reichhaltig als die über die linguistischen Variablen oder die sprechergebundenen Eigenschaften von Lernern.

In den meisten Arbeiten wird nur auf einen oder auf wenige Faktoren abgehoben, und leider werden nur selten so viele im Verbund untersucht wie in Schumann (1975a), im Heidelberger Projekt oder im Projekt ZISA. In allen dreien wird die Relevanz der sozialen Faktoren an der Syntaxentwicklung gemessen. Lediglich für das Heidelberger Korpus wurde die Fragestellung auf die Entwicklung der Phonologie ausgeweitet (Tropf 1983). Aus zwei Gründen ist das Vorgehen der ZISA-Gruppe besonders beachtenswert. Man versucht nicht nur nachzuweisen, daß die sozialen Faktoren relevant sind, sondern man will genauer ermitteln, welchen Aspekt des gesamten Lernablaufs sie beeinflussen. Dabei geht man zu Recht davon aus, daß ein Faktor nicht nur einen, sondern mehrere Aspekte des Lernablaufs beeinflußt. Dieses Vorgehen ist deshalb beachtenswert, weil nur auf diese Weise die volle Komplexität der Wirkungsweise sozialer Faktoren abgeschätzt werden kann. Gegenüber der L1-Forschung hat man in der L2-Forschung auch versucht, die relative Stärke der einzelnen Faktoren gegeneinander abzugrenzen. Mit einer entsprechenden Skala hoffte man jene Lernsituationen charakterisieren zu können, die den L2-Erwerb günstig beeinflussen.

Gegenüber den in der L1-Forschung oft untersuchten Faktoren Familienstruktur, Mehrlingssituation, Heimmilieu oder sozioökonomische Schicht haben in der L2-Forschung vor allem *Kontaktalter, Kontaktdauer, Ausbildungsstand* und *Kontakt zu L1-Sprechern am Arbeitsplatz* im Vordergrund des Forschungsinteresses gestanden. Die vorliegenden Ergebnisse zeigen, daß die genannten Faktoren - analog zum L1-Erwerb - nicht die L2-Entwicklung sämtlicher Strukturbereiche einer Sprache im gleichen Umfang beeinflussen. Dies machen z.B. die Ergebnisse zur L2-Entwicklung von Syntax und Phonologie aus dem Heidelberger Projekt deutlich.

Alter bei erstmaligem Kontakt mit der L2

In der Regel handelt es sich um das Alter bei der Einreise in das Gastland. Alter als Eigenschaft eines Lerners wurde bereits in Kap. 12.4.3 besprochen. Der Zeitpunkt des erstmaligen Kontaktes mit der Ziel-L2 ist jedoch ein soziales Faktum. Wie bereits in Kap. 12.4.2 näher erläutert wurde, beeinflußt das Alter des erstmaligen Kontaktes in besonderem Maße das Lernniveau im Bereich der Phonologie (Abb. 13.1). Die Tatsache, daß Tropf (1983) lediglich das Vorhandensein oder Auslassen auslautender

Konsonanten bzw. Konsonantengruppen auf ihre Korrelation mit sozialen Variablen untersuchte, bedeutet nicht, daß sie nur diesen einen phonologischen Bereich beeinflussen. Die in Kap. 12.4.2 referierten Studien über die Zusammenhänge zwischen phonologischer Entwicklung und Lebensalter zeigen, daß sich ein möglichst frühes Kontaktalter generell günstig auf die längerfristige Entwicklung der Aussprache auswirkt. Darüber hinaus hat Kap. 12.4.2 gezeigt, daß ein frühes Kontaktalter auch den Erwerb der Syntax günstig beeinflußt.

Faktor	**Syntax** (Becker et al. 1978, Klein/Dittmar 1979)	**Phonologie** (Tropf 1983)
1. Kontakt zu L1-Deutschen in der Freizeit	1	4
2. Alter beim ersten Kontakt	2	1
3. Kontakt zu L1-Deutschen am Arbeitsplatz	3	2
4. Ausbildungsstand (Berufsausbildung und Schulbesuch)	4	3
5. Aufenthaltsdauer	5	5

Abb. 13.1: Rangordnung für den Grad der Einflußnahme nichtsprachlicher sozialer Faktoren auf das L2-Lernniveau der Phonologie und der Syntax des L2-Deutschen spanischsprachiger Gastarbeiter des Heidelberger Projektes. Die Durchschlagskraft der einzelnen Faktoren ist für die sprachlichen Strukturbereiche unterschiedlich.

Kontaktdauer

Die Tatsache, daß dem Faktor Aufenthaltsdauer unter den fünf in Abb. 13.1 genannten Faktoren die geringste Bedeutung zukommt, darf nicht dazu verleiten, seine Relevanz generell als gering einzuschätzen. Sie verschiebt sich im Laufe der Zeit, denn übereinstimmend wird in der Gastarbeiterforschung berichtet, daß der Faktor Aufenthaltsdauer nach Ablauf von 2 bis 2 1/2 Jahren an Bedeutung verliert (z.B. Becker et al. 1978, Clahsen et al. 1983, Tropf 1983). Während der ersten ein bis zwei Jahre wird ein gewisses Lernniveau aufgebaut. Ob es sich weiter entwickelt, hängt u.a. davon ab, wie stark die übrigen am gesamten Lernablauf beteiligten Faktoren die Entwicklung vorantreiben können. Längerfristig ist nicht die Aufenthaltsdauer, sondern ein frühes Kontaktalter sowie Art und Umfang des Kontaktes für den größeren Lernerfolg entscheidend (vgl. Kap. 12.3 und 12.3.2).

Ausbildungsstand

Dieser Faktor umfaßt die *Berufsausbildung* und die *Schulbildung* im Herkunftsland. Daß eine besonders qualifizierte Berufsausbildung Lerntempo und Lernniveau positiv beeinflußt, ist leicht erklärlich. Je komplexer und diffiziler die Arbeitsabläufe, desto umfangreicher und intensiver ist zwangsläufig der sprachliche Kontakt zu den L1-sprachigen Arbeitskollegen. Je komplizierter die Vorgänge, desto genauer müssen sie besprochen werden. Darüber hinaus werden hochqualifizierte Immigranten, z.B. Akademiker, beträchtlich schneller von der heimischen Bevölkerung akzeptiert und integriert. Sie haben weniger soziale Barrieren zu überwinden (Schumann 1975a). Weshalb gerade eine gute frühere Schulausbildung einen positiven Einfluß auf den natürlichen L2-Erwerb haben soll, ist weniger offensichtlich. Schulisches Lernen involviert formales Lernen: Regeln werden gegeben, Probleme besprochen und erklärt (Kap. 12.4.2). All das trifft, wie in den vorangegangenen Kapiteln wiederholt betont, auf den natürlichen L2-Erwerb nicht zu. Dennoch scheint sich durch den Besuch der Schule eine stärkere allgemeine Lernbereitschaft oder Offenheit herauszubilden, die vermutlich nicht an eine bestimmte Form des Lernens, etwa formales Lernen, gebunden ist.

Kontakt zu L1-Sprechern in der Freizeit

Der Einfluß dieses Faktors ist besonders groß für den Bereich der Syntax. Die Phonologie scheint in geringerem Maße betroffen zu sein. Intensiver Kontakt zu L1-Sprechern, z.B. beim Einkauf, auf dem Spielplatz oder nach Feierabend, fördert den L2-Erwerb. Becker et al. (1978) weisen darauf hin, daß aus gut verständlichen Gründen das Zusammenleben mit einem L1-Partner fast ein Garant für ein hohes Lernniveau ist. Der L2-Partner ist geradezu gezwungen, an den Aktivitäten seines L1-Partners außerhalb der beruflichen Sphäre teilzunehmen. So ergeben sich reichhaltige Kontaktmöglichkeiten, gekoppelt mit einem quantitativ wie qualitativ beträchtlich breiteren Spektrum an sprachlichem Input, als es berufliche Situationen bieten können. Ferner fördert eine solche Partnerbeziehung in hervorragendem Maße die Ausprägung günstiger affektiver Grundlagen. Demgegenüber bilden Sammelunterkünfte oder Wohngemeinschaften, in denen die L2-Sprecher unter sich bleiben und sogar noch ihre Freizeit ohne Kontakt zu L1-Sprechern verbringen, denkbar ungünstige soziale Voraussetzungen für einen erfolgreichen L2-Erwerb. Die verfügbare Kontaktzeit ist viel zu gering, der sprachliche Input zu dürftig, und eine lernbegünstigende affektive Grundlage kann sich unter solchen Umständen nur schwer bilden. Das betrifft Gastarbeiter genauso wie Immigranten (z.B. Schumann 1975a, Becker et al. 1978, Clahsen et al. 1983).

Kontakt zu L1-Sprechern am Arbeitsplatz

Die bislang vorliegenden Ergebnisse zum Einfluß des Kontaktes zu L1-Sprechern am Arbeitsplatz stammen primär aus der deutschen Gastarbeiterforschung (z.B. Becker et al. 1978, Clahsen et al. 1983). Sie sollten mit Bedacht herangezogen werden. Die deutsche Gastarbeiterforschung hat vor allem Sprecher erfaßt, deren Arbeitsplätze nicht zu denen gehören, die eine höhere Schul- und Berufsausbildung erfordern. Vermutlich ist nicht so sehr der Arbeitsplatz selbst entscheidend, sondern das Maß an sprachlicher Kommunikation und damit der Kontakt zur Zielsprache, den die Arbeitsabläufe eröffnen bzw. erzwingen. Wie oben am Faktor Ausbildungsstand gezeigt, gilt insgesamt: je komplizierter die Arbeitsabläufe, desto mehr müssen sich die daran Beteiligten untereinander abstimmen. Entsprechend groß und reichhaltig ist der sprachliche Anteil an dieser Abstimmung, und entsprechend groß ist die Herausforderung an den Gastarbeiter, angemessene Lernerfolge zu erzielen.

Soziale Distanz

Der Terminus *Soziale Distanz* wurde von Schumann (1975a, 1976) in die L2-Forschung eingebracht. Der Begriff soll die Nähe und Verbundenheit von Gruppen zueinander beschreiben. Schumann meint, je geringer die soziale Distanz, desto erfolgreicher werde eine zweite Sprache, in der Regel die der Majorität, gelernt.

Der Begriff der sozialen Distanz ist komplex. Er ist auf einem höheren Abstraktionsniveau konzipiert als die oben besprochenen fünf Faktoren. Soziale Distanz beinhaltet diverse Faktoren, die ihrerseits wieder weiter untergliedert werden können. Begriff und Konzept sind aus der Bilingualismusforschung und aus soziolinguistischen Untersuchungen über Minderheiten und ihrem Verhältnis zu Majoritäten erwachsen. Schumann (1975a:7ff) nennt acht Faktoren, die den Grad der sozialen Distanz bzw. Nähe bestimmen:

- *Dominanz:* Ist eine Gruppe gegenüber einer anderen unter- oder übergeordnet?
- *Anpassungsbereitschaft:* Ist eine Gruppe bereit, sich zu assimilieren und akkulturieren, oder will sie sich unverändert erhalten?
- *Grad der Abgegrenztheit:* Wie stark grenzt sich eine Gruppe von einer anderen ab?
- *Zusammenhalt:* Wie fest ist die Gruppe intern gefügt?
- *Umfang:* Wie groß ist die Gruppe?
- *Ähnlichkeit:* Sind die Kulturen der betreffenden Gruppen einander ähnlich?
- *Einstellung:* Welche Einstellungen haben die Gruppen zueinander?
- *Aufenthaltsdauer:* Wie lange beabsichtigt eine Gruppe, im Lande zu bleiben?

Der Faktor *Dominanz* bezieht sich auf den politischen, kulturellen, technischen und ökonomischen Status, den eine Sprachgemeinschaft gegenüber einer anderen hat.

Dominiert eine Gruppe die andere bzw. ist eine der anderen untergeordnet, so ist die soziale Distanz groß. Beide Gruppen werden die Sprache der jeweils anderen Gruppe nicht in großem Umfange lernen. Dominiert keine, so ist die soziale Distanz gering, und es bestehen gute Aussichten, daß die beiden Gruppen die Sprache der jeweils anderen lernen.

Die *Anpassung* kann verschiedene Formen annehmen. Sie beziehen sich auf die Bereitschaft einer Gruppe, Lebensart und Wertesysteme der anderen zu übernehmen. Bei *Assimilation* werden die eigenen Werte aufgegeben und die der anderen Gruppe übernommen. Bei *Akkulturation* wird die eigene für gruppeninterne Belange beibehalten, die der anderen aber für den Kontakt zwischen den Gruppen übernommen. Im Extremfall, der *Bewahrung* (*preservation*), werden Wertsysteme und Lebensstil der anderen Gruppe zurückgewiesen und die eigenen für alle Zwecke beibehalten. Assimilation und Akkulturation sorgen für geringe, Bewahrung für große soziale Distanz. Assimilation und Akkulturation fördern den L2-Erwerb, Bewahrung behindert ihn.

Der Begriff *Abgegrenztheit* (*enclosure*) bezieht sich auf das Ausmaß, in dem Minoritäten ihre Institutionen gegenüber der Majorität eigenständig erhalten, z.B. ob eigene Schulen, eigene Kirchen, eigene Clubs und Freizeitstätten unterhalten werden, ob Ehegesetze gelten, die nur die Heirat innerhalb der Gruppe tolerieren, oder ob bestimmte Berufe nur von Mitgliedern der Gruppe ausgeübt werden dürfen. Verhaltensregeln dieser Art sorgen für eine große soziale Distanz zu anderen Gruppen. Niedrig ist die Distanz z.B., wenn die Gruppen untereinander heiraten, keinerlei Restriktionen bei Wahl und Ausübung des Berufes kennen oder wenn die gleichen Kirchen und Banken benutzt werden.

Der innere *Zusammenhalt* (*cohesiveness*) bezeichnet den Grad des Zusammengehörigkeitsgefühls innerhalb der Gruppe. Je enger die Zusammengehörigkeit und je stärker auf sie geachtet wird, um so größer ist die soziale Distanz zu anderen Gruppen. Oft hängt die Stärke des Zusammengehörigkeitsgefühls von der Gruppengröße ab: je größer die Gruppe, desto mehr Möglichkeiten bieten sich für gruppeninternen Kontakt und desto geringer ist der Bedarf an Kontakt zu anderen Gruppen. Gleiche Religionszugehörigkeit, gleiche Gesetzessysteme, gleiche moralische Prinzipien oder gleiche politische Systeme reduzieren die soziale Distanz. Eine moslemische Gruppe wäre z.B. in kultureller Hinsicht einer christlichen in der Regel weniger ähnlich als eine katholische einer protestantischen.

Große Bedeutung hat der Faktor *Einstellungen* zwischen den Gruppen zu. Vorurteile gegen ethnische Gruppen vergrößern die soziale Distanz. Gruppen, die positive Einstellungen zueinander haben, werden eher den Kontakt zueinander suchen und entsprechend eher versuchen, die Sprache der anderen Gruppe zu lernen.

Der Faktor *beabsichtigte Aufenthaltsdauer* ist sehr wichtig. Wer nur kurzfristig in einem Lande bleiben will, wird sich die Sprache nur soweit aneignen, wie er sie zur

Erledigung der alltäglichen Geschäfte benötigt. Wer hingegen als Einwanderer im Lande bleiben will muß über dieses Niveau hinausgelangen.

Die unter sozialer Distanz genannten Faktoren sind nur in begrenztem Maße unabhängig voneinander. In der Regel ergänzen sie sich bzw. hängen in subtiler Weise voneinander ab. Beispielsweise führt der Umstand, daß eine Gruppe einen hohen Grad an Bewahrung aufweist, fast zwangsläufig dazu, daß sie auch in hohem Maße abgegrenzt ist.

13.3 Fremdsprachenunterricht

Für die Einschätzung des FU ist es besonders wichtig, sich zu erinnern, daß dort über Erfolg und Mißerfolg nicht nur rein schulische Aspekte, sondern auch der nichtschulische Hintergrund entscheiden. Die Zahl der relevanten Faktoren ist daher besonders groß. In Betracht zu ziehen sind zum einen all jene Umstände, die zur Herausbildung der für Sprachenlernen relevanten affektiven Grundlage führen. Das sind, wie in Kap. 12.3 zusammengefaßt, nicht nur die häuslichen bzw. Familienverhältnisse, sondern eine Fülle anderer Faktoren. Als Beispiel sei an das Wohlstandsgefälle in Bombay erinnert. Bei den von Lukmani (1972) untersuchten 60 Mädchen führte es zu einer starken Motivation, Englisch zu lernen, um aus den ärmlichen Verhältnissen der Heimat herauszukommen (Kap. 12.3). Ähnlich zwingen die sozialen Umstände Minoritäten meistens dazu, die Sprache der Majorität zu lernen, um sich den Zugang zu Wirtschaft und Macht zu sichern wie im Falle der Francokanadier oder zur Sicherung des Lebensunterhaltes wie die türkischen Gastarbeiter in Deutschland. Die Erörterung der sozialen Distanz (Kap. 13.2) hat bereits verdeutlicht, daß dabei Konflikte unvermeidlich sind, wenn z.B. eine Minorität die Sprache der Majorität aus wirtschaftlichen und politischen Gründen lernen muß, ihre kulturelle Identität und ihre Sprache aber bewahren will.

Die einschlägige Literatur ist bereits in Kap. 12.3 besprochen worden, wenngleich im Zusammenhang mit den Eigenschaften des Lerners. Aus ihr wird deutlich, daß die Zusammenhänge im FU denen im natürlichen L2-Erwerb entsprechen. Im Vordergrund von Kap. 13.3 sollen die Besonderheiten der schulischen Situation stehen. Diese Aspekte hätten inhaltlich auch im Zusammenhang mit den Besonderheiten der sprachlichen Situation im FU (Kap. 11.2) besprochen werden können. Die Erörterung ist aber gewissermaßen als Klammer ans Ende von Teil C gerückt worden, um – noch einmal – zu verdeutlichen, daß die Lernereigenschaften und das soziale Umfeld unter Einschluß der sprachlichen Besonderheiten des Interaktionsgefüges im Zusammenhang gesehen werden müssen.

Im Hinblick auf die Lernsituation im FU hat sich seit Ende der 60er Jahre ein drastisches Umdenken vollzogen. Im Mittelpunkt des Forschungsinteresses steht heute nicht mehr isoliert der Lehrer oder die Lehrmethoden, sondern die gesamte *Interaktion im Klassenzimmer*. Auf diese neueren Entwicklungen ist Kap. 13.3 primär ausgerichtet. Besprochen werden zunächst die Relevanz von Kontaktdauer und -alter im FU. Sie sind gegeben durch den Beginn bzw. der Dauer des FU. Danach werden Lehrverfahren und die Interaktion im Klassenzimmer erörtert.

Kontaktdauer und -alter

Die Verweildauer im FU hängt eng mit der Klassenstufe zusammen, ab der eine Fremdsprache angeboten wird. Z.B. berichtet Carroll (1967) über den Grad der Beherrschung verschiedener Fremdsprachen bei amerikanischen Collegeabsolventen. Diejenigen, die schon in der Grundschule FU erhalten hatten, schnitten beträchtlich besser ab als jene, die erst auf der High School begonnen hatten; und diese wiederum erreichten ein höheres Niveau als die Studenten, die erst im College angefangen hatten.

Die durch derartige Ergebnisse belegbare Faustregel, je länger eine Sprache unterrichtet werde, desto höher sei der erreichbare Lernerfolg, ist nicht falsch, kann aber heute präzisiert werden, indem neben dem Lernerfolg zusätzlich nach sprachlichem Strukturbereich und Lerntempo differenziert wird. So untersuchten Olson/Samuels (1973) die Aussprache des Deutschen bei amerikanischen Schülern im Alter von 9-10, 13-15 Jahren sowie bei Collegestudenten im Alter zwischen 18 und 26 Jahren. Die 13-15jährigen Schüler sowie die Collegestudenten waren beträchtlich besser als die 9-10jährigen Schüler.

Anhand eines Vergleichs weiterer Arbeiten können Krashen et al. (1979) ein noch differenzierteres Bild entwerfen. Erwachsene kommen anfangs in der Syntax und Flexionsmorphologie am schnellsten voran; jüngere Kinder am langsamsten. Für die Phonologie ist das Bild weniger klar, weil hier weniger Berichte vorliegen. Doch schon aus der bereits referierten Studie von Olson/Samuels (1973) geht hervor, daß nicht die jüngeren Kinder unter 9;0 - 10;0 am schnellsten vorankommen. Inwieweit Unterschiede in den Lehrverfahren eine Rolle spielen, läßt sich z.Z. nicht genau bestimmen. Im Hinblick auf die längerfristige Entwicklung erreichen Kinder zumindest dann ein höheres Niveau, wenn sie zusätzlich außerschulischen, d.h. natürlichen Input erhalten.

Insgesamt decken sich die Ergebnisse zur Rolle von Alter und Kontaktzeit im FU mit den Ergebnissen zum natürlichen L2-Erwerb.

Schulsituation: Lehrer, Schüler, Lehrverfahren

Unter den sozialen Faktoren, die im FU eine Rolle spielen, ist die Situation des Klassenzimmers besonders wichtig. In ihr vereint sich eine Fülle von Faktoren, deren wichtigste mit dem Lehrer, dem Lehrverfahren und den Schülern zusammenhängen. Wie oben bereits angedeutet, hat sich die Betrachtungsweise für diesen Bereich seit Ende der 60er Jahre drastisch geändert. Früher galt das Interesse dem Lehrer und den Lehrmethoden. Der Beitrag der Schüler geriet nicht ins Blickfeld. Dies führte u.a. dazu, daß man versuchte, Lehrmethoden in toto auf ihre Leistungsfähigkeit zu überprüfen. Wie unten erläutert, blieben diese Ergebnisse u.a. deshalb unbefriedigend und schwer zu deuten, weil weder die Rolle der Schüler noch die Details der Klassensituation mit der an sie gebundenen sprachlichen Interaktion angemessen berücksichtigt worden waren. Seit den 70er Jahren entwickelt sich in Nordamerika und Deutschland eine Forschungsrichtung, in der das gesamte Bedingungsgefüge des Klassengeschehens erfaßt werden soll. Bei dieser *unterrichtsorientierten Forschung* (*classroom-oriented research*) geht man davon aus, daß Unterricht nicht nur das ist, was der Lehrer, das Lehrwerk oder die Lernmethoden liefern, sondern daß sich das Lernen in der Interaktion des gesamten Klassengefüges vollzieht und daß damit auch die Schüler in der Art, wie sie zur Interaktion beitragen, den Unterricht steuern.

Zur Illustration dieser neueren Entwicklung werden die wichtigsten Ergebnisse der kanadischen *immersion*-Programme und die Zielsetzungen der unterrichtszentrierten Forschung vorgestellt. Leider ist die Forschung noch nicht so weit, daß sich die Ergebnisse in jedem Einzelfall zu einem sinnvollen Gesamtbild integrieren lassen. Dessen ungeachtet sollen die Zusammenfassungen jede für sich zweierlei verdeutlichen. Zum einen, wie wichtig die betreffenden sozialen Faktoren für Sprachenlernen sind; zum anderen, daß die Ansätze von der Art sind, daß man sich von ihnen erhoffen kann, daß sie nach Fragestellung und Methode vor allem im Zusammenhang mit der Erforschung von Input und Inputsituationen die Anbindung des FU an die Forschung zum nichtschulischen Spracherwerb sichern könnten.

Lehrverfahren: Das Beispiel der immersion-Programme

Daß außerhalb der Schule eine L2 gelernt werden kann, zeigt der natürliche L2-Erwerb. Daß jedoch auch innerhalb des schulischen Rahmens darauf verzichtet werden kann, eine Sprache zum Unterrichtsgegenstand zu machen, beweisen die großen Erfolge der kanadischen *immersion*-Programme, in denen die Zielsprache dadurch gelernt wird, daß sie als *Unterrichtssprache* verwendet wird.

Die Evaluierung von Lehrverfahren ist eine ganz wichtige Aufgabe der FU-Forschung. Größer angelegte Untersuchungen, die verschiedene Lehrverfahren vergleichen, sind selten (z.B. Scherer/Wertheimer 1964 oder Smith 1970). An ihnen hat sich gezeigt, daß solche Vergleiche methodisch nur sehr schwer durchzuführen sind und kaum zu überschaubaren Ergebnissen führen. Die Anzahl der zu berücksichtigenden Faktoren ist einfach zu groß. Eine Möglichkeit, diese Schwierigkeiten zu umgehen, ist, Teilbereiche herauszulösen und sie detailliert zu untersuchen. Dies ist bislang am überzeugendsten für die kanadischen *immersion*-Programme gelungen.

Den Durchbruch für die Entwicklung von *immersion*-Programmen brachte Mitte der 60er Jahre eine Initiative anglophoner Eltern aus St. Lambert, einem Vorort von Montreal, Kanada. Sie befürchteten, daß ihre Kinder schlechte Berufsaussichten hätten, wenn sie neben Englisch nicht auch gut Französisch sprächen. Die Eltern waren mit dem Erfolg des traditionellen FU derart unzufrieden, daß sie ein Schulexperiment durchsetzten, bei dem die Fremdsprache Französisch als *Unterrichtssprache* verwendet wurde. Der Grundgedanke war: wenn die Zielsprache nicht Unterrichtsgegenstand, sondern Unterrichtssprache ist, sollten die Kinder sie innerhalb der Schule auf natürliche Weise lernen können. Dazu mußte die Fremdsprache möglichst intensiv, d.h. nicht nur während der Französischstunde, sondern möglichst in allen Fächern verwendet werden, also auch in Mathematik, Geschichte oder Kunst.

Der Erfolg des St. Lambert-Projektes war derart beeindruckend, daß man Ähnliches in vielen Teilen Kanadas und in den Vereinigten Staaten initiierte. Insgesamt lassen sich verschiedene Arten von *immersion*-Verfahren unterscheiden, und zwar je nachdem, ab welcher Altersstufe begonnen wird, wieviel Unterricht in der Ziel-L2 erteilt wird, d.h. welche Fächer einbezogen werden, sowie ab wann und in welchen Fächern der Unterricht später wieder in der L1 abgehalten wird.

Diese *immersion*-Experimente haben in der Fachwelt ein großes Interesse gefunden. Der Werdegang der Schüler ist über Jahre hin so sorgfältig wie in keinem anderen Schulversuch durch wissenschaftliche Begleituntersuchungen dokumentiert und ausgewertet worden. Methodisch gehören viele dieser Studien mit zum Besten, was die Forschung über Sprachenlernen in der Schule bislang hervorgebracht hat. Im einzelnen waren folgende Fragen besonders wichtig:

- Wie erfolgreich kann im *immersion*-Verfahren eine zweite Sprache gelernt werden? Geht es überhaupt und wenn ja, wie schnell?
- Welche Art von *immersion* ist die beste?
- Inwieweit hat die Tatsache, daß eine L2 gelernt wird, Rückwirkungen auf die Entwicklung der L1? Schadet es ihr, nützt es ihr, oder bleibt die L1-Entwicklung unbetroffen?
- Wie entwickeln sich die Lese- und Schreibfähigkeiten für die L1, wenn Kinder diese Techniken über ihre L2 beigebracht bekommen?
- Welche Auswirkungen ergeben sich für den Kenntnisstand in anderen Fächern?
- Welche Auswirkungen hat *immersion* auf die geistige Entwicklung der Schüler?

Antworten auf diese Fragen suchte man, indem man die Schülerjahrgänge über Jahre hin mit z.T. sehr aufwendigen Verfahren untersuchte. Man verglich verschiedene *immersion*-Programme untereinander, mit Schülern aus traditionellen Formen des FU sowie mit Schülern, die keine Fremdsprache lernten; man überprüfte ein breites Spektrum an sprachlichen Leistungen; und man beschränkte sich nicht auf eine oder wenige Schulen, sondern man zog immer wieder neue mit heran. Die Ergebnisse sind sehr einheitlich: *Immersion*-Schüler sind ihren nach traditionellen Lehrverfahren unterrichteten Altersgenossen L2-sprachlich beträchtlich überlegen. Sie kommen in ihrer gesamten Entwicklung nicht nur weiter, sondern auch schneller voran. In den rezeptiven Fähigkeiten erreichen sie das Niveau gleichaltriger L1-Sprecher; im Bereich der produktiven Fähigkeiten bleiben Defizite, vor allem solche, die den sprachlichen Umgang mit Gleichaltrigen betreffen. Dies darf aus zwei Gründen nicht verwundern: zum einen haben *immersion*-Schüler in der Schule keinen Zugang zu derartigem Input, da sie dort allein auf den Lehrer angewiesen sind. Zum anderen bleibt in Kanada bei den meisten *immersion*-Schülern der Kontakt zur L2 auf die Schule begrenzt (z.B. Genesee 1978, Swain/Lapkin 1982).

Bei der Suche nach der günstigsten Art von *immersion* war vor allem zu bedenken, ob sämtliche oder nur einige Schulfächer einbezogen werden sollten, welches das günstigste Alter für den Eintritt des Schülers ist und ob die Mitglieder einer Minoritätengruppe die Sprache der Majorität besser und erfolgreicher lernen oder ob sich umgekehrt die Sprecher der Majorität besser die Sprache der Minorität aneignen. Diese Fragen lassen sich heute klar beantworten, weil es inzwischen viele verschiedene *immersion*-Programme gegeben hat, die sich z.B. im Hinblick auf die Zahl der einbezogenen Fächer, das Einschulungsalter oder den Zeitpunkt, wann für einzelne Fächer wieder die L1 der Schüler als Unterrichtssprache verwendet wurde, unterscheiden. Die wichtigsten Ergebnisse sind: möglichst viele Fächer, also nicht nur die musischen, sollten einbezogen werden. Das günstigste Einschulungsalter ist das, das dem Schüler eine möglichst lange Verweildauer und möglichst intensiven Kontakt zur L2 ermöglicht (Graf 1984). Die *immersion*-Experimente sind nur dann besonders erfolgreich, wenn Schüler der Majorität die Sprache der Minorität lernen. Die Umkehrung, der Erwerb der Majoritätensprache durch Angehörige der Minorität gelingt weniger gut.

Große Bedenken hatte man anfangs im Hinblick auf das Niveau des Sachunterrichts. Wer eine Sprache nicht beherrscht und in ihr Mathematik, Physik oder andere Dinge lernen soll, kann unmöglich sehr viel Gewinn aus diesem Unterricht ziehen. Die Frage war daher von vornherein, wie schnell *immersion*-Schüler genügend Kenntnisse der L2 erwerben würden, um vom Sachunterricht zu profitieren. Das wohl erstaunlichste Ergebnis war, daß nach Ablauf von drei bis vier Jahren *immersion*-Schüler selbst in den Sachfächern den vergleichbaren Altersgruppen mit traditionellem FU wie auch jenen, die keine zweite Sprache lernen mußten, keineswegs nachstanden. Im Gegenteil, häufig waren die immersion-Schüler besser. Allerdings vollzog sich die Entwicklung in charakteristischen Schüben. Anfangs geraten die *immersion*-Schüler erheblich ins Hintertreffen. Während des zweiten Schuljahres beginnen sie den Rückstand aufzuholen. Bis zum vierten Jahr ist das Leistungsgefälle verschwunden oder in einen leichten Vorteil zugunsten der *immersion*-Schüler umgeschlagen (z.B. Swain/Lapkin 1982, 57 ff.). Diesen leichten Vorteil sollte man nicht überbewerten. Die Teilnahme am *immersion*-Unterricht ist freiwillig und erfordert ein gewisses Maß an Risikobereitschaft. Es ist nicht auszuschließen, daß es hierdurch von selbst zu einer gewissen elitären Auswahl gekommen ist.

Negative Auswirkungen auf die geistige Entwicklung von *immersion*-Schülern sind bislang nicht bekannt geworden. Die anfängliche Sorge, die L1-Entwicklung der immersion-Schüler würde Schaden nehmen, hat sich als unberechtigt erwiesen. Der Kontakt zur L1 außerhalb der Schule reicht, um ihre normale Entwicklung sicherzustellen. Einige Schwächen zeigen sich jedoch im Schriftlichen. Schüler, die ab dem 1. Schuljahr immersion-Unterricht in allen Fächern erhalten, lernen lesen und schreiben in der L2. Die Grundzüge dieser Techniken übertragen sie auf ihre L1. Restliche Schwächen in der Rechtschreibung lassen sich später durch entsprechenden Unterricht kurzfristig beheben.

Auch wenn so wichtige Bereiche wie Lehrverhalten noch kaum untersucht worden sind (außer Chaudron 1977), so fügen sich die Ergebnisse des *immersion*-Unterrichts dennoch gut in jenes Bild ein, das sich zur Frage der Steuerung und Steuerbarkeit von Sprachenlernen aus den Beobachtungen am L1- und L2-Erwerb sowie am herkömmlichen FU ergibt. Die erforderliche positive affektive Grundlage erklärt, weshalb Majoritätensprecher mit großem Erfolg die Sprache einer Minorität lernen. Majoritätenschüler brauchen nicht zu befürchten, daß sie ihre kulturelle Identität schützen, verändern oder gar aufgeben müssen. Das hingegen ist das Schicksal der Minoritätensprecher. Daß *immersion*-Unterricht um so erfolgreicher ist, je länger er dauert und je mehr Fächer einbezogen werden, deckt sich mit der Erkenntnis aus dem natürlichen L2-Erwerb, daß nämlich intensiver und reichhaltiger Kontakt zur Zielsprache kontinuierlich über längere Zeit hin gewährleistet sein muß. Auch daß *immersion*-Schüler gewisse Defizite im Unterricht nicht überwinden, steht im Einklang mit den Erkenntnissen zum natürlichen L2-Erwerb und traditionellen FU. Erinnert sei daran, daß sich bestimmte Arten sprachlicher Interaktionen im Unterricht nicht nachstellen lassen (Kap. 5.5), so daß diese sprachlichen Fähigkeiten nicht gelernt werden können. Dem entspricht, daß *immersion*-Schüler Defizite in der sprachlichen Bewältigung des Umgangs mit gleichaltrigen L1-Sprechern aufweisen.

Die Mikrowelt des Klassenzimmers: Unterrichtszentrierte Forschung

Der FU als sozialer Rahmen für Sprachenlernen erschöpft sich nicht in den globalen Charakteristika der verschiedenen Lehrverfahren. Zum sozialen Rahmen gehört letztlich alles, was die betreffende Situation konstituiert, also neben Lehrer und Schüler vor allem das gesamte Interaktionsgefüge, das sich im Klassenzimmer entfaltet. Dieses Klassengeschehen detailliert zu untersuchen, ist das Ziel einer Neuorientierung innerhalb der FU-Forschung, die sich seit den 70er Jahren verstärkt abzeichnet. In diesen Ansätzen stehen nicht wie früher Lehrer und Lernmethoden einseitig im Vordergrund des Interesses, sondern das gesammte Gefüge im Klassenzimmer, und zwar unter besonderer Berücksichtigung der Interaktionen. Erforderlich war diese Neuorientierung schon deshalb, weil u.a., wie oben skizziert, großangelegte Vergleiche von Lehrmethoden nach dem Muster von Scherer/Wertheimer (1964) oder Smith (1970) oder gar die ausschließliche Beobachtung des Lehrers wenig Aufschluß über die (linguo-)kognitiven Lernabläufe, die Verwendung von Lernerstrategien und ihre interaktionistische Steuerbarkeit liefern.

Forderungen nach größerer *Lerner-* und *Unterrichtszentriertheit* sind mehrfach erhoben worden. Die *Glottodidaktik*, wie sie von Ludwig Zabrocki in Polen begründet wurde, rückte den Lerner schon früh ins Zentrum des Forschungsinteresses (Tertel 1985). In den USA, in Kanada und in geringerem Maße in Großbritannien, knüpften Forderungen nach stärkerer Lerner- und Unterrichtszentriertheit an die sich entfaltende Forschung zum natürlichen L2-Erwerb an. Man erkannte, daß diese Ergebnisse entscheidende Hilfen für die Deutung des FU liefern würden und daß die bisher verwendeten Methoden und theoretischen Konzepte zu grob waren, um die Vorgänge im FU zu erfassen. Unter dem Schlagwort *classroom-oriented research* begann man vor allem in den USA, das gesamte Gefüge zwischen Schüler, Lehrer und Klassenzimmergeschehen mit diskursananlytischen und interaktionistischen Methoden zu untersuchen (z.B. Allwright 1975, Gaies 1977, Chaudron 1977).

In Deutschland entwickelte sich Ähnliches. Forderungen nach verstärkter Lernerzentriertheit wurden laut, und es wurde darauf hingewiesen, daß die Forschung zum natürlichen L2-Erwerb berücksichtigt werden sollte (z.B. Wode 1974). Jedoch gab es in Deutschland stärker als in den angelsächsischen Ländern Stimmen, die die Unterschiedlichkeit oder gar Eigenständigkeit des FU gegenüber anderen Spracherwerbstypen betonten (z.B. Bausch 1974). Diese Annahme hat sich anhand der vorgelegten Forschungsergebnisse nicht bestätigt. Auch im Hinblick auf die Theoriebildung ist die vermutete Sonderstellung des FU aufgehoben worden. Gleichzeitig hat sich aber die in Kap. 11.2 skizzierte Auffassung durchgesetzt, daß das Geschehen im FU-Klassenzimmer nur einen Ausschnitt aus dem gesamten Spektrum an sprachlichen Interaktionen darstellt, die Sprecher natürlicherweise bewältigen.

Gegenüber den sehr hohen Erwartungen noch Ende der 60er Jahre beeindrucken die Nahziele der lerner- und unterrichtszentrierten Forschung durch nüchterne Realitätsbezogenheit. Das nächstliegende Ziel müsse, so Allwright (1983) und Gaies (1983) rückblickend, eine detaillierte Beschreibung des gesamten Interaktions- und Bedingungsgefüges im Klassenzimmer sein. Erst aufgrund eines so abgesicherten Verständnisses ließen sich didaktische Konsequenzen ziehen. Entsprechend sind im Rahmen dieser Zielsetzung diverse Aspekte verschiedener Arten von FU beschrieben worden. Über einige Ergebnisse ist schon in früheren Kapiteln berichtet worden: über Strategien und Einschränkungen für Diskurs- und Kommunikationsmöglichkeiten im Klassenzimmer (Kap. 5.5, 11.2) sowie über Lehrstoffprogressionen (Kap. 11.2.4). Andere bislang untersuchte Bereiche sind Selbstkorrekturen und Korrekturen durch den Lehrer (z.B. Chaudron 1977, Gaies 1977, Henrici/Herlemann 1986), Lehrerverhalten und -anpassungen an das Schülerniveau (z.B. Henzl 1973, 1979, Gaies 1977, Chaudron 1983, Long/Sato 1983) und *feedback* für Lehrer von Schülern (z.B. Gaies 1983) und *feedback* für Schüler von Lehrern (z.B. Long 1977).

Gerade die Tatsache, daß derart detaillierte Untersuchungen vorgenommen werden, läßt die unterrichtszentrierte Forschung als so vielversprechend erscheinen. Wie sehr diese Detailfaktoren zur sozialen Steuerung des Lernvorgangs beitragen und damit zur Revision bisheriger Auffassungen zwingen, sei daher abschließend an einem Beispiel für Lehreranpassungen an das Schülerniveau illustriert. Üblicherweise wird angenommen, daß solche Lehreranpassungen, z.B. eine vereinfachte Sprechweise, dem Schüler helfen, indem sie ihm ermöglichen, auch komplexere Sachverhalte in der L2 zu verstehen (z.B. Gaies 1977, Chaudron 1983, Kap. 11.2.1). Chaudron zeigt aber anhand von Unterrichtsausschnitten zu verschiedenen sprachlichen Bereichen, daß manche als Hilfe gedachte Vereinfachung es Schülern nur schwerer macht, die intendierte Bedeutung zu erraten. Wer als Vereinfachung *there's still this feeling in North America...* (in Nordamerika haben wir noch das Gefühl/die Vorstellung ...) hört, wird nur schwer dahinterkommen, daß *we still have the myth...* (bei uns gibt es noch die falsche Vorstellung...) gemeint ist.

13.4 Lektürevorschläge zu Kap. 13

L1-Erwerb

Grundlegender Überblick über die ältere Literatur:

McCarthy (1954); geraffter und unter Einbezug jüngerer Arbeiten: Oksaar (1977).

Familienstruktur: McCarthy (1954).

Mehrlinge:

Jespersen (1922), McCarthy (1930), Day (1932), Davis (1937), Howard (1946), Schaerlakens (1973), Savič (1980).

Heimmilieu:

Aldrich et al. (1945 a-c), Aldrich (1946), Goldfarb (1955).

Sozioökonomische Schicht:

Hetzer/Reindorf (1928), McCarthy (1954), Templin (1957), Bernstein (1971), Labov (1972), Ginsburg (1972).

Sozioökonomische Schicht und Schulerfolg:

Baratz/Shuy (1968), Fasold/Shuy (1970).

L2-Erwerb

Kontaktalter, Kontaktdauer, Kontaktmöglichkeiten in der Freizeit und am Arbeitsplatz:

Becker et al. (1978), Klein/Dittmar (1979), Clahsen et al. (1983), Tropf (1983).

Soziale Distanz: Schumann (1976).
Günstige Lernsituationen:
Ellis (1985b: Überblick L1, L2, FU). Primärstudien: Schumann (1976), Becker et al. (1978), Tropf (1983), Clahsen et al. (1983).

Traditioneller Fremdsprachenunterricht
Alter, Dauer und Lernerfolg im FU:
Caroll (1967), Olson/Samuels (1973), Ramsey/Wright (1974).
Lehrerrolle und Lernverfahren: Scherer/Wertheimer (1964), Smith (1970).

Immersion
Überblicke mit reichhaltiger Bibliographie:
Swain/Lapkin (1982), Genesee (1983, i.Dr.), Graf (1984).

Unterrichtszentrierte Forschung
Glottodidaktik: Tertel (1985: Kap. 1).

Classroom-oriented research in Nordamerika
Überblicke: Allright (1983), Gaies (1983).
Diskurs, Pragmatik, Kommunikation, Strategien:
Sinclair/Coulthard (1975), Lörscher (1983), Wagner (1983), Long/Sato (1983), Kasper (1981).
Selbstkorrekturen: Henrici/Herlemann (1986: Überblick).
Lehrerkorrekturen:
Allwright (1975), Long (1977), Chaudron (1977).
Lehreranpassungen an Schülerniveau, Schüleregister:
Henzl (1973, 1979), Gaies (1977), Chaudron (1983).
Feedback für Lehrer und Steuerung durch Schülerverhalten:
Gaies (1983), Seliger (1977, 1983).
Sammelband: Seliger & Long (1983).

Zum Abschluß

Die vorangegangenen Kapitel zeigen eindrucksvoll, daß der menschlichen Sprachfähigkeit zu Recht eine zentrale integrierende Rolle im Gesamtgefüge der Leistungen des menschlichen Gedächtnisses zukommt. Sprachen machen kognitive Leistungen mitteilbar. Bedenkt man, welche Vielfalt von Phänomenen dabei zueinander in Bezug gesetzt werden müssen, wird verständlich, weshalb die Zahl jener Faktoren, die in irgendeiner Form im Spracherwerb eine Rolle spielen, noch beträchtlich größer sein muß, als in den Kapiteln dieses Buches besprochen werden konnte.

Ziel dieses Schlußkapitels ist es deshalb nicht, eine Zusammenfassung der Vielfalt der Ergebnisse dieses Buches zu liefern. Das ist am Ende der jeweiligen Kapitel so geschehen, daß auch dringende Forschungsaufgaben aufgezeigt wurden. In dieser Abschlußbetrachtung gilt es, die Ergebnisse im Hinblick auf die Kernfragen der Spracherwerbsforschung nach der Beschaffenheit, Funktionsweise und Beeinflußbarkeit der menschlichen Sprachlernfähigkeit zu beurteilen: Welche Konzeption der menschlichen Sprachlernfähigkeit zeichnet sich auf Grund des universellen Ansatzes dieses Buches ab?

Theorien tragen wenig zum Verständnis eines Phänomens bei, wenn sie so komplex werden, daß sie nicht mehr überschaubar sind. Wie oben angedeutet, besteht diese Gefahr für den Bereich des Sprachenlernens in hohem Maße. Ein Kunstgriff, ihr entgegenzuwirken, könnte darin bestehen, den Begriff Sprache sehr eng zu fassen, indem z.B. nur die Satzsyntax wie in generativen Ansätzen zur Universalgrammatik Kap. 3.3.4.), die Phonologie wie zu Beginn der Spracherwerbsforschung (Kap. 2.3.) oder nur das Lexikon, wie häufig in kognitiv-psychochologischen Ansätzen zu beobachten ist (Kap. 3.3.2.), in Betracht gezogen werden. Die erforderliche Theorie würde dadurch beträchtlich weniger komplex und wesentlich überschaubarer. Nur, wer sich sprachlich verständigen will, benötigt mehr als Syntax und Phonologie. Ein realistisches Verständnis von Sprachenlernen würde daher erfordern, daß die engere Theorie um Theorien über andere Aspekte ergänzt werden müßte. Folglich führt auch dieser Weg letztlich zu einem höchst komplexen Theoriengebäude. Es scheint fraglich, ob es überhaupt in näherer Zukunft eine detailliert ausformulierte Gesamttheorie des Spracherwerbs beziehungsweise der menschlichen Sprachlernfähigkeit geben wird. Um so wichtiger ist es, die entscheidenden Gesichtspunkte, die sich aus dem Neuansatz dieses Buches ergeben, zusammenzufassen und zu einer Grundkonzeption einer universellen Sprachlerntheorie zu verdichten.

Insgesamt haben sich keine zwingenden Hinweise ergeben, daß die menschliche Sprachlernfähigkeit so konzipiert werden muß, als bestünde sie aus mehreren autonomen Systemen, die für die einzelnen Spracherwerbstypen separat aktiviert werden.

Gewiß lassen sich diverse Unterschiede zwischen den verschiedenen Spracherwerbstypen, unterschiedlichen Altersgruppen oder einzelnen Lernern aufzeigen. Nur, keiner dieser Unterschiede ist von der Art, daß er zur Annahme völlig separater Lernmechanismen zwingt oder berechtigt. Eine solche Annahme wäre dann gerechtfertigt, wenn sich mindestens *ein* kategorieller Unterschied zwischen den verschiedenen Spracherwerbstypen nachweisen ließe. Das ist aber nur für sprachlichen Transfer der Fall. Interferenzen kommen im L1-Erwerb nicht vor. Aber gerade für sprachlichen Transfer ließ sich zeigen, daß sein Vorkommen und seine Funktionsweise an reifungsbedingte Besonderheiten der menschlichen Sprachlernfähigkeit gebunden ist (z.B. Kap. 9.7) und daß es sich folglich nicht um ein gesondertes Lernsystem handelt, sondern daß es sekundär aus dem Vorhandensein und der Funktionsweise zuvor gelernter Sprachen erwächst.

Wenn aber keine kategoriell verschiedenen Sprachlernsysteme angenommen werden können, ist die in Kap. 2.2 entworfene Typologie von Spracherwerbstypen zwar nach wie vor als Arbeitsgrundlage brauchbar, als Modell der menschlichen Sprachlernfähigkeit jedoch irreführend, weil sie fälschlicherweise klar abgrenzbare Erwerbstypen suggeriert. Sie muß durch eine Konzeption ersetzt werden, in der die Sprachlernfähigkeiten als eine flexible und universell anwendbare Einheit gesehen werden. Diese Universalität und Flexibilität hängen eng zusammen. Universell anwendbar muß dieses System von Fähigkeiten sein, weil im Prinzip jeder Mensch jede Sprache lernen kann und weil die biologischen Voraussetzungen für Sprachenlernen beim *homo sapiens* nicht von der Art sind, daß nur einige Menschen mehr als eine Sprache lernen können. Im Prinzip kann es jeder.

Flexibel muß das Sprachlernsystem in zweifacher Hinsicht sein: Zum einen unterscheiden sich die Sprachlernsituationen nach den sie konstituierenden Faktoren. Die Lerner bzw. ihre Sprachlernsysteme müssen sich auf die Unterschiede einstellen können. Zum anderen verändern sich einige Komponenten der Sprachlernfähigkeit altersbedingt. Es handelt sich einerseits um biologische Reifungsvorgänge, andererseits um Steuerungssysteme, die sich aufgrund zunehmender Erfahrung im Individuum herausbilden. Diese Veränderungen sind es letztlich, die in ihrem komplexen Zusammenwirken den beobachtbaren Unterschieden zwischen den verschiedenen Spracherwerbstypen und Altersgruppen zugrunde liegen.

Es überrascht nicht, daß sich einige Fähigkeiten, die den Spracherwerb steuern, wie die Perzeption, die kognitiv-intellektuelle Reifung oder die Entwicklung der affektiven Grundlagen, altersbedingt verändern. Unerwarteter ist vermutlich, daß dies auch einige linguo-kognitive Fähigkeiten tun. Die in Kap. 9 zusammengefaßte Entwicklung der Kodierfähigkeiten für die mentale Repräsentation der phonologischen Komponente lexikalischer Einheiten ist ein einleuchtendes Beispiel für sich verändernde Fähigkeiten; die in allen Altersgruppen beobachtbare präverbale Negation (Kap. 10.3.3) zeigt, daß sich nicht alle Fähigkeiten ändern. Es kommt für die

Forschung daher darauf, an zu ermitteln, welche Fähigkeiten sich ändern, wie dies geschieht und welche Faktoren diese Veränderung steuern.

Heute läßt sich bereits nachweisen, daß die Entwicklung mancher Sprachlernfähigkeiten und -voraussetzungen biologisch determiniert ist; andere Fähigkeiten und Funktionsweisen bilden sich nur aufgrund von Erfahrung, d.h. nur wenn externe Stimulierung gegeben ist.

So ist die Entwicklung des Rachenraumes mit der Absenkung des Kehlkopfes nach der Geburt ein rein biologischer Reifungsvorgang. Möglicherweise gilt das auch für die kategorielle Schallwahrnehmung, zumindest in der Frühphase.

Auch sprachlicher Transfer muß in Zusammenhang mit der Reifungsproblematik gesehen werden. Am Beispiel des Übergangs von holistischer zu segmentorientierter Kodierung der phonologischen Komponente lexikalischer Einheiten ließ sich in Kap. 9.7 zeigen, daß Transfer das Erreichen eines bestimmten Entwicklungsstandes für die Verarbeitung sprachlicher Information voraussetzt. Transfer kann daher als eine Fähigkeit gesehen werden, die sich sekundär als Folge von früher erworbenem Wissen bzw. Wissenssystemen herausbildet. Die Einzelheiten hängen vom jeweils Gelernten ab. Das wurde besonders deutlich an den L2-phonologischen Substitutionen der vierjährigen Inga gegenüber ihren älteren Geschwistern.

Insgesamt sind es gerade die reifungsbedingten Veränderungen der am Spracherwerb beteiligten Fähigkeiten, die eine diskrete Grenzziehung zwischen den Spracherwerbstypen verhindern. Wie die Veränderungen im perzeptorischen, kognitiv-intellektuellen oder affektiven Bereich sich kontinuierlich und nicht abrupt vollziehen, reifen auch die linguo-kognitiven Bereiche, z. B. die phonologische Kodierweise, nicht sprunghaft. Jeder Versuch einer Grenzziehung kann daher bestenfalls einen Punkt ad quem, aber nicht den tatsächlichen Wendepunkt ermitteln. Diesen gibt es nicht.

Die Auffassung, das Gehirn sei aufgabenspezifisch strukturiert, hat eine lange, über das Mittelalter hinaus zurückreichende Tradition (Überblick in Gardner 1987) und wurde, wie in Kap. 3.3.4. skizziert, jüngst von Forschern der generativen Ausrichtung wieder aufgegriffen. In Kap. 3 wurden verschiedene Beobachtungen zusammengefaßt, die die Annahme nahelegen, daß die menschliche Sprach- und Sprachlernfähigkeit durch sprachspezifische, nämlich linguo-kognitive Fähigkeiten konstituiert ist. Wie in Kap. 3 erläutert, steht die Annahme eines sprachspezifischen Funktionssystems im Gedächtnis im Gegensatz zur derzeit in der Psychologie und Pädagogik dominierenden Sichtweise, derzufolge das menschliche Gedächtnis nur über ein einziges Lernsystem verfügt, das nicht aufgabenspezifisch gegliedert ist und daher jegliches Lernen bewältigt.

Am nachdrücklichsten ist bislang für den optischen Bereich nachgewiesen worden, daß diese undifferenzierte Auffassung nicht haltbar ist. Das Sehen wird räumlich durch eigens darauf spezialisierte Neuronen ermöglicht und bewerkstelligt. Ob so etwas auch auf die menschliche Sprachfähigkeit zutrifft, dürfte noch lange eine offene und für die empirische Forschung eher zweitrangige Frage sein. So einleuchtend die in Kap. 3 geschilderten Beobachtungen die Annahme einer eigenständigen *facultas linguarum* auch stützen mögen, ist es wichtig zu bedenken, daß es sich dabei um globale Gesichtspunkte handelt. Wie diese *facultas* intern strukturiert sein könnte und wie sie funktioniert, ist z. Z. noch völlig unklar, denn die bisherigen Vermutungen haben sich nicht erhärtet. So zeigte sich entgegen früheren Annahmen, daß weder die Lateralisierung der Hirnfunktionen (Kap. 4.1) noch die kategorielle Schallwahrnehmung (Kap. 7.1.1) auf die Gattung *homo sapiens* beschränkt ist. Folglich können beide Phänomene auch nicht sprachspezifisch sein, obwohl sie grundlegende Voraussetzungen für Sprachenlernen sind..

Gemessen an den Hoffnungen zu Beginn der 70er Jahre, als die Forschung zum natürlichen L2-Erwerb entstand, ist der derzeitige Wissensstand zu externen Steuerungsmöglichkeiten gerade mit Blick auf den FU, eher enttäuschend. Gewiß, eine Reihe wichtiger Erkenntnisse haben sich durchgesetzt, daß z.B. Sprachenlernen interaktionell in einem Zusammenwirken endogener Fähigkeiten und exogener Faktoren erfolgt, daß Lerner in jedem Erwerbstyp, also auch im FU eine aktive Rolle spielen und sich kreativ die Zielsprache erschließen, daß der FU deshalb stärker lernerzentriert orientiert sein sollte, daß ohne sprachlichen Input keine Sprache gelernt wird, daß sprachlicher Transfer ein entwicklungsspezifisches Phänomen und daher für den natürlichen L2-Erwerb und den FU hingenommen werden muß oder daß das logische Problem für alle Spracherwerbstypen gilt. All dies sind wichtige Fortschritte. Die provokative Frage der frühen 70er Jahre, ob im FU eine Sprache trotz oder wegen der Lehrverfahren gelernt wird (Wode 1974), kann heute nicht mehr erschrecken.

Die Frage ist aufgelöst in drei Annahmen: erstens, daß der Lerner kreativ mit dem Input, wie er im FU angeboten wird, interagiert; zweitens, daß die menschliche Sprachlernfäfigkeit als ein sehr flexibles System aufgefaßt wird, das ermöglicht, die Fülle situativer und anderer Besonderheiten des FU zu bewältigen; und drittens, daß sich die im FU erforderlichen sprachlichen Leistungen nicht kategoriell, sondern bestenfalls graduell von denen außerhalb des FU unterscheiden. Wenngleich diese wie andere Erkenntnisse noch zu global sind, als daß sich aus ihnen bereits heute hinreichend detaillierte Anregungen für die Praxis des FU oder eine Sprachlerntheorie ableiten lassen, kommt dem FU gerade vom Standpunkt des universellen Ansatzes dieses Buches zukünftig eine entscheidende Rolle zu, weil hier der sprachliche Input am ausgeprägtesten vorstrukturiert und manipuliert wird. Am FU muß sich daher die volle Flexibilität der menschlichen Sprachlernfähigkeit erweisen. Keine Spracherwerbstheorie kann daher befriedigen, die den FU nicht angemessen erfaßt.

Anhang

Literaturverzeichnis

Abkürzungen für Zeitschriften und Reihen

AppLing	Applied Linguistics
AppPs	Applied Psycholinguistics
ChDev	Child Development
CMLR	Canadian Modern Language Review
FolLing	Folia Linguistica
FoundLang	Foundations of Language
IRAL	International Review of Applied Linguistics
ISBU	Interlanguage Studies Bulletin Utrecht
JAcSocAm	Journal of the Acoustical Society of America
JApplPs	Journal of Applied Psycholinguistics
JChLang	Journal of Child Language
JExChPs	Journal of Experimental ChildPsychology
JGenPs	Journal of Genetic Psychology
JPediat	Journal of Pediatry
JPhon	Journal of Phonetics
JPragm	Journal of Pragmatics
JPsR	Journal of Psycholinguistic Research
JSHDis	Journal of Speech and Hearing Disorders
JSHR	Journal of Speech and Hearing Research
JVLVB	Journal of Verbal Learning and Verbal Behaviour
LiLi	Zeitschrift für Literaturwissenschaft und Linguistik
LingBer	Linguistische Berichte
LL	Language Learning
MLJ	Modern Language Journal
NM	Neusprachliche Mitteilungen
P&P	Perception & Psychophysics
PsRev	Psychological Review
ScanWPB	Scandinavian Working Papers on Bilingualism
SSLA	Studies in Second Language Acquisition
TESOLQ	TESOL Quarterly
WPB	Working Papers in Bilingualism

Aaronson, D. & Rieber, R.W. (Hg.), 1975, Developmental psycholinguistics and communication disorders. New York: Academy of Science.
Abrahamsen, A.A., 1977, Child language. An interdisciplinary guide to theory and research. Baltimore, MD: University Park Press.
Abramson, A.S. & Lisker, L., 1970, Discriminability along the voicing continuum: Cross-language tests. Hala et al. , 569-573.
Adjémian, C., 1976, On the nature of interlanguage systems. LL 26, 297-320.
Adjémian, C., 1983, The transferability of lexical properties. Gass/Selinker, 250-268.
Alatis, J. (Hg.), 1970, Report of the Twentieth Annual Round Table Meeting on Linguistics and Language Studies. Washington, D.C.: Georgetown University Press.
Albert, M. & Obler, L., 1978, The bilingual brain: Neural, psychological and neurolinguistic aspects of bilingualism. New York: Academic Press.
Aldrich, C.A., Norval, M., Knop, C. & Venegas, F., 1946, The crying of newly born babies, IV: Follow-up study after additional nursing care had been provided. JPediat 28, 665-670.
Aldrich, C.A., Sung, C. & Knop, C., 1945a, The crying of newly born babies, I: The community phase. JPediat 26, 313-326.
Aldrich, C.A., Sung, C. & Knop, C., 1945b, The crying of newly born babies, II: Individual phase. JPediat 27, 89-96.
Aldrich, C.A., Sung, C. & Knop, C., 1945c, The crying of newly born babies, III: Individual phase. JPediat 27, 428-438.
Allendorf, S., 1980, Wiedererwerb einer Zweitsprache, dargestellt am Beispiel der englischen Negation. Diss., Universität Kiel.
Allendorf, S. & Wode, H., 1981, Some overgeneralizations in the L1 acquisition of interrogative pronouns. IRAL 19, 31-44.
Aller, W.K., Aller, S.K. & Sand, L.M., 1977, The acquisition of *ask, tell, promise* and *show structures* by Arabic children. (Zitiert nach Bowerman 1979.)
Allwright, R.L., 1975, Problems in the study of teachers' treatment of learner errors. Burt & Dulay, 96-109.
Allwright, R.L., 1983, Classroom-centered research on language teaching and learning: A brief historical overview. TESOLQ 17, 191-204.
Ament, W., 1899, Die Entwicklung von Denken und Sprechen beim Kinde. Leipzig: Barth.
Anastasi, A. & D'Angelo, R., 1952, A comparison of negro and white preschool children in language development and Goodenough draw-a-man IQ. JGenPs 81, 145-165.
Anders, K., 1982, Von Worten zur Syntax: Spracherwerb im Dialog. Berlin: Max-Planck-Institut für Bildungsforschung.
Andersen, R.W., 1977, The impoverished state of cross-sectional morpheme acquisition/accuracy methodology (or: the leftovers are more nourishing than the main course). Henning, 308-320. Erweiterter Nachdruck: WPB 14,47-82.
Andersen, R.W., 1978, An implicational model for second language research. LL 28, 21-82.
Andersen, R.W. (Hg.), 1981, New dimensions in second language acquisition research. Rowley, MA: Newbury House.
Andersen, R.W., 1983, Transfer to somewhere. Gass/Selinker, 177-201.
Andrews, I., 1982, Bilinguals out of focus: a critical discussion. IRAL 20, 297-305.
Anisfield, M., 1984, Language development from birth to three. Hillsdale, N.J.: Lawrence Erlbaum.
Anisfield, M. & Tucker, G.R., 1967, English pluralization rules of six-year-old children. ChDev 38, 1201-1217. Nachdruck: Ferguson & Slobin (Hg.) 1973, 221-226.
Asher, J., 1965, The strategy of the total physical response: An application to learning Russian. IRAL 3, 292-299.
Asher, J. & Garcia, R., 1969, The optimal age to learn a foreign language. MLJ 53, 334-341.

Atkinson-King, K., 1973, Children's acquisition of phonological stress contrasts. UCLA Working Papers in Phonetics 25.
Augst, G. (Hg.), 1978, Spracherwerb von 6-16. Düsseldorf: Pädagogischer Verlag Schwann.
Augst, G., 1984, Kinderwort: Der aktive Kinderwortschatz (kurz vor der Einschulung) nach Sachgebieten geordnet. Mit einem alphabetischen Register. Frankfurt/M. et al.: Peter Lang.
Augst, G., Bauer, A. & Stein, A., 1977, Grundwortschatz und Ideolekt, Tübingen: Niemeyer.
Bach, E. & Harms, R.T. (Hg.), 1968, Universals in linguistic theory. New York: Holt, Rinehart & Winston.
Bahns, J., 1976, Der L2-Erwerb der englischen Pluralflexion unter natürlichen Bedingungen bei Kindern mit Deutsch als L1. Mimeo, Kiel.
Bahns, J., 1981, Der natürliche L2-Erwerb der englischen modalen Hilfsverben. Diss., Kiel.
Bahns, J., 1983, On acquisitional criteria. IRAL 21, 57-68.
Bahns, J., 1986, Der Input im Fremdsprachenunterricht. Bielefelder Beiträge zur Sprachlehrforschung 15, 131-145.
Bahns, J., Burmeister, H. & Vogel, Th., 1986, The pragmatics of formulas in L2 learner speech: Use and development. JPragm. 10, 693-723.
Bailey, N., Madden, C. & Krashen, S., 1974, Is there a „natural sequence" in adult second language learning? LL 24, 235-243. Nachdruck: Hatch 1978b, 362-370.
Baker, A., 1982, Introducing English pronunciation: A teacher's guide to Tree or Three? and Ship or Sheep?. Cambridge: Cambridge University Press.
Baker, C., 1979, Syntactic theory and the projection problem. Linguistic Inquiry 10, 533-581.
Baker, C.L. & McCarthy, J.J. (Hg.), 1981, The logical problem of language acquisition. Cambridge, MA: M.I.T. Press.
Bannert, R., 1983, Phonological variation in language teaching. Felix & Wode, 151-171.
Bar Adon, A & Leopold, W.F., 1971, Child language. A book of readings. Englewood Cliffs, N.J.: Prentice Hall.
Baratz, J.C. & Shuy, R.W. (Hg.), 1969, Teaching black children to read. Washington, D.C.: Center for Applied Linguistics.
Barnes, S., Gutfreund, M., Satterley D. & Wells, G., 1983, Characteristics of adult speech which predict children's language development. JChLang 10, 65-84.
Baron, N.S., 1977, Language acquisition and historical change. Amsterdam et al.: North Holland.
Barrett, M.D., 1978, Lexical development and overextension in child language. JChL 5, 205-219.
Barrett, M.D. 1982, Distinguishing between prototypes: The early acquisition of the meaning of object names. Kuczaj I, 313-334.
Bartelt, H.G. 1983, Mode and aspect transfer in Navajo and Western Apache English narrative technique. IRAL 21, 105-124.
Bartlett, E.J., 1976, Sizing things up: the acquisition of the meaning of dimensional adjectives. IChL 3, 205-219.
Barton, D., 1980, Phonemic perception in children. Yeni-Komshian et al., 97-116.
Bates, E., 1976, Language and context: the acquisition of pragmatics. New York: Academic Press.
Bates, E. & McWhinney, B., 1981, Second language acquisition from a functionalist perspective: Pragmatic, semantic and perceptual strategies. Winitz, 190-214.
Bates, E. & McWhinney, B., 1982, Functionalist approaches to grammar. Wanner & Gleitman, 173-218.
Bates, E., McWhinney, B. & Smith, S., 1983, Pragmatics and syntax in psycholinguistic research. Felix & Wode, 11-30.
Bausch, K.-R., 1974, Vorwort zu: Bausch, K.-R. (Hg.), Sprachlehrforschung. LiLi 13, 7-12.
Bausch, K.-R. & Kühlwein, W. (Hg.), 1976, Kongreßberichte der 7. Jahrestagung der Gesellschaft für Angewandte Linguistik GAL e.V., Trier, 4 Bde.. Stuttgart: Hochschulverlag.

Becker, A., Dittmar, N. & Klein, W., 1978, Sprachliche und soziale Determinanten im kommunikativen Verhalten ausländischer Arbeitnehmer. Quasthoff, 158-192.
Beebe, L.M., 1980, Sociolinguistic variation and style shifting in second language acquisition. LL 30, 433-447.
Beebe, L.M., 1983, Risk-taking and the language learner. Seliger & Long, 39-65.
Bell, R.T., 1981, An introduction to applied linguistics: Approaches and methods in language teaching. London: Batsford Academic & Educational Press.
Bellack, A.A., Kliebard, H.M., Hyman, R.T. & Smith jr., F.L., 1966, The language of the classroom. New York: Teachers College Press.
Bellugi, U., 1967, The acqusition of negation. Diss., Harvard University.
Bellugi, U. & Brown, R. (Hg.), 1964, The acquisition of language. Monographs of the society for research in child development 29. Lafayette, IN: Society for Research in Child Development.
Benedict, H., 1979, Early Lexical Development. JChL 6, 183-201.
Berko, J., 1958, The child's learning of English morphology. Word 14, 150-177.
Berlin, B. & Kay, P., 1969, Basic color terms: Their universality and evolution. Berkeley, Los Angeles: University of California Press.
Bernstein, B., 1971, Class, codes, and control. London, Boston: Rutledge & Kegan Paul.
Bever, T.G., 1970, The cognitive basis for linguistic structures. Hayes, 279-362.
Bialystok, E., 1978, A theoretical model of second language learning. LL 28, 60-83.
Bialystok, E., 1983, Some factors in the selection and implementation of communication strategies. Færch & Kasper, 100-118.
Bialystok, E., 1984, Strategies in interlanguage learning and performance. Davies et al., 37-48.
Bialystok, E. & Fröhlich, M., 1980, Oral communication strategies for lexical difficulties. ISBU 5, Nr. 1, 3-30.
Bickerton, D., 1981, Roots of Language. Ann Arbor, MI: Karoma.
Bierwisch, M., 1967, Some semantic universals of German adjectives. FoundLang 3, 1-36.
Bierwisch, M., 1970, Semantics. Lyons, 166-184.
Blanke, G., 1973, Einführung in die semantische Analyse. München: Hueber.
Bleyhl, W., 1983, Reduced forms. English 3, 97-101.
Bloch, O., 1921, Les prémiers stades du langage de l'enfant. Journal de Psychologie 18, 693-712.
Bloom, L., 1970, Language development: Form and function in emerging grammars. Cambridge, MA: M.I.T. Press.
Bloom, L., 1973, One word at a time: The use of single word utterances before syntax. Den Haag: Mouton.
Bloom, L. (Hg.), 1978, Readings in language development. New York: Wiley.
Bloom, L. & Lahey, M. (Hg.), 1978, Language development and language disorders. New York: Wiley.
Bloom, L., Lightbown, P. & Hood, L., 1975, Structure and variation in child language. Monographs of the Society for Research in Child Development 40. Chicago, IL: University of Chicago Press.
Bluhme, H., Hammarström G., 1987, Descriptio Linguistica. Proceedings of the 1st Conference on Descriptive and Structural linguistics. Narr: Tübingen.
Blum, S. & Levenston, E.A., 1978a, Lexical simplification in second language acquisition. SSLA 2, 43-64.
Blum, S. & Levenston, E.A., 1978b, Universals of lexical simplification. LL 28, 399-415.
Bobrow, D.G. & Collins, A.M. (eds.), 1975, Representation and Understanding. New York: Academic Press
Bohn, O.-S., 1983, The L2 acquisition of English sentence structure: The early stages. Diss., Kiel.
Bohn, O.-S., 1986, Formulas, frame structures, and stereotypes in early syntactic development: Some new evidence from L2 acquistion. Linguistics 24, 185-202.
Bolinger, D.L. & Sears, D.A., 3 1981, Aspects of language. New York: Harcourt Brace Jovanovich.

Boretzky, N., Enninger, W. & Stolz, T. (Hg.), 1986, Beiträge zum 2. Essener Kolloquium über Kreolsprachen und Sprachkontakte. Bochum: Brockmeyer.
Bowerman, M., 1973a, Early syntactic development. A cross-linguistic study with special reference to Finnish. Cambridge, London: Cambridge University Press.
Bowerman, M., 1973b, Structural relationships in children's utterances: Syntactic or semantic? Moore, 197-213.
Bowerman, M., 1978, The acquisition of word meaning: An investigation into some current conflicts. Waterson & Snow, 263-287.
Bowerman, M., 1979, The acquisition of complex sentences. Fletcher & Garman, 285-305.
Boysson-Bardies, B. de, Sagart, L. & Durand, C., 1984, Discernible differences in the babbling of infants according to target language. JChL 11, 1-15.
Braine, M.D.S., 1963, The ontogeny of English phrase structure: The first phase. Language 39, 1-13. Nachdruck: Ferguson & Slobin, 407-421.
Braine, M.D.S., 1971, On two types of models of the internalization of grammars. Slobin, 153-188.
Braine, M.D.S., 1974, On what might constitute a learnable phonology. Language 50, 270-299.
Braine, M.D.S., 1976, Children's first word combinations. Chicago, IL: University of Chicago Press.
Bransford, J.D. & Franks, J.J., 1971, The abstraction of linguistic ideas. Cognitive Psychology 2: 173-213.
Bridges, A., 1980, SVO comprehension strategies reconsidered: The evidence of individual patterns of response. JChL 7, 89-104.
Brière, E.J., 1966, An investigation of phonological interference. Language 42, 768-796.
Brière, E.J., 1978, Variables affecting native Mexican children's learning Spanish as a second language. LL 28, 160-174.
Broca, P., 1861, Nouvelle observation d'aphémie produite par une lésion de la moitié postérieure des deuxième et troisième circonvolutions frontales. Bulletin Société Anatomie 6 (sér. 2), 398-407.
Bronckart, J.P., 1976, Génèse et organisation des formes verbales chez l'enfant. Bruxelles: Mardaga.
Bronckart, J.P., 1983, Cas et prédicats: Une étude de psychologie du langage. La Linguistique 19, 3-27.
Bronckart, J.-P., Kail, M. & Noizet, G. (Hg.), 1983, Psycholinguistique de l'enfant: Recherches sur l'acquisition du langage. Neuchâtel, Paris: Delachaux & Niestlé.
Brooks, L., 1978, Non-analytic concept formation and memory for instances. Rosch & Lloyd, 169-211.
Broselow, E., 1984, An investigation of transfer in second language phonology. IRAL 22, 253-269.
Brown, H.D. (Hg.), 1976, Papers on second language acquisition. (=LL, Special Issue 4)
Brown, H.D., 1977, Cognitive and affective characteristics of good language learners. Henning, 349-354.
Brown, H.D., Yorio, C.A. & Crymes, R.H. (Hg.), 1977, On TESOL '77: Teaching English as a second language: Trends in research and practice. Washington, D.C.: TESOL.
Brown, J. & Jaffe, J., 1975, Hypothesis on cerebral dominance. Neuropsychologia 13, 107-110.
Brown, R., 1958, Words and things. Glencoe, IL: The Free Press.
Brown, R., 1958, How shall a thing be called. PsRev 65, 14-21.
Brown, R., 1973, A first language: The early stages. Cambridge, MA: Harvard University Press.
Brown, R. & Bellugi, U., 1964, Three processes in the child's acquisition of syntax. Harvard Educational Review 34, 133-151.
Brown, R. & Fraser, C., 1963, The acquisition of syntax. Cofer & Musgrave, 158-209. Nachdruck: Brown & Bellugi 1964, 43-79.
Brown, R. & Hanlon, C., 1970, Derivational complexity and order of acquisition in child speech. Hayes, 11-53.
Bruck, M., 1985, Predictives of transfer out of early French immersion programmes. AppLing 6, 39-61.

Bruner, J.S., 1975, The ontogenesis of speech acts. JChL 2, 1-19.
Bühler, K., 1930, Kindheit und Jugend. Leipzig: Quelle und Meyer.
Burgschmidt, E. & Götz, D., 1974, Kontrastive Linguistik Deutsch-Englisch. München: Hueber.
Burling, R., 1959, Language development of a Garo and English speaking child. Word 15, 45-68.
Burmeister, H., 1983, Semantisch-pragmatische Aspekte des natürlichen Zweitsprachenerwerbs. Eine Studie am Beispiel des Erwerbs des Englischen durch vier deutsche Kinder. Diss., Kiel.
Burmeister, H., Ufert, D. & Wode, H., 1979, Zur Leistungsfähigkeit experimenteller Datenerhebungsverfahren bei Untersuchungen zum natürlichen Zweitsprachenerwerb. LingBer 64, 95-104.
Burmeister, P., 1986, Linguistische Untersuchung zum L2-Lexikonerwerb. M.A., Kiel.
Burt, M.K. & Dulay, H.C. (Hg.), 1975, New directions in second language learning, teaching, and bilingual education. Washington, D.C.: TESOL.
Burt, M.K., Dulay, H.C. & Finocciaro, M. (Hg.), 1977, Viewpoints on English as a second language in honour of James E. Alatis. New York: Regents.
Burt, M.K. & Kiparsky, C., 1972, The Gooficon: A repair manual for English. Rowley, MA: Newbury House.
Busch, D., 1982, Introversion - extraversion and the EFL proficiency of Japanese students. LL 32, 109-132.
Butterworth, B. (Hg.), 1983, Language production II: Development, writing and other language processes. London: Academic Press.
Butterworth, G.A., 1972, A Spanish-speaking adolescents acquisition of English syntax. M.A., University of California, Los Angeles.
Butzkamm, W., 1981, Rationaler und ratiomorpher Grammatikerwerb. Linguistik und Didaktik 45/46, 49-64.
Butzkamm, W., 1985, Natürliche Erwerbssituationen als Bezugspunkt für die Sprachlehrmethodik. NM 38, 5-11.
Butzkamm, W. & Schmid-Schönbein, J., 1984, Die vertrackten „contracted forms" - ein ungelöstes methodisches Problem. Praxis des neusprachlichen Unterrichts 4: 387-392.
Cancino, H., Rosansky, E.G. & Schumann, J.H., 1978, The acquisition of English negatives and interrogatives by native Spanish speakers. Hatch 1978b, 207-230.
Carey, S., 1978, The child as a word learner. Halle et al., 264-293.
Carey, S., 1982, Semantic development: The state of the art. Wanner & Gleitman, 347-389.
Carmichael, L. (Hg.), ²1954 (1946), Manual of child psychology. New York: Wiley und London: Chapman.
Carroll, J.B., 1962, The prediction of success in intensive foreign language training. Glaser, 87-136.
Carroll, J.B., 1967, Foreign language proficiency levels attained by language majors near graduation from college. Foreign Language Annals 1, 131-151.
Carroll, J.B., 1981, Twenty-five years of research on foreign language aptitude. Diller, 83-118.
Castellan, N., Pisoni, D. & Potts, G. (Hg.), 1977, Cognitive theory. 2 Bde. Hillsdale, N.J.: Lawrence Erlbaum.
Cazden, C.B., 1965, Environmental assistance to the child's acquisition of grammar. Diss., Harvard University.
Cazden, C.B., 1968, The acquisition of noun and verb inflections. ChDev 39, 433-448. Nachdruck: Ferguson & Slobin 1973, 226-240.
Cazden, C.B., 1972, Child language and education. New York, San Francisco: Holt, Rinehart & Winston.
Cazden, C.B., John, V.P. & Hymes, D., 1972, Functions of language in the classroom. New York, London: Teachers College Press.
Chafe, W.L., 1971, Meaning and the structure of language. Chicago, IL: University of Chicago Press.

Chapman, K.L., Leonard, L.D. & Mervis, C.B., 1986, The effect of feedback on young children's inappropriate word use. JChL 13, 101-117.
Chastain, K., 1970, A methodological study comparing the audio-lingual habit theory and the cognitive code learning theory: A continuation. MLJ 54, 257-266.
Chaudron, C., 1977, A descriptive model of discourse in the corrective treatment of learners' errors. LL 27, 29-46.
Chaudron, C., 1983, Foreigner talk in the classroom: An aid to learning? Seliger & Long, 169-189.
Chesterfield, K., 1982, The role of children in adult second language learning. LL 32, 305-329.
Chesterfield, R. & Chesterfield, K.B., 1985, Natural order in children's second language learning strategies. AppLing 6, 45-59.
Chihara, T. & Oller, J.W., 1978, Attitudes and attained proficiency in EFL: A socio-linguistic study of adult Japanese speakers. LL 28, 55-68.
Chomsky, C., 1969, The acquisition of syntax in children from 5 to 10. Cambridge, MA: M.I.T. Press.
Chomsky, N., 1957, Syntactic structures. Den Haag: Mouton.
Chomsky, N., 1959, Rezension von Skinner (1957). Language 35, 26-58.
Chomsky, N., 1965, Aspects of theory of syntax. Cambridge, MA: M.I.T. Press.
Chomsky, N., 1976, Reflections on language. Douglas, Isle of Man: Fontana.
Chomsky, N., 1980, Rules and representations. Oxford: Basil Blackwell.
Chomsky, N., 1981, Lectures on government and binding: The Pisa lectures. Dordrecht: Foris.
Chomsky, N., 1982, Some concepts and consequences of the theory of government and binding. Cambridge, MA: M.I.T. Press.
Clahsen, H., 1982, Spracherwerb in der Kindheit. Tübingen: Narr.
Clahsen, H., 1983, Some remarks on the acquisition of German negation. JChL 10, 465-469.
Clahsen, H., 1984, Der Erwerb der Kasusmarkierung in der deutschen Kindersprache. LingBer 89, 1-31.
Clahsen, H., Meisel, J. & Pienemann, M., 1983, Deutsch als Zweitsprache: Der Spracherwerb ausländischer Arbeiter. Tübingen: Narr.
Clark, E.V., 1971, On the acquisition of the meaning of „before“ and „after“. JVLVB 10, 266-275.
Clark, E.V., 1972, On the child's acquisition of antonyms in two semantic fields. JVLVB 11, 750-758.
Clark, E.V., 1973, What's in a word? On the child's acquisition of semantics in his first language. Moore, 65-110.
Clark, H.H., 1970, Word associations and linguistic theory. Lyons 271-286.
Clark, H.H. & Clark, E.V., 1977, Psychology and language: An introduction to psycholinguistics. New York: Harcourt Brace Jovanovich.
Clark, R., 1974, Performing without competence. JChL 1, 1-10.
Clément, R. & Kruidenier, B.G., 1983, Orientations in second language acquisition: I. The effects of ethnicity, milieu, and target language on their emergence. LL 33, 273-291.
Clyne, M., 1968, Zum Pidgin-Deutsch der Gastarbeiter. Zeitschrift für Mundartforschung 35, 130-139.
Cofer, C.N. & Musgrave, B.S. (Hg.), 1963, Verbal Behavior and learning: Problems and processes. New York, London: McGraw-Hill.
Constable, G., 1977, Die Neanderthaler. Reinbek: Rowohlt.
Corder, S.P., 1967, The significance of learners' errors. IRAL 5, 161-170. Nachdruck: Richards 1974, 19-30; Schumann & Stenson 1975, 90-99.
Corder, S.P., 1971, Idiosyncratic dialects and error analysis. IRAL 9, 147-160. Nachdruck: Schumann & Stenson 1975, 100-113.
Corder, S.P. & Roulet, E. (Hg.), 1977, The notions of simplification, interlanguages and pidgins and their relation to second language pedagogy: Actes du 5ème colloque de linguistique appliquée de Neuchâtel 20-22 mai 1976. Genève: Droz.

Coseriu, E., 1985, Einführung in die allgemeine Sprachwissenschaft. Tübingen: Francke.
Cromer, R.E., 1976, Developmental strategies for language. Hamilton & Vernon, 305-358.
Cron-Böngeler, U., 1985, Die Analyse kindlicher Satzstrukturen in den ersten drei Lebensjahren. Gipper, 148-170.
Crystal, D., Fletcher, P. & Garman, M., 1976, The grammatical analysis of language disability: A procedure for assessment and remediation. London: Edward Arnold.
Curtiss, S.R., 1977, Genie: A psycholinguistic study of a modern-day „wild child". New York, San Francisco, London: Academic Press.
Cutting, J.E. & Rosner, B.S., 1974, Categories and boundaries in speech and music. P&P 16, 564-571.
Dahl, Ö., 1979, Typology of sentence negation. Linguistics 17, 79-106.
Dale, P.S. & Ingram, D. (Hg.), 1981, Child language - an international perspective. Selected papers from the First International Congress for the Study of Child Language. Baltimore, MD: University Park Press.
Danchev, A., 1986, Segmental vowel phonology of the Bulgarian-English interlanguage. Vortrag, Anglistentag 1986, 30. September-02. Oktober, Kiel.
Danziger, K., 1957, The child's understanding of kinship terms: A study in the development of relational concepts. JGenPs 91, 213-232.
Davies, A., Criper, C. & Howatt, A.P.R.H. (Hg.), 1984, Interlanguage. Edinburgh: Edinburgh University Press.
Davis, E.A., 1937, The development of linguistic skills in twins, singletons with siblings, and only children from age five to ten years. Minneapolis, MN: University of Minnesota Press.
Day, E.J., 1932, The development of language in twins: A comparison of twins and single children. ChDev 3, 179-199.
Decamp, D., 1971, Implicational scales and sociolinguistic linearity. Linguistics 13, 30-43.
Dechert, H.W., 1983, How a story is done in a second language. Færch & Kasper 1983a, 173-195.
Dechert, H.W., Möhle, D. & Raupach, M. (Hg.), 1984, Second language productions. Tübingen: Narr.
Denison, N., 1958, Diskussion zu Haugen 1958. Sievertsen, 803-804.
Descoùdres, A., 1921, Le développement de l'enfant de deux a sept ans. Neuchâtel, Paris: Delachaux & Niestlé.
Deutsch, W., 1979, The conceptual impact of linguistic input: A comparison of German family children's and orphan's acquisition of kinship terms. JChL 6, 313-327.
Dickerson, L.J., 1975, The learner's interlanguage as a system of variable rules. TESOLQ 9, 401-407.
Diller, K. (Hg.), 1981, Individual differences and universals in language learning aptitude. Rowley, MA: Newbury House.
Dittmar, N., 1979, Fremdsprachenerwerb im sozialen Kontext: Das Erlernen von Modalverben - Eine lexikalisch-semantische Analyse. LiLi 33, 84-103.
Dodd, B., 1983, The visual and auditory modalities in phonological acquisition. Mills, 57-61.
Doege, M., 1985, Lexikalischer Transfer im natürlichen L2-Erwerb des Englischen bei deutschen Kindern. Mimeo, Kiel.
Donaldson, M. & Balfour, G., 1968, Less is more: A study of language comprehension in children. British Journal of Psychology 59, 461-472.
Donaldson, M. & Wales, R., 1970, On the acquisition of some relational terms. Hayes, 235-268.
Donnegan, P.J. & Stampe, D., 1979, The study of natural phonology. Dinnsen, D.A. (Hg.), Current approaches to phonological theory. Bloomington, IN: Indiana University Press, 126-173.
Dore, J., 1975, Holophrases, speech acts and language universals. JChL 2, 21-40.
Doyé, P., [6]1982, Systematische Wortschatzvermittlung im Englischunterricht. Hannover, Dortmund: Schroedel, Lambert, Lensing.
Drachman, G. (Hg.), 1976, Akten des 1. Salzburger Kolloquiums über Kindersprache. Tübingen: Narr.

Drachman, G. (Hg.), 1977, Akten der 3. Salzburger Jahrestagung für Psycholinguistik. Salzburg: Wolfgang Neugebauer.
Drife, J.O., 1985, Can the fetus listen and learn? British Journal of Obstetrics and Gynaecology 92, 777-779.
Dulay, H.C. & Burt, M.K., 1972, Goofing: An indicator of children's second language learning strategies. LL 22, 235-252.
Dulay, H.C. & Burt, M.K., 1973, Should we teach children syntax? LL 23, 245-258.
Dulay, H.C. & Burt, M.K., 1974a, Errors and strategies in child second language acquistion. TESOLQ 8, 129-136.
Dulay, H.C. & Burt, M.K., 1974b, Natural sequences in child second language acquisition. LL 24, 37-53. Nachdruck: Hatch 1978b, 347-361.
Dulay, H.C. & Burt, M.K., 1974c, A new perspective on the creative construction process in child second language acquisition. LL 24, 235-278.
Dulay, H.C., Burt, M.K. & Krashen, S.D., 1982, Language Two. Oxford, New York: Oxford University Press.
Dumrese, M., 1986, Der natürliche L2-Erwerb der Frikative des Englischen. Mimeo, Kiel.
Dunkel, H.B. & Pillet, R.A., 1957, A second year of French in the elementary school. Elementary School Journal 58, 143-151.
Eccles, J.C., 1975, Das Gehirn des Menschen. München, Zürich: Piper
Eckman, F.R., 1977, Markedness and the contrastive analysis hypothesis. LL 27, 315-330.
Eckman, F.R., 1981, On the naturalness of interlanguage phonological rules. LL 31, 195-216.
Eckstrand, L.H., 1982, Age and length of residence as variables related to the adjustment of migrant children with special reference to second langauge learning. Krashen et al., Seite
Edmondson, W., 1978, Worlds within worlds - problems in the description of teacher-learner interaction in a foreign language classroom. Vortrag anläßlich des 5. AILA-Kongresses. Montréal.
Edwards, M.L., 1973, The acquisition of liquids. Working Papers in Linguistics, Ohio State University 15, 1-54.
Edwards, M.L., 1974, Perception and production in child phonology: The testing of four hypotheses. JChL 1, 205-219.
Ehlich, K. & Rehbein, J., 1976, Sprache im Unterricht: Linguistische Verfahren und schulische Wirklichkeit. Studium Linguistik 1, 47-69.
Eilers, R.E., 1977, Context-sensitive perception of naturally produced stop and fricative consonants by infants. JAcSocAm 61, 1321-1336.
Eilers, R.E., 1980, Infant speech perception: History and mystery. Yeni-Komshian et al. II, 23-39.
Eilers, R.E., Wilson, W.R. & Moore, J.M., 1977, Developmental changes in speech discrimination in infants. JSHR 20, 766-780.
Eimas, P., 1974, Auditory and linguistic processing of cues for place of articulation by infants. P&P 16, 513-521.
Eimas, P.D. & Miller, J.L (Hg.), 1981, Perspectives on the study of speech. Hillsdale, NJ: Lawrence Erlbaum.
Eimas, P.D., Siqueland, E.R., Jusczyk, P. & Vigorito, J., 1971, Speech perception in infants. Science 171, 303-306.
Elkind, D., 1962, Children's conceptions of brother and sister: Piaget replication study V. JGenPs 100, 129-136.
Elkind, D. & Flavell, J.H. (Hg.), 1969, Essays in honour of Jean Piaget. New York et al.: Oxford University Press.
Ellis, R., 1984, Classroom second language development. Oxford: Pergamon Press.
Ellis, R., 1985a, Sources of variability in interlanguage. AppLing 6, 118-131.
Ellis, R., 1985b, Understanding second language acquisition. Oxford: O.U.P.

Erreich, H., 1984, Learning how to ask: Patterns of inversion in yes-, no- and wh-questions. JChL 11, 579-592.
Ervin-Tripp, S.M., 1973, Some strategies for the first two years. Moore, 261-286.
Ervin-Tripp, S.M., 1974, Is second language learning like the first? TESOLQ 8, 111-127. Nachdruck: Hatch 1978b, 190-206.
Erwin, J.V. & Wong, S.P. (Hg.), 1983, Phonological development in children 18-72 months. Carbondale, Edwardsville: Southern Illinois University Press.
Estes, W.K. (Hg.), 1978, Handbook of learning and cognitive processes, VI: Linguistic functions in cognitive theory. Hillsdale, NJ: Lawrence Erlbaum.
Extra, G. & Vallen, T. (Hg.), 1984, Ethnic minorities and Dutch as a second language. Dordrecht: Foris.
Færch, C. & Kasper, G., 1980, Processes and strategies in foreign language learning and communication. ISBU 5, 47-118.
Færch, C. & Kasper, G. (Hg.), 1983a, Strategies in interlanguage communication. London, New York: Longman.
Færch, C. & Kasper, G., 1983b, Introduction to Færch & Kasper 1983a, XV-XXIV.
Færch, C. & Kasper, G., 1986, Cognitive dimensions of language transfer. Kellerman & Sharwood-Smith, 49-65.
Fanselow, G. & Felix, S.W., 1987., Kognitive Sprachtheorie.
Fasold, R.W. & Shuy, R.W. (Hg.), 1970, Teaching Standard English in the Inner City. Washington, D.C.: Center for Applied Linguistics.
Fathman, A.K., 1975, The relationship between age and second language productive ability. LL 25, 245-253.
Faure, G., 1975, Manuel pratique de l'Anglais parlé. Paris: Hachette.
Fay, W.H. & Schuler, A.L., 1980, Emerging language in autistic children. Baltimore, MD: University Park Press.
Felix, S.W., 1976a, Die ersten Phasen des deutschen Zweitsprachenerwerbs. Drachman, 61-72.
Felix, S.W., 1976b, Entwicklungsprozesse im gesteuerten Zweitsprachenerwerb. Bausch & Kühlwein, IV, 134-145.
Felix, S.W., 1976c, Wh-pronouns in first and second language acquisition. LingBer 44, 52-64.
Felix, S.W., 1977, Natürlicher Zweitsprachenerwerb und Fremdsprachenunterricht. Linguistik und Didaktik 31, 231-247.
Felix, S.W., 1978, Linguistische Untersuchungen zum natürlichen Zweitsprachenerwerb. München: Fink.
Felix, S.W., 1980a, Cognition in language development: A German child's acquisition of question words. Nehls, 91-110.
Felix, S.W. (Hg.), 1980b, Second language development: Trends and issues. Tübingen: Narr.
Felix, S.W., 1981, The effects of formal introduction on second language acquisition. LL 31, 87-112.
Felix, S.W., 1982, Psycholinguistische Aspekte des Zweitsprachenerwerbs. Tübingen: Narr.
Felix, S.W. & Wode, H. (Hg.), 1983, Language development at the crossroads. Tübingen: Narr.
Ferguson, C.A., 1964, Baby talk in six languages. American Anthropologist 66, 103-114.
Ferguson, C.A., 1975, Towards a characterization of English foreigner talk. Anthropological Linguistics 17, 1-14.
Ferguson, C.A., 1977, Baby talk as a simplified register. Snow & Ferguson, 219-236.
Ferguson, C.A. & de Bose, C.E., 1977, Simplified registers, broken language and pidginization. Valdman, 99-125.
Ferguson, C.A. & Farwell, C.B., 1975, Words and sounds in early language acquisition: English initial consonants in the first 50 words. Language 51, 419-439.
Ferguson, C.A. & Garnica, O.K., 1975, Theories of phonological development. Lenneberg & Lenneberg, 153-180.

Ferguson, C.A. & Macken, M.A., 1983, Phonological development in children - play and cognition. Nelson, IV, 231-255.
Ferguson, C.A., Peitzer, D.B. & Weeks, T.E., 1973, Model-and-replica phonological grammar of a child's first words. Lingua 31, 35-65.
Ferguson, C.A. & Slobin, D.I. (Hg.), 1973, Studies of child language development. New York: Holt, Rinehart & Winston.
Ferreiro, E., 1971, Les rélations temporelles dans le langage de l'enfant. Genève: Droz.
Fillmore, C.J., 1968, The case for case. Bach & Harms, 1-90.
Fillmore, L.W., 1976, The second time around: Cognitive and social strategies in second language acquisition. Diss., Stanford University.
Flavell, J.H., 1963, The developmental psychology of Jean Piaget. New York: van Nostrand Co.
Flechsig, K.H., 1968, Zur Entwicklung und Erprobung von Tonbandprogrammen für den Fremdsprachenunterricht. Zeitschrift für erziehungswissenschaftliche Forschung 2, 12-29.
Flege, J.E. & Davidian, R.D., 1984, Transfer and developmental processes in adult foreign language speech production. AppPs 5, 323-347.
Flege, J.E. & Eefting, W., 1986, Linguistic and developmental effects on the production and perception of stop consonants. Phonetica 43, 155-177.
Flege, J.E. & Eefting, W., 1987, Production and perception of English stops by native Spanish speakers. JPhon 15, 67-83.
Fletcher, P. & Garman, M. (Hg.), 1979, Language acquisition: Studies in first language development. Cambridge et al.: Cambridge University Press.
Flores d'Arcais, G.B. & Levelt, W.J.M. (Hg.), 1970, Advances in psycholinguistics. Amsterdam, London: North Holland.
Fodor, J.A., 1983, The modularity of mind: An essay on faculty psychology. Cambridge, MA: M.I.T. Press.
Fodor, J.A., Bever, T.G. & Garrett, M.F., 1974, The psychology of language. An introduction to psycholinguistics and generative grammar. New York: McGraw Hill.
Foss, D.J. & Hakes, D.T., 1978, Psycholinguistics. An Introduction to the psychology of language. Englewood Cliffs, NJ: Prentice Hall.
Friederici, A.D., 1984, Neuropsychologie der Sprache. Stuttgart et al.: Kohlhammer.
Fries, C.C., 1945, Teaching and learning English as a foreign language. Ann Arbor, MI: University of Michigan Press.
Fromkin, V. & Rodman, R., 1978, An introduction to language. New York: Holt, Rinehart & Winston.
Fromkin, V.A, Krashen, S.D., Curtiss, S., Rigler, D. & Rigler, M., 1974, The development of langauge in Genie: A case of language acquisition beyond the „critical period". Brain and Language 1, 81-107.
Furkmann, D. & Wode, H., 1985, Aussprachevermittlung und Aussprachekorrektur im Fremdsprachenunterricht. Eine Einführung in die Praxis. Mimeo, Kiel.
Furrow, D., Nelson, K.E. & Benedict, H., 1979, Mothers' speech to children and syntactic development: Some simple relationships. JChL 6, 423-442.
Furth, H.G., 1966, Thinking without language: Psychological implications of deafness. New York: The Free Press.
Gaies, S.J., 1977, The nature of linguistic input in formal second language learning: Linguistic and communicative strategies in ESL teachers classroom language. Brown et al., 204-212.
Gaies, S.J., 1983, The investigation of language classroom processes. TESOL 17, 205-218.
Gardiner, M., Schulman, C. & Walter, D., 1973, Facultative EEG asymmetries in babies and adults. Brain Information Service Conference Report 34. Los Angeles, Calif.: University of California (zit. in Dulay et al. 1982).
Gardner, H., 1987, The mind's new science. New York: Basic Books Inc.
Gardner, R. & Gardner, B., 1969, Teaching sign language to a chimpanzee. Science 165, 664-673.

Gardner, R.C. & Lambert, W.E., 1959, Motivational variables and second language acquisition. Canadian Journal of Psychology 13, 266-272.
Gardner, R.C. & Lambert, W.E. (Hg.), 1972, Attitudes and motivation in second language learning. Rowley, MA: Newbury House.
Gardner, R.C., Smythe, P., Clément, R. & Gliksman, L., 1976, Second language learning: A social-psychological perspective. CMLR 32, 198-213.
Garnica, O.K., 1973, The development of phonemic speech perception. Moore, 215-222.
Garvey, C., 1975, Requests and responses in children's speech. JChL 2, 41-63.
Gary, J.O., 1975, Delayed oral practice in initial stages of second language learning. Burt & Dulay, 89-95.
Gass, S., 1979, Language Transfer and universal grammatical relations. LL 29, 327-344.
Gass, S., 1984, Development of speech perception and speech production abilities in adult second language learners. AppPs 5, 51-74.
Gass, S. & Madden, C.G. (Hg.), 1985, Input in second language acquisition. Rowley, MA: Newbury House.
Gass, S. & Selinker, L. (Hg.), 1983, Language transfer in language learning. Rowley, MA: Newbury House.
Gatbonton, E., 1978, Patterned phonetic variability in second language speech: A gradual diffusion model. CMLR 34, 335-347.
Gazzaniga, M.S., 1970, The bisected brain. New York: Appleton-Century-Croft.
Genesee, F., 1978, Second language learning and language attitude. WPB 16, 19-42.
Genesee, F., 1983, Bilingual education of majority-language children: The immersion experiments in review. AppLing 4, 1-46.
Genesee, F., 1983 i.Dr., Learning through two languages: Studies of immersion and bilingual education. Manuskript, Psychological Department, McGill University, Montréal.
Gheorgov, I.A., 1908, Ein Beitrag zur grammatischen Entwicklung der Kindersprache. Archiv für die gesamte Psychologie 9, 242-432.
Gimson, A.C., 1970, An introduction to the pronunciation of English. London: Edward Arnold.
Ginsburg, H., 1972, The myth of the deprived child. New York: Prentice-Hall.
Gipper, H. (Hg.), 1985, Kinder unterwegs zur Sprache. Düsseldorf: Schwann.
Glahn, E., Hvenekilde, A., Hyltenstam, K., Palmberg, R. & Ringbom, H. (Hg.), 1986, Foreign language learning in the Nordic countries. ScanWPB 6.
Glanzer, M., Koppenaal, L. & Nelson, R., 1972, Effects of relations between words on short-term storage and long-term storage. JVLVB 11, 403-416.
Glaser, R. (Hg.), 1962, Training research in education. Pittsburgh, PA: Pittsburgh University Press.
Gleitman, L.R., Newport, E.L. & Gleitman, H., 1984, The current status of the motherese hypothesis. JChL 11, 43-79.
Goldfarb, W., 1955, Emotional and intellectual consequences of psychological deprivation in infancy: A re-evaluation. Hoch & Zubinn, 105-119 (zitiert in Oksaar 1977).
Gollin, E.S. (Hg.), 1984, Malformation in development: Biological and psychological sources and consequences. New York: Academic Press.
Graf, P., 1984, Frühe Zweisprachigkeit und schulisches Lernen: empirische Grundlagen zur Erziehung von Kindern ethnischer Minderheiten. Habilschrift, München.
Gray, V.A. & Cameron, C.A., 1980, Longitudinal development of English morphology in French immersion children. AppPs 1, 171-181.
Greenberg, J. & Kuczaj, S.A., 1982, Towards a theory of substantive word-maning acquisition. Kuczaj, Bd. 1, 275-311.
Greenfield, P.M. & Smith, J.H., 1976, The structure of communication in early language development. New York: Academic Press.

Greenlee, M., 1974, Interacting processes in the child's acquisition of stop-liquid clusters. Papers and Reports on Child Language Development 7, 85-100.
Gregg, K., 1984, Krashen's monitor and Occam's rasor. AppLing 5, 78-100.
Grégoire, A., 1937, L'apprentissage du langage I. Les deux premières années. Paris: Droz.
Grégoire, A., 1947, L'apprentissage du langage II. La troisième année et les années suivantes. Paris, Liège: Droz.
Grimm, H., 1975, Verstehen, Imitation und Produktion von Passivsätzen. Grimm et al., 73-99.
Grimm, H., 1977-1981, Psychologie der Sprachentwicklung. 2 Bde. Stuttgart et al.: Kohlhammer.
Grimm, H., Schöler, H. & Wintermantel, M. (Hg.), 1975, Zur Entwicklung sprachlicher Strukturformen bei Kindern. Weinheim, Basel: Beltz.
Grinder, R., Otomo, A. & Toyota, W., 1962, Comparisons between second, third, and fourth grade children in the audiolingual learning of Japanese as a second language. Journal of Educational Research 56, 191-211.
Grunwell, P., 1981, The nature of phonological disability in children. London: Academic Press.
Guiora, A.Z., Brannon, R.C.L. & Dull, C.Y., 1972, Empathy and second language learning. LL 22, 111-132.
Guiora, A.Z., Paluszny, M., Beit-Hallahmy, B., Catford, J.C., Cooley, R.E. & Dull, C.Y., 1975, Language and persons: Studies in language behaviour. LL 25, 43-61.
Gunderson, K. (Hg.), 1975, Language, mind and knowledge. Minneapolis, MN: University of Minnesota Press.
Gvozdev, A.N., 1949, Formirovaniye u rebenka Grammaticheskogo stroya russkogo yazyka. Moskau: Akad. Pedag. Nauk RSFSR.
Haastrup, K. & Phillipson, R., 1983, Achievement strategies in learner/native speaker interaction. Færch & Kasper 1983a, 140-146.
Hahn, A., 1982, Fremdsprachenunterricht und Spracherwerb. Linguistische Untersuchungen zum gesteuerten Zweitsprachenerwerb. Diss., Passau.
Hakuta, K., 1974a, A preliminary report on the development of grammatical morphemes in a Japanese girl learning English as asecond language. WPB 3, 18-43. Nachdruck: Hatch 1978b, 132-147.
Hakuta, K., 1974b, Prefabricated patterns and the emergence of structure in second language acquisition. LL 24, 287-289.
Hakuta, K. & Cancino, H., 1984, Variaition in the acquisition of English grammar by native adult speakers of Spanish. Mimeo, Harvard University.
Hala, B., Romportl, M. & Janota, P. (Hg.), 1970, Proceedings of the 6th International Congress of the Phonetic Sciences 1967. München, Philadelphia: Hueber.
Halle, M., Bresnan, J. & Miller, G.A., 1978, Linguistic theory and psychological reality. Cambridge, MA: M.I.T. Press.
Halliday, M.A.K., 1975, Learning how to be mean. Explorations in the development of language. London: Edward Arnold.
Hamayan, E., Markman, B., Pelletir, S. & Tucker, G.R., 1979, Differences in performance in elicited imitation between French monolingual and English-speaking bilingual children. WPB 8, 30-58.
Hamayan, E.V. & Tucker, G.R., 1979, Strategies of communication used by native and non-native speakers of French. WPB 17, 83-96.
Hamilton, V. & Vernon, M.D. (Hg.), 1976, The development of cognitive processes. London et al.: Academic Press.
Hammer, J.H. & Rice, F.A. (Hg.), 1965, A bibliography of contrastive linguistics. Washington D.C.: Centre for Applied Linguistics.
Hanania, E.A.S. & Gradman, H.L., 1977, Acquisition of English structure: A case study of an adult native speaker of Arabic in an English-speaking environment. LL 27, 75-91.

Hansen, J. & Stansfield, C., 1981, The relationship of field dependent-independent cognitive styles to foreign language achievement. LL 31, 349-367.
Harley, B. & Swain, M., 1984, Interlanguage of immersion students and its implications for second language teaching. Davies et al., 291-311.
Hartig, M. & Wode, H. (Hg.), 1978, Kongreßberichte der 8. Jahrestagung der Gesellschaft für angewandte Linguistik GAL e.V. in Mainz 1977, IV: Soziolinguistik, Psycholinguistik. Stuttgart: HochschulVerlag.
Hashemeyan, S.K.M., 1977, A case grammar analysis of certain aspects of the acquisition of English syntax by two native speakers of Persian. Doctoral dissertation, University of Indiana, Bloomington.
Hatch, E.M., 1974, Second language learning - universals? WPB 3, 1-17.
Hatch, E., 1978a, Discourse analysis and second language acquisition. Hatch 1978b, 401-435.
Hatch, E.M. (Hg.), 1978b, Second language acquisition. A book of readings. Rowley, MA: Newbury House.
Hatch, E.M., 1983, Psycholinguistics. A second language perspective. Rowley, MA: Newbury House.
Hatch, E.M. & Farhady, H., 1982, Research design and statistics for applied linguistics. Rowley, MA: Newbury House.
Hatch, E.M., Shapira, R. & Gough, J., 1976, Foreigner talk discourse. Tijdschrift van het ITL (Institute of Applied Linguistics Louvain) 39/40, 39-60.
Haviland, S.E. & Clark, E.V., 1974, „This man's father is my father's son": A study of the acquisition of English kin terms. JChL 1, 23-47.
Hayes, J.R. (Hg.), 1970, Cognition and the development of language. New York, London: Wiley.
HDP (Heidelberger Forschungsprojekt „Pidgin-Deutsch"), 1975, Sprache und Kommunikation ausländischer Arbeiter: Analysen, Berichte, Materialien. Kronberg/Ts.: Skriptor.
HDP, 1977, Die ungesteuerte Erlernung des Deutschen durch spanische und italienische Arbeiter. Osnabrücker Beiträge zur Sprachtheorie, Beiheft 2, Osnabrück.
HDP, 1979, Zur Erlernung des Deutschen durch ausländische Arbeiter: Wortstellung und ausgewählte lexikalisch-semantische Aspekte. Arbeitsbericht IV, Germanistisches Seminar, Universität Heidelberg.
Hecht, B.F. & Mulford, R., 1982, The acquisition of a second language phonology: Interaction of transfer and developmental factors. AppPs 13, 313-328.
Heindrichs, W., Gester, F.W. & Kelz, H.P., 1980, Sprachlehrforschung. Angewandte Linguistik und Fremdsprachenunterricht. Stuttgart: Kohlhammer.
Henning, C. (Hg.), 1977, Proceedings of the Los Angeles Second Language Research Forum. Los Angeles, CA: University of California at Los Angeles.
Henrici, G., 1986, Studienbuch: Grundlagen für den Unterricht im Fach Deutsch als Fremd- und Zweitsprache (und anderer Fremdsprachen). Paderborn: Schöningh.
Henrici, G., Herlemann, B., 1986, Mündliche Korrekturen im Fremdsprachenunterricht, München: Goethe-Institut.
Henzl, V., 1973, Linguistic register of foreign language teaching. LL 23, 207-222.
Henzl, V.M., 1979, Foreigner talk in the classroom. IRAL 17, 159-167.
Hermann, G., 1980, Attitudes and success in children's learning of English as a second language: The motivational vs. the resultative hypothesis. English Language Teaching Journal 34, 247-254.
Hetzer, H. & Reindorf, B., 1928, Sprachentwicklung und soziales Milieu. Zeitschrift für angewandte Psychologie 29, 449-462 (zitiert in Oksaar 1977).
Hiller, U., 1981, Der Semantisierungsprozeß im Zweitsprachenerwerb. Neusprachliche Mitteilungen 34, 144-152.
Hoch, P.H. & Zubin, J. (Hg.), 1955, Psychology of childhood. Proceedings of the 38th Annual Meeting of the American Psychopathological Association. Held in New York City, June 1948. New York: Grune & Stratton.

Hörmann, H., ²1970, Psychologie der Sprache. Berlin et al.: Springer.
Hoff-Ginsberg, E., 1985, Some contributions of mothers' speech to their children's syntactic growth. JChL 12, 367-385.
*Hoffman, C.D., 1*971, Recognition memory for pictures: A developmental study. Paper presented at the meeting of the Eastern Psychological Association, New York, April 1971. (Zitiert in Olson 1973.)
Holst, K., 1979, Der Wiedererwerb einiger Flexionen des Englischen bei Kindern mit Deutsch als L1. Mimeo, Kiel.
Hornstein, N. & Lightfoot, D. (Hg.), 1981, Explanation in linguistics. London: Longmans.
Howard, R.W., 1946, The language development in a group of triplets. JGenPs 69, 181-188.
Huang, J.S.P., 1971, A Chinese child's acquisition of English syntax. M.A., University of California, Los Angeles.
Hüllen, W., 1976, Linguistik und Englischunterricht. Heidelberg: Quelle & Meyer.
Hüllen, W. & Jung, L., 1979, Sprachstruktur und Spracherwerb. Düsseldorf, Bern, München: Bagel & Franke.
Hunfeld, H. (Hg.), 1977, Neue Perspektiven der Fremdsprachendidaktik. Eichstätter Kolloquium zum Fremdsprachenunterricht. Kronberg/Ts.: Skriptor.
Huxley, R. & Ingram, E. (Hg.), 1971, Language acquisition: Models and methods. New York, London: Academic Press.
Hyltenstam, K., 1977, Implicational patterns in interlanguage syntax variation. LL 27, 238-411.
Hyltenstam, K., 1981, The use of typological markedness conditions as predictors in second language acquisition: The case of pronominal copies in relative clauses. Vortrag, European & North American Workshop on Cross-Linguistic Second Language Acquisition Research, September 1981, Los Angeles.
Hyltenstam, K., 1982, Language typology, language universals and second language acquisition. Vortrag, 2nd European & North American Workshop on Cross-Linguistic Second Language Acquisition Research, Göhrde, Germany, August 22-26.
Hyltenstam, K. & Magnusson, E., 1983, Typological markedness, contextual variation, and the acquisition of voice contrasts in stops by first and second langauge learners of Swedish. Indian Journal of Applied Linguistics 9, 1-18.
Hyltenstam, K. & Pienemann, M. (Hg.), 1985, Modelling and assessing second language acquisition. Clevedon: Multilingual Matters Ltd.
Hymes, D., 1972, Einleitung zu: Cazden et al., XI-LVII.
Idelberger, H.A., 1903, Hauptprobleme der kindlichen Sprachentwicklung. Zeitschrift für pädagogische Psychologie, Pathologie und Hygiene 5, 425-456.
Ingram, D., 1976, Phonological disability in children. London: Edward Arnold.
Ingram, D., 1979, Phonological patterns in the speech of young children. Fletcher & Garman, 133-148.
Inhelder, B., 1971, The sensorimotor origins of knowledge. Walker & Peters, 141-155.
Inhelder, B. & Chipman, H. (Hg.) 1976, Piaget and his school: A reader in developmental psychology. New York et al.: Springer.
Irwin, O.C., 1957, Phonetical description of speech development in childhood. Kaiser, 403-425.
Jaeggli, O.A., 1980, Remarks on ‚to'-contradiction. Linguistic Inquiry 11, 239-245.
Jain, M.P., 1974, Error analysis: Source, cause, and significance. Richards, 189-215.
Jakobovits, L.A., 1970, Foreign language learning: A psycholinguistic analysis of the issues. Rowley, MA: Newbury House.
Jakobson, R., 1941, Kindersprache, Aphasie und allgemeine Lautgesetze. Uppsala: Almqvist & Wiksell.
Jakobson, R., 1960, Linguistics and poetics. Sebeok, 350-377.
James, A., i.Dr., The acquisition of a second language phonology. Tübingen: Narr.

James, C., 1980, Contrastive analysis. London: Longman.
Jespersen, O., 1922, Language: Its nature, development and origin. London: George Allen & Unwin.
Johansson, F.A., 1973, Immigrant Swedish phonology. Lund: CWK Gleerup.
Jones, D., [9]1969, An outline of English phonetics. New York: Dutton.
Jordens, P., 1977, Roles, grammatical intuitions and strategies in foreign language learning. ISBU 2, Nr. 2, 5-76.
Jung, J., 1968, Verbal learning. New York: Holt, Rinehart & Winston.
Jusczyk, P.W., 1977, Perception of syllable-final stop consonants by two-month-old infants. P&P 21, 450-454.
Jusczyk, P.W., 1981, Infant spech perception: A critical appraisal. Eimas & Miller, 113-164.
Jusczyk, P.W., Murray, J. & Bayly, J., 1979, Perception of place-of-articulation in fricatives and stops by infants. Paper presented at the Biennial Meeting of the Society for Research in Child Development, San Francisco (zitiert in Jusczyk 1981.)
Jusczyk, P.W., Rosner, B.S., Cutting, J.E. & Smith, L.B., 1977, Categorial perception of nonspeech sounds by two-month-old infants. P&P 21, 50-54.
Kadar-Hoffman, G., 1977, Der Erwerb der Negation bei einem dreisprachigen Kind. Hartig & Wode, 47-53.
Kadar-Hoffman, G., 1983, Trilingualer Spracherwerb: Der gleichzeitige Erwerb des Deutschen, Französischen und Ungarischen bei einem Kind, dargestellt am Beispiel der Negation. Diss., Kiel.
Kaiser, L. (Hg.), 1957, Manual of phonetics. Amsterdam: North Holland.
Kaplan, B. & Wagner, S. (Hg.), 1960, Perspectives in psychological theory. Essays in honor of Heinz Werner. New York: International University Press.
Karmiloff-Smith, A., 1979a, A functional approach to child language: A study of determiners and reference. Cambridge et al.: Cambridge University Press.
Karmiloff-Smith, A., 1979b, Language development after five. In: Fletcher & Garman, 307-323.
Kasper, G., 1981, Pragmatische Aspekte in der Interimsprache. Tübingen: Narr.
Kasper, G., 1982, Teacher-induced aspects of interlanguage discourse. SSLA 4, 99-113.
Kastovsky, D., 1982, Wortbildung und Semantik. Düsseldorf: Schwann; Bern, München: Francke.
Katz, J.T., 1977, Foreigner talk input in child second language acquisition: Its form and function over time. Henning, 61-75.
Kavanaugh, R., 1976, On the synonymity of more and less. Comments on a methodology. ChDev 47, 885-887.
Keenan, E.O., 1974, Conversational competence in children. In: JChL 1, 163-183.
Kegel, G., 1974, Sprache und Sprechen des Kindes. Reinbek: Rowohlt.
Keller, H., 1955 ([1]1903), The story of my life. New York: Doubleday, Page & Co.
Keller-Cohen, D., 1979, Systematicity and variation in the non-native child's acquisition of conversational skills. LL 29, 27-44.
Kellerman, E., 1978, Giving learners a break: Native language intuitions as a source of predictions about transferability. WPB 15, 59-92.
Kellerman, E., 1984, The empirical evidence for the influence of the L1 in interlanguage. Davies et al., 98-122.
Kellerman, E. & Sharwood Smith, M. (Hg.), 1986, Crosslinguistic influence in second langauge acquisition. Oxford: Pergamon Press.
Kerek, A., 1975, Phonological rules in the language of Hungarian children. (Zitiert in Ingram 1979.)
Kessel, F.S., 1970, The role of syntax in children's comprehension from ages six to twelve. Society for Research in Child Development Monographs 35. Chicago: University of Chicago Press.
Kessler, C., 1971, The acquisition of syntax in bilingual children. Washington, D.C.: Georgetown University Press.
Kettemann, B. & James, A. (Hg.), 1983, Dialektphonologie und Fremdsprachenerwerb. Tübingen: Narr.

Keutsch, M., 1974, Praxis der englischen Aussprache. Tübingen: Niemeyer.
Kimura, D., 1967, Functional asymmetry in the brain in dichotic listening. Cortex 3, 163-178.
Kinsbourne, M., 1975, The ontogeny of cerebral dominance. Aaronson & Rieber, 244-250.
Klein, H.-W., 31968, Phonetik und Phonologie des heutigen Französisch. München: Hueber.
Klein, W., 1983, Der Ausdruck der Temporalität im ungesteuerten Spracherwerb. Rauh, 149-168.
Klein, W., 1984, Zweitsprachenerwerb. Eine Einführung. Königstein/Ts.: Athenäum.
Klein, W. & Dittmar, N., 1979, Developing grammars. The acquisition of German syntax by foreign workers. Berlin: Springer.
Klein, W. & Rieck, B.O., 1982, Der Erwerb der Personalpronomina im ungesteuerten Spracherwerb. LiLi 45, 35-71.
Klima, E.S. & Bellugi, U., 1966, Syntactic regularities in the speech of children. Lyons & Wales, 183-208. Nachdruck: Ferguson & Slobin 1973, 333-353. Revidierte Fassung: Bar-Adon & Leopold, 1971, 412-422.
Klink, S., 1981, Der natürliche Wiedererwerb der englischen Phonologie. Mimeo, Kiel.
Klössing, P., 1986, Die referentielle Ausrichtung von L2-Lernerlexika. Mimeo, Kiel.
Knapp, K., 1980, Lehrsequenzen für den Zweitsprachenerwerb. Schriften zur Linguistik 13. Braunschweig, Wiesbaden: Vieweg.
Knapp-Potthoff, A. & Knapp, K., 1982, Fremdsprachenlernen und -lehren: Eine Einführung in die Didaktik der Fremdsprachen vom Standpunkt der Zweitsprachenerwerbsforschung. Stuttgart: Kohlhammer.
Koch, W.A. (Hg.), 1973, Perspektiven der Linguistik. Stuttgart: Kröner.
Kohler, K.J., 1977, Einführung in die Phonetik des Deutschen. Berlin: Erich Schmidt.
Kohn, K., 1979, Was der Lerner nicht weiß, macht ihn nicht heiß. LingBer 64, 82-94.
Kohn, K., 1986, The Analysis of Transfer. Kellerman/Sharwood-Smith, 21-34.
Kolbeck, K., 1979, Der Wiedererwerb der englischen Interrogation bei deutschen Kindern. Mimeo, Kiel.
Korte, H. (Hg.), 1982, Cultural identity and structural marginalisation of migrant workers. Strasbourg: European Science Foundation.
Kotsinas, U.B., 1982, Svenska svårt. Några invandrares svenska talspråk: Ordförrådet. MINS 10, Stockholm, Institutionen för nordiska språk.
Kotsinas, U.B., 1984, Semantic over-extension and lexical over-use in immigrant Swedish. ScanWPB 2, 23-42.
Kraetschmer, K., 1986, Current trends in neurolinguistic studies of bilingualism. IRAL 24/1, 1-11.
Kramer, P.E., Koff, E. & Luria, Z., 1972, The development of competence in an exceptional structure in older children and young adults. ChDev 43, 121-130.
Krashen, S.D., 1973, Lateralisation, language learning, and the critical period: Some new evidence. LL 23, 63-74.
Krashen, S.D., 1981, Second language acquisition and second language learning. Oxford: Pergamon Press.
Krashen, S.D., Long, M. & Scarcella, R., 1979, Age, rate and eventual attainment in second language acquisition. TESOLQ 13, 573-582.
Krashen, S.D. & Scarcella, R., 1978, On routines and patterns in language acquisition and performance. LL 28, 283-300.
Krashen, S.D., Scarcella, R. & Long, M. (Hg.), 1982, Child-adult differences in second language acquisition. Rowley, MA: Newbury House.
Krashen, S.D. & Seliger, H., 1975, Maturational constraints in the acquisition of a second language and second dialect. Language Sciences 38, 28-29.
Krashen, S.D., Sferlazza, V., Feldman, L. & Fathman, A., 1976, Adult performance on the SLOPE-test: More evidence for a natural sequence in adult second language acquisition. LL 26, 145-151.

Krashen, S.D. & Terrell, T.D., 1983, The natural approach. Language acquisition in the classroom. Oxford: Pergamon Press.
Kuczaj, S. (Hg.), 1982, Language development. 2 Bde. Hillsdale, N.J.: Lawrence Erlbaum.
Kufner, H.L., 1971, Kontrastive Phonologie Deutsch-Englisch. Stuttgart: Klett.
Kuhl, P.K. & Miller, J.D., 1975, Speech perception in early infancy: Discrimination of speech-sound categories. JAcSocAm 58, 56 (Abstract).
Kuhl, P.K. & Miller, J.D., 1978, Speech perception by the Chinchilla: Identification functions for synthetic VOT stimuli. JAcSocAm 63, 905-917.
Labov, W., 1966, The social stratification of English in New York City. Washington, D.C.: Centre for Applied Linguistics.
Labov, W., 1970, The logic of Nonstandard English. Alatis, 1-43.
Labov, W., 1972, Language in the inner city: Studies in the Black English Vernacular. Philadelphia, PA: University of Pennsylvania Press.
Ladefoged, P., 1975, A course in phonetics. New York: Harcourt Brace Jovanovitch.
Lado, R., 1957, Linguistics across cultures: Applied linguistics for language teachers. Ann Arbor, MI: University of Michigan Press.
Lahey, M (Hg.), 1978, Readings in childhood language disorders. New York: Wiley.
Landau, B., 1983: Blind Children's language is not meaningless. Mills, 62-76.
Lane, H., 1962, Some differences between first and second language learning. LL 12, 1-14.
Lane, H., 1976, The wild boy of Aveyron. Cambridge, MA: Harvard University Press.
Lange, D., 1979, Negation im natürlichen englisch-deutschen Zweitsprachenerwerb: Eine Fallstudie. IRAL 17, 331-348.
Lange, S. & Larsson, K., 1973, Syntactical development of a Swedish girl Embla, between 20 and 42 months of age. Part 1: Age 20-25 months. Stockholm: Institutionen för Nordiska Sprék.
Larsen-Freeman, D.E., 1975, The acquisition of grammatical morphemes by adult ESL students. TESOLQ 9, 409-420.
Larsen-Freeman, D.E., 1976, An explanation for the morpheme acquisition order of second langauge learners. LL 26, 125-134.
Larsen-Freeman, D.E. (Hg.), 1980, Discourse analysis in second language research. Rowley, MA: Newbury House.
Lasky, R.E., Syrdal-Lasky, A. & Klein, R.E., 1975, VOT discrimination by four to six and a half month old infants from Spanish environments. JExpChPs 20, 215-225.
Lass, N. (ed.), 1984, Speech and language. Advances in Basic Research and Practice 10. New York: Academic Press.
Lass, R., 1984, Phonology: An introduction to basic concepts. Cambridge et al.: Cambridge University Press.
Lederberg, A.R., 1982, A framework for research on preschool children's speech modifications. Kuczaj II, 37-73.
Lemcke, J., 1984, Der natürliche L2-Lauterwerb des Englischen bei Sprechern mit Französisch als L1. Mimeo, Kiel.
Lenneberg, E.H., 1967, Biological foundations of language. New York et al.: Wiley.
Lenneberg, E.H. & Lenneberg, E. (Hg.), 1975, Foundations of language development, 2 Bde.. Paris: UNESCO Press.
Leonard, L., Newhoff, M. & Mesalam, L., 1980, Individual differences in early child phonology. JApplPs 1, 7-30.
Leopold, W.F., 1939-49, Speech development of a bilingual child: a linguist's record, 4 Bde.. Evanstown, IL: North-Western University Press.
Levenston, E.A., 1979, Second language acquisition: Issues and problems. ISBU 4, 147-160.
Levenston, E.A. & Blum, S., 1977, Aspects of lexical simplification in the speech and writing of advanced adult learners. Corder & Roulet, 51-71.

Lewis, M.M., 1936, Infant speech: A study of the beginnings of language. New York,London: Rutledge & Keegan Paul. Nachdruck: 1975. New York: Arno Press.
Lewis, M.M., 1963, Language, thought and personality in infancy and childhood. New York: Basic Books.
Lieberman, P., 1975, On the origins of language. An introduction to the evolution of human speech. New York: McMillan.
Lieberman, P., 1984, The biology and evolution of language. Cambridge, MA; London: Harvard University Press.
Lightbown, P.M., 1980, The acquisition and use of questions by French L2 learners. Felix, 151-175.
Lightbown, P.M., 1983a, Acquiring English L2 in Quebec classrooms. Felix & Wode, 101-120.
Lightbown, P.M., 1983b, Exploring relationships between developmental and instructional sequences in L2 acquisition. Seliger & Long, 217-245.
Lind, J. (Hg.), 1965, Newborn infant cry. (Acta Paed. Scand. supplement 163). Uppsala: Almkvist & Wiksell.
Lindner, G., 1882, Beobachtungen und Bemerkungen über die Sprache des Kindes. Kosmos 6, 321-342, 430-444.
Lisker, L. & Abramson, A.S., 1970, The voicing dimension: Some experiments in comparative phonetics. Hala et al., 563-567.
Littlewood, W., 1974, A comparison of first language acquisition and second langage learning. Praxis des neusprachlichen Unterrichts 4, 343-348.
Locke, J.L., 1983, Phonological aqisition and change. New York Academic Press.
Lörscher, W., 1983, Linguistische Beschreibung und Analyse von Fremdsprachenunterricht als Diskurs. Tübingen: Narr.
Long, M.H., 1977, Teacher feedback on learner errors: mapping cognitions. Brown et al., Seite?
Long, M.H., 1980, Input, interaction, and second language acquisition. Diss., University of California, Los Angeles.
Long, M.H., 1982, Adaption an den Lerner. Die Aushandlung verstehbarer Eingabe im Gespräch zwischen muttersprachlichen Sprechern und Lernern. LiLi 45, 100-119. Erweiterte englische Fassung: Native speaker/non-native speaker conversation and the negotiation of comprehensible input. AppLing 4 (1983), 126-141.
Long, M.H., 1983, Does second language instruction make a difference? A review of research. TESOLQ 17, 359-382.
Long, M.H. & Sato, C., 1983, Classroom foreigner talk discourse: Forms and functions of teachers questions. Seliger/Long, 268-286.
Lorenz, K., 1965, Über tierisches und menschliches Verhalten. Aus dem Werdegang der Verhaltenslehre. 2 Bde. München: Piper.
Lorenz, K., 1973, Die Rückseite des Spiegels. München: Piper.
de Luce, J. & Wilder, H.T. (Hg.), 1983, Language in primates. New York et al.: Springer.
Lukmani, Y., 1972, Motivation to learn and language proficiency. LL 22, 261-273.
Lyons, J. (Hg.), 1970, New horizons in linguistics. Harmondsworth: Penguin.
Lyons, J. & Wales, R. (Hg.), 1966, Psycholinguistics papers. Proceedings of the 1966 Edinburgh conference. Edinburgh: Edinburgh University Press.
MacCaulay, R.K.S., 1978, The myth of female superiority in language. JChL 5, 353-374.
Macken, M.A., 1979, The developemntal reorganisation of phonology: A hierarchy of basic units of acquisition. Lingua 49, 11-49.
Macken, M.A. & Ferguson, C.A., 1981, Phonological universals in language acquisition. Winitz 1981a, 110-129.
Macken, M.A. & Ferguson, C.A., 1983, Cognitive aspects of phonological development: Model, evidence, and issues. Nelson IV, 255-282.
MacWhinney, B., 1982, Basic syntactic processes. Kuczaj II, 73-136.

Malotki, E., 1979, Hopi-Raum. Eine sprachwissenschaftliche Analyse der Raumvorstellungen in der Hopi-Sprache. Tübingen: Narr.
Malson, L., Itard, J. & Mannoni, O., 1972, Die wilden Kinder. Frankfurt/M.: Suhrkamp.
Maratsos, M.P., 1974, How preschool children comprehend missing complement sentences. ChDev 45, 700-706.
Marler, P., 1970, Birdsong and speech development: Could there be parallels? American Scientist 58, 669-673.
Martens, K. (Hg.), 1979, Kindliche Kommunikation. Frankfurt/M.: Suhrkamp.
Maskovitz, B.A., 1982, The acquisition of fricatives. A study in phonetics and phonology. JPhon 3, 141-150.
Massaro, D.W. & Cohen, M.M., 1983, Categorical or continuous speech perception: A new test. Speech Communication 2, 15-35.
Matteis, M. de, 1978, Mehrsprachigkeit: Möglichkeiten und Grenzen. Phonologische, morphologisch-syntaktische und semantische Studien zur Mehrsprachigkeit bei Kindern. Frankfurt/M.: Peter Lang.
McCarthy, D., 1930, The language development of the pre-school child. Inst. Child Welfare Mon. Ser. 4, University of Minnesota, Minneapolis, MN.
McCarthy, D., 1954, Language development in children. Carmichael, 492-630.
McIntosh, A., Strevens, P. & Halliday, M.A.K., 1964, The linguistic sciences and language teaching. London: Longmans.
McLaughlin, B., 1978a, 1985, Second language acquisition in childhood. Bd. I: Preschool children. Bd. II: School-age children. Hillsdale, N.J.: Lawrence Erlbaum.
McLaughlin, B., 1978b, The monitor-model: Some methodological considerations. LL 28, 309-332.
McNeill, D., 1966, The creation of language by children. Lyons & Wales, 99-114.
McNeill, D., 1970, The acquisition of language: The study of developmental psycholinguistics. New York: Harper & Row.
McShane, J., 1979, The development of naming. Linguistics 17, 879-905.
Mehler, J., 1971, Studies in language and thought development. Ingram & Huxley, 137-146.
Meisel, J.M., 1980, Linguistic simplification. Felix 1980b, 13-40.
Meisel, J.M., 1981, Reference to past events in natural L2 acquisition. The case of a Spanish worker acquiring German. Mimeo, MPI Workshop August 1981, Nijmegen.
Meisel, J.M., 1986, Word order and case marking in early child language. Evidence from simultaneous acquisition of two first langauges: French and German. Linguistics 24, 123-186.
Meisel, J.M., Clahsen, H. & Pienemann. M., 1979, On determining development stages in natural second language acquisition. Wuppertaler Arbeitspapiere zur Sprachwissenschaft 2, 1-53.
Melenk, H., Firges, J., Nold, G., Strauch, R., Zeh, D. (Hrsg.), 1987, 11. Fremdsprachendidaktiker Kongreß. Tübingen. G. Narr.
Menn, L., 1983, Development of articulatory, phonetic, and phonological capabilities. Butterworth II, 3-50.
Menyuk, P., 1969, Sentences children use. Cambridge, MA: M.I.T. Press.
Mervis, C.B. & Canada, K., 1983, On the existence of competence errors in early comprehension: the reply to Fremgen, Fay, Chapman & Thomsen. JChL 10, 431-440.
Meumann, E., 1902, Die Entstehung der ersten Wortbedeutungen beim Kinde. Leipzig: Engelmann.
Meyer-Ingwersen, J., Neumann, R. & Kummer, M., 1977-82, Zur Sprachentwicklung türkischer Schüler in der Bundesrepublik. 2 Bde. Königstein/Ts.: Skriptor. Mikeš, M., 1967, Aquisition des categories grammaticales dans le langage de l'enfant. Enfance 20, 289-298.
Mikeš, M. & Vlahović, P., 1966, Razvoy grammatickik kategorija u decjem govuru. Novi Sad: Prilozi proučavanju jezika.
Miller, G.A., 1956, The magical number seven, plus or minus two: Some limits on our capacity for processing information. Psychological Review 63, 81-97.

Miller, J.F., 1981, Assessing language production in children. Experimental procedures. Baltimore: University Park Press.
Miller, M., 1976, Zur Logik der frühkindlichen Sprachentwicklung. Stuttgart: Klett.
Miller, W.R. & Ervin-Tripp, S., 1964, The development of grammar in child language. Bellugi & Brown, 9-35. Nachdruck: Ferguson & Slobin 1973, 355-380.
Mills, A.E. (Hg.), 1983a, Language acquisition in the blind child: Normal and deficient. London et al.: Croom Helm.
Mills, A.E., 1983b, Acquisition of speech sounds in the visually handicapped child. Mills, 46-56.
Mills, A.E. & Thiem, R., 1980, Auditory-visual fusions and illusions in speech perception. LingBer 68, 85-108.
Milner, E., 1951, A study of the relationships between reading readiness in grade one school children and patterns of parent-child interaction. ChDev 22, 95-112.
Moffit, A.R., 1971, Consonant cue perception by twenty to twenty-four week old infants. ChDev 42, 714-731.
Mogford, K. & Bishop, D. (Hg.), i.Dr., Language development in exceptional circumstances. London: Churchill Livingstone.
Molfese, D., 1973, Cerebral assymetry in infants, children and adults: Auditory evoked responses to speech and music stimuli. JAcSocAm 53, 363-378.
Moore, T.E. (Hg.), 1973, Cognitive development and the acquisition of language. New York, London: Academic Press.
Morehead, D.M. & Morehead, A.E. (Hg.), 1976, Normal and deficient child language. Baltimore et al.: University Park Press.
Morse, P.A., 1972, The discrimination of speech and non-speech stimuli in early infancy. JExChPs 14, 477-492.
Moskowitz, B., 1973, On the status of vowel shift in English. Moore, 223-260.
Mowrer, O.H., 1952, Speech development in the young child. 1. The autism theory of speech development and some clinical applications. JSHR 17, 263-268.
Mowrer, O.H., 1960, Learning theory and the symbolic processes. New York: Wiley.
Müller, E., Hollien, H. & Murray, T., 1974, Perceptual responses to infant crying: Identification of cry-types. JChL 1, 89-95.
Mugdan, J., 1977, Flexionsmorphologie und Psycholinguistik: Untersuchungen zu sprachlichen Regeln und ihrer Beherrschung durch Aphatiker, Kinder und Ausländer am Beispiel der deutschen Substantivdeklination. Tübingen: Narr.
Mulford, R.C., 1983, Referential development in blind children. Mills,
Murai, J., 1963, The sounds of infants: Their phonemicization and symbolization. Studia Phonologica 3, 27-35.
Murrell, M., 1964, Language acquisition in a trilingual environment: Notes from a case study. Studia Linguistica XVIII, 9-34.
Mussen, P.H. (Hg.), ³1970, Carmichael's manual of child psychology 2 Bde. New York: Wiley.
Naiman, N., Froehlich, M., Stern, D. & Todesco, A., 1978, The good language learner. Toronto: Ontario Institute for Studies in Education.
Nakazima, S., 1962, A comparative study of the speech development of Japanese and American English in childhood. Studia Phonologica 2, 27-39.
Nehls, D. (Hg.), 1980, Studies in language acquisition. Heidelberg: Groos.
Nelson, K., 1973, Structure and strategy in learning to talk. Monographs of the Society for Research in Child Development 38. Chicago, IL: Society for Research in Child Development.
Nelson, K., 1974, Concept, word and sentence: Interrelations in acquisition and developemnt. PsRev 81, 267-285.
Nelson, K.E. (Hg.), 1980-1985, Children's language. 5 Bde. New York: Gardner und Hillsdale, NJ: Lawrence Erlbaum.

Nemser, W., 1971, Approximative systems of foreign langauge learners. IRAL 9, 115-123. Nachdruck: Richards 1974, 55-63.
Newmark, L. & Reibel, D.A., 1968, Necessity and sufficiency in language learning. IRAL 6, 145-164.
Newport, E.L., 1977, Motherese: the speech of mothers to young children. Castellan et al., 177-218.
Newport, E.L., Gleitman, H. & Gleitman, L.R., 1977, Mother, I'd rather do it myself: some effects and non-effects of maternal speech style. Snow & Ferguson, 109-149.
Noteboom, F.O., 1970, The ontogeny of birdsong. Science 167, 950-956.
Obler, L., 1981, Right hemisphere participation in second language acquisition. Diller, 53-64.
Obler, L., Zatorre, R., Galloway, L. & Vaid, J., 1982, Cerebral lateralization in bilinguals: Methodological issues. Brain and Language 15, 40-54.
O'Connor, J.D., 1967, Better English pronunciation. Cambridge: Cambridge University Press.
Oerter, R., 1977, Moderne Entwicklungspsychologie. Donauwörth: Auer.
Oevermann, U., [3]1973, Sprache und soziale Herkunft. Ein Beitrag zur Analyse schichtenspezifischer Sozialisationsprozesse und ihrer Bedeutung für den Schulerfolg. Frankfurt/M.: Suhrkamp.
Ohnesorg, K., 1948, Fonetická studie e dětské řeci. Prag: Univers. Karlovy.
Ohnesorg, K., 1959, Druhá fonetická studie e dětské řeci. Brno: Stat. pedag. naklad.
Ohnesorg,K. (Hg.), 1972, Proceedings of the first international symposium of paedolinguistics at Brno. Den Haag: Mouton.
Oksaar, E., 1970, Zum Spracherwerb des Kindes in zweisprachiger Umgebung. FolLing 4, 330-358.
Oksaar, E., 1977, Spracherwerb im Vorschulalter: Eine Einführung in die Pädolinguistik. Stuttgart: Kohlhammer.
Oller, D.K., Wiemann, L.A., Doyle, W.J. & Ross, C., 1976, Infant Babbling and Speech. JChL 3, 3-11.
Oller, J.W., Baca, L. & Vigil, A., 1977, Attitudes and attained proficiency in ESL. A socio-linguistic study of Mexican-Americans in the Southwest. TESOLQ 11, 173-183.
Olmsted, D.L., 1971, Out of the mouth of babes. Early stages in language learning. Den Haag: Mouton.
Olson, G.M., 1973, Developmental changes in memory and the acquisition of language. Moore, 145-158.
Olson, L.L. & Samuels, S.J., 1973, The relationship between age and accuracy of foreign language pronunciation. Journal of Educational Research 66, 273-278.
Oyama, S., 1976, A sensitive period for the acquisition of a non-native phonological system. JPsR 5, 261-285.
Pačesová, J., 1968, The development of vocabulary in the child. Brno: Universitat J.E. Purkynè.
Paribakht, T., 1985, Strategic competence and language proficiency. AppLing 6, 132-146.
Park, T.Z., 1974, A study of German language development. Mimeo, Bern.
Park, T.Z., 1978, Plurals in child speech. JChL 5, 237-250.
Park, T.Z., 1979, Some facts on negation: Wode's four-stage developmental theory of negation revisited. JChL 6, 147-151.
Patkowski, M.S., 1980, The sensitive period for the acquisition of syntax in a second language. LL 30, 449-472.
Pavlovitch, M., 1920, Le langage enfantin: Acquisition du serbe et du français par un enfant serbe. Paris: Champion.
Peitzer, D. & Olmsted, D.L., 1969, Modules of grammar acquisition. Language 45, 60-95.
Penfield, W. & Roberts, L., 1959, Speech and brain mechanisms. Princeton, NY: Princeton University Press.
Perkins, K. & Larsen-Freeman, D., 1975, The effect of formal language instruction on the order of morpheme acquisition. LL 25, 237-243.
Peter, A., 1984, Die Entwicklung sprachlicher Handlungsfähigkeiten im natürlichen L2-Erwerb am Beispiel des Sprechaktes „Frage“. Mimeo, Kiel.

Peters, A.M., 1977, Language learning strategies: does the whole equal the sum of the parts? Language 53, 560-573.
Peters, A.M., 1983, The units of language acquisition. Cambridge et al.: Cambridge University Press.
Peters, S., 1972a, The projection problem: How is a grammar to be selected? Peters 1972b, 171-188.
Peters, S. (Hg.), 1972b, Goals in linguistic theory. Englewood Cliffs, N.J.: Prentice Hall.
Petter, G., 1966, Die geistige Entwicklung des Kindes im Werk von Jean Piaget. Bern et al.: Hans Huber.
Piaget, J., 1923, Le langage et la pensée chez l'enfant. Paris, Neuchâtel: Delachaux & Niestlé.
Piaget, J., 1928, Le jugement et le raisonnement chez l'enfant. Paris, Neuchâtel: Delachaux & Niestlé.
Piaget, J., 1970, Piaget's theory. Mussen, 703-732.
Piaget, J., 1974, Psychologie der Intelligenz. Olten: Wolter.
Piaget, J. & Inhelder, B., 1969, The psychology of the child. New York: Basic Books.
Pica, T., 1985, The selective impact of classroom instruction on second langage acquisition. AppLing 6, 214-222.
Pienemann, M., 1981, Der Zweitsprachenerwerb ausländischer Arbeiterkinder. Bonn: Bouvier.
Pienemann, M. & Johnston, M., 1985, Factors influencing the development of language proficiency. Mimeo, University of Sidney.
Pieper, U. & Stickel, G. (Hg.), 1985, Studia linguistica diachronica et synchronica: Werner Winter Sexagenario. Berlin: de Gruyter.
Pilch, H., 1966, Sprache als Spiel und Methode. Freiburger Dies Universitatis 13: Das Spiel - Wirklichkeit und Methode. Freiburg: Hans Ferdinand Schulz Verlag, 51-65.
Pilch, H., ²1974, Phonemtheorie. I. Basel, New York: Karger.
Pilch, H., 1976, Empirical linguistics. München: Francke (=UTB 432.)
Pisoni, D.B., 1978, Speech perception. Estes, VI, 167-233.
Politzer, R.L., 1968, An experiment in the presentation of parallel and contrasting structures. LL 18, 35-43.
Politzer, R.L., 1970, Foreign language learning. A linguistic introduction. Englewood Cliffs, N.J.: Prentice Hall.
Postovsky, V., 1977, Why not start speaking later? Burt et al., 17-26.
Premack, A.J. & Premack, D., 1972, Teaching language to an ape. Scientific American 227, 92-99.
Premack, D., 1976, Intelligence in ape and man. New York: Wiley.
Preyer, M., 1882, Die Seele des Kindes: Beobachtungen über die geistige Entwicklung des Kindes in den ersten Lebensjahren. Leipzig: Grieben.
Prideaux, G.D., 1984, Psycholinguistics. The experimental study of language. London, Sidney: Croom Helm.
Priesemann, G., 1971, Theorie der Unterrichtssprache. Düsseldorf: Schwann.
Pulß, U., 1983, Der Lauterwerb des Englischen im Englischunterricht bei französischsprachigen Schülern. Mimeo, Kiel.
Pye, C., 1986, Quiche Maya speech to children. JChL 13, 85-100.
Quasthof, U. (Hg.), 1978, Sprachstruktur, Sozialstruktur: Zur linguistischen Theorienbildung. Königstein/Ts.: Skriptor.
Raabe, H., 1974a, Interimsprache und kontrastive Analyse. Raabe 1974b, 1-50.
Raabe, H., 1974b, Trends in kontrastiver Linguistik I. Tübingen: Narr.
Raffler-Engel, W. von, 1970, Theoretical phonology and first language acquisition. FolLing 4, 316-329.
Raffler-Engel, W. von (Hg.), 1976, Child language 1975 (=Word 27, Special issue).
Raffler-Engel, W. von & Lebrun, Y. (Hg.), 1976, Baby talk and infant speech. Amsterdam: Swets & Zeitlinger.

Ramer, A.L.H. & Rees, N.S., 1973, Selected aspects of the development of English morphology in black American children of low socio-economic background. JSHR 16, 569-577.
Ramge, H., 1975, Spracherwerb. Tübingen: Niemeyer.
Rauh, G. (Hg.), 1983, Essays on deixis. Tübingen: Narr.
Raupach, M., 1984, Formulae in second language speech production. Dechert et al., 114-137.
Ravem, R., 1968, Language acquisition in a second language environment. IRAL 6, 175-185. Nachdruck: Richards 1974, 124-133.
Ravem, R., 1970, The development of wh-questions in first and second language learners. University of Essex Language Centre, Occasional Papers 8, 16-41. Nachdruck: Richards 1974, 134-155, Schumann & Stenson 1975, 153-175.
Ravem, R., 1974, Second langage acquisition. A study of two Norwegian children's acquisition of English syntax in a naturalistic setting. Diss., University of Essex.
Redlinger, W.E. & Park, T.Z., 1980, Language mixing in young bilinguals. JChL 7, 337-352.
Reich, P.A., 1976, The early acquisition of word meaning. JChL 3, 117-124.
Rein, K., 1983, Einführung in die kontrastive Linguistik. Darmstadt: Wissenschaftliche Buchgesellschaft.
Repp, B.H., 1984, Categorical perception. Issues, methods, findings. Lass, 243-335.
Rescorla, L.A., 1980, Overextension in early language development. JChL 7, 321-334.
Rice, M.L. & Kemper, S., 1984, Child language and cognition. Baltimore: University Park Press.
Richards, J.C., 1971, A non-contrastive approach to error analysis. English Language Teaching 25, 204-219. Nachdruck: Richards 1974, 172-188.
Richards, J.C. (Hg.), 1974, Error analysis: Perspectives on second language acquisition. London: Longman
Richards, J.C. (Hg.), 1978, Understanding second and foreign language learning: Issues and approaches. Rowley, MA: Newbury House.
Rickheit, G., 1975, Zur Entwicklung der Syntax im Grundschulalter. Düsseldorf: Schwann.
Ring, I., 1985, Der natürliche L2-Erwerb der englischen Liquide /l/ und /r/ durch deutsche Kinder. Mimeo, Kiel.
Ringbom, H. (Hg.), 1983, Psycholinguistics and foreign language learning. Åbo: Åbo Akademi.
Ringbom, H., 1986, Crosslinguistic influence and the foreign language learning process. Kellerman & Sharwood-Smith, 150-162.
Ritchie, W.C. (Hg.), 1978, Second language acquisition research: Issues and implications. New York: Academic Press.
Ritter, A., 1985, Interrogations- und Negationsstrukturen im sprachlichen Input beim L2-Erwerb des Englischen durch deutsche Kinder. MA, Kiel.
Robinet, B.W. & Schachter, J. (Hg.), 1983, Second language learning: Contrastive analysis, error analysis, and related aspects. Ann Arbor, MI: University of Michigan Press.
Rondal, J.A., 1980, Father's and mother's speech in early language development. JChL 7, 353-369.
Ronjat, J., 1913, Le développement du langage observé chez un enfant bilingue. Paris: Champion.
Rosansky, E.G., 1976a, Methods and morphemes in second language acquisition research. LL 26, 409-425.
Rosansky, E.G., 1976b, Second language acquisition research: A question of methods. Diss., Harvard University.
Rosch, E., 1973, On the internal structure of perceptual and semantic categories. Moore, 111-144.
Rosch, E., 1978, Principles of categorization. Rosch & Lloyd, 27-48.
Rosch, E. & Lloyd, B. (Hg.), 1978, Cognition and categorization. Hillsdale, NJ: Lawrence Erlbaum.
Rosenberg, S. (Hg.), 1982, Handbook of applied psycholinguistics: Major thrusts of research and theory. Hillsdale, N.J.: Lawrence Erlbaum.
Rosenberg, S., 1984, Disorders of first language development: Trends in research and theory. Gollin, 195-237.

Roussey, C., 1899-1900, Notes sur l'apprentissage de la parlé chez un enfant, I. La Parole 1, 870-880.
Roussey, C., 1899-1900, Notes sur l'apprentissage de la parlé chez un enfant, II. La Parole 2, 23-40.
Rudeloff, B., 1985, Der L2-Wiedererwerb englischer Fragesätze bei deutschen Kindern in funktionaler Sicht. MA, Kiel.
Ruke-Dravina, V., 1963, Zur Sprachentwicklung bei Kleinkindern: 1. Syntax: Beitrag auf der Grundlage lettischen Sprachmaterials. Slaviska och Baltiska Studier 6, Lund: Lunds Universitet.
Ruke-Dravina, V., 1965, The process of acquisition of apical /r/ and uvular /R/ in the speech of children. Linguistics 17, 58-68. Nachdruck: Ferguson & Slobin 1973, 158-173.
Ruke-Dravina, V., 1967, Mehrsprachigkeit im Vorschulalter. Lund: C.W.K. Gleerup.
Ruke-Dravina, V., 1972, The emergence of affirmation and negation in child language: Some universal and language-restricted characteristics. Ohnesorg, 221-241.
Rumelhart, D.E., 1975, Notes on a schema for stories. Bobrow/Collins.
Sachs, S. & Johnson, M., 1976, Language development in a hearing child of deaf parents. Raffler-Engel & Lebrun, 246-252.
Sajavaara, K., 1986, Transfer and second language processing. Kellerman/Sharwood-Smith, 66-79.
Salus, P.H. & Salus, M.W., 1974, Developmental neurophysiology and phonological acquisition order. Language 49, 151-168.
Sander, E.K., 1961, When are speech sounds learned? JSHDis 37, 55-63.
Sato, C.J., 1984, Phonological processes in second language acquisition: Another look at interlanguage syllable structure. LL 34/4, 43-57.
Saussure, F. de, 1916, Cours de linguistique générale. Lausanne, Paris: Payot.
Savič, S., 1980, How twins learn to talk: A study of the speech development of twins from 1 to 3. London et al.: Academic Press.
Schachter, L., 1974, An error in error analysis. LL 24, 205-214.
Schachter, J. & Rutherford, W., 1979, Discourse function and language transfer. WPB 19, 1-12.
Schærlakens, A.M., 1973, The two-word-sentence in child language development. Den Haag: Mouton.
Scherer, G.A.C. & Wertheimer, M., 1964, A psycholinguistic experiment in foreign language teaching. New York: McGraw-Hill.
Scherfer, P., 1985, Lexikalisches Lernen im Fremdsprachenunterricht. Schwarze & Wunderlich, 412-440.
Schlesinger, I.M., 1971, Production of utterances and language acquisition. Slobin, 63-101.
Schmedemann, I., 1979, Der erstmalige natürliche L2-Erwerb der englischen Komparation bei Kindern mit Deutsch als L1. Mimeo, Kiel.
Schmidt, R.F. (Hg.), [4]1977, Grundriß der Neuropsychologie. Berlin et al.: Springer.
Schmidt, R., 1977, Sociolinguistic variation and language transfer in phonology. WPB 12, 79-95.
Schneidermann, E., 1986, Leaning to the right: Some thoughts on hemisphere involvement. Vaid, 233-251.
Schöler, H., 1975, Verstehen und Imitation temporaler Satzformen. Grimm et al., 132-152.
Schönpflug, W. & Schönpflug, U., 1983, Psychologie. Allgemeine Psychologie und ihre Verzweigungen in die Entwicklungs-, Persönlichkeits- und Sozialpsychologie. Ein Lehrbuch für das Grundstudium. München et al.: Urban &Schwarzenberg.
Schröder, A., 1979, Aussprachefehler bei Sextanern im Englisch-Anfangsunterricht im Lichte des natürlichen L2-Erwerbs. Mimeo, Kiel.
Schumann, J.H., 1975a, Second language acquisition: The pidginization hypothesis. Diss., Harvard University.
Schumann, J.H., 1975b, Affective factors and the problem of age in second language acquisition. LL 25, 209-235.
Schumann, J.H., 1976, Social distance as a factor in second language acquisition. LL 26, 135-143.
Schumann, J.H., 1978a, Social and psychological factors in second language acquisition. Richards, 163-178.

Schumann, J.H., 1978b, The acquisition of English negation by speakers of Spanish: A review of the literature. Vortrag, TESOL convention 1978, Mexico City.

Schumann, J.H., 1978c, The pidginization process: A model for second language acquisition. Rowley, MA: Newbury House.

Schumann, J.H. & Stenson, N. (Hg.), 1975, New frontiers in second language learning. Rowley, MA: Newbury House.

Schwartz, R.G., Chapman, K., Prelock, P.A., Terrell, W.Y. & Rowan, L.E., 1985, Facilitation of early syntax through discourse structure. JChL 12, 13-25.

Schwartz, R.E. & Leonard, L.B., 1982, Do children pick and choose? An examination of phonological selection avoidance in early lexical acquisition. JChL 9, 119-136.

Schwartz, R.E., Leonard, L.B., Wilcox, M.J. & Folger, M.K., 1980, Again and again: Reduplication in child phonology. JChL 7, 75-87.

Schwarze, C. & Wunderlich, D. (Hg.), 1985, Handbuch der Lexikologie. Königstein/Ts.: Athenäum.

Scollon, R., 1976, Conversation with a one-year-old. Honolulu: University Press of Hawaii.

Scovel, T., 1977, The ontogeny of the ability to recognize foreign accents. Henning, 38-47.

Scupin, E. & Scupin, G., 1907, Bubis erste Kindheit: Ein Tagebuch. Leipzig: Grieben.

Scupin, E. & Scupin, G., 1910, Bubi im vierten bis sechsten Lebensjahr. Leipzig: Grieben.

Seboek, T.A., 1960, Style in language. New York: Wiley.

Sebeok, T.A. & Umiker-Sebeok, J. (Hg.), 1980, Speaking of apes. New York, London: Plenum Press.

Selby, S., 1972, The development of morphological rules in children. The British Journal of Educational Psychology 42, 293-299.

Seliger, H.W., 1977, Does practice make perfect ? A study of interaction patterns and L2 competence. LL 27, 263-278.

Seliger, H.W., 1978, On the evolution of error type in high and low interactors. Indian Journal of Applied Linguistics 4, 22-30.

Seliger, H.W., 1983, Learner interaction in the classroom and its effect on language acquisition. Seliger/Long, 246-267.

Seliger, H.W., Krashen, S.D. & Ladefoged, C., 1975, Maturational constraints in the acquisition of a second language accent. Language Sciences 36, 20-22.

Seliger, H.W. & Long, M.H. (Hg.), 1983, Classroom-oriented research in second language acquisition. Rowley, MA: Newbury House.

Selinker, L., 1969, Language transfer. Journal of Linguistics 9, 67-92. Nachdruck: Gass & Selinker 1983, 33-53.

Selinker, L., 1972, Interlanguage. IRAL 10, 209-231. Nachdruck: Richards 1974, 31-54, Schumann & Stenson 1975, 114-136.

Sey, K.A., 1973, Ghanaian English. Basingstoke: Macmillan.

Sheldon, A. & Strange, H., 1982, The acquisition of /r/ and /l/ by Japanese learners of English: Evidence that speech production can proceed speech perception. AppPs 3, 243-261.

Shiffrin, R.M.& Atkinson, R.C., 1969, Storage and retrieval processes in long-term memory. PsR 76, 179-193.

Shipley, E.F., Smith, C.S. & Gleitman, L.R., 1969, A study of the acquisition of language: Free responses to commands. Language 45, 322-342.

Shuy, R.W. (Hg.), 1964, Social dialects and language learning. Champaign, IL: National Council of Teachers for English.

Shvachkin, N.K., 1948, Razvitiye fonematicheskogo vospriyatiya rechi v rannem vozraste. Izvestiya akad. pedag. Nauk. RSFSR 13, 101-132. Englische Übersetzung: The development of phonemic speech perception in early childhood. Ferguson & Slobin 1973, 91-127.

Sinclair, J. & Coulthard, M., 1975, Towards an analysis of discourse: The English used by teachers and pupils. London: Oxford University Press. Deutsche Übersetzung: 1977, Analyse der Unterrichtssprache. Heidelberg: Quelle & Meyer.

Sinclair-de Zwart, H., 1969, Developmental psycholinguistics. Elkind & Flavell, 315-336.

Sinclair-de Zwart, H., 1971, Sensorimotor action patterns as a condition for the acquisition of syntax. Huxley & Ingram, 121-130.

Singh, J.A.L. & Zingg, R.M., 1980, L'homme en friche: De l'enfant-loup à Kaspar Hauser. Brüssel: Editions Complexes.

Sinz, R., 1978, Gehirn und Gedächtnis. Stuttgart, New York: Gustav Fischer.

Sinz, R., 1979, Neurobiologie und Gedächtnis. Stuttgart, New York: Gustav Fischer.

Sivertsen, E. (Hg.), 1958, Proceedings of the 8th International Congress of Linguistics. Oslo: Universitetsforlaget.

Sjöholm, K., 1983, Problems in „measuring" L2 learning strategies. Ringbom, 174-200.

Skinner, B.F., 1957, Verbal behavior. New York: Appleton-Century-Croft.

Slama-Cazacu, T., 1972, The study of child language in Europe. Current trends in linguistics 9, 512-190.

Slobin, D.I., 1966, Grammatical transformations and sense comprehension in childhood and adulthood. JVLVB 5, 219-227.

Slobin, D.I., 1970, Universals of grammatical development in children. Flores D'Arcais & Levelt, 174-186.

Slobin,D.I. (Hg.), 1971, The ontogenesis of grammar. New York: Academic Press.

Slobin, D., 1972, Leopold's bibliography of child language. Bloomington, IN:: University of Indiana Press.

Slobin, D.I., 1973, Cognitive prerequisites for the development of grammar. Ferguson & Slobin, 175-208.

Slobin, D.I., 1985a, Crosslinguistic evidence for the language making capacity. Slobin 1985b, II, 1157-1256.

Slobin, D.I. (Hg.), 1985b, The cross-linguistic study of language acquisition. 2 Bde. Hillsdale, NJ, London: Lawrence Erlbaum.

Slobin, D.I. & Bever, T.G., 1982, Children use canonical sentence schemas: A cross-linguistic study of word order and inflections. Cognition 12, 229-265.

Slobin, D.J. & Bybee, J.L., 1982, Rules and schemas in the developemnt of the English past tense. Language 58, 265-289.

Smetacek, K., 1978, Der natürliche L2-Erwerb englischer Aussagesätze eines deutschen Kindes. Mimeo, Universität Kiel.

Smith, M.E., 1926, An investigation of the developemnt of the sentence and the extent of vocabulary in young children. Univ. Iowa Stud. Child Welfare 3, Nr. 5 (Zitiert nach McCarthy 1954.).

Smith, N.V., 1973, The acquisition of phonology. Cambridge: Cambridge University Press.

Smith, P.D., jun., 1970, A comparison of the cognitive and audio-lingual approaches to foreign language instruction: The Pennsylvania Foreign Language Project. Philadelphia, PA: Centre for Curriculum Development.

Snow, C.E., 1977, Mothers' speech research: From input to interaction. Snow & Ferguson, 31-49.

Snow, C.E., Arlman-Rupp, A., Hassing, Y., Jobse, J. & Vorster,J., 1976, Mother's speech in three social classes. JPSR 5, 1-20.

Snow, C.E. & Ferguson, C.A. (Hg.),1977, Talking to children. Language input and acquisition. Cambridge et al.: Cambridge University Press.

Snow, C.E. & Hoefnagel-Höhle, M., 1978, Age differences in second language acquisition. Hatch 1978b, 333-344.

Solmecke, G., (Hg.), 1976, Motivation im Fremdsprachenunterricht. Paderborn: Schöningh.

Solmecke, G., 1973, Psychologische Grundlagen des neusprachlichen Unterrichts. Eine Einführung. Ratingen et al.: A. Henn.

Solmecke, G. & Boosch, A., 1981, Affektive Komponenten der Lernerpersönlichkeit und Fremdsprachenerwerb. Tübingen: Narr.

Stahlke, H.F.W., 1980, On asking the question: Can apes learn language? Nelson, II, 309-329.
Stahlschmidt, A., 1983, Das Verbalsystem des Hopi. Arbeitsberichte aus dem Seminar für Allgemeine und Indogermanische Sprachwissenschaft, Heft 7. Kiel.
Stampe, D., 1979, A dissertation on natural phonology. Bloomington, IN: Indiana University Linguistics Club.
Stark, R.E., 1979, Prespeech segmental feature developemnt. Fletcher & Garman, 15-32.
Stern, C. & Stern, W., 1928, Die Kindersprache: Eine psychologische und sprachtheoretische Untersuchung. Leipzig: Barth. Nachdruck: Darmstadt: Wissenschaftliche Buchgesellschaft 1965.
Stern, H.H., 1983, Fundamental concepts of language teaching. Oxford: Oxford University Press.
Stern, W., [4]1921, Psychologie der frühen Kindheit. Leipzig: Quelle & Meyer.
Stewart, W.A., 1964, Urban negro speech: Sociolinguistic factors affecting English teaching. Shuy, 10-19.
Stoel-Gammon, C. & Cooper, J.A., 1984, Patterns of early lexical and phonological development. JChL 11, 247-271.
Straight, H.S., 1980, Auditory vs. articulatory phonological processes and their development in children. Yeni-Komshian et al. I, 43-71.
Streeter, L.A., 1976, Kikuyu labial and apical stop discrimination. JPhon 4, 43-49.
Strohner, H. & Nelson, K.E., 1974, The young child's development of sentence comprehension: Influence of event probability, non-verbal context, syntactic form, and the strategies. ChDev 45, 567-576.
Strong, M., 1984, Integrated motivation: Cause or result of successful second language acquisition? LL 34/3, 1-14.
Stutterheim, C. von, 1985, Temporalität in der Zweitsprache. Eine Untersuchung zum Erwerb des Deutschen durch türkische Gastarbeiter. Diss., Freie Universität Berlin.
Swain, M., 1972, Bilingualism as a first language. Diss., University of California.
Swain, M. & Lapkin, S., 1982, Evaluating bilingual education. A Canadian case study. Clevedon: Multilingual Matters Ltd.
Szagun, G., 1978, On the frequency of use of tenses in English and German children's spontaneous speech. ChDev 49, 898-901.
Szagun, G., 1980, Sprachentwicklung beim Kind: Eine Einführung. München et al.: Urban & Schwarzenberg.
Taeschner, T., 1983, The sun is feminine: A study on language acquisition in bilingual children. Berlin et al.: Springer.
Tanz, Ch., 1983, Asking children to ask: an experimental investigation of the pragmatics of relayed questions. JChL 10, 187-194.
Tarone, E., 1976, Some influences on interlanguage phonology. WPB 8, 87-111.
Tarone, E., 1977, Conscious communication strategies in interlanguage. Brown et al., 194-203.
Tarone, E., 1980, Some influences on the syllable structure in interlanguage phonology. IRAL 28, 139-152.
Tarone, E., 1982, Systematicity and attention in interlanguage. LL 32, 69-82.
Tarone, E., 1983, On the variability of interlanguage systems. AppLing 4, 142-164.
Tarone, E., Cohen, H.D. & Dumas, G., 1976a, A closer look at some interlanguage terminology: A framework for communication strategies. WPB 9, 76-90.
Tarone, E., Frauenfelder, U. & Selinker, L., 1976b, Systematicity, stability and instability in interlanguage systems. Brown 1976, 93-134.
Tavakolian, S.L., 1977, Structure and function in child language. Diss., University of Massachussetts. (Zitiert in Bowerman 1979.)
Templin, M.C., 1957, Certain language skills in children: Their development and interrelationships. Westport, CN: Greenwood Press.

Terrace, H.S., Petitta, C., Sanders, R.J. & Bever, T.G., 1980, On the grammatical capacity of apes. Nelson II, 371-495.
Terrell, T., 1977, A natural approach to second language acquisition and learning. MLJ 61, 325-337.
Tertel, R.K., 1980, Wesentliche interimsprachliche Erscheinungen als Auswirkung der sprachlichen Redundanz. Wroclaw: Polska Akademia Nauk.
Teszner, D., Tsararas, A., Gruner, J. & Hecaen, H., 1972, Assymetrie brodite-gauche de planum temporale. Revue neurologique 125, 445-449.
Thevenin, D.H., Eilers, R.E., Oller, D.K. & Lavoie, L., 1985, Where's the drift in babbling drift? A cross-linguistic study. App.Ps. 6, 3-15.
Thomson, J. & Chapman, R., 1977, Who is „daddy" revisited: The status of two-year-olds' overextended words in use and comprehension. JChL 4, 359-375.
Tiphine, U., 1980, The acquisition of English negation by four French children. Vortrag gehalten anläßlich des N.E.C.L.A.-Treffens, Boston, 16.02.1980.
Tiphine, U., 1983, The acquisition of English statements and interrogatives by French-speaking children. Diss., Universität Kiel.
Toivainen, J., 1980, Inflectional affixes used by Finnish-speaking children aged 1-3 years. Helsinki.
Tomasello, M. & Farrar, M.J., 1984, Cognitive bases of lexical development: Object permanence and relational words. JChL 11, 477-493.
Trehub, S.E., 1973, Infants' sensitivity to vowel and tonal contrasts. Developmental Psychology 9, 91-96.
Tropf, H.S., 1983, Variation in der Phonologie des gesteuerten Zweitsprachenerwerbs. Diss., Universität Heidelberg.
Truby, H.M., 1976, Prenatal and neonatal speech, „pre-speech", and an infantile-speech lexicon. Word 27, 57-101.
Truby, H.M. & Lind, J., 1965, Cry sounds of the newborn infant. Lind, 7-59
Trudgill, P., 1974, The social differentiation of English in Norwich. Cambridge: Cambridge University Press.
Tucker, G.R., Hamayan, E. & Genesee, F., 1976, Affective, cognitive and social factors in second language acquisition. CMLR 23, 214-226.
Turner, E.A. & Rommetveit, R., 1967, The acquisition of sentence voice and reversibility. ChDev 38, 649-660.
Ufert, D., 1980, Der natürliche Zweitsprachenerwerb des Englischen: die Entwicklung des Interrogationssystems. Diss., Universität Kiel.
Vaid, J. (Hg.), 1986, Language processing in bilinguals: Psycholinguistic and neuropsychological perspectives. Hillsdale, N.J.: Lawrence Erlbaum.
Valdman, A., 1974, Error analysis and pedagogical ordering. Trier: L.A.U.T.
Valdman, A. (Hg.), 1977, Pidgin and creole linguistics. Bloomington, IN: Indiana University Press.
Varadi, T., 1980, Strategies of target language learner communication: Message adjustment. IRAL 18, 58-72. Nachdruck: Færch & Kasper 1983a, 75-99.
Velten, H., 1943, The growth of phonemic and lexical patterns in infant language. Language 19, 281-292.
Vihman, M.M., 1981, Phonology and the development of the lexicon: Evidence from children's errors. JChL 8, 239-264.
Vihman, M.M., 1982, The acquisition of morphology by a bilingual child: A whole-word approach. AppPs 3, 141-160.
Vihman, M.M., 1985, Language differentiation by the bilingual infant. JChL 12, 297-324.
de Villiers, J.G. & de Villiers, P.A., 1978, Language acquisition. Cambridge, MA: Harvard University Press.
Vogel, T., 1987, Die Entwicklung der temporalen Referenz im Zweitsprachenerwerb. Diss., Universität Kiel.

Vollmer, H.J., 1982, Spracherwerb und Sprachbeherrschung: Untersuchungen zur Struktur von Fremdsprachenfähigkeit. Tübingen: Narr.
Wada, J., 1949, A new method for the determination of the side of cerebral speech dominance: A preliminary report on the intracortoid injection of sodium amytal in man. Medical Biology 14, 221-222.
Wada, J., Clarke, R. & Hamm, A., 1975, Cerebral hemispheric assymetry in humans. Archives of Neurology 32, 239-246.
Wagner, K.R., 1974-1975, Die Sprechsprache des Kindes. 2 Bde. Düsseldorf: Schwann.
Wagner, J., 1983, Kommunikation und Spracherwerb im Fremdsprachenunterricht. Untersuchung zu einer spracherwerbstheoretischen Fundierung vor allem des schulischen Fremdsprachenunterrichts. Tübingen: Narr.
Wales, R.J. & Campbell, R., 1970, On the development of comparison and the comparison of development. Flores d'Arcais & Levelt, 373-396.
Walker, D.N. & Peters, D.L. (Hg.), 1971, Early childhood. The development of self-regulating mechanisms. New York: Academic Press.
Walmsley, J.B., 1977, Motivationsarten und Fremdsprachenunterricht. NM 30, 65-76.
Wannemacher, J. & Ryan, M., 1978, Less is not more: A study of children's comprehension of ‚less' in various task contexts. ChDev 49, 660-668.
Wanner, E. & Gleitman, L.R. (Hg.), 1982, Language acquisition: The state of the art. Cambridge et al.: Cambridge University Press.
Wardhaugh, R., 1970, The contrastive analysis hypothesis. TESOLQ 4, 123-130. Nachdruck: Schumann & Stenson 1975, 11-19.
Wasow, T., 1981, Comments on chapter by Baker. Baker & McCarthy 1981, 324-329.
Wasz-Hoeckert, O., Lind, J., Vuorenkoski, V., Tartanen, T. & Valanne, E., 1968, The infant cry: a spectrographic and auditory analysis. o.O.: Spastics International Medical Publications.
Waterson, N., 1970, Some speech forms of an English child: A phonological study. Transactions of the philological society, 1-24.
Waterson, N., 1971, Child phonology: A prosodic view. Journal of Linguistics 7, 179-211.
Waterson, N. & Snow, C.E. (Hg.), 1978, The development of communication. Chichester:Wiley.
Waugh, L.R. & van Schoenefeld, C.H. (Hg.), 1980, The melody of language. Baltimore, MD: University Park Press.
Weiher, E., 1975, Lautwahrnehmung und Lautproduktion im Englischunterricht für Deutsche. Diss., Universität Kiel.
Weinreich, U., 1953, Languages in contact. Findings and problems. New York: The Linguistics Club. Nachdruck: 1964, den Haag: Mouton.
Weir, R., 1962, Language in the crib. Den Haag: Mouton.
Wellman, B.L., Case, I.M., Mengert, I.G. & Bradbury, D.E., 1936, Speech sounds of young children. University of Iowa Studies in ChildWelfare 5, Nr. 2. Iowa City, IA: University of Iowa.
Wells, G., 1974, Learning to code experience through language. In: JChL 1, 243-269.
Wernicke, K., 1874, Der aphasische Symptomenkomplex. Breslau: Taschen.
Wesche, M.B. & Schneiderman, E.I., 1982, Language laterilization in adult bilinguals. SSLA 4, 153-169.
Whitaker, H., 1978, Bilingualism: A neurolinguistic perspective. Ritchie 1978.
White, L., 1981, The responsibility of grammatical theory to acquisitional data. Hornstein & Lightfoot, 241-271.
White, L., 1983, The „pro-drop" parameter in adult second language acquisition. Vortrag, Eighth Annual Boston University Conference on Language Development. Revidierte Fassung: LL 35 (1985), 47-61.
White, L., 1985, Is there a „logical problem" of second language acquisition? TESL Canada Journal 2/2, 29-41.

Wienold, G., 1973, Die Erlernbarkeit der Sprachen. München: Kösel.
Wienold, G., Achtenhagen, F., van Buer, J., Oldenbürger, H.-A., Rösner, H. & Schluroff, M., 1982, Lehrerverhalten und Lernmaterial in institutionalisierten Lehr-Lern-Prozessen - am Beispiel des Englischanfangsunterrichts. Zeitschrift für Pädagogik 28, 545-562.
Wienold, G., Achtenhagen, F., van Buer, J., Oldenbürger, H.-A., Rösner, H. & Schluroff, M., 1985, I-III, Lehrerverhalten und Lernmaterial in institutionalisierten Lehr-Lern-Prozessen - am Beispiel des Englischanfangsunterrichts. Abschlußbericht für die Deutsche Forschungsgemeinschaft. Göttingen: Seminar fürWirtschaftswissenschaften der Georg-August-Universität.
Wierzbicka, A., 1985, Lexicography and conceptual analysis. Ann Arbor, MI:Karoma.
Wikberg, K., 1979, Lexical errors made in English by Finnish and Swedish speaking secondary school students: A comparison. Paper presented at the Nordic Interlanguage Symposium, Hanasaari, Finnland. (Zitiert in Kellerman 1984.)
Winitz, H., 1969, Articulatory acquisition and behavior. New York: Appleton-Century-Croft.
Winitz, H. (Hg.), 1981a, Native language and foreign language acquisition. New York: Academy of Sciences.
Winitz, H., 1981b, The comprehension approach: An introduction.Winitz 1981c, IX-XVIII.
Winitz, H. (Hg.), 1981c, The comprehension approach to foreign language instruction. Rowley, MA: Newbury House.
Witelson, S. & Pallie,W., 1973, Left hemisphere specialisation for language in the newborn. Brain 96, 621-646.
Witten, V., 1983, Der Wiedererwerb der Genitivflexion des Englischen bei deutschsprachigen Kindern. Mimeo, Kiel.
Wittgenstein, L., 1953, Philosophical investigations. New York: Basil Blackwell.
Wode, H., 1974, Natürliche Zweisprachigkeit: Probleme, Aufgaben, Perspektiven. LingBer 32, 15-36. Englische Übersetzung:Wode 1983, 3-22.
Wode, H., 1976a, Developmental sequences in naturalistic L2 acquisition.WPB 11, 1-31. Nachdruck: Hatch 1978b, 101-117.
Wode, H., 1976b, Some stages in the acquisition of questions by monolingual children. Raffler-Engel, 261-310. Nachdruck:Wode 1983, 47-93.
Wode, H., 1976c, Der Erwerb von Fragestrukturen in der Kindersprache. Drachman, 101-112.
Wode, H., 1976d, Einige Grundzüge des natürlichen Spracherewerbs. Bausch & Kühlwein, 125-133
Wode, H., 1977a, Four early stages in the development of L1 negation. JChL 4, 87-102. Nachdruck:Wode 1983, 32-46.
Wode, H., 1977b, Lernerorientiertheit im Fremdsprachenunterricht: FU als Spracherwerb. Hunfeld, 17-21. Englische Übersetzung:Wode 1983, 23-30.
Wode, H., 1977c, On the systematicity of L1 transfer in L2 acquisition. Henning, 160-169. Nachdruck:Wode 1983, 144-149.
Wode, H., 1977d, The L2 acquistion of /r/. Phonetica 34, 200-217.
Wode, H., 1977e, Developmental principles in naturalistic L2 acquisition. Drachman, 207-220.
Wode, H., 1978a, L1-Erwerb, L2-Erwerb und Fremdsprachenunterricht. Die Neueren Sprachen 77, 452-465.
Wode, H., 1978b, The beginnings of L2-phonological acquisition. IRAL 16, 109-124.
Wode, H., 1978c, The L1 vs. L2 acquisition of English interrogation. Indian Journal of Applied Linguistics 4, 31-46.
Wode, H., 1979, Operating principles and universals in L1, L2 and FLT. IRAL 17, 217-231.
Wode, H., 1980a, Grammatical intonation in child language.Waugh & van Schoenefeld, 291-345.
Wode, H., 1980b, Phonology in L2 acquisition. Felix 1980b, 123-136. NachdruckWode 1983, 175-186.
Wode, H., 1981a, Learning a second language: An integrated view of language acquisition. Tübingen: Narr.

Wode, H., 1981b, The emergence of reference to the past in language acquisition: L1, L2, re-learning in cross-linguistic perspective (early developments). Mimeo, MPIWorkshop, 27.8.1981, Nijmegen.

Wode, H., 1982, Some psycholinguistic aspects of second language acquisition among migrantWorkers. Korte, 151-159.

Wode, H. (Hg.), 1983, Papers on language acquistion, language learning, and language teaching. Heidelberg: Julius Groos Verlag.

Wode, H., 1984a, Psycholinguistische Grundlagen sprachlicher Universalien: Möglichkleiten eines empirischen Paradigmas. FolLing 18, 345-377.

Wode, H., 1984b, Some theoretical implications for L2 acquisition research and the grammar of interlanguages. Davies et al., 162-184.

Wode, H., 1986, Die menschliche Sprach(lern)fähigkeit als Bioprogramm. Boretzky et al., 285-310.

Wode, H., 1987a, The rise of phonological coding abilities for the mental representation of lexical items. Bluhme & Hammarström, 216-235.

Wode, H., 1987b, Einige Grundzüge des natürlichen L2-Erwerbs desWortschatzes. Melenk et al., 483-496.

Wode, H., Bahns, J., Bedey, H. & Frank,W., 1978, Developmental sequence: An alternative approach to morpheme order. LL 28, 175-185. Nachdruck:Wode 1983, 111-119.

Wode, H. & Ruke-Dravina, V., 1977,Why „Kathryn no like celery"? FolLing 10, 361-375.

Wundt,W., ³1911-12, Völkerpsychologie. 2 Bde. Stuttgart: Kröner.

Wyke, M.A. (Hg.), 1978, Developmental dysphasia. London et al.: Academic Press.

Yeni-Komshian, G.H., Kavanagh, J.F. & Ferguson, C.A. (Hg.), 1980, Child phonology. 2 Bde. NewYork: Academic Press.

Yule, G., 1985, The study of language: An introduction. Cambridge et al.: Cambridge University Press.

Zabrocki, L., 1966, Experimental courses of foreign language at the department of German linguistics of the Adam Mickiewicz University at Poznan. Glottodidactica 1, 137-141.

Zobl, H., 1980, Developmental and transfer errors, their common bases and (possibly) differential effects on subsequent learning. TESOLQ 14, 469-479.

Zobl, H., 1983, Markedness and the projection problem. LL 33, 293-313.

Zobl, H., 1984, Cross-langauge generalizations and the contrastive dimension of the interlanguage hypothesis. Davies et al., 79-97.

Stichwortregister

Personenregister

Abbildungsverzeichnis

Quellenverzeichnis

Edward Arnold, London, S.: 191, 192
Basic Books, Inc. Publishers, New York, S.: 151
Julius Groos Verlag, Heidelberg, S.: 241
Harcourt Brace Jovanovich, New York, S.: 158, 188, 227
Harvard University Press, Cambridge, S.: 91
Holt, Rinehart & Winston, Publishers, New York, S.: 43
Mc Millan Publishers, Woodridge, S.: 61, 62
Gunter Narr Verlag, Tübingen, S.: 83, 85, 111, 203, 205, 206, 211, 253
R. Piper Verlag, München, S.: 64
Springer-Verlag, Heidelberg, S.: 65, 67, 69, 71, 160, 161
Urban & Schwarzenberg Verlag, München, S.: 78
J. Wiley & Sons, Inc. Publishers, New York, S.: 75, 150
Word Books Publishers, Waco, S.: 114

Der Verlag dankt den genannten Verlagen für ihre freundliche Genehmigung zum Abdruck von Copyright-Material, soweit sie erreicht werden konnten. Trotz intensiver Bemühungen konnte mit den Copyright-Inhabern einiger verwendeter Texte kein Kontakt hergestellt werden. Für entsprechende Hinweise wäre der Verlag dankbar.

Phonetische Transkriptionskonventionen und verwendete Abkürzungen

Phonetische Transkriptionen nach IPA (The Principles of the International Phonetics Association. London: University College 1949) mit einigen Modifikationen, insbesondere:

ɑ	h(a)be
a	h(a)tte
æ	engl. h(a)t
ə	Hütt(e)
ι	W(i)tz
ε	R(e)tter
ɷ	H(u)nd
ɔ	n(o)ch
y	H(ü)te
ø	L(ö)we
œ	L(ö)ffel
aɷ	l(au)t
əɷ	engl. n(o)se
ɔι	h(eu)te
τ	retroflexes r
r	apikales r
R (ʁ)	uvulares r
θ	(th)in
ð	(th)is
ʒ	Gara(g)e
ʃ	(sch)ade
ʻ	palatalisiert
V	Vokal
V^r	retroflexer Vokal
K	Konsonant
:	lang

Abkürzungen

Adj	Adjektiv
Adv	Adverb
Aux	Auxiliar
Dem	Demonstrativpronomen
FU	Fremdsprachenunterricht
HDP	Heidelberger Forschungsprojekt Pidgin-Deutsch
imper.	imperativisch
Kop	Kopula
Konj	Konjunktion
KZG	Kurzzeitgedächtnis
LZG	Langzeitgedächtnis
L1, L2	Erstsprache, Zweitsprache etc.
MLU	durchschnittliche Äußerungslänge (mean length of utterance)
N	Nomen
neg	Negationspartikel
NP	Nominalphrase, nominale Gruppe
O	Objekt
P	pivot
Präp	Präposition
Pron	Pronomen
S	Subjekt
SP	sensorischer Speicher
UG	Universalgrammatik
V	Verb
VP	Verbalphrase, verbale Gruppe
ZISA	Zweitsprachenerwerb italienischer, spanischer und portugiesischer Arbeiter